国家哲学社会科学成果文库

**NATIONAL ACHIEVEMENTS LIBRARY
OF PHILOSOPHY AND SOCIAL SCIENCES**

弱者权利保护
基础理论研究

胡玉鸿 著

创于1897 商务印书馆
The Commercial Press

作者简介

胡玉鸿 　教育部"长江学者奖励计划"特聘教授，华东政法大学法律学院教授、博士生导师，《法学》主编，兼任中国法理学研究会副会长、中共上海市委政法委法律顾问、中共苏州市委法律顾问等职。出版《法学方法论导论》《司法公正的理论根基》《"个人"的法哲学叙述》专著三部，主编全国法律职业院校统编教材《法律原理与技术》及其他教材、专著 20 余部，在《中国社会科学》《法学研究》《中国法学》等刊物发表论文 130 余篇，主持国家社科基金重大、重点等省部级以上项目 10 余项，成果两次入选国家哲学社会科学成果文库，多次获省部级以上科研成果奖励。

《国家哲学社会科学成果文库》

出版说明

为充分发挥哲学社会科学研究优秀成果和优秀人才的示范带动作用,促进我国哲学社会科学繁荣发展,全国哲学社会科学工作领导小组决定自 2010 年始,设立《国家哲学社会科学成果文库》,每年评审一次。入选成果经过了同行专家严格评审,代表当前相关领域学术研究的前沿水平,体现我国哲学社会科学界的学术创造力,按照"统一标识、统一封面、统一版式、统一标准"的总体要求组织出版。

全国哲学社会科学工作办公室
2021 年 3 月

目　　录

Table of Contents

导　言

弱者保护与和谐社会的内在关联

一、问题的缘起

2006 年 10 月 18 日，中共中央发布了《关于构建社会主义和谐社会若干重大问题的决定》（以下简称《决定》），指出：

> 社会和谐是中国特色社会主义的本质属性，是国家富强、民族振兴、人民幸福的重要保证。构建社会主义和谐社会，是我们党以马克思列宁主义、毛泽东思想、邓小平理论和"三个代表"重要思想为指导，全面贯彻落实科学发展观，从中国特色社会主义事业总体布局和全面建设小康社会全局出发提出的重大战略任务，反映了建设富强民主文明和谐的社会主义现代化国家的内在要求，体现了全党全国各族人民的共同愿望。

在关于和谐社会的总体目标方面，《决定》将之概括为"民主法治、公平正义、诚信友爱、充满活力、安定有序、人与自然和谐相处"六个方面，强调"以解决人民群众最关心、最直接、最现实的利益问题为重点，着力发展社会事业、促进社会公平正义、建设和谐文化、完善社会管理、增强社会创造活力，走共同富裕道路，推动社会建设与经济建设、政治建设、文化建设协调发展"。对于这一战略目标，无论我们怎样推崇其重大意义，似乎都不过分。

首先，和谐社会带有明显的理想社会建构的性质，而理想社会本身就是政治制度建构和人文社会科学研究中人们孜孜探求的主题。借用学者们的说法，绵延几千年的人类思想史，无非就是围绕三个主题而展开：一是"人"，包括对人的本性、人的异化及人的社会化的研究；二是"社会"，包括社会（国家）的起源、本质、活动内容与表现形式的研究;三是"理想",包括社会生活的原则、社会理想的形态及实现政治理想的途径等方面的研究。① 在一定程度上说,缺乏理想的社会,不仅会使人沉湎现状、精神迷失,同时也会使社会丧失其应有的活力与创造性。和谐社会目标的提出,有利于确立我国今后社会发展的合理走向。从《决定》所提出的六个目标而言,无一不代表着中国社会应当为之努力的方向:"民主法治"是从制度层面上建构起社会的管理原则,即和谐社会必须是讲民主、求法治的社会;"公平正义"标志着和谐社会的主流价值观念,质言之,无论是产品的分配还是资源的占有,都应当以公平、正义为价值目标,实现"应然"意义上的合理分配;"诚信友爱"代表着对人际关系上温情、友爱的向往。简单地说,和谐社会中人性的预设是以有社会同情心的道德人作为前提的。没有对同类的关切、尊重、爱护乃至牺牲,和谐社会的构建根本上就是不可能的。著名的"丧钟为谁而鸣?"的演讲就是这样来论证人必须具有社会情感的:

> 没有人是与世隔绝的孤岛;每个人都是大地的一部分;如果海流冲走一团泥土,大陆就失去了一块,如同失去一个海岬,如同朋友或自己失去家园;任何人的死都让我受损,因为我与人类息息相关;因此,别去打听钟声为谁而鸣响,它为你鸣响。②

"充满活力"体现了和谐社会的生机与魅力,在那样一个社会之中,每个人的自由都能最大程度地得以实现,每个人的创新能力都会有用武之地;"安定有序"则是和谐社会的运行状态,它表明稳定与秩序是和谐社会的基质。诚如学者所言:"社会和谐从某种意义上说主要所牵涉到的是社会结构的合理性问题。有关社会和谐问题的探讨是以如何建立更为合理、更加有序的社会结构作为主题的,因此,它的重要意义是不容低估的。"③"人与自然和谐相处"则是将和

---

① 参见张友渔等:《政治学》,见《中国大百科全书·政治学》,中国大百科全书出版社 1992 年版,"导言"第 11 页。

② [英]约翰·多恩:《丧钟为谁而鸣:生死边缘的沉思录》,林和生译,新星出版社 2009 年版,第 142 页。

③ 欧阳英:《构建和谐社会的政治哲学阐释》,江苏人民出版社 2010 年版,第 249 页。

谐社会扩展到人与自然的关系之中,代表着人类对自然规律的服膺与尊重。可以说,如果一个社会能够完全实现上述六个方面的目标,人类就可以说是达致了一个理想的生存境界。

其次,和谐社会观念的提出,是对中西优秀文化传统的继承。自古至今,无数仁人志士都在为探求理想社会而努力,"和谐社会"正是其中的一个根本目标。正如美国学者沃尔夫不无揶揄地所指出的那样:"和谐作为一种理想存在的时间与它和现实不和谐的关系的存在同样长久。无论在何处都存在冲突,似乎总有人想找出牧歌似的解决办法,如果这种想法不存在于这个世界,那么一定会存在于其它地方。"①这实际上也很自然。毕竟有许多怀有终极关怀的智者,他们并不满足于自身可能所处的优越地位,而是将关爱的情怀投向芸芸众生。同样,面临着社会中时时刻刻都可能存在的矛盾、冲突,设想一个更为安宁有序的世界,本身也是思想家们的责任所在。以中国为例,先秦时期的孔子,就以"大同社会"概括了其对理想的和谐社会的向往:

> 大道之行也,天下为公,选贤与能,讲信修睦。故人不独亲其亲,不独子其子,使老有所终,壮有所用,幼有所长,矜、寡、孤、独、废疾者皆有所养,男有分,女有归。货,恶其弃于地也,不必藏于己;力,恶其不出于身也,不必为己。是故谋闭而不兴,盗窃乱贼而不作,故外户而不闭。是谓大同。②

在这里,政治上公平考选,社会上诚信和睦,人人利他,各安其所,爱意弥漫,秩序井然。这虽然是一种理想,但也正是这种理想激励着后人为构建更加公平、合理的和谐社会而努力。在西方,无论是柏拉图的理想国,还是莫尔的乌托邦,或者像圣西门、傅立叶、欧文等空想社会主义者那样所构建的社会模式,都是以和谐作为至高、至善的社会理想。马克思、恩格斯在《共产党宣言》中的呼吁,也可以视为是对和谐社会的一种表白:

---

① ［美］艾伦·沃尔夫:《合法性的限度——当代资本主义的政治矛盾》,沈汉等译,商务印书馆 2005 年版,第 77 页。
② 《礼记·礼运》。

当阶级差别在发展进程中已经消失而全部生产集中在联合起来的个人的手里的时候,公共权力就失去政治性质。原来意义上的政治权力,是一个阶级用以压迫另一个阶级的有组织的暴力。如果说无产阶级在反对资产阶级的斗争中一定要联合为阶级,如果说它通过革命使自己成为统治阶级,并以统治阶级的资格用暴力消灭旧的生产关系,那么它在消灭这种生产关系的同时,也就消灭了阶级对立的存在条件,消灭了阶级本身的存在条件,从而消灭了它自己这个阶级的统治。

代替那存在着阶级和阶级对立的资产阶级旧社会的,将是这样一个联合体,在那里,每个人的自由发展是一切人的自由发展的条件。①

虽然我们不能说和谐社会就是共产主义社会,但共产主义社会必定是和谐的社会:阶级差别业已消失,阶级对立不再存在,人人都可自由发展,人类最终获得解放。可见,和谐社会观念的提出,是中国共产党人对优秀文化的继承与升华,也是马克思主义中国化的又一理论成果。

再者,对于当代中国而言,和谐社会的提出还有着特别重要的现实意义。这是对1949年以后“以阶级斗争为纲”指导思想的纠偏,是对惨痛的阶级专政历史的反思,更是代表着成熟的共产党人为社会发展所指出的基本方向。从理论上来说,正如学者指出的那样,和谐社会观念的提出,

首先,它标志着我国彻底从阶级斗争转入到和平发展的时代。其次,它表明着一种新的政治导向的形成,即从重视阶级斗争的社会推动作用到强调社会和谐的积极推动作用。其三,它意味着当代中国政治哲学观念巨大变化的发生,即无论是关于政治本质、政治合作、政治管理的认识,还是关于尊重人权与尊重政治传统的认识,都发生了巨大的变化。其四,它说明一种新的政治理念在我国的建立与发展。在建国后相当长一段时间里,我们所强调的是政治建设的重要性,后来改革开放后我们又强调经济建设的重要性,现在随着构建和谐社会思想的提出,它实际上表明我们已经充分意识到社会建设的重要性。从总体上

① ［德］马克思、恩格斯:《共产党宣言》,《马克思恩格斯选集》第1卷,人民出版社1995年版,第294页。

说，目前物质文明、精神文明、政治文明与社会文明一起抓的战略体系已经初见雏形。①

经历过"文革"时代或者知悉"文革"历史的人都知道，"与天斗，与地斗，与人斗"是那个时代中国人耳熟能详的事，斗来斗去的结果，不仅使许多人死于非命、家庭破碎，更严重的是社会底线丧失，道德价值崩溃，人与人的关系就恰如霍布斯所描绘的那样是一种"狼与狼的关系"。因此，和谐社会观念的提出，根本上改变了以往的阶级斗争哲学，将国家治理的目标从以往的阶级专政变为社会和谐，从过分强调人与人之间的对立、冲突转变为创造人与人之间友爱、合作的基础，这是一种政治治理理念的转轨，更是一种政治治理目标的突破，在中国政治思想史上必然是具有里程碑式意义的事件。而从实践上来说，强调和谐社会的建设，也因应了中国社会的现状。目前，中国的改革开放已经取得了举世瞩目的成就，但经济的发展和生活的富裕并没有带来社会的安宁和稳定。传统的社会分层、社会结构仍然作为阻碍社会成员平等的障碍而存在，分配不公、贫富不均的矛盾极为突出，各种突发性、群体性事件不断发生，在这样一个时代，提倡和谐社会建设，对于社会公平机制的确立和人际关系的协调，自然有着极为重要的现实意义。

那么，对于我们所要论述的主题而言，和谐社会与弱者保护究竟有着怎样的内在关联呢？我们的基本看法是，弱者保护既是和谐社会建构的必要条件，也是和谐社会得以实现的充分条件。简言之，对于弱者的合理保护，既是和谐社会内蕴的建设目标，更是建设和谐社会的充分、必要条件。以下我们即对此展开论述。

二、弱者保护：和谐社会内蕴的建设目标

（一）民主法治的实现有赖于对弱者权利的合理保护

和谐社会首先应当是讲民主、重法治的社会。按照学者的界定，民主包括三个基本的内涵：一是政治平等；二是大众参与；三是按公共利益进行统治。②然而，弱者的存在，表明社会上存在严重的不平等现象，从而使得一部分人无

---

① 欧阳英：《构建和谐社会的政治哲学阐释》，江苏人民出版社 2010 年版，第 249—250 页。
② 参见［英］安德鲁·海伍德：《政治学的核心概念》，吴勇译，天津人民出版社 2008 年版，第 155—156 页。

法享有与其他人同等的政治地位和政治权利。例如,当弱者无从享有结社的权利,从而无法把孤立的个人集合成一个团体、组织时,本身就处于弱势地位的人们怎有可能来对抗国家和社会的专制与压迫? 更为严重的是,在政治和法律上有时也以排斥、剥夺的方式,来确定某些人只能拥有弱者身份。德沃金就指出:

> 鄙视这个原则最明显的例子乃是以最公然的偏见与歧视为基础,去假定某一社会地位身分优于另一种社会地位身分:信教者优于无信仰者;亚利安人优于闪米特人;白人优于黑人。企图灭绝一个种族,便是这种歧视心态最骇人的明证。①

同理,即使法律上确定了每个人平等的参政、议政权,然而这对于弱者来说,压根就是画饼充饥式的权利赋予。试想,当一个人整日为生活而奔波忙碌,过着衣不蔽体、食不果腹的生活时,他们怎还会有余力去参与国家事务的公共管理? 同样,公民参与被视为民主程序的核心概念,"它提供机会让普通老百姓与立法议员和政府官员一起参加政策的制订,也被视为改善公共服务机构过分专业化和官僚化的一个有效途径"。② 然而问题在于,如果某些社会成员由于初始条件的缺乏,例如欠缺必要的社会知识和判断能力,那么他们根本就无从判断官员的好坏或政策的对错,这样的民主参与显然就毫无意义。表面上看,职位对所有人开放,机会给每个人提供,但是,如果人们处于弱者的地位之上,他们就显然无法拥有和别人平等竞争和平等商讨的条件,再多的平等政治权利也只能是水中月、镜中花,并无助于弱者地位的改变。因此,必须赋予弱者比法律权利更为重要的道德权利,美国学者本哈比将这种道德权利视为是法律权利的前提,她形象地将这一权利称为"获得权利的权利":"这一权利告诉我们,我们应当获得诸如水权、健康照护权这些法律权利,这一权利对于所有人来说都是普遍的。"③基于此,我们可以进一步指出,弱者权利的有

---

① [美]德沃金:《人权与民主生活》,司马学文译,韦伯文化国际出版有限公司 2007 年版,第 41 页。
② 莫泰基:《公民参与:社会政策的基石》,中华书局(香港)有限公司 1995 年版,第 2 页。
③ Stephanie DeGooyer, Alastair Hunt, Lida Maxwell, Samuel Moyn, *The Right to Have Rights*, Verso, 2018, p.21.

效保护是他们其他一切权利和价值实现的前提和基础。所以说,民主政治的实现,首先是要给人们提供平等的参与政治的机会与条件,从而通过参与来表达自己的政见。就此而言,民主政治的实现,只有在国家和法律为弱者提供了参与政治的机会与条件下,才能因之而获致相应的成效。

民主以多数原则作为运行规则,因而按公共利益来进行统治自然也是民主政治的题中之意。然而,对于民主原则的理解,则除了"少数服从多数"之外,还必须加上另外一个重要的原则,即"保护少数"。正常的社会情形之下,拥有控制别人力量的强者是少数,处于劣势地位的弱者也是少数,强者因其自身的能力、资源,无需法律的特别关怀,但是,对于命运多舛、生存困难的弱者来说,就应当以民主基准中的"保护少数"原则,来对他们施以特别的关心与救助。"从法律的角度看,构建和谐社会的关键所在是权利的配置、保障和救助问题",具体到社会生活领域就是保障社会弱势群体的权利,避免"弱者没有饭吃、得不到表达意见的机会"的局面出现。正因如此,权利话语在和谐社会建构中应当具有主导性地位。① 当代中国所追求的社会和谐应当是建立在尊重权利的基础之上的,权利不是破坏和谐的罪魁祸首,而是人们对自己的正当利益的积极主张,是对人的主体性和自由意志的肯定。"和谐社会与权利保障之间具有互为因果的关系。一方面,只有社会成员的正当权利得到应有的尊重和保障,才可能有和谐社会而言;另一方面,只有和谐社会才有能力使所有人的正当权利得到应有的尊重和保障。两者相依相生,在循环之中互动不已。"所以,"只有保护社会弱势群体的权利,才能达致和谐社会所要求的对人性和人权的尊重;只有保护社会弱势群体的权利,才能达致和谐社会所要求的平等;只有保护社会弱势群体的权利,才能实现和谐社会所要求的社会公正。"② 如果还需要续上一个"效果"的话,那就是,只有保护弱者的权利,才能够真正使民主政治得以生根开花,而不至于演变为强者的政治。

法治的根基是以人为本,这也就意味着,对于社会上每一个个人来说,法律都必须将他们视为是和他人一样拥有同等尊严、价值、地位的法律主体。以人为本是以人的什么为本呢? 那就是要以人的权利为本。张文显教授就明确

---

① 郑成良:《和谐社会与权利保障》,《文汇报》2005 年 5 月 23 日。
② 参见吴宁:《社会弱势群体权利保护的法理》,科学出版社 2008 年版,第 87—95 页。

指出:在用和谐精神引领法治转型的过程中,要将以人为本,即以人的权利为本落到实处,"尊重和保障人权,特别是作为类的组成部分的社会弱势群体的权利。特别是那些身处困境、逆境,需要帮助,和在社会的发展当中由于不可归咎于自身原因而处于不利地位的人"。因此,就我国构建和谐社会而言,"尊重和保障人权的一个现实问题是对社会弱势群体的权利保护"。[①] 实际上,当法治要承载着保护全体社会成员权利的神圣使命时,弱者的人权保障则显得更为迫切。一方面,作为弱者生存的凭借与行动的资本,权利的赋予是其维持正常生活、改变弱者现状的前提。如果说权利代表着资格,那么对弱者的权利赋予就是授予其与正常人一样的社会地位与行动能力,例如流动儿童在父母打工所在地就读的权利即是如此;同时,许多专有的权利就是为弱者的利益所设定的,如社会保障权、社会救助权等,弱者在拥有这样一类权利之后,即可以向国家和社会主张、请求,从而获取物质的帮助,保证体面的生活;另一方面,在资源相对有限的背景之下,将有限的资源投放于弱者的权利保障之上,也有利于弱者迅速改变其不利现状,尽快地恢复正常人的生活。特别是由于天灾人祸、失业下岗等不可预知、不可掌控的原因而导致的社会弱者,在获取相关权利的支撑后,他们能够借助国家和社会提供的条件,迅速地摆脱其不利地位和生存窘境,从而融入正常的社会生活之中。

总之,作为和谐社会目标的民主的实现与法治的推行,都与弱者保护息息相关。对民主政治而言,弱者的权利保障能够使社会不遗漏任何一个个人,也不排斥任何一个个人;对法治建设而言,弱者的权利保护使法律的关怀能够惠及于任何一个社会主体之上,特别是法治所要推行的人权又更多地与弱者的生存、发展有关。因此,只有对弱者给予合理而全面的保护,民主政治与法治建设才可望取得预期的效果。

(二)公平正义的达致主要与弱者保护的程度相关

在一个特定的社会中,谁最需要公平,谁最呼唤正义?无他,只有弱者!这是因为,对于具有正常行动能力和发展资本的人而言,他们完全能够凭借自身的力量,谋求与其他社会成员大致相当的社会地位与收入待遇。然而,对于那些处于劣势地位的人们而言,依靠自身的力量已不足以改变自己所处的不

---

① 张文显:《法哲学通论》,辽宁人民出版社 2009 年版,第 441—442 页。

利处境,因此,他们需要社会的救助,法律的保护。在此一个需要提及的基本事实是,弱者的产生更多地并非自身原因所致,而是由社会环境与社会制度的原因所造成的。正如美洲开发银行在"经济和社会进步"的报告中所指出的那样:"贫穷和不公正之所以会成为一个需要外来力量干预的问题,是因为存在这样一种共识:这种现象并非个人选择的结果,而是那些超出个人控制能力的因素作用的结果,或者是过去遗留的一些问题所造成的后遗症"。① 制度的不公,偏见的存在,都是弱者得以产生的外在原因。所以,一个社会是否公平正义,关键就是看其是否创造了合理的收入分配制度和必需的社会保障制度。对于社会中绝大部分的人们而言,他们是依靠自己的劳动维生,仰赖自己的收入过活,因而,一个社会的收入分配制度是否公平合理,他们最能够直接体悟感知。特别是从弱者的角度上来说,他们的所得、应得都离不开法律、制度和政策的规定,因此,弱者受保护的程度是一个社会是否公平正义的标尺。

在现代法律制度发展的初期,人们曾认为实施了机会的平等,就足以保障社会的公平正义。在思想家们看来,人拥有同样的天赋权利,人也具备同样的理性能力,因而法律的任务就是保证在机会上的人人平等,每个人都可以在国家设定的起跑线上平等地与他人竞争。固然,如果人们真的是在能力上完全一样,在条件上全都一致,那么,这样一种公平正义观并不违反社会的伦理与常识。然而关键问题在于,机会平等是一种形式上的平等,它有意忽略人与人之间在初始条件和实际能力上的差异,更不考虑个人禀赋与家庭背景上的不同,而是把人们抛入一个与他人同等竞争的位置之上,用"各安天命"的方式来为人们安排不确定的命运。然而,证诸人们的生活实践,则明显可以发现,机会平等式的法律保障是不全面的,虽不能说它就是制造弱者的渊薮,但起码它在维护弱者权利上是无能的、乏力的。正如学者所指出的那样:"教育程度及社会地位的不同,容易造成所得的不平等分配,制造或扩大弱势者的发生;而获得较少所得分配的阶级,在这种种同先天经济不平等的条件下,又容易造成教育程度及社会地位的差距,使得不平等的恶性循环难以突破。"可见,仅仅强调形式上的机会平等,并无助于弱者地位的改变。由此,必须从初始条件的改变入手,强调实质的机会平等,其意义就是,

---

① 美洲开发银行编:《经济发展与社会公正》,林晶等译,中国社会科学出版社2002年版,第27页。

教育条件及社会文化的改善,使贫困阶级子女能适当的培养和表现自己的能力,谋求立足点的尽可能平等,使社会各阶层间的人力资本,或生产技术的差距不致太大,而保持每个人的均等竞争能力。因此国家有义务保障全体国民平等接受教育的权利;除了教育机会均等的向每一个国民开放外,并必须以差别待遇的方式,使位于较不利社会地位的人,亦有获取资源的机会,尽其可能参与社会的竞争,也是实质平等保障的一部分。①

如果说受教育权的保障与差别待遇,还只是为弱者地位的改变提供间接的帮助,那么,分配正义的实现,则是改变弱者地位更为直接和关键的一步。自然,分配正义并不仅仅限于收入和财产的分配,它还包括权利的平等赋予、利益的合理安排、公共服务的均等提供等,但是,"大多数哲学家还是认为,收入和财富在一个特定社会内的分配才是分配正义这一问题的核心"。② 其所采用的方式,主要是国家和法律通过税收杠杆,让高收入者承担更多的法律义务,从而积聚财源,充实国库,然后通过建立社会救助、社会保险、社会保障③等现代的社会福利制度,为那些生存条件匮乏、行动资本缺失或者遭遇不幸事故的人们提供相应的物质帮助。大致说来,分配正义对于弱者权利的保护的价值主要可以从功利主义、资源平等主义和福利平等主义三个理论中获得证成:"这三种理论都主张在弱者和强者之间的再分配能够获得证成。功利主义能够基于如下的理由证成自己的主张,即弱者可以通过从强者那里获得更多的货币而获益;而资源平等主义则主张,弱者应当获得更多的资源;福利平等主义者主张,弱者应当获得更多的福利。"④我们认为,这三种理论都在一定程度上凸显了一种政治法律分配机制的优越性,但都偏重于其中一端。所以,在和谐社会的语境下设计新型的分配正义机制,应当在货币、资源和福利三个方

---

① 李孟融:《福利国家的宪法基础——及其基本权利冲突之研究》,见杨日然教授纪念论文集编辑委员会:《法理学论丛——纪念杨日然教授》,月旦出版社股份有限公司 1997 年版,第 252—253 页。

② [美]詹姆斯·P. 斯特巴:《实践中的道德》,程炼等译,北京大学出版社 2006 年版,第 20 页。

③ 本书在狭义上使用"社会保障"一词,仅指公民在因伤残、疾病、年老、失业等风险事故下,由国家通过财政支出而保护其生存的法律制度。社会救助、社会保险与社会保障之间的分野,可参见本书第十章的论述。

④ Mark S. Stein, *Distributive Justice and Disability*: *Utilitarianism against Egalitarianism*, Yale University Press, 2006, p.266.

面进行综合的考虑,并且应当把上述三种理论结合在社会权保障的法律机制中。基于这样的考量,在分配正义的机制中,社会权不再是国家的恩赐,而是弱者应得的权利;国家担负着保障人的尊严的使命,因为让每个人都能过上体面的生活,恰是政府的职责所在。与机会平等相比较,分配正义对于弱者保护的意义起码可以归纳为以下几点:第一,分配正义将机会平等中抽象的主体转变为现实生活中的个人,也就是说,法律面前人人平等之类的规定,只是建立在普遍的人、抽象的人的概括之上,但在分配正义的实施中,哪些人属于需要救助的对象,哪些人应当获得国家的帮助,则是以其生活负担和收入水平来进行具体衡量的,被救助对象是经过国家机关核查后有名有姓的个人;第二,分配正义将表面上看似人人平等的机会转变为创造条件来让社会弱者达到和其他人一样占有地位、享有利益的实质资格,也就是说,分配正义的结果是给弱者提供法律上的补足与补强,以便使他们可以真正达到行使权利的能力与资格;第三,分配正义是在机会平等(交换正义)基础之上的社会财富的再分配,它在一定程度上体现着国家抑强扶弱的政策和伦理导向,从而为社会公平和社会安全奠定基础。

　　总之,和谐社会是讲公平、求正义的社会,没有这样一个先决条件,社会的和谐自然无法实现。而要使公平正义得以实现,除了确保机会的平等之外,还必须辅之以分配正义的制度安排。有关这一内容,我国学者何建华先生专门进行过论述,他指出:分配正义是建立和谐社会利益协调机制的基础;分配正义是和谐社会社会制度文明的基本特质;分配正义是和谐社会人民安居乐业、社会有序发展的制度保障。[①] 简言之,没有分配正义,就不会有社会的和谐。不仅如此,如果说分配正义如同学者所定位的那样,主要是"通过社会立法来分配和配置权利和利益,它重视的是产权的初始分配和财富的最终分配的公平性",[②]那么明显地可以看出,分配正义侧重的就是对于弱者权利的保护。需要正义的人恰恰就是权利受损、利益受限的社会弱者。在党的十七大报告中,胡锦涛总书记在分析当代中国的社会形势时就明确指出:"收入分配差距拉大趋势还未根本扭转,城乡贫困人口和低收入人口还有相当数量",因此,要

---

① 参见何建华:《分配正义论》,人民出版社 2007 年版,第 4—6 页。
② 汪行福:《分配正义与社会保障》,上海财经大学出版社 2003 年版,第 10 页。

"更好地保障人民权益和社会公平正义"。可见,党的最高领导人同样是将分配正义与弱者权利保护紧密地联系在一起,昭示着以保护弱者为核心的分配正义在建设和谐社会中的重要作用。

(三)诚信友爱的社会离不开对弱者的人文关怀

党中央关于建立和谐社会的总体目标,第三个目标为"诚信友爱"。表面上看,诚信友爱只是一个社会风尚和道德标准问题,似乎与弱者保护风马牛不相及。然而,什么样的社会才能够成为一个诚实守信、充满友爱的社会? 这实际上又不能不溯及弱者保护的问题。

先看诚信。人们之间相互信任,这是社会团结和谐的基础。社会的经验已经证明,"如果人们缺乏最起码的信任,社会就会解组,因为很少有某种关系是完全建立在对别人的确定性了解之上的,而且如果信任不是同理性证据或个人观察一样强烈或者更强的话,很少有某种关系能够维持下去"。[1] 但是,信任并不是一个简单的个人对他人观感的取舍问题,而是建立在拥有共同的价值标准基础上的对他人预期行为的合理期待。从个人对他人充满信任感来说,这可能与其做人的准则和行事的方式有关,但是,要在社会中形成一种诚实守信的氛围,则不能不从社会结构与社会和谐上寻找原因。换句话说,当一个社会充斥着仇视、斗争时,这样的社会自然不可能造就出相互信任的气氛,社会结构的断裂和壁垒,会在不同的民族、阶层之间埋下互不信任的种子。那么,社会在什么情况下易于出现这种结构上的断裂呢? 这就首先与贫富分化有关。正如学者所指出的那样:

> 在树立人们共命运(从而也就有相似的基本价值)的信念方面,资源的分配起到了关键的作用。当资源的分配更为平等时,人们就更容易感到与他人共命运。如果财富分配有严重倾斜,则位于各自一端的人们会感到与另一端的人很少有共同点。在一个高度不平等的社会,人们将固守在自己的同类人中,当人们感到有不公平存在时,就会增强自己对其他群体的消极的看法,使信任与迁就更为困难。[2]

---

① [美]德布拉·迈耶森等:《快速信任与临时群体》,刘仲翔、史梅译,见[美]罗德里克·M. 克雷默、汤姆·R. 泰勒编:《组织中的信任》,中国城市出版社 2003 年版,第 243 页。

② [美]埃里克·尤斯拉纳:《信任的道德基础》,张敦敏译,中国社会科学出版社 2006 年版,第 43 页。

　　可见,社会能否形成互信的机制,根本上取决于收入是否平等,以及与此有关的弱者的权利是否得到了合理的保护。可以想象,当强者心安理得地占有大量的社会资源并且阻止弱者境况的改善时,这样的社会根本就无安宁之日:弱者必定会使用各种积极或者消极的手段,来对抗强者的压迫与歧视。19世纪欧洲大陆风起云涌的工人运动,就是无产阶级对自身悲惨遭遇的奋起抗争,它催生了现代的福利国家模式,从而使弱者的保护被提上资本主义国家正式的议事日程。

　　友爱更是与弱者权利保护息息相关。如果人们相互之间欠缺爱的情感,那么,人与人之间就会形同陌路,人际关系就会是纯粹的利益关系,这样,社会就失去了其情感性的内容,而变成了一个人们临时的聚集地而不是人们相互依靠、互为支持的共同体。特别重要的是,"友爱"又要求我们应当把更多的同情、怜悯、救助投放在社会弱者的身上,只有这样,弱者才可能在关爱之下振作起来,用自己的努力来实现命运的改变。一般来说,除了对亲人、朋友的特殊的爱恋之外,"爱他人"作为一种社会关系的准则,因其体现了博爱的特质而更加值得推崇。自然,在博爱的情感下,人无分彼此,但是,从博爱所重点应予以关注的对象来说,则非弱者莫属。弱者的境遇会使人生发出自然的同情与怜悯,也正因此会产生许多无私的关怀与援助行为。在追溯社会福利制度的历史时,学者指出:"人道主义是一种重要的价值,这种价值来源于基督教的传统,被认为对社会福利有重要的影响。这种人道主义赋予人类生命崇高的价值,并仁慈地帮助需要帮助的人。"①基督教在诞生之初就对弱者的境遇给予了无限的同情:首先,《圣经》抗议现实的苦难,幻想美好的天国。基督教斥责社会贫富不平等,鄙视富人,仇恨压迫者,将富人骂作"要吞吃贫乏人,使困苦人衰败"的害良者。其次,他们倡导建立理想的"千年王国"。天国中没有私有财产、没有压迫和剥削,人人平等,共同劳动,共同消费,实行民主制度,男女平等,互以"兄弟"和"姐妹"相称,过着朴素的生活。最后,宣扬"信徒因基督的牺牲而得救",也就是说,劳苦大众信奉基督就可以从苦海中得救,就可以摆脱对命运、死亡和各种鬼魔的恐

────────────────

　　① [美]查尔斯·H.扎斯特罗:《社会工作与社会福利导论》(第7版),孙唐永等译,中国人民大学出版社2005年版,第16页。

惧，即使是被社会所鄙视和抛弃的人，也同样可以得救。① 为了改变人与人之间的不平等现状，基督教教义倡导教徒的身体力行，给社会弱者以人文关怀。《旧约》就特别指出，禁止任何人两手空空地回避贫民而不给以救济，甚至要求人们应该以一种坦诚和友好的表情、快乐和善意的心情对穷人提供慈善帮助。《新约》更是十分强调仁慈、行善和怜悯，甚至主张施爱于敌。总之，基督教将"爱你的邻居"确立为人生的一大诫命，这对于增强人们的团结、维护社会的和谐有着极为重要的意义。正是在基督教的影响下，在近代以来的社会和国家治理的话语体系中，人道主义逐渐成为最为重要的治理话语和治理理由。正如法国学者迪德尔·法新所指出的那样，"人道主义理由代表了我们这个时代最强有力的社会想象……它在当下的道德秩序中居于核心地位。"②

（四）社会能否安定有序取决于弱者境况的改善

追求社会的安定，历来是统治者努力的目标；对于任何一个存活于世间的个人而言，安定有序的生存状态都是统治者获取幸福的前提条件。那么，一个有序的社会如何得以形成呢？这就有赖于社会的公平，也就是资源、财富、利益的合理分配。如日本著名法学家美浓部达吉所言，"在某时代或社会所认的正义，必有一定的指导原理，其指导原理安定，社会亦安定，其指导原理动摇，社会亦动摇。现代社会情势的不安，不外由于正义的指导原理动摇的缘故。"③可见，正义与社会安定密不可分。从正义直接导致的财富分配来说，如果一部分人所得过多，而另一部分人所得甚少，那么可以断定，这样的国家或社会就很难维持有序的状态。在《论语》中，孔子就提到国家治理中的"不患寡而患不均"，明确地表达了如果社会分配不公，国家即永无宁日的观念。综观人类历史上的治乱兴衰，无一不证明这么一个简单的道理，那就是缺乏社会的安定，则人类会在动乱、失序的状态下失去生活的幸福与美满。这不仅对于暴死、夭折的不幸者来说就是如此，即便那些拥有权力、地位者也会在惶惶不可终日的生活里饱受痛苦，了无做人的乐趣。

---

① 参见陈红霞：《社会福利思想》，社会科学文献出版社 2002 年版，第 71—72 页。

② Didier Fassin, *Humanitarian Reason: A Moral History of the Present*, translated by Rachel Gomme, University of California Press, 2012, p.247.

③ ［日］美浓部达吉：《法之本质》，林纪东译，台湾商务印书馆 1992 年版，第 119 页。

　　就维护社会安定所必需的制度条件而言，法律无疑是其中最为重要的工具。法律通过一套普遍施行的规则，对全体社会成员提出同样的要求，并以国家强制力为后盾，对不遵守规则者予以制裁，这在很大程度上能够保障人们在法律之下的社会和平。此即人们通常所言的法律秩序，它保障了社会有条不紊的状态。然而，是否有了法律就一定会有社会安定呢？法律的悖论恰恰在这里呈现：一方面，法律能够形塑国家和社会制度，毕竟对于任何国家来说，其任务都在于"建立并维持社会秩序，以使人类生活免去非法的压迫而得到较大的自由"，而"法律的确定性、拘束性、永久性和普遍性等最足以明白表示法律适于这种功用。"①但另一方面，法律制度又只是社会制度中的一个组成部分而已，它必定受着其他制度尤其是政治制度、经济制度的影响。这也就意味着，如果政治制度、经济制度本身就不公正、合理，那么它必然会动摇法律所意欲建立的和平秩序。

　　一定程度上说，弱者的存在就与社会制度缺失公平、公正理念有关。当社会上将人分为三六九等，每个等级的人们所享有的权利、获致的利益又根本不同时，这必定会使社会上许多人都会因为这种排斥与歧视而无法获得正常人所需的生存与发展条件，就如同当代中国进城务工的农民所受到的不平等待遇那样。同理，如果一个社会对贫富悬殊、两极分化的现状不闻不问或没有有效的对策加以控制时，那么处于贫弱状态的人们的不满、反抗甚至揭竿而起也并不是什么稀奇的事情。个中的原因非常简单，那就是在人类所可能感受的痛苦之中，最大的痛苦莫过于不平等所带来的痛苦：

　　　　一个社会中社会关系的质量建立在物质基础之上。收入不平等状况对人们之间的关系有着巨大影响。我们将表明，对所有人的心理健康造成最大影响的因素是不平等程度，而不是家庭、宗教、价值观、教育程度等其他因素。②

　　英国学者蒂特马斯（R. M. Titmuss）也认为，减少人与人之间在所得和财

---

　　①　［英］R.M.MacIver:《政治学》，陈启天译，中华书局 1946 年版，第 101 页。

　　②　［英］理查德·威尔金森、凯特·皮克特:《不平等的痛苦:收入差距如何导致社会问题》，安鹏译，新华出版社 2010 年版，第 5 页。

富上的不平等是极为重要的,其最终目的在于希望重拾和深化社会内部的社群感与相互关怀,缺少了"平等",那种对于他人的公共关怀便无法达成,而"凝聚"和"友谊"才是良善社会的中心思想。① 由此可见,表面上的收入差距,实际上则关涉到人的地位的悬殊。要使社会上的人们能够和睦共处、相亲相爱,那就只能铲除不平等的体制,拆除影响人们正常关系建立的樊篱。总之,只有消除了社会上人与人之间的不平等状态,使弱者有了基本的生存保障与可能的发展条件,社会的敌对与分裂才有望得以消除。

资本主义社会曾以其资本家对劳工的残酷剥削而著称,但其后果则是社会失序、革命不断,无产阶级通过政治斗争来不断争取自己的权利。在声势浩大的无产阶级革命之前,资产阶级的有识之士也逐渐认识到,如果不保障工人的劳动条件和生存条件,资本主义制度将会在革命中土崩瓦解。革命之所以发生,起义之所以出现,很大程度上就是源于工人阶级无法维持自己正常的生存,这成为革命的动力和导火线。正是出于对工人运动的恐惧与忧虑,资本主义国家开始采行福利政策,强调国家干预,保障工人生存的基本条件,从而在一定程度上缓和了阶级矛盾和阶级斗争。正因如此,20 世纪被人们称为"社会安全之世纪",在那个时代,

> 实施社会安全,为各国之中心政策,社会安全法制,亦即最能表现时代思想之法制。而所谓社会安全者,谓人人皆获得工作,可以生活,遇有疾病失业等情事时,亦可以社会力量,加以救济,而谋整个社会之安定,更进而促致文化进步之制度也。②

可以说,正是源于资本主义制度的自省,注重了对弱者的权益保护,才使资本主义社会延续到今日。对于社会主义国家而言,这也同样具有重要的警示意义,那就是,一个国家如果不注重对弱者境况的改善,社会上充斥着人与人之间不平等的状况,其最终结果将是社会矛盾激烈,社会关系紧张,稳定、安全的社会环境将难以成型。

---

① 转引自林正雄:《财产与政治——两种古典人观对当代自由主义之启示》,台湾大学政治学研究所 2000 学年度硕士论文。

② 林纪东:《"中华民国宪法"释论》,大中国图书公司 1981 年改订第 41 版,第 59 页。

三、弱者保护:和谐社会建构的必要条件

对于任何一个社会而言,人与人之间总是在禀赋、能力、贡献上存在不同,因而在人们之间就会自然地存在强弱之分。禀赋好的、能力强的、贡献大的,按照公平原则就会占有更多的社会资源,相反,禀赋差的、能力弱的、贡献小的,理所当然地只能占有较少的社会发展成果。这种适度的强弱之分,本身并不会造成严重的社会问题,相反,它倒是促进人们奋发努力、积极上进的动力。然而,当人们只是由于主观之外的原因而处于贫困、匮乏的状态之中,特别是当人们处于弱势地位恰恰是社会一手造成的结果时,这样一种状态就亟须改变。我们通常所说的保护弱者,所要保护的就是这样一些由于主观条件之外的原因或者社会排斥而遭受苦难的人群。我们的看法是,要建设和谐社会,就必须保护弱者;没有对弱者的人文关怀和社会救助,和谐社会的建构就是一句空话。原因在于:

(一)弱者的普遍存在,凸显了一个国家在社会结构上存在着严重的缺陷

所谓社会结构,按照社会学家的定义,通常是指"在一定程度上具有周期性及稳定性的人际互动网络。它通过社会位置排列以及人们在其中的分布表现出来"。① 而在当代中国,则多将社会结构用来指称社会制度下不同区域的人们的生活方式及身份地位,如典型的城市社会和农村社会。从应然的意义上说,只有保持社会结构的均衡,才可能造就出一个安定有序的社会;只有社会结构相对灵活而不是僵化、固化,社会才能充满活力。就此而言,冲突对于一个社会来说并不可怕,毕竟人的价值取向不同、利益追求有别,人与人之间总是难免存在这样或者那样的矛盾,但是,如果一个社会结构失衡或者结构僵化,则对于社会来说具有致命的杀伤作用。正如著名的社会学家科塞所言:

在一个对冲突根本没有或有但不够充分的容忍和制度化的社会结构里,冲突易于导致机能失调。冲突导致的分裂的威胁的强度和对社会体系的公认基础的破坏程度,与这个社会结构的僵化程度有关。威胁这样一个社会结构内部平衡的不是这样的冲突,而是这种僵化本身。这种僵

① ［美］迈克尔·休斯、卡罗琳·克雷勒:《社会学导论》,周杨、邱文平译,上海社会科学院出版社2011年版,第52页。

化使得敌意能够积累起来,一旦冲突爆发,这种积累的敌意就会集中到一条导致分裂的主线上。①

中国目前的城乡二元结构所导致的贫困人口主要集中在农村,以及农民抗争的事例不断涌现的事实,恰恰印证了科塞的这一判断。中国的城乡二元结构是以户籍制度为基础的。诚然,户籍制度各国均有之,然而,与国外户籍制度不同的是,中国现行的户籍制度不仅是用来管理和采集个人的自然信息,更为关键的,它还是行使权利、表明地位、享有资源的一种国家控制制度。这也是户籍制度广受批评的根本原因。在中国,户籍制度主要是用来区分城市、乡村居民,拥有城镇户口意味着更好的待遇、更高的地位,反之,农村户口既无医疗、住房等方面的保障、补贴、待遇,也无脱离农村进入城市的自由。这样一种户籍管理制度,显然与单纯意义上的对居民基本状况进行登记并进行管理的其他国家的户籍管理制度存在差异。正因如此,学者尖锐地批评道:"现行户籍制度便不是一个纯粹意义上的户籍行政管理制度,而是以户籍身份制度和人口迁徙禁锢制度为核心的与户籍身份、户籍管理有关的一系列社会具体制度的总称"。② 这是该制度的核心所在,当然也是其危害、其恶毒之所在。因而,改革中国现行的户籍制度,允许人们的自由迁徙与流动,保障城乡居民的身份、待遇平等,业已成为当代中国必须进行的人权保障的基础工程。

城乡二元结构造就了广大农村地区的贫困。正如学者所指出的那样:"自新中国建立以来,农业和农民为我国的工业化作出了巨大的牺牲,国家对农业和农民实行了掠夺性的非倾斜政策。"这样,无论是从相对贫困还是绝对贫困的意义上而言,农民就成为事实上的社会弱者。而为这种城乡二元结构撑腰的户籍制度,"严格地限制了农村人口向城市的流动,阻碍了城市化的进程,也使得城市人口和农村人口在就业、粮油供应、住宅等方面存在着事实上的不平等"。③ 如此不人道的社会结构安排,竟堂而皇之地在社会主义中国存在如此

---

① [美]L.科塞:《社会冲突的功能》,孙立平等译,华夏出版社 1989 年版,第 139 页。

② 俞德鹏:《城乡社会:从隔离走向开放——中国户籍管理制度与户籍法研究》,山东人民出版社 2002 年版,第 1 页。

③ 朱力宇、刘建伟:《从施塔姆勒正义法理念学说对卡多佐的影响看正义法理念对构建和谐社会的启示》,见徐显明主编《和谐社会构建与法治国家建设——2005 年全国法理学研究会年会论文选》,中国政法大学出版社 2006 年版,第 68 页。

之长的时间并且还继续存在，确实令人汗颜。改革开放以后，二元结构有所松动，大量农民涌入城市，然而，由社会结构所派生出的社会偏见只能使农民工成为"二等公民"，他们所从事的工作也多是城市人所不愿做的脏、累、险工种，在城市福利、社会保障以及子女的受教育等方面，他们仍然受着这样或者那样的限制。不仅如此，农民的外出打工还在"制造着"弱者或者使弱者的处境更为困难。大量留守老人、留守儿童的存在，使得老有所养、少有所依的传统家庭格局被打破，人们在遭受物质上贫穷的同时，还同时要承担着情感的缺失。尤为值得重视的是，由于城市、农村物质条件和教育设施上的差异，在儿童的教育问题上城乡之间差别极大，这又导致此后农村的孩子可能会在初始条件上更加欠缺，因而又会沦为未来社会中的弱者。[①] 也因此，当代中国的城镇化建设的核心应集中于对农民、农民工这一由于政治与社会区隔结构所导致的普遍弱势阶层进行普遍化的城市赋权。今天我们所看到的各种各样的城市权利的论述不应是集中于生活在城市中的人的各种权利，而应当是集中于对那些尚未进入城市或已经进入城市但尚未获得城市资格的弱势群体进行普遍的城市赋权。只有在这个意义上，城市权利的论述才是完整的。[②]

　　总之，和谐社会所需要的社会结构应当是平衡的、互动的、流动的，只有这样，才能使人们各得其所，安于其位。然而正如我们上面所指出的那样，今天不公平的城乡二元结构划分，恰恰是制造贫困、产生弱者的渊薮。听任这种现象的存在而要建构和谐社会，无疑是痴人说梦。"和谐是相对于不和谐而言的，它主要是针对社会所存在的各种不和谐现象、各种社会失衡、社会失范甚至社会冲突来谈的。因此，构建和谐社会思想的提出在更大程度上所涉及的

---

　　① 对于家庭条件和早期教育对儿童的影响，可引美国哈佛大学前任校长博克的话来作为注脚。博克指出："婴儿出生以后，其家庭周围的自然环境，特别是其所能接受的良性刺激对婴儿成长有着显著且持久的影响。给予婴儿的呵护与护理对他们数十年后的健康和压力适应性都有深远的影响。孩子在3岁之前听到的话语总量影响着他们情商的发展，以及9岁之前的词汇储备和语言表达。加之不同的父母对儿童的护理也存在很大差异，先天的认知差异会在孩子上学之后进一步扩大。那些生活在富裕家庭的孩子有更多的时间用来阅读、游戏和接受其他刺激性。相反，生活在贫困家庭的孩子4岁时获得的平均词汇量要比富裕家庭的孩子少3200个。所以，贫困家庭的儿童在进入幼儿园后感到很不适应也就不足为怪了。"参见［美］德雷克·博克：《幸福的政策——写给政府官员的幸福课》，许志强译，万卷出版公司2011年版，第163页。

　　② 对于城市权利这一性质的集中探讨，参见 Verso editors, *The Right to the City: A Verso Report*, Verso, 2017。

是如何从社会学的视角出发去积极地修正社会中的不和谐,解决社会失衡、社会失范与社会冲突等问题。"①所以,从改革社会结构入手,落实人们的平等地位与平等待遇,就成为中国和谐社会建设中的重要环节。

(二)弱者大量被社会制造的事实,反映了社会分层上的严重不平等

在弱者产生的原因方面,粗略地归纳,可以将之分为两类:一类是自然的,如先天残疾、能力不足;另一类则是社会的,是由社会所制造或曰因社会排斥所导致的弱者。撇开自然的原因所导致的弱者不说,社会原因导致弱者的形成,则明显地表现出社会分层上存在严重问题。在社会学上,"社会分层是指一种按照人们相应的权力、财产和声望,将人群划分为不同层级的制度"。②例如我们通常所言的社会阶级或社会阶层,就是一种典型的社会分层类型。导致分层的原因多种多样,美国学者格伦斯基将之分为经济类、政治类、文化类、社会类、荣誉类、公民类、个人类等七种"为分层体系提供基础的一些资产、资源和有价事物的类型",并着重指出:"迄今为止,人类的生存环境从根本上依旧是不平等的;事实上,我们已知的所有社会都存在着某种类型的不平等,那些最具特权的个人和家庭过多地占有着权力、声望和其他一些有价值的资源"。③当然,这并不是说所有的社会分层都是不公平的,正常的社会分层正如社会分工一样,只要不存在人为的排斥和社会的歧视,而是由人们根据自己的能力、贡献而占有相应的社会位置,这同样与公平的原则不相背离。例如有的学者就指出,社会分层之所以不可避免是因为:(1)社会必须确保某些职位有人承担;(2)某些职位比其他职位更加重要;(3)更为重要的职位必须由更能干的人选来承担;(4)为了激励更能干的人去承担职位,社会必须为他们提供更多的报酬。④这种意义上的社会分层,实质上反映了人们根据才能、贡献所应当占有的地位,与"得其之所得"的正义观念并不矛盾。

如果说按劳取酬、选贤任能意义上的社会分层尚属公平,那么人为的不平等则显然是破坏社会和谐的罪魁祸首。例如曾在人类历史上盛行的奴隶制

---

①　欧阳英:《构建和谐社会的政治哲学阐释》,江苏人民出版社 2010 年版,第 253 页。

②　[美]詹姆斯·汉斯林:《社会学入门——一种现实分析方法》(第 7 版),林聚仁等译,北京大学出版社 2007 年版,第 230 页。

③　[美]戴维·格伦斯基编:《社会分层》(第 2 版),王俊等译,北京大学出版社 2005 年版,第 2—3 页。

④　国外社会学家戴维斯和穆尔的观点,参见[美]詹姆斯·汉斯林:《社会学入门——一种现实分析方法》(第 7 版),林聚仁等译,第 239 页。

度,就典型地属于通过人们自己所创造出来的不平等的社会分层体系。早在古希腊时期,亚里士多德就从统治者与被统治者的角度,认定社会上一部分人只能成为奴隶。在他看来,"世上有统治和被统治的区分,这不仅事属必需,实际上也是有利益的;有些人在诞生时就注定将是被统治者,另外一些人则注定将是统治者"。那么,什么样的人就该天然地被视作为被统治者,即奴隶呢? 亚里士多德的回答是:"凡自己缺乏理智,仅能感应别人的理智的,就可以成为而且确实成为别人的财产(用品),这种人就天然是奴隶。"表面上看,亚里士多德是从"理智"的角度来言及奴隶的问题,似乎并不具有阶级偏见的意味,然而,亚里士多德立论的根据却是人的"自然的"体格:"自然所赋予自由人和奴隶的体格也是有些差异的,奴隶的体格总是强壮有力,适于劳役,自由人的体格则较为俊美,对劳役便非其所长,而宜于政治生活"。① 可见,"理智"与否并不是个非常重要的标准,因为每个人理智的程度实在是难以测量的。但人的体格则是外显的,在亚里士多德眼中,那些强壮而粗笨的人只配做奴隶,而有"俊美"体形的人则适宜于做统治者。正是亚氏等人学说的影响,因而出现了在古罗马中直接将奴隶视为工具的论述。在罗马共和制末期,著名学者玛尔库斯·铁纶提乌斯·瓦罗就公开地将奴隶列为生产工具之一。他言道:

> 现在我说一下用什么样的工具来耕地。某些人把这些工具分成两组:人和工具。没有工具,人们就不能耕地。另一些人则将其分为三组:说话的工具,发出不分音节的声音的工具和哑巴的工具,奴隶便是属于说话的工具,牡牛属于发出不分音节的声音的工具,而马车则属于哑巴的工具。②

至于奴隶所生的子女还是奴隶,这更与所谓"理智"与否没有任何关系。当然,在现代社会,奴隶制度早已绝迹,但类似的不平等的社会分层却仍然大量存在。这在当代中国同样如此。其结果,就是某些人群被人为地边缘化、贫

---

① 参见[古希腊]亚里士多德:《政治学》,吴寿彭译,商务印书馆 1965 年版,第 13—15 页。
② 转引自冯卓慧:《罗马私法进化论》,陕西人民出版社 1992 年版,第 78 页。

困化,导致物质上的贫穷、社会上的排斥、法律上的无权以及政治上的失能。以法律为例,法律的原则是人人平等、一视同仁,然而,中国今天的法律却在很大程度上形塑着不公。徐显明教授就专门指出:在中国,农民是一个倍受歧视的社会群体或社会阶层,许多法律关系人为地将农民排除在外,

> 最典型的就是劳动法律关系和社会保障法律关系,农民日出而作日落而息,而他们在土地上的这种劳作在法律上却不被认为是劳动。因为《中华人民共和国劳动法》基本上不调整农民的劳动关系,我们在谈劳动就业和失业的时候,从来不把农民包括在内。这就导致了法律关系主体的二元性。[①]

可见,并非农民没有成为劳动法律关系主体的条件与能力,而是国家法律戴着有色眼镜,将"城里人"视为劳动法律关系的主体,而将农民排除在这一法律关系之外。其他类似的情形还大量存在。显然,不加强对弱者权利的保护,就无法消除这种不合理的社会分层,而社会最终也会因为弱者的普遍抗争而陷入动荡和冲突之中。

(三)社会偏见视角下的弱者建构,反映了社会上一定人们的心理病态

和谐的社会,应当是讲究平等、宽容的社会,在这样一个社会中,人们认识到彼此之间会存在诸多的不同,但人们之间并不相互排斥,而是尊重他人的个性,甚至容纳与自己意见相左的"异端"。然而,这只是一种理想的应然状态,在实际生活中,根深蒂固的社会偏见不仅阻碍着人们的理性认识,同时也是社会弱者产生的重要根源之一。

在社会学上,偏见"指仅仅因为某成员属于某一群体就对其产生厌恶和敌意态度,并认定该群体赋予其令人反感的品质"。以种族偏见为例,学者指出,这类偏见通常由认知、情感和行为三种要素组成:(1)认知毒素包含了对目标群体成员的描述,通常包括诸如"懒惰""愚蠢""罪恶""无情"这类负面刻板印象;(2)包括对目标群体负面反应和情绪的情感要素;(3)包括歧视并对目标群

---

① 徐显明:《和谐社会与法治和谐》,见徐显明主编《和谐社会构建与法治国家建设——2005年全国法理学研究会年会论文选》,中国政法大学出版社2006年版,"代序"第7页。

体成员不利的行为要素。① 从形成的机理上说,偏见更多地来源于一种不正确的社会经验,但由于经过长时期的传播与积淀,以至于许多人根深蒂固地对之认同并加以接受,且用于作为处理人际关系的准则。生活中的人们包括我们自己,都会自觉或不自觉地坚持某种偏见,如性别偏见、地域偏见、阶层偏见等。偏见不仅导致社会对一部分人不公正的对待,并且,暴政也往往由于偏见而形成。英国著名思想家伯林就指出:

> 没有什么东西比这种信念更有害:某些个体或群体(或者部落、国家、民族、教会)认为,只有他、她或他们惟一拥有真理;而与他们不同的人,不仅是错误的,而且是邪恶与疯狂的,因此需要抑制与镇压。相信只有自己正确,这是一种可怕而危险的自大:拥有看到那惟一真理的灵眼,而如果别人不同意,错的只能是他们。这使得一个人相信对于他的民族、教会或全人类,存在着一个目标,而且是惟一一个目标,只要这个目标能够实现,无论遭受多大的不幸(特别是就别人而言)都是值得的。②

的确如此! 在历史上,对阶级、种族、宗教等方面的偏见,曾导致了人类社会无数次血流成河的事件,也出现了一幕幕惨绝人寰的悲剧。由此可见,社会上的偏见如不消除,要想建立一个人类大同的世界,实际上根本就无法想象。

生活于世上的人们,同时也接受着业已给定的文化环境,而同时,早已成形的社会偏见也会渗透在人们的思想意识之中,成为他们一种自觉或不自觉的心理态度。这种偏见有时就会导致一种外在的歧视行为,但即使不形诸行动,人们也会因为这种心理影响而在内心上与偏见对象产生心理隔膜,从而阻碍着人与人之间的正常交流。同性恋者遭受歧视就是其中典型的例子。按理说,任何一个人都有权选择自己的性取向,并且根据密尔的理论,一个人的行为只要不伤害到社会上的其他人,国家和社会就没有干预的权力。然而实际

---

① 参见[美]迈克尔·休斯、卡罗琳·克雷勒:《社会学和我们》,周杨、邱文平译,上海社会科学院出版社 2008 年版,第 209—210 页。

② [英]以赛亚·伯林:《关于偏见的笔记》,《自由论》(《自由四论》扩充版),胡传胜译,译林出版社 2003 年版,第 393 页。

生活中,人们往往对此抱有不正确的观念与态度,即将那些同性恋者视为性变态者,是不正常的或者说不道德的,必欲除之而后快。正因如此,

> 我们的异性恋文化使大量人群成为受害者,包括同性恋男性、同性恋女性、双性恋者、两性人、性倒错者,甚至无性人。虽然多数人认为歧视女性(性别主义)和歧视有色人种(种族主义)的偏见是错误的,但是异性恋被广泛接纳,有时在法律范围内更是被接受。①

许多同性恋者遭受来自父母和家族成员的激烈反对,在学校及工作场所受到歧视和骚扰,甚至成为"仇恨犯罪"的受害者。在这种偏见的高压之下,同性恋者们"过着压抑感情的生活,对他人否定着真实的自我,有时对自己也不够坦诚"。② 这也就意味着,通过对同性恋者的偏见,社会又制造了一类新的弱者。至于其他非自然性原因所产生的弱者,也都是这种社会建构的结果。

社会偏见的存在反映了什么? 首先,可以看出这个社会是一个不宽容的社会。换句话说,人们更相信社会的整齐划一而不容许有异端的存在,更愿意将自己对社会常规的服从也视之为他人必须采行的标准。在这种氛围之下,稍有逾越社会常规者,即可能被人目为异类,紧接着的就可能是社会的排斥。在这里,记住伯林的教诲是必要的:

> 由历史、人类学、文学、艺术、法律等等所提供的知识表明:文化与性格的差异性(它们使得人成为人)与相似性一样深刻,而且我们一点也没有受这种多样性伤害;关于这种多样性的知识打开人类理智(与灵魂)之窗,使人们更富智慧、谨慎与文明,而缺少这种多样性会培育非理性的偏见、仇恨与对异端及"他者"进行可怕的灭绝;如果两次大战加上希特勒的种族灭绝还没有给我们以足够的教训,我们将无可救药。③

---

① [美]约翰·J.麦休尼斯:《社会学》(第 11 版),风笑天等译,中国人民大学出版社 2009 年版,第 247 页。

② [美]大卫·诺克斯、卡洛琳·沙赫特:《情爱关系中的选择——婚姻家庭社会学入门》(第 9 版),金梓等译,北京大学出版社 2009 年版,第 146 页。

③ [英]以赛亚·伯林:《关于偏见的笔记》,《自由论》(《自由四论》扩充版),胡传胜译,译林出版社 2003 年版,第 394 页。

人类如不能容忍与己不相吻合的行为,那要建设和谐社会自然是一厢情愿,毫无可能;其次,社会偏见的广泛存在,说明这个社会是一个不人道的社会。人道自然有多种含义,但其中一个基本的内容就是对他人的尊重、关怀、同情与怜悯。正如启蒙时期的思想家霍尔巴赫所指出的那样:

> 所有社会道德中最重要的道德是人道主义。人道主义是其余一切道德的精髓。就其最广义来说,人道主义(或博爱精神)是一种普爱众生的情感,它使全人类都有权接受我们的亲切的对待。人道主义以我们从教育中养成的慈悲心和敏感性为基础,促使我们为别人做我们力所能及的一切好事。人道主义促使我们对同类仁爱、友善、慷慨、宽容、怜惜。①

然而,由社会偏见出发而将某类人群打入另册,这显然就是对人道和人道精神的背叛。在偏见所架构起的社会环境中,某类人群并非充足而正当的理由却被社会上大多数人视为是多余的、不正常或不道德的人,这与人道精神所追求的对人的平等对待和情感关怀显然背道而驰。再者,人们不加分析即接受原已存在的社会偏见,本身也反映了人的无知。固然社会有很大的惯性,它的习俗、文化和传统恰如一张疏而不漏的大网,使社会成员容易受其裹挟,而不经意间即会成为偏见的接受者、拥护者甚至极力推行者。然而,对于一个理想的社会来说,它需要的不是一味盲从社会偏见的公民,而是能够独立思考、理性选择的主体,偏见所遮蔽的真理,恰是理性的人应当去予以发现、维护的。例如,以往有关反对同性恋的理由之一,就是对孩子的成长和教育不利,但是,社会学家业已通过大量的事实说明,"同性恋父母养育的孩子与异性恋父母养育的孩子一样有活力"。② 诸如此类的现象还有很多,它给人们所提供的启示就是:要保持怀疑的精神,不盲从社会的偏见。

总之,对于和谐社会的建设而言,关注社会结构之下人为的弱者的形成,注重不合理的社会分层所派生出大量弱者的事实,以及同情在社会偏见下所

---

① ［法］霍尔巴赫:《自然政治论》,陈太先、眭茂译,商务印书馆1994年版,第38页。
② ［美］大卫·诺克斯、卡洛琳·沙赫特:《情爱关系中的选择——婚姻家庭社会学入门》(第9版),金梓等译,第152页。

建构出的弱者类型,都是这一社会理想和社会形态所必须予以完成的任务。正因如此,对弱者权利的保护本身就是和谐社会建设中的题中之意,缺乏了这一关键环节,不合理的社会结构、社会分层与社会偏见就会腐蚀着这个社会中人们正常的情感、理性,从而将社会置于分裂、冲突甚至暴力状态之中。

四、弱者保护:建设和谐社会的充分条件

弱者保护不仅是建构和谐社会的必要条件,同时还是其充分条件。"充分条件"在逻辑上意味着:如果有事物情况 A,则必然有事物情况 B;如果没有事物情况 A 而未必没有事物情况 B,A 就是 B 的充分而不必要条件,简称充分条件。对于和谐社会的建设而言,其存在离不开几个关键要素,这包括尊重人权、实现公正与提倡人道精神。不仅如此,人权、公正与人道又更主要地是通过保护弱者而得以彰显。按照这样一个逻辑顺序,我们就可以认为,弱者保护是建设和谐社会的充分条件。

(一)重视弱者的人权保障,是构建和谐社会的制度前提

和谐社会必须是尊重人权、保障人权的社会,而弱者权利保护又是人权保障中最为重要的内容。著名国际人权专家诺瓦克就明确指出,在现代社会,

> 各国不再简单地因为他们正面的宏观经济数据而被视为"高度发达"了,相反其是否发达的标准是有多少人获得充分的教育和保健、工作、食物、住房、社会保障、民主治理、独立法庭和批评性的市民社会并且能够安全地、不受歧视地生活;换句话说,当"贫穷"被成功地战胜和"人人享有所有人权"……已经在最大可能的限度上得到广泛适用时,才是"高度发达"的。①

这就明确告诉我们,要建立发达的和谐社会,就必须将弱者的人权保障放在第一位来予以考量。没有对人权的保障,人的主体性、自主性就无法体现,而在一个不知主体为何物的社会,所谓和谐,充其量也只不过是人与人之间的相安无事而已,社会根本就无活力可言。和谐并不是静态的和睦、互助,而是动态的创造、合作。在那样一个时代,并非不存在利益冲突,不存在社会纠纷,

---

① [奥]曼弗雷德·诺瓦克:《国际人权制度导论》,柳华文译,北京大学出版社 2010 年版,第 43 页。

相反,由于人们都要求得自己价值的实现,更有可能彼此竞争,互不相让。[①]
那么,这样一种社会如何来保证真正意义上的和谐呢?那就是确立人权观念,
让每个人都能够尊重他人的权利,明确利益的分界,"苟非己之所有,虽一毫而
莫取"。[②] 因为在人权的时代,法律给每个人都提供了平等的机会,这样,即使
在今日别人已经获得了更多的社会资源,也不意味着明日的我们就只能仰人
鼻息,因为我们也可以以同样的努力在同等的机会下获得同样的成果。可见,
和谐社会之所以要以人权为基础,主要原因就在于人权能够让人们记住自己
的主体地位,发挥自己的自主能力,在为自己创造美好生活的同时也为社会作
出有益的贡献。

　　如果说在和谐社会中人权必须为每一个人所普遍拥有,那么,强调弱者
的权利就是和谐社会重中之重的任务。道理很简单:人权是从普遍的人、抽
象的人的角度来定位人们应当拥有何种权利,然而,对于社会上的弱者而
言,即使是赋予了其与正常人一样的普遍人权,但对于他们来说也可能不具
有任何意义。为什么?人权不是国家发放的津贴,不代表每个人只要是人
即可享受并从中获益,人权只是提供行动的资本或者说国家承诺的保障,人
们是否愿意享受权利或者是否能够享受权利,则只能由个人的实际需求和
相关能力来决定。至于通过人权的行使能否获得可期待的利益,则更非国
家所能保证。这样,就全体社会成员而言,在人权的行使方面则可能存在几
种不同的类型:愿意行使权利者和放弃权利行使者;愿意行使权利并且有能
力行使权利者和愿意行使权利但无能力行使权利者;通过权利行使的获益
者和行使权利之后的失败者。在这里,失权者、失能者、失败者即为我们所说
的弱者。对于这部分人权利的保护,相较于普通人、正常人而言,似乎更加重
要和更加迫切。原因是:

　　(1)弱者由于自己的悲惨状况,实际上更需要权利的保护。权利当然不会
自动生成利益,但权利可以带来利益,则是一个不争的事实。弱者或许因为生

---

　　① 正如我国台湾地区学者许庆雄先生所指出的那样:"若是由人权体系内部观之,人权是适用于多数
人共同生活的社会,因此必然会面临人与人接触而产生之对立关系,或不同种类人权之间的对抗关系。"许
庆雄:《人权的调整与效力之研究》,见《李鸿禧教授六秩华诞祝寿论文集》,月旦出版社股份有限公司1997
年版,第431页。
　　② (宋)苏轼:《前赤壁赋》。

理上、心理上的缺陷而"技不如人",或因机会上、境遇上的不幸陷入困境之中,正因如此,他们更需要国家提供特殊的权利支持以图取得急需的利益。换句话说,在一般人享有的人权的基础之上,弱者必须拥有"特权"才能维持其正常的生存。这类特权,如福利权、救助权等,一般而言正常的人并不需要或此时并不急需,但对那些有"燃眉之急"的弱者来说,这类权利的有无则关系到其生存,更不用说尊严了。可见,在一个还算民主的国家,人权对于一般的社会成员来说只是"锦上添花",但弱者所应当拥有的权利则是"雪中送炭",其意义显然比一般意义上的权利赋予更为必要也更为重要。

(2)正如人们通常所指出的人权的脆弱性那样,权利容易遭受来自外部的侵犯,毕竟社会上的人们并不都是谦恭有礼的正人君子,利益的驱动往往也会使人的本性迷失。如果说一般人的权利都容易受到侵犯,那么,弱者的权利则更是岌岌可危:一方面,许多弱者缺乏防卫与自卫的能力,他们在受到侵犯时只能忍气吞声,特别是社会排斥与社会偏见之下,他们可能的选择就是忍受;另一方面,还有许多在权利受到侵犯时而无法知悉自己权利遭受损害的人,如儿童、精神病患者等,即使有来自外部或者亲人的伤害,这类人群也可能是浑浑噩噩而难以自知。对于这样一类人群可能遭受的权利侵害,就需要国家出场,用强制干预的方式来为他们提供特别的保护。正如德沃金所指出的那样:"政府最基本的责任就是要保护社会中每个人,特别是那些无法保护自己的人的利益。"①

(3)如果将权利的运作视为法律主体为获取利益而采取行动的过程,那么,人们究竟有无行使权利的能力,就成为其中的关键因素。对于一般人而言,他们拥有常人的经验与理性,正确地选择与判断都应当不成问题,但关键是,社会上的弱者是否也具有这样的能力呢? 瑞士学者弗莱纳就以朴素的语言,追问了以下问题:

　　　　当实际上无人能够阅读时,新闻出版自由和表达自由又有什么意义呢? 当宗教共同体养不起牧师时,宗教和良心自由又有什么意义呢? 如

---

① ［美］朗诺·德沃金:《生命的自主权——堕胎、安乐死与个人自由》,郭贞伶、陈雅汝译,商周出版2002 年版,第 19 页。

果只有一些人买得起高楼大厦而其他人几乎无家可归,那么,为什么要保护家庭的私人领域? 当穷人只能靠富人的垃圾维持生活时,我们何必担心人格尊严? 当此处的人有做不完的工作而别处的人失业时,一个人怎能确信个人的正常发展?①

弗氏所言,无非就是权利行使的能力问题。欠缺行使权利的能力,赋予再多的权利也只是枉然;而就缺乏权利行使能力者来说,弱者则显然是其中的主要成分。由此可见,要使人权真正落到实处,就必须通过人权(如社会权、受教育权)等来补足弱者所可能存在的能力不足的问题。

(4)权利意味着一种行动的可能,但权利的行使会造成什么样的结果,则非人们所能预料。例如,人人都有婚姻的自由,但能不能寻找到美满的婚姻,则很大程度上与运气、缘分有关,就此而言,权利的行使一定意义上也是个投下人生赌注的过程,有成功者,也有失败者。我国台湾地区学者许国贤先生在解读奥克肖特的理论时,就精辟地指出:

> 个人的诞生、个体性经验的觉醒,也意味着每一个人必须去承担自我选择和自行追寻幸福的责任或包袱,这是要去做为一个"个人"所必须付出的代价。但打从个人开始在欧洲出现之际,另一个独特的人物也同时诞生,那就是"失败的个人",亦即在旧有的群体联系已然解体之后,在原先的令人熟悉的认同(做为社群生活里的一个匿名的存在)必须更换之际,却无法去发展、去确立属于个人的个体性与认同,从而不仅在外在行为严重落伍(落伍于能够果决地体现其个体性的人),更造成内在的自我不信任的那些挫折者。②

"失败的个人"当然也就是生活上、事业上的弱者,对于这类人的处境国家如不给予关注,就可能使弱者陷于无法生存的境地,并且也会因为失败者的怨怼而制造社会冲突,从而破坏社会的安宁。

---

① 　[瑞士]托马斯·弗莱纳:《人权是什么?》,谢鹏程译,中国社会科学出版社 2000 年版,第 72 页。
② 　许国贤:《伦理政治论——一个民主时代的反思》,扬智文化事业股份有限公司 1997 年版,第 137 页。

总之,"和谐社会是以人为本的社会。用法律语言表述,以人为本,就是以人们的权利为本,以人权为本。尊重和保障权利和人权是和谐社会的基本特征,也是构建和谐社会的前提"。不仅如此,还必须有这样一种认识:"弱势群体的利益本质上属于人权范畴。尊重和保障人权首先想到的应该是社会弱势群体的人权。"[①]当然,这并不是说普通人、一般人的人权就不重要,而是相对而言,解决弱者的生存状况、维护其正常的生活,在维护社会公平、建构和谐社会的各项任务中显得更为紧要,也更为迫切。

(二)保障社会的分配正义,是构建和谐社会的关键机制

中共中央发布的《关于构建社会主义和谐社会若干重大问题的决定》中,将"公平正义"作为和谐社会的建设目标,这同时也就意味着,和谐社会必须是一个讲究公平、注重正义的社会。那么,公平正义通过何种形式表现出来呢?"要看一个社会是否公正,就要看它如何分配我们所看重的物品——收入与财富、义务与权利、权力与机会、公共职务与荣誉,等等。一个公正的社会以正当的方式分配这些物品,它给予每个人以应得的东西"。[②] 必须注意的是,与以上我们所言的优先保障弱者人权的道理相同,公平正义也首先应当从弱者角度来予以考虑。正如学者所指出的那样,现代的社会正义实际上也就是分配正义,要求国家保证财产在全社会公平分配,以便让每个人都得到一定程度的物质手段。[③] 但分配正义之所以提出,以及分配正义之所以重要,都在在和弱者密切相关。这是因为,弱者的存在很大程度上与强者占有本该属于全体成员所共有的资源甚至压榨、掠夺弱者的劳动成果有关,因而国家必须扮演维护公正的角色,强制强者交出本应属于弱者的利益与财富。

不可否认,强者也可以因其自身的能力与贡献而占有社会上较多的分配份额,这是一个民主的社会必须允许而且要加以保护的,但是,如果强者占有的份额太多,而与赤贫者形成鲜明的对比时,这种分配方式是否合理就值得怀疑。例如,美国最富的 1% 的人口拥有整个国家的 1/3 的财富,超过了底层90% 的家庭所拥有的全部财富之和。那些位于顶层的前 10% 的美国家庭,吸

---

① 张文显:《构建社会主义和谐社会的法律机制》,见徐显明主编《和谐社会构建与法治国家建设——2005 年全国法理学研究会年会论文选》,第 9、10 页。

② [美]迈克尔·桑德尔:《公正:该如何做是好?》,朱慧玲译,中信出版社 2011 年版,第 20 页。

③ 参见[美]塞缪尔·弗莱施哈克尔:《分配正义简史》,吴万伟译,译林出版社 2010 年版,第 1、5 页。

纳了 41% 的全部国民收入,并持有 71% 的全部财富。^① 如此差异巨大的贫富之别,显然就不能以大部分人的懒惰、无能来做出解释。正确的理解应当是,社会自身制造出了不平等:

> 当人们进行互动时,一种不平等的结构就会被创造出来。这有三个来源:劳动分工、社会冲突和私有财产制度。随着时间推移,有利的位置会带来权力、特权和声望。处在这些位置上的人会被给予权力、特权和伴随这些位置而来的声誉,处在这些位置上的那些人的孩子则会享有优越的条件。

然而相反的情形则是:"那些在社会冲突和劳动分工中失利的人处在劣势位置,仅有很少一点积累的财富、权力和声望。他们会将这些劣势传给接受这些职位的那些人,他们的孩子也将会处于劣势位置"。^② 由此而论,弱者的产生,本身与社会分工、社会互动和社会制度密切相关,强者占有太多的社会资源这本身就是不公正的。即使依照"优胜劣汰"的法则,让那些失败者处于劣势还差强人意地不失公正的话,那么,由于劣势者所处的境遇使他们的孩子处于不利地位、输在起跑线上,这显然是不公平的。正因为如此,对处于劣势地位的弱者给予必需的福利权和救助权,以保证其尊严的生存以及使其子女受到与别的小孩一样的教育,就是非常必要的。

实际上,对于"穷人"观念的转变,也大致折射出从将原因归咎于弱者自身转而反思社会本身的弊端的转变。根据美国学者弗莱施哈克尔的归纳,原本存在着从多个方面来论证贫富悬殊正当性的观点,包括:(1)贫穷是对罪恶的惩罚,因此穷人虽然在原则上和富人平等,但是其做了丧失平等资格的事情;(2)贫穷是天生的罪恶,就像地震、疾病是不能通过人类的努力改变的;(3)物质上的财富不算什么,因此穷人和富人能够在不改变物质生活条件的情况下同样生活得很好;(4)贫穷是财富,让人能够学会谦恭或者摆脱物质渴望,因此穷人的生活实际上等同于甚至优越于更富有的人的生活;(5)穷人"适合"贫穷

---

① 数据转引自[美]迈克尔·桑德尔:《公正:该如何做是好?》,朱慧玲译,第 67 页。
② [美]乔治·查农:《社会学与十个大问题》(第 6 版),汪丽华译,北京大学出版社 2009 年版,第 74 页。

的生活,他们已经习惯了,他们不能享受更奢华的生活;(6)贫穷是让穷人工作的必要条件,或者是让他们免于酗酒的条件,因此对他们过上美好生活的能力是必要的;(7)穷人只有在学会了富人的礼貌和道德后才能拥有美好的生活;(8)穷人和富人在物质财富上的平等权利尽管确实存在,但却被其他的关注,如自由的重要性给推翻了。① 然而,以上的假设在很大程度上并不能够成立。例如(1)、(2)两个原因将贫穷本身作为罪恶来看待,这就把纯粹好吃懒做者和先天条件不足、命运多舛者不加区分地对待,显然是不公平的;(3)、(4)、(5)、(6)或者是把穷人视为无知无欲的圣人,或者是否定穷人有适应富裕生活的能力,根本上就是无知之论;至于(7)、(8)也无充足的理由。这些主张,随着思想家们特别是马克思主义者对社会不平等根源的揭露,业已被证明为是不正确、不合理的主张。正如密尔所言的那样:

> 不管我们如何看待道德原则和社会团结的基础,我们都必须承认,人类是应该相互帮助的,穷人是更需要帮助,而最需要帮助的人则是正在挨饿的人。所以,由贫穷提出的给予帮助的要求,是最有力的要求,显然有最为充分的理由通过社会组织来救济急待救济的人。②

一个理想的社会,一方面应当赋予权利,让穷人有生存的可能;另一方面则必须消除贫穷的根源,以免弱者产生的再循环。

当然必须注意的是,社会公正并不意味着传统上均贫富观念的复苏,那种通过法律来强行使富人变穷或使穷人变富的主张,本质上与社会发展的规律相悖。哈耶克特别提醒我们,必须区分两类不同性质的"保障":一是有限的保障,亦即所有人都能获致的保障,这类保障用来抵御严重的物质贫困,也就是"对所有的人都提供一定的最低限度的生计保障";二是绝对保障,亦即在自由社会中不可能为所有的人获得的保障,这类保障"确使某人或某些人获得一定生活水平的保障"。③ "使穷人变富"明显地与第二类保障相关,这是极不可取

---

① 〔美〕塞缪尔·弗莱施哈克尔:《分配正义简史》,吴万伟译,第11—12页。
② 〔英〕约翰·穆勒:《政治经济学原理——及其在社会哲学上的若干应用》(下卷),胡企林、朱泱译,商务印书馆1991年版,第558页。
③ 〔英〕弗里德里希·冯·哈耶克:《自由秩序原理》(下),邓正来译,生活·读书·新知三联书店1997年版,第11页。

的保障形式,如欲采行,必然会导致专制国家的产生。[①]　因此,社会公正视野下的弱者保护,首先是要将弱者权利的保护置于首位,因为他们才最需要社会的关爱与政府的庇护;其次,为弱者所提供的权利保护只是为其提供最基本的生存保障,而不是让他们一夜暴富;再者,社会公正措施应重在对弱者能力的培养上,尤其是对儿童要实施普遍而平等的免费教育,防止贫穷家庭的小孩因初始条件的缺乏而在未来的发展中沦为新的弱者。在谈到受教育权的意义时,著名法学家拉兹就特别指出:

> 受教育权背后的推理在于,人们过上如意充实的生活的能力取决于拥有这样一些技能,这些技能是应对生活的挑战、抓住他们所处的或可能所处的时间和地点的可用机会所需要的。考虑到现在的生活环境需要正规的学校教育,以及我们社会的政治组织存在于国家中,让政府负责向所有人提供教育是合理的。[②]

就此而言,实现社会公正这一目标既是一项现实性的措施,解决亟需国家扶助者所需的生存保障问题;又是一项长远性的措施,着眼于对新一代公民可行能力的塑造与培养。两者紧密结合,才能真正达致对弱者权利的全面保护。

(三)补足弱者的法律"应得",是构建和谐社会的首要任务

在古罗马查士丁尼编纂的《法学总论》中,将法律的基本原则确定为"为人诚实,不损害别人,给予每个人他应得的部分"。[③]　就此而言,正义对于个人来说,就是获得了他本该得到的东西。以此推论,给予他人不应得到的东西,那

---

① "均贫富"式的社会政策为什么为导致专制政权,哈耶克有个清楚的说明,他指出:"如果政府不只是想为某些个人达致一定的生活标准提供便利条件,而且还力图确使每个人都达致这样的标准,那么它就只有通过剥夺个人在此问题上的选择权利方能做到这一点。这样,福利国家便成了一个家族式国家,在这种国家中,'家长'控制着社会的大多数收入,他根据他所认为的社会成员需求或应当得到满足的需要的数量和品种来分配这些财富"。参见[英]弗里德里希·冯·哈耶克:《自由秩序原理》(下),邓正来译,第13页。

② [英]约瑟夫·拉兹:《新世界秩序中的人权》,见徐显明、郑永流主编《全球和谐与法治——第24届国际法哲学与社会哲学协会世界大会全体会议论文集》,中国法制出版社2010年版,第7页。

③ 参见[古罗马]查士丁尼:《法学总论——法学阶梯》,张企泰译,商务印书馆1989年版,第5页。

同样是不正义的。① 例如许多人与别人付出了同样的劳动,但结果却是陷于贫困状态,这自然也是他们不应得到的,需要国家采行手段对之加以改变。同样,生于贫穷之家的儿童在起跑线上输于别的小孩,这对那些儿童来说显然也是不公正的。

毋庸置疑,"应得"是个不错的对公平、正义或者说公正的诠释,但这又是一个极不确定的弹性词汇。我们现在要追问的就是,在社会公正的背景下,如何保障弱者的应得呢? 或者换句话说,哪些才是弱者应当得到的资源与利益呢? 依我们的理解,这大致包括以下几种情况:

一是所有以"公共"名义存在的事物,包括资源、职位、利益等。自然,社会上其他人也应当得到这类事物,只是因为弱者往往被剥夺了这方面的资格,因而才需要特别提及。这又可以分为几种类型:(1)属于全体社会成员所共同拥有的自然资源及其收益。如土地以及我国宪法所规定的"矿藏、水流、森林、山岭、草原、荒地、滩涂"等。在这之前,我们虽然在法律上也宣布这类资源为全民所有或集体所有,但实际上人们是被排除在对这类资源的利用和收益分配之外,弱者尤其如此。由于这类资源及其收益大多采取国家垄断的方式开采与经营,因而国家应当采取适当的形式在全体社会成员中进行分配,真正实现"还利于民"和"藏富于民";(2)所有公共利益,包括公共产品、公共设施、公共收益等。对于公共利益的正确理解,只能是把它确定为全体社会成员利益的总和,也即社会上任何一个成员都能从中获益的利益才能称为公共利益。目前,虽然许多利益形态都打着国家利益、公共利益的旗号,但实际上这类利益只为少部分人所享有,弱者对于这些利益根本就无从置喙;(3)所有给予社会成员的福利、补贴。养老保险、医疗保障、义务教育以及国外实行的家庭补贴等,这些属于国家面对全体社会成员所提供的福利与救助,都必须无条件地对社会成员予以开放。中国城乡二元结构中,最为违反社会正义原则的就是一部分资源只向城里人提供,而农民被排除在社会保障、社会福利的受益者之外。在这里,所有主体都享有这种利益才真正体现了正义的要求。只向一部分人提供社会福利,而将另一部分人排除在外,这本身就是一种制度歧视,也

---

① 这是受王海明先生论述的启发。王先生指出:"公正就是行为对象应得的行为,是给予人应得而不给人不应得的行为"。参见王海明:《公正与人道——国家治理道德原则体系》,商务印书馆 2010 年版,第23 页。

是导致弱者形成的重要原因；(4)所有公共职位都必须向全社会开放；除非某些具有特别资质要求的岗位，否则所有人都有权参与，平等地竞争。公共职位虽然并不就是利益，但职位却可以作为人们谋生的工具尤其是作为获得某些较高报酬的基础，因此，对于公共职位而言，其向全体社会成员平等地予以开放，本身就是公平正义的一种体现。在 1867 年，美国联邦最高法院菲尔德法官就指出："我国政治体制赖以建立的理论是人人都有某些不可让渡的权利——其中有生命、自由和追求幸福的权利。在追求幸福中，一切机会、荣誉和职位都一视同仁，法律对这些权利给予平等的保护。"①至于公共职位，既包括国家公职，如公务员、法官、检察官职位，也包括社会公职，如教师、医师、律师等。

　　二是本该属于他们应得的部分，但因为各方面的原因而使其少得甚至无任何收益，在这时，法律应当扮演公正的角色，维持弱者的权益。在这方面，最典型的例子就是劳动报酬的问题。对于体制内的人来说，工资标准由国家或行业规定，或通过合同来予以明确，自然也无所谓多得、少得的问题，然而，对于许多并不具有体制内身份的人而言，他们的所得则往往受着资方、雇主的盘剥。"剥削无权无势的人们，是几乎每个社会中都存在的一个特点。"②对于处在剧烈社会转型期且又道德滑坡的当代中国来说，这种现象更是无法幸免。典型的情形是：(1)大量农民工涌入城市，他们除了出卖自己的劳动力外无任何生存的资本，特别是在劳动力相当剩余而就业需求不足的情况下，民工只能在"没有工作"或"有一份糟糕的工作"中选择。这样，他们承担的是城里人所不愿做的脏、累、差的活，但收入却是出奇的低。目前，许多城市虽然都有了最低工资标准的规定，但最低工资标准并不等同于应得的(或者说"公平的")工资标准，如何拟定出符合各种行业的工资收入标准，仍然是需要认真落实的公共政策。(2)由于某些商人的为富不仁，拖欠工资甚至不发工资的现象还大量存在，甚至于"讨薪"都成为流行的词汇。特别令人发指的是，还有许多如"河南智障男子被骗身陷黑工厂""搬家公司迫使智障人做苦力竟称行善"的事件常常见诸报端，折射出社会弱者不但一无所得还同时身陷被奴役的悲惨境地之中。(3)关于囚犯的劳动待遇问题，同样是弱者权利保护中的一个重要问

---

　　①　[美]詹姆斯·安修：《美国宪法解释与判例》，黎建飞译，中国政法大学出版社 1994 年版，第 122 页。
　　②　[美]乔治·查农：《社会学与十个大问题》(第 6 版)，汪丽华译，第 150 页。

题。通过劳动来对罪犯进行改造,这本身并无可厚非,但是,因犯应当享有何种劳动保护条件、获得怎样的劳动报酬,则在我国法律中往往缺乏具体规定。在联合国的《囚犯待遇最低限度标准规则》第 76 条中,就明确规定"对囚犯的工作,应订立公平报酬的制度","按此制度,囚犯应准至少花费部分收入,购买核定的物件,以供自用,并将部分收入交付家用"。[①] 但我国现行的《监狱法》在第 72 条只是规定"监狱对参加劳动的罪犯,应当按照有关规定给予报酬并执行国家有关劳动保护的规定",而"有关规定"究竟是哪家的规定并不明确,给予多少以及如何给法在法律上并不明确,这显然也是一种对弱者应得权益的漠视,需要加以纠正。

三是属于弱者可以特别主张或予以请求的"应得"部分。在法律上,弱者既是一种普遍意义上和其他人具有同等权利的法律主体,同时又有着一种在难以为生时而向国家进行主张的"身份",因此,弱者权利也可以视为是一种身份上的权利。为什么弱者在无力维持生存或解脱困厄状态时就有资格请求国家的帮助呢?我们可以从尊严所必需、社会之归责以及需要之现实三个方面来做些简单的解释。首先,人的尊严决定了必须保证人们最低限度生存的权利。人是拥有自由意志、能够进行选择判断的主体,每个人又都是具有独特性而不可复制的生命个体,因而拥有不可替代、不可剥夺的尊严。然而,从理论上来说每个人都具有尊严,但尊严却也可能因为物质条件的匮乏而荡然无存或变得毫无意义。诺瓦克就指出:

> 人权的焦点是人的生命和尊严。如果一个人遭受酷刑、被迫受奴役,或者被迫过贫穷的生活,即没有最低标准的食物、衣物或者住房,其尊严就受到了侵犯。其他经济、社会和文化权利,比如获得最低限度的教育、医疗和社会保障,同尊重隐私、家庭生活或者个人自由一样,也对有尊严的生活具有根本性的重要意义。[②]

正因如此,保证社会上每一个人都能够过上体面(不一定富足)的生活,才

---

① 参见[英]奈杰尔·S. 罗德雷:《非自由人的人身权利——国际法中的囚犯待遇》,毕小青、赵宝庆等译,生活·读书·新知三联书店 2006 年版,第 452 页。
② [奥]曼弗雷德·诺瓦克:《国际人权制度导论》,柳华文译,第 2 页。

可望维护人的尊严。所以，弱者在生活陷于困顿、无力养活自己和家人时，有向国家要求救助的权利。其次，弱者除自然性的原因所致以外，更多地是源于社会结构、社会分层和社会偏见等方面的不公平、不合理所导致，因而社会上的人们有义务为那些处于艰难境地的人们提供帮助。以贫困为例，学者指出，贫困是不平等社会的一个组成部分。它来自这样一种体系："一些人的成功以其他人的失败为代价；一些人天生就处在机会对他们来说不易得到的情境中；社会变得偏向于某些人而把其他人甩到一旁。"所以，"不平等是被社会建构出来的；它并不仅仅是个体努力的结果"。① 既然社会是制造弱者的"始作俑者"，那么，弱者向代表社会的国家主张权利显然就具有正当性。再者，从需要的角度说，弱者之所以有权提出主张，强调其为生存所必需的"应得"，就是因为生存是一切人存在和发展的基础。"让他活下去"应当成为一个不容怀疑的铁则，并以此成为对弱者赋权的根据。一个人在因生存可能遭受危机而自己又无力量来进行自救时，由国家出面来化解危机就是理所当然。退一步说，假如贫困是由于当事人自己的不当行为所致，如吸毒、赌博而使自己倾家荡产，但即便如此，国家也不能袖手旁观，更不能幸灾乐祸，国家负有保护人们的责任，而让人活下去更是一种责无旁贷的天职。上述三个方面的理由，或许可以证成弱者有权索取自己的"应得"。当然，必须注意的是，国家只能提供最基本的生活保障，而不是让弱者蹿升到富有者的行列。正因如此，在解决弱者处境的过程中，"立法者拟定的绝大多数政策都是在努力减少导致不幸的根据，如失业、心理疾病或亚健康状况等。这些政策非常重要，但不太可能将人们的幸福提升到最高水平"。② 由此也可认为，弱者在遭遇困境时的"应得"只是维持其生存的必需，真正幸福的生活仍然要依靠他自身的创造。

四是属于根据"已失"而可以主张的"应得"部分。在伦理学上，往往强调"应得"与"回报""交换"的对等。例如学者指出："所谓应得，必与应得者此前的行为相关，应得乃是一种回报或交换，是应得者此前行为之回报或交换。因此，公正是给人应得的经典定义，原本意味着：公正是一种回报或交换。"③ 这

---

① ［美］乔治·查农：《社会学与十个大问题》(第6版)，汪丽华译，第146页。

② ［美］德雷克·博克：《幸福的政策：写给政府官员的幸福课》，许志强译，万卷出版公司2011年版，第50页。

③ 王海明：《公正与人道——国家治理道德原则体系》，第24页。

种理解在伦理学上或许没错,但就法学层面来说,却可能不够完整。在弱者权利保护问题上,"应得"则更可能是"已失"的补偿。一个人之所以成为弱者,许多层面都和"失去"相关。这包括:(1)本该具有和正常人一样的体格、心智,却可能因为老天的不公或天灾人祸而失去普通人的体能;(2)本该有和普通人一样平等的竞争机会和工作职位,但可能会因社会歧视、社会分层或者社会偏见的存在,将此类人群拒之门外;(3)本应当有和别人一样的竞争能力,却因先在的能力阻碍只能被社会边缘化。如此种种,不一而足。残疾人属于第一种类型的弱者,他们因身体机能的障碍而无法和其他人一样通过自己的劳动来创造幸福的生活;农民工属于第二种类型的弱者,他们中的很多人在城市中只能做脏、累、重的活,但却只能享有与相关劳动不相称的较低报酬,并且被排除在城市的社会福利、社会保障的门槛之外;文盲属于第三种类型的弱者,他们大多是因小时候家庭贫困而无力上学,因而沦为能力上的弱者。在弱者"已失"的情况下,国家就必须根据公平的原则,来为他们提供"应得"的补偿。例如通过免费的劳动技能培训,为那些未受过良好教育者补充劳动方面的知识与技术,从而使他们能够拥有一技之长,用自己的努力来获取生活的保障;获得免费就业服务的权利,"即寻找工作者有自由得到信息、指导和帮助的权利以找到适当的工作",诸如就业指导中心之类的机构,应当尽其所能为寻找工作者提供相关的咨询服务;确定更为合理的工资标准,通过收入的提高来增强人们的行动能力;"用自由的劳动契约和不受限制的人身迁移制度,来取代人身依附性劳工和强制性劳工体制,这尤其体现在部分以传统农业社会为主的地区";[①]恢复劳动者的罢工权利,让在劳资双方利益纷争中处于劣势的一方可以通过罢工的方式,表达自己的正当诉求,提高自己的劳动报酬等。总之,在弱者已有所失的情况之下,通过保障性措施的实施,可以使弱者的权利得到相对合理的维护。

(四)维持弱者的实质平等,是构建和谐社会的精神动力

"诚信友爱"同样是党的政策中所强调的和谐社会建构的目标之一,这意味着和谐社会是人们之间团结互助、彼此合作、充满温情的社会,然而,在一个弱强分化、贫富不均的社会里,要达致这样一个和谐目标,无异于痴人说梦。

---

① [印度]阿玛蒂亚·森:《以自由看待发展》,任赜、于真译,中国人民大学出版社2002年版,第21页。

正如国外学者所严正指出的那样："对所有人的心理健康造成最大影响的因素是不平等程度,而不是家庭、宗教、价值观、教育程度等其他因素。"①一句话,在人们所感知的各种痛苦中,不平等给人们造成的心理伤害最大,不平等是社会团结、社会和谐的最大杀手。正因如此,要构建和谐社会,就必须消灭不平等现象。那么,什么是法律上的平等呢? 大致说来,平等有两个最为基本的含义,那就是:同样的事情同样对待;不同的事情不同对待。弱者和其他人不同,他们在生存条件、发展机会及适应能力上都与其他人有着较大的差距,因而需要国家和社会的特别保护。可见,对于弱者的补强措施,本身即与平等的要求吻合。

法律常被人们称为"蒙面女神",这意味着法律不管人们的地位、身份、性别、能力、贡献等方面的差别,一视同仁地对待其辖下的所有社会成员。因而,同样的事情同样对待符合法律公正的基本要求。从这个意义上说,法律在给予人们平等的机会与平等的保障之后,即可视为业已完成了其维护社会公正的职责。然而,仅以平等对待来调整社会关系,却不能说法律已经履行了自己的神圣使命,因为在法律之下的社会成员,实质上仍然存在较大的差异,甚至在地位、能力等方面存在天壤之别。对于这样一些难以和其他社会成员一样拥有机会和能力的人,法律再要蒙上双眼,那就明显地是对其治下的嗷嗷待哺的人民的不负责任。一句话,当法律要扮演正义的使者这一角色时,它既需要为全体社会成员提供平等的机会与保障,也要为那些不幸的人们提供帮助与救济。当人们并不是因为自身原因而陷入生活悲惨的境地时,或者当某些人因初始条件的缺乏而难以和别人进行平等的竞争时,法律就必须扮演解民倒悬的角色,以其倾斜性的利益分配和补足性的赋权措施,使这部分人能够维持基本的生存,进而争取与他人同样的身份待遇与利益分配。

弱者就是这样一种需要特别保护的对象! 如我们后面所要指出的那样,弱者往往是在自然的、社会的、政治的、法律的剥夺之下,从而在心理上、生理上、能力上、机会上、境遇上处于劣势地位的人。人们的自然禀赋各异,生存环境不同,家庭背景悬殊,同时命运又各不相同,这样,就有一大批在生存条件

---

① 〔英〕理查德·威尔金森、凯特·皮克特:《不平等的痛苦:收入差距如何导致社会问题》,安鹏译,第5页。

上、社会地位上以及政治、法律待遇上处于不利地位的人。大体说来,弱者在以下几个主要方面和正常人是不一样的:

一是他们虽然形式上拥有和其他人一样平等的法律地位,但在实际的社会生活中,这些人却往往是低人一等,身份上的不利导致其权利的缺失和利益的剥夺。英国学者梅因在总结法律的发展进化规律时,曾自豪地宣称:"所有进步社会的运动,到此处为止,是一个'从身分到契约'的运动。"①按照梅因的叙述,资产阶级法律制度的建立,把人从家族的束缚上解放出来,人们都变成了拥有独立主体资格的国家公民,所以,代表"权力和特权"的身份制度寿终正寝,每个人都和别人一样,拥有同等的尊严、价值和地位。然而,证诸现代社会的法律制度,我们可以发现,身份并未如梅因所愿,在历史上销声匿迹,相反,它仍以"公民""官员""教师""父母""性别"等种种方式寄生于现代法律的机体之中,成为某些人享有特殊权益而某些人处于无权地位的法律准据。即使撇开以上属于国家管理、社会运转所必须的身份制度外,"阶级"身份上的差异,也往往是人们强弱划分的实质性标准。在这里所称的"阶级",也就是社会学中社会分层结构意义上的阶层。"正如'层'这个词根所表明的那样,社会中存在很多不同的层级,有些人是在较高层级,有些人处在较低层级。处在社会高层的人比处于社会低层的人拥有更多的社会权力"。② 例如我们通常所言的"两极分化"下的富人与穷人即是。由此可见,法律虽然力图造就出每个社会成员之间平等的地位与身份,但实际上,人们所处的社会环境仍然是依照人们掌握的资源多少、声望高低等社会因素来衡量人的价值,因而也决定了处于底层的社会成员即使付出了同样多的努力,也难以获得和别人同样的待遇与收益。

二是弱者虽然与其他社会成员一样拥有同等的权利,但是,由权利所获致的利益则可能大相径庭。赋予全体社会成员平等的法律权利,这已是法治国家不可动摇的基本原则,然而,在同样的权利赋予之下,为什么利益的获致上还会存在多少之别?个中的原因并不难解释:(1)权利的行使与否与人的个性及能力有关。能否为权利而斗争,这取决于人是否有直面侵害、果敢反击的个性或血性;在什么情况下行使权利以及行使何种权利、何时行使权利,这又与

---

①　[英]梅因:《古代法》,沈景一译,商务印书馆1959年版,第97页。

②　[美]乔治·威特:《社会学的邀请》,林聚任等译,北京大学出版社2008年版,第232页。

人的判断、选择能力有关。"睡着的权利"自然无法产生利益,但同样,错误行使权利也可能同样颗粒无收,这正如市场经济中有获胜者也有失败者一样。(2)权利的行使与否与人所占有的资源有关,特别是财产的有无与多寡往往成为某些权利能否得以行使的先决条件。例如法律虽然规定每个人都有经营自由权,但对于一文不名的穷人来说,这样的权利并没有什么实际意义。不仅如此,许多表面上向全体社会成员开放的权利,也往往受制于当事人的经济地位。以诉讼权为例,国外学者就指出:"以恰当的法律形式提交自己案件的成本是如此高昂,以至于穷人必须经常忍受那些比自己富裕的人的不法行为之害。这样,获取法律救济的权利,像出版自由和受教育权利一样,仍存在仅供富人享有的危险。"[1](3)权利的行使还与社会环境有关。如前所述,社会本身就充满了歧视和偏见,一个品行上有劣迹的人的维权,和一个一生清白的人的维权,其背后的社会支持与法官观感自然也不可同日而语。

发生在四川泸州的遗产继承案,[2]就典型地代表着这种歧视与偏见支撑下的司法不公。此案涉及以公序良俗的原则来替代《继承法》的相关规则,并进而否定当事人对自己财产的处分权,使得合法有效的遗嘱最终成为一张废纸,法官和民众所能找出的理由,也不外乎就是"一个与有妇之夫同居的所谓'二奶',还胆敢站出来要求'奸夫'的遗产?"然而,我们不能忘了的就是:第一,在法律适用中,应当优先适用的是规则而不是原则,禁止向一般条款逃逸,早就是司法的一般准则,法院除非有特定情形的存在,否则抛开规则适用原则的行为就是枉法裁判;第二,当事人在处理自己的财产时,应当享有意思自治的主权。正如人们所评论的那样,在英国古老的普通法中,财产权制度允许一个人"把遗产馈赠给大学或者妓院,而不顾自己的妻儿在挨饿"。在这里,"大学"与"妓院"的并列是极有意味的,他的逻辑是:如果一个人有权将财产赠与大学,他也就当然有权将财产赠与妓院。不管我们如何咬牙切齿地批评这类行为,但我们都必须接受这样的财产自由,或者说遗嘱自由。因为它甚至构成了其他一切公民权利的基础。[3]　第三,公序良俗的适用不是为了迎合社会的偏

---

① 　[意]皮罗·克拉玛德雷:《程序与民主》,翟小波、刘刚译,高等教育出版社 2005 年版,第 71 页。

② 　案例可参见任小峰:《"第三者"继承遗产案—石激浪》,《南方周末》2001 年 11 月 15 日。

③ 　参见王怡:《脆弱的财产权》,载 http://art.westcn.com/wlws/jmww/wangyi/18.htm-7k,最后访问日期:2019 年 8 月 12 日。

见,而必须保障个案处理上的公正。就本案而言,原告已经付出了自己的劳动与青春,理应得到补偿,而不能因为其"二奶"的身份就丧失了这种权利。

总之,单纯的普遍权利赋予,并不能化解社会上人们强弱态势普遍存在的事实,因而,法律在坚持人人平等的同时,还必须实行倾斜保护的原则,即对那些在社会中处于劣势地位的弱者,以"补足"的方式来弥补其在"应得"上的缺失。可见,倾斜性保护原则,是法律上针对不同对象的合理差别待遇,体现了法律的矫正正义,符合罗尔斯正义论中对"最少受惠者"给予补偿的原理,也和现代法治注重实质平等的发展趋势相一致。特别要指出的是,倾斜保护原则并非是对形式平等保护原则的否定,而是在平等原则的基础上,对弱者实行特别保护,以矫正形式正义之不足,体现了更高层次的平等观与法律实质正义的追求。

以上我们分析了和谐社会与弱者保护之间所存在的紧密关联,由此不难看出,一方面,弱者保护是建构和谐社会的前提,没有对弱者处境的关注,一个社会不可能成为充满关爱、温情、合作、互助的和谐社会;另一方面,对于和谐社会的建构来说,弱者的保护程度又是这种社会类型文明、进步的标志,只有充分保障弱者权利的实现,才是真正意义上的和谐社会。

以下我们即进入正文的叙述。

第　一　章

剥夺与弱者的生成

第一节　剥夺与弱者的成因

一、剥夺的社会学解释

在一个人人平等的社会里，人与人之间为何会产生强弱之分？这既有先天的因素，也有后天的影响。对于前者来说，上天造人的不公，无疑为每个人的生存与发展带来了极不相同的机遇；而就后者来说，不同的人生际遇，也会给人们带来不同的机会与命运。因此可以这样理解，弱者的产生是由于外部与内部条件的缺失，从而使得一部分人无法与其他人拥有同等的能力与机会。这种导致"技不如人"的种种原因，总体上可以"剥夺"名之。正如英国学者伊斯特对贫困的解释中所指出的那样：

> 在确定一个社会中哪些人处于贫困状态时，必须要考虑该社会中占主导地位的生活水准。贫困不是建立在一些生存标准或其他指标上的固定状态，而是与社会其他部分以及该社会成员所享受的收入水平相联系或者相关的。……因此，贫困被定义为在相对缺乏的基础上，即那些被认为贫困的人，就是被剥夺了其生存的社会中通常都能享有的某种生活条件或者便利。①

---

① ［英］罗伯特·伊斯特：《社会保障法》，周长征等译，中国劳动社会保障出版社2003年版，第3—4页。

从上述引文中可以看出,剥夺首先意味着丧失或失去,也即一个人没有获得其应当享有的和其他社会成员大致相当的生活条件或者生存机会,从而使其被置于一种困厄、无助的状态之中。在《国际社会学百科全书》中,"丧失/剥夺"即放在一起进行解释,[①]表明两者之间词义上的等同。其次,剥夺又是相对比而言的,它意味着两个事物在进行比较之时,处于不同层次或不同地位者可能出现高下之分,正因如此,剥夺又称为"相对剥夺"。例如学者指出,"在世界上大多数国家中,财富都集中在少数人和少数家庭手中。贫困与富有紧密相关,因为少数人的富有经常是通过剥夺别人而产生的。"[②]有贫困者存在自然就会有富有者存在。但是,如果全体社会成员"在匮乏面前一律平等"的话,那人们自然也不会产生被剥夺的感觉。

总之,弱者形成的原因,据我们的分析,主要是因为自然的、社会的种种原因导致剥夺的产生,从而使一部分人相较于另外一部分人而言,处于一种相对劣势的地位。在社会学上,"剥夺"一般是指"人们生活基本必需的经济和情感支持的缺乏,这包括收入、住宅和父母对于子女的关怀。关怀、住宅和安全乃是人类之所需,拥有这些东西就能促成一个更美满舒适的生活环境,并能使个人才干得到更充分的发挥。"[③]相反,如果缺乏这些条件,人们就可能被置于弱者的地位之上。当然必须注意的是,这种界定多是从单独的个人生活层面上来对"剥夺"进行定位,更为精确的说法,应当是在社会层面上对某类不幸者的整体剥夺,例如种族歧视、等级制度等,由此会产生出所谓的"相对剥夺感",使人感觉到处于一种不公平、不平等的社会劣势之下。

二、剥夺的具体界定

根据上述有关剥夺内涵的分析,我们可以先对"剥夺"进行以下几方面的界定:

1."剥夺"是一种自然原因、外在制度与社会观念综合作用的结果,从而导致对特定个人的不平等对待。而人们之所以居于劣势,一定程度上又与个人

---

① 参见[英]迈克尔·曼主编:《国际社会学百科全书》,袁亚愚等译,四川人民出版社 1989 年版,第 157 页。

② [美]查尔斯·H. 扎斯特罗:《社会工作与社会福利导论》(第 7 版),孙唐永等译,第 138 页。

③ [英]戴维·贾里、朱莉娅·贾里:《社会学辞典》,周业谦、周光淦译,猫头鹰出版 1998 年版,第 182 页。

是否努力无关。也就是说，剥夺本身是由外在的、客观的原因所致，从而导致个人与个人、群体与群体之间存在差异。个人的努力或许能够些微改善不利的处境，但却无力改变整体的社会不平等状态。从这个意义上说，界定弱者，首先就要考虑个人是否为自己的境遇的改善尽到了个人的努力。如果一个人不思进取，甚至因恶行而招致法律惩罚，那都不是我们所要关注的弱者。正如英国著名政治哲学教授昂诺娜·欧妮尔所指出的那样：

> 然若不能明确回答"我应该做什么？"，声言人权就一点真实意义都没有。譬如宣称言论自由很可能沦为一种浮夸之词，除非别人——包括所有敌对阵营的人都有尊重言论自由的责任。……责任是达成正义的实际条件，只有肩负起责任才能达到人权宣言所标榜的目标，责任向每个人显示，只有我们的具体行动，才是建立真实可敬人权的真正关键。[①]

这种观点是极有道理的。弱者之所以成为弱者，为人同情，受人关注，无非是因为其客观条件导致其与他人之间存在差异。如果个人懒惰无为，甚至染上毒瘾，虽然其境遇可悲，但却是咎由自取，很难说是值得社会同情的弱者，更无法成为向社会主张权利的主体。一句话，自身努力的程度，是衡量某个人是否为弱者的关键。从这个意义上说，弱者的界定并非完全取决于客观标准，如生活条件较差、工资收入较低，同时也与主观的自身努力密切相关。

正是因为弱者的地位多与自身的努力程度无关，因而才特别折射出弱者身份的无奈。历史上长期存在并且至今仍有余响的性别歧视，就将女性作为在智力上低于男性的一种人的类别。在1879年，法国著名学者勒庞就对女性作了这样的描写，而给女性贴上低能的标签：

> 在最聪明的民族，比如巴黎人中，大部分妇女的脑容量更接近于大猩猩，而不是男性发达的大脑。这种差别非常明显，因而没有人能对它提出质疑，值得讨论的只是其程度的高低而已。所有研究过妇女智力的心理

---

① ［英］昂诺娜·欧妮尔：《我们为什么不再信任》，黄孝如译，早安财经文化有限公司2004年版，第61页。

学家以及诗人和小说家今天都承认,她们代表了人类进化的最低级形式,
她们更接近于儿童和野蛮人,而不是成年的、文明的男人。她们感情变化
无常、见异思迁,缺少思想和逻辑推理能力。①

虽然在今日看来,勒庞所提出的证据不过是伪科学支撑下的荒唐论据,但
是,正是这种观念影响着一代又一代人,从而使女性得不到公平、公正的对待。
而在这种男权至上观念的支配之下,女性们无论如何优秀,都无法在政治、经
济和社会层面展现自己的能力,从而成为被社会所建构的弱者。

2."剥夺"的主体或对象都不是单独的个人。换言之,剥夺并非是个人对
个人之间的一种不公正对待,例如孔武有力者对身体孱弱者的欺负,而是在众
多因素相互作用之下,一些人相对于其他人而言,处于困厄、不利的地位。从
自然的角度而言,剥夺往往意味着老天的不公,使一部分人生来即处于劣势的
环境;从社会的角度而言,剥夺是一个群体对另一个群体正当权利与地位的差
别对待或歧视。而后面一种情形,恰是弱者产生的主要原因。专门研究中国
问题的英国学者苏黛瑞就这样描写了当代中国城市居民对农民工的观感:

> 在城里人看来,临时逗留在城市的农民都是外人,他们没有什么地
> 位,像四处漫溢的水,漫无目的,有百害而无一利。成千上万的农民如潮
> 水般源源不断地涌向城市,让城市居民和管理者感到似乎处于失控状态。
> 大都市中的诽谤者立即给他们贴上了无根的非市民、游荡者、流动人口等
> 标签。②

在这里,整体的"农民"置放于全体"市民"面前,往往成为被剥夺的对象:
他们不能坚持平等的收入待遇,且多从事于低贱和脏累的职业;他们无法享受
城市居民的社会福利与社会保险,很大程度上只能是听天由命;他们不能获得
城市居民的身份地位,至多只能作为二等公民而存在;他们的子女不能就读于
城市的学校,甚至流动子女有受教育权一度成为严重的社会问题。如此种种

---

① 转引自[美]文森特·帕里罗等:《当代社会问题》,周兵等译,华夏出版社 2002 年版,第 245 页。
② [英]苏黛瑞:《在中国城市中争取公民权》,王春光、单丽卿译,浙江人民出版社 2009 年版,第 1 页。

不一而足,这也典型地说明,剥夺往往是在社会制度或社会偏见的支撑之下,一部分人对一部分人生存机会、生存条件的限制或排斥。

不仅如此,"剥夺"虽然可以由自然的、社会的甚至个人的原因所引发,但本质上仍以社会的局部认同为基准。换句话说,剥夺更多地是由社会上在少数者没有参与之下而形成的对另外一部分人的不平等对待,本质上是一个社会问题而不是自然现象。正如国外社会学家所说过的那样:

> 遗传性的天资当然有影响。生来高挑、苗条、容貌好、健康,是男性还是白人,这都会有助于个人在竞争中的取胜,而这些特征全部或者部分地由遗传决定。但是这些特征的重要程度是由社会说了算的——比如说,决定好容貌或白肤色究竟能得到多大的报酬。比这些特征更为重要的是个人的成长和生活环境。①

质言之,长相可能值钱,然而它也只能是在社会上的人们看重长相时才会如此。由此可见,"剥夺"更多地是社会作用的产物。当然,如果将文化背景也视为人们自然成长的一种必要环境,那么,上述有关社会价值、社会态度的内容,在某种程度上也是人生存的自然环境的一部分。这正如我们业已形成了一种对事物与人生的看法一样,很多时候就会作为特定人的自然心态与自然情感而存在,从而决定我们的社会观感与社会理念。

3.剥夺虽然可能为某一原因所引发,但会产生剥夺之间的循环。换句话说,由于一个方面的条件、能力被剥夺,同时也会导致其他方面的条件、能力随之而剥夺,从而使弱者更处于难以自拔的境地。正所谓"一着不慎,满盘皆输",恰如国外学者所揭示的那样:

> 研究表明,对各种社会因素接近机会的不平等,会反映为收入的不平等,而在许多场合下,对非收入因素接近机会的不平等,又是相互交叉的。如,恶劣的住房状况经常与不良的健康状况相互联系;缺乏教育与失业相互交叉,等等。一些作者注意到了多种丧失同时出现的趋势(多元丧失),

---

① ［美］戴维·格伦斯基编:《社会分层》(第2版),王俊等译,华夏出版社2005年版,第54页。

以至于可以断定,有些个人并非单纯地在一种或两种指标上,而是在整整一系列指标上遭受了剥夺。①

事实确实如此!正是由于这个原因,当代学者既不满足于从某个单一角度(如贫困)来界定弱者的成因,也不着眼于对外在表征(如健康状况恶化)的描述,而是提出弱者成因的综合理论以及涉及人的实际能力问题。著名学者阿马蒂亚·森的能力贫困理论就是其中的代表。这一理论建基于其有关"可行能力"的分析之上。所谓"可行能力"是指:一个人"有可能实现的、各种可能的功能性活动组合。可行能力因此是一种自由,是实现各种可能的功能性活动组合的实质自由"。② 换言之,实质自由并不是法律规定的抽象自由,而是人们能够实际享有权利和参与社会行动的能力。正因如此,森将实质自由理解为:"免受困苦——诸如饥饿、营养不良、可避免的疾病、过早死亡之类——基本的可行能力,以及能够识字算数、享受政治参与等等的自由。"③如果缺乏这些外在条件,那么,人们在法律上的权利、自由实际上都只能是一纸具文,对特定的当事人而言毫无意义。因此,说到底,弱者的形成不是贫困,而是能力的缺乏。综观阿马蒂亚·森有关可行能力与能力贫困的论述,使我们对弱者成因的分析不能仅仅从表象中寻找原因,还必须深入到弱者分析的内深层次,发现社会制度、法律规则、经济条件等导致弱者产生原因的思考。同样,国家对贫困人群的帮助,其着眼点也并不是给予物质帮助,而是要着重于人们可行能力的提高。这种可行能力的提高是现代国际人权法和国内的社会保障法所努力的方向,正如有学者所指出的:"可行能力的观念已经获得了国际人权体系的恰当职称。尤其是,在国际条约、判例法以及权威的国际生活标准的生成过程都不断确证和支持了可行能力观念所提出的服务于生存与发展的基本生活标准——包括充分的营养、安全的饮用水、卫生设备、庇护所和住宅,方便的基本医疗和社会照护以及教育——作为一种基本人权加以确立,各国政府都有各自和共同的义务去尊重、保护和促进这一基本人权的实现。"④

---

① [英]迈克尔·曼主编:《国际社会学百科全书》,袁亚愚等译,四川人民出版社1989年版,第157页。

② [印度]阿玛蒂亚·森:《以自由看待发展》,任赜、于真译,第62—63页。

③ 同上书,第30页。

④ Polly Vizard, *Poverty and Human Rights: Sen's 'Capability Perspective' Explored*, Oxford University Press, 2006, p.18.

三、剥夺在弱者成因上的解释力

以"剥夺"来总括弱者的成因，似乎还有解释的必要。正如《现代汉语词典》中有关"剥夺"的释义那样，人们经常在两种意义上使用这一词组：一是"用强制的方式夺去"；二是"依照法律取消"，[①]而这两个释义项都只同外在的、人为的力量有关，似乎并不能解释内在的、自然的原因所导致的弱者类型。但是，我们认为，对于弱者的成因而言，使用剥夺一词来予以表述，可能更为恰当：

首先，剥夺表明了缺乏、丧失的一种状态，而这与弱者的境况正相契合。无论是能力的缺乏，还是命运的不公，弱者的存在都表明其没有达到或者已经失去了与正常人一样的能力与条件。如果说生活于社会中的人是正常人的话，这就意味着他（她）既具有一般人那样的体能、智力，也有着一般人那样的生活条件与生存机会。然而，剥夺的存在，使得社会上一般人实际上失去了过正常人生活的能力：他们或是存在生理上的缺陷，因而生活只能依靠别人的照看；或是命运多舛，总是与幸运女神擦肩而过。一句话，他们因为能力、机会、条件的缺失，而成为生活中的不幸者。所以，剥夺较好地表明了他们所处的那样一种尴尬、无奈的境况，当然也意味着社会必须对他们的困厄加以救助，补足他们与正常人而言的缺失。正是因为如此，在对弱者予以保障的社会历程中，"需要"历来成为弱者保护的头等大事："'需要'的概念，是现代福利国家的重要构成基础。'需要'的概念使人们最低维生消费必需品的取得问题，一方面与市场价格机制运作的领域脱离，另方面则与个人自立责任的个人主义道德问题切断。"[②]易言之，对弱者的保护正是透过需要的满足而得以进行，这是国家与社会对某些陷于困境的弱者提供的最低限度的生存保障，是对因不公的剥夺而致当事人处于危难境地的一种必要补偿。所以，从这个意义上说，剥夺既表明了当事人处于有所失的一种状态，同时也为社会福利、社会保障措施的推行提供了正当依据，因而可以合理地解释弱者的成因与结果。

其次，剥夺表明了一种外在力量的介入，从而使人不由自主地陷于弱者的困境之中，这同样为弱者的成因以及识别真正的弱者提供了根据。一方面，无

---

① 中国社会科学院语言研究所词典编辑室：《现代汉语词典》（第6版），商务印书馆2012年版，第98页。

② 张世雄：《社会福利的理念与社会安全制度》，唐山出版社1996年版，第50—51页。

论是自然的、社会的原因还是政治的、法律的参与,弱者的存在都能够从这些外在力量上寻找到根源。以大量制造弱者的社会排斥为例,

> 在伦敦政经学院的社会排除中心研究员,做了一个有关于社会排除重要议题的摘要。……在他们的早期报告中,他们指出了社会排除的三项特征:相对性,社会排除展现在社会关系中,而不是在个人的环境中;能动性,社会排除是那些排除别人的行动所造成的结果;动态,社会排除是历时性经验的结果,而且可以代间传递。①

"相对性"表明只有在社会关系中才可能存在排斥这种剥夺某些人参与社会正常生活的情况;"能动性"体现的则是社会排斥本身就是一种人为力量的结果;"动态"则说明在社会的传统里这种标签效应的自然流转。一句话,是一种外部的力量剥夺了人们通过社会获得正常生存条件的机会。另一方面,"剥夺"作为一种外在的势力,本身也与个人是否努力无关。换句话说,人们即便尽了自己的一切努力还是不能改变自己的生存环境,这才是真正意义上的弱者。剥夺的客观性、强制性的意义在此得以凸显,它体现了人们对于现实生活实际上处于一种无奈、无助的境况之中。

再者,相对于贫困范式、排斥范式而言,剥夺更能够全面地说明弱者的成因。在最早有关弱者问题的研究中,"贫困范式"就已经出现,在这种观点下,贫困不能归咎于社会而只能从自身中寻找原因:"'贫困是社会的产物'实际上是'责难社会',与之相对的是'责难当事人',强调贫困之所以发生是由于个人的缺乏、错误或是缺陷造成的,如将贫困人口归因于较低的智力,或是归因于人力资本,即缺乏教育、知识、技能等。"②然而,这种观点仅将贫困的根源归咎于当事人自身,明显地是一种不公平的看法。实际上,贫困更多地与国家政策和社会制度有关,个人实际上对此无能为力。正因如此,贫困范式在今日很少被提起,特别是在物质条件上的贫困,不足以说明弱者的成因问题。另外一种研究较多的弱者成因理论则是"社会排斥范式",1993 年欧洲委员会对于"社

---

① [英]Pete Alcock 等编:《解读社会政策》,李易骏等译,群学出版有限公司 2006 年版,第 109—110 页。
② 于秀丽:《排斥与包容:转型期的城市贫困救助政策》,商务印书馆 2009 年版,第 38 页。

会排斥"提出了一个较为综合性的定义,即"社会排斥是指由于多重的和变化的因素导致人民被排斥在现代社会的正常交流、实践和权利之外。贫困仅仅是其中最明显的因素之一,社会排斥也指不能享受住房、教育、健康和服务的充分权利。"①而我国学者彭华民教授认为,社会排斥是社会政策领域的一个新兴理论,是社会成员作为一个社会的公民,居住在这个社区中,希望参与社会生活但是被自己不能抗拒的力量所阻止的事实。② 无论是哪种解说,都表明社会排斥对人的权利与能力的剥夺,因而起着隔离作用,阻止某些人进入正常的生活环境之中,从而沦为事实上的弱者。但是,社会排斥范式只能说明一部分弱者产生的原因,如同性恋者、艾滋病患者等,但却无法对残疾人、老年人等弱者给予合理的解释。相比之下,剥夺最为全面地展示了弱者存在的根源,因而也是目前较为合理的弱者成因的解释范式。

从"剥夺"形成的原因上进行分类,我们认为,"剥夺"主要有自然的剥夺、社会的剥夺、政治的剥夺、法律的剥夺等几种形式。在这里,既有来自纯自然的力量,如地震、水灾等难以避免的天灾,但更多的是来自社会自身,或者说,是在社会上大多数人参与下所形成的一种个人无法抗拒的外部力量。

第二节　自然的剥夺

一、自然公正的神话

作为一个哲学范畴,"自然"这个术语往往用于"指时空世界自身的内容、结构和发展",③这是从自然世界、自然规律的角度而使用"自然"一词。而英国思想家密尔对"自然"所进行的定义也不例外,他指出:"'自然'这个词有两种主要的含义:它或者是指由世界万物及其所有属性构成的完整的体系,或者是指事物在没有人的干预下所应处的状态。"④可见以上相关定义,都是从"自然界"或"合乎本性"的角度来探讨"自然"的哲学或伦理意义。而我们在这里

---

① 转引自熊光清:《中国流动人口中的政治排斥问题研究》,中国人民大学出版社 2009 年版,第 32 页。

② 彭华民:《福利三角中的社会排斥——对中国城市新贫穷社群的一个实证研究》,上海人民出版社 2007 年版,第 39 页。

③ 参见[英]安东尼·弗卢主编:《新哲学词典》,黄颂杰等译,上海译文出版社 1992 年版,第 344 页。

④ [英]密尔:《论自然》,鲁旭东译,见吴国盛主编《自然哲学》(第 2 辑),中国社会科学出版社 1996 年版,第 565 页。

所使用的"自然"一词,更多地是从宗教的意义上来说的,指命运、机遇,具体言之即为一种不由人的意志所决定的自然命运与自然存在。实际上,在古希腊后期的斯多葛派的泛神论中,"自然"即具有了与"上帝"等同的含义,"被视作与物质性的宇宙是同一或者是构成它的实体——'宇宙之火';但与此同时又是有目的性的,理性的和完善的"①。这样,"自然"往往与上帝、天地的意义相当,意味着主宰人类命运的客观力量。

一般来说,人们往往将"自然"视为公正、正义的化身,自然以其不偏不倚、公正无私的态度同等地眷顾着地球上的人类。在中国古代,哲学家们就以"天无私覆也,地无私载也,日月无私烛也,四时无私行也,行其德而万物得遂长焉"②来形容天地的至公无私。在这里,天地俨然是至公无私的典范,它既不专门顾及某些特殊的人物,也不遗漏世上的任何一个人,无论是君主还是平民。雨露均沾、阳光普照,"江山不夜月千里,天地无私玉万家",似乎在这样一个生存空间中,人们均可具有同样的能力,人们均可获得同等的机遇。在这样一种完美无缺的自然秩序面前,人们只要参透万物的原理,体悟自然的规律,就可以创造出公正无私的社会制度。

在西方,按照基督教的理念,不仅人为上帝所造,更为重要的,是上帝在造人时,平等地赋予了每个人的价值尊严和自然权利。按照美国《独立宣言》的说法,这表现为:"我们认为以下真理是不言而喻的:人人生而平等;人人都享有上帝赋予的某些不可让与的权利,其中包括生命权、自由权和追求幸福的权利"③。

---

① 〔美〕拉夫乔伊:《自然的一些涵义》,赵刚译,见吴国盛主编《自然哲学》(第2辑),中国社会科学出版社1996年版,第572页。还必须提及的是,该文对"自然"的具体涵义进行了详细的考证与归纳,对其在文学、哲学、伦理学、政治学、宗教学上的用法(尚不包括"自然"一词在美学史上的用法)列举了66种含义,值得参考。我国台湾地区学者林正雄也认为:"斯多葛学派视宇宙为一生命的有机体,拥有一个单一的物质和灵魂,而这物质和灵魂指涉着上帝,而上帝就是自然。我们每个人都共享着神圣的理性,我们身上都有着理性的火光,因此,我们能够了解理性的原则并控制我们自身。也因为每一个个人都有承受自上天的理性,所以每一个人都是平等的,这对照于城邦政治强调公民与奴隶、本国人与外邦人的分野是截然不同的。"参见林正雄:《财产与政治——两种古典人观对当代自由主义之启示》,台湾大学政治学研究所2000年度硕士论文。

② 《吕氏春秋·去私》。

③ 按照何柏生先生的解释,《独立宣言》及当时的自然法理论,都是将"自然"视为是"真理的起源和基础。无论其内容如何,凡属自身确定、自明的、无需求助于启示的真理,都是属于自然的"。所以,杰斐逊在起草《独立宣言》时,才会以"不言而喻"来形容天赋人权的自明性。参见何柏生:《数学精神与法律文化》,上海人民出版社2005年版,第19页。

一句话,是公正的上帝造就了人与人之间的平等状态,因而现实的制度如果以不平等的方式来加以构建,本身就是违反上帝旨意的不敬行为。而启蒙时期的思想家霍布斯正是将人与人之间的能力视为相等而不是有高下之分作为其理论的前提之一:

> 自然使人在身心两方面的能力都十分相等,以致有时某人的体力虽则显然比另一个强,或是脑力比另一人敏捷;但这一切总加在一起,也不会使人与人之间的差别大到使这人能要求获得人家不能像他一样要求的任何利益,因为就体力而论,最弱的人运用密谋或者与其他处在同一种危险下的人联合起来,就能具有足够的力量来杀死最强的人。①

在这里,平等与否的问题必须置于时空的延续与转换上来加以衡量:身强力壮者也有睡觉、生病的时候,在这时,一个手无缚鸡之力的弱者就可以轻易地对之加以伤害;一个小孩会长大成人而变成强者,一个青年会随着时间的流逝而步入老年而成为弱者。在《论公民》中,霍布斯就指出了建基在能力平等之上的人的脆弱性:

> 我们打量任何一个成人,都会看到,人的身体结构是多么的脆弱,如果失去了它,人所有的力量、活力和智慧都会随之而去。而哪怕是一个体质最弱的人,要杀掉比他强壮的人又是多么的容易。无论你对自己的力量有什么样的信心,你都完全无法相信你天生比其他人强。那些交锋不相上下的人是平等的,那些有着最强悍的力量——杀人的力量——的人实际上掌握同样的力量。②

“杀人的力量”都能够达致平等,可见人的能力上平等的彻底程度。不仅如此,以上所言还仅仅是体力上的,霍布斯同时指出,“慎虑”作为一种人生的经验,它可以在“相等的时间就可以使人们在同样从事的事物中获得相等的分

---

① ［英］霍布斯:《利维坦》,黎思复、黎廷弼译,商务印书馆1985年版,第92页。
② ［英］霍布斯:《论公民》,应星、冯克利译,贵州人民出版社2003年版,第6页。

量。"①经验可以弥补体力的不足，当然也为取得强者的优势提供了条件；人人都具有反思生活的能力，因而也都可以达到慎虑的程度。此外，正如霍布斯所指出的那样，人与人之间还可以结成联合体，这样，再强的强者个人也无力应付来自众多弱者的反抗与伤害。集众为多虽然不是平等，但却可以弥补单个人力量的不足。

然而，证诸具体的人类社会实践，我们也不能不看到，"自然"虽然在总体上保证着人类的大致类似，但是，具体的个人之间却存在着较大的区别。正如布坎南所指出的那样，现实的人实际上是不平等的：

> 个人之间在重要的和有意义的方面是相互区别的，他们在体能、勇气、想象力、艺术技巧和鉴赏力、基本的智力、喜好、对他人的态度、个人生活方式、与他人社交能力、世界观、控制他人的能力、支配物质资源等方面都是不同的。谁也不能否认这一判断的基本有效性，这自然受到经验证据的大力支持。我们生活在一个个人组成的社会，而不是平等人的社会。我们如果将前者像后者一样加以分析，那将取得很少进展或根本没有进展。②

正因如此，学者们甚至认为，"'人类平等'这样平白的主张，根本不是自明的。事实上它还是错误的。我们非常清楚知道，在与智力相关的大部分事情上，在技巧与灵巧的事情上，和在思虑周详与常识判断的广义德行上，人类都是不平等的。"③从每一个个人都是独一无二的个体而言，这种人与人之间的不一样当然凸显了人的独特性、不可替代性；但是，对于每一个要经营自己的生活的人而言，这种优势与劣势的存在，往往决定了人的不同命运。具有较多优势的个人，可以说是上帝的子民；然而，只有较多劣势的个人，则不可避免地属于上帝的弃儿。后一种人也就是我们这里所称的"自然的剥夺"的对象。所以，人在具有与他人相似性的同时，又是具有独特性的个体。

---

①　[英]霍布斯：《利维坦》，黎思复、黎廷弼译，第93页。

②　[美]James M. Buchanan：《自由的界限——无政府与利维坦之间》，顾肃译，联经出版事业公司2002年版，第17页。

③　[英]戈登·葛拉姆：《当代社会哲学》，黄藿译，桂冠图书股份有限公司1998年版，第48—49页。

二、自然的创造与个人的差异

独特性也可以称为差异性。从学理上说,"人的差异性是指人们在生理、心理、社会、文化上存在的差异,这些差异反过来又影响人们的需要得以表达和满足的方式"。[①] 人有着大致相似的五官,生活于相似的环境之中,那么,人与人之间为何又会如此不同呢? 一定程度上说,这都是源于自然的创造。

首先,从人的自然禀赋说,人是自然的产物,是一种按照自然规律生育、长成的生命主体,但是,人在出生之前的种种情状,却无法排除高度的复杂性与偶然性。形成生命的各种自然因素的随机组合,就会给人一个不同于他人的自然禀赋。禀赋是表明人的状况与天赋的一个语汇,代表着一个人不同于其他人的特殊素质。可以说,从母体中来到世界上的个人,都以其独特的禀赋而与其他人相互区别,从而凸显出"你""我"与"他"的相异。例如,人有不同于他人的特殊相貌,而无论其是美是丑;虽然两个人可能长相酷似,但老天则不可能又赋予他们完全相同的智力;智力程度大致相当的人,又可能因为体形而与相似者存在明显的区别。总之,人与人间不可能完全相似,更不可能完全等同。即使是长相极为相近的双胞胎或兄弟或姐妹之间,也会在兴趣、爱好上存在差异。所以,"我们可以非常自信地认为,所有人都肯定是会具有自己的独特之处的。人们肯定没有'完全一样'的高度和体重,他们的其他自然天赋、自然特征、自然能力,同样如此,是'丰富多彩'的。"[②]一句话,每一个生而为人者,都承载着其独特的自然禀赋而能容易地和他人之间进行区别。我们常言的社会多元,根子就在于人的这种独特性。换句话说,人不是以一个统一的模子塑造出来的机械成品,他们的外形、能力、兴趣、偏好都各不相同。

其次,从人的自然环境说,每个人都生活于特定的环境之中,必定会受着外在环境的影响。环境既包括自然的,也包括人文的。前者是指地理环境等方面的物质性因素,后者则是指家庭、朋友、邻居以及风俗习惯等人文性因素。不容否认,没有两个完全相同的空间区域,也不会有完全相同的人文环境,因而,生活于社会之中的个人,都有着自己独特的生存条件。虽然环境的因素不是决定性的,但环境的影响则不容小觑。当个人因为降生而被投放在某个特

---

① [美]威廉姆·H.怀特科、罗纳德·C.费德里科:《当今世界的社会福利》,解俊杰译,法律出版社2003年版,第69页。

② [美]理查德·A.爱泼斯坦:《简约法律的力量》,刘星译,中国政法大学出版社2004年版,第109页。

定的区域的时候,出生地的文化、传统、风俗、习惯,都深刻影响着人的个性、品味与情趣。正如麦金太尔指出的那样:"我的生活的故事是永远被包括在我得到我的身份的那些社会共同体的故事中。我的出生就带着一个过去"。① 这意味着社会的文化、风俗、习惯无所不在,个人自出生之后即裹挟在社会这张大网之中,难以挣脱。地方的经验会成为人们赖以生存的资本,社会的传统也在形塑着人们的特性。当不同地区的人们聚集在一起的时候,他们往往就会发现,要形成和谐的人际关系,就必须在不同的文化传统之间进行调适。当然这还只是从人成长的整体社会环境来说的。从微观方面而言,每个家庭也都是一个独特的环境,因为有不同的家庭,就会有不同的子女、后辈。实际上,父母及长辈的修养、品行与学识,必然深刻地影响着个人的成长历程,制约着个人看待社会与他人的独特世界观。总之,每个人生存的环境不可能一样,这也使得人与人之间的差异不可避免。再就个人所参与、接触的日常社会而言,实际上也没有哪个人会和别人一样,在每天遇到同样的事,见到同样的人,受到同样的启示,这种生存环境的独特性在累积到一定的量之后,就会产生形成个人独特性的动力。

再者,从人的自然构造说,人是具有自由意志、能够超越自我的,同时每个人的心路历程也具有特殊性、不可重复性与不可模拟性,两方面因素的叠加,会使人在许多方面突破本能和环境的限制,而塑造出一个全新的自我。证诸人类生存的经验可以知悉,如果说"生存环境"的独特主要是从人成长的青少年阶段而言,那么,在进入社会之后,个人更多地依靠的是自己的知识、经验和主观能动性,因而会造就出和别人不一样的心路历程。一方面,人的工作环境不一样,在事业的顺心与挫折上、在与他人的人际交往中都会有不同的际遇,这就导致了人所积累的经验是不一样的,人所获得的社会启迪也存在着差异;另一方面,人又是不甘于完全受制于环境的动物,人有一个重新塑造自我的过程。每一个人都"要存在于一个活生生的现实社会关系中,正是这种关系制约了每一个个体的可能性,在这种制约中,个体萌生了创造自我的渴望,在这种创造中他实现的正是他的自由即他的自我。正因为如此他才是自我创造的生物。"② 这种

---

① ［美］A.麦金太尔:《德性之后》,龚群等译,中国社会科学出版社 1995 年版,第 278 页。
② 邹广文:《历史、价值与人的存在——一种文化哲学的解读》,见王中江主编《新哲学》(第 4 辑),大象出版社 2005 年版,第 131 页。

自我的塑造过程,就是一个人独特个性最终形成的过程。这一过程是特殊的、不可重复的,当然也是无法模拟的。例如一个再怎么教子有方的人,也不可能把自己的子女打造成和他自己一模一样的人来,因为特定的人的心路历程所形成的背景无法再现、不可复原,就此而言,独特性本身也是不可仿效和继承的。

　　总之,对于现代社会而言,必须承认的一个基本事实就是:每个人都是一种独一无二的存在,每个人在与其他人的比较中都是一个特殊的个体。但也正因如此,生活于世间的人也就有强弱之分,上天对人并非同样地公平。必须指出的是,我们并不否认人的独特性就不受任何社会环境和政治环境的影响,因为"独特性的感受往往都是在一定的氛围中形成的,在这一氛围中,个人感受到他或她的理念、信仰与行为被承认和珍视"。[1] "人是社会的人"说的就是这个道理。

三、自然剥夺所造就的弱者

　　证诸人类生存的事实,我们大致可以看出,这种"剥夺"的形式很多,以下几个方面只作例举:

　　——有些人被"投放"于较为恶劣的生存环境之中,从而在其生存与发展的基础上存在着严重的先天不足。这种恶劣的生存环境,有的是自然方面的,例如资源贫瘠,造成这一地区人均资源占有量的相对稀少;有的是政治方面的,例如出生于一个实行强权专制的国度。对前者来说,只有通过类似的"扶贫政策",才可望改变弱者居住环境的不利。但是,如果国家不作为或者是力度欠缺,显然无助于弱者地位的改善。而对后者来说,在现代法律中,我们往往通过"迁徙自由"来补充人们在这方面的天然不足,但实际上,并非任何人都能够自主地选择在他们中意的地区、国度中生存。农民工进城所遇到的歧视、排斥,典型地说明了出外谋生的不易,而要离开自己的祖国迁往向往的国家则更非易事。哈贝马斯就曾指出:"就是在我们西方,所谓平等权利,首先是在受压迫、边缘化和被排斥的社团中逐步展开的。工人、妇女、犹太人、吉卜赛人、来自其他文化的移民和避难者,通过要求完全的平等待遇才被承认为'人',这是艰苦的政治斗争的结果。"[2]承认为人尚且如此艰难,而要获致与所在国居

---

　　① C.R. Snyder, Howard L. Fromkin, *Uniqueness, the Human Pursuit of Difference*, New York: Plenum Press, 1980, p.213.

　　② 中国社会科学院哲学研究所编:《哈贝马斯在华演讲集》,人民出版社 2002 年版,第 5 页。

民同样的机会和条件,显然更加困难。

——有些人被"创造"成在体质上、体能上的孱弱与残缺,从而失去了与其他人同等地参与社会事务的能力。有的人生来体弱多病,甚至依靠药物才能维持生存;有的人在体质上先天不足,无法参与其他人可以参与的正常活动。更为糟糕的是,上帝造人时,还往往将某些人造成先天残缺的人,例如天生的聋、哑或者某些正常人身体机能的缺失等。虽然在这些人中,有许多人并不甘于命运的摆布,获得了在政治上、经济上、艺术上的成功,但也应当看到,在这种成功的背后,他们经受的是比正常人多得多的苦难与辛酸。当然,更为严重的问题是,社会有意识地将这些人排除在公共决策的议程之外,从而使他们的弱势困境有进一步加剧的趋势:

> 很多伤残人士或残障人士,其实完全具有参与政治抉择的能力;将他们排除在基本抉择的场景之外,似乎已经成为了正义观点的一种缺陷。这些人没有被当成是与其他公民完全平等的人;在选择基本原则的时候,这些人的声音也没有被听进去。某些因素在某些时候,会将伤残人士排除在参与政治抉择的过程外;但是,如果我们发现很多这类的因素,是社会所造就的结果,而且是可以避免的,那么这些问题就显得更加严重。①

——有些人被"安排"为在智力、禀赋上劣于其他人,从而使他们在竞争力、创造力方面大大低于其同类。人的智力与先天禀赋各不相同,社会中这样的例子可谓比比皆是。与此相关的,则是智力、禀赋处于劣势者,他们所能够拥有的机会以及占有的财富相对减少,从而增加了生存的难度。例如,因为能力的缺失而陷于贫困状态中的人,不仅会导致财力的缺乏,同时也会受到"社会排斥"。正如英国学者伊斯特所揭示的那样:

> 作为低收入的结果,相对贫困引起了各方面都受到排斥。例如,不能参加社会其他成员参加的各种社会行为,比如不能享受充足的食物和干

---

① ［美］Martha C. Nussbaum:《正义的界限:残障、全球正义与动物正义》,徐子婷等译,韦伯文化国际出版有限公司 2008 年版,第 19 页。

爽的住房;无力购买社会上通常使用的消费品,如电冰箱、电话;不能参与其他大多数人参加的活动,如和朋友一起外出,送孩子参加学校组织的旅游,等等。①

这样,自然素质的差异,不仅影响着本人,也影响着他们的后代。对于一个尚在成长中的少年来说,仅仅由于他们家庭缺乏和其他正常家庭一样的生活质量与生活条件,就不能接受正常的教育,这无疑是残酷而且不公正的。

——有些人被"设置"为运气不佳的倒霉鬼,在社会上厄运连连,处处碰壁。在现代社会,强调机会平等,给予每个人自我创造、自我发展的可能。但是,不管科技如何发达,也无论个人如何努力,人的一生之中,显然都无法摆脱命运的因素:"每个人的生活都受到很多方面的影响,但是归结起来,影响我们生活的是两个基本因素:一个是偶然性因素,也就是运气;另一个因素就是各种各样的选择。这两个因素都会产生某种结果,给人们带来利益或者负担。"②并且即使从"选择"的角度来说,也可能充满着各种不确定性,因而实际上也可以归于"运气"一类。可见,机遇、运气对于人生来说,确实十分的重要。没有哪个人可以断言,自己可以不需要运气即可完满地走完人生的历程。社会处处隐含着风险,人生时时会遇见偶然,这些不确定因素的存在,也就成为制造弱者的成因。在谈到机会平等问题时,美国著名学者奥肯就不无揶揄地写道:"在另一个极端,成功取决于你认识哪个人,而不是你认识什么东西。这是机会不平等的清楚的例证。当实际的问题是你爸爸认识谁时,这看起来就尤其不公道"。③ 然而实际的生活中,这种不平等的例子比比皆是。

在法学上,澳大利亚学者凯恩将运气分为两类,一种是"禀性运气",是指一个人的个性、性情、情绪、欲望、精神及体力能力等方面,这些都是人所不能控制的;另一种则是"环境运气",是指不在我们的控制范围内的我们周遭的世界以及我们生活处境的方面。人们对自己的行为以及周遭的世界的控制能力不同。"当尽管缺乏控制,好事仍然发生时,我们可以说他们的运气好。当由

① [英]罗伯特·伊斯特:《社会保障法》,周长征等译,中国劳动社会保障出版社2003年版,第4—5页。
② 葛四友:《运气、应得与正义——以罗尔斯〈正义论〉为中心的考察》,见王中江主编《新哲学》(第3辑),大象出版社2004年版,第211页。
③ [美]阿瑟·奥肯:《平等与效率——重大的抉择》,陈涛译,中国社会科学出版社2013年版,第52页。

于缺乏控制,坏事发生时,我们可以说他们运气差。"①这里所言的"禀性运气"实际上也就是人的自然禀赋,如智商的高低;而"环境运气"则是生活中随处可见的机遇与风险。无论是哪种运气,都会造就出人的命运的不同。所以,社会生活中许多人都是由于命运的影响,而导致他们在机会上、能力上、心理上、境遇上处于劣势状态。总之,如果说有一个主宰人类命运的自然(或者说老天、上帝)的话,那可以说,这个自然对待人并不总是同样的公平,有些人正是由于冥冥中阴差阳错的安排,而处于被剥夺、被排斥的境遇之中。

第三节　社会的剥夺

一、社会暴虐与弱者的无助

社会是人们之间为生存与发展所结成的共同体,从这个意义上来说,社会的存在既是必要的,也是正当的。或许也正因如此,在将国家视之为"必要的恶"的同时,人们对于社会则有更多美好的期待。与国家所可能具有的强制性甚至专制性不同,社会常常被描述为一个温情脉脉的世界,在那里,人们分享社会价值与社会情感,怜悯、同情成为人际关系的纽带,人与人之间相互合作、守望相助。② 然而令人遗憾的事实是,将"社会"当作一个完全与人为善的伦理共同体,这本身就是不切实际的幻想。学者们早就注意到:

> 社会通过自己的行为准则对其成员施加的压力所引起的持续反应,在社会生活中到处都是。这些行为准则从早到晚监督着个人,促使他的行动符合社会标准。人们也许甚至可以说,作为一种充满原动力的社会,不是任何别的东西,而是将行为模式强加给它的成员的行为准则的总称。③

---

① ［澳］皮特·凯恩:《法律与道德中的责任》,罗李华译,商务印书馆 2008 年版,第 101 页。

② 在此可以引用启蒙时期的法国思想家霍尔巴赫的观点为证。霍氏指出:"社会就是使我们解除苦闷、怀疑和恐惧的庇护所,简言之,即消除一切灾难(真实的和想象的)的庇护所。人一旦处身于由同类组成的社会,就会觉得自己更有力量,就会相信自己更加安全,就会认为自己的生命力成倍增长,如果可以这么说的话。"参见［法］霍尔巴赫:《自然政治论》,陈太先、眭茂译,商务印书馆 1994 年版,第 6 页。

③ ［美］汉斯·J.摩根索:《国家间的政治》,杨歧鸣等译,商务印书馆 1993 年版,第 298—299 页。

　　人们或许并不怎么在乎国家的强制与法律的制裁,但很少有人能完全置社会标准于不顾,为所欲为,自行其是。个中的道理实际上也很简单:国家和法律实际上还是一个离普通人相对而言较为遥远的领域,在人们的日常生活中,遵循社会标准行事即已足矣。大多数人在普遍的社会行动中并不会在意法律作出了怎样的规定,而是考虑周围的人会对自己的行为持何种评价。正因如此,"人言可畏"成为约束人们行动的最为直接也最为常见的心理力量。不仅如此,即使就人们的法定权利、自由而言,人们要否行使权利、如何行使权利,在很大程度上也会顾及社会的反应。或许正源于此,在密尔的《论自由》一书中,防范社会暴虐成为其理论的主调。密尔指出:人们以往更多地警惕来自国家的侵犯,但这是不完全的,

　　　　社会能够并且确在执行它自己的诏令。而假如它所颁的诏令是错的而不是对的,或者其内容是它所不应干预的事,那么它就是实行一种社会暴虐;而这种社会暴虐比许多种类的政治压迫还可怕,因为它虽不常以极端性的刑罚为后盾,却使人们有更少的逃避办法,这是由于它透入生活细节更深得多,由于它奴役到灵魂本身。[1]

　　对于生活于社会关系与社会网络中的人们来说,使人畏惧的监督无处不在,人们只能小心应付,这导致人们不敢伸张权利、维护自由。当代中国的现实情况就很能说明问题。在很大程度上说,一个国家是否民主,生活于其中的人们很难加以直接的感受,而相对来说,人们所处的"单位"——特定中国语境下与人们关系最为直接的社会形态——则往往对个人的自由与权利会带来更多的危害。例如单位的内部规章、行政措施等,可能比诸国家的专断和压迫而言,更是有过之而无不及。

　　社会暴虐的结果是什么?那就是人们为防止成为异端,因而必须与其他人的行为相一致,但也正因如此,那些敢于挑战大众日常观念的人,往往就被社会贴上不道德的标签,从而沦为事实上的弱者:

　　———————————

[1]　[英]约翰·密尔:《论自由》,程崇华译,商务印书馆1959年版,第4页。

　　艾滋病病人、艾滋病病毒感染者、同性恋者、妓女、吸毒者、性乱者等等，或被认为是非法的，或被认为是不道德的，或被认为是反常、怪诞的，他们或被长期钉在耻辱柱上，现在还有不少人主张继续将他们钉在耻辱柱上，他们处于软弱、脆弱、受歧视和无权的地位，他们在主流社会构成亚文化人群，是主流社会中的边缘化人群。①

　　由此可见，即便如艾滋病会带给人类灾难和痛苦，但更可怕的是人们至今对艾滋病的无知和对艾滋病人的歧视。艾滋病真正让人惊心触目的不是病毒的前所未有的杀伤力，而是人类的偏见、自私、愚昧、残酷等黑暗的特质，在艾滋病的防治史上一一展现出来，并推演到极致。② 正因为如此，防范社会暴虐，解救社会压迫下的弱者，就成为当代法律所必须要完成的一项重要使命。

　　大致而言，社会的剥夺主要包括社会偏见、社会隔离和社会歧视三种类型，但偏见往往与歧视重叠，而社会隔离在今天已经基本绝迹，因而本书专以社会歧视为例，来说明社会的剥夺之下弱者是如何产生的。

二、社会剥夺的典型范例：社会歧视

　　按照社会学家的解释，歧视是指"社会上某个特定群体的成员由于其所属群体而受到不同对待，特别是不公平对待的过程"。在社会学上，歧视可分为两类：一类是"类别歧视"，指的是"对于社会所认定的一个特定社会类别的所有人不公正对待，因为歧视者相信这种歧视是他所属的社会群体所要求的"；另一类则是"统计歧视"，指的是"对于个人的不利对待，这种歧视是认为那个人所属的社会群体会使其具有不良的特征"。③ 前者如种族歧视、性别歧视，而后者如对刑满释放者的歧视。但无论是何种形式的歧视，都使得一个本与别人相同的人要承受社会上其他人无端的排斥。英国学者葛拉姆则从社会哲学角度对歧视问题进行了阐释，他指出：

　　① 王延光：《艾滋病、政策与伦理学》，见陶黎宝华、邱仁宗主编《价值与社会》（第1集），中国社会科学出版社1997年版，第157页。
　　② 郑慧文：《艾滋病：心魔还比病魔可怕！》，《TRUSTMED》1999年11月12日。
　　③ ［英］戴维·贾里、朱莉娅·贾里：《社会学辞典》，周业谦、周光淦译，猫头鹰出版1998年版，第191页。

不公平的歧视是在相同社会的不同成员之间的差别待遇,这种差别待遇基于与受到质疑的活动完全不相干的考量,而且虽然那些使得个人成为他们所是的那种人的大部分特征,可以用来作相关的差别区分。仍然适用的论点是,在大体上不相干特征存在的地方,基于这些特征来作差别待遇是不恰当的。[1]

由此可见,"歧视"概念所包含的意思主要是三个方面:第一,歧视是一种差别待遇,即在人与人之间人为地制造不平等,从而引起一部分人对另一部分人的排斥[2];第二,歧视所依据的标准是与本人的实际行为不相关的事实,例如一个勤奋的人本应该得到社会的赞誉,然而仅仅因为其属于少数民族成员就遭受不公正的待遇;第三,歧视指的是一个社会群体对另一个社会群体的歧视,而不是个人对个人的歧视。换句话说,在政治、社会和法律层面上禁止的歧视,应当是以群体作为单位的。

至于个人因宗教信仰、情感因素等而不愿与特定的人交往、合作,这不属于社会歧视的范围。在《法的形而上学原理》中,康德对乌尔比安法律格言中的"不侵犯任何人"作了这样的阐释:"不侵犯任何人,为了遵守这项义务,必要时停止与别人的一切联系和避免一切社交。"[3]或许这是个不怎么为人所注意的段落,但我们认为,其中所言及的"停止联系"与"避免社交",深刻地反映了人类的心理困境。为什么需要有切断与他人联系的"合理区隔"? 这实际上可以从人的心理需求中找到答案。对社会心理、群体心态极有研究的德国学者(也是诺贝尔文学奖的获得者)卡内提就明确指出,人最畏惧的是接触不熟悉的事物,因而人总是避免接触陌生的东西,特别是"在夜晚或在黑暗中,由于出乎意料的接触而受到的惊吓一般都会上升成为一种恐怖的情绪",为此,人们在自己周围设置种种距离,以避免陌生的人和事所带来的恐惧。[4] 这种区隔可以是物质上的,例如通过住宅或其他屏障,来避免外人的进入或者注视;也

---

① 〔英〕戈登·葛拉姆:《当代社会哲学》,黄瑶译,第101页。

② 有学者指出,由社会歧视所引发的社会排斥主要包括三种类型:对穷困者的排斥、对社会底层和边缘群体的排斥、对无业者的排斥。参见 Ruth Levitas, *The Inclusive Society? Social Exclusion and New Labour*, Palgrave Macmillan, 2005, pp.7 - 28。

③ 〔德〕康德:《法的形而上学原理——权利的科学》,沈叔平译,商务印书馆1991年版,第48页。

④ 参见〔德〕埃里亚斯·卡内提:《群众与权力》,冯文光等译,中央编译出版社2003年版,第1页。

可以是精神上的,例如自己可以选择同熟悉的人打交道而避免与陌生人接触。或许这种恐惧是不必要的,然而对于个人来说,未知的世界的确有太多的风险,因而这样一种"自闭"式的生活方式,本身也无可非议。同样可以引用葛拉姆的话来作说明:

> 在一个自由社会中,个人可以尽可能地依照他们的愿望行事。这包括用他们自身所有做他们想做的事情。但是这种自由似乎跟着带来一种在肤色或性别上作出差别待遇的自由。在一个自由的社会中,一个拥有自己住家的人,可以自由决定将他的房子卖给谁,而且假如他因为黑人的肤色,而决定不把房子卖给某个黑人,从道德的观点来看,无论这有多么可悲,他必须保有这么做的自由,正因为真正的自由也包括做不道德事情的自由。个人以他们自己所拥有的,去照他们的愿望行事的自由,要求我们让他们拥有光凭肤色或性别来选择的自由。①

当然,这只是说就单独的个人而言,其私生活中可以接受某些人也可以排斥某些人,但是,作为整体的社会无权对另外一些人加以歧视,正如国家不能任意排斥部分社会成员一样。换句话说,如果某类行为涉及社会公共服务的范围,这种歧视别人的"自由"就必然有所限制。例如,教师是一种公共职业,因而作为教师而言,不能因为其种族情结就对某些特定民族的学生予以区别对待。

在历史上,社会歧视主要集中于种族、种姓(等级)及性别三大领域。

种族歧视在国际人权公约中,被定义为"基于种族、肤色、世系或民族或人种的任何区别、排斥、限制或优惠,其目的或效果为取消或损害政治、经济、社会、文化或公共生活任何其他方面人权及基本自由在平等地位上的承认、享受或行使"。在这样一种状态中,某些种族自认为拥有比受歧视的民族更多的优越条件,从而在社会生活和政治制度中使被歧视的民族处于被贬低、被排斥的地位。在西方世界,典型的表现即为白种人对有色人种的歧视。在1896年的"车厢隔离案"中,美国联邦最高法院的哈兰法官就曾一针见血地指出:"在这

---

① 　[英]戈登·葛拉姆:《当代社会哲学》,黄藿译,第101页。

个国家里，白种人把自身看成是统治民族，并且在威望、成就、教育、财富和权力上，它都处于支配地位"。① 这种自大或曰自狂，曾经是美国将黑人视为劣等民族的心理动因。当然，随着社会的发展与文明的进步，种族歧视的正当性已经被完全否定。《消除一切形式种族歧视国际公约》更以庄重的口吻，宣判了这一观念的死刑："任何基于种族差别的种族优越学说，在科学上均属错误，在道德上应予谴责，在社会上均属失平而招险，无论何地，理论上或实践上的种族歧视均无可辩解"。② 当然也必须注意的是，在社会观念的深层次范围内，种族歧视作为一种心理情结，仍然有存在的可能。③

种姓制度原来存在于印度社会之中。从古代以来，印度社会即将人分为四个种姓和一个地位最低的阶层，即"不可接触者"。四个种姓分别是婆罗门（教士）、刹帝利（武士）、吠舍（商人和手艺人）、首陀罗（普通劳工），而"不可接触者"则被视为地位极其低下，甚至不许在街上、船上和火车上与较高种族的人混杂。在其他国家，虽然并不存在类似于印度的种姓制度，但也仍然可见到某些阶级、阶层被有意识地剥夺了与其他阶级、阶层同等的地位。以美国为例，学者德隆就曾直言不讳地指出，在美国，同样可以见到种姓制度的阴影：

> 我们有理由认为，在美国至少有四个不同的集团处于低级种姓地位：黑人、墨西哥裔美国人、波多黎各裔美国人和美洲土著。这些集团的共同特征是社会经济地位低下，在历史上受歧视，并曾受到法律上根深蒂固的歧视（与纯粹的偏见相对而言），以及都遭受过白种美国人的掠夺或暴力征服。④

当然还必须说明的是，如果在政治上将某种先在的天赋性特征予以固化，

---

① 参见张千帆：《西方宪政体系》（上册·美国宪法），中国政法大学出版社 2000 年版，第 289 页。

② 《消除一切形式种族歧视国际公约》，见北京大学法学院人权研究中心编《国际人权文件选编》，北京大学出版社 2002 年版，第 68—69 页。

③ 正如学者所指出的，"不论如何有欠公正，歧视——尤其是种族歧视——可能是人的一种心理常态"。参见张千帆：《西方宪政体系》（上册·美国宪法），第 333 页。

④ ［美］德隆：《卑贱者的未来：儿童、不平等和自由主义改革的限度》，转引自［美］刘易斯·科塞等：《社会学导论》，杨心恒等译，南开大学出版社 1990 年版，第 211 页。

从而剥夺某类群体参与社会活动和政治活动的权利,这种种族歧视就可能转化为"政治的剥夺"。

性别歧视也是人类历史上曾经存在并且迄今仍有"余韵"的歧视形式。更为恶劣的是,这种歧视并不是双向而只是单向的。证诸人类历史和各国实践,性别歧视也就是对妇女的歧视。在《消除对妇女一切形式歧视公约》中,"对妇女的歧视"被定义为"基于性别而作的任何区别、排斥或限制,其影响或目的均足以妨碍或否认妇女不论已婚未婚在男女平等的基础上认识、享有或行使政治、经济、社会、文化、公民或任何其他方面的人权和基本自由"。① 在性别歧视者的眼中,妇女无论是在体力还是在智力上,都低于男人;以此类推,既然女人在天赋上不如男人,那么在权利的享有上,男人的权利应当多于女人,这并不违反差别对待原则。

然而这种理解明显是错误的! 按照现代的社会学理论,"性"与"性别"并不是一回事。男女之间在"性"的方面的差别是一种事实存在,没有必要予以否认,诸如男性特征与女性特征的分野,在许多方面也的确是极为明显的,但这不足以构成歧视女性的理由。社会之所以形成男人中心主义的氛围,很大程度上是通过建构"性别"这一名词,从而以堂而皇之的理由来施行对妇女的歧视。英国著名社会学家吉登斯就指出:

> 性别是一个社会建构的概念,它赋予男人和女人不同的社会角色和认同。然而性别差异很少是中性的,几乎在所有社会里,性别都是社会分层的一种主要形式。……男人的角色通常比女人的角色被赋予更高的价值和给予更多的回报;几乎在所有文化中,都是妇女承担生儿育女和做家务的主要责任,而男人则一贯负有养家糊口的责任。性别之间普遍的劳动分工导致男人和女人在权力、声望和财富上呈现不平等的地位。②

在人类历史上,正是通过这种人为地赋予男性与女性不同的社会角色,从

---

① 《消除对妇女一切形式歧视公约》,北京大学法学院人权研究中心编《国际人权文件选编》,北京大学出版社 2002 年版,第 103 页。

② [英]安东尼·吉登斯:《社会学》(第 4 版),赵旭东等译,北京大学出版社 2003 年版,第 140 页。

而使"性别"成为天经地义的分类准则,并以此来作为对妇女权利予以剥夺的依据。但实际上,正如英国社会学家斯宾塞用严密的逻辑规则所证明的那样,歧视妇女是一种荒谬至极的理论。

斯宾塞认为,可以用三种方式来驳斥男女权利不平等的论调:第一,如果权利在两性之间应按其智力的量的比例来加以分配,那么在男人、女人之间,权利的分配也必须按同样的制度来进行。换言之,男人与男人之间也是有智力差别的,那么按照智力高低决定权利多少的准则,不同的男人应当有不同的权利;第二,由于每个时代、每个民族、每个地方都会有比一般男人具有毫无疑问的更大能力的妇女,那么按此推论,有些妇女应该比有些男人拥有更大的权利。第三,"这一假设不是把权利的某一固定的份额分配给男性,把另一固定的份额去分配给女性,其本身意味着把权利分为无限等级,完全不去考虑性别,并且使我们要再一次去探索那些无法达到的迫切要求的东西———一种衡量能力的标准,以及另一种衡量权利的标准。"①简单地说,如果以能力作为权利赋予的标准,那么就不能以"男人"或"女人"这种性别来分配权利,而是要根据每一个人能力的大小,来确定每个人拥有的权利的多少。如此一来,权利就必须在社会中针对每个人的实际能力状况来无休止地层层分配,显然这是永远做不到的。由此可见,即使承认男女之间可能会存在某些差异,但这并不足以成为歧视妇女的理由。

三、社会剥夺与社会宽容

面对着社会可能对人们所造成的压迫,从而使得诸多与社会通行观念、价值标准格格不入的人都可能成为弱者,因而强调社会的宽容就极为必要。理想的社会是人们乐意生活于其中的社会,而非人的社会则是摧残人性、禁锢自由的社会。因此,一个社会既可能为人们创造幸福、发展的条件,但也可能阻碍社会成员自主性的发挥,从而构成对人的自由的侵犯。所以,不能轻信社会的美好,更要注意社会所可能导致的对人们的压迫。不仅如此,社会暴虐相对于政治暴虐来说,是一种更为可怕的东西,因为它往往借助公众的力量,无所不在地构成对人们行为的干涉,从而造成对人的心灵的奴役。人们所需要直接面对的,往往不是国家而是社会,因而,社会舆论、社会风俗、社会标准、社会评价

---

① ［英］赫伯特·斯宾塞:《社会静力学》,张雄武译,商务印书馆1996年版,第69页。

等,都在很大程度上影响着人们的行为自主。中国古话所说的"人言可畏""众口铄金",就典型地表现了社会舆论的可怕。社会暴虐的结果,就是磨灭人的个性自由,从而使一个社会成为机械刻板、整齐划一而毫无生气的社会。当社会以一种极不宽容的态度来对人们的行为进行评价时,就必然会产生人们之间相互一致的从众行为。所以,密尔最为关心的问题就是在社会中"个性的庇护所是否还存在? 舆论是否会成为暴君的桎梏? 每个人绝对从属社会全体并受社会全体监督的做法,是否会使所有人的思想、感情和行动变成平庸而划一的?"[1]在他看来,自由的根本就是个性自由的实现,个性展示了人的独特性,也代表着人的创造力,这才是社会进步与社会发展所唯一可以凭借的力量。

实际上,当一个人置身于道德诋毁和舆论谴责的环境中,虽然可以发出"孤标傲世偕谁隐?"的感叹而我行我素,然而,大部分人必然会由于畏惧社会的压力而低头、让步。一个标新立异的人就最终变成了一个畏葸不前、难以自主的人。人不再拥有自己的个性,当然也就不会有人的尊严。所以,在人与社会的关系之上,社会的宽容是极为必要的条件:

> 对于多元社会里的人际关系,……只要一个人的自由不妨碍其他人享有同样的自由,他的思想言行就应该得到尊重。换言之,社会对于标新立异、不同于主流价值的种种奇特言行应当加以宽容,除非这些言行对他人造成伤害,否则社会不能以多数的压力禁止之或谴责之。[2]

追求行为上的一致尤其是思想上的统一,最终会变成毁灭社会的附骨之疽。秦朝二世而终,虽然是多种因素相互作用的结果,但"大一统"的思想政策无疑是其中最为重要的原因之一。当统治者过于追求统一的行为标准和生活方式时,社会的活力也就由此而必然消失。自然,强调宽容当然也会给人们带来诸多不便,例如见不惯大街上满头染着黄发红发的少男少女,受不了青年伴侣在公众场合的卿卿我我,但从尊重人的角度来说,我们都必须予以宽容,因

---

① ［英］约翰・穆勒:《政治经济学原理——及其在社会哲学上的若干应用》(上卷),赵荣潜等译,商务印书馆 1991 版,第 237—238 页。

② 江宜桦:《自由主义的宪政民主认同》,见王焱编《宪政主义与现代国家》,生活・读书・新知三联书店 2003 年版,第 63 页。

为这是自由的代价，也是尊重的必然，并且，宽容本身就是在对他人的行为方式不能接受的时候，才有发挥的余地。[①] 这正如柏克所言："要在人类事务的进程中实现和平，往往必须以某种程度的宽容和容忍为代价。"[②]这种代价当然也是值得的，毕竟它为多元的社会注入了前进的动力，也为人们的个性自由筑起了坚实的堡垒。

第四节　政治的剥夺

一、政治剥夺的内涵

如果说自然的剥夺、社会的剥夺在更大程度上是出于客观与传统的力量，那么，政治的剥夺则是由于统治阶级有意识地排除某些人参与政治的机会和享有政治上的权利，从而达到排斥与区分的目的。在这个意义上，政治剥夺有时也直接与政治压迫等同。以美国为例，学者指出：

> 简要而言，当下面一个或者多个条件发生在一个群体中的所有人或者大部分人身上，我们就可以称之为压迫：（1）他们工作或者精力的收益落入他人手中，而没有得到相应的回报（剥削）；（2）他们被排除参与主要的社会活动，这意味着社会对他们而言根本上只是个工作地点而已（边缘化）；（3）他们在他人的权威下生活和工作，而且拥有很少的工作自主性以及对他人的权威（无权）；（4）作为一个群体，他们同时又是保守陈规的，他们的经历和状态一般而言在社会里是不被人所知的，他们对自己经历的表达和对社会事件的观点几乎没有多少被聆听的机会（文化帝国主义）；（5）群体的成员们遭受着因群体仇恨和恐惧所激发的任意暴力和折磨。在今天的美国，至少下列群体是通过一种或者多种方式被压迫的：妇女、黑人、印第安人、男女同性恋者、工人阶层、穷人、老人以及精神上或肉体上有残障的人。[③]

---

① 参见［德］考夫曼：《法律哲学》，刘幸义等译，法律出版社 2004 年版，第 454 页。

② ［英］埃德蒙·柏克：《自由与传统》，蒋庆等译，商务印书馆 2001 年版，第 227—228 页。

③ ［美］艾利斯·马瑞恩·杨：《政治与群体差异——对普适性公民概念的批评》，见许纪霖主编《共和、社群与公民》，江苏人民出版社 2004 年版，第 290 页。

上述所言的剥削、边缘化、无权、受文化帝国主义的支配以及遭受暴力等情形，都代表着一种不公正的政治体制对于人们的压迫，其结果，就是使社会的某些成员处于被剥削、被冷落、被排斥的失权地位，从而成为事实上的弱者。以此而论，政治制度以及相应的政治环境，都可能会使社会上一批人事实上处于无权与失权的地位，所以，政治制度的公正与否，在很大程度上与弱者的形成存在着紧密的关联。

当然，在阶级社会里，政治剥夺的基础是社会上分为统治阶级与被统治阶级两大阵营，且两大阶级之间存在着尖锐的阶级矛盾与阶级斗争。正如马克思、恩格斯所指出的那样："统治阶级的思想在每一时代都是占统治地位的思想。这就是说，一个阶级是社会上占统治地位的物质力量，同时也是社会上占统治地位的精神力量。支配着物质生产资料的阶级，同时也支配着精神生产资料……"。① 在政治、经济和社会等各方面都占统治地位的阶级，为了维护自己的阶级统治，就必然要对被统治阶级施行专制，这包括设定被统治阶级活动的范围，确认各项具体的专政措施等。对此，毛泽东就曾经明确指出：

> 人民是什么？在中国，在现阶段，是工人阶级，农民阶级，城市小资产阶级和民族资产阶级。这些阶级在工人阶级和共产党的领导之下，团结起来，组成自己的国家，选举自己的政府，向着帝国主义的走狗即地主阶级和官僚资产阶级以及代表这些阶级的国民党反动派及其帮凶们实行专政，实行独裁，压迫这些人，只许他们规规矩矩，不许他们乱说乱动。如要乱说乱动，立即取缔，予以制裁。②

由此可见，在阶级矛盾尖锐的时期，统治阶级往往通过划分"人民"与"敌人"，来实行区别对待，从而实现对一部分人的政治剥夺。

二、政治剥夺与弱者群体

除阶级专政这一特殊形式外，政治剥夺的另外一种形式，则是通过社会公共政策的确定，来使得部分群体丧失其应有的地位或者权利。以我国为例，在

---

① 马克思、恩格斯：《德意志意识形态（节选）》，《马克思恩格斯选集》第 1 卷，人民出版社 1995 年第 2 版，第 98 页。

② 毛泽东：《论人民民主专政》，《毛泽东选集》第 4 卷，人民出版社 1991 年版，第 1475 页。

新中国建立后，许多社会政策都充斥着"剥夺"的内容，而其中又以对农民的剥夺最为严重。

目前常为人们所批评的户籍制度，就是一种限制社会流动、禁止农民改变身份的社会政策。为了限制农民进入城市，在 1958 年《户口登记条例》颁布之前，国家就曾下发过多个文件，禁止农民流入城市。典型者如 1953 年 4 月 17 日政务院的《关于劝阻农民盲目流入城市的指示》，1956 年 12 月 30 日国务院的《关于防止农村人口盲目外流的指示》，1957 年 3 月 2 日国务院的《关于防止农村人口盲目外流的补充指示》，以及同年 9 月 14 日国务院的《关于防止农民盲目流入城市的通知》。1957 年 12 月 18 日，中共中央和国务院还联合发出《关于制止农村人口盲目外流的指示》，层层设关、森严壁垒式地将农民拒之于城门之外。1958 年 1 月 9 日，全国人大常委会通过《中华人民共和国户口登记条例》，该《条例》第 10 条第 2 款明确规定："公民由农村迁往城市，必须持有劳动部门的录用证明、学校的录取证明，或者城市户口登记机关的准予迁入的证明，向常住地户口登记机关申请办理迁出手续"，从而正式确定了城乡有别的户籍制度，使 1954 年宪法规定的"迁徙自由"形同虚设。[①]

当然也必须指出的是，如果说户籍制度限制的对象是农民，那么，"反城市化运动"则是将剥夺的矛头直指城市居民。为了缓解当时粮食供应危机，1961 年 6 月，中共中央发出《关于减少城镇人口和压缩城镇粮销量的九条办法》，规定要求三年内城镇人口必须减少 2000 万以上，1961 年以内至少减少 1000 万。大批城镇居民由于这一政策，被迫离开城市，迁往农村地区。而在"文化大革命"时期，出于经济和政治方面的考虑，政府大力动员广大城市知识青年"上山下乡"，"从此又兴起了中国第二次反城市化运动"。上山下乡的根本目的，就是"减轻城市负担"。"自 1960 年代中期以后，政府动员了近 4000 万知识青年上山下乡。"[②]然而这样一种社会政策的后果，是使国家蒙受了更多的经济损失和政治损失。说到底，一个不尊重人的自由选择的政策，迟早会招致不良的反应。而迁徙作为一项人们固有的自然权利，本不应该由国家通过行政手段、公共政策或国家法律来加以限制。这正如学者所指出的那样，通过控

---

① 以上引用资料，参见俞德鹏：《城乡社会：从隔离走向开放——中国户籍制度和户籍法研究》，山东人民出版社 2002 年版，第 17—23 页。

② 参见陆益龙：《超越户口——解读中国户籍制度》，中国社会科学出版社 2004 年版，第 27—28 页。

制手段来剥夺人民的迁徙自由,实质上是将人置于一种被奴役的状态:"迁徙不能自由的起因是奴役状态的存在,这种奴役应该被理解为是多方面的,一是对人身的直接奴役,二是通过一定的限制,致使人们处于一种能够被控制的状态。但无论如何,这都是一种奴役。"[1]

1949 年以后对农民的剥夺,还表现在通过所谓"剪刀差"政策,对农民实行经济上的掠夺。据统计,从 1952—1986 年,国家通过价格"剪刀差",从农村中隐蔽地抽走了 5823.74 亿元的巨额资金,加上收缴的农业税 1044.38 亿元,34 年间国家共从农村抽走了 6868.12 亿元的资金。这对于当时的财经情况来说,无疑是一个天文数字。在那个时代,全国每年的财政收入也不过几百亿元。[2]

城乡二元结构的存在,更是导致城里人与乡下人在待遇上的天壤之别。中国革命走的是农村包围城市的道路,但革命胜利后获益的却是市民而非农民:

> 相比较而言,暂住在中国都市中的乡下人,在许多方面遭受的歧视程度要超过某些国家和地区那些逗留在城市、等待城市化的农民。首先,在中国,城市身份所享有的各种津贴比通常情况下的所有其他社会,更鲜明地将城里人与乡下人区别开来。事实上,中国普通城里人在收入的各个方面都是受益者,由此导致的城乡差距之大,是我们在世界其他地方所未曾见到的。[3]

以上所述只是作为例子,来表明"政治"拥有足够的力量来剥夺人们应有的权利和自由,从而导致弱者的产生,并形成普遍化的弱者群体。政治剥夺当然还有其他类型,需要根据社会实践来做进一步的归纳。但无论如何,明确以下这一点是极为必要的:

> 一个自由的社会,应让每个人享有平等的自由,和获取利益的平等机会,若是因为一些不相干的因素排除某些人享有这种自由或机会,那就是

---

[1]　张永和:《权利的由来——人类迁徙自由的研究报告》,中国检察出版社 2001 年版,第 216 页。

[2]　参见吴忠民:《社会公正论》,山东人民出版社 2004 年版,第 326 页。

[3]　[英]苏黛瑞:《在中国城市中争取公民权》,王春光、单丽卿译,第 5 页。

一种歧视。这种歧视往往针对种族、肤色、宗教、性别等因素而来,经常会形成一种社会结构的不平等。这种结构上的不平等实际就是自由社会的敌人。[1]

政治上的歧视或者剥夺,不外乎就是制造了一种不平等的社会结构,而这恰恰是自由、民主的社会所需要加以反对的。特别是如中国这样一个社会主义国家,如果以不平等的资源配给、机会分配来划分城里人与乡下人,这不仅是制造了"乡下人"或曰"农民"这一弱者群体,更与社会主义制度所追求的自由、平等、公平等价值理论不相吻合。因而,应当通过城乡居民的平等化、城乡服务的均等化等措施和制度,来保证城乡居民享有同等的权利和利益。

三、政治民主与少数人权利保护

言及弱者的政治成因,还不能不提到有关少数人的问题。正如我们所知道的那样,在现代社会,一般均以民主制度作为典型的政治制度,这无论是直接民主、间接民主还是协商民主,均以人民当家做主作为制度的前提。同时,民主制度又是以少数服从多数作为运作的基本形式,此即所谓的多数决。必须承认,在价值多元、异见纷呈的现代社会,没有多数决作为决策的规则,的确会使社会陷入难以作出决断的尴尬境地。英国学者蒲莱斯就认为:"民主政治一词,自赫罗多塔斯以来,就用以指国家的统治权大部分属于全体人民,而不属于任何一种或数种特殊阶级的政体。"他又说:"在应用投票方法的社会中,民主政体即是多数统治的政体;因为除投票以外,还没有发现其他的方法,能够合法的、和平的表示社会中非全体一致的意志。"[2]自然,多数决的权威性不仅仅是来自多数的意志,而且来自包括少数也能够接受的共同的民主原则,更来自全体社会成员对这些民主程序原则的广泛共识和认同。这也就意味着,多数所做出的决定,少数人即使不同意也必须服从。这同时就牵涉到一个极为重要的理论问题,少数人的权利如何得以保护? 如果少数人的权利可由多数人通过民主表决的方式来加以决定,那显然就会导致学界所常言的"多数暴政"。在这一方面,美国学者兰德就断然否认这种情形下多数决的合理性:

---

[1] [英]戈登·葛拉姆:《当代社会哲学》,黄藿译,第89页。

[2] 转引自杨幼炯:《政治科学总论》,台湾中华书局1967年版,第348页。

个人的权利不能屈从于公共的表决;大多数人也不能剥夺少部分人的权利;权利的政治功能就是保护小部分人免受大部分人的压迫(现实中最少的部分是个体)。无论奴隶社会是通过强制或选择而成为被奴役状态的,它都不能要求国家的权利和其他文明国家对这种"权利"的认同。①

事实的确如此! 在人类历史上,特别是历史的转折关头,许多重大的事项都是交由多数决来裁夺,其结果,就是让多数在获取利益的同时,少数被限制、剥夺乃至强制,而这恰恰就是所有政治形式中最为专制也最为残酷的一种政治体制。法国启蒙思想家霍尔巴赫就曾言道:"任何人数众多的阶层在没有遇到什么阻遏时,关心的只是自己,追求的只是自身的利益,就会变成独一无二的社会中心,就会逐步蜕变出一种特殊的民主政治。"当这些阶层掌握了国家政权,就有可能通过权力的运作,来赤裸裸地对少数进行掠夺。正因如此,"一整个专制阶层要比一个专制君主更加令人不堪忍受。在各种形式的暴政中,要算这种民主的暴政最残酷、最缺乏理性了。"②所以,在政治理论中一个极为重要的主题就是防范多数暴政,它要求政治制度和法律规定在体现多数人意志的同时,还必须注重对少数人权利的保护。

当然,少数人并不就是弱者,但很多类型的少数人很可能就是弱者,这也是不争的事实。在国际立法中,往往使用"少数人"或"少数群体"这样一个概念,用来指称那些处于边缘地位、不利地位的人群。长期以来,为了赋予"少数人"一个精确的定义,相关国际机构和研究人员付出了艰巨的努力。在第二次世界大战后起草《世界人权宣言》的过程中,有关各国对于"少数人"的定义有两种截然不同的态度。澳大利亚、新西兰、美国、加拿大及拉丁美洲各国的学者普遍认为,少数人应该被同化。欧洲大陆各国则坚决主张,少数人应该受到特殊保护。③ 由于各国就这一矛盾对立观点无法达成妥协,导致最后通过的《世界人权宣言》中没有一条关于保护少数人权利的规定。现有的国际公约

---

① [美]爱因·兰德:《新个体主义伦理观——爱因·兰德文选》,秦裕译,上海三联书店1993年版,第104页。

② [法]霍尔巴赫:《自然政治论》,陈太先、眭茂译,第146—147页。

③ [奥]曼弗雷德·诺瓦克:《民权公约评注》,毕小青、孙世彦译,生活·读书·新知三联书店2003年版,第476页。

中,关于少数人权利的专门立法主要有两部,分别是 1989 年通过、1991 年生效的《土著人民和少数群体的权利》和 1992 年通过的《在民族或族裔、宗教和语言上属于少数群体的人的权利宣言》。在这两部法律文件中,少数人都是被严格限定的,前者为土著人民,后者为在民族或族裔、宗教和语言上的少数人。可见,即使在通过并生效的国际法律文件中,少数人的定义也是有所不同的。因此,各国学者、官员及政府关于少数人定义的主张也是五花八门,至少从目前来说,国际社会还没有一个令人满意的、得到多数人认可并能够将世界各地需要特别保护的绝大部分少数人都包括在内的普适性的定义。[1]

1985 年,"防止歧视和保护少数小组委员会"成员朱丽斯·德斯切涅斯受小组委员会之托起草了一份提交给联合国人权委员会的《关于"少数人"一词的定义的建议书》。在这一文件中,德斯切涅斯在卡波托蒂提出的定义基础上又提出了如下的定义:

> (少数人是)一国公民的群体,在该国构成数量上的少数并处于非支配地位;他们具有与人口中的多数人不同的在种族、宗教或语言上的特征,具有一种由生存的集体意志(即使是含蓄的)所激发的彼此之间的团结意识,其目的是在事实上和法律上实现与多数人的平等。[2]

朱丽斯·德斯切涅斯的定义与其他定义的最大不同,便是首次在定义中提出了少数人保护的目的:在事实上和法律上实现与多数人的平等。此外,英国学者杰伊·西格勒是少数人人权问题专家。在分析、研究了各种少数人的概念后,他试图以最简单的形式来描述少数人。他认为,少数人是数量上具有一定规模,在肤色、宗教、语言、种族、文化等方面具有不同于其他人的特征,由于受到偏见、歧视或权利被剥夺,在政治、社会和文化生活中长期处于从属地位,国家应当给予救济援助的群体。[3]

那么,少数人是否必然属于弱者?我国台湾地区学者蔡文辉认为:"所谓'少数团体'或'弱势团体',并不是指某一个人口较少的团体,或者是在人口比

---

① 张爱宁:《少数者权利的国际保护》,《外交学院学报》2004 年第 1 期。

② 吴双全:《论"少数人"概念的界定》,《兰州大学学报(社会科学版)》2010 年第 1 期。

③ 李忠:《论少数人权利》,《法律科学》1999 年第 5 期。

例上较少的团体;团体人数的多少并不决定该团体是否为少数团体。"①大陆学者也有类似的观点,他们认为,"少数人保护的核心是其群体的社会学意义上的'少数',即该群体在其生活的社会中处于非主宰性地位,占主宰性地位的数量上的少数人群体不受这种制度的保护。"②因此,少数人和弱者至少存在四个方面的区别:首先就保护的权利范围而言,对于少数人的保护主要针对的是在宗教、语言等方面进行非歧视的社会保护,从本质上讲,从国际法领域保护少数人,维护的是文化的多样性,或者说反对的是"文化沙文主义";而对于弱者的保护大大超越了这个范围。其次,有的学者认为,"国际立法当中的少数人当然应该是国内的弱势群体"。③ 笔者对此持反对态度,原因在于少数民族、土著人等少数人从文化排斥的意义上讲可能会属于弱者,但是移民在一定程度上不能轻易与弱者划上等号。第三,从人口数量上讲,虽然少数人和社会学意义的多数人之间很难确定一个严格的比例关系,但是从一定的意义上讲,少数人在人口数量的绝对比例上是不占优势的,而弱者却没有数量的限制。当然,上述区分并不是绝对的,但它至少告诉我们,少数人是极易转化为弱者的一类人,因而,必须通过政治制度的公平与合理,来保证少数人正当权益的不受侵犯。

第五节　法律的剥夺

一、法律的公平与法律的剥夺

自从人类有了法律制度以来,它就寄寓着"公平""公正"的理想。恰如德沃金所阐述的那样,"一般的政治与空想的政治理论具有某些共同的政治理想,即要有一个公正的政治结构的理想,公平分配资源和机会均等的理想,以及执行确立这些理想的法规和条例的公平程序。我将其简称为公平、正义和诉讼的正当程序三大美德。"④在此,公平、正当与正义等诸如此类的词汇,无

---

①　蔡文辉、李绍嵘:《社会学概要》,五南图书出版股份有限公司 2002 年版,第 103 页。
②　周勇:《少数人权利的法理——民族、宗教和语言上的少数人群体及其成员权利的国际司法保护》,社会科学文献出版社 2002 年版,第 12 页。
③　屈广清等:《弱势群体权利保护的国际私法方法研究》,知识产权出版社 2009 年版,第 14 页。
④　[美]德沃金:《法律帝国》,李常青译,中国大百科全书出版社 1996 年版,第 148 页。

不指向法律的优良特性：它是人们地位平等的保障，是合理分配权利与利益的指南，是法律程序正常运作的保证。从这个意义上说，"法律的剥夺"本身就似乎是一个矛盾的词汇：公正的法律却在制造着不公正的结果。然而，通过法律来制造社会上的不平等，通过法律来限制某些人的权利和自由，通过法律来创造社会上的"弱者"，这不仅在古代社会是如此，在现代社会中，这样的例子也屡见不鲜。

在古希腊、古罗马，奴隶就不是法律上的主体。著名的《法学总论》在"关于人的法律"篇中明确提到："关于人的法律的主要区分如下：一切人不是自由人就是奴隶"，所谓"自由人"，简言之即拥有自由的人，而所谓"自由"，又是指"每个人，除了受到物质力量或法律阻碍外，可以任意作为的自然能力"。至于奴隶，则是指"一人违反自然权利沦为他人财产之一部"者。① 由此可见，自由人与奴隶的区分，形成了罗马法的特色。在中国古代社会，奴隶自然也不是法律上的"人"，可以被任意买卖、甚至作为陪葬的人殉。即使在号称"盛唐"的唐代，现实生活里奴隶制度已经成为陈迹，然而法典中对于"奴婢贱人"，仍然是以"律同畜产"来对他们的身份加以概括，在权利上受到极为严格的限制。更为奇特的则是美国宪法的规定，在 1787 年制定宪法的时候，宪法文本中并未出现"奴隶制"或"奴隶"这样的字眼，而是以"所有其他人口""服劳役的人""目前在某些州内存在的类似的人口"之类的词汇来掩饰奴隶存在的事实。② 既然是奴隶，那当然不享有美国公民的权利，然而，在作为各州众议员分配名额的人口基数时，奴隶又成为"五分之三的其他人"。因此，在人们不能平等地具有法律人格的时代，许多人实际上被排除在法律主体之外。

不难看出，法律要扮演维护社会公正的角色，有几个基本条件必不可少：第一，法律必须是自治的。也就是说，法律应当能以自己运行的轨道，自主地设定其必备的内容。当法律充当执行政党和国家政策、贯彻阶级意志的工具时，法律就难以保证其维护社会公平职责的实现；第二，法律必须是中立的。这意味着法律应当以"不偏不倚"的立场，公正地对待社会上各阶层、各地区人民的利益，不得因公共政策的考量或意识形态的干预，而做出厚此薄彼的规

---

① ［古罗马］查士丁尼：《法学总论——法学阶梯》，张企泰译，第 12 页。
② 参见王希：《原则与妥协——美国宪法的精神与实践》（修订本），北京大学出版社 2005 年版，第 158 页。

定;第三,法律必须是公共的。换句话说,法律应当是人民公意的一种表达方式。立法者由人民选出,立法机关应当以全体人民的意志为依归,从符合最广大人民利益的角度,制定出切实可行的法律规定。在这个意义上,法律不会制造"弱者",法律只会保护弱者,维持公正、公平的社会秩序。

然而上述条件,在许多情况下都只能说是一种应然的理想。正如法国作家阿那托尔·弗朗斯的名言所讥讽的那样:"法律,以其崇高的平等,禁止富人也禁止穷人栖身桥下、行乞街头和偷窃面包。"①法律尤其是所谓的"恶法",不但不能够维护社会的公平与正义,反而通过制造不平等来剥夺人们的平等权利,从而制造出法律上新的弱者。如郝铁川先生所言:"法律是统治者(社会中的统治阶级,或者称为强者、执政者)意志和利益的体现,立法者常常运用立法手段将自己的利益诉求转化为法定权利,用法律规范形式确认自己的政治经济优势地位",所以,相对于穷人而言,"富者在实现政治权利方面具有优势"。②

二、近代法律中剥夺的主要情形

撇开奴隶社会、封建社会专制性的法律不论,即使历史发展到近代,在西方,那种赋予不同人群以不同人格的法律制度仍然大行其道,法律面前人人平等只能成为一句空洞的口号。而在此一过程中,法律通过人格的剥夺,直接将某些社会成员制造成为弱者。主要的情形包括:

(一)根据财产,将公民区分为"积极公民"与"消极公民"

据学者的考证,这一区分源自法国大革命时期的著名思想家西耶斯。西氏指出:

> 一个国家的所有公民都应享有消极公民的权利:大家都有使自己的人身、财产、自由等得到保护的权利,但并非所有人都有积极参与组成公共权力的权利,并非所有人都是积极公民。妇女(至少在目前状况下)、儿童、外国人及所有不对公共机构作任何捐助的人,均不得对国家施以积极的影响。所有人都能享受社会的好处,但唯有赞助公共机构的

---

① 转引自[美]L.布鲁姆等:《社会学》,张杰等译,四川人民出版社1991年版,第650页。
② 郝铁川:《秩序与渐进——中国社会主义初级阶段依法治国研究报告》,法律出版社2004年版,第51页。

人才能成为社会大企业的真正股东,唯有他们才是真正的积极公民,真正的社会成员。①

在这里,"国家"俨然成了"公司",只有那些能够为公司运转提供了资本的人才能成为股东,相反,那些只能等待国家施以保护行为的消极公民,就不能在国家事务上有发言权。西耶斯的思想在法国 1791 年宪法中得以体现。1791 年法国宪法虽未直接出现"消极公民"一词,但宪法规定,"在王国内任何一个地方,至少已经缴纳了相当于三个工作日价值的直接税"者,方能成为积极公民。当时全法国 2600 万人口中,享有选举权的所谓积极公民不过 430万,有 300 万贫民完全无公民资格。② 显然,这与《人权宣言》第 1 条关于人生来拥有平等权利的论断是相抵触的。一句话,《人权宣言》对人格平等的承诺,在以财产划界的宪法规定中顷刻间化为乌有。

(二)根据性别,将女性排除在"正常人"之外

近代之初的公法,女性并不享有政治权利,被剥夺了选举权与被选举权,也被剥夺了担任社会职业(如律师)的权利。③ 同样在私法上,"迟至 19 世纪末,在许多西方国家,男性的法律权利基本上都已被很好地确立,但已婚妇女仍不能作为拥有法律权利的独立个体而存在,而只能屈从于其丈夫的意志"。④ 颁布于 1804 年的《法国民法典》第 213 条即明确规定:"夫应保护其妻,妻应顺从其夫",肯定了丈夫在家庭中的家长地位。妻子即使与丈夫采用分别财产制,但未经丈夫的同意,不得进行赠与、转让、抵押等法律行为,也不得自行进行诉讼。

为什么男女会被不平等地加以对待? 这是源于传统上对女性的偏见。在

---

① 参见〔英〕C. 卢卡斯主编:《法国革命与近代政治文化的创造》第 2 卷,第 107 页。转引自高毅:《法兰西风格:大革命的政治文化》,浙江人民出版社 1991 年版,第 111 页。

② 洪波:《法国政治制度变迁——从大革命到第五共和国》,中国社会科学出版社 1993 年版,第 325 页。

③ 例如 1875 年,美国威斯康星州高级法院法官爱德华·G. 瑞安作出判决,不允许拉文尼亚·戈德尔小姐提出的担任律师的申请。判决言道:"女性的特殊品质:她的优雅文静、她的敏感、她的脆弱、她的纯洁、她的美貌、她冲动的情感、她没有理由的同情心,确实不适合参与法院的辩论。从法院的司法辩论到战场拼杀,自然法都最大程度地让女人走开。"转引自河西编译:《幽默法典》,华东师范大学出版社 2005 年版,第 32 页。

④ 〔英〕恩勒·伊辛、布雷恩·特纳主编:《公民权研究手册》,王小章译,浙江人民出版社 2007 年版,第 263 页。

传统思想中,"力量""理性"仅属于男人,而女人所拥有的是温柔与激情,当然也包括冲动与偏见:

> 女人由于其生理构造方面的原因,很容易陷入激奋状态,而这种状态对于公共事务是有害的;而且由感情冲动所导致的误入歧途和混乱,很快就会毁掉国家的利益。女人们若是卷入了热烈的公共辩论,那她们将灌输给孩子们的,就不再是对祖国的爱,而是各种仇恨和偏见了。①

一句话,女人没有理性,因而她们只能待在家里相夫教子,一切政治活动与公共活动都不是女人合适的去处,她们即使有公共欲求需要表达,也只能通过她们的家人或丈夫来进行。如费希特所言,丈夫是妻子"一切权利的管理人"。对于妻子来说,"丈夫是她在国家和整个社会中的天然代表。这就是她对社会的关系,即她对社会的正式关系。她根本不可能想到自己直接履行自己的权利"。所以,法律可以规定妇女拥有投票的权利,但为了"不失去自己女性的尊严",她就应当让丈夫替代自己投票,这样,投票权所代表的就不是丈夫一个人的意志,而是"他们的共同意志的结果"。②显然,在费希特的观念之中,妻子仅是丈夫的附属成分,因而"冠冕堂皇"的代理,就成为剥夺妇女亲自参政、议政的合理借口。对女性的这种剥夺是内生于我们的法律体制之中的,因为我们的法律制度天然地就区分了所谓"公共领域"与"家庭领域",在这两个领域中,不同性别扮演了不同的社会角色:"严格意义上来说,这种剥夺不是外在的剥夺,而是内在的剥夺,这一剥夺不仅存在于女性的法律地位这一个概念之中,而且与这一概念的表达与实践相联系。"③

(三)依据人是否独立,将处于依附地位的人们排除在有人格的法律主体之外

康德即明确指出:"具有选举权的投票能力,构成一个国家成员的公民政

---

① 法国巴黎出版的《导报》第 18 卷,第 299 页。转引自高毅:《法兰西风格:大革命的政治文化》,浙江人民出版社 1991 年版,第 128—129 页。

② 参见[德]费希特:《自然法权基础》,谢地坤、程志民译,商务印书馆 2004 年版,第 344、350 页。

③ Étienne Balibar, *Citizenship*, translated by Thomas Scott-Railton, Cambridge: Polity Press, 2012, p.65.

治资格。"然而,"公民"并不等同于国民,并非任意的一个自然人即可具有公民的资格,按照康德的理论,只有"具有自给自足的独立性,也就是说,他不能仅仅是这个共和国的偶然附属部分,而是此共和国的一个成员,和其他的人一起在此社会中行使他自己的意志"的人,才有作为公民的资格。因为处于独立的地位,才可能独立地运用自己的理性,进行选择,作出判断。所以康德断言:

> 一个商人(或做买卖)的学徒,一个不是国家雇佣的仆人,一个未成年的人,所有妇女以及一般说来任何一个不是凭自己的产业来维持自己生活而由他人(除了国家)安排的人,都没有公民的人格,他们的存在,也可以说,仅仅是附带地包括在该国家之中。①

这样,学徒、仆人、未成年人和妇女的意志都可以并合于他人的意志之中,通过他人的表达而成为国家整体意志中的一部分。这实际上寄寓着康德的理想表达:通过这种意志的并合与代理,可以更好地体现社会结构与家庭关系的现状。

那么,哪些人不能被视为"自主的个人"呢? 法国大革命时期除了将妇女和未成年人包含在内外,还将大量的家仆规定为消极公民,不能享有政治权利和民事权利。据统计,在大革命前夕,法国的家仆在人口当中的比例平均为1∶12。仅在巴黎地区,50万人口中就有家仆4至5万人,约占首都就业人口的17%。② 家仆不能作为自主的个人的原因,一是他们在身份上无法独立,因而即使家仆在智识上可能拥有较高的水准,③法律上也同样推断他们无法理性地表达自己的意志;二是政治国家与家庭空间的分别。在法国大革命时期,"家庭不再被理解为政治机构仅为社会组织之投影的社会组织的基本单位,相反,它倾向于自身成为一个'社会',而这一社会是由组成该社会的个人之间一种情感方面的契约所支配"。④ 简单地说,家庭被视为不同于政治场合的自然

---

① 　[德]康德:《法的形而上学原理——权利的科学》,沈叔平译,第141页。
② 　[法]皮埃尔·罗桑瓦龙:《公民的加冕礼——法国普选史》,吕一民译,上海人民出版社2005年版,第84页。
③ 　"家仆就总体而言,反而是一种其教养高于平均水平的人口,此在城市表现尤甚。在18世纪中叶,人们因此认为42%的家仆能读会写"。参见[法]皮埃尔·罗桑瓦龙:《公民的加冕礼——法国普选史》,吕一民译,第91页。
④ 　[法]皮埃尔·罗桑瓦龙:《公民的加冕礼——法国普选史》,吕一民译,第87页。

空间,在其中,人与人之间的关系更多的是一种情感上的联络而不是因利益而形成的关系,因而完全生活于家庭中的成员只能算作是家庭中的一员而不能被视为是公民社会的成员。正因如此,法国 1791 年宪法将"不处于奴仆的地位,亦即不处于被雇佣的奴役地位"作为积极公民的标准,从而将家仆排除在能够行使选举权的公民之外。

从上述事例可以看出,法律不但不是保护公正的凭借,反而成为制造弱者的渊薮。这也说明,"应然的法律"与"实然的法律"之间存在着较大的差距:前者代表着人们的一种理想与期待,它源远流长,成为伴随法律而生长的观念;而后者则是法律的实际状态,它取决于社会进步、法制文明等多种因素。

三、现代法律通过剥夺制造弱者的余韵

经历了 19 世纪的民主浪潮与人权运动,现代法律在保障人与人之间的平等,确立人们普遍拥有的权利方面,应当说取得了伟大的进步。然而,现代法律也并非尽善尽美,在很大程度上,它仍然通过区分的立法技术,还在制造着社会的弱者。

以我国宪法为例。我国的现行宪法是社会主义类型的宪法,它"确认了中国各族人民奋斗的成果,规定了国家的根本制度和根本任务"。应当说,我国宪法在内容上吸纳了人类历史上优秀的宪制文化,许多方面也能与先进国家的宪法制度接轨。但是,由于意识形态的影响及其社会政策的考量,某些规定也在制造不平等,从而剥夺了某些群体的应有权利。

第一个例子可以宪法中规定的"人民"为例。宪法第 2 条规定:中华人民共和国的一切权力属于人民。但谁是"人民"呢? 宪法学者多从与现行政策保持一致的角度,作出这样的阐释:

> 目前我国人民是指社会主义的工人、农民、知识分子、一切拥护社会主义的爱国者和拥护祖国统一的爱国者。对敌人实行专政就要对作为人民对立面的那些敌视和破坏我国社会主义制度和人民民主专政国家政权的敌对势力和敌对分子,一方面依法不让他们享有人民所享有的民主权利,另一方面则对他们违法犯罪行为依法予以打击和制裁。①

---

① 　俞子清主编:《宪法学》,中国政法大学出版社 1999 年版,第 87 页。

按照这种理解,"人民"乃政治概念,其对立面是"敌人";宪法是阶级力量对比关系的集中体现,因而,国家的权力属于人民而不属于敌人;所谓"人民",在我国主要是指四种人:全体社会主义劳动者;全体社会主义建设者;拥护社会主义的爱国者;拥护祖国统一的爱国者。在这里,"人民"成为一种区隔社会群体的专用名词:属于人民阵营的,方有国家权力拥有者的资格;而不属于人民阵营的,那就是被专政的对象。不仅如此,人民的这种定位不仅是对敌人的排斥,同样也是对未成年人的排斥。儿童不是社会主义劳动者和建设者,也很难说具有"拥护社会主义""拥护祖国统一"的政治意识,那么,他们属于人民的范围吗? 如果人民主权中的"人民"将上亿人口的未成年人排除在外,这样的人民主权还有正当性吗? 同样,我们需要运用法律手段来打击犯罪,惩治犯罪者,但根据司法主权与国家主权相统一的原理,一个政府能够针对其社会成员进行制裁的根据,只是因为他属于该国的属民、公民,因而,对一个内部社会成员施行制裁的正当性根据,也恰恰是因为他同样是个人权利的让渡者,正是和他一样的人们交出了自己的自然权利,才最终集合成人民主权。因而,在国家权力拥有者的层面上,将人民仅视为部分社会成员的说法是极其荒谬的。正如学者所指出的那样,"民主国家对所有公民一视同仁。准此以观,凡系被故意排斥的人,或是在政治上永远为人卑视的人,都不能承认这个宪法代表他们。"①简单地说,即使属于"敌人"的范畴,也只能是在"人民"的意义上将他们当作需要通过法律惩治的对象,并不能把他们排除在拥有主权的阶级、阶层之外。

第二个例子则是法律调整的对象是全体人,但实际上只对一部分人适用。例如宪法第 42 条规定:"中华人民共和国公民有劳动的权利和义务","国家通过各种途径,创造劳动就业条件,加强劳动保护,改善劳动条件,并在发展生产的基础上,提高劳动报酬和福利待遇"。但殊不知,这里所指的劳动是城镇居民的劳动,而不是普通农民的劳动。正如徐显明先生所指出的那样:

　　城镇人口和农村人口身份的二元性在法律上的表现就是有一部分法律关系城镇人可以加入,而农村人则被排除在外。最典型的就是劳动法律关系和社会保障法律关系,农民日出而作日落而息,而他们在土地上的

①　[美]里普逊:《民主新诠》,登云译,香港新知出版社 1972 年版,第 124 页。

这种劳作在法律上却不被认为是劳动。因为《中华人民共和国劳动法》基本上不调整农民的劳动关系,我们在谈劳动就业和失业的时候,从来不把农民包括在内。这就导致了法律关系主体的二元性。①

主体的二元性并不是一种合理的区别对待,相反,它是一种将农民制造为弱者的法律建构,体现的是对农民及其劳动的轻视,而实质则是通过不同的利益分配机制,使农民合理的权利和福利未能落到实处,体现了法律明显的不公。

第三个例子,则是有意回避某些权利的规定,从而使该种权利的行使不具有合法性。如在上文提到的"迁徙权",以及学界经常呼吁的"罢工权"就是如此,宪法中对这两种重要的权利没有作出相应的规定,这不仅与世界人权潮流相悖,也与新中国宪法的传统不符。固然,按照自然权利的学说,权利并不依法律的规定为限,只要是人们正当享有的权利,即使法律上未作规定,仍然具有约束政府的效力。然而,至少在我国现行阶段,权利是法定的、实在的权利,只有这种权利才可能获得国家的支持及司法的保护,所以,迁徙自由和罢工权,就只能属于法律之外的"黑权利"。在某种意义上,迁徙是弱者改变自身生存状况的主要选择,而罢工则体现为弱者(劳方)对强者(资方)的抗议。正如有学者指出的:"罢工可能是劳动者拥有的实现其对雇主的要求的最有力的武器。"②有意规避这两种权利的入宪,在很大程度上也就是通过法律来维持弱者存在的社会结构,甚至于制造出新的弱者。

当然,法律是人为的创造,人们可以通过法律来制造弱者,自然也可以通过法律来减少弱者,最起码可以使弱者通过法律的救助而使其脱离困厄状态、补足发展能力。因此,我们对法律的剥夺所可能产生弱者问题的分析,并不是对法律的不公徒唤奈何,而是试图揭示法律可能存在的缺陷,从而正视法律保护弱者权利的艰难。

① 徐显明:《和谐社会与法治和谐》,见徐显明主编《和谐社会构建与法治国家建设——2005 年全国法理学研究会年会论文选》,中国政法大学出版社 2006 年版,"代序"第 7 页。
② David P. Twomey, *Labor & Employment Law: Text and Cases*, Fourteenth Edition, South-Western Cengage Learning, 2010, p.235.

第 二 章

弱者的类型划分

第一节 心理上的弱者

一、心理上的弱者之成因

从心理规律上说,每个正常的人都应当拥有健康的心理状态,他们能够在一个理性、自主的范围内,通过正常的心理活动来决定其该如何行为。就此而言,每个人都应当是心理上的强者,他们能够规范、思考自己的未来,并勇于承担由于自己的决策失误可能带来的风险与责任。

法律上的自主、独立,同人们心理上的这种决断、责任能力是一脉相承的。按照英国学者卢克斯的解释,"自主"意味着"个人的思想和行为属于自己,并不受制于他所不能控制的力量或原因。特别是,如果一个人对于他所承受的压力和规范能够进行自觉的批判性评价,能够通过独立的和理性的反思形成自己的目标并作出实际的决定,那么,一个人(在社会意义上)就是自主的。"①按照这一界定,"自主"是将个人视为道德判断与道德责任的最终主体,凡是涉己的一切事务,均由个人作出最后的判断与选择,当然,对其行为选择所产生的结果,也由行为人自己承担。支撑这一命题依据的,不外乎是"人是自身利益最好的判断者"这一表述。一个处于特定空间、时间及环境中的人,最了解自身的利益所在,因而也最有利于作出符合自身利益的判断。当然这并不是

---

① [英]史蒂文·卢克斯:《个人主义》,阎克文译,江苏人民出版社2001年版,第49页。

说每个人的选择都是正确的或最符合其自身利益的,但关键的一点是,人不仅仅是一个利益的动物,他还拥有精神的需求,只有在他能够对自身的事务无需外在权威和外在强制作出判断时,他才能够获得"决断"的快乐,也才能真正成就其人的尊严。一句话没有独立作出决断的权利,自然也就无所谓尊严可言。

按照这种对"自主"的理解与设想,人们完全可以抛开国家和社会,独立地决断属于自己的事务,在社会上平等地与他人进行竞争。然而,我们可能会在这样一种对人的心理状态充满乐观估计的同时,遗忘了生活中的普通人在很多时候不是心理上的强者而是心理上的弱者这个事实。正是在这一问题上,奥克肖特的提醒就显得特别重要。奥氏认为,当自由制度已在法律中正式确立下来时,不少人并不是为此感到欢欣鼓舞,相反,他们倒是尽可能地逃避:

> 由于境遇或性情的原因,有些人并没有对自主选择作好充分的准备;面对众多的选择,他们没有能力依靠自己的力量作出选择,自然就会把选择视为一种负担。与此同时,依据旧有的共同体道德标准建立起来的信仰、职业和身份观念正日趋瓦解,而新的道德观还未被接受,于是,道德信仰就显得飘忽不定起来,这一感觉缺乏某种确定性……。不想享受个性自由,并非是远古年代的遗迹,而是一种"近代"特性,正如近代欧洲的个性观是从共同体道德观的残片中孕育出来的那样,它也同时是滋生上述这种"近代"特性的温床。①

奥克肖特在此提醒我们的是,虽然自由给了人们更多的选择机会,也赋予了平等竞争的社会环境,然而,有许多心理上的弱者并不期望将自我选择的权利真正掌控在自己手中。他们在众多的选择机会面前会眼花缭乱,他们在飘忽不定的可能风险面前会止步不前:

> 我发现自己无法参与这样一种正进行的有进取心的生活。共同体秩序崩溃给我留下的不是热切期待发扬个性的机会,而是迷失、不受保护、

---

① 〔英〕迈克尔·奥克肖特:《哈佛演讲录:近代欧洲的道德与政治》,顾玫译,上海文艺出版社 2003 年版,第 24—25 页。

无领袖以及无家可归。我被剥夺了对一个共同体的归宿感,而且我也没有智力上或物质上的资源去建立一个属于我自己的共同体。①

正是人们普遍地拥有这样一种心理状态,因而造成了全能政府的诞生。在早期政治家和思想家们所设定的政治、经济制度中,是假定人们拥有个性自由,能够积极地争取自己的利益,并在竞争中出人头地。然而,心理上弱者的普遍存在,使得对政府权威的需求日益增加,从而成倍地扩张了政府本不拥有的政治权力。"过去四百年来,欧洲政府始终大范围扩张其权力来源,并非出于个人需求,而是对那些由于种种原因无法在任何有效程度上享受个体性体验的诸多人们的需求的一种回应"。② 因而,国家权力的强大,是与社会上弱者的数量以及期盼国家的心理强度密切相关的。密尔甚至认为,这样一种心理上的弱者的存在,实际上也使得国家无法退出其涉入社会事务的领域。在他看来,"如果我们要估计每个人从政府的保护中得到的利益,我们就必须考虑,如果撤除政府的保护,谁遭受的损失最大。假如能回答这个问题的话,则答案一定是:遭受最大损失的是先天或后天身心最弱的人。这种人几乎必定沦为奴隶。"③正是在这个方面,密尔背弃了自己的个人主义观念,而倾向于集体主义主张,强调强大的国家权力的必要性,甚至主张通过对私有财产的限制来保证社会的公平。④ 正因如此,奥克肖特就专门批评道:"从修辞学上讲,密尔的学说属于个人主义政治理论的范畴;但在实质上,这些学说又是伸向集体主义政治理论的一种相当混乱而不确定的探索。"⑤

不仅如此,越是在国家的多事之秋,人们对国家的期盼也就更为强烈,而这样一种心理上对国家的依赖,在战争期间甚至会达到狂热的程度。这正如

---

① 〔英〕迈克尔·奥克肖特:《哈佛演讲录:近代欧洲的道德与政治》,顾玫译,第90页。《哈佛演讲录》一书的编者米讷格曾对奥氏所描述的这类心理上的弱者进行了概括,表现为:宁取"平安"不取"自由",宁取"团结"不取"进取",宁取"平等"不取"自主"。参见〔英〕迈克尔·奥克肖特:《哈佛演讲录:近代欧洲的道德与政治》,顾玫译,肯尼斯·米讷格导言第5页。

② 同上书,第92页。

③ 〔英〕约翰·穆勒:《政治经济学原理——及其在社会哲学上的若干应用》(下卷),胡企林、朱泱译,第377页。

④ 参见〔英〕约翰·穆勒:《政治经济学原理——及其在社会哲学上的若干应用》(上卷),赵荣潜等译,第235—236页。

⑤ 〔英〕迈克尔·奥克肖特:《哈佛演讲录:近代欧洲的道德与政治》,顾玫译,第79—80页。

学者所指出的那样：

> 由于西方社会越来越不稳定，不安全感日益加深，所以，把国家作为代替个人的象征而对它产生的依附感情也变得更加强烈。在世界大战，革命和经济、政治、军事权力的集中以及二十世纪经济危机等冲击下，这种依附感情达到了一种世俗的宗教狂热。[①]

我们当然无法苛求人们不该拥有这样一种心态，毕竟，人是刚强的，也是脆弱的，每个人都会在心理上留下感情的软肋。然而需要重申的是，国家本身是一种必要的"恶"，国家权力的扩张并非好事，政府越来越多地涉及公民个人的事务，这不仅会造成对私人空间的蚕食，同时也会消磨人们的进取心和创造力。当然，虽然人们普遍认识到国家权力扩张的危害，只是大家心理上都有着弱者的期盼，因而只能坐视国家权力的强大而已。

二、心理上的弱者与责任意识

严格说来，一个心理上的弱者也往往就是一个缺乏责任意识的人。典型地说，这类人很少作出独立的决断，事事要取决于别人的意见；即使偶尔作出了独立的决定或在听取了别人的建议后采取行动，但在出现不利于己的后果时，则往往委过于人。在法律意义上而言，这类人抽掉了法律对人的理性、自主的预设，因而成为一个并不完满的法律主体。

实际上，"责任"本身就是"主体"的应有之义。主体的人的形象，本身就是一个负责的人的形象，缺少了责任这一环节，主体的庄严地位就会大打折扣，毕竟"人与其他生物之间的一个重大区别在于，只有人才能对他们所做的事负起道德上的责任"。[②] 当我们把人视为法律上的主体时，就是因为他不仅享有权利、履行义务，同时还能就自己的选择和行为承担相应的法律后果。所以，离开了责任，主体就成为一个不丰满、有欠缺的人的形象。换言之，一个真正意义上的法律主体，是以其能够对自己的行为负责为前提的。仅有权利和义务的设定，并无法真正凸显人的主体性质。毕竟，权利与义务都是由人自身以

---

① ［美］汉斯·J.摩根索：《国家间的政治》，杨歧鸣等译，商务印书馆1993年版，第147—148页。

② ［美］约翰·马丁·费舍、马克·拉维扎：《责任与控制——一种道德责任理论》，杨绍刚译，华夏出版社2002年版，第1页。

外的"法律"所强加的,在这其中个人并无选择的余地;而法律责任虽然也是由法律所施加的,但人却是以其自身的行为去体验责任所赋予的酸甜苦辣。在一个具体的责任形态中,当事人才实际感知了法律的要求与威严,因而会成为其终生难以忘怀的法律记忆。一句话,责任主体是以人本身能够对自己的行为负责为基本预设的,而这些则直接与人的尊严相联系,表明了一个拥有法律上尊严的主体,敢于直面自己行为所造成的具体后果,从而以个人的自由、财产乃至生命,化解人与法之间的矛盾与紧张。正因如此,美国学者贝勒斯专门提到,"一般来说,如果不像允许其他人那样允许某人活动或者不相信他能负责任,他就未被尊重为一个理性人。"①可见,一种责任的归属,并不仅仅是一种不利后果的强加,在某种程度上,它更指向着一个有血有肉而又能够承担责任的主体形象。只有人才能作为责任的主体,也只有拥有自由意志的人才可能接受自己行为所必须面对的后果。葡萄牙学者卡洛斯·阿尔贝托·达·莫塔·平托(Carlos Alberto da Mota Pinto)正是从这种意义上挖掘了"责任"的道德意义,那就是承认人类自由、承认人类行为的相对自主性:

> 我们承认人类行为总是有一定目的的,不是偶然力量驱使的机械运作;我们认为人的感情和经验会影响他对目的和达到这些目的的手段所作的选择。因此,行为人应承认其行为结果,并承担后果,因为他不是一个被铁一般的决定论绑着的玩具,而是一个能以不同方式行事的人。②

换句话说,责任不是命定式的,它源于行为人的选择与判断;而责任的正当性基础,同样在于承认人是一个敢做敢当的主体。美国著名法学家霍姆斯也言道,"一个人必须自己承担发现一个讲究情理的、审慎的人从实际知道的事情中应该推断出来的事情的风险。"③如果人们在得益时喜形于色,而在失败时则怨天尤人,本身就是一种极无责任意识的做法。

---

①　[美]迈克尔·D.贝勒斯:《法律的原则——一个规范的分析》,张文显等译,中国大百科全书出版社1996年版,第11页。

②　[葡]Carlos Alberto da Mota Pinto:《民法总论》(第3版),林炳辉等译,法律翻译办公室、澳门大学法学院1999年版,第59页。

③　[美]小奥利弗·温德尔·霍姆斯:《普通法》,冉昊、姚中秋译,中国政法大学出版社2006年版,第66页。

值得注意的是，鼓励人们敢于冒险、敢于担责，并不是要求人们就把人生当作赌博。生活伴随着机遇，当然也充满了风险。但是，这种正常的机遇与风险与赌徒式的生活是完全不同的。富勒对此就有个很好的说明，他言道：

> 我们认识到，在人间事务中，风险伴随着所有创造性的努力，而一个从事创造性活动的人不仅应当承受他的角色所承载的风险，而且应当欣然面对这种风险，这是正当的、善好的。但是，赌徒开垦的是风险本身。由于不能直接面对做人所应承担的更广泛的责任，他找到一种方式来享受人生中的一种刺激快感而逃避通常伴随着人生的种种负担。高赌注的赌博实际上变成了一种拜物主义。①

具体来说，人生的机遇与风险是不可避免的，但是赌博的风险则是人们自愿选择的；在正常的人生中，人不会因为风险而避免创造性的活动，因而仍是一种以人为中心的生活计划。但赌博则不同，它一方面通过寻求刺激而逃避人生的责任，另一方面则是典型的金钱万能者，通过不断地攫取财富而享受所谓的人生快乐。

三、心理上弱者之类型

造成人心理软弱、摇摆不定的原因很多，因而心理上的弱者也就有许多不同的类型。在这里，我们主要分析以下几种较为常见的心理上的弱者：

一是缺乏行为上的自主性者。何谓自主？自主简单地说，就是自我作主、意思自治，这是自由的本质与核心所在。说到底，法律之所以规定人的独立与自由，无非就是让每一个生活中的人都能直接规划自己的生活，决定自己的行动。在此时，他当然可以听取别人的意见，借鉴别人的经验，但是，所有的决断都必须取决于自己的最后审视。正因如此，英国学者卢克斯对自主有个这样的解释：

> 个人的思想和行为属于自己，并不受制于他所不能控制的力量或原因。特别是，如果一个人对于他所承受的压力和规范能够进行自觉的批

---

① ［美］富勒：《法律的道德性》，郑戈译，商务印书馆 2005 年版，第 10—11 页。

判性评价,能够通过独立的和理性的反思形成自己的目标并作出实际的决定,那么,一个人(在社会意义上)就是自主的。[①]

卢克斯的阐释告诉我们,真正意义上的自主就是固守自己的想法,独立进行涉己的行动。自然,这并非意味着人们可以鲁莽地进行人生的规划或者随心所欲地作出个人的决断;相反,自主是在独立运用理性能力的前提之下对方案、行动所进行的反思与审视;或者说,是在权衡利弊、周详考虑之后的个人决断。在这一情境之中,人在心理上的独立性表露无遗,而人的尊严也在不受外在压迫之下的自主选择中得以彰显。必须指出的是,人的自主行动并不直接关联着结果的最佳,但即便个人的自主选择获致的是失败的结果,那也只是人在成长中必然要付出的代价。由此不难看出,一个人能否自主、自由,是与其心理上的自信、强大密不可分的。反过来,一个从来没有自己的主张和判断,事事依赖于别人的建议或听从命运安排的人,就是典型的心理上的弱者。对于这种弱者,一方面要不断地予以鼓励,促使其相信自己,另一方面则是要加强教育,提高其参与社会的能力。

二是生活中的恐惧者与彷徨者。所谓"天下本无事,庸人自扰之",还有一种心理上的弱者就是对周遭事物充满了恐惧:或是夸大可能存在的风险,或是对根本不存在的危险却有大难临头的惶恐。这类人患得患失,终日惴惴不安,既无做人的乐趣,当然也无成就一番事业的雄心,因而成为生活上、事业上的"失败者",

> 亦即在旧有的群体联系已然解体之后,在原先的令人熟悉的认同(做为社群生活里的一个匿名的存在)必须更换之际,却无法去发展、去确立属于个人的个体性与认同,从而不仅在外在行为严重落伍(落伍于能够果决地体现其个体性的人),更造成内在的自我不信任的那些挫折者。……某些失败的个人因而步上自我弃绝之路,而另一些失败的个人则在憎恨与嫉妒心理的筭动下,蜕变成好战的"反个人"。"反个人"痛恨所有的那些能够体现其个体性的人和事,他希望将整个世界都同化成、矮化成和他

---

① ［英］史蒂文·卢克斯:《个人主义》,阎克文译,江苏人民出版社 2001 年版,第 49 页。

一样的平庸与缺乏个性,和他一样的懦弱与无能。①

可见,这种意义上的弱者不仅内心充满着挫折感,并且还希望社会上其他人都和他们一样成为庸人,而其在政治上的后果,则是对个人主义的排斥与反对,体现为一种对"大众人"的向往。英国学者奥克肖特对此作了这样的描述:

> 在欧洲政治著作中,出现有大量所谓的"大众人"——摇摆不定,易受影响,缺乏责任感。"大众人"不仅期望政府将他从逆境中摆脱出来,他还有第二个诉求的方向:希望培育一种合乎他口味的道德标准,而且还要强大、明确,方能使他摆脱自怨自艾和无力感。这种自怨自艾和无力感,是因为他无法信奉个体道德而引起的。我将这样的道德诉求称为集体主义。②

对于那些生活中的恐惧者与彷徨者而言,集体的存在给他们提供了一种庇护,在那里,他可以像其他的平庸者一样,无需担心与他人的竞争,也不必考虑存在的风险,因为集体足够的强大,在集体的庇护下,他们只要作为权利的索取者和消费者即可心安理得地生存。

三是缺乏独立性的依附者。如前所述,启蒙时代的政治和法学理论都强调人的独立、自主,期待人们不仅在思想上可以独立地作出决断,在行动上也可以完全根据个人的理解行事。这种卓尔不群的人的形象,代表了启蒙时代对理性人的向往。然而,伴随着现代化进程的不断拓展,市场经济变得越来越复杂而难以驾驭,人们在这个时候对自己的能力表示了怀疑,他们不愿与他人在竞争的角逐场上一拼高下,而是更多期待国家和社会为他们安排可以掌控的生活。正如学者所指出的那样:

> 失意的人总是在枯燥、彷徨、始终一事无成的悲惨的"深渊"中度过的,然而他们却始终把这种生活看成是正常的、合理的。在他们眼中,改善自身情况的努力是冒险的、可怕的。他们大多数认为停留在目前的困

---

① 许国贤:《伦理政治论——一个民主时代的反思》,扬智文化事业股份有限公司1997年版,第137—138页。
② [英]迈克尔·奥克肖特:《哈佛演讲录:近代欧洲的道德与政治》,顾玫译,第25—26页。

境中比尝试新的东西更安全,因为后者会暴露他们的弱点,从而引起心理"伤害"。①

　　无疑,如果国家足够强大,拥有丰富的资源,的确可为这些人提供生存的条件。也正是在这种观念的推动之下,人们的依附心理不断增强,而与之相应的则是国家的权力越来越大。所谓福利国家,无非也就是掌握着社会资源的政府,通过扮演抑强扶弱的角色,而为全社会提供利益均沾的福利施舍者。奥克肖特一针见血地指出,"过去四百年来,欧洲政府始终大范围扩张其权力来源,并非出于个人需求,而是对那些由于种种原因无法在任何有效程度上享受个体性体验的诸多人们的需求的一种回应。"②在这种观念的转变过程中,自主、自立、自强变成了依赖、依附、享受,人们期待的是国家所发放的福利越来越多,而个人最好无需进行任何努力即能免费获得这些福利。

　　这种不思进取、寻求保护的依附者的大量存在,客观上刺激了国家权力的扩张;而国家在承担福利给予者的角色的同时,也把人们牢牢掌控在自己的手中。这实际上成为一种恶性循环,而福利国家在现代社会的危机也由此凸显。有关这一问题,我们将在后面的章节中予以叙述。

第二节　生理上的弱者

一、年龄上的弱者

　　凡人都有一个从出生到成长、从年轻到衰老的过程,但是,不同的年龄阶段,人的体能是极不相同的。大致说来,未成年人与年老者在体能上皆属于人生中较弱的一个阶段:前者由于心智未成熟和不具备劳动能力,因而需要家庭的抚养;后者则因"血气既衰",业已失去劳动能力,需要子女的看护。所以,幼年和老年往往称为"生理上的无助期"。国外学者曾将人的生命周期的生存需要图示如下表,由此可以知道人的一生中各种需要是不同的,而儿童和老年人则成为其中的弱者:

---

① [美]查尔斯·H.扎斯特罗:《社会工作与社会福利导论》(第7版),孙唐永等译,第165页。
② [英]迈克尔·奥克肖特:《哈佛演讲录:近代欧洲的道德与政治》,顾玫译,第91—92页。

满足贯穿于人的生命周期的生存需要①

阶段	满足生存需要的方式
胎儿期	依赖母亲的健康
新生儿期	受出生条件和出生环境的影响
婴儿期	依赖监护人,通常是家人和医务人员
儿童期	高度依赖监护人,尤其在家里和学校里;认识到朋友及自己的活动的重要性
青春期	对监护人的依赖减少,自我行为和自我决定的自主性增强,尤其是关于吸烟、饮酒、营养、性关系、朋友等
青年成年期	较少依靠家庭,担当起经济自主及自我发展的角色,与配偶、情人及朋友建立了重要的关系
中年成年期	最大限度地得以自立及自我照顾,形成多重相互关怀关系
退休期	尽可能做到自我照顾,维持多重的朋友关怀关系,对配偶或情人、朋友、医务专业人员的依赖性增强
死亡	最终丧失对自身的生理支配

自然,对于正常的家庭来说,如果父母拥有较好的经济条件,对小孩的抚育与培养不会成为问题;如果子女较有孝心或者老人拥有足够的积蓄,年长者晚年的生活也不会受太大的影响。然而问题在于,儿童和老人都处于一种需要人关照、爱护的阶段,或者说,这是由于自然规律所造就的弱者。当家庭无力承受这种照顾的负担时,相关责任就可能转嫁于国家与社会身上。不仅如此,儿童和老人在很多时候还缺乏自我保护的能力,因而他们在精神上、肉体上更容易受到伤害,常见的虐待、遗弃就经常发生于这些人身上。

按照《儿童权利公约》的定义,儿童"系指 18 岁以下的任何人,除非对其适用之法律规定成年年龄低于 18 岁"。儿童作为社会的弱者,起码可以在三个方面体现出来:

第一,儿童处于无行为能力或限制行为能力的阶段,不能不处于一种被保护的状态之中。如果说人的脆弱性是一个基本事实,那么,儿童则处于更加脆弱的阶段。无论是襁褓中的婴儿,还是不谙世事的少年,他们都需要有人去抚养、保护,否则生存即面临问题。正如研究所证实的那样,"饥饿能给儿童带来巨大影响,包括智力障碍。人一生中三岁前的大脑发育就达到了成人时的

---

① ［美］威廉姆·H.怀特科、罗纳德·C.费德里科:《当今世界的社会福利》,解俊杰译,第 73 页。

80％，在这一期间如果蛋白质供应不足，大脑发育就会停滞，这种损失是无法弥补的，而孩子的智力则永远迟钝了。"①可见，对于这样一类弱者如不加以严格而全面的保护，将会对当事人产生不可估量的损失。我们虽然也可以在法律中规定儿童的权利，例如我国《未成年人保护法》第3条中也规定了儿童享有生存权、发展权、受保护权、参与权等权利，但是，与其说这些是儿童的权利，倒不如说是他们的地位。毕竟对于儿童来说，他们还无能力去主张自己的权利，特别是那些处于幼年的儿童更是如此，在这时，他们正如被保护的动物一样，仅仅处于一种需要人照顾、呵护的生命阶段。正因如此，1959年的《儿童权利宣言》在原则二中明确指出：

> 儿童应该享有特殊保护，法律和其他规定应该给予儿童机会和措施，以使他们能够在一个自由尊严的生活环境中以一种健康和正常的方式获得身体、智力、道德、精神和社会发展。为此目的所进行的立法，儿童的最大利益应是首要考虑。②

这即通常所言的"儿童利益最大化原则"，典型地表现了对儿童作为弱者应处于特别保护地位的考量。

第二，儿童处于人生成长的特殊阶段，如果忽视了对其基本的、正常的教育，一定程度上会影响着其终生的发展。"从天真的弱小者到心智成熟的独立个体，从对周围环境一无所知到与社会充分交融，人成长的早期主要依赖于经验与知识的学习以逐渐形成人的理性。教育在培养和促进儿童潜能的全面发展起到了关键作用"。③正因如此，受教育权作为一项基本人权，首先就是儿童所应享有的权利，只有通过正规的教育，儿童才可望接受知识教育和技能训练，为他们走入社会奠定基础。但是，对于因家庭贫穷而无法保证受教育权得以实现的儿童来说，国家就必须在义务教育之外提供更加特殊的救助。不仅如此，国家还必须克服传统、习俗的偏见，积极为儿童的身心发展创造有利的条件。在谈到美国黑人人权的经典案例"布朗案"时，弗里德曼就说道：

---

① ［美］查尔斯·H.扎斯特罗：《社会工作与社会福利导论》（第7版），孙唐永等译，第139页。
② 转引自柳华文主编：《儿童权利与法律保护》，上海人民出版社2009年版，第11页。
③ 王勇民：《儿童权利保护的国际法研究》，法律出版社2010年版，第182页。

在"布朗案"中,首席大法官厄尔·沃伦以他的时代所特有的口吻表达了一个明确的赞许教育的讯息。他写道,教育"在唤起儿童认知文化价值,在使他为以后的职业做准备以及帮助他正常适应其环境方面,是首要的手段"。相反,隔离"导致自卑感",转而影响"学习的动机"。因此,隔离的罪过在于它不允许黑人儿童心智的充分发展。表现型个人主义的独特旋律和细微神韵凭借着法律语言的遮饰发出了清晰的回声。①

在种族歧视、种族隔离的社会氛围中,美国联邦最高法院的法官们力排众议,推翻了此前"隔离而平等"的先例。本案的意义,不仅在于为黑人儿童赢得了平等接受教育的权利,更加重要的是,它揭示了教育对于儿童成长来说的极端重要性,认真对待了弱势儿童在学习过程中可能遭受的心理伤害。

第三,如果说受保护、受教育还只是针对正常的儿童而言的话,那么,对于处于特别危难境地的儿童施以援手,更是国家和社会的责任之所在。联合国儿童权利委员会委员克拉普曼专门就"弱势儿童"进行了探讨,在他看来,所谓弱势儿童,主要包括贫困儿童、移民儿童、偏远地区的儿童、被遗弃儿童、流浪儿童、童工、与父母分离的儿童、孤儿、机构中抚养的儿童、违法儿童、难民儿童、遭受慢性病痛苦的儿童,"在许多国家,如果说不是大多数的国家,还有女童"。在他看来,

> 弱势儿童处于危险境地,其自尊程度常常很低,其生活环境很有局限,其父母可能不作为或者不胜负担,其地位可能是不确定的,等等——这取决于他们所处的群体种类。因此,如果没有任何人、任何机构或者政府部门提供支持和帮助,他们就面临权利被剥夺的危险。②

可以说,如果儿童本身就是弱者,那么弱势儿童则是弱者中的弱者。也因此,对于儿童权利的保护应当采取一种整体性的路径,而《联合国儿童权利公约》所提供的恰恰是这一保护方式。对此,有学者特别指出:"在人权认识中,

---

① ［美］弗里德曼:《选择的共和国——法律、权威与文化》,高鸿钧译,清华大学出版社 2005 年版,第72 页。

② 参见柳华文主编:《儿童权利与法律保护》,第 2、4 页。

《联合国儿童权利国际公约》提供了一种现有保护方式和路径中权威性的和有力的儿童权利法案。不仅是因为这部公约为大多数国家所批准,更是因为其基本内容表现出一种将儿童的福利和自我决定联系起来的整体性路径:表达自由和自主性与儿童的最大利益和最佳发展考量交织在一起。在家庭被视为是保护儿童的最重要的社会单元的同时,儿童权利也被视为一种独立于家庭的实体权利而被承认。在保护儿童的文化、宗教和经济权利时,应当特别考虑儿童的易受伤害性。"①自然,在任何有关保护儿童权益的义务主体中,家庭都是第一位的责任主体,但是,当家庭不堪重负,或者家庭本身即不存在时,就必须由国家和社会来提供救助,使弱势儿童能够像正常的儿童一样,健康地生活与成长。

　　与儿童相对应,老年则是生命周期的终端。正如我们常言的"花开花落"一样,在自然规律的主宰之下,人也都会有个生老病死的过程。在经历了童年、少年、青年、中年之后,血气既衰的人们,逐步迈入了一个老年化的阶段。虽然在其中不乏有许多老当益壮的烈士,他们在暮年还能有雄心、有作为,但对于大多数人而言,老年也即意味着生命体能的逐渐衰退,他们只能仰赖子女、亲人、社会、国家的扶助。正是考虑到老年人的弱者身份,我国专门制定了《老年人权益保障法》,对老年人的权益予以全面保护。该法第 4 条规定:"国家和社会应当采取措施,健全保障老年人权益的各项制度,逐步改善保障老年人生活、健康、安全以及参与社会发展的条件,实现老有所养、老有所医、老有所为、老有所学、老有所乐。"从这个角度上说,对老年人的保护既有物质上的,也有精神上的;既有其面临困厄状态时的法律救助,也有促成其发挥余热的法律措施。

　　但是,现实中老年人的生存状况却不容乐观。从 2000 年到 2050 年,全球老龄人口(指年龄超过 60 岁的老年人)预计将翻倍,从现在的 10% 上升到 22%——差不多等于儿童人口(指 14 岁以下小孩)所占比例。这个历史性的人口统计结果,将使全世界老年人和儿童的比例第一次相等。老龄化已经成为整个世界的趋势。而对于老年人来说,他们"面临着许多社会的和个人的问

---

① Tali Gal, *Child Victims and Restorative Justice*: *A Needs-Rights Model*, Oxford University Press, 2011, p.192.

题:高比率的生理疾病与情感问题、贫困、营养不良、交通不便、地位低下、社会中一个没有意义的角色、住房条件差"。不仅如此,他们还是三种社会剥夺的受害者:一是社会偏见,"大众文化都给老人加上这样的特征:老迈无力、没有个性、安静、没有创造力、保守、冥顽不化。尽管有完全相反的证据,但这些观点依然存在。"①二是社会歧视,在就业等方面遭受歧视的情形尤其严重;三是虐待:

> 对老人虐待的形式可以分为下列四个类型:
>
> 躯体虐待　创造躯体的痛苦与伤害,包括青肿淤血、拧捏、压迫或性骚扰。
>
> 精神虐待　制造精神痛楚,如威吓、侮辱以及威胁性的伤害。
>
> 经济虐待　对受害人资产或财产的非法或不恰当的剥夺。
>
> 遗弃　故意不赡养或拒绝照料老人,如不给老人食物吃,或不给老人卫生保健,或遗弃老人。②

实际上与儿童的状况一样,老年人在生命的尽头实际上无力保护自己,他们只能仰赖家庭、社会与国家的帮助,因而属于典型的生理上的弱者。

二、精神状态上的弱者

生理还包括人健康的精神状态。由于主观和客观的各种原因,许多人有时未必就会有像常人一样健康的心理。精神病患者由此成为生理上弱者的另一种类型。"精神病"在日常语言中,多指精神异常、猜想、精神障碍等类型的疾病。有些国家的法律则往往以"心神丧失"和"心神耗弱"来分别称之,以区别其精神疾病的程度。前者属不承担责任能力的情形,而后者则为限定责任能力的范围。日本判例曾对此解释道:"所谓心神丧失和心神耗弱,虽然都属于精神障碍的形态,但是,其程度不同,即,前者是因为精神的障碍没有能力辨识事物的是非善恶,或者没有能力根据该辨别来行动,后者是指精神障碍尚未达到缺乏上述能力的程度,但是,使其能力显著减退的状态。"③也有学者认

---

① ［美］查尔斯·H.扎斯特罗:《社会工作与社会福利导论》(第 7 版),孙唐永等译,第 508 页。

② 同上书,第 223 页。

③ ［日］大塚仁:《刑法概说》(总论)(第 3 版),冯军译,中国人民大学出版社 2003 年版,第 386 页。

为,精神病实际上也是一种社会标签,用以指称那些与我们思维和行事方式不同的人:

> 事实上,构成精神病要有三个步骤:(1)患者表现出非意愿的情绪(如抑郁),或一些奇怪与反常的行为。(2)其情绪或行为不为家庭或其社区所容忍,结果,该人被转介给心理健康专家接受评估。(3)心理健康专家通常是心理治疗师,碰巧信仰医学模式,因而给他标上精神病的标签。①

当然,"被精神病"的情况确实存在,但从医学上说,精神病人的存在也是一个不争的事实。从我们研究的主题而言,精神病患者是一种典型的弱者形象。他们的喜怒哀乐别人无法分享,而别人的情感世界他们也无法参与。更为严重的是,许多时候,制度和理论并不把精神病患者当作真正的人来对待:"儿童、精神病患者、囚犯或已婚妇女在特殊的社会和时代可以部分或全部地在法律中抹去;他们在订立契约、占有财产、进行诉讼方面仅有被限制的法律能力,他们根本不被当作人来考虑,就像是'无行为能力的人'。"②洛克更是从理论上来证明精神病患者不享有法律主体的资格:

> 如果由于超出自然常规可能发生某些缺陷,以致有人并未达到可被认为能够了解法律,从而能遵循它的规则而生活的那种理性的程度,他就决不能成为一个自由人,也决不能让他依照自己的意志行事(因为他不知道他自己的意志应有限制,并具有作为它的正当指导的悟性),在他自己的悟性不能担负此项责任时,仍须继续受他人的监护和管理。所以精神病者和白痴从来不能脱离他们父母的管束。③

以此而论,精神病人只是被监护的对象。这种制度和理论当然也有利于免除精神病人直接参与社会的艰辛,但是,将精神病人的看护只是作为家庭及其成员的责任,无疑加重了家庭与亲属的负担。而在家庭及其成员无力看护

---

① [美]查尔斯·H.扎斯特罗:《社会工作与社会福利导论》(第7版),孙唐永等译,第178页。
② [英]罗杰·科特威尔:《法律社会学导论》,潘大松等译,华夏出版社1989年版,第144—145页。
③ [英]洛克:《政府论》(下篇),叶启芳、瞿菊农译,商务印书馆1964年版,第38页。

时，精神病人的生存就处于岌岌可危的险境。因此，在现代法律中，同样把精神病人当作一种弱者的类型，在法律中给予保护。我国 2012 年出台的《精神卫生法》即在第 5 条中规定，"全社会应当尊重、理解、关爱精神障碍患者。任何组织或者个人不得歧视、侮辱、虐待精神障碍患者，不得非法限制精神障碍患者的人身自由。新闻报道和文学艺术作品等不得含有歧视、侮辱精神障碍患者的内容"。

对于法律责任的承担，在法律史上，大多免除精神病患者的法律责任。这是考虑到精神病人没有真正意义上的自由意志，无从知晓自己行为的后果，因而他们也无法决断自己的人生。对于这样一类社会上的弱者，历代社会在法律上都给予了必要的优待，从而即使在专制制度下，也留下了一丝人性的光辉。其理论基础，正如学者所解释的那样，"责任的每种条件都预先假定，人们是实践理性者，自主性和理性是让人们承担责任所绝对必要的"，所以精神病人当然无需为自己的行为担责。① 不独刑事责任如此，民事责任也是这样。学者认为，

> 只有那些经过自身的智力发育，对事物的理解力达到最起码的标准，并拥有一定的知识，因而被法律认定为有"行为能力"的人，才能承担合同义务。因此，各国法律都为如何确定未成年人、精神病人、神志衰弱者缺乏行为能力的前提条件制定了具体的法律规则。首先应当明确的是这些法律规则的保护目的：那些没有精神判断能力或者尚未完全具有这一能力的人，不应当通过法律行为上的意思表示——首先是通过合同来给自己带来损害。②

当然必须注意的是，法律责任上的免除，说到底还只是一种消极意义上的保护，更为主要的，是国家和社会必须通过康复机构的设立，为精神病人解除病症、过上正常人的生活提供设施和条件。从这个意义上来说，国家和社会这方面的任务还是任重而道远。

---

① ［英］Ronald Blackburn：《犯罪行为心理学——理论、研究和实践》，吴宗宪等译，中国轻工业出版社 2000 年版，第 222 页。

② ［德］康拉德·茨威格特、海因·克茨：《行为能力比较研究》，孙宪忠译，《外国法译评》1998 年第 3 期。

三、身体机能上的弱者

生理上的弱者还包括残疾人。这类弱者或是由于先天的原因,也即前面所说的"自然的剥夺"造成的,也有的是后天所致,如工伤事故等。我国《残疾人保障法》第 2 条规定:"残疾人是指在心理、生理、人体结构上,某种组织、功能丧失或者不正常,全部或者部分丧失以正常方式从事某种活动能力的人。残疾人包括视力残疾、听力残疾、言语残疾、肢体残疾、智力残疾、精神残疾、多重残疾和其他残疾的人。"按照这一定义,残疾人还包括上述所言的精神病患者,但考虑到法律往往是将精神病患者视为无行为能力人(包括无责任能力人),因而我们将其加以区分。在社会学上,对残疾人的分类则更为细致:

> 残疾人包括:临时受伤者(烧伤、背伤、脊椎伤、摔伤);长期躯体残疾(包括使用拐杖者、挂拐杖者、使用行走器、矫正器或轮椅的人、行动受损的老年人以及有严重心血管疾病、脑瘫、慢性风湿和艾滋病之类的患者);有听力障碍者;有视力障碍者;有精神残疾者(包括情感失常、有认知缺陷或严重的学习缺陷者)。①

残疾人的弱者归属,首先就是因为其身体的残缺影响其工作能力。这样,一方面是高额的治疗费用,另一方面是工作收入的降低甚至全无,使其陷于不正常的生活状态之中。在当今社会中,残疾人普遍存在经济收入低、生活质量差、文化素质和劳动素质不高、就业机会少、社会保险水平低等生存不利的状况,②迫切需要国家和社会的救助。而英国学者图第斯·彼得逊就指出:

> 残疾不可避免地导致额外花费。相对于同龄的健康人而言,残疾人取得数额相同的收入生活更为困难。然而通常残疾人的收入还要低于正常人。尽管政府为残疾人提供了一系列的补贴和其他帮助,但是并不是所有的残疾人都能够渡过难关和申请他们全部的补贴,没能申请补贴的残疾人每周都蒙受很大的损失。③

---

① ［美］查尔斯·H.扎斯特罗:《社会工作与社会福利导论》(第 7 版),孙唐永等译,第 574 页。
② 参见相自成:《权益保障的中国模式:残疾人权益保障问题研究》,华夏出版社 2011 年版,第 7 页。
③ ［英］罗伯特·伊斯特:《社会保障法》,周长征等译,中国劳动社会保障出版社 2003 年版,第 114 页。

　　在英国这样福利保障措施相对健全的国家尚且如此,其他发展中国家残疾人的境遇也就可想而知了。不仅如此,残疾人在受教育、劳动就业和社会生活中还常常是被排斥、被歧视的对象。在高校本科、研究生的录取中,残疾人往往因校方的各种理由而被拒之门外,即便偶尔的被录取也常常当作学校具有人道精神的宣传材料;企业招工时,残疾人很少有录用的机会,即便国家强行采取按比例就业的方针,许多企业也都想方设法地予以拒绝。就算能在企业工作,残疾人往往也是从事那种收入低、工作累的活计。以上种种情形,折射出社会对残疾人的排斥与歧视。我国学者王治江就指出:

　　　　对残疾和残疾人的歧视不是偶然的、片面的,而是长期的、普遍的,甚至是根深蒂固的。……从世界各国的普遍情况来看,针对残疾和残疾人的歧视并没有根本消除,残疾人往往被排斥在主流社会之外,仅仅被作为救济的对象,教育、就业、住房、交通、文化生活等诸多领域都将残疾人排除在外,残疾人不得不生活在孤立、封闭的环境当中。残疾人的人权往往遭到忽视甚至否认,侵害残疾人权利的现象时有发生。[①]

　　就此而言,如何通过合理的制度建构,既使残疾人的生活能够在物质上得以保障,又能够让他们精神上获致幸福,业已成为考量一个国家福利政策与福利水平的主要标准。一个人道的政府,应当尽可能采取各种保障措施,以使残疾人能和正常人一样生活,特别是增进他们自食其力的能力与机会;一个人道的社会,应当以包容的心态吸纳残疾人参加正常的社会生活和社会活动,使残疾人能够感受到共同体的温情与关爱;一个具有人道精神的个人,则应以平等的理念,一视同仁地对待那些因不幸而身体机能存在缺陷的弱者,感同身受地为改善残疾人的生存困境而作出贡献。

　　除了经济、社会、文化等方面需要加强对残疾人的保护外,政治方面的权能,同样是我们需要注意的问题,正如国外学者所指出的那样:

---

　　① 王治江:《残疾人权利保障:中国和国际社会》,见北京大学法学院人权研究中心编《以权利为基础促进发展》,北京大学出版社 2005 年版,第 196—197 页。

与工会有关的权利(第8条)同样适用于残疾工人,不论这些工人是在专门的工厂工作还是在公开的劳务市场工作。此外,第8条同结社自由权利等其他权利结合起来看,强调了残疾人成立自己的组织的权利的重要性。要使这些组织真正促进和保护残疾人的经济和社会利益,政府机构和负责处理与残疾人有关的所有问题的机构就应定期征求这些组织的意见。可能还有必要向这些组织提供资助和其他方面的支持,以确保其健康发展。①

政治既是体现参与意识、满足人民参政热情的活动,同时,更是表达自己见解、提出个人主张的过程,将残疾人士排除在政策制定过程之外,实际上就无法使他们表达自己的意见和关切,也使社会对残障人士有可能更加缺乏了解。所以,应当广开言路,听取残疾人有关国家建设、社会进步与人权保障方面的意见和建议,特别是针对残疾人权益保障的特殊制度安排方面,应当积极让残疾人参与讨论,使措施、方案真正反映他们的需要。在这方面,残疾人联合会应当发挥自治组织的作用,听取残疾人的意见,反映残疾人的呼声,为政府决策提供民意基础。

第三节　能力上的弱者

一、能力强弱的客观存在

正如我们前面所指出的那样,上帝造人时虽然给了每个人大致相同的形貌,但并没有给人以相同的能力与禀赋。在现实生活中,总会有一些人特别的聪慧,而另外一些人则显得相对愚笨。即便大自然赋予了人们同样的智商,但是,能力的固定、培植以至发展仍然需要借助相关的社会条件。例如,受教育问题就是决定能力高低的一个重要方面,受教育程度高的,一般来说能力也就越强;教育程度低的,相对来说能力就会较差。同时,人的经历、经验也往往影响着能力的大小,经历世事多的,对社会、对他人就会有更多的了解与体悟,相

---

① 《经济、社会、文化权利委员会的一般性意见》,载[挪]A.艾德、C.克洛斯、A.罗萨斯主编:《经济、社会和文化权利教程》(修订第二版),中国人权研究会组织翻译,四川人民出版社2004年版,第522页。

对来说,也就能够更易于和社会上其他人共存;相反,一个不谙世事的人,即使满腹诗书,在现实中也可能一事无成。当然,从法律的精神以及符合人之常情的角度而言,法律应当是讲究平等而不是考虑人的素质的,换句话说,人们是在法律面前平等,而不是在能力面前平等。不管人们的天赋如何,法律都应当规定一个大致相同的起点,而不能因人而异。这正如美国哲学家杜威所指出的那样:"心理上有显著的不平等,这就是必须建立政治上和法律上平等的一个重要理由。否则,禀赋优异者就会有意无意贬低才能低下者为实际奴隶。"①换句话说,正是人类事实上是不平等的,人与人之间在能力上有强弱之分,因而法律才会"强不齐以为齐",以抽象平等的方式,来确定人与人之间合理关系的准则。从这个意义上说,法律正是由于正视了人的能力上不平等的事实,因而通过法律地位的平等,来规定人与人之间即使在能力上存在高低,但在法律面前,每个人的权利、义务也都必须平等。

但法律只是一种抽象的规定,对于现实世界中所存在的人的能力有强弱之分的现实,法律当然不能听之任之,而必须采取适度平衡的调整方式,来减少人的能力事实上不平等而可能带来的负面影响。其方法,一是提供平等的机会,让人们可以通过自身的能力与努力来寻求发展的机会与可能;二是尊重人们根据自身能力所取得的成就,这包括收入、财富、生活幸福程度上允许有差别存在;三是对那些能力欠缺而难以维护自身生存的人,由国家和社会提供救助。换句话说,即国家和社会通过能力补足的方式,为弱者改善自身的境况提供支持。例如通过职业培训,提高弱者的职业技能,从而使他们能够和其他人一样,依靠自己的劳动来谋求生活条件的改善。

对于国家立法来说,同样必须注意的是,不能以所谓法律地位的平等来取代个人能力的平等。近代民法向现代民法的转变,就典型地说明了法律在预设人的形象时应当实事求是,尤其是必须注意到社会生活之中很大一部分人并不具有很强能力的这一事实。

德国著名法学家拉德布鲁赫对此曾有精辟的分析。他指出,启蒙时期民法典中的人的形象"是一种不仅非常自私自利,而且在自私自利时又非常精明的个人;是只不过追逐自己的正当个人利益的人;是摆脱一切社会联系而只经

---

① [美]杜威:《自由与文化》,傅统先译,商务印书馆 1964 年版,第 47 页。

受法律联系的人"。在立法者看来,人是自私自利的、毫无社会情感的,同时又是精明的,能够识辨法律限制的任何漏洞。拉德布鲁赫将这种人的模式的预设称为"一个虚构,即不过是一个经验的平均类型",其骨子则是"经济人"的标准形象,因此才有"不知法者不利,法律为聪明人而立"的格言。这一模式塑造了人的平等(因为人都被假定为自私自利、老谋深算、机警灵活而又能够自由思考),体现在法律制度上,合同自由、当事人主义在民法、民事诉讼法上得以定型,同样,刑法、宪法的相关制度也建立在这一形式的人的模式基础之上。然而这种人的形象毕竟只是一种不顾现实的臆想。充满意思自治精神的法律制度在运作中出现了问题,由此也带来了法律史上人类形象的转变:

> 人绝不总是能够认识自己的利益或总是能够追求其已经认识到的利益的,人也绝不总是仅仅在根本上受其利益驱动的,——而且当人们对困境茫然无措和轻率放荡这样的情况出现时,一个仅仅为精明的、自由的、自利的人类作出安排的法,必定使人的另一半同种并生的类群陷入灭绝。①

在这样的认识背景之下,民法、民事诉讼法、刑法等方面的制度随之发生变化,开始强调国家对社会事务的干预,而其本质则在于保护社会弱者。因而,出现了一种新的人类形象——"集体人":"法律上的人不再是鲁宾逊或亚当,不再是离群索居的孤人,而是一个社会中的人,一个集体人"。拉德布鲁赫认为,这种新的人之类型因为更加贴近社会现实生活,所以成为可以接受的社会类群的大多数。当然,这一阶段的集体人并不是中世纪附庸人形象的回归,"将法律上的人作为集体人来考虑,不过是说,其最终也是作为人身上的一部分集体气质来一同考虑的。新的权利伦理化现象的出现,也是带有道德性义务内容的新权利的实现过程"。② 在这里,主要是考虑人的社会性角色,因而才有了"所有权承担着义务""选举权是选举义务"这些要求人们尽社会责任的法律提法。

---

① 参见[德]古斯塔夫·拉德布鲁赫:《法律智慧警句集》,舒国滢译,中国法制出版社2001年版,第144—146页。
② 同上书,第148—151页。

日本学者星野英一通过"强而智的人"与"弱而愚的人"的对比,展现近代民法与现代民法中人的形象的差异,由此得出了与拉德布鲁赫大致相当的论断。在星野英一看来,近代民法所预设的人的模式,是一种不考虑知识、社会及经济方面的力量之差异的抽象性的人,也即"在理性、意思方面强而智的人像"。在此预设之下,法律通过完全平等的"法律人格"来确立人的这一模式。总之,这一时代民法中人的模式是"具有充分的理性和意思、自律地开拓自己命运的'经济人',作为与之相对应的概念,应该说是'法律人'。"①然而,由近代民法向现代民法过渡的基础,恰恰是这种人的形象的定位发生了重大转折。即"'从理性的、意思表示强而智的人向弱而愚的人'的转变。"

为什么会发生这种转变呢? 星野英一认为,主要是民法原先设定的人作为"平等的自由意思行动的主体"引起了极为严重的问题,导致"人与人之间实际上的不平等,尤其是贫富差距中产生的诸问题表面化,从而产生了令人难以忍受的后果"。其主要表现是:第一,雇佣契约虽然以平等的形式出现,然而劳工为了获得生计之需而不得不接受雇主提供的极其恶劣的条件来缔结雇佣条约,去服劳务;第二,由于契约标的物供求关系的不平等而使一方当事人处于社会经济的劣势,结果出现契约内容的不合理而对一方当事人相当苛刻;第三,在卖主与消费者之间由于信息的掌握上的不平衡,使消费者处于一种极为不利的地位。具体而言,星野英一认为,现代民法上人的类型主要有两类:一是弱者,即那些在大企业面前是经济、社会力量弱小、仅靠个人的能力最终不能与之对抗而达到自己的愿望的人;二是愚者,也就是那些"如果稍微冷静地考虑一下就不会做,却被对方的花言巧语所蒙骗而进行交易的人,还有难于拒绝他人但又后悔的那种易受人支配的感情用事、轻率行事的意志上弱的人。一言以蔽之,他们是'愚的人'。"②

将社会上的人都视为弱者,这同将社会上的人都视为强者一样,或许都是不真实的假设。然而,能力上弱者的出现,本身是对以往思想上、制度上过于相信人的理性能力的一种矫正。这一理论的提出,有利于我们正视在现实生活中存在的能力上的弱者,从而矫正以往制度设计中那种将人均设想为强者、

---

① 参见[日]星野英一:《私法中的人》,王闯译,中国法制出版社 2004 年版,第 8、38—39 页。

② 同上书,第 65—70、76—77 页。

智者的弊端。

从法律上而言,能力欠缺者主要有两类,一是理性能力不足者,二是穷人。

二、理性能力欠缺者及其补救

正如德国法兰克福学派所言:理性不应该仅仅体现在人们对目的与实现这一目的之间关系的调节上,还应该体现在对目的的正确理解和把握上,体现在对有目的之行为的后果的预见和权衡上。一句话,理性是一种人类选择与调节自我行为的能力,其中包括对目的之选择和确认(即确定生存的目标)。它是人类超出动物而独具的一种认识和思维能力,正是这种能力的存在,不仅使我们能够调整达到目的之手段,而且使我们能够建立价值体系,对目的本身作出判断和取舍。因此,完整意义的"行为中的理性是阐述行为的理由并依此行动的能力及其运用"。[①] 大致说来,支撑个人生活的理性能力主要包括三个内容,而理性能力的欠缺也多指这些方面能力的缺乏。

一是认知能力。所谓认知能力,简单地说,就是行为人对于自己的行为具有辨别与判断的能力。具体来说,这大致包括三个方面的内容:一是对于自己所处的境况以及外界环境有清醒的认识;二是对于行为与结果之间存在的因果关系有大致的了解;三是对于特定行为能够明确其是否符合现行法律规定。[②] 不具备认知能力的人,其行为不会有相应的意义,或者说,生活失去了目的性这一基本要素。认知能力从形式上而言,往往体现为行为人具备相关的知识、技能和经验,同时,社会对人的能力的判断,客观上也是以其具备一般人所应当具有的知识、技能和经验为前提。例如,"法律上的错误"并非行为人可以免责的要件,因为法律本身即以普通人作为基本的参照系数,因而法律的内容能够由人们的日常经验所证成,在这个意义上,一个人不能借口自己不了解法律的内容而要求免除法律上的责任。只有具备了相应的认知能力,人们的行为才是有目的性的,而如果把利益作为人们的法律追求的话,那么,行为、认知能力与利益就构成了一个完整的法律运动过程:

人的利益依赖于他所选择追求的目标,而他所选择的目标依赖于他的

---

① 转引自杨春学:《经济人与社会秩序分析》,上海三联书店·上海人民出版社1998年版,第228页。
② 参见黄丁全:《刑事责任能力研究》,中国方正出版社2000年版,第8页。

欲望,欲望依赖于他的价值观和意识判断。理性的人并不把"因为我渴求它"作为行动的充足理由和确证基础。只有当他用其所有的知识和价值来确证这种欲望之后,才会把它作为目标,力图通过行动来达到它。他不会追求自相矛盾的目标,或者把这种自相矛盾的目标视为是自己的利益。[①]

然而不可否认的是,在现实生活中却常常存在认知能力上的弱者,他们不清楚自己的利益之所在,欠缺参与社会活动、追求幸福生活的能力,由此使自己的生活处于无计划、无目的的状态之中,沦落为社会中的弱者。

二是选择能力。选择能力是指在多个不同的方案中,行为人能根据具体情形进行判断,从而选择最佳方案的一种能力。生活中无时不存在选择,在此时,"个体必须选择能提供他的个性、事实、一般要求和具体环境的最佳可能结合的程序,即是说,根据三种要素(特殊事实、一般要求和具体环境),他必须以最高的价值输入进行决策,并使之运转。"[②]严格说来,在自由行为的领域,法律上多以"理性人"作为基本预设,即假定人能够追求自身利益的最大化。[③]例如法律中规定的"合同自由",即意味着行为人能够选择最恰当的合作伙伴,也能够寻求到最佳的合作方式。选择能力又是以"自由意志"为前提的,它意味着在无外在强力的控制之下,行为人可以进行理智的判断。如果行为本身是在缺乏自由意志的情形下所为,那么该种行为就不是真正意义上的理性行为。

正如生活中不是谁都是经济人那样,选择能力在现实中也表现出高下之分。著名经济学家西蒙就提出了著名的"有限理性"的论断,认为个人的实际行为缺乏完全的理性,表现在:

> (1)按照理性的要求,行为主体应具备关于每种抉择的后果的完备知识和预见。而事实上,对后果的了解总是零碎的;(2)由于后果产生于未

---

① 杨春学:《经济人与社会秩序分析》,上海三联书店·上海人民出版社1998年版,第238—239页。

② [匈]阿格妮丝·赫勒:《日常生活》,衣俊卿译,重庆出版社1990年版,第27页。

③ 这正如康德所言:"当某人就他人事务作出决定时,可能存在某种不公正。但当他就自己的事务作决定时,则决不可能存在任何不公正。"转引自尹田:《契约自由与社会公正的冲突与平衡——法国合同法中意思自治原则的衰落》,见梁慧星主编《民商法论丛》(第2卷),法律出版社1994年版,第258页。

来,在给它们赋以价值时,就必须凭想象来弥补其时所缺少的体验。然而,对价值的预见不可能是完整的;(3)按照理性的要求,行为主体要在全部备选行为中进行选择。但对真实行为而言,人们只能想到全部可能行为方案中的很少几个。[①]

可以说,这种认识是非常中肯的。以法律中的"契约自由"为例,法律的本意在于督促人们根据法律规定,通过订约伙伴的选择以及合同内容的磋商,来获得"最好的契约"这一效果。然而,当事人要达到这一目标,又必须同时具备主、客观等方面的条件。从主观上而言,当事人应当有必要的认知、选择与判断能力;从客观上而言,起码"信息必须完全"。然而,就现实生活而言,每一个当事人未必都具备这样齐备的条件。也就因此在现实生活中人们的选择有时会出现失误,所以弱者的产生也就不可避免。

三是责任能力。如果说认知能力与判断能力是从积极的意义上来表明人们进行行动时所必须的能力的话,那么,责任能力则是从消极的角度来表明行为人必须对在自由意志下进行的选择承担相应的责任。理性的人既要为自己的利益选择最好的行动方案,同时也必须对自己的选择承担相关的责任,只有在这种情形下,正常的交往或者交易才能顺利地进行。哈耶克甚至将这种能力的普遍存在作为自由社会的基本标志之一,指出:"只有在个人既作出选择,又为此承担起基本责任的地方,他才有机会肯定现存的价值并促进它们的进一步发展,才能赢得道德上的称誉。"[②]因而,一个有道德感的个人,必须以相应的社会义务作为其行为的目标,因为只有在每个人都为社会着想的时候,这个社会才会为全体人的生存提供最佳的生活环境与生活条件。因此,"理性的人总是从自我的角度来考察自己所应承担的责任,积极寻求实现所确证的目标的条件和手段。他既不停留在对境遇抱怨之中,也不把责任推给他人或社会。"[③]一句话,理性能力本身就包含对结果的预见能力,当事人在选择进行某

---

①　[美]赫伯特·西蒙:《管理行为——管理组织决策过程的研究》,杨砾等译,北京经济学院出版社1988年版,第79页。

②　[英]弗里德里希·冯·哈耶克:《经济、科学与政治——哈耶克思想精粹》,冯克利译,江苏人民出版社2000年版,第62页。

③　杨春学:《经济人与社会秩序分析》,上海三联书店·上海人民出版社1998年版,第239页。

类行为之前,就应当已经对未来可能出现的结果有基本的判断,并愿意直面可能的不利结果。

　　然而同认知能力、判断能力一样,当事人所选择的责任担当未必就是在可控的或者说合理的冒险范围之内。例如私营企业主在有关产品生产或结构调整的重大决策中,虽然可能对种种不利的情形都已经进行了估算,但最终的结果则可能是导致企业的破产。毕竟市场有它自己的运转规律,诸多难以预计的变量,随时都会破坏一个原本合理的决策。在这种情况下,对自身可以承担责任的不切实际的想象,都会导致弱者的形成。

　　对于理性能力欠缺者的补救措施,主要有物质帮助和法律帮助两种形式。在物质上,多由国家通过社会救助、社会保险、社会保障的措施,为特定的当事人提供生活救助与失业救助等,帮助他们走出困境,恢复生活;在法律上,则主要是通过以下形式来加以保护:(1)在私法行为上,对于能力欠缺者所作出的法律行为,可以采取相应的补救措施。例如乘人之危的合同,表面上也符合合同所要求的平等、自愿、有偿的各项外在特征,但实际上,则是强者乘着弱者危难之际,落井下石,订立对弱势一方来说极不公平的合同,在这时,法院可以根据公序良俗原则,判定该合同无效。(2)在法律责任上,对的确存在理性能力欠缺的当事人,可以豁免或减轻他们应当承担的法律责任。法律面前人人平等虽然是一项最为基本的法律原则,但它也是有意对弱者的忽视,没有考虑到弱者在认知、判断和责任能力上与其他人存在的差异。这正如霍姆斯大法官所指出的那样,法律把每个人的能力都看作一样的这种假定,"如果说,它们让某一个群体比其他群体的遭遇更艰难的话,这就是那个最贫弱的群体。因为正是对那些最有可能因为神经质、无知或者愚蠢而犯罪的人,法律的威胁是最大的。"①所以,法律应伸出援助之手,对那些能力低下者给予法律上的宽容。(3)在诉讼过程中,对于那些缺乏能力的被告,可以通过法律援助的方式,帮助他们争取有利的诉讼结果:

　　　　尽管在法律上是平等的,当事人却经常发现他们在教育和智力上是不平等的。如果必须自己来辩护,智商较低且受教育较少的当事人就将

---

① 〔美〕小奥利弗·温德尔·霍姆斯:《普通法》,冉昊、姚中秋译,第45页。

受有良好教育和丰富经验的当事人的支配；在刑事诉讼中，与那些仰仗自己的经验的狡猾的有罪人相比，不能清晰阐明自己无罪证据的无辜者更容易受到检察官的支配。[①]

因此，在诉讼中设置法律援助制度就极为必要。所谓法律援助，"是国家对某些经济困难或特殊案件的当事人予以减、免费用提供法律帮助的一种法律制度"，[②]从表面上看，以国家或社会的力量支持某一案件当事人参与诉讼，这违反了"当事人在法律面前一律平等"的基本原则，但这一制度蕴含的精神实质则在于，为社会弱者提供一种法律上的帮助，这恰恰是社会公平的体现。正如学者所指出的："任何被硬拖进法庭但因太穷而雇不起律师的人，除非为他提供辩护律师，否则不能对他保证一场公正的审判。"[③]国家和社会在此时提供免费的法律援助，就可以使诉讼中处于弱势一方的当事人通过律师的参与，争取到对自己来说是公平的诉讼结果。

三、穷困者及其能力补救

严格说来，穷困者并不一定就是能力欠缺者，例如很多人仅仅是因为命运不济导致贫穷，但是，贫穷会对能力造成不可估量的负面影响，却是不争的事实。

首先，贫穷造成能力的缺失，因此，要改变弱者的生存境况，就必须从提升弱者的生存能力入手。正如我们所知道的那样，接受教育是提升人的生存能力的基本条件，只有通过正规教育提供的知识与技能的训练，人们才可能在社会中立足，但是，教育的条件与教育的质量往往与富有和贫穷的程度有关："贫困地区的学校质量差、资源少，因此，穷人受到的教育少，更容易辍学"。[④] 可见，穷困会导致人们进入社会中生存能力的缺乏，在初始条件上就可能低人一等，因此，他们更容易遭受社会的歧视与社会的排斥，就如中国当代进城的许多农民工所有过的经历一样。不仅如此，对于民主社会所赋予的权利而言，它

---

① ［意］皮罗·克拉玛德雷：《程序与民主》，翟小波、刘刚译，第 70 页。

② 肖扬：《建立有中国特色的法律援助制度》，《人民日报》1996 年 5 月 14 日。

③ ［美］小查尔斯·J.奥格利特里：《法律援助的作用及其与政府、法律职业者和法学教育的关系》，杨欣欣译，见司法部法律援助中心组织编译：《各国法律援助理论研究》，中国方正出版社 1999 年版，第 532 页。

④ ［美］查尔斯·H.扎斯特罗：《社会工作与社会福利导论》(第 7 版)，孙唐永等译，第 134 页。

同样需要能力的辅助。如果人们欠缺必要的行动能力,权利和自由都只不过是一句空话。这正如意大利学者克拉玛德雷告诉我们的那样:"如果自由不想成为空洞的词语,所有公民在起点上必须具有最低限度的社会正义和财政手段,以保证他们可以从自身的公民与政治自由中获取实际的收益。"①社会正义理念的确立,要求对穷困者给予物质保障,否则他们所拥有的法律上的权利和自由就会变得毫无意义。

在当代世界,贫困仍然是严重的社会问题,特别是对于发展中国家来说更是如此。国际人权问题专家诺瓦克就告诉我们:

> 贫困不仅是人权侵犯最重要的原因之一,而且构成了对包括生命、尊严、隐私、安全、食物、健康、住房、衣着和教育等权利在内的大量人权的一种侵犯。在全世界,大约有 10 亿人缺少足够的住处、不能获得安全的饮用水,大约有 8 亿人是文盲、营养不良或者缺少健康服务。因此,根除贫困成为对国际人权制度的可靠性的最大挑战。②

只有消灭了贫困,人们才能在同样的机会中获得能力的培养和历练,同样我们也可以设想,对于任何一个追求幸福的人而言,他们为改善自己的生活,也会有培养能力、提升能力的动机和愿望,因此,社会的公平首先就表现在提供给人们以完善能力的机会和条件。

其次,贫穷导致许多机会的丧失,因而使弱者陷于每况愈下的境况。一个即使拥有较强能力的人,也可能会因为贫穷而导致无法正常地参与社会生活。在许多社会中,穷人总是低人一等的人,他们既无法使自己的生活过得体面,也同样会受着社会的歧视与排斥:

> 贫困不仅是财力的缺乏,而且关系到"社会排斥"问题。作为低收入的结果,相对贫困引起了各方面都受排斥。例如,不能参加社会其他成员参加的各种社会行为,比如不能享受充足的食物和干爽的住房;无力购买

---

① [意]皮罗·克拉玛德雷:《程序与民主》,翟小波、刘刚译,第 68 页。

② [奥]曼弗雷德·诺瓦克:《国际人权制度导论》,柳华文译,北京大学出版社 2010 年版,第 350 页。

社会中通常使用的消费品,如电冰箱、电话;不能参与其他大多数人参加的活动,如与朋友一起外出、送孩子参加学校组织的旅游,等等。①

可见,与富人拥有的较多选择相反,穷人往往是无法作出选择。这正如经典作家所指出的那样,在资本主义社会中,工人阶级一无所有,除非出卖自己的劳动力,否则即难以生存。表面上看,劳动者也是情愿将自己的劳动卖给资本家,以换取低微的报酬,但是,这是一种不得已的选择,因为除此之外,他们再没有办法维持自己和家庭的生活。但是,这种没有办法的选择恰恰证明它是不情愿的、不自由的。从理论上来说,只有提供了多样的选择,人才可能是自主的;如果只有一个选择而别无他途,在这个意义上很难保证人的自主性的实现。"因为所谓自主的选择,预设了能够在其间选择、调整的众多选项,也蕴涵着不同的选择与修正结果"。② 以此来推断,社会必须是价值多元的社会,允许人们在不同的价值之间进行取舍;社会也必须是为人们留下多重空间的社会,这样人们才可能会在多个可能的选择方案中寻求最有利于自己的选择。但是,贫穷往往阻止了人们进行选择的可能,它实际上是对自由的剥夺。正因如此,弗里德曼将贫穷视之为"自由的敌人"。③

贫穷也常常阻止人们接近法律！在西方,高额的诉讼费用往往使人们在诉讼面前止步,而即便能够进入法庭的审理过程,穷人也往往缺乏条件和能力来为自己求得公平的审理结果,所以法律援助应运而生,它是"给予因收入不足、基本上无法行使诉讼权利的人的一种利益"。有了法律援助,即使当事人不事先垫付款项,仍然可以得到司法助理人员与律师免费或部分免费提供的帮助:"在此名义下,法律援助可以使人们能够自由地(没有金钱上的障碍)、平等地(没有富裕与贫困之分)、博爱地(也就是说'公平地')'实际诉诸司法'。"所以,法国学者将司法援助褒奖为是"将共和国座右铭运用于司法世界"。④其真实意义无非就是通过法律援助这一制度,帮助穷人易于接近法律,享受公

---

① ［英］罗伯特·伊斯特:《社会保障法》,周长征等译,中国劳动社会保障出版社 2003 年版,第 4—5 页。

② 钱永祥:《现代性业已耗尽了批判意义吗？——汪晖论现代性读后有感》,见贺照田主编《后发展国家的现代性问题》(《学术思想评论》第 8 辑),吉林人民出版社 2003 年版,第 10 页。

③ ［美］弗里德曼:《选择的共和国——法律、权威与文化》,高鸿钧译,第 77 页。

④ ［法］让·文森、塞尔日·金沙尔:《法国民事诉讼法要义》(下),罗结珍译,中国法制出版社 2001 年版,第 1394 页。

平审理的权利,而这种制度选择,恰是法国宪法提倡的"自由、平等、博爱"理念的具体实现。

再者,贫穷会导致贫穷的循环,从而使其后代经受着能力减损的悲剧。形象地说,贫穷就像会遗传给后代的疾病一样,不仅折磨着穷困者本人,也会对其家庭成员和后代造成不良影响,从而使利益相关者从一开始就落入能力不足的处境。美国学者扎斯特罗所绘的"贫困循环图"就很典型地代表了这种贫穷的恶性循环:

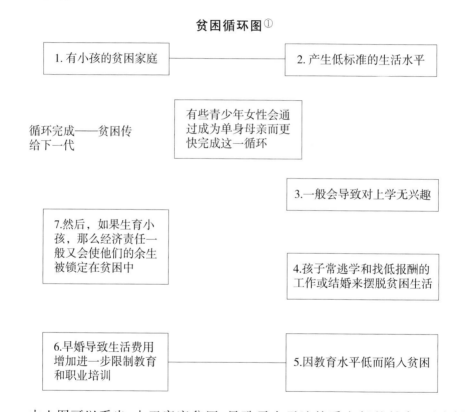

贫困循环图①

1. 有小孩的贫困家庭 —— 2. 产生低标准的生活水平

有些青少年女性会通过成为单身母亲而更快完成这一循环

循环完成——贫困传给下一代

3. 一般会导致对上学无兴趣

7. 然后,如果生育小孩,那么经济责任一般又会使他们的余生被锁定在贫困中

4. 孩子常逃学和找低报酬的工作或结婚来摆脱贫困生活

6. 早婚导致生活费用增加进一步限制教育和职业培训 —— 5. 因教育水平低而陷入贫困

由上图可以看出,由于家庭贫困,导致子女无法接受良好的教育;子女辍学或早婚的结果,又使他们过着与父辈一样贫穷的生活;如果孙子、女降生,又同样会陷入贫穷的境地。可见,贫穷在此时就如同"遗传病",不断地传播给他们的后代。也正因为如此,消灭贫穷不仅事关人的能力的提升,还包含着对后

---

① [美]查尔斯·H.扎斯特罗:《社会工作与社会福利导论》(第 7 版),孙唐永等译,第 135 页。

代负责的内容。所以,"认真对待社会正义问题并且运用正义规范去评估世界各国以及他们对于贫困者、女性和弱势群体的保护实践至关重要。"[1]

第四节　机会上的弱者

一、机会与机会平等

"机会"指在一种偶然状态下人所遇到的机遇或运气,有时这一词汇又会与"命运"意思相通。从一定程度上说,人们无法摆脱命运的影响,也常常受着机遇的捉弄。美国哲学家内格尔将人生中的几种偶然性因素进行了概括,在他看来,这些因素都可能会影响到人们的收入与财富,从而造成不平等:第一种是种族、民族和性别等,我们可以称之为歧视性因素。第二种因素是继承性因素,因为父母亲的不同,周围环境的不同,造成个人对外在资源的占有、获得的教育等都不同,我们可以称之为阶级因素。第三种是自然资质,称之为天赋因素。第四种是努力。第五种是个人运气,无论社会结构是什么,个人的运气将是不同的,这里指的是出生后的运气。[2] 可见,人生中所遇到的种种偶然机遇,都可以归结为客观与主观两个方面:从客观上来说,人无法选择自己的种族、民族、性别和出生的家庭,人也无法摆脱制度、环境所可能对人所产生的影响;从主观上来说,自我努力的程度决定着生活的境况。即使是有好运气,也往往与个人日常的经验积累与自我提升有关。换句话说,即便是机会来临,但如缺乏平常的努力,也同样不会产生出好的结果。在这一点上学者告诉我们:

> 每个人都有权天然地享用一定的资源及利用社会环境所提供的机会。人们的能力和机会是不断变化的。……在面临这些问题时,许多人会做出出乎意料的良好选择,并游刃有余地利用他们所拥有的资源以满

---

[1]　David B. Grusky and Ravi Kanbur eds. *Poverty and Inequality*, Stanford: Stanford University Press, 2006, p.65.

[2]　参见 Thomas Nagel, *Equality and Partiality*, Chapt 10, New York, Oxford: Oxford University Press, 1991。转引自葛四友:《运气、应得与正义——以罗尔斯〈正义论〉为中心的考察》,见王中江主编《新哲学》(第 3 辑),大象出版社 2004 年版,第 232 页。

足他们的需要。然而,遗憾的是,人们有时所做的选择是糟糕的。当然,其中的原因是多方面的,包括先天性的局限性和环境的限制。①

排除客观的机会所导致的偶然性因素,在初始条件的提供上尽可能实现"机会的平等",是现代社会着力要予以完成的一项任务。实际上,法律上的平等最主要的就是机会平等。正如德沃金所指出的那样:"当一种经济制度能够给予人们尽可能公平、平等的起点,并进而允许人们尽可能根据自己的选择而获得各自的财富时,人们就是平等的。"②一定程度上说,机会平等是实现社会公平、保证各阶层自由流动的基础,这就如中国古代的科举制度和今天的高考制度一样,通过公平的竞争,能够促成社会成员的地位、阶层的合理转换。所以,机会平等是一切法律上平等的核心,法律的任务就在于提供给人们同样的起跑线,让人们由此开始公平的竞争。但是,机会平等并不是空洞的口号,机会平等又对资源平等提供了要求。德沃金认为,平等是至上的美德,每一个社会成员都有要求受到平等对待的权利和资格,但"绝对而无差别的平等,不但是一个软弱无力的或容易被其他价值压倒的政治价值,它根本就没有价值:用勤快人的成果去奖励那些能够工作却选择了游手好闲的人,这样的世界根本不值一提。"③在德沃金看来,"平等的关切要求政府致力于一种物质平等的形式",即资源平等。资源平等的主张,意味着社会只提供正常生活所需的资源,个人应对这种资源转化为个人福利负责。④ 德沃金假设,在资源的初始分配阶段,人们处于一个封闭的共同体中,每一个人都一无所有,但每个成员都能够自主地规划自己的个人生活,且每个人对自己要过的个人善良生活拥有足够的基本信息。按照平等原则,共同体所拥有的全部资源都必须在每个成员之间公平分配;而按照个人责任原则,分配的过程和结果必须是充分满足个人自由选择的过程和结果。当资源分配完成时,如果没有任何人宁愿选择别人分到的那份资源而不是自己的那份,那么资源的分配

---

① 〔美〕威廉姆·H.怀特科、罗纳德·C.费德里科:《当今世界的社会福利》,解俊杰译,法律出版社2003年版,第76页。

② 〔美〕罗纳德·德沃金:《正义与生活价值》,张明仓译,见欧阳康主编《当代英美著名哲学家学术自述》,人民出版社2005年版,第148页。

③ 〔美〕罗纳德·德沃金:《至上的美德——平等的理论与实践》,冯克利译,导论第2页。

④ 同上书,第341页。

就是平等的。① 可见,德沃金的平等观是一种初始平等,在完成初始的资源分配后,则遵循个人自由的原则。所以说,德沃金的平等观也是平等与自由的结合体。

但是,"平等"既然不是一种人们之间实际的心理、智力、能力均大致相同的状态,因而我们只能通过法律或制度,来保证每个人都能获得初始的平等条件,并以此来作为唤醒人们的进取心、创造力的一种外在动力。然而问题在于,平等的机会并不会造就出平等的结果,而如果个人想享有选择的自由,那么不可避免的是:第一,他必须承担这种选择所具有的风险;因此第二,市场对他的酬报,所依据的并不是他意图的善恶,而仅仅是以他努力的结果对于其他人所具有的价值为基础的。② 所以,机会平等就是风险平等、责任平等。一个在自由意志支配下实施行为的人,本身就必须为自己的选择承担责任。也正因如此,机会平等往往也就是形成弱者的制度原因:在机会平等之下,有的人通过努力,有了较好的人生结局;但也有的人虽然作出了努力,但结果却是不如人意。这正如学者告诉我们的那样,"平等的机会"即使是真实的,"也不会给我们提供生活机会的平等"。③ 一句话,机会平等无法避免弱者的产生,机会上的弱者由此也就成为弱者的一种类型。

二、机会上的弱者之必然

"机会上的弱者"也就是在某种机遇下的失败者,错过了机会者或者用错了机会者都是如此,有时突然降临的灾难,也会给正常的人生添加原本并不存在的麻烦。一句话,人生有数不清的机遇,人生也有无穷尽的选项。虽然我们常常说命运由自己掌握,但对未来的不可知以及对机遇的无法把握,恰是人类深层次的忧虑之一。正如奥地利经济学家米塞斯用通俗的语言所表达的那样:

> 人生本身冒着许多危险。随时随地会遇到不可控制或不能充分控制的意外灾祸。每个人都要靠好运。他指望不要触电,不要被毒蛇咬着。

---

① 参见余少祥:《弱者的权利——社会弱势群体保护的法理研究》,社会科学文献出版社 2008 年版,第 272—273 页。

② [英]F.A.冯·哈耶克:《个人主义与经济秩序》,邓正来译,生活·读书·新知三联书店 2003 年版,第 29—30 页。

③ [匈]阿格妮丝·赫勒:《超越正义》,文长春译,黑龙江大学出版社 2011 年版,第 202 页。

人生总有个赌博因素。人可用保险的办法消除或减轻若干灾祸的结果。要他这样做的时候,他是依赖相反的机会。在被保险人这方面,保险是赌博。如果所保的灾祸不发生,他的保险费就是白花的。关于不可控制的自然事变,人总是处于赌徒的地位。[①]

由此可见,风险无处不在,机遇随人而异,这种情形自然也会导致"机会上的弱者"无可避免。换句话说,即便自己努力避免某类风险、灾难,但却在许多场合防不胜防;即便我们想要努力地把握机会,用好机会,但生活中或者社会中存在的种种变量,也会使机会失去,从而导致弱者的产生。

可以想象,当世界完全地掌握在自己手上,我们可以任凭自己意志的驰骋而作出自由选择时,机会本身就失去了意义。但是对于绝大部分人而言,并不都具有拒绝机会的资本。大千世界,芸芸众生,生活中的许多人实际上难以把握自己的命运,当然也不会放弃可以凭借自己的努力而得以实现自身价值的机会。然而问题在于,无论我们自己如何规划、计算,都无法终极地预见事物发展的结果,因而人常常处于一种不安与焦虑之中。杜威就此指出:

> 问题在于在一个人的行动和他的行动的后果之间间隔着有无数的无限分散的条件,甚至包括回过头来又落在他身上的后果在内。在时间上和空间上的间距是如此地宽广,以致无法预见决定其最后结果的大量的因素。即使能够预见,但产生这些结果的因素也远超过平常人所能控制之外,正像他们不能控制地震一样。大量失业现象的重复发生,随之而来的严重地收缩生产以及雇主和雇员双方都不安定的后果,这就是一个具有说服力的例子。[②]

由此可见,一个人是否失业,并不完全取决于人们实际的能力与努力程度。我们可以合理地设想,一个人在工作单位兢兢业业,吃苦耐劳,甚至于成绩突出,倍受赏识,然而,他也无法完全摆脱失业的命运。为什么? 国家的经

---

① ［奥］米塞斯:《人的行为》(上),夏道平译,远流出版事业股份有限公司 1991 年版,第 175—176 页。
② ［美］杜威:《自由与文化》,傅统先译,第 44 页。

济宏观调控政策他无法预见,企业的高层决策他无权参与,社会经济的终极走向他无能干预,种种因素累积在一起,就使得他处于一种不确定的命运之中。如果上帝能够多眷顾他一些,或许他还可以在单位多干几年;反之,如果命运对他过于苛刻,此人就可能经常性地处于朝不保夕、疲于奔命的状态。[①]

市场经济是现代民主国家都推崇并实行的经济体制,但参与市场虽为主体必然的选择,然而会有着怎样的结局却并非人力所能控制:"市场经济为我们大家提供的是'未确定性'、主体选择性与平等竞争的机会和舞台,而这对每个人的人生来说就意味着一种压力和动力,要获得成功,避免失败,你就必须最大限度地发挥自己的能力。"[②]但是问题在于,能够成为市场经济中的弄潮儿、成功者,固然取决于个人的努力程度,但是,即使一个人尽心了、努力了,他也无法保证在市场经济中就能取得与其劳动所相称的份额。为什么?道理很简单,市场秩序是一种自生自发的秩序,它不依人的设计而运作,市场有它自身的规律。同样,人们在市场中所进行的种种选择,其成功与否往往同机遇相连,国家政策就是其中典型的变量。当国家放开房价时,开发商固然可以获取巨额的利润;但当国家紧缩银根或者作出限制房价的决定时,开发商就可能资金困难甚至血本无归。从这个意义上说,没有哪种结局就是必然的、命定的,它既与个人的能力、努力有关,也与个人所遇到的环境、政策等变量有关。因此,市场既会成就一批成功者,也会导致一批失败者。

意外事故更是人类固有的病理之一。在火灾、车祸等种种意外事故中,富有者可能一夕之间赤贫如洗,健康者则可能会突然地被折手断肢。这种灾难实际上也是人类不可避免,也无法预防的:

> 意外事故发生的结果是人们受到伤害。尽管社会应该降低事故的发生率和严重程度,但试图完全消灭事故则是愚蠢的做法。实现这一目标花费巨大,而且还要以高度干涉性的方式限制人们的各种活动,这是极不

---

① 有学者将这种现象称之为"坏运气",并且认为,这种"坏运气"会破坏人的自由意志,降低人的道德责任感。具体论述,可参见 Neil Levy, *Hard Luck: How Luck Undermines Free Will and Moral Responsibility*, Oxford University Press, 2011。

② 韩庆祥:《能力本位论与 21 世纪实力主义文化预期》,见王中江主编《新哲学》(第 2 辑),大象出版社 2004 年版,第 10—11 页。

受欢迎的。事实上,社会所应该关注的是,在能够有效降低事故发生的情况下如何减少事故。正如 G. 卡拉布雷西(法律与经济学的伟大奠基者)数年前提出的,社会的目标在于实现事故发生的合理程度。另外,事故发生后,社会还应该确保事故损失得到公平分担。①

简言之,我们不可能杜绝意外事故的发生,人们能做的,只是尽量减少事故发生的几率,并通过合理的社会保险制度,来为意外事故的结果寻找合理的解决方案。同样,因为意外事故的不可避免,所以弱者的产生同样难以避免。

三、风险社会与普遍的弱者

不仅是由于机会选择、市场经济或意外事故等原因的客观存在,在现代社会,更为重要的是已经进入了一个特殊的风险时期。由德国著名社会学家贝克所肇始的"风险社会"一词,就是对现代社会面临境况所做的一种极具说明力的概括。按照贝克的说法,"在发达的现代性中,财富的社会生产关系系统地伴随着风险的社会生产。相应地,与短缺社会的分配相关的问题和冲突,同科技发展所产生的风险的生产、界定和分配所引起的问题和冲突相重叠"。② 这样一种社会的特性在于:(1)风险的高科技性。换句话说,风险是由高度发达的科技所引发的,当然,解决社会的风险也必须依靠高科技,这同时就存在着循环:依赖高科技来解决高科技所带来的社会问题,由此人类社会再也无法摆脱科技的束缚;(2)风险的不可避免性。贝克指出:"每一个人都有遭遇风险而蒙受灾难的可能性,就如同歌舞厅里的镭射灯光在每一个人的头顶上来回扫描一样,风险和灾难降临的机会是在各个单个的人之间往返传递的"。③ 从这个意义上来说,风险是会"平等地"降临到任何一个人身上的,个人的努力或预防难以发挥作用。这正如我们常常忧惧的核战争一样,一旦遇上这样的情形,社会上的所有人都无法幸免。(3)风险的全球化趋势。"风险社会制度是一种新秩序的功能:它不是一国的,而是全球性的"。④ 这意味着风险社会不

---

① [美]史蒂芬·D.苏格曼:《人身伤害与社会政策:制度与意识形态的几种选择?》,许丽群译,见吴汉东主编《私法》(第3卷),中国政法大学出版社2003年版,第147页。

② [德]乌尔里希·贝克:《风险社会》,何博闻译,译林出版社2004年版,第15页。

③ [德]乌尔里希·贝克:《从工业社会到风险社会——关于人类生存、社会结构和生态启蒙等问题的思考》,王武龙编译,见薛晓源、周战超主编《全球化与风险社会》,社会科学文献出版社2005年版,第67页。

④ [德]乌尔里希·贝克:《世界风险社会》,吴英姿、孙淑敏译,南京大学出版社2004年版,第4页。

像以往单个社会所面临的危机或危险,而是一种跨越全球的世界性问题。一个地区发生的事故,也由此往往波及世界上其他地方。气象学上所说的"蝴蝶效应"就是这种风险互相传播的例子。[①]

而我国台湾地区学者苏永钦在阐述贝克的风险社会理念时,就径直将之称为"灾难社会":"简单地说,风险社会就是灾难社会,科技克服了匮乏的问题,却也为人类带来逸出控制的无限危险。"具体而言,这种风险主要表现在:(1)风险的全球化以及无从弥补的特征,使得金钱补偿的概念不再有效;(2)对人们可想象的最严重灾变来说,任何预先设计的救援计划都无济于事,因此预防性监督的概念同样失效;(3)"意外"的发生不再受时空限制,人民必须面对一波波纠缠不清的破坏性连锁反应;(4)这同时意味着各种标准值、测量程序的无效,风险计算变得相当模糊。因而,"现代(未来)的政治和社会行动,有很大一部分是为了解决科技发展所衍生出来的巨大风险与不安全感。新世纪的人们栖栖皇皇,念兹在兹的,不是财富的取得,而是灾难的趋避。"[②]

当然,苏永钦先生更多地是从消极意义上来概括贝克的风险社会理论,但实际上,贝克一再强调,"风险"并不等同于"危险",危险在任何时期都可以适用,并且人们倾向于认为,危险既非由人力所致,也不取决于人的决定,"而是由自然灾难造成的集体命运或者神的惩罚,等等",并且认为威胁是不可改变的。但贝克认为,风险社会并不是坐视社会走向毁灭,而是人类力图制止风险以及减少风险所可能造成的灾难:"风险概念表明人们创造了一种文明,以便使自己的决定将会造成的不可预见的后果具备可预见性,从而控制不可控制的事情,通过有意采取的预防性行动以及相应的制度化的措施战胜种种副作用"。[③] 当然,这只是一种在人类整体上的战胜风险的乐观,但对于个人而言,则可能有许多会被风险社会带入弱者的行列:因沙漠风化而无家可归者;因气候

---

① 对"蝴蝶效应"通常的解释是:"一只南美洲亚马孙河流域热带雨林中的蝴蝶,偶尔扇动几下翅膀,可以在两周以后引起美国德克萨斯州的一场龙卷风。"其原因就是蝴蝶扇动翅膀的运动,导致其身边的空气系统发生变化,并产生微弱的气流,而微弱的气流的产生又会引起四周空气或其他系统产生相应的变化,由此引起一个连锁反应,最终导致其他系统的极大变化。参见"百度百科"对"蝴蝶效应"的解释,最后访问日期:2019年5月6日。

② 苏永钦:《走入新世纪的私法自治》,中国政法大学出版社2002年版,第67页。

③ 参见[德]乌尔里希·贝克、威廉姆斯:《关于风险社会的对话》,路国林编译,见薛晓源、周战超主编《全球化与风险社会》,社会科学文献出版社2005年版,第4—5页。

恶劣而背井离乡者;因核能污染而病入肺腑者,因忧思未来而身心疲惫者……,不一而足。每个人在生存、生活中,也只能祈求上天能够多眷顾自己一些,否则即可能会被意外事故或自然的、社会的风险而拖入弱者的行列之中。

第五节　境遇上的弱者

与"机会上的弱者"不同,"境遇上的弱者"是指社会或制度将某一个人置于特定的环境之下,因而处于相对劣势的地位。由此可见,首先,境遇上的弱者往往是社会结构和法律制度的产物,而不是由社会中的动态因素,如科技发展所带来的;其次,境遇上的弱者往往是一种偶然性的弱者,也就是说,是由于偶然的因素使得个人被抛入一个对他而言相对卑微的地位之中;再者,境遇上的弱者的弱势地位极为明显,它不像能力上的弱者那样可以用另外一种能力来补足自己某个方面的能力不足。在这样一种境遇之中,优劣明显,高下立判。换句话说,境遇中的弱者是一种绝对的弱者,除非借助某种外部条件,否则其弱势地位很难得以改变。

境遇上的弱者的典型,可以犯罪嫌疑人、消费者、劳动者、患者为例来加以说明。

一、犯罪嫌疑人

这是一种典型的境遇上的弱者。当某一个人被怀疑为犯罪而处于羁押状态之中时,从其踏入看守所的那一刻起,其弱者的角色就突出地呈现在世人面前。当事人面对的是一个不熟悉的世界,在这个世界中,所有的规则、标准都与其熟悉的日常生活相异。特别可怕的是,出于对自己未来命运的不确定因素的担忧,当事人往往会焦虑、不安。如果国家法律和司法活动能够以公正、文明、人道的处遇措施来对待他们,可能这种弱者的境况并不会太令人担忧;然而问题在于,如果一个国家的法律并不善良或者司法潜规则本身就允许刑讯逼供,那么这种弱者就不仅会受着身心的煎熬,而且会忍受肉体的伤痛或精神的折磨。①

---

① 我国现代著名法学家杨兆龙先生对此就有精辟的描述,那就是在侦查阶段,犯罪嫌疑人可能会受到"刑讯、逼供、骗供、诈供、套供、疲劳讯问等采证方法"的侵害。参见杨兆龙:《刑事科学中的无罪推定与有罪推定问题》,见郝铁川、陆锦碧编《杨兆龙文选》,中国政法大学出版社2000年版,第121页。而实际上这些讯问方式在今天的中国也远未绝迹。

不仅如此,犯罪嫌疑人还因其"污点"而受着社会的责难,从而在舆论上、道德上同样扮演着弱者的角色:

> 谁处在被告席,——假如是处在刑事法庭的被告席——假如处在他所经受的公共舆论的政治被告席,那么他将会感受到人的行为的形象和生活的总体形象,由于被粗暴地撕碎将变得何等的扭曲,他由此还会感受这些形象陷入支离破碎,其所赖以存在的生活也突然一丝不存地处在众目睽睽的审视之下。①

在此时,当事人的尊严无法得以保障,当事人的隐私成为人们挖掘的重心,甚至当事人的家属也成为人们评头论足的对象。更为可怕的是,刑讯逼供这一虽然一再为法律所禁止但却从未在诉讼中销声匿迹的行为,直接摧残着犯罪嫌疑人的心灵:

> 精心地施加痛苦……我们称之为刑讯。伊雷恩·斯盖瑞指出:讯问作为刑讯的一部分,其设计绝少为了取得指控材料。更常见的是,刑讯逼供的设计是为了展示被害人规范世界的尽头——被害人所珍重的、构成社会群体纽带的尽头,而被害人所珍重的价值正是以这一社会群体为基础的。斯盖瑞就此得出结论:"在被迫的供述中,刑讯者强迫被拘禁者记录并亲身感触这样的事实:剧痛正摧毁世界。"这就是为什么刑讯者几乎总是要求出卖与背叛——展示受害者无形的规范世界已然被痛苦及其延伸的恐惧这一物质现实所粉碎……②

在这样一种氛围中,犯罪嫌疑人无非就是提供口供的工具,丝毫无人的尊严可言。更为恶劣的是,审讯人员有时并不是为了证据材料的获取,而仅仅是显示自己的淫威,甚至动辄对犯罪嫌疑人大打出手。"你是被告,怎能无罪"的预设模式,使得刑讯逼供现象已经成为一种司法定势,而当事人的沉默权、及

---

① ［德］古斯塔夫·拉德布鲁赫:《法律智慧警句集》,舒国滢译,第40页。

② ［美］罗伯特·考沃:《法律行为的暴力》,转引自［美］博西格诺等:《法律之门》(第8版),邓子滨译,华夏出版社2007年版,第312页。

时获得律师帮助权等防御性权利在现实生活中难以实现。

二、消费者

根据《中华人民共和国消费者权益保护法》第 2 条的规定,消费者是指为生活消费需要购买、使用商品或者接受服务的人,与消费者相对应的是经营者。在民事法律关系上,经营者与消费者处于平等的法律地位之上,他们的交易同样是本着私法上的意思自治原则,以自愿、公平、等价有偿、诚实信用的方式来进行。从这个意义上说,法律应当对消费者和经营者给予同等的保护。然而,在现代法律中,却往往以倾斜对待的方式,侧重于对消费者权益的保护。其主要理由,就是因为在交易过程中,消费者往往是以弱者的身份而存在。为什么要进行这样的制度安排呢?

首先,与以往将消费者视同为经济人的观念不同,消费者并不都是具有极强理性能力的人。按照通常的理解,进入市场的主体都是经济人,他们能够选择、判断,会权衡利益以追求自身利益的最大化。但是,心理学的研究业已证明,"消费者往往做事不合理性,常常买了他们并不需要的东西。他们会很轻易地被驱使去追求更好的消费品,并由于受到从心理角度设计出来的广告的影响而买错了东西。"在消费主义的时代,"这种情况揭示了法律必须用来保护消费者的一个重大危险区"。[1] 例如对广告要加强法律规制,特别是对那些容易欺骗、误导消费者的夸大、不实的虚假广告,要加大惩治的力度。由于"市场信息传播渠道不畅,消费者获取市场信息主要靠传言、各种广告,因此消费者易受不实信息的误导,盲目地追随、攀比,自愿挨宰。"[2]特别是利用名人效应来发布的广告,不但要追究广告主、广告经营者、广告发布者的法律责任,也要追究代理这些广告的名人、明星的责任。追星是人们难免会有的心态,特别是对年轻人来说,他们崇拜的偶像所发布的广告,无疑是商品购买的动员令。因此,人们在消费中可能存在种种不理性的行为,需要法律的特别保护。

其次,经济学当中揭示了一个重要原理,即所有理性判断都和掌握所有的信息相关联。是否掌握所有信息,涉及理性能力的运用是否恰到好处。在信息问题上,一般会出现信息不完全和信息不对称的状况。信息不完全是指应

---

① [澳]维拉曼特:《法律导引》,张智仁、周伟文译,上海人民出版社 2003 年版,第 133—134 页。
② 贺绍奇:《反暴利综合治理的法律对策》,《法学》1995 年第 1 期。

当了解的信息没有完全掌握，从而导致判断上的失误；信息不对称则是因为在经营者与消费者之间，两者所掌握的信息以及对信息的了解的能力上并不对称。一般来说，在对信息的拥有量和信息的判断能力上，消费者相对于生产者和销售者来说处于弱势地位。比如说买电脑，普通人最多大致会了解一下硬盘、内存多大，但是对于联想和苹果电脑到底有什么实质性的不同，很多人并不知道，也不愿意花时间了解这个信息。这在今天的社会来说尤其如此：

> 大量生产的生活物资，如销售住宅、家具等居住用品，食品、衣物、日用药品、学习用品的买卖，买主即消费者与卖主即作为生产者的大企业之间关于所需物品的形状、质量的认识显然有很大差距，其结果，消费者处于极为不利的地位，于是出现消费者保护法。①

可见，由于社会大生产导致的产品、服务日益技术化、精细化，一般消费者已很难对此进行理性的判断，所以加大对消费者的保护就势在必行。现代生活中的网购行为，一定程度上也加剧了消费者判断的困难。与以往直销的商品不同，消费者可以通过实地观察商品而决定是否购买，但是，在网购的过程中，商家提供的往往只是商品的图片，因而这种信息的不对称趋势就显得更加明显。在许多时候，消费者都是明显的弱者。

再者，表面上看似乎侧重于对消费者的保护有失民法上的公平，但是，只要考虑生产者、经营者与消费者之间的实力对比，就不难发现这种倾斜保护所具有的法理支撑：

> 从 19 世纪末开始，……经济力上的强者往往在契约司法过程中也成为强者。以生产者与消费者的分化与对立为例，由于生产组织形式的变革，生产者已经不再是手工业者和小作坊主，而是现代化的大企业、大公司，它们拥有强大的经济实力，在商品交换中处于显著优越的地位；由于科学技术的发展，使生产过程和生产技术高度复杂化，消费者根本无法判断商品的品质，不得不完全依赖生产者。因此，在现代发达的市场经济条

---

① [日]芹田健太郎：《21世纪国际法的作用》，《外国法译评》1997年第1期。

件下,生产者与消费者之间在事实上已经很难再在平等条件下进行交易活动,两者实际上是一种支配和被支配的关系。①

正是由于消费者与生产者、销售者之间地位的实际不平等,法律才需要采取倾斜保护的对策,为处于弱势一方的当事人提供法律上的特别保护。换句话说,法律在这里不是维护形式正义,而是侧重于对实质正义的维护。

三、劳动者

劳资关系中的劳动者也可以说是一种境遇中的弱者。虽然从道理上说,每个人都可以选择自己认为合意的单位工作,但实际上,对许多人而言,"单位"即意味着饭碗,并不是任何人都可以自由选择自己的职业。在单位录用职员时,求职心切的人们可能不会去计较单位的信息要求是否侵犯到了他们的隐私,而单位的面试又是否顾及了他们的尊严。然而这却是事实,在劳动市场中,人或许并未被真正当作人来看待:"就业的语言是一种经济现象的语言,员工经常被指称为'人力资源',很像自然资源或生产资源"。② 不仅如此,就员工与单位相对固定的关系而言,其弱者地位也昭然若揭:单位的高层决策,甚至是涉及职工们命运的决策,对许多人而言并不能知晓;当人们加入某个单位时,原单位已经存在的规章制度——显然当事人并未参与该规章的制定,而无论这些规章制度是否公平、公正与否,都会对当事人的切身利益产生重大影响。具有讽刺意味的是,即便对自己明显不利的原有规定,员工们往往也是无能为力来加以改变。

表面上看,劳资关系是一种平等的法律关系,一方愿意提供劳动,一方愿意付出报酬,在劳动合同签订的过程之中,也要求平等协商,不得将一方的意志强加于另一方,然而,这只是问题的表象。正如德国学者施瓦布所指出的那样:

> 完全让各种力量去自由竞赛无法保证得出可以接受的结果,这在劳动关系领域尤为明显。为自由主义所要求的、由法学家所宣告的"自由的

---

① 陈旭峰:《民法的功能缺陷与经济法的弥补》,《现代法学》1999 年第 4 期。
② [美]帕特利霞·H. 威尔汉等:《就业和员工权利》,杨恒达译,北京大学出版社 2005 年版,第 26 页。

劳动合同",在劳动力极大地供过于求的时期,成为造就丧失人之尊严的工资和劳动关系的工具。那种设想一边是企业主,另一边是工人个人,双方都以自由的人的身份在一条中间路线上以合同使其利益达成一致的观点,今天在我们看来不啻一幅嘲讽现实情况的漫画。因此,必须通过立法来对供求机制加以干预,使之有利于雇员,并且规定最低保护条件(如解雇保护等)。因此,自19世纪下半叶以来,劳动法便作为特别法而从当时尚以古典自由主义原则为特色的民法的规定中分离了出来。[1]

劳动法由此开始,不再是纯粹的私法,而是结合了公法要素的社会法。所谓公法要素,无非就是国家通过法律的规定,强制资方不得低于最低工资标准付酬,同时,在劳动过程中,要加强对劳动者的劳动保护,等等。这种国家公权力的强行介入,无非也就是为处于弱势一方的劳动者提供法律上的救助,使其可以拥有合理的劳动条件,获致公平的劳动报酬。

特别要指出的是,对于西方发达社会而言,劳动者的保护制度相对来说业已成熟,劳动者的尊严与待遇不仅在法律上获得普遍承认,也成为人们日常观念中的一部分。但是,对于转型中的中国来说,劳动者权利的维护仍然是一个任重道远的问题。虽然我国已经制定了《劳动法》《劳动合同法》等一系列维护劳动者权益的法律、法规、规章,但是,在劳动者的维权方面,仍然有较大的可塑空间。关键原因,就在于劳动力市场的相对不足,而大批农民进城,更使得劳动力市场上的供求关系出现严重失衡,供远大于求,这也为许多黑心老板压榨、剥削雇员提供了可乘之机。据国家统计局监测调查结果显示,2011年,全国农民工总数已达到2.4亿人,[2]而他们在城市中不仅无法享受城里人所能享受的社会福利保障,同时还处于被排斥、被歧视的状态之中:

> 总体上,农民工群体在多个向度上受到社会排斥,包括经济、政治、文化、社会组织与网络、社会保障与教育、空间六个方面。这些不同向度的社会排斥相互交织、相互累积,共同将农民工推向了城市社会的边缘。其

---

① ［德］迪特尔·施瓦布:《民法导论》,郑冲译,法律出版社2006年版,第54页。

② 转引自丁开杰:《社会排斥与体面劳动问题研究》,中国社会出版社2012年版,第172页。

中,由于二元劳动力市场的存在,农民工在城市劳动力市场上并没有取得平等的就业资格。有的城市采取以行政法规和公共政策的形式,对农民工工作范围作出明确规定,即只允许农民工从事那些属于第二劳动力市场的工作,不准他们进入第一劳动力市场。①

以上情形表明,要正视劳动者特别是农民工的弱势地位,为他们平等地进入劳动力市场提供法律保障。同时,对劳工的各项权利,特别是社会保障上的权利必须严格予以落实,从而使劳动者能够通过法律与政策的倾斜对待,改善自己的劳动条件与生活境况。

四、患者

医生与患者的关系也使得患者成为一种境遇上的弱者。谁也不能保证自己一辈子不生病就医,所以医生的角色就成了一种治病救人的角色,天然地有着道德上的正当性与权威性。大致说来,医生与患者具有以下几种关系:一是从伦理关系上而言,是"施救者"与"求助者"之间的关系,在此时,医生应当讲究职业道德,救死扶伤,患者应当尊重医生,配合治疗;二是从经济关系上而言,是生产者与消费者的关系。医生是医疗服务的生产者或提供者,而患者是医疗服务的消费者。医生有权收取治疗费用,而患者在交纳了医药费之后有权要求相关服务;三是从专业技术的角度来看,医生是专家,患者是病人。医生作为具有相应医疗知识和技术专长的职业人员,可以根据自己的经验与判断提出医疗方案,而病人作为被施救的对象,必须根据医生的诊断来接受治疗。医生与患者之间必须有信任关系的存在,方能使治疗过程得以顺利进行。

但无论上述关系中的哪一种,我们都可以看出,在医患关系中病人处于脆弱和依赖的特殊地位:"大多数病人在大多数情况下并不拥有使他们自己恢复健康的知识和技能。他们不得不依赖医生的专门知识和技能,并且不能判断医生所提供的医疗服务的质量。在这个意义上,病人与医生之间确实存在着事实上、知识拥有上的不平等"。② 人们进到医院,不仅要忍受身体的病痛,同时还要关注医生的态度。因为在某种程度上而言,医生就是患者的救星。而

---

① 丁开杰:《社会排斥与体面劳动问题研究》,第 172 页。

② 邱仁宗等:《病人的权利》,北京医科大学·中国协和医科大学联合出版社 1996 年版,第 21—22 页。

这种信赖关系是否能够得以维持，在很大程度上就取决于医生本人的态度。简单地说，在医患关系中，医生是"施恩"的一方，而患者则扮演着"弱者"的角色。托尔斯泰在《伊万·伊里奇之死》中的一段描述，就很好地描述了医生与患者的这种不对称关系：

> 对伊万·伊里奇而言，只有一个问题是重要的：他的情况到底有多严重？可是医生忽视了这个不合时宜的问题。以医生的观点来看，这个问题不屑一顾，真正的问题是在浮游肾、慢性黏膜尖或阑尾炎之间作出决断……（伊里奇）在回家的路上就是仔细品味医生所说的话，试图将那些复杂的、晦涩难懂的科学术语翻译成平白的语言，并找出下面问题的答案："我的情况很糟吗？是不是非常糟？还是没什么问题？"①

一个不具有医学知识的人，只能是困扰于这些问题的纠缠，永远也不可能有个准确的答案。可见，患者常常是在焦虑、恐惧、担心中度过他的医疗历程。然而必须注意的是，今天的医疗模式已由简单的"生物医学模式"向"生物-心理-社会医学模式"的现代医疗模式转换。在前者，人被完全物化、客体化，医生则人格异化，只偏重于对个体的人的生物属性的研究，医生与病人的交流仅限于物质层面的交流。在临床工作中，往往把病人看作是疾病的"载体"，而不是看作一个生了病的"人"，对人身上的"疾病"非常重视，所有精力和热情投入到思考诊断"疾病"和治疗"疾病"之中，对"病人"则持冷漠的无所谓态度，即所谓"见病不见人"，从而在临床实践中出现了病与人的分离，病人主观自我与生物自我的分离，技术实体与病人客体的分离。② 掌握医学知识和技能的医生就成了绝对的权威，他们在医疗决策中往往会主动地为患者决定一切，医学父权主义思想盛行。而"生物-心理-社会医学模式"则主张医学不是一门以只有生命而无感情、无精神的自然人为对象的自然科学，而应是一门以既有生命，又有心理和情感的人为对象的自然科学和人文社会科学交织渗透的综合性学科。在这一过程中，既要看到"自然的人"，又要看到"社会的人"。医学人道主

---

① ［俄］列夫·托尔斯泰：《伊万·伊里奇之死》，转引自［美］图姆斯：《病患的意义——医生和病人不同观点的现象学探讨》，邱鸿钟译，青岛出版社 2000 年版，第 24—25 页。
② 王建：《科学精神·人文精神·科学思维》，《医学与社会》2000 年第 3 期。

义最基本的出发点,就是把病人首先看作是一个具有独立意志和独立人格,其人本价值和人的权利应当受到充分尊重的"人"①,关心人、爱护人、以人为本。这一模式强调医患关系是双向的,即病人和医生有着近似或相等的权利义务,强调病人自主决定权,强调患者与医生之间不应仅限于物质的交流,还应当有人文的交流。基于人本主义理论,一种新型的人本主义疗法正在推行之中:

> 这种理论认为在人的发展过程中,人有一种自尊、成就、自我实现的心理需要,如果这种需要获得满足,人就有愉快的情绪,有助于形成适宜的行为,顺利发展。反之,自我意识就会发生扭曲,对来自外部的积极信息作出消极的反馈,压抑其自身的积极情感,出现心理失调,自我贬低,严重者可导致心理疾病。……可以看到,人本主义疗法非常强调情绪的矫正经验,强调创造一种良好的环境,通过对病人积极的关注、理解和尊重以及启发和帮助使来访者认识到自身的优势克服焦虑、担忧、恐惧等消极情绪,确立合理认知,进而导致行为的适宜。所以情绪的矫正是认知和行为改变的基础。②

当然,人本主义疗法还只是一种正在逐渐成形的医学观念和医疗模式,必须看到的是,在现实生活中,那种视患者为客体、视病人为物件的事例还是屡见不鲜。特别是当医生作为技术专家而出现时,知识上的劣势更是加剧了患者的弱势地位:"这种地位使得病人不得不依赖医生,不得不假定给我治病的医生是能够胜任的,是为我的健康着想的,他对我说的一切是完全可靠的、能够治好我的病的"。③ 因此,为了保障患者的正当权益,就必须在法律上确立患者的权利类型,以此来对抗医生的专制与武断。其中患者的自主决定权就是其中突出的权利类型。这一权利肇始于美国,1914 年,美国纽约州地方法院在施伦多夫诉纽约医院协会(Schloendoff v. Society of New York Hospital)一案中确立了这一权利,判决指出:"所有具有健全精神状态的成年人,都有决定对自己身体作何处置的权利。医生如不经患者同意而对其进行手术,则构

---

① 冯泽永:《病人自主权及其保障条件》,《医学与哲学》1999 年第 2 期。
② 孙守安:《大学生心理疾病防治方法的内在哲学本质》,《辽宁工学院学报》2000 年第 3 期。
③ 邱仁宗等:《病人的权利》,第 22 页。

成伤害罪,应承担赔偿责任的义务"。① 具体来说,这一权利又可细化为知情同意权与拒绝接受治疗权两种类型,代表了患者掌控自己的权能。②

以上我们以类型化的方式,对所谓弱者进行了归类式的概括。自然,任何一种类型化的处理都只是在某一个方面为研究的方便,而对研究对象进行的逻辑概括,这种归类处理虽然明显直观,但也难以避免遗漏,需要结合新的社会情形来对之加以补充、修正。

为醒目起见,对上述弱者的类型,可以图示如下:

弱者的类型

类型	心理上的弱者	生理上的弱者	能力上的弱者	机会上的弱者	境遇上的弱者
特征	缺乏自主性与进取心;恐惧与惶恐;依赖感强	体能、精神健康、身体状态较诸一般人为弱	缺乏理性和合理计划,无法确定自己的利益所在	命运不济,其失败与个人努力程度无关	在特定环境中处于孤独、依赖地位
典型人物	期待国家匡扶正义、保持社会公平者	儿童、老年人;精神病患者;残疾人	智力较弱者;无法自主选择者;容易被蒙蔽或欺骗者;贫穷者	失业者;天灾人祸、意外事故的受害人	消费者;劳动者;患者;犯罪嫌疑人

本着对弱者类型的分析,我们可以试着提出一个社会意义上弱者的简单定义:弱者是由于自然的、社会的、政治的、法律的剥夺,形成在心理上、生理上、能力上、机会上、境遇上处于相对劣势地位的人。然而,这一定义并不意味着上述人群就是法律所要保护的弱者,下章我们将对此作出辨析。

---

① 转引自李燕:《医疗权利研究》,中国人民公安大学出版社 2009 年版,第 31 页。

② 对于这两种权利在医事法律中的道德属性和法律属性的详细阐释,可参见 Carl Wellman,*Medical Law and Moral Rights*,Springer,2005。

第 三 章

弱者权利保护的法律契机

第一节　法律保护弱者的必需

一、法律不是抹平强弱的工具

古往今来,社会都总是处于一种强弱并存的分化状态之中。人的自然禀赋不同,机遇有别,因而实际上难以平等地占有资源和经营生活。例如,有的人生来即具有强健的体魄,而有的人一出生就肢体残缺;有的人降生于拥有较好条件的家庭,而有的人则可能出生于穷困之家。一句话,人生的种种偶然性使得每个人都会有和其他人所不同的生存环境。撇开客观的条件不说,人的主观努力程度也是不一样的。有的人可能立志高远,辛勤劳作,而有的人则是无所用心,得过且过。不仅如此,除却人自身的主客观条件之外,人类所赖以生存的组织也可能同时在制造着不公正。例如社会的歧视、国家的剥夺等,都会使许多人穷困潦倒,难以为生。正因如此,社会上总是存在着强者与弱者,这是一个必须正视的客观事实,也是制度设计和法律运作的前提预设。

必须承认,一定程度上的强弱之分并不会动摇社会存在的根基,相反,任何国家要人为地消除人与人之间实际上存在的差异,反倒会丧失社会发展的动力。一个拥有对自我清醒意识的人都能够看到他与别人之间所存的差异,也会认识到自己在主观努力方面与别人会有的差距。"多劳多得,少劳少得,不劳不得"这种分配原则,从理论上来说可以为每一个拥有理性的人所能接受。"人类不是和禽兽似的,依本能冲动而生活,宁是具有理性,从理性的判断,而企求正当的生活者。社会生活不仅是依于自然本能的群存生活,系依理性而调整各个的利益,强者弱者各从其分,享受其正当利益,而求共存共荣的生活。"①正因如此,那些通过自己的不懈努力,占有较多的资源和拥有较多财富的人,应当成为社会的标杆,受到人们的尊重。虽然他们成为了社会上的强者,但这种身份与地位是和他们的努力和成就密不可分的,是"应得"的社会承认和社会报酬,符合正义的原理与准则。② 反之,如果国家采取"强不齐以为齐"的政策模式,人为地实现"抑强扶弱"的分配措施,那只能是挫伤拥有能力者的主观能动性,并且会使那些本不愿通过自己的劳动来维持生存的人有了可乘之机。很明显,如果一个社会上人们都不思进取,那社会也只能在懒惰、无为中毁灭。正因如此,在一个合理的社会中,应当允许人们有强弱之分,每个人都应当根据自己的努力与成就而从社会中获取相应的所得份额。

强调人们在能力、成就上必定存在着差异,也同时意味着对"社会公正""社会平等"之类的词语不能作简单的理解。在许多人看来,平等即意味着应当享受同样的生活条件,应当得到同样的利益报酬,而当社会出现贫富不均的情形时,富人即成为"为富不仁"的千夫所指。当代中国所充斥的"仇富心理",一定程度上就是这样一种庸俗平等观的体现。但正如人们常说的那样,平等仅仅意味着机会的平等,而不可能包括结果的平等。就机会平等而言,应当保证每个社会成员都有同等的获得与其生存、发展的有关权利,国家不能对之加以歧视对待;同时,国家应当积极作为,创造使人与人之间真正得以平等的前提性条件,例如义务教育、社会保障制度等。值得特别指出的是,"相信机会平等,并不是相信每个人在他所尝试的每件事上,都有相同的成功机运。它也不是相信,只有那些与各种社会活动——个人在其中互惠互利——确实相关的考量,才能够恰当地被用来在它们之间作区分。"③毕竟人在实际的能力上是不平等的,每个人的努力、勤勉程度也是有差别的,无视人的实际差异而强求

---

① ［日］美浓部达吉:《法之本质》,林纪东译,第115—116页。

② 在古罗马查士丁尼编纂的《法学总论》中,就将法律的基本原则确定为"为人诚实,不损害别人,给予每个人他应得的部分"。就此而言,正义对于个人来说,就是获得了他本该得到的东西。参见［古罗马］查士丁尼:《法学总论——法学阶梯》,张企泰译,第5页。

③ ［英］戈登·葛拉姆:《当代社会哲学》,黄藿译,第99页。

同样的结果,这本身就不公平。哈耶克就专门指出,在市场经济的社会里,谋求所谓的"社会正义"事实上是荒谬的和不正义的。以作为"社会正义"核心内容的"分配正义"为例,它要求赋予每个人以同样的份额,这势必就必须设立一种"能够为了实现某种被视为正义的特定分配模式这个目的而把社会成员的各种努力都协调起来的权力机构"。然而,要求人们服从指导性权力或支配性权力本身就是不合乎道德的。更为严重的是,强调"社会正义"的理想,实质上就必然会导致极权政府。哈耶克认为,经由实施任何"社会正义"之幻想而造成的人们对政府权力的普遍依赖,必定会摧毁一切道德规范所必须依凭的个人决策的自由。那些掌握着实施"社会正义"权力的人,过不了多久就会将特权与利益回报给那些支持他们的人,"进而巩固他们业已获得的地位并以此来确使他们继续得到铁杆捍卫者的支持"。① 这样,极权国家的一切特征均已具备,个人自由也就变得岌岌可危了。

　　哈耶克的说法固然有些极端,但它提醒我们,过于注重平等的获取就有可能导致极权政府的诞生。进入社会正义视野范围内的弱者,是自然与社会剥夺下所产生的弱者。他们不是游手好闲的懒汉,而只是由于能力、机会、境遇等方面的阻碍,而无法获取正常生存所必需的条件;他们也不是那种得陇望蜀的贪得无厌者,这些人大多能够在自身财力及实际需求的范围内规划自己的财产计划;他们也不是那种一味厌世的仇富者,许多人都明白每个人的先天能力及后天努力各不相同,因而他们对于投入更多、花费更多的成功人士并不会抱有嫉妒之心。按照国外学者特鲁迪·戈维尔(Trudy Govier)所总结的有关福利权争论中"严谨的观点"的说法,那就是:

　　　　如果国家负有保障社会安全的责任,那么人民也应该有提供国家实践其责任的相对义务,这个义务,就是工作。换言之,如果一个人能工作而不工作,那么他对于社会既无生产亦无缴交租税给国家进行福利政策(财产重分配),他就没有权利去分享其他人因为工作所付出的租税。所以,在严谨的观点下,只有经过自己努力但却无法满足最低生活条件;或

---

① 参见[英]弗里德里希·冯·哈耶克:《法律、立法与自由》(第二、三卷),邓正来等译,中国大百科全书出版社 2000 年版,第 52、50、119—120、168 页。

者因为身体残障导致工作不易取得者,始能要求权利,至于那些身强体健而又游手好闲的人,则没有要求福利权利的资格。①

一句话,社会公平的大门是向那些辛勤工作但命运不济的人开放的。只有在这个意义上把握平等,才能真正体现平等的伦理价值。

二、法律保护弱者的正当性与必要性

尊重人们在能力、成就上并不一致,社会上允许有强弱存在的事实,并不意味着国家对强弱之分就应当听之任之。相反,作为一个以建立和谐社会为目标的社会制度而言,必须充分认识到强弱之别所可能带来的社会冲击,必须将强弱之间的差别控制在一定的范围之内。一定的场合下,法律必须扮演抑强扶弱的工具,来矫正强弱之间的过度悬殊。究其原因,主要有以下这样几个方面:

第一,人类"恃强凌弱"的本性使然。不容否认,人性中有许多可贵的因素,如对社会的依恋,对他人的同情,对弱者的悲悯等,这些人性中的高贵品质最终造就了不同于动物界弱肉强食的社会状态,使社会上的人们总体上能够和平共处,繁衍生息。但也必须注意到,在资源上、能力上拥有优势者,也往往会借助自己的优势来欺凌他者,这个时候就需要法律来作为保护弱者的工具。正如学者所指出的那样:

> 凡人类群居之处,都需要法制……除非受到某种程度的限制,绝大多数人的行为都受私利驱使,他们将会追逐自己的目的,需要时牺牲他人也在所不惜。结果可能是,那些最擅长行使武力的人将欺凌弱者,而富人或靠某些手段致富的人将压迫穷人。因此,任何国家的基本职能都是用司法手段来控制人们,抑强保弱,限富护贫。②

简单地说,人并不都是天使,人性中也存有恶性,如果没有一种外在的机制对人类可能会有的恶行加以控制,恃强凌弱的现象就会难以避免并且愈演

---

① Trudy Govier, "The Right to Eat and the Duty to work". 转引自徐振雄:《法治视野下的正义理论》,洪叶文化事业有限公司 2005 年版,第 159 页。
② [英] G.D.詹姆斯:《法律原理》,关贵森等译,中国金融出版社 1990 年版,第 27 页。

愈烈,最终导致社会的解体。可以想象,当社会上完全是一幅"朱门酒肉臭,路有冻死骨"的惨状时,必定会迫使无以生存的弱者铤而走险,进行反抗,从而使社会陷于暴力和动乱之中。正因如此,春秋时期的孔子就提醒人们,要"不患寡而患不均",缩小贫富之间的悬殊。

第二,社会良性生存所需的公平正义。如前所述,"得其之所得"是公平正义最起码的要求,这意味着每个人都应当成为自己的主宰,他们的所得和其主观素质和努力程度密不可分。然而,这种理想的分配模式只有在存在良好的社会制度下才有可能。一个良好的社会必须允许每个人发挥自己的特长与才能,应当让每个人掌控自己的命运和机会,也必定要使得人们在可控制的范围内占有和消费自己的劳动所得。然而,当人们辛勤劳动却一无所获而不劳者所得甚多,当社会所给予的条件、机会并不是平等地向每个人提供,从而人们不是因为自己的努力不够而仅仅是由于出身等方面不可控制的因素而导致分配不平等时,社会就不是个公平正义的社会。在当代中国,典型者如"官二代""富二代"等,他们所依凭的无非是老子的荫庇,而其所因此而获得的强者地位就明显地令人生疑,自然也不符合公平正义的原理。合理的社会分配体例,一方面是要根据人们的主观努力和劳动成效来确定不同的分配数量,另一方面则是要剔除主观努力之外的各种因素对于分配比例的影响。正因如此,"要实现社会正义,就要保障公民的自由权利,特别是要保障弱者的自由权利,防止多数人对少数人的压迫。"[1]质言之,对于法律而言,要维护社会的公平正义,首先要做的是确保人们平等的法律地位,保证人们的机会平等;其次,要本着公平公正的原则,对那些并非努力不够而身陷弱者境地的人以法律上的救助,补足其先天条件的不足以及后天所遭遇的困难。

第三,"可行能力"是否存在是当事人能否实现其权利的关键。将可行能力沿用至法律的场合,那就是实施法律行为的实质能力。这种能力与通常所言说的"行为能力"并不相同,它是指每个特定的个人是否真正能够按照法律的规定而获取最大化的利益。例如,在合同自由的原则之下,合同当事人是否能够清楚地知悉与合同相关的信息,仔细推敲出对自己有利的合同条款,并严密防范对方所可能会利用的合同漏洞。显然,这种能力并不是抽象意义上的

---

① 胡伟:《司法政治》,三联书店(香港)有限公司 1994 年版,第 47 页。

行为能力,而是当事人能够进行法律实践的实质能力。在启蒙运动之后,凭借着自然法学派所主张的理性诉求,法律上宣布每个人都拥有同样的理性能力,并据此分配给每个人同样的法律权利。然而,拥有的权利相同,获得的结果并不一致,这就是人们在"可行能力"上存在差异,由此法律必须正视这一事实,即实质上有许多人是缺乏践履法律行为的可行能力的弱者。德国学者施瓦布结合民法的规定写道:

> 社会观念对于民法所产生的影响还包括,在 20 世纪下半叶,保护弱者的思想作为规划法律关系的一个要素,其重要性日益增长。个人之间在订立合同时系处于平等地位的设想与如下现实不符,即强大的企业和联合组织可以把种种条件强加于人,使其只能在这些条件之下获取生活必需品。常常有这样的交易伎俩,其目的就在于对没有交易经验或是没有充分掌握信息的合同对方进行突然袭击使之吃亏,或者以其他方式尽量利用合同对方的弱点。立法和司法判例于是开发出用于对抗这种过度利用优势地位的工具。[①]

换句话说,法律必须正视人们在可行能力上所存在的实质差异,为那些在认知、判断、选择等方面能力缺乏的弱者提供相应的法律保护。

第四,个体难以应对客观存在的风险。天有不测风云,人有旦夕祸福,从这个意义上说,风险无处不在,无时或缺,任何地区、任何时代的人们都必然会经历种种来自于自然和社会的风险。但是问题在于,在近代以前,家庭作为一个自然单位,承担着为家庭成员化解风险的功能,家属之间的守望相助能够很好地化解个体之间的困厄和不幸。然而,随着城市化、工业化、科技化进程的加快,家庭的传统功能已日益减弱,而风险的频率与强度又远远超过了以往的社会。在这样一种情形之下,除了传统意义上的生老病死、天灾人祸之外,"个体面临新的风险,包括丧失经济来源、失业、劳动事故以及消费剥削;慢性疾病以及身体伤害伴随着人生的整个历程"。[②] 这类风险既非个人所能控制,例如

---

① 　[德]迪特尔·施瓦布:《民法导论》,郑冲译,第 57 页。
② 　[美]史蒂文·瓦戈:《法律与社会》(第 9 版),梁坤、邢朝国译,中国人民大学出版社 2011 年版,第 247 页。

环境的恶化所导致的生活质量的下降，当然也不可能由个人来加以防范。正因如此，在制度设计上，必须安排由国家来取代原先家庭所具有的功能，为受着各种风险困扰的人们提供法律上的帮助。也正是在这个意义上，福利国家成为现代社会里基本的国家职能模式，法律科以国家相关的救助弱者的义务，从而为社会上的弱者提供保护，补足其可能因为生存困境所带来的尊严上的失落与机会上的缺乏。

综上所述，对于社会上弱者实际存在的事实，法律不能坐视不管，而必须以其制度、规则来为弱者提供全面的保护，缩小强弱之间所存在的距离，从而维护社会公平与社会正义。

三、弱者保护与现代法律的发展

在现代法律中，有关弱者权利保护的条款越来越多。如前所述，以《法国民法典》为代表的自由资本主义时期的立法，更多地以人人都具有平等的理性和能力为预设，因而努力造就出全体民众均为"强者"的幻象。但实际上，人并不都具有同样的天赋，也不可能拥有同样的知识，因而即使法律提供了相同的机会，也不可避免地会出现在有人成功的同时也就有人失败的结果。即使从"理性能力"来说，我们虽然可以假定人们拥有大致相同的能力，然而问题在于，理性本身是受着各种条件限制的。如前我们指出的那样，所以，任何一个人的理性能力都不是无限而是有限的，理性能力的发挥受制于多种社会条件，并不必然保证每个人都能根据自己的理性能力来获得最佳的法律利益。例如人们可能会因为情面而不好意思讨价还价，也可能根本就对交易的信息缺乏必要的了解。此外，虽然人的理性是人区别于其他动物的标志，但我们却不能说每个人在每件事情上都是必须具有理性的。作为一个现实生活中的人，支撑其生活的不仅是正确判断与选择的理性能力，还包括情感、意志、信仰等非理性行为，并且在一定程度上，它还是造就生活多姿多彩的主要因素。

正因为人的理性能力本身存在差异，人的机缘、命运各不相同，所以导致在平等竞争的态势下所出现的贫富两极分化现象。正因如此，19世纪末20世纪初的一段时期，西方曾有过大规模的"法律社会化"的运动，其实质即是"私法公法化"，也就是否定私法中原有的主体之间人格平等、能力平等、机会平等的观念，而通过国家干预的方式，迫使私法行为必须遵守相关的标准，如强制雇主必须提供相应的劳动保护条件、不得在最低工资标准之下付酬等。"私法公法化"的结果,是让那些理性不完全者从面临的困厄状况中解脱出来。因而,此后的法律从偏重保护个人利益转向保护社会利益,强调国家对贫穷无助者等社会弱者的利益保护。

当然,利用国家掌握的资源来为弱者提供法律保护,虽然古已有之,但是,作为正式而全面的法律制度,弱者权利保护的一整套规则和程序并无太长的历史。在追溯这一过程时,学者指出,以贫困为例:

> 从古典时代到中世纪,在西方文化观念中,贫困都是以目的论或者末世论的角度来解读的,贫困基本上不是一个经济问题,而属于伦理学或者神学的范畴,特别是在中世纪的大多数时间里,贫困一直被奉为一个主要的基督教理想。随着人文主义运动和宗教改革的兴起,贫困神圣化的道德标签逐渐脱离,同时被牢牢地贴上了"懒惰、不节约、缺乏远见"等宗教改革后被视为"恶德"的标印,贫困的祛魅推动了贫困现代性转向的进程。17世纪经启蒙思想改造后形成的古典自然法,深刻地影响西方文化对贫困的认知:在重新赋予人类欲望某种正当性的同时,需求、匮乏与贫困合法化联系在一起,把无法满足人类物质需求的贫困解说成一种自然遗存的社会现象,并服从特定的规律。[①]

按照这种观念,人既然是自身的主宰,人就应当为自己所处的弱势地位负责,弱者并无向国家和社会、他人主张权利的可能。正因如此,在第一次工业革命过程中,受社会达尔文主义——优胜劣汰理论——的影响,再加上对于人类理性的过分推崇,弱者的保护问题始终被忽视。直到1601年,(英国)伊丽莎白女王颁布(旧)济贫法,1788年和1852年,德国分别在一个市区内实行过社会救济制度"汉堡制"和"爱尔伯福制",直至福利国家最终在西方社会定型。当福利成为一种权利,并为法律保障时,从传统的济贫法向现代福利国家的转变就成为必然。在这一转变过程中,"慷慨的公共慈善转变成了强制性的赋权规则。在这些强制性的赋权规则中,福利国家具有了

---

① 张帆:《现代性语境中的贫困与反贫困》,人民出版社2009年版,第67页。

比其他任何东西都强的特殊的道德品质。"①弱者法律保护的制度发展史告诉我们,面对着弱者存在的客观事实,法律必须有所作为:法律的公平正义不仅要体现在对人们能力、成就上的不同加以区别对待,法律也应当为那些无法通过自身努力来解脱困厄环境的人们提供救助,从而彰显法律的公正、人道色彩。

在中国,2003 年 3 月,时任国务院总理的朱镕基在《政府工作报告》中,首次明确提出了"积极扩大就业和再就业是增加居民收入的重要途径,对弱势群体要给予特殊的就业援助"的政策,"弱势群体"一词也第一次见诸官方文件。从此,弱势群体问题引起了社会各界的关注,也成为学术界研究的热点。当然,我国现阶段弱势群体保障问题之所以特别引人注目,主要取决于下述四个原因:第一,在贫富悬殊不断扩大的背景下,这个群体的存在格外醒目。第二,原来的弱势群体主要集中于农村,虽然人们也知道有贫困的农民存在,但毕竟距作为社会中心的城市较远,在社会的中心形不成深刻而具体的印象;而目前城市中心本身就出现了一个城市贫困群体,令人们对弱势群体的感受更加直观和具体。第三,在 20 世纪 80 年代,尽管有弱势群体存在,但他们的生活状况也在朝好的方向改善。而进入 20 世纪 90 年代,特别是进入 90 年代中期之后,在弱势群体中,绝对贫困的现象开始出现。第四,如果拨开平均数字造成的迷雾,人们可以发现,在过去的几年时间里,这个弱势群体的数量不仅不是在减少,反而是在增加。② 可见,大量弱者的出现,已经成为管理者必须正视的社会现实,也是考量中国社会能否保持长久稳定和持续发展的关键。自 20 世纪 80 年代中期以来,中国进行了一次次轰轰烈烈的经济体制改革:从计划经济向社会主义市场经济的转变,从单一的公有制向公有制为主体、多种所有制共同发展的转向,从按劳分配向以按劳分配为主体、多种分配方式并存的转折。总的来说,改革开放以来的一系列的转型带来了巨大的社会效益,但也不可避免地造成社会本身的分化和各种利益(集团)的重组。清华大学社会学李强教授根据改革开放以来人们利益获得和利益受损的状况,将中国民众区分

---

① Robert E.Goodin,*Reasons for Welfare: The Political Theory of the Welfare State*,Princeton University Press,1988,p.268.

② 孙立平、郭于华主编:《制度实践与目标群体——下岗失业社会保障制度实际运作的研究》,社会科学文献出版社 2010 年版,第 16 页。

为四个利益群体或利益集团,即特殊获益者群体、普通获益者群体、利益相对受损群体和社会底层群体。

四大利益群体①

利益群体类型	代表
特殊获益者群体	民营企业家、经理、工程的承包人;市场上的各种经纪人、证券大户;歌星、影星、球星等明星,以及与外资、外企结合的外企管理层、技术层等
普通获益者群体	知识分子、干部,也有一般的经营者、办事员、店员、工人、农民等
利益相对受损群体	失业下岗人员等
社会底层群体	西南、西北集中连片贫困人口、下岗工人中的生活极端贫困者,贫困农民和一大批流入城市、居无定所、无正当职业的农民工

在上述四类人员中,"利益相对受损群体"和"社会底层群体"明显地可以归入弱者的范畴,这类弱者的出现,或是源于国家经济体制改革的政策因素,或是受制于当地的经济和社会发展条件,一句话,许多弱者并非安于现状或懒惰无为,而是受制于自身所无法控制又无法摆脱的社会环境。正因如此,如何来正确地界定弱者,并寻求弱者保护的正当路径,业已成为学者所需要着力研究的重大课题。

第二节　法律上弱者的界定

一、法律上弱者界定之困难

在"弱者的类型"一章中,我们已对存在哪些种类的弱者进行了回答。然而该如何看待弱者,以及该如何对待弱者,并不是一个仅以分类就能简单回答的问题。我们可以想象,有的人天资不差,但过于懒惰,最终弄得一贫如洗。从占有财富的数量以及生存所需而言,这样的人当然是个弱者,但这类人是国家和社会需要扶助的对象吗? 有的人原本有较为丰厚的积蓄,然而参与赌博或买卖股票等投机活动,最终导致倾家荡产,这样的人也需要我们为之买单吗? 著名美国作家爱默生曾有个著名的发问,他提到:我们只是干多少得多少,反过来说,我们只对自己负有基本经济义务。"因此",他写道:"不要像今天的好人那

① 李强:《社会分层与贫富差别》,鹭江出版社 2000 年版,第 101—122 页。

样,对我说有义务帮助所有的穷人过上好日子。难道他们是我的穷人吗?"①
由此可见,弱者并不应当完全由其现存的状态来决定,还应当推究其有没有像
普通人一样尽力尽责地为了自己的生存而努力。"在判断一个人是否应当对
其行为的后果负责时,我们应当考量所有潜在行为和不行为的影响。"②更为
重要的是,还要注意到这样一种救助是否真的会有利于社会和本人的发展。
穆勒(即密尔)对此早就给我们提出了警示:

> 无论就哪种帮助来说,都需要考虑到两种结果,一种是帮助本身的结
> 果,另一种是依赖于帮助的结果。前者一般是有益的,后者则大都是有害
> 的,而且在许多情况下,害处是非常大的,以致弊大于利。最需要帮助的
> 人往往最容易发生这种情况。养成依赖他人帮助的习惯是有害的,而最
> 为有害的莫过于在生活资料上依赖他人的帮助,不幸的是,人们最容易养
> 成这种习惯。因而需要解决的问题是微妙而重要的,即如何在最大的程
> 度上给予必要的帮助,而又尽量使人不过分依赖这种帮助。③

以此推论,不是所有的弱者都是国家需要扶助的对象,法律上所要关注的
仅仅是部分弱者。简单地以贫困程度来作为社会救助的标准,只会导致许多
人不思进取,从而影响整体的社会风气。然而,要将社会上的弱者与法律上的
弱者加以区分,在理论上也存在着诸多困难:首先,判定两者不同的标准是什
么? 一般来说,社会意义上的弱者是现实中的弱者,也即在生活、工作中处于
相对劣势地位的人,但是,法律作为一种抽象的规则,更多地是以拟制的方式
来确定权利与义务所依附的主体,与实际生活中的你、我、他并不等同。比如
说,现实的人都是各不相同的,但在法律上,每个人或者说每个类别的人都视
为相同、一律;其次,两者的范围上究竟存在何种差异? 在我们看来,社会意义
上的弱者起码包括心理上的弱者这一普遍类型,也就是说,所有社会成员都可

---

① 转引自[美]罗伯特·N.贝拉等:《心灵的习性——美国人生活中的个人主义和公共责任》,翟宏彪
等译,生活·读书·新知三联书店1991年版,第80页。

② Jonathan Wolff, Avner De-Shalit, *Disavantage*, Oxford University Press, 2007, p.80.

③ [英]约翰·穆勒:《政治经济学原理——及其在社会哲学上的若干应用》(下卷),胡企林、朱泱译,
第558—559页。

能是心理上的弱者,但法律上的弱者却无如此广阔的范围,它只是对社会成员中某些人划定为弱者而加以保护。从这个意义上说,法律上的弱者其范围明显小于社会意义上的弱者。再者,两者的时间维度上是否重叠? 大致说来,只要在某一时段人们处于相对的劣势之中,如贫穷、残疾、被歧视等,即可视为是社会意义上的弱者,但是,法律上的弱者还要考虑时段上可能存在的变化,例如,某一方面有所欠缺的人但能靠其他方面予以补足,就不能算是法律上的弱者。当然,尽管两者之间存在着诸多差异,但社会意义上的弱者又与法律意义上的弱者存在着一定程度的交叉与重叠,这也是我们需要注意的问题。

二、法律上弱者之特性

那么,什么样的弱者才会成为法律意义上的弱者呢? 我们认为,有下列情形之一的,可以视为法律上的弱者,国家和法律应当提供必需的救助:

1.弱者是由于"剥夺"的存在,例如天生残疾,剥夺了与正常人一样的体能与智慧;或遭遇天灾人祸,剥夺了身体的健康以及工作的机会。甚至贫穷也可用剥夺来解释。正如学者指出的那样,"只要存在不平等,就会存在着剥夺现象,至少是相对剥夺现象",从这个意义上而言,"贫困是一种对物质的剥夺。……如果你一无所有,那么你就丧失了为所欲为和自主生活的权力和能力"。[①] 我们认为,对于剥夺中的受害者,国家和法律在此时将他们视为弱者,不仅是人道主义的考虑,也是一种相对公平的做法。例如,残疾的概率、事故的概率总是有的,不是你碰上就是我碰上,从这个角度而言,残疾人、不幸者实际上是"见义勇为者",他们占有了或许是我们本该"享有"的份额。所以,对于社会上其他成员而言,通过纳税、捐款来为这些弱者提供救助,本身是合乎道义原则的。

2.弱者已经付出了与普通人一样的心智和体力,然而由于能力较弱、运气不佳,最终变得在生存上无法维持。当然,这不是要迁就人类的惰性,对那样一些不思进取的人而言,本身就不能算作是弱者,[②]国家无义务为他们提供救

---

① ［英］斯坦·林根:《民主是做什么用的:论自由与德政》,孙建中译,新华出版社 2012 年版,第 162、164 页。

② 穆勒就指出,人类很多是天生懒惰,"倾向于无所作为,倾向于作习惯的奴隶,倾向于墨守成规。一旦人类处于自己认为过得去的生存状态,人类所面临的危险便是他们就此止步不前,不再努力改善自己的处境,听凭自己的能力衰退,以致连维持现状的能力都丧失殆尽。"所以他认为,即使竞争是残酷的,也不能说明竞争是不必要的:"竞争也许并不是可以想象的最好的刺激物,但它目前却是必不可少的刺激物,而且谁也说不出什么时候进步不再需要竞争。"参见［英］约翰·穆勒:《政治经济学原理——及其在社会哲学上的若干应用》(下卷),胡企林、朱泱译,第 363 页。

助。一个真正意义上的人是一个能够对自己负责的人,如果每个人都不思进取,而是坐等国家的救济,那么,即使国家或社会储备再多的资源,也难以填补如此之大的救济窟窿。同样可以引述穆勒的话来作为注释:

> 帮助过多和没有帮助都会同样损害人的干劲和自立精神。努力而没有成功的希望,甚至要比不努力也肯定能获得成功,更加令人感到沮丧。当一个人境况极为糟糕,意志消沉,麻木不仁时,给予他帮助便是为他注射兴奋剂,而不是镇静剂,由此而可以增强而不是减弱他的活力。不过,这种帮助无论如何不应取代这个人自己的劳动、技能和节俭,不应使他丧失自助的能力,而只应通过这种合法的帮助使他更有希望获得成功。因此,这可以说是一项标准,所有慈善救济计划,无论是针对个人的还是针对各阶级的,无论是民间的还是官方的,都应该接受这一标准的检验。[①]

这正如我们之前一再强调的那样,救助弱者必须与个人责任紧密相连。国家和法律只能对那些尽力改善自己的处境但无成功可能的人施行救助,社会福利、社会保障等都不是一种人人可得的施舍,而是为那些"值得帮助的人"提供救助。

3.弱者的形成源于制度性和社会性的因素,如种族歧视、性别歧视等,这与当事人是否努力及其努力程度毫无关联。同样,如果弱者本身就是由国家通过政策和法律造就的,这时由国家承担相应的救助责任也就是正当的。例如我们上文言及的建国后对农民合法权利的剥夺,使得农民及其子女无论在生活上、生存上和发展上,其劣势都较为明显。当然,事实上人的能力等方面导致的不平等并非就是法律所要关注的对象,而只有那些带有"国家歧视""社会歧视"的内容才是法律所要铲除的对象。美国第一个民主党人杰克逊就这样说道:

> 每个社会中的歧视总会存在于每个公正的政府之中。智商、教育或者财产的平等无法由人类的制度产生。从先天的才能,以及前人产业、经

---

① [英]约翰·穆勒:《政治经济学原理——及其在社会哲学上的若干应用》(下卷),胡企林、朱泱译,第559页。

济和品德中结出的果实应该得到充分的享受,每个人都有权被法律保护;但是,当法律从事增加这些国家性的歧视,赋予头衔、赏金以及高级的特权,或者使富人变得更富裕时……接着社会卑微的成员就有权向他们的政府抱怨其不公平了。①

杰克逊在这里告诉我们的是,自然所造就的不平等以及别人通过合法的幸运所得到的东西,并非法律所要责难的内容。相反,只有国家通过给予某些人以特权而对另外一部分人来说构成歧视时,这才是法律所要关注的问题。因此,弱者不是主观条件的产物,而是制度性和社会性的因素所导致的对一部分人而言的命运不公。

4.弱者的地位是一种短期内不可改变的,例如在单位就业的员工和劳动者就是如此,在其漫长的工作期限内,都可能要接受资方或单位并不人道的制度的约束,成为事实上的弱者。对于一国公民来说,即使在专制制度下他们可能成为弱者,但因不可能轻易就迁移国外,这样的一种处境实际上也是无法短期内加以改变的。按照学者的说法,弱者的存在是一种"客观且贯彻始终的劣势"的结果,其衡量标准有二:一是处于劣势的一方不拥有与处于优势的一方相抗衡的力量,也可以说在抗衡中处于劣势的一方相对于处优势的一方是收益递减、成本递增的,并最终导致零收益甚至负收益;二是处于劣势的一方与处于优势的一方彼此的地位是不可互换的,也可以说这种互换在现实中不具备条件或将导致这一特定社会关系完全改变。② 同样以劳资关系为例,对于普通的员工而言,他们既无法与单位抗衡,也无法与单位互换其地位,所以,这样的弱者是长期的、固定的,因而也是法律所特别需要保障的。

5.弱者无法依靠自身的力量来自我补足。如果一个在某些方面属于弱者类型的人,但在其他方面却是强者,因而可以利用自己的优势来补足自身的缺陷,这同样也不属于法律所要关注的弱者。例如英国著名科学家霍金,虽然属于残疾人士,但意志刚强、智力超群,在世界范围内广泛赢得人们的敬重,在此时,就不宜将其视为弱者,尤其是法律上的弱者来对待。道理很简单,弱者的

---

① 转引自[美]戴安娜·M.迪尼托:《社会福利:政治与公共政策》(第5版),何敬、葛其伟译,中国人民大学出版社2007年版,第83—84页。

② 参见洪艳蓉:《现代民法中的弱者保护》,《河南省政法管理干部学院学报》2000年第4期。

法律保护主要是生存条件的保护,如果一个人在生存上并不存在物质上的匮乏,自然也无需法律的特别优待。"自我补足"一定程度上体现了弱者自身的修复能力,而这也正如残疾人康复计划所要追求的目标一样,是要让身患残疾者能够走上自立自强之路,因此,在美国

> 人们不认为职业恢复是一项福利计划,理由之一是它的成功。职业恢复的官员将恢复正常生活及就业资格描绘为福利的对立面。在福利推动了依赖的地方,恢复正常生活及就业资格推进了独立。福利代表的是对社会的净成本;职业恢复是对社会未来的一种投资。①

这也为社会福利措施提供了一个努力的方向,也就是不要将社会福利简单地理解为物质的帮助与物资的投入,相反,应当将侧重点置于提高弱者的可行能力之上,这样,弱者可以在国家和社会给予的初始条件下,获取自我生存、自我发展的能力,或许,这才是弱者保护的真正目的之所在!

将以上弱者的法律特性加以提炼可以看出,对于法律上所意欲保护的弱者而言,实际上具有三个最为关键的因素:一是成因的外部性,即法律上的弱者是自然剥夺和制度、社会剥夺的产物,与自身的主观特征并无内在关联;二是劣势的绝对性,即弱者处于一种客观且长久的劣势地位,无法在短时期内对之加以变异;三是无法自我补足性,也就是弱者无法通过其他方面的优势来补足业已存在的劣势地位,从而成为法律必须要对之加以援手的弱者。

第三节　弱者权利保护的法律限度

一、弱者保护与法治理念的重合

在现代社会,法律必须对弱者予以保护,这既是法律的本质要求,也是法律的使命所在,但是,法律不是万能的,它不可能将所有的社会事务都收入自己的囊中;同样,在法律进行对弱者权利保护的过程之中,仍然要坚持法治的理念,在法治的轨道上运作。

---

① [美]戴安娜·M.迪尼托:《社会福利:政治与公共政策》(第5版),何敬、葛其伟译,第155页。

法治的宗旨与归宿均在于对权力的控制与限制。[1] 从控制的角度而言，主要是通过法律（特别是宪法）实施严格的权力分立措施，使权力不至于集结成为反对人民的力量，同时通过权力制约措施，来保证权力与权力之间的相互制衡。但是，控制还只是一个方面，"法治的要义在于，为了确保人民的主权地位和每个公民的权利不受国家侵犯，必须对国家权力进行限制。这里说的'确保'正是法治的着眼点所在，'限权'是它的逻辑结论。"[2]换句话说，真正的法治社会是一个权力有限的社会，是一个让人们能够拥有更多不受国家干预（包括保护、扶助）范围的社会。当国家扮演弱者之保护神的角色时，也就是国家权力大举扩张的时刻。在这时，国家可能并不只是单纯地提供保护，还会逐步地介入人们的教育、培训等各个环节，从而就有可能使人们重新回到被奴役的状态。所以，"必须看到，一味强调公益政治，过分强化国家的政治职能，也包含着极大的危险"。[3] 但弱者存在的客观事实，又使得国家不能袖手旁观，听之任之。毕竟，国家是人们的集合，人们加入国家本身就是为了获得更多的幸福，并且国家在很多时候也确实可以作为人民的依靠。那么，如何保证弱者保护与法治理念的重合呢？

福利国家的困境或许最为明显地体现了这种冲突。政府对经济的干预以及对弱者的保护，诞生了现代意义上的"福利国家"：

> 福利国家的出现，起因于资本主义发达后，对政府不干预主义的一种反省，也意味着政府提供福利服务力量的一种扩张；就社会价值层面而言，则是危险共担的意识认知，取代了个人的完全责任，也表达了人们对生存权利及平等意识的重新思索。第二次世界大战后，西方资本主义国家在公共福利支出上，迅速且大幅度的扩张；福利措施由传统的济贫观

---

[1]　这正如埃尔曼所指出的那样，"从古代起，'西方人'便激烈而无休止地讨论着法律与权力的关系，这种争论奠定了法治观念的基础。"参见［美］H. H. W. 埃尔曼：《比较法律文化》，贺卫方、高鸿钧译，生活·读书·新知三联书店1990年版，第92页。简单地说，正是由于关注法律对权力的控制问题，因而才出现了法治理念和法治制度。

[2]　萧雪慧：《不可回避权力制衡》，见董郁玉、施滨海编《政治中国》，今日中国出版社1998年版，第69页。

[3]　俞可平：《从权利政治学到公益政治学——新自由主义之后的社群主义》，见刘军宁等编《自由与社群》，生活·读书·新知三联书店1998年版，第88页。

念,转变为综合性、普遍性、保障基本生活的制度趋势,被视为纠正 19 世纪以来资本主义不正义的积累。[1]

正是由于福利国家模式的确立,使得人们在困厄状态下可以寻求国家的帮助。同样地,政府本身也就担负着这样一种责任:当它的成员处于贫穷、困苦之时,应当积极行动,迅速地根除这样一种不正常的社会状态。然而,福利国家理论并不是真理,特别是在现代社会,这一理论及制度模式都备受质疑。我国台湾地区学者陈威将福利国家的危机内容,概括为以下五个方面:一是经济问题:经济不景气,增加通货膨胀压力;二是科层问题:政府干预市场活动,破坏了市场的功能,政府的效率因缺乏竞争而远低于自由市场的效率。三是财政问题:福利国家的财政负担过重,税收不足以支应,影响家庭储蓄与消费,也阻碍企业的竞争;四是合法性危机:政府的无能力,以及财政负担过重,政府不被人民支持,自然失去合法性;五是道德危机:即政府的介入角色会破坏家庭传统伦理,形成福利依赖现象。[2] 可见,福利国家在保障弱者生存的同时,也引发了一系列严重的社会问题,包括对法治根基的动摇。不容否认,弱者是客观存在的,弱者在法律上的显山露水以及权利范围上社会权概念的出现,客观上都使得保护弱者业已成为一个重要的法律问题。既然是法律问题,它就必须符合现代法治的理念;而它能够成为一个法律问题,又是因为它以“公正”“正义”为根基,要使法律中原来规定的不平等转变为实质上的平等,法律在这时扮演着抑强扶弱的角色。然而必须指出的是,对弱者的法律保护在很大程度上又是与传统“法治”理念相冲突的,如何化解这一矛盾,也成为当代政治学、法学所必须面对的重要课题。

应当说,自 19 世纪末期以来的这场福利国家运动,不仅改变了原有的法律部类划分,也在一定程度上重塑了社会公平的理念,其意义再怎么肯定也不为过。但是,伴随着法律社会化的进程不断加快,其所引发的负面结果同样令人担忧。例如国家权力的不断扩张问题,就使以防范国家权力的传统宪制变得岌岌可危。宪法的诞生与这样一个事实密切相关,那就是在承认国家权力

---

[1]　李孟融:《福利国家的宪法基础——及其基本权利冲突之研究》,见杨日然教授纪念论文集编辑委员会《法理学论丛——纪念杨日然教授》,月旦出版社股份有限公司 1997 年版,第 220—221 页。

[2]　陈威:《社会政策与社会立法》,新保成出版事业有限公司 2007 年版,第 31 页。

必要性的同时,通过制度的限制和约束来防范权力的扩张与滥用。然而,现在的事实上,伴随着民生需求不断派生的公共服务,政府的权力越来越大,以至于学者悲叹道:"今天,在我们的日常生活中,很难找到哪一个领域是不受某个管制机构干涉的"。① 这就使得国家权力如一匹脱缰的野马,很难在法律领域内加以控制。在理论上,国家权力与个人权利是一种呈反比的关系,国家权力越多,则个人权利越少,体现国家权力的法律对社会生活的不断渗透,蚕食着人们的传统自治范围,由此导致了被学者称为"法律对个人生活的'殖民化'"现象。② 哈贝马斯是这一观念的开拓者,他由"生活世界殖民化"入手涉及了这一论域。按照学者对哈氏理论的疏释,"生活世界殖民化是指原本属于私人领域和公共空间的非市场和非商品化的活动,被市场机制和科层化的权力侵蚀了",③而这种"殖民化"的历程又是通过法律来完成的,即现代社会生活中法律不断呈增长趋势,这又从两个方面表现出来:一是"法律的扩展",即"新的、直到通过信息调节的社会事态的法律规范化";二是"法律的密集","即世界法律行动状况特殊的转化为进一步的个别行动状况"。④ 简言之,在现代世界,法律已无处不在,原来属于私人领域与日常生活事务范围的事情,都纳入了法律调整的轨道。按照弗里德曼的说法,那就是"无论个人或者家庭事务,无论该请求是否属于法院或某些机构能够、应该或按习惯受理的事务,所有事务都不是天生就不属于法律事务的。"⑤不仅如此,这里所指的"法律"主要是指公法(也包括主要按公法方式运作的社会法),传统上私法自治的领域和范围一步步缩小,私法上的行为与内容也都受着公法的影响。⑥

---

　　① ［美］劳伦斯・傅利曼:《二十世纪美国法律史》,吴懿婷译,商周出版 2005 年版,第 4 页。傅利曼是我国台湾地区学者的译法,大陆学者通译为弗里德曼。

　　② 这是美国学者弗里德曼对哈贝马斯理论的解读,参见［美］弗里德曼:《选择的共和国——法律、权威与文化》,高鸿钧译,第 18 页。

　　③ 阮新邦、林端:《解读〈沟通行动论〉》,上海人民出版社 2003 年版,第 23 页。

　　④ ［德］哈贝马斯:《交往行动理论》(第 2 卷:论功能主义理性批判),洪佩郁、蔺青译,重庆出版社 1994 年版,第 458 页。

　　⑤ ［美］弗里德曼:《选择的共和国——法律、权威与文化》,高鸿钧译,第 18 页。

　　⑥ 这也就是我们前面提到的"私法公法化"问题。学者指出:"公法渗入私法系统,并且具有扩大其范围的趋势。这使私法有了'公法化'特征,以及将其所有法律归并入公法的可能。萨瓦特尔把这一现象称为私法被公法'蚕食''并吞''淹没''吸收''移植'等。私法已失去其首要和基本的地位,它为公法所改变,而公法精神却与私法几乎是相对立的。"参见［美］查尔斯・兹拉蒂兹:《大陆法系》,见［法］勒内・达维主编《法律结构与分类》,何力、柯穗娃译,西南政法学院法制史教研室 1987 年印行,第 75 页。

有人或许会认为,以社会公正、社会利益为基调的现代法律,不仅形塑着国家的公共职能与服务职能,并且使日常生活法制化、条理化,这不也是一种很好的生活方式和法律实践吗? 一个拥有强大权力并且承诺保障公平、公正的国家的存在,比诸个人"为权利而斗争"不是更能节省行为的成本吗? 然而,这些观点都是皮相之论! 殊不知当人们的生活、行为完全受制于法律时,人就成了法律的机器甚至法律的奴隶。法律固然可以增加行为的安全,但法律不可能穷尽人生的际遇;法律当然有助于生活的理性化,但理性的人一旦将信仰、情感、动机、目的从生活中排除,人生的意义也就为因之而失色、黯淡。实际上,不管法律多么周全、细密,但在人的心灵深处,跳动的仍然是对个人主宰自己生活的渴望。我们不需要被规定、被安排的生活,因为血性、冒险仍然是人们行为的最为强大的驱动力,我们和他人的关系自然也无需法律面面俱到的规制,因为生活中的各种变量本身就有赖于自身的决断与营造。一句话,没有个人的自主、自决,任何法律制度都不会有真正的价值。正是从这个意义上而言,我们不同意福利国家蕴含的社会本位的法律观念,而是主张要将法律的本位回归到启蒙时代所倡导的个人之上。

二、弱者保护与尊重个人自主原则的协调

国家对弱者的保护,应当充分尊重本人的人格及自主权。从人格的角度说,国家即使承担保护弱者的角色,也只是其公共职责之所在,既非对人们的特别关爱,更不是对人们的一种恩赐。一个很简单的道理就是,即使国家运用国库资金来扶弱济贫,其资源仍然来自于人们:是一个个纳税人、投保人将他们的资金注入了国家的救助之源,国家本身并无所谓财产和资源。因此,国家在此时不能把人们当作是施舍的对象,更不能将人们视为客体而对待。另外必须注意的是,国家的保护只是一种责任,而不能对当事人造成强迫。如果当事人基于其人格尊严的考虑而拒绝国家的保护时,国家在此时不得强行提供救助。

至于自主,则是强调个人对自我的主宰,他的思想、他的行动以及行动的后果均归属于其本人。在这一意义上,任何人都可以选择自己合适的生活方式而生存,同时对他人的生活方式予以尊重。正如杜兹纳所说:"道德哲学与法理学都假设了一个自主自律的主体。"[①]"自主"意味着人的理性与人的目的

---

① [英]科斯塔斯·杜兹纳:《人权的终结》,郭春发译,江苏人民出版社 2002 年版,第 3 页。

性,在法律上必须假定人们能够为自己安排合理的生活计划,理性地进行法律上的行为,没有这重预设,自由、权利等范畴就失去了基本的主体依托。"自律"则意味着人是一个能够自我负责的生命主体,他有权利作出选择,当然也有必要为自己的选择承担责任。正是借助于法律主体这一概念,人在法律中展现了一种自我决断、自我负责的庄严形象。从某种程度上说,自主更是幸福生活的源头:"在这个世界上,我们唯一的幸福——如果实际上应该有这样的幸福的话——就是按照一个人自己的目的,通过劳动和努力,按照一个人自己的力量去进行的那种自由的、不受妨碍的自我活动。"①一句话,只有当生活能为自己所主宰时,人才能真正感知自己是生活的主人,是在生活中体验自我、享受幸福的主体。所以说,良好的生活更多地源于自己的感受、参与,只有能够真正支配自己生活的人,才能体悟真正意义上的幸福。

对于弱者保护来说,自主性要求显得特别的重要,"一个社会向弱势群体所提供的最小社会资源应以能使他们获得真正的自主性为标准"。② 为什么自主性要求在弱者保护的过程中显得如此重要呢? 我们认为,这可以从以下几个方面来进行说明。

首先,自主性要求真正将福利保障作为一种权利和自由来对待,而不是作为国家的恩赐和社会的仁慈的产物。福利由恩赐到权利的转换过程,一定程度上表明了尊重人的自主性的提升过程。在当代社会,是否需要接受来自国家与社会的救助,理应尊重当事人本人的意愿。当一种福利不管弱者本人是否愿意都必须被强制接受时,这无疑取消了福利的权利性能:

> 只有他所做的选择是自主的,而且他所做的选择不是受到不利环境的牵制,同时这些选择所反映的是理性反省之下的欲求,这时候他才是真正的自由。为了符合这些实现自由的要求,也许需要许多种由国家所提供的福利财。他们并不是仅仅与分配正义有关就可以具有合法性(虽然

---

① [德]约翰·戈特利布·费希特:《向欧洲各国君主索回他们迄今压制的思想自由》,见[美]詹姆斯·施密特编《启蒙运动与现代性:18 世纪与 20 世纪的对话》,徐向东、卢华萍译,上海人民出版社 2005 年版,第 139 页。

② [法]米歇尔·潘多拉贝雷:《走向全球民主》,陆丁译,见赵汀阳主编《年度学术 2003:人们对世界的想象》,中国人民大学出版社 2004 年版,第 344—345 页。

这个概念用来定义福利的基础不只是公平规则的强制力），他们也应该有助于提升自由。它是一种自由的形式，但这种自由不是只关联到个人欲望的满足，而是具有共同体的基本原则，亦即共同价值的追求。[①]

为此，所有福利措施，不只应当关注分配正义问题，也应当注重个人自主问题。只有在公平与自主完满地结合在一起的时候，社会福利的目标才可望真正得以实现。在批判福利国家之基础上，吉登斯倡议积极福利的概念，以建立一套崭新的福利体系。积极福利的概念是回应现代"制度性不稳定"的问题，它所强调的是在个体及集体责任下的个人自主性。传统的福利概念是集中在不幸事件发生后保障个人的生活，很大程度上是补救性的措施，例如年老失去经济生活能力后的援助，而不属于预防性措施。而积极福利就是针对传统福利这方面的匮乏，强调处理问题的核心是扩大制度所涉及的层面，尤其是强调个人的自主性和对危机的管理及运用。这个福利概念被称为"积极"，因为它不是使人被动地接受福利制度下的各项援助，而是授予人在预防问题、处理危机、追求快乐和自我实现等方面的能力。[②]

其次，鉴于接受福利仍然存在许多污名化的痕迹，在这时，尊重个人的自主就显得特别重要。一方面，弱者即是社会的弃儿的理念还根深蒂固，人们对那些接受国家救助的人往往存在鄙弃的心理。对此，即便处于劣势地位，弱者也可以拒绝来自国家和社会的救助。英国著名学者马歇尔在回顾英国社会保障的历史时就专门指出：

> 《济贫法》不是把穷人的权利要求看做公民权利不可分割的一部分，而是把它看做对公民权利的一种替代——只有当申请者不再是任何意义上的公民时，他的要求才会得到满足。赤贫的人由于被救济院所收容，所以，他们实际上丧失了人身自由的公民权利；同时，根据相关法律，他们也丧失了可能拥有的任何政治权利。……烙在贫困救济上的耻辱表明了这个民族的深层情感：谁最受救济，谁就是在跨越从公民共同体到流浪汉团

---

① ［英］诺曼·贝瑞：《福利》，叶肃科译，巨流图书有限公司 2002 年版，中文版序言第 5—6 页。

② 上述有关吉登斯思想的解读，参见赖伟良：《第三路线》，见蔡文辉主编《社会福利》，五南图书出版股份有限公司 2002 年版，第 59—60 页。

伙的门槛。①

　　虽然现代社会大部分人并不会如此对待接受国家帮助的弱者，但当事人为自己和家庭的名誉着想，拒绝来自外部的援助，本身也无可非议。另一方面，即使在现代社会，要获得国家的社会保障，同样需要填写资料、核对数据、实情监督，这既使得弱者的隐私权可能荡然无存，同时也使接受救助的对象难免存在屈辱之感，在此时，听取当事人是否愿意接受这种援助的意见就显得极为必要。美国学者戴尔·塔辛就尖锐地提到现行福利制度所可能带给人们的侮辱：

　　　　这个国家同时存在两种福利。其一，众所周知，对于穷人的福利是清楚、透明的、资金缺乏、带有侮辱性的。另一个，鲜为人知，是给予非穷人的，含蓄、几乎看不见、非侮辱性的、利益是巨大而且无需感激的……我们的福利制度不是按需分配。相反，是按合法性分配。穷人被认为没有非穷人合法……逐渐地，对穷人的福利计划是明显的、公开的，而且是清楚明了的；而对非穷人的福利计划，或者，是隐蔽的（比如，像在税法中那样）和难以理解的，或者，是被披上了保护的外衣……一个人是否贫困，经常能够从他的福利计划名称的制定来决定。如果他的福利计划被称为"救济""福利""援助""慈善"或者诸如此类的东西，他肯定是穷人；但一旦被称为"平均""保险""赔偿"或"强制性储蓄"，他又肯定是属于那种想都不会想到接受福利的、占大多数的非穷人。②

　　显然，在带有侮辱性的福利制度面前，人们应当拥有拒绝接受的权利。
　　再者，自主性有利于使相关的社会救助、社会福利措施以符合弱者实际情况的方式运作，因而也有利于提高保障措施的功效。在日本社会福利法制中，特别强调"充分尊重利用者的意向"，这主要是指：

　　　　在决定利用福利服务的种类、待遇目标及制定计划时，应充分听取利

---

　　① ［英］T. H. 马歇尔：《公民身份与社会阶级》，见郭忠华、刘训练编《公民身份与社会阶级》，江苏人民出版社 2007 年版，第 13 页。
　　② 转引自［美］查尔斯·H.扎斯特罗：《社会工作与社会福利导论》（第 7 版），孙唐永等译，第 156 页。

用者或家属的意思和意向;保障利用者及其对决定上述目标、计划由谁负责的会议等的出席权和意见表明权;导入计划是否被实行、已被实行的计划是否适当等利用者评估机制,应按照需要进行福利服务的种类变更及目标、计划的修正等。①

这就是较为人性的制度安排,在此,自主性包括如下权利:一是主张权,即对福利计划有权提出自己的意见;二是参与权,参与计划的形成及表明自己的观点;三是监督权,即监督原定的计划是否落实到位;四是修正权,改变那些与个人意愿不合的福利服务计划。设若这些权利都能够完整地得以实现,那么,体现以人为本、尊重弱者自主的福利权就会真正地得以实现。

三、国家义务与社会责任的结合

在社会福利的实施上,国家自然是第一义务主体。这是因为,国家担负着保证社会上每个成员都过上体面生活的责任;国家同时又是公共财产的唯一所有者,积聚了较为充足的物质资源。但是,法律在划定社会福利的义务主体时,是否能把国家作为社会福利事业的垄断者呢? 答案显然是否定的。法国学者莫尔特曼就特别提到:"一个自由的社会因此并非一个私人的、自由个体的集合。它是一个团结的社群,在这里,人人为他人,尤其是为弱者、病人、幼小及衰老之人"。② 可见,在社会共同体之中,可以实现"人人为我,我为人人"的良性合作机制,特别是对于弱者来说,团结的社会可以为他们提供坚实的支撑。

实际上,针对福利国家导致的权力扩张、机构臃肿、资源浪费的诸多弊端,应当考虑将某些救助的责任从国家转移给社会,从而真正形成社会成员间共济危艰的合作意识。美国学者弗莱米就明确指出:

> 国家可以想象地使自己成为应对事故的共同保险公司,将不幸负担在全体社会成员中分配。因而可能就会出现对瘫痪病人的补助,国家对那些人身或财产遭受暴雨和野兽袭击的人提供援助……然而,国家什么

---

① [日]桑原洋子:《日本社会福利法制概论》,韩君玲、邹文星译,商务印书馆2010年版,第22页。
② [法]莫尔特曼:《个人主义与全球化时代的自由与社群》,刘国鹏译,见陈明、朱汉民主编《原道》(第6辑),贵州人民出版社2000年版,第159页。

也不能做,主流的观点认为,除非改变现状能够获得某些明显的利益,否则,臃肿的、昂贵的国家机器便不应启动。政府干预是一种"恶",它不可能表现为一种善。如果需要,普遍保险的工作由民间企业来承担会更好,更经济。[1]

　　完全排除国家对福利事业的管理与参与,这显然有些极端。毕竟在社会福利的发展史上,国家历来扮演着极为重要的角色,并且在社会组织尚不健全、功能发挥有待提高的当代中国,完全要以社会来取代国家在保障弱者上的责任,这明显地不合适。而且,正如有学者指出的,从社会福利的发展历史来看,原本社会意义上的相互扶助和自助逐渐为福利国家所取代,温情脉脉的人际扶助关系逐渐被非个人化的官僚体系所替代。[2] 这对于减轻家庭成员、亲人、朋友的救助负担来说未必不是一件好事。但是,确实可以考虑将一部分福利事业(如慈善事业)移交给社会组织来组织、管理、运作。因此,将福利事业完全交由社会来处理固然不对,但由国家垄断福利事业,则显然也存在问题。我国学者韩震也指出,罗尔斯所提出的"建立一种合乎正义的社会基本制度"实际上也存在问题,因为这种制度虽然在强调保证个人权利优先的基础上,从高额利润中分割出一部分来救济最穷困的人,以维持社会的和谐。然而,"这种福利制度是以'大政府'为代价的,大政府和福利国家挫伤了个人积极性,削弱了地方社群自助的自主性,妨碍了中介团体的功能发挥"。[3] 一句话,社会的弱者由社会来扶助——每个人都是社会中的人,而每个人都可能遭遇不测,因而救助别人在一定程度上也就是救助自己,显然这种做法更符合公平理念,也有利于形成社会共同负担风险的合理意识。

　　此外必须指出的是,社会保障、社会福利应当纳入公共政策的考量之中,防止国家,尤其是国家机关对某些地区、某些人群救助上的私相授受。国家垄断着国库资源的分配,但这种分配是否合适、正当,必须通过公共论

---

　　[1]　[美]约翰·G.弗莱米:《关于侵权行为法发展的思考:侵权行为法有未来吗?》,吕琳、许丽群译,见吴汉东主编《私法》(第3卷),中国政法大学出版社2003年版,第121页。

　　[2]　参见 David T. Beito, *From Mutual Aid to the Welfare State: Fraternal Societies and Social Services*, 1890-1967, Chapel Hill: The University of North Carolina Press, 2000, p.234.

　　[3]　韩震:《后自由主义的一种话语》,见刘军宁等编《自由与社群》,生活·读书·新知三联书店1998年版,第17页。

坛进行论证,在形成了必要的公共政策之后,才能决定资金的合理流向。相对而言,在当代中国,诸如开发大西北、确定最低工资标准等重大措施,虽然有益于弱者的保护,然而这些政策的形成,更多地是领导决策、部门决策,而不是由利害关系人所参与的决策。如果说法治的核心在于对权力的控制,那么,对国家决策权的控制就构成其中最为关键的一环。就此而言,当国家要形成某种公共政策时,必须通过公共论坛,按照正当法律程序(例如听证)来对之予以确证。

第 四 章

弱者权利保护的历史进程

第一节 中国弱者权利保护的历史脉络

一、博爱与恩赐：古代中国的弱者保护观念与制度

对于古代中国来说，"权利"是个陌生的概念，更不用说"弱者权利"了。在法律和制度中，充斥的是对人们不得进行何种行为的禁忌，而缺乏人们拥有何种资格、权能为己谋利的正面规定，这正如学者所指出的那样，"中东与远东的传统法律文化表现了与所有确认和保护个人权利的法律制度之间的明显不同。它们否认社会成员拥有'为法律而斗争'的权利。依照儒家思想，普遍的和谐与稳定的理想状态并不能通过法律或权利与义务之间的平衡而获得。'礼'的基本概念构想着一个以义务为中心并仅仅以义务加以调整的社会。"① 当然，缺少权利的观念和制度并不证明中国传统思想和制度中就不存在对弱者保护的观念和制度，博爱情怀和慈善事业实则在中国早就存在，成为中华文化文明性、人道性的重要标志。常被人们引用的"大同"观念就是一种典型的博爱理念。《礼记·礼运》云："大道之行也，天下为公。选贤与能，讲信修睦，故人不独亲其亲，不独子其子；使老有所终，壮有所用，幼有所长，矜寡孤独废疾者，皆有所养。"在此，"不独亲其亲，不独子其子"相当于后世孟子所言"老吾老，以及人之老；幼吾幼，以及人之幼"，② 体现了浓厚的博爱情感。而"使老有

---

① ［美］埃尔曼：《比较法律文化》，贺卫方、高鸿钧译，第87—88页。

② 《孟子·梁惠王上》。

所终,壮有所用,幼有所长,矜寡孤独废疾者,皆有所养"更是与今日的弱者救助理念密切相关。这意味着政府必须担当谋民之利、解民之忧的职责,对处于劣势地位的弱者提供法律上的救助。

从制度上而言,《周礼》中就有较为详细的弱者救助的制度记载:"以保息六养万民:一曰慈幼,二曰养老,三曰振穷,四曰恤贫,五曰宽疾,六曰安富。"① 可以说,前五者均涉及对弱者的救助问题。"慈幼"即爱护幼童,呵护其健康成长;"养老"则是使老年人无衣食之忧,能够安度晚年;"振穷"即对穷人予以救济,使其有重拾产业的可能;"恤贫"则是周济贫民,使其无生存之虞;"宽疾"则是实施医疗救济以缓解贫人痛苦或促其健康状况好转,以及宽免相关劳役。如此种种无不表明,为体现统治者的仁政,在法律和制度上出现了较为健全的体制机制,以保障社会弱者的基本生存。至于《周礼》是否即为西周时期的政治和法律制度,学术界不无质疑,但是,即便《周礼》是汉人伪作,也同样可以证明救助弱者的思想在中国源远流长。当然,这些弱者所获致的关怀与帮助,并不是体现为弱者的权利,而是为政者对于国民的慈悲与怜悯,是一种从政治正当性上要求君主"爱民如子"观念的表达。正因如此,对弱者的救助往往体现为官方的恩赐。例如有学者专门就《汉书》中记载的汉武帝养老恤幼的"善举",列表如下:

汉武帝养老恤幼的善举略表②

年代	善举
建元二年(公元前 139 年)春二月	年八十复二算,九十复甲卒。
元狩元年(公元前 122 年)夏四月	赐年九十以上及鳏寡孤独帛,人二匹,絮三斤;八十以上米,人三石。
元狩六年(公元前 117 年)夏六月	存问鳏寡、废弃,无以自振业者贷与之。
元封元年(公元前 110 年)夏四月	(幸泰山)赐历城、梁父等地年七十以上孤寡帛,人二匹。
元封二年(公元前 109 年)	赐泰山附近孤独、高年者,人四石。
元封五年(公元前 106 年)	特赐封禅所经之地的鳏寡孤独帛,贫穷者粟。
天汉三年(公元前 98 年)	赐琅琊、芝罘等行所过户五千钱,鳏寡孤独帛,人一匹。

由上表不难看出,中国古代对弱者的恩赐具有如下的明显特征:第一,着

---

① 《周礼·地官司徒》。

② 参见周秋光、曾桂林:《中国慈善简史》,人民出版社 2006 年版,第 80 页。

力弘扬的是皇恩浩荡,用以表征君主的爱民之心,也由此收买民心,维系统治。第二,对象单一,主要侧重于对年长者、鳏寡孤独者的关心,而对于一般意义上的贫民、灾民,则并无制度性的救助措施。第三,标准不一。从上表可见,每次给予同样的弱势人群,其"恩赐"的物品及其数量都有所不同,表现出极大的随意性。第四,地域特定。上表所列七次"善举"之中,后四次都是对特定地域的弱者给予财物,并非普遍性的社会救助。特别是以皇帝巡幸、封禅之地为限,一定程度上导致了国家财政帮助的极不平等。

当然,在古代中国这样一个农业大国,天灾人祸不断,饥荒在所多有,如果不建立一套完善的制度,既无以体现统治者恤贫振穷的仁政,也必定会导致民不聊生之下的"铤而走险"。因此,历朝历代都有一套应对在人们面临生存绝境之下的救济措施。以下我们以仓储制度和救助制度为例来略加说明。

仓储制度即储藏粮食、实物等以供救灾、救济之用。《周礼》中即有"遗人掌邦之委积,以待施惠;乡里之委积,以恤民之艰厄;门关之委积,以养老孤;……县都之委积,以待凶荒。""委积"即仓储,[①]而"施惠""恤民之艰厄""养老孤""待凶荒"等功能,则确切地表达了仓储制度在解民倒悬、救济老弱孤寡方面的重要功能。在封建社会中,如遇大灾之年,常有开仓放粮之举。如汉元帝时,"关东饥,齐地人相食,秋七月,诏曰:岁比灾害,民有菜色,惨怛于心,已诏吏虚仓廪,开府库,振救,赐寒者衣……"[②]赈灾所给,不仅有粮食,还有衣服。在仓储的类型中,主要包括:(1)常平仓。汉代最早建立常平仓,平粜赈济灾民。其作用在于平抑谷价,政府在丰年谷贱之时,用略高其价收储谷物,在灾荒之年谷贵之时,再抑其价以卖民间。[③]这对于缓解灾情、保障最低限度的民生有着极为重要的作用,因而也为后世所继承。(2)义仓。初创于北齐,是政府倡导民间自办,直接设于乡村的公益性粮仓。其目的在于保障农民的基本生活来源,确保灾荒之年灾民不至于流离失所、无家可归。[④]义仓与常平仓的差别,主要在于前者乃朝廷举办,而后者乃由地方主持,属于地方性的济

---

① 孙诒让在《周礼正义》中言道:"《说文·禾部》云:'积,聚也。'凡储聚禾米薪刍之属,通谓之委积。"参见(清)孙诒让:《周礼正义·地官·大司徒》。

② (宋)徐天麟:《西汉会要·食货六·荒政》。

③ 参见郑功成:《中国社会保障论》,中国劳动社会保障出版社 2009 年版,第 38 页。

④ 参见刘芳、毕可影主编:《社会保障制度史》,上海交通大学出版社 2018 年版,第 11 页。

贫措施。(3)社仓。创始于隋朝,其作用类似于义仓。南宋时朱熹在淳熙八年专门拟定社仓法,由地方豪富或民家捐谷或向官府借谷,藏于该社,公推管理人,自治经营,以赈灾民。① 这些制度都立足于"备荒"和"防饥",一定程度上缓解了底层民众由于天灾人祸所可能遭受的摧残。

在古代中国,由朝廷主导的救助制度形式多样,大体包括如下数端:(1)灾害救助。主要有赈粮、赈济和工赈等。赈粮是免费发放粮食,赈济是给予金钱,这都属于无偿的救助,是政府对处于水深火热之中的灾民提供的国家救助。工赈则是以工代赈,即灾民在付出相关劳务之后方能获得救济。同时,因为灾情严重而施行的蠲免制度也是其中的重要形式,蠲免即减免赋税。据学者统计,唐代因水旱灾害而下的蠲免诏书就多达 45 次。② (2)贫民救助。"少而无父者谓之孤,老而无子者谓之独,老而无妻者谓之矜,老而无夫者谓之寡。此四者,天民之穷而无告者也,皆有常饩。瘖、聋、跛躃、断者、侏儒,百工各以其器食之。"③《礼记·礼运》中的这段言辞,既展示了古人所刻画的最孤苦无助的弱者群体形象,又言及了来自国家对他们的关心与救助,"皆有常饩",即是日常吃穿用度的给付,这属于孤、独、矜、寡者特有的待遇;对于身体残缺的不幸者,也"各以其器食之"。《礼记》中所言虽为一种理想社会的描述,但中国封建时代的确也本此意旨,对贫穷者、残疾人施以救助。如《唐令·户令》中即载有"诸鳏寡孤独贫穷老疾不能自存者,令近亲收养,付乡里安恤。在路有疾患,不能自胜者,当界官司收付村坊安养"④的规定。(3)医疗救助。受佛教慈悲为怀思想的影响,南北朝时就出现了专门收容贫病者的私立医疗机构六疾馆,⑤而"悲田养病坊"则是唐代官方医疗救助的正式机构。⑥ 宋承唐制,推行悲田养病坊,且易名为福田院。英宗时(公元 1064—1068 年)扩大办理,京师一地至少有三百人受益。而据学者论断,元代最重要的官方慈善事业即为医疗事业,医疗救济被提升为官医疗提举司与广济提举司。前者管医师,后者管

---

① 林万亿:《福利国家——历史比较的分析》,巨流图书有限公司 1996 年版,第 149 页。

② 参见张学锋:《唐代水旱赈恤、蠲免的实效与实质》,《中国农史》1993 年第 1 期。

③ 《礼记·礼运》。

④ 〔日〕仁井田升:《唐令拾遗》,栗劲等编译,长春出版社 1989 年版,第 134 页。

⑤ 参见张宏慧:《论魏晋南北朝时期的社会保障措施》,《许昌学院学报》2011 年第 6 期。

⑥ 参见丁建定:《社会保障制度论——西方的实践与中国的探索》,社会科学文献出版社 2016 年版,第 7 页。

医疗救济。另外,在地方普遍设立"医学"为医疗主管,而由惠民药局提供医疗救济工作。① 上述措施,一定程度上纾解了贫疾无依者的困苦。

二、清末至民国的弱者权利保护实践

鸦片战争以后,国门洞开,一向以天朝大国自居的清政府不得不面对列强环伺的事实,中国社会由传统的农业社会向近现代社会转型,法律制度也逐步切割中华法系的影响而移植西方和日本的法律制度。在这其中,弱者保护的理念也发生着深刻的变化,国家建基于"爱民如子"观念上的仁政措施,逐步让位于弱者拥有向国家主张、请求的权利;同样,原本作为国家恩赐的社会保障与社会福利,也成为国家必须担负的正当职责。当然,传统的割舍并非想象的那么简单,历史文化还在一定程度上影响着中国法制保护弱者的理论与实践。

(一)清末弱者权利保护的实践

清末弱者保护的法律实践与当时社会发展的基本情况密切相关。按照学者的阐述,清末社会与传统的中国农耕社会所面对的社会问题有本质的区别:

这一时期,初步的工业化推动着传统农业社会向现代工业社会的转型、劳工阶级的崛起以及由自然灾害带来的自然环境变化、因人口大规模急速流动引发的流民问题等因素进一步加剧了社会的变迁。社会的转型和变迁容易导致社会结构的失调和各种社会问题丛集而生,但传统农业时代单一的社会救济模式又难以应付由工业化带来的新生社会问题,在此历史背景之下,通过国家立法,建立适应工业时代需要的社会保障体系,就成为社会历史发展的必然趋势。②

总体来说,推动清末出现弱者救助、社会保障观念的主要因素是劳工阶级的出现、自然灾难的频繁以及流民的安置问题。自19世纪60年代开始,以李鸿章为首的洋务派开始创建近代工业,70年代起又逐步创办民用工业,由此产生了产业工人这一劳动群体,与之相适应出现了"工人权益"的概念,社会保障制度开始萌芽。同时,受西方法律制度的影响,与社会保障制度相关联的优抚制度开始法律化,例如出现了《户部军需条例》和《恤荫恩赏章程》等立法,这些法令重在对军人进行国家优抚。总体而言,这一时期因迫于内政外交等诸多难题,晚清政府在新政期间并未制定多少专门保护弱者权利的法律,但在刑

---

① 参见林万亿:《福利国家——历史比较的分析》,第151—152页。
② 岳宗福:《近代中国社会保障立法研究(1912—1949)》,齐鲁书社2006年版,第33页。

事制度改革中,倒也有些保护犯罪嫌疑人人权的新型条款。例如,《大清新刑律》吸收借鉴了当时西方刑法的先进理念和先进制度,特别是第 10 条规定了罪刑法定原则,为保障"刑事嫌疑人"或"刑事被告人"这一特定弱者的权利奠定了扎实的基础。刑讯逼供制的废除,也是可以大书特书的一笔。"三木之下,何求不得?"刑讯逼供历来是中国法上的传统,也是一种极不人道的刑讯方式。如学者所言:"拷问之制,无论何国,古时皆有。中国与日本亦然。今则欧洲诸国,与日已悉废除不用,中国犹存此制。然此制实属野蛮,非文明进步时所宜有。自法理上论之无所取义,急废之为宜。"① 这也可视为对沈家本、伍廷芳等人提出禁止刑讯呼求的回应。光绪三十一年,沈、伍即向朝廷提出恤刑狱的奏章,内称"近来各州县,遇有狡供之犯,辄非刑拷掠,惨不忍闻。其或犯供,忽认、忽翻,案悬莫结,必至妨废多家之生业,牵连无数之旁人。迨犯供输服,而拖毙者已累累矣"。② 于是清廷下诏,禁止刑讯。但是,反对者不乏其人,如御史刘彭年称:"有刑而不轻用,犯人虽狡,尚有畏刑之心。若骤然禁止刑讯,则无所畏惧,孰肯吐露实情。问刑衙门穷于究诘,必致积压案件,经年不结,拖累羁留,转于矜恤庶狱之法,有所窒碍。"③ 但沈家本他们对之逐一驳斥,特别提到:"徒责小民之无良,而不计问官之残酷,揆诸公理,已觉背驰"。④ 而学者们的一致意见,也是支持废除刑讯,如李碧先生云:

> 或谓中国警察未兴,并关于证据等一切诉讼手续,皆不详备,猝废之恐生弊害。此非知本之论! 盖凡吏尉贪横、民俗狡狯之国,拷问未见其公平(如以贿赂免其拷问或拷问极轻,无贿赂者则拷问极重等类)。此等手续,若不废之,使官吏常以之为凭借,而不究心于法律上关于他之手续,则法律更无改良之日矣。⑤

---

① 李碧编:《刑法各论》,湖北法政编辑社 1905 年版,第 70—71 页。
② 《修订法律大臣沈家本、伍廷芳奏核议恤刑狱各条折》,见怀效锋主编《清末法制变革史料》(上卷·宪法学、行政法、诉讼法编),中国政法大学出版社 2010 年版,第 381 页。
③ 转引自《修订法律大臣沈家本、伍廷芳奏停止刑讯请加详慎折》,见怀效锋主编《清末法制变革史料》(上卷·宪法学、行政法、诉讼法编),第 383 页。
④ 《修订法律大臣沈家本、伍廷芳奏停止刑讯请加详慎折》,见怀效锋主编《清末法制变革史料》(上卷·宪法学、行政法、诉讼法编),第 384 页。
⑤ 李碧编:《刑法各论》,第 71 页。

地方政府在弱者保护方面也有所作为。1903年,北京地方政府率先创办工艺局,收容流民、难民并授之以技能。北京工艺局收养的对象包括(1)身家清白,穷无所归者为上;(2)本有行业,遭难流离者次之;(3)平日懒惰成性,兼有嗜好者又次之;(4)甘心下流,近于邪僻者为下。对于"孤贫幼童,愿来习艺者,亦准取保挂号,挨次传补。衣履不周者,由局制给"。① 由此不难看出,"工艺局"的设立借鉴吸收了西方济贫制度的成功经验,实现了官方救济与个人自救的有机结合。

(二)民国时期的弱者权利保护实践

相较于晚清而言,民国政府在保护弱者上多有作为。首先,是以基本法的形式确定了弱者保护的原则与制度。在1931年6月颁行的《中华民国训政时期约法》中,专设"国计民生"一章,其第33条规定:"为发展国民生计,国家对于人民生产事业,应予以奖励及保护";第42条规定,"为预防及救济因伤病废老而不能劳动之农民工人等,国家应施行劳动保险制度"。1946年颁布的《中华民国宪法》,改"国计民生"为"社会安全",于第155条规定:"国家为谋社会福利,应实施社会保险制度,人民之老弱残废,无力生活,及受非常灾害者,国家应予以适当之扶助与救济。"其所确立的保护范围较"训政时期约法"更为宽泛。与此同时,在《中华民国宪法》"教育文化"一节中,就国民受教育的基本权利、经费保障、地区均衡发展等制度都作了详尽的规定。② 在灾荒不断的严峻背景下,民国政府也作出了积极的应对。以抗战时期难民救济为例,1937年9月7日,行政院颁布了《非常时期救济难民办法大纲》,决定成立非常时期难民救济委员会,专职负责办理难民收容、运输、给养、保卫、救护、管理及配置等应急事宜;1941年8月19日行政院训令颁行《修正非常时期难民救济办法大纲》。上述两个规定构成了整个抗战时期难民救助的重要法律依据。此外,国民政府还针对儿童福利、救济院制度、义诊行为等事项制定了法律法规。

其次,制定专门的《社会救济法》,为弱者保护提供了统一的法律制度框

① 参见蔡勤禹:《国家社会与弱势群体——民国时期的社会救济(1927—1949)》,天津人民出版社2003年版,第49—50页。

② 例如第164条规定:"教育、科学、文化之经费,在中央不得少于其预算总额百分之十五,在省不得少于其预算总额百分之二十五,在市、县不得少于其预算总额百分之三十五,其依法设置之教育文化基金及产业,应予保障。"较之我们现行宪法的抽象规定,该项规定有利于教育经费的具体落实,从而保障学龄儿童的基本权利。

架。1943年9月,国民政府正式颁布《社会救济法》,分五章53条。从弱者保护的角度而言,其救济对象主要有两类:一是"贫穷而无力生活者",具体包括"年在六十岁以上,精力衰耗者""未满十二岁者""姙妇""因疾病、伤害、残废,或者其他精神上身体上之障碍,不能从事劳作者""因水旱,或其他天灾事迹致受重大损害,或因而失业者""其他依法令应予救济者";二是"遭受非常灾变之灾民、难民"。前者是一般性规定,后者是特殊性规定。在救济设施方面,设安老所(收留60岁以上者)、育婴所(收留2岁以下者)、育幼所(收留2岁以上不满12岁者)、残废教养所(留养残疾人)、习艺所(强制懒惰成习,或无正当职业之游民劳作)、妇女教养所(收容曾从事不正当业务,或受虐待之妇女)、助产所(为姙妇免费助产)、施医所(治疗受救济人疾病)及其他以救济为目的之设施。上述机构,既可由政府主办,也鼓励社会团体或私人举办。在救济方法上,有留养、必需品之给与、免费医疗、免费助产、住宅之廉价或免费供给、资金之无息贷与、粮食之无息或低息贷与、实施感化教育及公民训练、实施技能训练及公民训练、职业介绍及其他救济方法,以适应不同类别的弱者人群。

再者,设立管理机构,专门负责弱者保护的实施工作。例如,在南京临时政府成立之时,中央即设立内务部,各省设立民政厅,监管社会救助事务;至1912年北洋政府时期,内务部负责管理全国范围内的救济、慈善、感化等事务,而下设的民政司具体职掌全国贫民赈恤、罹灾救济、贫民习艺所、感化所、盲哑收容所、疯癫收容所等的设置、废止和管理及育婴、恤督和其他慈善事项。[①] 南京国民政府成立后,内务部改成内政部,成为国民政府社会救济的常设机关。同时,建立专门的社会救济管理机构,全面推进弱者救助事业。1938年,国民党临时全国代表大会决议设立"中央社会部",隶属于中央执行委员会,主要负责社会团体工作。1940年,中央社会部改隶行政院,成为最高社会行政机关。其内设总务司、组织训练司和社会福利司等三个职能部门,其中社会福利司分设六科,分别掌管社会保险、劳工福利、社会服务、职业介绍、社会救济和儿童福利等事项。之后,国民政府又将社会保险业务从社会福利司划拨出来,筹建社会保险局,负责农工福利、国际劳工事项、国民就业、社会救济、儿童福利等社会保险事业。不仅如此,还组建临时性的管

---

① 钱实甫:《北洋政府时期的政治制度》(上册),中华书局1984年版,第108页。

理机构,以应付临时性救济所需。例如,《非常时期救济难民办法大纲》就决定设立非常时期难民救济委员会,专职负责战时难民的收容、给养、救济与管理等工作。

不仅如此,民国政府还积极参与国际社会的弱者保护组织,加强弱者救助的国际合作。民国时期,中国是国际劳工组织的创始会员国,除1920年第二次世界劳工大会外,历次大会开会时,民国政府都派有代表参加。因此,国际劳动组织通过或提出的关于国际劳动及社会保障的公约和建议书,也为中国现代社会保障立法提供了可资参照的国际标准。1919年第一届国际劳工大会召开之时,曾设立一个特别委员会,讨论中国及其他几个特殊国家的劳动问题。该委员会曾向民国北京政府建议采用以《工厂法》保护工人的政策,并要求提出有关问题的报告。民国北京政府接受了这个建议,并于1923年颁布了《暂行工厂通则》。从1930年起,南京国民政府先后批准了14个国际劳工公约,包括关于最低工资的公约、工业工人每周应有一日休息之公约、农业工人集会结社权之公约等。①

总体而言,民国时期的保护弱者的法律制度相对而言与之前有较大的进步:一是弱者的分类逐渐规范,将贫穷而难以为生者与难民、灾民列为社会救济的主要对象。虽然相对于今日而言,弱者的类型仍嫌狭窄,但在当时战乱频繁、民生凋敝的现实国情下,以专门立法的形式保护他们的合法权益,仍属难能可贵;二是彻底转换了弱者保护的"恩赐"理念,弱者有权向政府请求保护以及给付财物,弱者的权利观念得以萌芽并逐步成型;三是在弱者的救济上,对于那些仍可通过自己的努力来获取生存、生活资料的弱者,辅之以公民训练和技能培训、职业介绍等多种措施,使其能够拥有重新出发、参与社会的能力。

三、新中国计划经济时代的弱者权利保护实践

新中国成立,百废待兴,对弱者权利保护的制度也开始萌芽。例如,在1950年6月,政务院就颁布了带有失业保障性质的《救济失业工人暂行办法》,对职工的医疗、生育、养老、工伤、失业等方面作了最低标准的规定。②

---

① 参见岳宗福:《近代中国社会保障立法研究(1912—1949)》,齐鲁书社2006年版,第135—151页。
② 参见董保华等:《社会保障的法学观》,北京大学出版社2005年版,第23页。

这种社会保障体系盛行于 1951 年至 1986 年的计划经济时代,被学者们称为"传统社会保障制度",[1]以区别于 1986 年之后建构的现代福利制度。大体来说,计划经济时代的弱者权利保护,具有计划经济的显著特征,主要表现在:

一是以户籍划分居民,确立城乡两种不同的弱者保护模式。在城市,国家承担公民的就业安排,因而居民的社会保障也由国家和单位负责,而其余的城市居民则由民政部门负责社会保障事宜。具体对象包括:城市中没有固定职业、固定收入或者无劳动能力的困难户;符合救助条件的精简退职老职工,原国民党起义投诚人员、归国华侨、平反的右派分子、因公致残的下放知青等特殊救助对象。在农村,则是借助农村集体经济来承担农村居民的社会保障。对于那些孤、寡、残、幼及其他无依无靠者,则通过"五保供养制度"(即保吃、保穿、保住、保葬、保教)由合作社或人民公社负责他们的生活。[2] 必须正视的是,在这种二元结构的弱者保护模式之下,城、乡居民("农业人口"与"城镇人口")在享有的社会福利和社会保障上实质上有天壤之别。1953 年 7 月,政务院发布了《关于制止农民盲流流入城市的紧急通知》,将进城的农民称为"盲流";1958 年 1 月,全国人大常委会通过了《中华人民共和国户口登记条例》,确立了以常住人口为主,严格限制人口流动的基本原则,明确地将城乡居民区分为"农业户口"和"非农业户口"两种不同户籍,并规定严格的"农转非"要求。1962 年 12 月 8 日,公安部三局下发了《关于加强户口管理的工作意见》,明确提出对农村迁往城市的,必须严格限制。1975 年颁行的《宪法》,将 1954 年宪法规定的"中华人民共和国居民有居住和迁徙的自由"条文直接予以删除。户籍制度的出台,最初的目的是为了实现国家工业化的资本积累,但是户籍制度逐渐演变成为一种资源分配体制,一种福利分配机制,一种"城乡户籍等级身份制度"。[3] 钟水映先生曾列表予以图示,清晰地表现了两种不同户籍人口所享有的不同待遇,特此加以引用。

---

① 郑秉文、和春雷主编:《社会保障分析导论》,法律出版社 2001 年版,第 33—49 页。
② 参见何平:《公民社会救助权研究》,北京大学出版社 2015 年版,第 43—44 页。
③ 俞德鹏:《城乡居民身份平等化研究》,中国社会科学出版社 2009 年版,第 33 页。

不同户籍人口社会福利的比较[1]

福利形式	非农业人口	农业人口
就业制度	国家安排 终身职业保障 固定工资收入	自然就业 丧失劳动能力自然淘汰 收入较低且无保障
物质供应	低价食品供应 低价生活品配给	以剪刀差形式贡献农产品并购买工业品
福利制度	无偿分配住房 免费医疗 良好的教育设施 教育普及率很高	自建住房 生老病死自己负担 教育设施简陋 居民受教育水平低下
补贴	享受多种财政补贴和优惠	与很多补贴和优惠无缘

这种不同待遇的社会保障模式,既与"中华人民共和国公民在法律面前一律平等"的宪法要求相违背,也与农业、农村、农民为国家建设所作的巨大贡献存在明显反差。据学者统计,在 1958—1978 年的 20 年间,广大农村地区和广大农民群众,在长期处于低水平的生活条件下,向国家累计提供了 5400 多亿元的资金,年均高达 210 多亿元。若按每个农业劳动力平均计算,人民公社时期每位劳力年均向国家提供的剩余多达 80 余元。[2] 可见,广大农民所作的贡献与其所获致的福利与保障是严重不成比例的。

二是通过政治的剥夺,使诸多人群人为地成为弱者,权利保障与福利待遇几乎荡然无存。纵观中西方弱者保护历史不难发现,因财产、收入等方面的差异所产生的经济分层和因自然、社会因素所造成的社会分层,是弱者产生的根本原因。然而中国在 1949 年之后,由于公有制的产生与私有制的消灭,导致经济分层和社会分层的作用机制不复存在。与此同时,政治分层机制得以强化,成为左右政府保障措施的关键性要素。政治分层就是按照阶级成分(或家庭出身),将社会民众区分为以下几种类型:

阶级成分(或家庭出身)好的、阶级成分(或家庭出身)不好的和处于中间状态(或家庭出身一般)的。当时,阶级成分好的有工人、贫农、下中

---

① 钟水映:《人口流动与社会经济发展》,武汉大学出版社 2000 年版,第 197 页。

② 参见冯海发:《我国农业为工业化提供资金积累的数量研究》,《经济研究》1993 年第 9 期。

农、革命干部、革命军人、革命烈士家属等,阶级成分不好的有地主(包括恶霸、军阀、旧官僚、破产地主、管公堂等)、富农、资本家、反革命分子、坏分子、"右派"分子等,处于中间状态的有中农(包括富裕中农)、知识分子、自由职业者(包括职员)、宗教职业者、小手工业者、小商、小贩等。①

按照这种划分,"阶级成分不好"者即属于社会上的边缘阶层,国家和社会听任他们自生自灭,是公民中无法享有社会福利和社会保障的"另类"。而到了"文化大革命"时期,则出现了所谓"红五类""黑五类"之说。政治分层逐渐演化成为一种固有的政治歧视,成为社会民众是否能获得各种福利和救助的依据。

三是深受意识形态的影响,"弱势群体"或"弱者"成为一个需要避嫌的词汇。由于弱势群体(弱者)基本上是一个反映欧美西方文化的进口词汇,以至于在相当长的一段时间里,我国理论界、大众媒体和官方文件基本上都不使用"弱势群体"这一术语,也忌讳涉及中国的社会分层和贫困等社会问题。如学者所言:

> 回顾和查阅有关政策法规,我们可以清楚地看到,中国社会救济和社会福利服务对象通常是以"民政对象"和"其他具体工作对象"名称出现的,例如灾民、灾区群众、贫民、贫困户和特困户、贫困群众、困难户和生活困难者、待业青年、残疾人、盲人聋哑人、三无人员、精简退职老弱残职工、刑满释放和解除劳动教养人员及其家属、盐民、孤老残废和家庭妇女、烈属、军属和伤残军人、定期救济户和临时救济户、生活困难的职工遗属、五保户和农村老弱孤寡残疾社员、麻风病人、城镇无业居民和社会闲散人员、外逃回归人员、散居城乡的归国华侨、特赦释放战犯、原国民党起义、投诚人员。②

不同的称谓也容易阻碍对相关弱者的法律救助。例如原国民党起义、投

---

① 李强:《社会分层与贫富差别》,第52页以下。
② 民政部编:《中华人民共和国民政法规汇编》,华夏出版社1994年版,转引自张敏杰:《中国弱势群体研究》,长春出版社2003年版,第60页。

诚人员、外逃人员等"政治犯",往往受到来自社会各界的压迫和排挤,以致无法获得应有的社会保障。

总之,在计划经济时代,同样的弱者在权利保护方面所受到的保障和获致的待遇相距甚远,既体现为城乡二元结构下城镇居民和农村居民的福利鸿沟,又在政治强力的介入之下,人为地将某些人打入另类使其成为弱者,在权利保护方面严重缺失。不仅如此,与计划经济体制相适应,社会保障政策缺乏持续性的活力,社会保障制度呈现出国家负责、相互分割、封闭运行的特点。同样,保障结构也极不合理,片面关注医疗和养老保险,而忽视对就业、教育等基本需求的满足。正是源于此一时期存在的种种问题,因而自 1986 年开始,我国开始了社会保障制度的全面改革,中国的弱者的权利保护进展到了一个新的阶段。

四、当代中国社会保障制度的改革与弱者权利保护的法律实践

在我国学术界,一般将 1986 年作为我国社会保障制度改革的起始阶段,究其原因主要有三:第一,1986 年 4 月 12 日,六届人大四次会议通过了《国民经济和社会发展第七个五年计划》,该计划不仅首次提出社会保障的概念,而且单独设章阐述了社会保障的改革与社会化问题,社会保障社会化作为国家—单位保障制的对立物被正式载入国家发展计划。第二,同年 7 月 12 日,国务院发布《国营企业实行劳动合同制暂行规定》和《国营企业职工待业保险暂行规定》,前者不仅明确规定国营企业通过劳动合同制取代了计划经济时代的"铁饭碗",而且还规定了合同制工人的退休养老实行社会统筹并由企业与个人分担缴纳保险费的义务;后者则致力于推进劳动力的市场化和人的社会化。第三,同年 11 月 10 日劳动人事部颁发《关于外商投资企业用人自主权和职工工资、保险福利费用的规定》,强调外资企业必须缴纳中方职工退休养老基金和待业保险基金,这意味着政府在承认经济结构多元化的条件下开始注重劳动者社会保障权利的维护,并力图消除社会保障单位化的烙印。[1]

历经 20 多年的改革历程,我国社会保障的管理制度和运行机制发生了根本性变革,具体可见下表:

---

[1] 参见郑功成:《从企业保障到社会保障——中国社会保障制度变迁与发展》,第 10 页。

现代福利制度与传统社会保障制度区别①

内容	传统社会保障制度	现代福利制度
管理规范化	分属人事部、劳动部、民政部、卫生部以及财政部和中国人民保险公司管理	1998年,国家劳动和社会保障部的成立,表明部门分割管理体制的终结和中央统一管理体制的形成;2008年的大部制改革中,劳动和社会保障部与人事部等部门合并,成立了人力资源与社会保障部,进一步推进管理体制的合理化。
费用来源	由国家或所在单位全部负担(单位办社会)	初步形成了由国家、单位和个人三方合理负担费用、稳定筹措基金的新机制,在社会保障体系的主要项目(养老保险与医疗保险)上已经出现保险基金的部分积累
基本制度	企业具备"办保险""办社会"的多元功能	用社会互济的现代社会保障制度置换"企业保险"
价值取向	保障与福利资源的平均化配置,并将其片面地理解为一种公平性制度	借助社会统筹贯彻公平原则,以保护劳动者的基本生活权利,从而将效率原则与公平原则有机地结合起来,形成了充分调动广大职工参保积极性的激励机制
福利水平	体制内的人获得全方位的保障,陷入"高福利"的沼泽;体制外的人缺乏最为基本的保障	以满足人们的基本保障需求为目标,从制度上明确了国家、单位和个人应承担的责任和义务
发展前景	(已变革)	逐步实现由现收现付制向部分积累制的过渡和转变

通过上述制度革新,我国现代福利制度的雏形基本确立,弱者权利保障事业初见成效,然而也面临诸多挑战。现阶段,我国弱者权利的法律保障呈现如下特征:

首先,弱者法律保障体系已初具规模,但制度完备还有待时日。自改革开放后,我国显然加快了立法的节奏,"中国特色社会主义法律体系"已经初步形成,"社会法"作为一个独立的法律部门,也已经成为保障我国弱者权利的重要法律依据。据此,我国已经形成了一个以宪法为核心、基本法律为支撑的弱者法律保障体系。

---

①　资料来源于郑秉文、和春雷主编:《社会保障分析导论》,法律出版社2001年版,第28—30页。在引用时做了必要的修正。

就弱者的宪法地位而言，主要蕴含在宪法制度与基本原则之中。具体而言，主要通过以下几种方式得以确立：一是赋予全体公民以法律上的平等权，从而保障弱者与强者获得同样的法律地位。我国宪法第 33 条规定："中华人民共和国公民在法律面前一律平等。"这里的平等不仅涵盖立法层面，也辐射至行政、司法等多个面向。二是确认公民的基本权利，使弱者的基本权利得以具体化与法律化。2004 年，"国家尊重和保障人权"作为第 33 条第 3 款被纳入宪法条文之中，这是我国历史上"人权"第一次明确地载入宪法。尊重人权意味着国家的政治态度和基本立场，也深刻反映政府职能观念的转变。三是规定了弱者权利保护的基本原则，即宪法第 45 条之内容："中华人民共和国公民在年老、疾病或者丧失劳动能力的情况下，有从国家和社会获得物质帮助的权利。国家发展为公民享受这些权利所需要的社会保险、社会救济和医疗卫生事业。"四是在宪法中单列保护弱者的特别条款，给予弱者以特别的法律保护。[①] 按照我国现行宪法的规定，残疾军人（第 45 条）、残疾人（第 45 条）、儿童（第 46、49 条）、妇女（第 48、49 条）、老年人（第 49 条）等五类弱者获得宪法的特别保护。

当然，就上述法律规定而言，弱者权利保护也存在以下主要的问题：一是弱者的诸多基本权利仍未作规定。以《公民权利和政治权利国际公约》《经济、社会及文化权利国际公约》为例，其中如"要求公平审理权""适当生活水准权""适足住宅权"等均付阙如，这与中国作为一个社会主义国家和对人权保障已作庄严承诺的大国地位极不相称，亟需在法律和制度中予以完善。二是法律上、政策上的"正当"歧视严重抵消了对弱者的平等保护。以公务员招考为例，性别歧视、年龄歧视、身高歧视、户籍歧视等现象广泛散布在各个层次的公务员招考过程中，以残疾人、乙肝病毒携带者为主的弱者之平等权利受到严重的侵犯。三是宪法中弱者权利保护基本原则存有缺陷。按照宪法第 45 条之规定，公民只有在"年老、疾病或者丧失劳动能力"的情况下，才能获得"社会保险、社会救济和医疗卫生事业"等方面的救助。该条的缺陷其一是将大量的弱者排除在外，例如艾滋病人长期不被视为"疾病"，而是"脏病"，因此无法获得基本的保障；其二是救助方式严重落后，无法满足基本的社会需求。四是弱者

---

① 杨海坤、曹达全：《弱势群体的宪法地位研究》，《法律科学》2007 年第 4 期。

权利保障最为重要的基本法律迟迟无法出台,直到 2010 年,《社会保险法》才得以呱呱落地,而《社会救济法》等基本法律至今还处于"难产"状态。

其次,城乡二元结构逐渐松动,但不良影响仍然存在。从 1980 年开始,随着农村家庭联产承包责任制改革的成功推行,大量的农村劳动力得以摆脱"土地"的束缚,成为自由的劳动力;而城市的改革也使得城市的就业压力得以缓解。在这样的背景下,国家开始逐步放开户籍制度的限制,一定程度上允许人口的自由流动。1984 年 1 月 1 日,中共中央下发一号文件《关于 1984 年农村工作的通知》,允许务工、经商、办服务业的农民自理口粮到集镇落户。1985 年 1 月 1 日中共中央、国务院再次下发一号文件《关于进一步活跃农村经济的十项政策》,其中第九项政策明确指出,应扩大城乡经济交往,要允许农民进城开店设坊,兴办服务业,提供各种劳务,城市要在用地和服务设施方面提供便利条件。1992 年邓小平南方谈话后,户籍改革进入调控服务期。1993 年十四届三中全会通过了《中共中央关于建立社会主义市场经济体制若干问题的决定》,明确规定要鼓励和引导农村剩余劳动力逐步向非农产业转移和在地区间有序流动。之后,中共中央、国务院等部门屡次下发文件,逐渐放宽户籍管制。特别是随着"三农"问题的爆发,农民社会保障问题得到了党和政府的高度重视,历年的"一号文件"都将关注的焦点置于农民群体之上。可以说,随着户籍制度的松动,特别是市场经济的建构,城乡二元结构逐渐松动,"农村人口"与"城市人口"的不平等现象得以缓解。然而,"户籍制度"一日不废除,以下问题就难以得到有效的解决:一是二元劳动力市场的形成导致农民工及其子女权益被严重忽视。二元劳动力市场也称"劳动力市场的二元结构",最主要是指在现代工业社会中存在着两种劳动力市场:其一是收入高、劳动环境好、待遇好、福利优越的劳动力市场,也称为首属劳动力市场;其二就是工资低、工作条件差、就业不稳定、福利低劣的劳动力市场,称为次属劳动力市场。而就我国目前城市的劳动力就业情况来看,农民工绝大多数都是在次属劳动力市场就业。[①] 农民工于是成为二元劳动力市场下的弱者。同时,由于户籍制度的限制,我国很多农民虽然已流到城市,但是他们的户口却仍在家乡。这样就出现

---

　　① 　张晓玲主编:《社会弱势群体权利的法律保障研究》,中共中央党校出版社 2009 年版,第 36 页;另请参阅李强:《社会分层与贫富差别》,第 124—126 页。

了一年两度的往返浪潮：春节前农民工返回家乡与家人团聚，春节后又迅速流到城市。这种游离于城市和农村之间的群体，实际上使我国在原来的城乡二元机构的基础上又生出了三元结构。① 三元结构下，多重主体的权利被法律忽视，包括农民工、农民工子女、留守老人。二是"效率优先、兼顾公平"的价值取向加剧二元分化。众所周知，我国经济体制改革中以效率优先、兼顾公平为基本政策导向。政府的政策是鼓励一部分人先富起来，以先富带后富，但是先富的一部分人并没有带动大家共同富裕，相反贫富差距越来越大。② 同时，由于改革开放前的"历史积累"，城市的发展进程要远远超过农村，政府为了加快经济发展，在政策选择方面仍偏向于城市。③ 上述政策使得"马太效应"进一步深化，导致农村和城市的发展水平差距越来越大，城乡间的贫富差距愈演愈烈。可以说，"目前我国最大的发展差距仍然是城乡差距，最大的结构性问题仍然是城乡二元结构。"④ 三是政策高于法律，导致弱者救助措施被虚化。这正如郑永流教授所研究指出的那样：

> 由于国家（政府）集管理者和最大的所有者、经营管理者于一身，这就使之能顺利地利用行政-政策手段，具体地说，各级政府操纵经济的一般过程是：在各企业提出的经济指标的基础上，召开各种综合或专业会议，制定经济政策，发布政府红头文件，层层下达各种指令性计划指标，分期进行督促检查，年终进行总评考核。⑤

在现有行政管理体制下，中央的发展目标以"政绩"指标的方式层层下达至各级政府，由各级政府负责落实。这一"层层下达"模式也正是问题产生的根源所在。以农民负担为例，我国虽然于 2005 年取消了农业税等农民负担，

---

① 李强：《社会分层与贫富差别》，第 4 页。李强教授的研究认为，三元结构实际上是隐含着许多社会问题的。流入城市的农民由于并不能取得城市的户口，因而他们对于城市社区没有认同感。城市只是他们赚钱和暂且栖息之处。这样，流动的农民就没有责任感。一个既对城市不认同，又对城市无责任感的群体生活在城市中，是对城市治安、交通、卫生等各方面城市生活的极大威胁。

② 王春福：《改善民生与关照弱势群体的公共政策运行机制》，《理论探讨》2008 年第 2 期。

③ 吴学凡：《新时期中国城乡差别问题》，社会科学文献出版社 2009 年版，第 181—189 页。

④ 2011 年 12 月 27 日中央农村工作会议，温家宝总理发言。

⑤ 郑永流：《转型中国的实践法律观》，中国法制出版社 2009 年版，第 67 页。

但却又出现了种子和化肥价格上涨、粮食价格过低等政策性导向因素。重要的原因在于,中央政府只是单方面地取消农业税,而并未合理调整各级政府的"经济指标"。农业税是各地财政收入中重要的组成部分,取消农业税会对各级政府的"创收"目标造成巨大的压力。正是在这一背景下,地方政府只能通过集资、摊派、收费等方式从农民身上征收赋税,进而,中央废除农业税的作用也就被彻底抵消了。

再者,从弱者权利保护最为根本的即保障弱者的尊严来说,仍需要国家和社会的极大投入。近年来我国诸多规范性法律文件已直接规定人的整体的尊严,并将尊严的保障确定为国家的重要任务。例如国务院《关于印发国家基本公共服务体系"十二五"规划的通知》强调:"国家建立基本社会服务制度,为城乡居民尤其是困难群体的基本生活提供物质帮助,保障老年人、残疾人、孤儿等特殊群体有尊严地生活和平等参与社会发展"。《国务院关于落实〈政府工作报告〉重点工作部门分工的意见》明确指出:"努力实现更加充分、更高质量就业,使劳动者生活更加体面、更有尊严";《国务院关于加快推进残疾人小康进程的意见》强调,要"让残疾人安居乐业、衣食无忧,生活得更加殷实、更加幸福、更有尊严"。[①] 上述规定,值得指出之处有三:第一,不将尊严简单地视为一种权利,而是用以指称人的一种良好生存状态,诸如"更加体面、更有尊严"的提法,就很好地归纳了一个文明社会中人的高贵、庄严形象,使人不至于因为困厄、失业等就成为受歧视或纯粹被救济的对象;第二,以人的整体上的尊严来描述尊严的内容,诸如劳动者的尊严、残疾人的尊严、困难群体的尊严等,而不是将尊严拆解为生命的尊严、身体的尊严或人格的尊严等,契合了现代法律对人的尊严的理解;第三,从主体上而言,目前虽较多是从弱势群体的角度来作出相关规定,但也正如人们所指出的那样,"在一个层级立体化而非单层平面化的社会中,人权首先指涉的是社会弱势群体的人权"[②]。如果弱者的尊严都能够得到国家的维护和社会的尊重,那么正常人的尊严的维护与保护自

---

① 其他如《国务院办公厅关于加强孤儿保障工作的意见》提出要"建立与我国经济社会发展水平相适应的孤儿保障制度,使孤儿生活得更加幸福、更有尊严";《国务院关于印发中国老龄事业发展"十二五"规划的通知》强调要"维护老年人的生活质量与生命尊严,杜绝歧视、虐待老年人现象";《国务院办公厅关于印发农村残疾人扶贫开发纲要(2011—2020年)的通知》指出,要做到"残疾人生存有保障,生活有尊严,发展有基础。"

② 齐延平主编:《社会弱势群体的权利保护》,山东人民出版社2006年版,第1页。

然也在情理之中。可见,对人的尊严的全面维系,业已成为中国社会主义法治的根本任务之一。然而,对人的尊严的维护并非是一句空头的承诺或漂亮的口号,而是直接和人的实际生存或曰民生相关联,与"殷实""体面""幸福"为伴。就此而言,需要通过提供有力的物质帮助和完善的公共服务,使人的尊严可以获致来自于国家的经济保障,为尊严的真正实现奠定必要的物质基础。①

第二节　西方弱者权利保护的历史演进

一、西方弱者权利保护制度的萌芽

西方保护弱者的历史,与中国的发展脉络相似,最初也就是对贫民施舍和救济的历史。在现代社会保障诞生之前,慈善事业是最基本的弱者保护形式,其形式有民办慈善事业、宗教慈善事业、社会互助组织以及官方的慈善事业。弱者保护之所以从慈善开始,是因为慈善源于人类的天然情感,它表现了人类对处于弱势地位的成员所抱持的怜悯与同情,也彰显了人类作为高级动物所拥有的仁慈与友爱。所以学者认为,慈善是与人类社会相伴生的一种活动、一项事业:

> 被我们称为"慈善"的大多数行为都已经存续了很长时间。有组织的慈善比民主和资本主义更为古老,比基督教和佛教更为古老,比社会乃至许多已经消逝的传统更为古老。自人类出现开始,就存在个人的、无组织的、自发的慈善,因此我们可以肯定地宣称慈善是普遍存在的。②

正因如此,在现代社会正式的社会保障制度建立之前的时代,西方围绕弱者的救助历史可以统称为慈善事业时代。例如,早在 1007 年,威尼斯商人奥

---

① 我国司法机关对人的尊严问题也给予了高度重视,值得称道的是 2015 年 12 月 4 日最高人民法院在公布 14 起打击危害食品、药品安全违法犯罪典型案例时专门指出:"国以民为本,民以食为天,食以安为先。食品药品安全水平是决定人民群众生活水平和幸福指数的重要指标之一。生活在一个能确保食品药品安全的环境里,是人民群众应有的权利和尊严,也是整个社会的底线。"

② 〔美〕罗伯特·L.佩顿、迈克尔·P.穆迪:《慈善的意义与使命》,郭烁译,中国劳动社会保障出版社2013 年版,第 22 页。

尔塞禄·彼得二世就从自己的 1250 里弗尔商业投资所获利润中拿出一部分为慈善事业使用;1173 年,法国商人彼得·华尔多创办了著名的里昂贫民院。① 而在中世纪,教堂承担了对贫民予以救济的行政责任,牧师、主教、执事们成为地方上救济工作的主要负责人。随着教堂的增多,以及欧洲政教合一的政治体制,济贫工作大量被修道院所建立的孤儿院、养老院、残障与病患收容院,以及无家可归者的庇护所执行。② 当然,除了民办慈善事业及教会慈善机构外,社会成员之间的互助组织也在保护弱者方面发挥着重要作用。中世纪丹麦的一个行会的规章中就曾做出这样的规定:

> 如果一个会友的房子被烧掉了,或者他的船遭了难,以及他在朝香的旅途中遇了不幸,那么所有的会友都必须帮助他。如果一个会友患了重病,就必须有两个会友在床边看护他,直到他脱离危险;如果他死了,会友们必须把他送到教堂的墓地去埋葬……在他死后,如果需要的话,他们还必须抚养他的子女,他的寡妻则时常成为行会的一个姊妹。③

这种互帮互助的自发机制,既体现了人类社会成员所具有的守望相助的高尚情感,也表明了在面对灾难时人们只有同心协力,才可应付生活的困境。不难想象,在古代社会,飞来横祸对于一个普通的家庭来说很可能就是灭顶之灾,因而,需要有家族、行会这样的组织,才能使陷于危险境地的成员有一线生机。当然,个人的力量总是有限的,即使是社会成员之间的相互救助,很多时候也只能是杯水车薪,无济于事。正因如此,掌握诸多资源的国家扮演弱者救助的角色就显得更为重要,而英国早期《济贫法》的实践就提供了这方面的实例。

英国是欧洲国家中较早将济贫工作立法化的国家。1349 年,英王爱德华三世颁布《劳工法》,命令所有有工作能力而没有资产的劳工必须接受任何雇主的雇用,以避免劳工离开教区。与此同时,任何国民不得提供救济给有工作能力的乞丐。④ 1576 年,"安置贫困者工作"这一概念以法律的形式确定下来,

---

① 参见[英]克拉潘:《简明不列颠经济史》,范定九译,上海译文出版社 1980 年版,第 345 页。
② 参见林万亿:《当代社会工作——理论与方法》,五南图书出版股份有限公司 2002 年版,第 9—10 页。
③ [俄]克鲁泡特金:《互助论》,李平沤译,商务印书馆 1963 年版,第 158—159 页。
④ 参见林万亿:《当代社会工作——理论与方法》,第 10 页。

并一直沿用了近三个半世纪之久。根据此项法律,有劳动能力的人如果要得到政府的援助,那么他必须为获得这种援助而工作。1576 年地方实行的《救济法规》中写道,向乞丐提供一定的实物救济,是为了使他们能够凭借此项救济从事某种劳动,以此来偿还他们所得到的救济。① 可见,这一时期的弱者救助是有条件的救助,即他们必须从事工作和劳动,而不是单纯由国家资助的免费午餐。

真正的《济贫法》直到 1531 年,即亨利八世时才制定。该法案授权市长与法官调查教区中没有工作能力的老人与穷人。这些人被登录且给予行乞的执照,但行乞范围仅限于本教区内。这个方案算是开启了济贫的公众责任,但是对于没有执照的流浪者与乞丐,仍然施行粗暴的刑罚。② 1536 年,亨利八世又颁布法令,建立一套由英格兰政府支出的公共救助法,规定穷人住在同一个教区三年以上者,可以向教区登记,教区可用募集来的资金施舍给这些"无工作能力的贫民"。有工作能力的乞丐被强迫去工作,游手好闲的儿童(5 岁到 14 岁)将被带离其父母,并被盖章作记。1576 年又规定由"矫正之家"来强迫有工作能力的穷人工作。1579 年,救济院普遍设立于各城市,以收容无工作能力的穷人、老人、盲人、跛子,以及依赖者。③ 1536 年,英国颁布的《亨利救济法》具有重要影响,它标志着英国政府开始为解决社会贫困问题承担一定的职责。法令虽然对身体健康而不愿意工作者实施更加严厉的惩罚,但同时规定,地方官员有义务分发教会收集的志愿募捐物资,用来救济穷人、残疾人、病人和老年人。法令还允许地方政府用公共基金为"身体健康、能够从事工作的人们"提供工作。地方政府还被授权教育那些 5—14 岁的乞丐学会一门手艺,以便他们成年后能够自谋职业。④ 1563 年,国会通过法律,规定每户人家应依其财产收入按周缴纳税捐以救济贫民。1595 年国会又颁布指令,规定教堂执事并推选户主四人充任贫民监督,设救济所以收容不能工作的贫民;父母与子女在法律上彼此互负扶养责任。⑤ 之后,《济贫法》经过屡次修订,直到 1601 年

①　[英]尼古拉斯·巴尔:《福利国家经济学》,邹明洳、穆怀中等译,中国劳动社会保障出版社 2003 年版,第 16 页。

②　参见林万亿:《当代社会工作——理论与方法》,第 10 页。

③　同上书,第 10—11 页。

④　参见丁建定、杨凤娟:《英国社会保障制度的发展》,中国劳动社会保障出版社 2004 年版,第 5 页。

⑤　参见蒋月:《社会保障法》,厦门大学出版社 2004 年版,第 24 页。

颁行较为成熟的《伊丽莎白济贫法》——历史学上称之为旧《济贫法》,以区别于两个世纪以后出现的新《济贫法》。

《伊丽莎白济贫法》(以下称旧《济贫法》)开启了对弱者救助的全新时代,即建立了制度化、规范化、法律化的运作机制。旧《济贫法》的主要内容有:(1)建立地方行政和征税机构;(2)为有能力劳动的人提供劳动场所;(3)资助老人、盲人等丧失劳动能力的人,为他们建立收容场所;(4)组织穷人和孩子学艺;(5)提倡父母子女的社会责任;(6)从比较富裕的地区征税补贴贫困地区。① 就弱者的法律地位而言,旧《济贫法》呈现出如下的特点:一是确立"亲属责任"或"家庭责任",意指亲属(亲戚、夫妻、父母、子女)负有照顾或支持自家穷人的责任。只有当亲属无能为力时,公众才会伸出援手。二是以牺牲自由为代价。旧《济贫法》最具代表性的措施是建立了"贫民习艺所",即通过强迫贫民劳动,以杜绝流浪现象。三是儿童的权利被忽视。按照旧《济贫法》的规定,孤儿、弃童、贫童将被安置在寄养家庭。如果没有"免费家庭"愿意收留,儿童将被拍卖。四是救助与惩罚同在。如果健壮的流浪者不接受强制劳动,将被示众或下狱。概览旧《济贫法》的救助措施,不难发现,弱者在获得最低生活保障的同时,同时也蒙受了来自法律和社会的苛刻对待。

旧《济贫法》的出台标志着国家以崭新的姿态介入弱者保护事业,也标志着弱者法律保障开始进入制度化的发展轨道。然而,也应当认识到,旧《济贫法》的出台有着明显的"功利"背景:一是大量的乞丐和流浪人口严重扰乱了社会的基本秩序;二是第一次工业革命属于"粗放型"和"密集型"生产方式,需要大量的劳动力。因此,功利的因素在此时的《济贫法》中得到了明显的体现。总的来说,旧《济贫法》存在如下缺陷:一是只注重片面的保障,忽视了弱者的自尊;二是实行强制劳动制度,严重干涉贫民的谋生自由。当然,虽然从劳动者的角度看,旧《济贫法》并不理想,但它却是政府通过立法对每一个人强制征收"济贫税"来救济贫民的第一次行动,意味着处于绝境的贫民有权利向国家和其他更富有的邻居请求帮助,在这个意义上,《伊丽莎白济贫法》埋下了未来

---

① 和春雷主编:《社会保障制度的国际比较》,法律出版社 2001 年版,第 3 页。

社会保障的种子。① 从社会福利的建构上说，学者评论道："该法（旧《济贫法》）的颁布标志着社会保障从分散走向统一，从临时性走向制度化，从随意性走向法律化。"②大体而言，《济贫法》之所以被视为社会保障制度的开始，主要有三个原因：第一，此制度是建基于集体责任的原则，财政来源是政府的税收，故亦被视为"公共慈善制度"；第二，它所包括的对象是全国人民，即不只向某一社群提供援助；第三，它由中央政府管理，依据法例的内容作全国性的执行。③

1795 年 5 月，伯克谢尔郡的济贫官员集会于史宾汉姆兰决定建立"普及实施的实物表"，确定救助的基础是依家庭维生所需的在地面包成本为准。这也是所谓的"面包度量"，是一种补充劳工因所得低于最低维生标准的工资的救济方式。这个新的办法很快普及到其他郡。1795 年议会通过这个原则，成为有名的"斯宾汉姆兰制度"。依这个新的办法，贫民救济采取居家原则，且依家庭大小采用不同的救济方式。这一改革所具有的重要制度意义是：第一，"日常饮食改革"关注到了弱者保护所需付出的成本；第二，体现了"最低生活保障"的基本精神。"斯宾汉姆兰制度"将家庭补贴与个人、家庭所需的基本生活资料有机联系起来，并将个人责任和社会救助有机衔接。可以说，"斯宾汉姆兰制度"开创了济贫法制度的新时代。"斯宾汉姆兰制"的口号是公平收入，体现了社会平等、互助互济的思想。当然，与旧《济贫法》一样，改革的目的是为了阻止劳动力流动，维护社会秩序，但其采取的手段已不再是强迫劳动而是恩惠，这一点应该说与现代社会保障制定更接近了一步。④ 正如英国著名学者马歇尔所评价的那样："实际上，斯宾汉兰德体系规定了最低工资保障和家庭津贴，以及工作或维持生活的权利。即使以现代的标准来衡量，它也是一组内容充实的权利，远远超出了人们对《济贫法》范围的合理预期"。⑤ 由此可见这一体系在社会权的诞生以及福利制度

---

① 和春雷主编：《社会保障制度的国际比较》，第 5 页。

② 黎建飞主编：《社会保障法》（第 3 版），中国人民大学出版社 2008 年版，第 19 页。

③ 赖伟良：《社会保障》，见蔡文辉主编《社会福利》，五南图书出版股份有限公司 2002 年版，第 118—119 页。

④ 参见林嘉：《社会保障法的理念、实践与创新》，中国人民大学出版社 2002 年版，第 59 页。

⑤ ［英］T. H. 马歇尔：《公民身份与社会阶级》，见郭忠华、刘训练编《公民身份与社会阶级》，江苏人民出版社 2007 年版，第 13 页。

发展史上的重要意义。

　　查德威克推动的新《济贫法》的出现,标志着英国已经迈向现代社会保障制度的门槛。查德威克是 1834 年英国皇家委员会关于济贫法报告的主要起草者之一,也是 1842 年《关于大不列颠劳动者卫生状况报告》的作者。查德威克是一个典型的自由主义者,他认为,奉行自由原则是使人们懂得自由的价值和规则,假如迫使穷人重新回到劳动力市场,而不是让其继续幻想靠救济过活,原有救济制度存在的问题就不难解决。在此指导思想下,查德威克提出了著名的"劣等处理"原则和"济贫院检验"原则。"劣等处理"原则是指:

　　　　游手好闲者的整个状况不应明显地好于独立劳动者收入最低层的状况。各种证据表明,任何贫困阶层的状况如果超过了独立劳动者,独立劳动者阶层的状况肯定是令人沮丧的;他们的勤奋精神受到伤害,他们的就业变得不稳定,他们的工作遭到削减。他们由此将受到强烈的引诱,离开状况不佳的劳动阶层而进入状况反而较佳的贫困阶层。而当贫困阶层被安置于一个合适的、低于独立劳动者的水平上,则会出现相反的情况。①

　　同样,济贫不应废除,但不应放任自流,必须由政府统一管理。要停止一切户外救济,而将一切救济活动集中于济贫院进行。只有这样,才能保证济贫院内受救济者的生活状况确实低于院外的独立劳动者。这就是"济贫院检验"原则。②

　　1834 年,英国皇家委员会颁布了关于修改济贫法的报告,肯定了查德威克"劣等处理"与"济贫院检验"两条原则,此后通过了著名的 1834 年《济贫法修正案》(即新《济贫法》)。③ 新《济贫法》的改革围绕以下三个方面进行:第一,严格限定了接受救济的条件。接受救济的人必须接受三个条件:一是丧失个人声誉,接受救济被社会看作是一个污点;二是丧失个人自由,

---

①　和春雷主编:《社会保障制度的国际比较》,第 8—9 页。

②　同上书,第 9 页。

③　参见同上。

必须禁闭在贫民习艺所里劳动;三是丧失政治自由,失去公民权,特别是选举权。[1] 第二,确立了院内救济制度。新《济贫法》宣布停止向济贫院以外的穷人发放救济金,只把征自于富有者的救济金用于院内穷人。第三,建立完备的济贫管理体系。中央成立济贫法部,有权颁行济贫条例;成立督察组专门监督中央条例在地方上的执行情况;设立地方稽核员,对不合要求的济贫支出施以财政性惩罚;地方上选举监督官并聘用有薪官员负责济贫事务。

从某些改革措施上看,1834 年济贫法改革是一种历史的倒退,特别是废除了"斯宾汉姆兰制度"并确立了院内救济制度,使得弱者面临身体和心理上的双重压迫。[2] 然而,其先进之处则在于它初步确立了要求社会救助是公民的基本权利、实施社会救助则是政府应尽义务的新的社会保障理念,尽管它仍以受助者身份的不平等为前提。自此,社会保障制度在政府的积极干预下,开始迈入法制化、专业化的新的发展时期。[3] 正因如此,学者将新《济贫法》的颁布,作为英国社会福利的"第一次重大改革"。[4] 但是,新《济贫法》的缺陷也是非常明显的,正如刘波博士所言:

> 济贫法制度的根本缺点是它以济贫为主,而不是以预防贫困为主。济贫法下的任何救济都是在贫困成为一种事实后方才提供的,而不是在可能出现贫困之前提供救济,防止贫困成为事实。因此,济贫法制度从根本上说不可能有效地解决贫困问题,尤其是随着工业社会的发展,社会问题越发复杂,贫困的原因更加多样化、社会化。在这种情况下,单单以救济为主的济贫法制度显然已经无法满足社会发展和变化的需要。[5]

---

[1] 董保华等:《社会保障的法学观》,北京大学出版社 2005 年版,第 19 页。

[2] 对于这一历史退步的详细探讨,可参见 Lorie Charlesworth,*Welfare's Forgotten Past: A Socio-Legal History of the Poor Law*,Routledge,2010,pp.202—204。

[3] 郑秉文、和春雷主编:《社会保障分析导论》,第 7—8 页。

[4] 丁建定:《从济贫到社会保险:英国现代社会保障制度的建立(1870—1914)》,中国社会科学出版社 2000 年版,第 1 页。

[5] 刘波:《当代英国社会保障制度的系统分析与理论思考》,学林出版社 2006 年版,第 78—79 页。

这一评价非常恰当,正如我们一再言及的那样,现代的社会救助制度更需要侧重于提高弱者的生存与发展能力,促使弱者境遇的最终改善。

二、德国以社会保险为主要内容开创现代的弱者权利保护制度

从 19 世纪 50 年代开始,工业革命在德国全面展开,社会生产方式由小规模手工作坊向大规模机械化生产转化,生产的社会化达到空前的程度。专业分工与协作使劳动力过早退出生产领域,技术进步和机械化使劳动力相对过剩,不可避免地产生了工伤、养老、失业等社会问题。一句话,社会化生产使个人所面临的风险越来越突出表现为社会风险。在德国社会主义政党的推动下,工人阶级为了争取自己的经济利益和劳动权益,与资产阶级展开了持续不懈的斗争。[1] 1881 年 11 月 7 日,经宰相俾斯麦倡议,德国威廉一世颁布皇帝诏书,这一诏书被视为德国社会保障的"大宪章"或起源。皇帝诏书申明:工人在患病、发生事故、伤残和老年经济困难时应该受到保障,他们有权要求救济,工人保障应由工人自行管理。同时,皇帝诏书还对社会保障的发展作出了以下规划:"一方面要制定一个确定职业医疗保险组织的功能和任务的草案;一方面要提高那些由于年老、残疾而丧失职业能力者领取国家补贴的比例。"据此,德国 1883 年 6 月颁布了《工人疾病保险规定的准则》;1884 年 7 月颁布了《事故保险法》,该法规定,在工作中发生事故伤者或死难者家属均能够从实行事故保险的同业工伤事故保险联合会中获取抚恤金。1889 年 6 月实行了《伤残及养老保险法》,其中规定 70 岁以上者可以获得养老金,伤残者可以获得伤残救济金。[2] 具体来说,如下表所示,俾斯麦推行的社会福利立法的主体部分,包括:1883 年颁布的疾病保险法,1884 年颁布的事故保险法,1889 年颁布的老年与残疾保险法。相关法律的内容及其救助对象等方面的差异,可参见学者们对之作出的概括:

---

[1]　王云龙、陈界、胡鹏:《福利国家:欧洲再现代化的经历与经验》,北京大学出版社 2010 年版,第 45 页。

[2]　郑秉文、和春雷主编:《社会保障分析导论》,第 8 页。

19 世纪末德国三大社会保险法的内容比较①

	疾病保险法	工伤事故保险法	老年与残疾保险法
保险对象	符合法律规定的工厂劳动者,年收入不超过 2000 马克	符合法律规定的工业劳动者,年收入低于 2000 马克	年收入低于 2000 马克的所有工资劳动者与雇员
财政来源	费用由雇主承担 30%,雇工承担 70%,国家予以一定的补贴	费用全部由雇主承担	费用由雇主及雇工各负担一半,国家予以补贴,参保者服兵役期间的保费由国家负担
资格条件	患病	因公伤害,但不包括故意受伤害	老年津贴领取者需达到 70 岁,并缴费 1200 周(30 年),残疾津贴领取者也须缴费 200 周(5 年)
津贴标准	津贴标准为工资的 50%,从生病后的第 3 天开始领取,领取最高时限为 13 周	工伤事故保险津贴标准为工资的 2/3,需护理者的标准为全额工资,领取时限为 14 周,工伤致死者的家属可领取死者工资的 20%	基本津贴为 50 马克,由国家补贴,固定补贴为 60 马克,其余依缴费期限和工资等级确定
组织管理	由各种疾病保险基金组织管理,雇主因承担绝大部分费用而在各类疾病保险管理机构中发挥决定作用	工伤事故保险由企业协会管理,雇主在工伤保险管理中发挥决定作用	养老保险由国家统一管理

之后,德国又对上述法律进行了一系列的改革,包括 1899 年德国颁布了《残疾保险法》,开始对残疾人提供必要的医疗服务;1911 年颁布了《帝国保险法》;1927 年颁布了《职业介绍法》和《失业保险法》。至此,德国发展出当时世界上最为完备的社会保障体系。在俾斯麦积极推行社会福利立法的情况下,德国当时的社会福利制度呈现出如下特点:一是保障主体的特定性。从上述一系列法律的保障主体来看,其基本保障对象限定为工人,即保障工人疾病、工伤、养老、失业等方面的权利。除产业工人之外的其他"弱者",基本都排除在保障范围内,特别是那些不具备劳动能力的弱者。二是保障的强制性。即

---

① Petter A. Kohler, *The Evolution of the Social Insurance, 1881 – 1981, Studies of Germany, France, Great Britin, Austria and Swithland*, New York, 1982, pp.28 – 31.转引自丁建定:《西方国家社会保障制度史》,高等教育出版社 2010 年版,第 147 页。

只要符合法律要求的工人阶级一律要受保。这一制度逐渐被之后的社会保障法律所吸纳，成为社会保障制度的一项最为基本的原则。三是个人责任、企业责任和国家责任的有机结合。从上表可以看出，无论是疾病保险、工伤事故保险还是老年与残疾保险，其保险费用一般由工人、企业和国家三方承担。这一制度的构建为社会保障制度提供了稳定的经济来源。四是按照地区经济状况确定不同的保障标准。保险金额按照地区和收入状况即所付金额而定，没有统一的国家标准。

然而，俾斯麦伊始的德国保险制度改革，是否意味着弱者保护正式进入法制化的轨道，或言之，弱者的法律地位就此得到凸显？征诸历史事实，或许还不能给予如此之高的评价。这主要是基于以下两个理由：一是支撑俾斯麦改革的理论背景缺乏弱者保障的相关理念。以当时占据主导地位的德国历史学派来看，其基本的法理基础是——维护工人的正当权益，保障社会稳定和发展。例如新历史法学派认为，当时年轻的德意志帝国所面临的最严重的社会经济问题就是"劳工问题"。如何缓和劳资间的矛盾，填平两者在理想、精神和世界观方面的"深渊"，关系着帝国的前途和命运。因此国家必须通过立法，实现包括社会保险、孤寡救济、劳资合作以及工厂监督在内的一系列社会政策，自上而下地实行新的社会改革，以改善工人的劳动条件和生活条件，借以改变工人阶级的教养和心理状态，从而缓解劳资冲突。① 可见，虽然这些保险法律立足于"工人权益"，但是其支撑理由更多是功利性的，非道德性、伦理性的。二是德国保险改革的保障对象仅限于低于一定工资水平的工人阶级，基本剥夺了其他社会弱势群体的社会保障权利。当然，也需要肯定的是，"受保障者不需以牺牲人格尊严和接受惩戒为受益条件，免去了济贫制度下的经济状况调查和济贫院的冥落"，②体现了对弱者人格的尊重。同时，"德国社会保险法的颁布和实行使得国家对民众生活状况的改善由早期的社会救助为主转变为社会保险制度为主，开启了社会保障制度化的历程，标志着人类历史上以社会保险为核心的现代社会保障体系的正式形成"，③具有重要的历史开拓意义，

---

① 郑秉文、和春雷主编：《社会保障分析导论》，第18—19页；王云龙、陈界、胡鹏：《福利国家：欧洲再现代化的经历与经验》，第55—56页。

② 郑功成：《社会保障学：理念、制度、实践与思辨》，第111页。

③ 刘芳、毕可影主编：《社会保障制度史》，上海交通大学出版社2018年版，第44页。

并为其他国家所纷纷仿效。

三、福利国家时代弱者权利保护的法律实践

(一)《贝弗里奇报告》主导下的英国社会保障计划改革

1944 年在当时英国首相丘吉尔的委托下,贝弗里奇爵士力图制定一项统管人们一生("从摇篮到坟墓")的公共保障计划,这就是众所周知的《社会保险和联合服务》(1942)与《自由社会里的充分就业》(1944)两份报告,亦即著名的《贝弗里奇报告》。该报告提出:社会应保证全体公民免受贫困、愚昧、疾病、失业与肮脏"五害"之苦,主张建立全社会的国民保险制度。英国政府在《贝弗里奇报告》的基础上,先后颁布实施了《国民保险法》《国民健康服务法》《国民工业伤害法》《家属津贴法》与《国民救济法》。在此基础上,1948 年英国首相艾德礼率先宣布英国已建成"从摇篮到坟墓"均有保障的福利国家。接着西欧、北欧、北美洲、大洋洲、亚洲等各洲的发达国家都先后宣布实施"普遍福利政策"。这样一来,社会福利项目继社会救助、社会保险之后,获得了空前的发展,在发达国家和地区形成了一个以"高福利"为内涵的社会保障体系。[①]

《贝弗里奇报告》中确立了战后英国福利体系重建中社会保险的六条基本原则:(1)基本生活待遇标准统一原则,即给付的保险待遇标准统一,而不考虑因失业、伤残或退休而中断的原收入为多少,唯一的例外是:因工伤事故或职业病导致长时期伤残的情况;(2)缴费费率统一原则,即强制保险,要求每一个参保人及其雇主以统一费率缴费,而不考虑其经济状况;(3)行政管理职责统一原则,以便提高效率和效益;(4)待遇标准适当原则,即待遇高低适度,享有期限恰当;(5)广泛保障原则,即不论是从社会保障覆盖面的人员还是从满足他们的各种基本需要角度来看,社会保险都应当是全方位的;(6)分门别类,适合不同人群原则,即社会保险由于其统一性和广泛性决定了必须考虑社会不同阶层的不同生活方式。有关社会保障计划的目标,《报告》将之概括为"确保每个公民只要各尽所能,在任何时候都有足够的收入尽自己的抚养职责,以满足人们的基本需要"。[②] 可见,《报告》一方面强调了个人的责任,即"各尽所能",另一方面也强调了政府与社会的责任,即"满足人民的基本需要"。

[①]　参见郑秉文、和春雷主编:《社会保障分析导论》,第 11—12 页。

[②]　[英]贝弗里奇:《贝弗里奇报告——社会保险和相关服务》,劳动和社会保障部社会保险研究所组织翻译,中国劳动社会保障出版社 2008 年版,第 114—115、157 页。

　　《贝弗里奇报告》提出了三个相互配合、相互补充的保障方式：一是社会保险，指在参保人在自己或雇主事先强制缴费的前提下获得的现金给付，而不考虑支付时个人是否需要；二是国民救助，指在享受时只要经证明确实需要，就可得到现金给付，不需要事先缴费，并且待遇随个人情况而调整、变动，所需资金由财政提供；三是自愿保险，指个人可自由选择自愿保险，享受更高标准的待遇，国家应给予鼓励。① 显而易见，《贝弗里奇报告》吸纳了福利制度的"互惠"和"单边"性质：前者承认福利的前提是福利的提供者和接受者的一种互惠或交换关系的组成部分，在这种关系下双方相互负有契约性义务：一方提供福利，而另一方则通过缴费来购买福利；而后者，即单边制度，把资源从国家直接转移到个人，尽管资源的转移要符合所规定的条件和限制（根据需求调查，但社会保护水平依政治因素确定）。②

　　《贝弗里奇报告》将英国的人口分成六类保险人群，具体而言包括：第一类是雇员（签订劳动合同或学徒合同，无论所从事的行业）。第二类是其他有收入的人群（主要指自雇人员）。第三类是家庭妇女（在工作年龄内的已婚妇女，和丈夫居住在一起；如果她们有工作，可被划入第一类或第二类，或者可以申请豁免缴费，即申领后她们有资格享有的唯一福利是生育补贴）。第四类是工作年龄内的其他人（16 周岁以上的学生、没有收入打理家务的未婚妇女、有工资以外收入的人和根据社会保险方案没有资格享有福利待遇的残疾人）。第五类是不满 16 周岁的年轻人。第六类是工作年龄以上的退休人员。某些人群在一些情况下可以申请豁免缴费。例如，对于第一类或第四类的人来讲，如果其年度内收入不足 75 英镑，可以申请豁免缴费。③ 可以看出，上述的分类立足于收入、年龄、性别等合理的区分标准，具有很强的可适用性。

　　《贝弗里奇报告》的发表，在英国引发了强烈的社会反响，当然社会各阶层的态度并不统一。政府官员及官方组织对《贝弗里奇报告》的反应也不一致，就连委托人丘吉尔对《贝弗里奇报告》都表示冷淡，之后甚至公开表示反对。然而，尽管社会各界对《贝弗里奇报告》的评价不同，它却得到了广大普通民众

---

　　① ［英］贝弗里奇：《贝弗里奇报告——社会保险和相关服务》，劳动和社会保障部社会保险研究所组织翻译，第 113—114 页。

　　② ［英］内维尔·哈里斯等：《社会保障法》，李西霞、李凌译，第 93—94 页。

　　③ 同上书，第 95—96 页。

的坚决支持和拥护。在这种情况下,英国下院最后以"335 票赞成、119 票反对"通过了《贝弗里奇报告》,使之最终成为一份官方社会保障制度改革文件。

《贝弗里奇报告》作为福利国家的"圣经",在资本主义社会发展历程上,划分出了福利国家与前福利国家两个时期。德国学者考夫曼认为,福利国家与前福利国家的资本主义,有以下三方面的区别:第一,在生产领域中,原则上仍继续保持私有制和企业主的支配自由;不过,两者要服从某些限制条件,以消弭企业和员工——"资本"和"劳动"——之间的权力差异,并减少人们不希望看到的效果,即在企业的成本账之外产生"社会成本"。在这些限制(国家禁令、损害赔偿义务、程序规定、监督和协商制度)的主要类型方面,各民族的福利国家间存在着差别。第二,在分配领域中,只依靠市场经济原则,以生产要素获得回报为取向的初次收入分配,要由国家组织的二次收入分配来纠正,以确保无职业者和无财产的居民群体(老年人、残疾人、儿童、失业者)也有一份收入。在这些转移收入(通过各种税、费)的筹资方式方面,以及在与此有关的权利的确定和社会保障体系的组织方面,各民族的福利国家间存在着差别。第三,在再生产领域中,私人家政的功能通过教育、卫生和社会福利部门的受国家资助的或完全由政府出资的各种服务而得到补充和支持。在提供服务设施的国家的、地方的、公益的和私人经济的责任关系方面,以及在对这些设施进行政治和法律调控的方式和范围方面,各民族的福利国家间存在着差别。[①]不难看出,考夫曼是充分肯定《贝弗里奇报告》的潜在价值的。

(二)罗斯福新政与美国福利国家的构建

众所周知,20 世纪 30 年代世界爆发了一场史无前例的经济危机,美国也不能幸免。随着危机的进一步恶化,要求政府采取行动的呼吁日益增多和强烈。1931 年 10 月,纽约市福利顾问威廉·哈德逊(William Hodson)发表了致胡佛总统的公开信,要求、催促实施联邦政府失业救济政策,认为这已不是什么慈善问题,而是有关人权问题。然而时任美国总统的胡佛对此建议却不屑一顾。[②] 然而,总统的冷漠并不能阻止各州的行动,时任纽约州长的罗斯福就是开试验先河的"胆大妄为"的人物之一。1931 年 8 月,他召集了一次讨论

---

① [德]弗兰茨-克萨韦尔·考夫曼:《社会福利国家面临的挑战》,王学东译,商务印书馆 2004 年版,第 19—20 页。

② 参见杨冠琼主编:《当代美国社会保障制度》,法律出版社 2001 年版,第 39 页。

救济问题的特别立法会议,要求立法人员将失业问题与老年、鳏寡、工业事故等问题放在同等重要的位置上去考虑。虽然几经周折,但特别立法会议终于批准了"纽约州失业救济法案",通称"威克斯法案",从而使该州成为全国第一个提供失业救济的"帝国"。1931年9月23日通过的救济法案,在新成立的独立机构"临时紧急救助署"的直接运作下,按照匹配原则,通过该州各地方政府,为失业者及其家庭提供了数百万美元的救济。到1931年底,全美已有24个州仿照纽约,制定了失业救济法,并建立起新的掌管资金的独立性机构;它成为后来联邦救助法案的先驱和原型,不仅为联邦政府救助项目提供了模式,也为新政的项目和机构提供了有经验的领导者和工作人员。①

威克斯法案具有重大的历史意义和现实意义。在学者杨冠琼看来,它促进了公共救济的具有建设性意义的社会价值的确立,因而有助于打破公共救济使受益人"奴化"和道德退化的传统观念;此外,将失业看作全州性的社会问题,有力地改善了社会工作的环境、氛围和运行机制,使救济工作更为有效。②在崇尚个人主义的美国,如此大规模地动员国家的力量来保障失业者的权利,不能不说是一次具有历险意义的福利行动。

担任美国总统后,罗斯福仍然奉行其作为州长时的治理信条与理念:社会对所有人的福利状况负有不可推卸的责任;非人格化和不可控制的经济力量,而非失业者个人才是导致大量失业的原因所在;公共援助并不是慈善问题而是建立于文明社会中个人有权获得最低生活标准基础之上的正义问题;自由与安全同等重要;因此,民主国家的存在应以公民的健康与福利为基础。罗斯福处理大危机时主要采取了两种方式:一是举办公共工程;二是制定并实施了一系列社会保障项目。③ 其中最具有代表性的法律有两部:一是《联邦紧急救济法》,这一法律从一开始就拨出约5亿美元的资金,并将之分配给各州,作为各州实施紧急失业救济的启动资金,从而将救济大量公民的责任从州、市等地方政府转移向了联邦政府。根据法案的要求,联邦政府建立起第一个全国性的救济机构——联邦紧急救济署,负责统一领导和监督各州的失业救济行动。二是社会保障法。罗斯福在新政初期,实施了许多社会救济措施,但尤以

---

① 参见杨冠琼主编:《当代美国社会保障制度》,第40—41页。
② 杨冠琼主编:《当代美国社会保障制度》,第40页。
③ 同上书,第41页。

1935 年 8 月 14 日通过的《社会保障法》最为重要。《社会保障法》共 10 编,开宗明义就规定:"本法案旨在增进公共福利,通过建立一个联邦的老年救济金制度,使一些州得以为老人、盲人、受抚养的和残疾儿童提供更为可靠的生活保障,为妇幼保健、公共卫生和失业补助法的实行作出妥善的安排。"就保障的内容而言,《社会保障法》所采取的是一种混合措施,它设置了两道防护线:交纳性的社会保险与公共援助,目的在于防止人们生活失去保障。该法案首先也是最重要的,是创设了全国范围的大多数雇员必须参与的老年人保险制度。其次,该法创设了旨在鼓励州政府承担起行政责任的联邦-州失业保险制度。再者,该法案规定,联邦政府将依据匹配原则向各州提供资助,以帮助抚养儿童的没有独立能力(收入来源)的母亲、瘸拐年轻人以及盲人。①《社会保障法》的通过标志着美国社会保障制度的正式诞生;也意味着保障贫困者的责任由地方政府、民间组织(如家庭、宗教以及互助社团)转向了联邦政府,意义重大。

(三)社会国原则与德国社会福利国家的建构

德国基本法将"社会福利国家"作为自己的立国目标。什么是社会福利国家? 社会福利国家学界也译为"社会国",将之称为一种致力于实现社会正义的国家,其目标是将社会资源在社会成员中作出适当的分配。我国台湾地区学者叶阳明先生根据德国学者的论述,将社会国的主要特征概括为十个主要方面:(1)社会国肯定一种能带来最高收益的经济秩序。经济并非为了本身之目的而存续;经济不服从任何教条;(2)社会国欲营造一种经济收益对所有经济生产的参与者皆有利的局面;(3)社会国欲采行保护劳动生活者的措施,以防范因社会、经济生活环境变迁而产生的后果;(4)社会国主张,全民生活及劳动于有人之尊严的社会中;(5)社会国欲强化自助力量,反对沦为单方面的受惠国;(6)社会国采行中道路线,拒绝两极化及形式化的平等主义;(7)社会国关照社会弱势者,赋予其合理的要求权;此项权利享有的先决条件是:当事者无足够的自助能力;(8)社会国关切全民生活水准的提升;(9)社会国以前瞻性的眼光,体认到其对于新生代的责任;(10)社会国同时亦为法治国和民主国,也就是说,在致力实现社会国目标的同时,尚须落实法治国和民主政治的基本

---

① 相关内容参见杨冠琼主编:《当代美国社会保障制度》,第 44—46 页。

原则。[①] 可见,社会国原则作为一个国家治理原则,其内容不仅肯定经济自由,更落实于人们有尊严的社会生活;既强调国家对弱势者的无偿救助,也着力于提高人们的自主能力;既关系着现世的人的利益,也体现了对后代权利的关注;既反对两极分化,也不允许以形式平等来替代实质平等。

1949 年,联邦政府颁布《社会保险调整法》,废除了战时乃至战前的一些特殊法令,调整了社会保险津贴——尤其是提高了养老金津贴,实行每周 50 马克的最低养老金津贴。同时,在工人养老保险中推行无条件的寡妇养老金,并且将残疾标准从原来的丧失收入能力的 60% 降低到 50%。养老保险缴费从 5.6% 提高到 10%,失业保险缴费率从 6.5% 降低到 4%。此外,取消了国家对失业保险的补贴,疾病保险缴费由此前的雇主承担三分之一,改为由雇主与雇员平均分担。此后的一系列社会保险法极大地加快了联邦德国社会保障制度恢复与重建的步伐。联邦德国还通过了一系列法令,以恢复和重建民主与自治性的社会保障管理体制。除了社会保障体系进一步完善外,政府还在其他的社会福利方面做了大量的工作。在教育方面,联邦德国实行免费义务教育,经费由政府承担。住房方面,联邦德国政府自 20 世纪 50 年代初,开始采取积极支持住房建设和提高居民住房水平的措施,对住房建设与消费实行政策鼓励和资金补贴。联邦德国通过一系列法令,逐步建立起比较完善的社会救助制度。[②]

四、西方后福利国家时代弱者权利保护的趋势

现代社会保障和弱者权利保护制度在经历了 20 世纪 60 年代一个前所未有的黄金时期之后,20 世纪 70 年代又急转直下,各国纷纷踏上了改革与调整之路。这一转折的基本原因有二:一是 1973 年石油危机引发的西方发达国家普遍性的经济停滞,动摇了支撑社会保障持续发展的经济基础;二是社会保障制度面临入不敷出的财政预算危机。[③] 在这样的背景下,世界各国逐渐开始福利制度的改革。我国台湾地区学者对当前欧洲主要福利国家改革发展状况作了如下图示:

---

① 参见叶阳明:《德国宪政秩序》,五南图书出版股份有限公司 2005 年版,第 64 页。更为详细的历史梳理,亦可参见 Michael Stolleis, *History of Social Law in Germany*, translated by Thomas Dunlap, Springer,2014,pp.157 - 221。

② 参见王云龙、陈界、胡鹏:《福利国家:欧洲再现代化的经历与经验》,北京大学出版社 2010 年版,第 83—88 页。

③ 郑秉文、和春雷主编:《社会保障分析导论》,第 12 页。

当前欧洲主要福利国家改革发展状况①

国别	福利提供的主要方式	国内特定压力	影响后果	革新措施	未来发展议题
芬兰	普及性的公民资格制	1990 年代以来面临经济危机、苏联解体冲击、国际竞争影响工业产品输出	高税率,有限福利供给抑制,划一的年金和失业给付改革	失业给付;普及性津贴给付等	可能朝欧陆组合主义福利体制转型
法国	社会保险与救助	外劳社会保险支出使其劳动成本相对偏高	由于低国家控制,福利改革迟缓;但国家已逐渐取得较多制度面的控制力	建构税收补助之长期储蓄制;每周工作 35 小时	社会保险(财务、给付资格)改革,加强社会福利民营化
德国	社会保险与救助	东西德统一的高代价及低贡献引发不满	由于低度共识,福利改革迟缓;税制与津贴朝新自由主义方向调整	国家扩大补助民间非营利组织	主要的政治领袖,基本都同意朝新自由主义政策取向调整福利政策
西班牙	扩大实施中的社会保险与救助	高失业及低就业率、低生育率,家庭模式转型	福利政策随政党竞争调整之共识;地方要求福利实施分散化	地方政府推动小型改革	能否坚持当前福利扩展成长率,仍不确定
瑞典	普及性的公民资格制	1990 年代以来面临经济危机,国际竞争影响其工业产品输出	高税率,有限地福利供给抑制	普及性津贴给付;基金提存准备的年金制;较低额度的青年失业给付	可能朝欧陆组合主义福利体制转型
瑞士	有限的社会保险与强制性的私人投保	长期高失业率,涵括移民和妇女工作者的福利供给	兼顾福利财务与年金给付改革的折衷解决方式	加强积极性的劳动市场政策;公共津贴税配偶合一制	针对非典型工作者要求福利支持之折中解决方案尚待建构

① 参见蔡汉贤、李明政:《社会福利新论》,松慧有限公司 2004 年版,第 357—359 页。

（续表）

英国	自由倾向之个人主义福利制与普及性的健康与教育提供制	强烈要求减税的选举压力	大幅减缩普及性给付,加强民营化	废除失业给付,改成国家暨基金提存民营的津贴给付	新保守主义政策改革方向稳定,然而,由于排除边缘性团体,可能有损社会团体

从西方福利国家的发展趋势上而言,有这样几个值得注重的特点:

一是关注弱者的"赋权"与"去权"问题。权利的赋予,即指赋权。赋权一词来自英文"empowerment",其意义是"使拥有权力以及拥有使用权力的力量和能力"。[①] 这一概念受到国际上参与式发展思潮的影响。不仅如此,赋权概念的出现与弱者权利保护有着密切的联系。与赋权概念相反的一个概念便是"去权"。"去权"理论是弗里德曼 1992 年在其著作《赋权:替代发展政策》(*Empowerment:The Politics of Alternative Development*)中首次提出,主要是用来阐释弱势群体的社会特征:一是经济方面,基于各种原因,弱势群体缺乏参与经济活动的条件;二是社会方面,包括维持居住的基本条件、家庭或社交生活中的支持网络、接受资讯的条件等;三是政治方面,一般弱势群体都会因为经济压力而难以抽身参与政治,产生政治上的无力感。[②] 基于此,弗里德曼将弱势定义为"去权的一种形式",认为解决之道是通过集体的自我赋权来争取权利。所谓"去权"有三种形式:一是社会的去权,指弱势群体相对他人而言无法获得生存所必需的资源;二是政治的去权,指弱势群体在政治上既无明确的纲领又无话语权;三是心理的去权,指弱势群体自觉毫无价值,消极地放弃自己的权利,而且将此类感情内化。[③]

"去权"的存在必然导致"赋权"的登台。为什么要赋权?或者说赋权的价值在哪里? 这在英国学者阿尔基尔的书中,已经给予了很好的归纳:首先,赋权和人类发展之间是一个良性循环的关系。其次,个体性赋权能够促进地方水平的项目有效性。再次,个体赋权和好的政府治理是相互促进的。有效的

---

① 卜卫:《关于农村留守儿童的研究和支持行动模式的分析报告》,见柳华文主编《儿童权利与法律保护》,上海人民出版社 2009 年版,第 61 页。

② 转引自慈勤英:《"文革"、社会转型与剥夺性贫困》,《中国人口科学》2002 年第 2 期。

③ 参见胡星斗:《弱势群体经济学及经济政策》,《首都经济贸易大学学报》2010 年第 2 期。

司法系统、安全的法制、开放的参与渠道及对公民自由的保护都会使民众获得赋权。同时，如果被赋权的民众非常重视这些领域，这些方面也会更加地得到完善。复次，赋权能够对心理状态和感受到的福祉有一个积极的影响。最后，赋权有利于增加穷人参与集体活动的可持续性和降低各种发展性干预的成本。①也就是说，在"授之以渔"与"授之以鱼"之间，赋权也有利于促成个人能力的自我发展，逐步提高获取资源和参与社会决策的能力，从而真正成为国家的主人。

　　"赋权""去权"理论对弱者的权利保护产生了重要影响：（1）权利的赋予就意味着让弱者重新回到社会经济政治生活的舞台，使他们有能力影响与他们利害相关的政策和法律的制定。正因如此，法律要充分保障弱者不仅享有社会政治经济权利（形式），而且能够真实具体地行使这些权利，而不是虚化公民权利。当公民的权利受到不法侵害时，能够使用权利维护自身的权益。与此同时，赋权应当具体化、法治化和普遍化。公法上的赋予是经过充分讨论和论证，并基于一定的民主程序最终形成的决策。（2）维护弱者的"公民身份"。公民身份主要指有关个人、群体、权利、义务与国家机构的关系；它也与融入及赋权的相对程度有关。"在所有可能的属性中，有效的公民身份显然意味着融入由国家有关机构居中协调或管理的权利与福利供给体系中，并通过主流的政治调解来满足当事人的需要。"②从赋权意义上说，被赋权的主体应当是每一个人，而不是特定的个人或全体。如若为特定的人而设置特别的权利，公法就俨然成为"特权法"。（3）除了政府赋权于民，还应当允许个人的自我赋权，即"人人都有争的权利，人人都有争的义务，人人都应有理、有节、有据地争。"③只有个人争取得来的权利才更为永久，民众才会更为珍惜这来之不易的权利。然而，个人毕竟是微不足道的，为了对抗强大的国家权力实现"人的联合"就显得十分重要。人的联合主要有三个维度：一是自然的联合，二是社会的联合，三是政治的联合；对于国家和个人关系而言，最为

---

　　①　［英］萨比娜·阿尔基尔等：《贫困的缺失维度》，刘民权、韩华为译，科学出版社 2010 年版，第 50—51 页。

　　②　［英］彼得·德怀尔：《理解社会公民身份：政策与实践的主题与视角》，蒋晓阳译，北京大学出版社 2011 年版，第 7 页。

　　③　邓贤明：《政府赋权与民众争权》，《长白学刊》2009 年第 3 期。

重要的联合就是政治上人与人之间的联合。"联合"不仅是人与人之间的一种聚合,更为重要的是展示了公意与共同声音。① 现代法律制定的过程,本身就是人的联合的重要方式,通过法律实现人的联合,也使法治具有正当性。同时,为了实现联合,在宪法上,往往将结社、集会、罢工等形式的人的联合的权利确定为"基本权利",拥有高于其他一般权利的地位,而且国家不得对之加以克减。②

二是提升弱者的"可行能力",即提升弱者得以改变其自身处境的能力。例如注重维护弱者的受教育权即是其中特别重要的可行能力培养举措。众所周知,教育权利不平等是导致弱者产生的重要原因,而受教育权的赋予以及普及,则是根本上提升弱者摆脱困境能力的措施。密尔很早就注意到,"对于劳动阶级的子女,要进行有效的国民教育。与此同时,要采取一系列措施(像法国大革命时的情形那样),消除整个一代人的极端贫困状态。"③也就是说,缺乏教育与贫困状态紧密关联。正因如此,在现代国际社会弱者权利保护的进程中,受教育权的普及成为一项重要的人权工程而被国际社会所高度重视:

> 受教育本身就是一项人权,也是实现其他人权不可或缺的手段。作为一项赋能的权利,教育是一个主要工具。在经济上和社会上处于边缘地位的成人和儿童能够通过教育脱离贫困,取得充分参与社会生活的手段。教育具有重大的作用,能够赋予妇女权能,保护儿童不致剥削性和危险的工作或者受到性剥削,增进人权与民主,保护环境,控制人口增长。日益得到承认的是,教育是各国所能做的最佳投资之一。但是,教育的重要性并不只限于实用的层面:受过良好教育、开悟而且活跃的心灵,使人能够自由广博地思考,这是人生在世的赏心乐事之一。④

由此不难发现,受教育权既是一项独立的权利,也是一项成为其他权利的

---

① 参见胡玉鸿:《"人的联合"的法理疏释》,《法商研究》2007年第2期。

② 胡玉鸿:《"人的联合"的法理疏释》,《法商研究》2007年第2期。

③ [英]约翰·穆勒:《政治经济学原理——及其在社会哲学上的若干应用》(上卷),赵荣潜等译,商务印书馆1991版,第425页。

④ [澳]本·索尔、戴维·金利、杰奎琳·莫布雷:《〈经济社会文化权利国际公约〉评注、案例与资料》(下),孙世彦译,法律出版社2019年版,第926页。

基础的权利。人们获得了必要而良好的教育，才能拥有参与社会、创造生活的知识与技能。特别是对于弱者中的弱者——妇女与儿童来说，教育或许是他们改变自身所处不利境况的唯一手段。受过教育，才能作出正确和合理的判断，而不至于被人欺骗，沦为弱者；有了知识，才会有一技之长，从而在生活中能有自己的安身立命根基。所以，"教育是实现人权的前提条件。享有多种公民和政治权利……至少有赖于最低限度的教育，其中包括一定的识字率。同样道理，许多经济、社会和文化权利……只有在接受了最低水平的教育之后，才能真正实现"。① 要根本上改变弱者的生存窘境，就必须加大教育的投入力度，使全体社会成员都能够在义务教育之下，在青少年阶段接受来自国家的免费教育。

必须注意的是，教育还是一个终身学习的过程，特别是对于在社会竞争中的失利者、失败者而言，如何使其掌握新的生存技能，提升其为自己生活规划的可行能力，还必须辅之以相关的技能培训。国际劳工大会对此一问题高度关注，强调：

> 对于处在工作年龄段的人而言，提供有保障收入的最好的方式，是通过体面的劳动。因此，向失业人员提供现金津贴，应该与培训和再培训及他们为了获得就业而可能需要的其他支援密切配合。随着经济的增长，劳动力队伍的受教育程度与技能将会日益重要。为了将来能够掌握适当的谋生技能，能够识字和计算，以及能够有利于个人的成长和进入劳动队伍，应该使所有的儿童都能接受教育。在当今的经济中，为了保持就业能力，终身学习是必不可缺的。失业津贴的设计，不应使其造成依赖或成为就业的障碍。采取措施，以使得工作从收入上来说比领取社会保障更具有吸引力，业已被证明是有效的。②

这里所强调的终身学习，自然要与国家弱者权利保护的公共政策紧密相

---

① ［挪］A.艾德、C.克洛斯、A.罗萨斯主编：《经济、社会和文化权利教程》（修订第二版），中国人权研究会组织翻译，第 199 页。

② 《2001 年国际劳工大会第 89 届会议关于社会保障问题的决议和结论》，载国际劳工局编：《社会保障：新共识》，中国劳动社会保障出版社 2004 年版，第 2—3 页。

连。为此,国家需要提供帮助劳动者获取新的技能与发展机会。在国家进行弱者权利保护的"帮助"义务上,学者指出:"帮助的义务还包括为提高人们谋生能力的技术和职业培训项目,以及为残疾人提供特殊的培训和援助项目。"① 对于在劳动市场中倍受歧视的妇女而言,如何使他们保有和发展职业技能,更是需要国家采取行动而大力推进的公共政策。1995 年在北京世界妇女大会上通过的《行动纲领》详述了为实现事实上的平等所需的措施,"呼吁采取措施确保失业妇女及因为家庭责任之故较长时间暂时离职后重新进入劳动力市场的妇女获得培训的机会;确保为非传统领域的妇女提供培训;为进入和重新进入劳动力市场的妇女制定就业促进方案;促进妇女对高技能工作的平等参与;鼓励她们从事非传统工作,特别是科学和技术工作。"② 可见,通过教育和培训来提升人们生存上的可行能力,从而脱离贫困、摆脱弱者处境,业已成为国际社会的共识。正是基于这一共识,目前世界各国除了维护弱者的就业权利之外,都开始关注弱者的职业教育和职业培训。例如,美国卡特政府于 1973 年制定了《综合就业培训法》,该法要求各州和地方政府承担对失业者培训的责任。1982 年里根政府又颁行了《职业培训伙伴关系法》,使得培训制度更加系统化。

三是国际人权公约有关弱者权利保护的制度逐渐国内化。"二战"后,人权作为社会保障的基本原则,被《世界人权宣言》确定下来。联合国于 1948 年通过的《世界人权宣言》规定了一系列的"社会权",具体包括了社会保障权(第 22 条)、劳动权(第 23 条)、休息权(第 24 条)、社会保护权(第 25 条)、教育权(第 26 条)和文化生活权(第 27 条)。这些"社会权"都与弱者保护密切相关。其中第 22 条的规定起到了提纲挈领的作用:"每个人,作为社会的一员,有权享受社会保障,并有权享受他的个人尊严和人格的自由发展所必需的经济、社会和文化方面各种权利的实现,这种实现是通过国家努力和国际合作并依照各国的组织和资源情况。"从中不难解读出,对于弱者的社会保障,涉及个人的尊严(第 1 条)和人格(第 6 条),是每个人与生俱来的"需求"与"传统本能",法

---

① [挪]A.艾德、C.克洛斯、A.罗萨斯主编:《经济、社会和文化权利教程》(修订第二版),中国人权研究会组织翻译,第 119—120 页。

② [美]玛莎·A.弗里曼、[英]克莉丝蒂娜·钦金、[德]贝亚特·鲁道夫主编:《〈消除对妇女一切形式歧视公约〉评注》(上),戴瑞君译,第 400 页。

律不能予以剥夺。

　　当然,《世界人权宣言》毕竟还属于"国际人权公约"的准备性文件,①对于世界各国的人权保障进程只具有形式上的约束力。1966 年,《公民权利和政治权利国际公约》(B 公约)和《经济、社会及文化权利国际公约》(A 公约)相继出台,人权保护的体系初具雏形。《公民权利和政治权利国际公约》被学术界视为第一代人权的集中体现,②然而其中也隐藏着弱者保护的"蛛丝马迹"。除了保障弱者自由权、财产权等经典人权外,第 26 条有关禁止歧视的规定、第 27 条保障少数人语言的权利都与特定弱者的保护相关。特别是第 27 条的规定,逐渐被细化成一系列子公约。例如 1989 年国际劳动组织大会通过的《土著人民和少数群体的权利》和 1992 年联合国大会决议通过的《在民族或族裔、宗教和语言上属于少数群体的人的权利宣言》。《经济、社会及文化权利国际公约》是第二代人权的核心要求,③但是与《公民权利和政治权利国际公约》不同,其更多强调的是将保障个人的社会权利确立为国家的一项重要义务。因此,A 公约的主语是"本盟约缔约各国承认",而非 B 公约的"人人""个人"。由此也可以充分看出,国家在弱者权利法律保护中的作用日益突出。

第三节　中外弱者权利保护历史的经验启示

一、国家必须承担对弱者权利保护的道义和法律责任

　　自古至今,弱者的存在都是一种必然,而如何保障弱者的权益,使其在困厄的状态下得到来自国家的救助,一定程度上也考验着国家的正当性与合理性。固然,在专制社会下,国家是君主的私有物,其漠视民众疾苦、无视弱者生存境况至多也只会导致社会舆论的谴责以及后世史家的鞭挞,而于其统治的正当性毫发未损。同样,社会团体、宗教组织以及家庭家族等也可以在弱者保

---

　　①　刘冬梅:《论国际机制对中国社会保障制度与法律改革的影响》,《比较法研究》2011 年第 5 期。

　　②　第一代人权概念形成于 17、18 世纪资产阶级革命时期,它主要是指公民权利和政治权利,包括生命权、人身自由权、私有财产权、追求幸福的权利、反抗压迫的权利、选举权、被选举权以及言论、出版、集会、结社等政治自由,这一代人权所倡导的权利是"消极权利",强调政府对公民的个人自由不进行干涉。

　　③　第二代人权主要指经济、社会和文化权利,要求政府做有利于个人权利的积极行为者,因此又被称为"积极权利"。它主要包括就业权、劳动条件权、受教育权、社会保障权(如医疗保障、养老金制度、失业救济、社会保险等)、物质帮助权等。

护中扮演着重要的慈善、救助角色,似乎国家不在场仍然会有自发的对弱者予以人道救助的事实。但是,一方面,国家拥有最为集中的社会资源,其在保护弱者权益方面相较于任何其他组织、团体方面都具有不可替代的优势和组织能力;而另一方面,在现代国家理论上,则是认为保护弱者权益是国家的责任所在、使命所在。

从国家正当性的角度而言,拥有自然权利并生活于自然状态之下的人们,之所以要选择放弃自然权利而建立国家,就是因为相对于其他组织而言,国家能够更好地承担保护民众、解民倒悬的责任。对一个具体的个人来说,他当然可以选择离群索居,过着与世隔绝的生活,就如古代的隐士与狂生那样。然而,这种孤标傲世的生活并不是真正的人生,也不是社会上所有的人都会有的追求。实际上,"没有一个人能够永久与世隔绝地生活,相反,所有的人均基于其生存条件的要求,需要生活在一个彼此交往、合作和相互信任的社会里。"[①]放眼人类社会发展的历史,不管是初民社会的人类需要通过合作来抵御自然界的恶劣生存条件,还是普通的个人从呱呱落地到其成长需要别人的照料,就生存本身而言,合作与联合都是与人类相伴的。这对于以"政治性"作为其本质特征的国家来说也不例外,换句话说,人们必定要生活在"国家"之中。正因如此,格劳修斯将"国家"定义为"一群自由的人为享受权利和谋求他们的共同利益而结合起来的一个完美的联合体"。[②] 这种"联合体"本身,就不是一种血缘关系的自然联合,而是一种面对共同的社会环境、追求公共利益的社会联合。在这种联合之中,人们和平共处,守望相助,营造着和谐的生活氛围。正因如此,人们必须要创造出国家这一联合体,以此来维护人类安全的生存环境,并使人得以实现自己的价值。正如卢梭所指出的那样,"要寻找出一种结合的形式,使它能以全部共同的力量来卫护和保障每个结合者的人身和财富,并且由于这一结合而使得每一个与全体相联合的个人又只不过是在服从其本人,并且仍然像以往一样地自由"。在卢梭看来,"这就是社会契约所要解决的根本问题"。[③]

① [德]汉斯·海因里希·耶赛克、托马斯·魏根特:《德国刑法教科书(总论)》,徐久生译,中国法制出版社2001年版,第1页。
② [荷]格劳秀斯:《战争与和平法》,A.C.坎贝尔英译,何勤华等译,上海人民出版社2005年版,第38页。
③ [法]卢梭:《社会契约论》,何兆武译,商务印书馆2003年修订第3版,第19页。

　　人们通过让渡自然权利、签订社会契约而建构国家,国家自然也就有了保护全体民众的道义与法律责任,而在其中,对弱者的保护则是其中重要的环节。众所周知,弱者就是处于相对劣势地位的民众,他们因为自然的、政治的、社会的、法律的各种剥夺,而处于地位卑微、生存艰难的困境之中,对此,国家必须扮演保护人的角色,为弱者提供最基本的生存条件和生活保障。这就是分配正义问题。按照霍布斯的理解,与交换正义发生于个人之间不同,"分配的正义则是公断人的正义,也就是确定'什么合乎正义'的行为。在这种事情中,一个人受到人们推为公断人的信托后,如果履行了他的信托事项,就谓之将各人的本分额分配给了每一个人。这的确是一种合乎正义的分配,可以称之为分配的正义,更确切的说法是公道。"①这段言辞极为重要,它表明:第一,国家是作为公断人的身份出现的,而"公断人",即接受诉求而作出公平裁决之人。这意味着国家属于每一个人可以请求、信赖的对象,国家也应本着公平、公正的原则来对事物作出合理判断。第二,它涉及了社会契约的信托性质,也就是说,人们通过签订协议而转让自然权利、形成国家的契约是一个信托契约。现代法中的信托,"是一种占有和管理财产的协议。财产所有人即信托人把财产或法定权利授予一个人或多个人即受托人,受托人占有该信托财产或权利,并且为他人(即受益人)利益或者为特定目的而行使权利"。② 由此而言,国家是受托人,是为照管人们的利益而存在的组织;人民是受益人,能从国家的施政中获得益处。第三,国家对社会事务能够正确治理,就可以使全体社会成员从中获得好处,也就是得到了属于在整体的公共利益中应得的份额。可见,只有讲究公道的国家,才可能给人民提供平等受益的机会。

　　在现实生活中,由于人们的能力有别、机遇不同,因而社会中总会出现强者、弱者的区分。对于强者依靠自身努力和成就而获致的强者地位,国家当然需要尊重和保护,但是,对于社会的弱者,国家同样需要施以救助,以使全体社会成员都能有个最低限度的生活条件。国家是由每个个人让渡自然权利而得以形成的,因而,其所要注重的是"量"上的个人,而不是"质"上的个人。正如

---

①　[英]霍布斯:《利维坦》,黎思复、黎廷弼译,第114—115页。

②　[英]戴维·M.沃克:《牛津法律大辞典》,李双元等译,法律出版社2003年版,第1124页。

学者所指出的那样，"缔约的能耐，以及拥有那些在契约所造就的社会里，足以彼此互惠的能力，并不是成为一个在彼此平等的基础上，享有尊严、值得被尊重的公民的必要条件。"①所以，国家对那些处于弱势地位的公民而言，更应承担着保护、救助的责任。实际上，当社会上出现贫富悬殊、两极分化的不公平状态时，恰恰是国家未尽到中立者角色的职责，放任了一部分社会成员对其他社会成员的掠夺或者剥夺。在社会达尔文主义盛行的社会时期，人们普遍信奉"物竞天择，强者生存的"自然法则，认为弱者就是不适宜于社会而本该淘汰出局的人；强调市场这只"看不见的手"会实现着合理的调控，使社会上的人们都能够依靠自己的努力获取必要的生活条件。然而，以残疾人的境况为例，现实情况却是：

> 如果政府不进行干预，就往往会出现自由化市场的运行对残疾人个人或群体产生不利影响这一情况。在这种情况下，政府有义不容辞的责任酌情采取措施，减轻、补偿或消除市场力量造成的这类不利影响。同样，政府固然可以依靠私人志愿团体以各种方式援助残疾人，但这类安排绝不应免除政府确保充分履行其在《公约》之下的义务的责任。②

市场是如此，社会也是如此。在诸如社会歧视、社会排斥这类人为造成弱者的社会氛围中，也只有通过国家的积极行动和有力干预，才能扭转这类因社会偏见而遭到权益剥夺的弱者的处境。可见，国家的干预既是必要的，也是正当的。尤其是风险社会的到来，个人及其家庭已难以应对层出不穷的各种事故，需要借助组织的力量来解决社会事故所导致的家庭与个人危机。正如学者所言，"工业社会所制造出来的新兴社会事故，或是人类既有的社会事故的困难程度的改变，运用政府或国家力量去应付这些社会事故，被认为较有能力、效率，而且，也是政府职责所在。"③可见，在对弱者权利保护的责任上，国家必须扮演主导者、组织者、给付者的关键角色。

---

① ［美］Martha C. Nussbaum：《正义的界限：残障、全球正义与动物正义》，徐子婷等译，第21页。
② 《经济、社会、文化权利委员会的一般性意见》，见［挪］A.艾德、C.克洛斯、A.罗萨斯主编《经济、社会和文化权利教程》（修订第二版），中国人权研究会组织翻译，第519—520页。
③ 林万亿：《福利国家——历史比较的分析》，第10页。

二、弱者权利保护上必须实现国家与社会救助责任的协调

以上我们强调了国家在弱者权利保护上的重要职责,然而必须同时注意的是,在弱者的权利保护方面,也不能一味强调国家的大包大揽,而是要积极引导社会参与到弱者权利保护的进程之中。正如学者所指出的那样,"国家与社会责任并重理念贯穿于现行各国社会救助立法,不仅有利于主体间责任的合理配置,调动各社会主体进行社会救助的积极性,更有利于多元社会主体间的互动与配合,实现各主体间的优势互补,进而实现有限社会救助资源的优化配置和弱势群体权益的合理保障"。① 这既是对福利国家的理论和实践进行反思的结果,也是从弱者权利保护现实出发的应有举措。

国家之所以不能独自担当保护弱者权利的全部职责,原因可以有很多,主要包括:

首先,国家权力本身具有的负面性,使其在施行弱者救助时同样会发生权力滥用的情形。人们将权力比作双刃剑:运用得当,可以促进社会的发展;运用不当,则会成为侵犯人民权利的专制工具。权力存在着"善"与"恶"的两面。孟德斯鸠曾慨言道:"一切有权力的人都容易滥用权力,这是万古不易的一条经验。有权力的人们使用权力一直到遇有界限的地方才休止。"② 从负面作用看,权力的运行主要有以下特点:一是权力具有侵犯性。权力的特点即在于权力主体可以运用国家强制力对权力客体实施指挥、命令、支配,因而权力对于承受者来说,即具有潜在的、可能的侵犯性。一般情况下,权力主体的权力实现的程度又是与权力客体的服从状况是成正比的。也就是说,客体越服从主体,主体的权力就实现得越充分。这一特点就使权力易于突破自身的合理界限,出现对客体的奴役。二是权力具有扩张性。心理学和社会学的研究都已证明,作为支配人的力量总是会不断扩张以致滥用的。权力从本质上说,也具有一种无限膨胀的属性,权力主体总是希望行使权力的范围能扩大到其影响所及的每一个角落。从法律上看,国家机关及其工作人员权力的扩张又总是以牺牲公民、法人和其他组织的合法权益为代价的。即便是行使权力的目的正当而善良,然而,它一旦越过了法律规定的边界,就将与善良的目的相背离。

① 蒋悟真:《我国社会救助立法理念研究》,北京大学出版社2015年版,第22页。
② [法]孟德斯鸠:《论法的精神》(上册),张雁深译,商务印书馆1961年版,第154页。

三是权力具有腐蚀性。权力主体享有公共事务的管理权,可以依据法律的一般规定,直接参与分配社会的政治、经济、文化等各方面的资源利益,实际地决定着人们的权利义务结构。从某种意义上来说,权力运行过程实际上就是社会价值的分配过程。由于权力在运行过程中能够给权力主体带来地位、荣誉、利益,因而对权力行使者来说具有本能的自发腐蚀作用。如果不加以限制,就会诱生出各种腐败现象。以上权力的负面性问题,在弱者权利保护的过程中同样都会存在。例如施行救助的部门对于当事人隐私的不当侵犯;设置过于繁苛的法律程序使救助对象望而却步;在发放救济的过程中"搭便车",等等。可见,如果完全由国家来作为分配弱者救助资源的唯一主体,权力的扩张和权力的滥用即不可避免。

其次,由国家独占救助弱者的权力,必然会导致国家扮演慈父般角色的"监护主义",其结果,必然会助长国家的"恩赐"心态,而不利于社会成员尤其是弱者的独立、自主。正如学者批判的那样:

> 盖现代福利国家发展结果,普遍出现父权式监护主义(以下简称监护主义),值得警惕。监护主义之前提系认为国家在知识或伦理上优于个人,爰要求国家对个人进行强制、干预甚至操纵。国家如同慈父,而个人如同未成熟之孩子,有赖国家保护、教养。这种思想与人权立于紧张关系,对个人尊严构成严重威胁。全体主义标榜全体利益及价值凌驾个人权利之上,使个人解消于国家之中,固然应受批判。然而,监护主义坚信国家比个人更了解个人之利益,允许国家否定个人之权利主张,其对个人尊严之侮蔑岂非更加深刻?监护主义之国家或许并未压榨个人,但是可能使人沦为家畜一般,丧失自立能力。换言之,监护主义之国家以保护者而非支配者的姿态出现,可能使个人失去潜在之抵抗意志与能力,变成国家统御之客体。因此,无论就人权保障或个人尊严之维护而言,监护主义皆蕴藏严重之问题。[①]

这段言论听来有些极端,但它确也道出了一个事实,即当国家作为保护弱

---

① 许志雄:《宪法之基础理论》,稻禾出版社1992年版,第61页。

者的唯一主体时,必定会使自己自居于父母般的保护人角色,对弱者的生活安排、工作计划及日常消费都有可能加以干预,由此造成人们完全沦为被支配、被规制的对象。国家家长主义的结果,又必然造成弱者处于依附者的角色,从而消解个人的进取心和责任心。福利国家所遭受的诟病,这点即为其中之一。"特别是在美国和英国,福利国家的怀疑者有个重要观点,认为非歧视性的福利支付会削弱个体性和个人责任,尤其是当它们以权利资格形式出现,并且对接受者方面没有要求相应的责任时。它们创造了一种众所周知的'依附型'文化,而不是一种由负责任的、自主的主体构成的社会。"①社会的发展进步离不开个人的主动性和积极性,而民主制度的维系同样依赖于有德性、负责任的公民个人,就此而言,将国家作为弱者保护的唯一主体,必定会产生国家权力过于强大和扩张的不良后果,同时也使个人的责任和义务降至最低水平。学者们业已提醒我们注意,"需要避免的首要危险是福利国家的'排挤'效应。随着国家福利日益增长,它已经挤走了许多自愿性组织和减弱了个人责任精神,而这是一个生机勃勃的市民社会的基石。"②为此,应当打破国家对弱者权利保护的垄断,发挥社会组织的活力,并提升个人对改善自己生存条件的法律责任。

再者,在现代社会,国家和政府承担着提升人们生活质量、促成社会繁荣发展的重要职责,因而在社会福利和公共服务方面需要投入大量的经费。正因如此,完全由国家来包办弱者保护事业,必定会在财政上导致入不敷出。"福利上的财政支出,使国家一方面对工作者课以重税,一方面又给予失业者救济,人民的负担确实增加,却未必能享受到其付出的代价,这种失衡的现象,使得人们不禁怀疑,福利国家在平等权的保障上是否公平?"③简言之,高水平的福利支出必定会导致重税政策的产生,使一线的生产者、劳动者担负着高额的税收,这在某种意义上来说也是不公平的。正如学者所指出的那样,"意图良好的福利政策会帮助一个群体,而无意识地伤害另一个群体(人们熟悉的例

---

① [英]诺曼·巴里:《福利》,储建国译,吉林人民出版社2005年版,第15页。
② [英]大卫·G.格林:《再造市民社会——重新发现没有政治介入的福利》,邬晓燕译,陕西人民出版社2011年版,第178—179页。
③ 李孟融:《福利国家的宪法基础——及其基本权利冲突之研究》,见杨日然教授纪念论文集编辑委员会《法理学论丛——纪念杨日然教授》,月旦出版社股份有限公司1997年版,第232—233页。

子有租金控制,它通过冻结可租房的供给,产生了无家可归者;还有最低工资立法,它让失业的潜在工人的边际生产率低于所颁布的最低工资)。"①在当代西方世界,福利国家面临普遍危机,而其中经济上的捉襟见肘就是根本原因之一。不仅如此,福利国家中政府福利提供的欠缺效率,也是常遭人们非议之处:"福利国家庞大的福利科层组织和其他公共组织一样,在欠缺竞争压力和成本效益控制下,易使服务提供欠缺效率,造成公共资源浪费,及无法适当满足民众需要之现象。"②所以,需要对福利制度进行改革,寻找更为有效保护弱者权利的模式与路径。

实际上,当国家无法全面履行保护弱者权利的责任时,剩下的办法就是由国家与社会来分担社会救助事务,以维护弱者正常的生存条件和工作条件。这里所言的社会,既包括市场主体(如企业、单位),也包括各类社会救助组织,即"作为主体参与自我利益配置机制而建构的社会中间层主体",③典型者如各种慈善组织。虽然市场是以追求经济效率为根本目标,但企业的社会责任也使得相关市场主体必须为弱者权利保护贡献力量。如经济、社会及文化权利公约委员会针对残疾人人权保障的一般性意见中就针对缔约国明确提出如下建议:

> 鉴于世界各国政府日益重视以市场为基础的政策,宜为此强调缔约国在某些方面的义务。其中一项是需确保这一点,即:使公营部门和私营部门都能在恰当限度内受规章条例的约束,以确保残疾人得到公平待遇。在提供公共服务的安排正日益私营化,对自由化市场的依赖程度之高属前所未有这一情况下,有必要使私人雇主、货物和服务的私人提供者以及其他非公营实体受到与残疾人相关的不歧视和平等准则的约束。只要此种保护不扩展到公营部门以外,残疾人参与社区活动的主流和作为社会的积极成员充分发挥其潜力的能力就会受到严重的甚至往往是任意的限制。④

---

① 〔英〕诺曼·巴里:《福利》,储建国译,第125—126页。
② 李明政:《意识形态与社会政策》,洪叶文化事业有限公司1998年版,第128—132页。
③ 蒋悟真:《我国社会救助立法理念研究》,第25页。
④ 《经济、社会、文化权利委员会的一般性意见》,见〔挪〕A.艾德、C.克洛斯、A.罗萨斯主编《经济、社会和文化权利教程》(修订第二版),中国人权研究会组织翻译,第519页。

　　市场是人们获取生活资源的重要场所，只有市场主体能够本着人道和责任的理念，才能使残疾人得到公平的就业机会和公平的就业条件。相较于市场主体而言，社会组织能够在弱者权利保护方面发挥出更大的作用。穆勒就此明言道："不管我们如何看待道德原则和社会团结的基础，我们都必须承认，人类是应该相互帮助的，穷人是更需要帮助，而最需要帮助的人则是正在挨饿的人。所以，由贫穷提出的给予帮助的要求，是最有力的要求，显然有最为充分的理由通过社会组织来救济急待救济的人。"①正是本着这一理念，古往今来，都有大量的社会组织以博爱、人道、团结的理念，关心、救助那些处于困厄境地的人们。而在现代社会，大量的社会组织仍活跃在弱者权利保护的第一线，它们筹措资金，为需要者积极捐赠善款；它们志愿行动，为弱者提供物质和精神支持；它们奔走呼告，为弱者权利大声鼓吹；它们监督评价，对国家和市场在弱者保护存在的问题提出针对性的对策、建议。总之，这些有活力的社会组织的存在，不仅可以弥补国家和市场在维护弱者权益方面存在的不足，而且以其公益性、自愿性、亲和力等明显的特征能在保护弱者权利方面发挥着更为重要的作用。以慈善事业为例，国外学者即概括了其所特有的五大功能：服务功能，即提供服务（特别是当其他部门未能提供时）以及满足需要；倡导功能，即为特殊利益、特定人群或特定公益倡导改革；文化功能，即为表达和保存珍贵价值、传统、身份和其他文化因素提供工具；民主功能，即构建社区、生成"社会资金"、推广和促进民主参与；先驱开拓功能，即为社会革新、实验和社会企业创新提供空间。② 由此可见，激发社会组织在弱者权利保护方面的积极功能，有利于在国家、市场、社会组织的合力之下，全面提升弱者权益保护的质量与水平。

　　当然，社会在弱者权利保护方面能够发挥、已经发挥并且还能继续发挥其强大的作用，但是，国家仍是主导的弱者权利保护机构。一方面，在依法治国的大背景下，所有弱者保护的制度都需要由国家来确定，而且国家占有最大份额的资源，能够为弱者提供最大限度的权利保障；另一方面，则是对于市场固有的缺陷以及社会组织运行中存在的种种问题加以矫正，扮演守护社会公正

---

① ［英］约翰·穆勒：《政治经济学原理——及其在社会哲学上的若干应用》（下），胡企林、朱泱译，第558页。
② 参见［美］罗伯特·L.佩顿、迈克尔·P.穆迪：《慈善的意义与使命》，郭烁译，第49页。

的中立角色。以市场而论,它固然为人们提供了合理竞争的平台,使各行业的人士得以借助自己的天赋与努力而获致较好的收入和成就,然而,市场也往往是制度弱者的渊薮。诺贝尔经济学奖获得者奥肯就提到:

> 不管什么时候,只要市场上的交易决定受到买卖双方的个人特征的影响,不同于他们想要交易的产品的质量和特性的影响,市场就产生了经济不完善以及机会不平等。例如,考虑工作机会受到种族或性别影响的情况。它们可能包含了某个给定工作的更差的报酬,即剥削,或被排除在好的职业之外。……这个经验性的证据证明,排斥是劳动力市场上歧视的主要形式。它产生邪恶的三胞胎:不平等的机会、不平等的收入和低效率。……而且,某一个时间点上的机会不平等,产生了另一个时间点上的机会不平等。一旦人们被排除在好工作之外,他们就被剥夺了发展技能的激励和机会,而这些技能使他们有资格寻找好工作。[1]

同样,社会组织在现代社会受到各方力量的挤压也面临着解体的危险:

> 从贫困男人和妇女的观点来看,社会组织(互惠与信赖的结合)正逐渐解体。社会组织在运转中存在两股并生的力量。较强大的并且内部团结的集团加强了对特定集团的排斥,同时社会凝聚力(集团间的联系)减弱。经济混乱和彻底的政治转变在家庭、社区、地区和国家层面上引发了冲突。这种冲突产生了三个重要的后果:第一,社会结构一旦开始解体,其进程难以逆转;第二,管理公众行为的社会团结和社会规范被打破,会导致违法行为、暴力和犯罪的增加,在这种情况下穷人最易受到伤害;第三,因为穷人缺乏物质财产,他们依赖于社会关系的力量取得社会保障,所以社区团结的减弱及邻居和亲戚之间互惠规范的破坏对穷人的影响要超过其他集团。[2]

---

[1]　[美]阿瑟·奥肯:《平等与效率——重大的抉择》,陈涛译,中国社会科学出版社 2013 年版,第 53 页。
[2]　[美]迪帕·纳拉扬等:《谁倾听我们的声音》,付岩梅等译,中国人民大学出版社 2001 年版,第 7 页。

就前者而言,国家需要发挥"看得见的手"的作用,通过法律、政策来监督市场主体是否依照法律履行了保护弱者的法定义务,特别是要以禁止歧视为原则,规训及强制市场主体在保护弱者权利方面的法定职责,为弱者参与市场、合理就业提供强有力的法律和政策支撑。在最低工资标准、劳动保护条件方面,都需要以国家标准来厘定市场主体的责任。而就后者来说,则一方面要在各社会组织之间保持中立的态度,平等地对待各种社会组织;另一方面则是要加强对社会组织的监管,以免其侵犯成员和弱者的正当权益。

三、弱者权利保护的理念上既要反对极端的个人主义,也要防止过度的社会本位

严格来说,19世纪下半叶对弱者权利必须予以保护理念的形成以及社会福利、社会保障等具体制度的建构,都与那一时代兴起的社会本位观密切相关。在提倡社会本位的学者看来,人并不是一个孤立的存在,人只是社会有机体中的一个成员;个人只有通过参与社会,才能完善心智、成就道德;个人应当服从社会,而不是社会必须服从个人。这些观念,一定程度上矫正了极端个人主义所可能导致的人以自我为中心、无视社会存在的心理倾向。不仅如此,社会本位的法律理念,促成了法律社会化运动,论证了福利国家的正当性,注重了对弱者权益的保护,这些都表明相对于国家本位而言,社会本位的法律观更为可取。

然而,从法学方法论的角度上而言,社会只是一个抽象的实体,将这样一个并不真实的拟制人赋予法律上的最高价值,本身有违于法学研究的目的与方法论常规。法律是调整人际关系的准则,法律的价值与本位问题也都只能从人身上去寻找。预设一个"超人"的存在并赋予其至高无上的价值,这只能导致人类整体价值的贬低。在评价黑格尔的国家主义学说时,著名哲学家罗素就这样发问:"一个人是具有单一生命的复合全体;会不会有像身体由各器官构成那样,由众人格构成的一个超人格,具有不等于组成它的众人格的生命总和的单一生命?"自然,答案是否定的,"社会的内在价值是由各成员的内在价值来的",[①]"社会"的生命只能来自于其成员的行为与活动。不承认每一个个人在法律上的主体地位,国家的价值和社会的价值都只能是无源之水、无本

---

① [英]罗素:《西方哲学史》(下卷),马元德译,商务印书馆1976年版,第292页。

之木。不错,社会是由人们组成的共同体,承认了社会的价值好像也就承认了个人的价值,然而问题并没有这么简单。一方面,当我们言及"社会""大众""公共"这类大词时,我们所承认的并不是全部的社会民众,至多只能是以精英人物作为代表的;另一方面,谁来代表社会、代表人民,这又有可能成为国家或政府的专利。我国台湾地区著名学者钱永祥先生的一段言论,就很难说明问题。钱先生指出:

> 中文政治文化多少趋向于一种"人民拜物教"(在台湾,"人民"有时候称做"民间"),相信浊世板荡沉沦之余,仅存的醇美善良的力量,就是一个只受压迫而从不压迫人、只遭剥削而从不剥削人、与权力和利益均彻底绝缘的"人民"。至于如何将芸芸众生搓揉成一个集体人格,服务各种政治目的,那就是政治势力的专利了。[①]

"人民"的概念尚且会遭致如此的偷换,"社会"那就更不在话下了。试想在人类历史上,哪位专制的统治者不是假借着"社会利益""社会公正"之名,而行剥夺个人自由与利益之实? 正因如此,个人主义方法论的鼓吹者与倡导者们一再提醒我们,只有个人才作出选择和行动。集体本身不选择也不行动,把集体当作进行选择的主体是不符合通行的科学准则的,"社会总体仅仅被看作个人作出选择和采取行动的结果"。[②] 所以,对法律问题的分析,首先就必须以真实的、现实的个人作为基点,他们的存在与幸福既是法律价值的本源,也是评价法律所设定、追求的价值是否正当、合理的依据。

就弱者保护的法律制度而言,其以社会公平正义为准绳而强调对于弱者权益的倾斜保护,迎合着人们对社会公正、社会公益的强烈追求,但是,其核心仍然是强调对于每一个处于危难境地的弱者,由国家和社会施手援手,并不是直接以社会公益取代个人权利。在这方面,王伯琦先生就明确指出:

> 所谓社会本位的法律,不过是权利本位法律的调整。他的基础还是

---

① 钱永祥:《权力与权利的辩证——联邦论导读》,见王焱主编《宪政主义与现代国家》,第54页。
② [美]詹姆斯·M.布坎南:《宪法经济学》,见刘军宁主编《市场社会与公共秩序》,生活·读书·新知三联书店1996年版,第338—339页。

权利,仅是有目的的予以限制而已。拿破仑民法典中的三大原则,契约自由、权利不可侵、过失责任,以及刑法典中的罪刑法定原则,至今仍是自由世界各国法律制度的基础.法律的目的虽转向增进社会大众的生活,但其着手处,仍是在保护个人权利。个人仍旧是法律上政治上经济上社会上的独立单位。①

换句话说,个人主义传统仍然是支撑现代法律的思想基础,以个人为中心构建法律制度已成为普世的共识。特别需要指出的是,对于当代中国来说,提倡个人本位还有着特别重要的现实意义。这是因为,不像西方国家,中国历来就没有个人主义的传统,在制度、政策及法律上向来是重集体、轻个人,因而必须对此加以矫正,倡导人本的政治与人本的法律。有关这一点,马汉宝先生有一段极为重要的论述,他指出:

> 自本世纪开始时起,西方世界已广泛重视社会义务,借以限制个人权利。但这是因为多数现代西方社会,经过一个极端个人主义的时期,而需要一种新的社会责任感,作为平衡的力量。中国并未体会过西方所体会过的"个人"意味;因此,在此时提倡尊重个人——尤其是以法律制度为范围——未必就是违背潮流,而实在也是一种平衡的作用。换言之,我们要强调的是对每个个人的尊重,包括个人对个人的尊重。亦即尊重自己的权利与自由,同时也要尊重别人的权利与自由。②

换句话说,西方之所以会出现社会本位的法学思潮,并非是对个人本位的否定,而是对个人权利可能滥用的抑制。将这一理论用于弱者权利保护上,那就首先应当明确,弱者之所以拥有向国家、社会请求的资格,就是因为他们拥有特定的社会救助请求权,即每个人在尽自己努力仍无法满足生存的需要时,有向国家和社会提出予以保护的主张、请求的权利;国家和社会

---

① 王伯琦:《王伯琦法学论著集》,三民书局1999年版,第117页。
② 马汉宝:《法律与中国社会之变迁》,自印本,1999年版,第15页。

对弱者的救助并不是它们的恩赐和仁慈,而是法定的义务与责任。同样,在保护弱者权利的法律过程中,要充分尊重当事人的意愿,不得以国家计划和社会安排为名,强行让弱者们接受并不情愿的救助措施。只有这样,才能把社会公共利益与个人权利利益有机地结合起来,为弱者权利保护奠定进步的理论基础。

第　五　章

人的尊严:弱者权利保护的伦理总纲

第一节　人的尊严的词义及其理解方式

一、人的尊严的词义分析

人的尊严究竟何指? 这就首先要对相关词义进行讨论。在"人的尊严"这一范畴中,涉及两个基本的概念:一是"人";二是"尊严",我们就先从这两个名词开始分析。

在法学上,"人"是法律主体的一种称谓,而法学上的"人"又包括个人(自然人)与法人两种形式,并且在法学用语中还常有"人民""人类"之类的提法。那么首先要解决的问题是,人的尊严中的"人"是专指"个人"还是包括"个人"在内的"人民""人类"呢?

必须明确的是,"人的尊严"中所指的"人",是剔除了身份、能力、信仰等外在条件,而以其自然生存的方式存在于社会中的每一个具体的个人。由此可见,人的尊严不是指人类的尊严或整体的尊严,更不是少数人的尊严或统治者的尊严,它是将尊严的荣光落实于每一个具体的个体身上。只要是人类大家庭中的一员,即可以以其人的资格而拥有这样一种地位。所以,人的尊严中的"人"指的是单个的个人,而不是集体的人、联合的人。

有人可能会问,以"人类尊严"的提法替代"人的尊严"不是更好吗? 难道作为与动物区隔开的"人类"整体不拥有尊严吗? 自然,强调人的尊严是单个人的尊严,并不是以此来否定人类的尊严,实际上,如果世间每一个个人都拥有尊严,那么自然地可以推出人类拥有尊严的结论。然而问题在于,从人类整体享有尊严并不一定就能推出单个个人的尊严;强调人类的高贵,并不能掩饰制度对某些人尊严的剥夺。即以专制统治下的中国古代社会而言,思想家们也认识到人与万物之间的显著区别,有许多讴歌人的高贵、尊严的论述,然而,从实质而言,这并不是对每一个具体生活于社会之中的个人的一种赞美,而是就人类整体的尊严所进行的论述。

以《唐律疏议》为例,其开篇即写道:

> 夫三才肇位,万象斯分,禀气含灵,人为称首。莫不凭黎元而树司宰,因政教而施刑法。其有情恣庸愚,识沈愆戾,大则乱其区宇,小则睽其品式;不立制度,则未之前闻。故曰:"以刑止刑,以杀止杀"、"刑罚不可弛于国,笞捶不得废于家"。①

简单地说,在万物之中,人独得天地之灵秀,因而是最为高贵的,世上的万事万物,都必须供人驱策。然而必须注意的是,这种说法绝不能理解为对每个具体的个人的赞颂。在统治者看来,那些"情恣庸愚,识沈愆戾"者,不仅没有所谓尊严可言,在一定程度上还是社会的祸患。这样,人的尊严仅落实于君主、官僚、良民身上,具体表现于"君子"之身而不可能及于"小人"之体。对此,我国台湾学者李震山先生有个很好的论述,他指出:"人性尊严,即是人的尊严或指个人尊严,一般并不将之称为'人类的尊严',主要是在强调个人之独立性,以及个人间之差异性,但也不因而否定'多数人的尊严',或其他'动物类'尊严之存在。"②可见,人的尊严以个人为单位,更能体现这一概念所彰显的个体价值。

同样需要追问的是,人的尊严中所言的"人"是"抽象的人"还是现实的"人"呢?日本学者恒藤恭认为:

> 作为一个人各各都具有共同普遍的人格性,故而成为有尊严的存在,

---

① 《唐律疏议·名例》。
② 李震山:《人性尊严与人权保障》,元照出版有限公司 2000 年版,第 3 页。

但并非被抽象化的存在，而系在精神与肉体不可分的结合中，在现实社会的严酷状况下，深深必须带有痛苦与挫折，而仍能坚持过着"自律的"生活之"具体的人"的存在。[①]

在这里，作者实际上是以一种折衷的方式来涵盖抽象的人与现实的人，并更加偏重于对现实的人的定位。然而，这种理解是不正确的：第一，人的尊严本身就是不考虑任何具体的人的各种差异而形成的伦理范畴，换言之，人的尊严是以抽象的人作为定位的基础，现实的人会存在种种不同，但这并不影响他们固有的人的尊严；第二，"自律的人"虽然也是人的尊严应当呈现的人的形象，但以"自律"来作为人具有尊严的标准，显然过于苛刻。如果以此为标准，那么，像未成年人、痴呆、精神病患者都可能会因为不具有自律的品质而被排除在享有尊严的人类之外。并且像罪犯那样一些危害社会的人，我们也可能会因为他们行为的放纵而指责他们的不自律，但是，即便是罪犯，也同样具有尊严，国家法律可以通过惩罚来使他们承担相应的法律责任，但是不能贬低和减损他们应当享有的人的尊严。例如，警察让犯人扮猫、狗或其他动物以供他们取乐，这就是典型的损害人的尊严的行为。所以，应当坚持人的尊严中的人为抽象的人的观点。

那么，什么是"尊严"呢？"尊严"，在《辞海》中有两种基本用法：一是指"庄重而有威严，使人敬畏"；二是指"对个人或社会集团的社会价值和道德价值的认识和自我肯定"。[②] 可以说，这两个释义都基本符合人的尊严的应有内涵。从主观上说，"尊严"源于人的内在价值，是生而为人者源自其本性的价值和地位，因而能够也必须为社会所尊重；从客观上说，人的尊严的成立，以社会认同和制度保障为条件。

这也同时涉及人的尊严的另外一个重要问题，即人的尊严和人的能力、成就是否相关。必须注意的是，我们说人具有尊严，并不是因为人的素质与外在成就所致，换句话说，我们可以对那些为社会作出特殊贡献的人给予钦佩或赞扬，但这并不是对人的尊重。需要明确的是，在人的尊严的理论框架

---

① 转引自林辉雄：《人性尊严与自由民主宪法秩序关系之研究》，台湾中正大学法律学研究所 2001 年度硕士论文。

② 夏征农主编：《辞海》（缩印本），上海辞书出版社 2000 年版，第 365 页。

下,所有的人都无一例外地受到国家、社会或他人的尊重,但钦佩和赞扬则会因人而异而无法一视同仁。所以卢克斯专门指出:"我们为某人的特殊成就而赞扬、为某人的特殊品质或出类拔萃之处而钦佩他,但我们把他作为一个人来尊重,则是根据他与所有其他人共有的特性。"①简单地说,人享有尊严是因为其内在的价值,而人为别人称赞则是源于其外在的成就,两者不可混淆。换句话说,即使在事业上一事无成的人,其人的尊严也并不因此而丧失。

结合以上的分析,我们可以从词义上对人的尊严的理解进行这样一种确定:人的尊严是由于每个个人的内在价值所获致的高贵与庄严,它也是社会上每一个人都具有的一种光荣或荣耀;人的尊严由个人自身予以认同,也需要社会或国家加以认可和保障。

那么,如何在法律上理解从而规定人的尊严? 不同的学者、不同的国度和不同的文化背景,往往对此会有不同的理解。以下我们围绕人的尊严理解方式上的差异,来研究关于人的尊严理解、规定方式上的多样性问题。

二、人的尊严的主观主义理解与客观主义理解

意大利学者布斯奈里指出,美国宪政文化与欧洲宪政文化在关于人的尊严上的理解存在着差异。"在美国宪法的概念体系中,尊严的概念强调的主要是其主观的方面",简单地说,也就是将"尊严"与理性选择联系起来,只有那些可以进行自主选择的人才真正地享有人的尊严。相反,欧洲的宪政文化则强调"保护所有的人类的尊严,不带歧视地保护每个人"。也就是说,人的尊严是普遍的,任何人都可以也必须享有;人的尊严也是绝对的,它不允许在人与人之间区分不同的类别。正因如此,在这样的文化背景之下:

> 保护尊严就不允许对任何类型的人有任何歧视,无论有无知觉,无论是否已经出生,无论是否已经成年。当提到尊严的时候,就是指与每个人都联系在一起的尊严。因此,它不取决于是否有个人的自由,相反,它先于个人自由,并且是个人自由的前提条件。②

---

① ［英］史蒂文·卢克斯:《个人主义》,阎克文译,江苏人民出版社 2001 年版,第 116 页。
② ［意］布斯奈里:《意大利私法体系之概观》,薛军译,《中外法学》2004 年第 6 期。

当然这种区分并不是绝对的,在一定程度上,两者之间会存在交叉、共融的情况。但这种理解上的差异,本身却涉及人的尊严理解上的一个重大问题,也就是,将人视为尊严的主体,是否需要他们具备相关的理性能力? 以下我们以两位美国学者的研究为例,对此一问题的争论予以分析。

美国生命伦理学的代表人物恩格尔哈特的观点可以代表人的尊严上的"主观主义"理解。恩氏的观点立足于"人"与"人类"的区分。在他看来,"人"是一种道德意义上的主体,"他们是有自我意识的、理性的、可以自由选择和具有一种道德关怀感",因而,"并非所有的人类都是人",其根源在于"并非所有的人类都是有自我意识的、有理性的、并有能力构想进行责备和称赞的可能性"。这些"非人"的"人类"包括胎儿、婴儿、严重智力障碍者和没有希望恢复的昏迷者。[①] 恩格尔哈特认为,如果将"自主性"视为人具有尊严的标志,那么谈论胎儿、智力障碍者的自主性是没有意义的,对于他们来说本无所谓尊严与不尊严的问题,因为"不论是相互尊重的道德还是福利和相互同情的道德,都是以人为中心的"。就胎儿等"非人"的"人类"而言,其权利保护只能有赖于人们为他们所作的选择,因此,这些"人类"只是社会所需要保护的对象。

恩氏认为,在一般的俗世的条件下,可以正当地赋予胚胎、婴儿等"非人"的"人类"以一种受保护的角色,因为:(1)这种角色支持人类生活中诸如同情和关照这类重要的美德,特别是当人类生命是脆弱的和无助的时候;(2)对于婴儿和其他一些"人类"来说,这种角色保护他们不受诸如究竟何时人类成为严格的人这种不确定性的影响,也保护那些有可能在人生的重大变化中成为没有行为能力的人;(3)这种制度安排还可以保护抚养孩子的实践,"人类"在这种实践中成为严格意义的人。[②] 总之,胎儿、婴儿、严重智力障碍者和没有希望恢复的昏迷者可以拥有一种地位,甚至一种权利,但他们并不具备只有有理性的人才拥有的人的尊严。

与恩格尔哈特观点针锋相对的,则是美国著名法学家德沃金对恩氏所言的"非人"的"人类"尊严权的辩护。以"痴呆病人"为例,德沃金首先就设定了

---

① 参见[美]恩格尔哈特:《生命伦理学的基础》,范瑞平译,湖南科学技术出版社 1996 年版,第 144、147 页。

② 同上书,第 150、158 页。

这样一个问题:"一般来说,人的尊严和其'尊重自我'的程度多寡有关。如果痴呆病人连他们自己都已感受不到了,我们需要操心他们的尊严吗?"①对这些问题当然会有不同的回答,而德氏所选择的,则是通过"尊严权"这一范畴,来捍卫痴呆病人的尊严。在德沃金看来,在一般人的观念中,"尊严"就是不受侮辱,也即"人们有权不受到在他们所属的文化或是社群中被视为不敬的举措"。从这个意义上说,严重痴呆患者浑浑噩噩地活着,如果这些人还有正常人的知觉的话,一定会感到倍受侮辱,因为他们已经丧失了辨认或是察觉其尊严的能力,"甚至丧失了为尊严所苦的能力",他们无法感知尊严,当然也无从体验侮辱。所以,将"尊严"的反面确定为"侮辱"的话,那么的确可以说严重痴呆患者不再享有正常人的尊严。

但是,德沃金指出,人实际上享有两种不同的权益:一种是"体验权益",即通过自己对生活的参与而享有的权益,例如通过阅读一本有趣的小说而获得身心的满足;还有一种是关键权益,指的是涉及当事人生活目标和生活理想的权益。例如阅读小说只是为了成为一个文学家,这样一种对生活的规划就是人的"关键权益"之所在。据此,德沃金得出一个重要的结论,那就是从"体验权益"的角度来说,无法证成痴呆病人是否享有尊严,毕竟,"从体验式的尊严权论述来说,我们很难说痴呆病人拥有任何和尊严有关的普遍权利,而考量这些病人的自尊看起来确实只是昂贵的多愁善感,比方说,就像是为昏睡的病人请美容师来帮他们理发"。但是,痴呆患者没有"体验权益",并不能证明他们没有"关键权益",而"关键权益"本身才是证明人能否享有尊严的关键。正如德沃金所指出的那样,"一个人想要被别人有尊严地对待的权利其实是一种希望别人承认其关键权益的权利。希望别人承认他是拥有道德坚持的生物,而这种道德坚持对他人生的行进是具有固有而客观的重要性的"。②

德沃金认为,任何一个人都有在他的生命中表现出其自身特质的能力,每一个生命的历程也都是由当事人自己所创造,即使是痴呆患者,也在其日常生活中展示了他(或她)的自我。在别人看来,那些病人的选择可能是不明智的,但是,明智与否本身就不是是否具有尊严的标志。正常的人也常常作出不明

① ［美］朗诺·德沃金:《生命的自主权——堕胎、安乐死与个人自由》,郭贞伶、陈雅汝译,第256页。
② 参见同上书,第270—272、274页。

智的选择，例如"烟枪也可以在私底下尽情地抽烟，虽然香烟广告上一定警告过他抽烟的危险性"，所以，只要当事人在行为中展示了其"真正的喜好、性格、信念，或是自我的能力"，这就意味着他的关键权益已经实现。从这个意义上说，人生是个连续的过程，生命是个完整的存在，即使是痴呆病人，还是保留了他们的关键权益，"因为日后发生在他们身上的事情，还是会影响到他们的人生（就其整体而言）的价值或成就"。① 就此而言，我们不能武断地为他们作主，也不能主观地强迫他们适应某种生活方式，从而抹煞他们应有的尊严。

我们赞同在人的尊严问题上的客观主义的理解方式。实际上，人的尊严应当只与人的存在有关，而不能以能力、成就、德性来作为衡量的标准。当以能力、贡献作为衡量的标准时，不仅会使许多人无法获取尊严，甚至会出现人的尊严在不同的人之间有大小之别这样荒谬的现象。在这方面，李震山先生也指出："人性尊严之权利主体系每个人，其不该因年龄及智慧之成熟度而有别。因此，智虑与精神上有缺陷者，譬如意识丧失、精神病患，亦应为人性尊严之权利主体。"虽然有些人没有能力掌控自己的精神，当然也不具备常人那样的自治、自决能力，

　　但此并不表示无自治自决能力之人即无人性尊严或非人性尊严之权利主体，因为人性尊严之存否，若受个人能力影响，甚至取决于人之主体特质，很可能有许多人将被视为非人、下人或物质而遭社会排拒，甚至被消灭。避免这种残酷结果产生，人性尊严实不应以人之行为能力有无为判断准据。②

换句话说，人的尊严至多与人的权利能力有关，而无需考虑人在行为能力上的差异。正是人格的平等带来权利能力的平等，因而人的尊严也应当在所有人身上无例外地得以体现。

三、人的尊严的个人主义理解与人格主义理解

第二次世界大战后的日本，也将人的尊严写入了宪法。其宪法第 13 条规

---

① 参见［美］朗诺·德沃金：《生命的自主权——堕胎、安乐死与个人自由》，郭贞伶、陈雅汝译，第256、259、275 页。

② 李震山：《人性尊严与人权保障》，元照出版有限公司 2000 年版，第 15—16 页。

定："一切国民均以个人而受尊重。对于生命、自由及幸福追求之国民权利,在不违反公共福祉之范围内,须在立法及其他国政上予以最大之尊重";第 24 条规定："……关于选择配偶,财产权继承,选定居所,离婚、婚姻及关于家族之其他事项之法律,应以个人之尊严及两性之平等为根据而制定之"。对照德国《基本法》第 1 条的规定可以看出,两者均以"尊重""尊严"作为宪法纲领性的规定,意在强调人在现代法治国家的地位。但也有学者指出,对比日本宪法与德国基本法,它们在关于人的尊严问题的规定上实质存在着一定的差异。如日本学者阿部照哉等人认为,日本国宪法宣示的是"个人主义",而德国宪法则以"人格主义"为基础来规定人的尊严。①

从"个人主义"立场上来理解人的尊严,不外乎强调个人相对于国家的优先性与独立性。依照日本学者的论说,日本宪法上"个人尊严"的涵义大致包括这样几类不同的解说:第一种观点认为,这是承认个人具有平等而独立之人格价值,国家施政应尊重个人之人格;第二种观点认为,该条款宣示个人主义之原理,显示人类社会之价值根源在于个人,尊重个人胜于一切;第三种观点认为,个人尊严之原理,不仅在公共利益与私人利益必须调整时强调个人权利的比重,而且要保护个人享有不受国家权力侵入之"自律"领域。② 据学者分析,战后日本之所以将对人的尊重和人的尊严写入宪法,主要原因有二:一是为了与日本的"封建制度"诀别,二是为了对"二战"时日本国"全体主义"进行深刻反思。就前者而言,将个人从家庭、家族及各种社会关系中解放出来,这就打破了封建主义的樊篱,使个人能够在社会中独立。就后者而言,所谓"全体主义",指的是"将民族或国家等的全体视为至上,认为各个人应为此全体服务,系完全从属于全体而存在"。③ 这也就是我们通常所言的国家主义或整体主义,在这样一种观念之下,个人属于价值上微不足道的单位,个人只有在为国家、民族服务的时候,才有真正意义上的价值。所以,以"个人主义"反对"全体主义",有利于彰显人的自治、自由,特别是相对于国家而言,更突出了每个个人都是一个有价值、有尊严的生命存在。

---

① 〔日〕阿部照哉等:《宪法》(下册·基本人权篇),周宗宪译,中国政法大学出版社 2006 年版,第 90 页。
② 以上日本学者的观点,系我国台湾学者许志雄所概括。参见许志雄:《宪法之基础理论》,稻禾出版社 1992 年版,第 46—47 页。
③ 〔日〕阿部照哉等:《宪法》(下册·基本人权篇),周宗宪译,第 91 页。

但是必须明确的是，即使德国宪法以"人格主义"为基调强调人的尊严，但这种人格主义并不是"全体主义"，人格主义同样是反对全体主义的。区别在于，"人格主义"重视个人与社会间的有机联系，"在国家与社会同一性之前提下，藉'共同社会'之概念，缓和个人与社会或国家的对立态势"。在这种理念之下，强调国家对市民生活的介入，重视国家和法律对人权的保障。① 所以，在德国《基本法》"人的尊严"中的人，并不是遗世独立、孑然一身的社会游魂，而是融入社会之中，具有极强的社会情感的个人。至于将德国《基本法》上的"人的尊严"归入"人格主义"一类，则是源于《基本法》的第 2 条，该条规定："人人都有自由发展其个性的权利，但不得侵犯他人的权利或触犯宪法秩序或道德准则"；"人人都有生存权和人身不可侵犯权。个人的自由不可侵犯。只有根据法律才能侵害这些权利"。在这里，更多地强调了个人自由与他人自由之间的关联。

正因如此，德国学者考夫曼就将"人的尊严"的内涵界定为"共同体成员之间相互承认、尊重对方自我决定的权利"，认为这是共同体当中每一份子为了确保和平共存所必须相互认可的最基本的承诺。这一承诺对于"人的尊严"作为建构性的宪法基础规范的地位十分重要，假如缺乏了这个最根本的相互承诺，其他法律建制都无法落实为真正的保障。② 这样一种将个人的尊严与国家、社会相联系的看法，在德国联邦宪法法院的一个判决中表述得更为明确。法院指出："基本法中人的形象，并非是一个孤立、自主的个人形式；而毋宁说是：基本法将个人与国家之间的紧张关系，以不侵犯个人之固有价值的方式，在个人的'共同体关联性'与'共同体连结性'的意义下，加以决定"。③ "关联"与"连结"本身即表明个人与社会之间水乳交融的关系，因为只有在社会中，人的尊严才可望得以落实。

应当说明的是，"个人主义"的人的尊严的理解与"人格主义"的人的尊严的理解也并不像想象中的那样泾渭分明。在当代社会，"个人主义"理论家实际上更多地从人的社会性角度来定位个人的特性，也就是说，现代个人主义理

---

① 许志雄：《宪法之基础理论》，第 50 页。

② 参见蔡维音：《社会国之法理基础》，正典出版文化有限公司 2001 年版，第 29 页。

③ BVerfGE 4，7. 转引自蔡维音：《德国基本法第一条"人性尊严"规定之探讨》，《宪政时代》第 18 卷第 1 期（1992.7）。

论强调每一个独立的个体都有其价值,是一个有着尊严的生命存在;但是,这种个体本身能够与社会合作,是具有社会美德与社会情感的个人。正因如此,日本学者田口精一就明确主张,日本国宪法的"个人尊重"与德国基本法所言的"人的尊严"不但类似,而且在思想基础上,亦有众多共同的要素。其所持的理由是:"作为尊严价值的主体之人类,非活在共同社会的生活关系中不可。……通过人之本质的知性、良心、责任感等的精神作用,在自己的自由意志下,决定自己、形塑自己;在围绕着自己的环境中,完成自己的人格的作为主体之人类"。[①]一句话,人都是社会中的人,人不可能是孤立的原子,只有在与他人的交往中,人的尊严才可能得以呈现。

四、人的尊严的正面的定义与反面的定义

这实际上是一种对人的尊严理解上的技术方式,[②]即解决人的尊严"是什么"和"不是什么"的问题。"正面定义"侧重于从理论上来界定人的尊严的内涵、外延或主要价值;而"反面定义"则主要是列举哪些方式违背了人的尊严的要求。

有关人的尊严的正面定义,本章下文将要涉及,这里只是简单地谈谈"反面定义"的问题。

我们先来看学者的阐述。德国学者京特·迪里希(Günter Dürig)在论及人性尊严时,经常与精神、意识、自决等概念一并加以探讨,并从"反面"来对人性尊严作出界定:"当一具体的个人,被贬抑为物体、仅是手段或可替代之数值时,人性尊严已受伤害。"[③]简言之,人的尊严强调人是目的、人是主体,而一旦将人视为"物体""手段"时,则人的尊严自然就荡然无存。所以,人的尊严的反面也就是将人视为被人决断、被人奴役的对象。

我国台湾学者周志宏也认为,强调人的尊严就不允许对人的尊严加以贬损。在他看来,所谓"对人性尊严之贬损"主要是指:(1)对人类的屈辱与贬低,将人视为单纯的客体而非主体。例如,将人作为实验之对象,作为科技的工具

---

①　转引自林辉雄:《人性尊严与自由民主宪法秩序关系之研究》,台湾中正大学法律学研究所2001年度硕士论文。

②　"正面定义"与"反面定义"的提法,参见蔡维音:《德国基本法第一条"人性尊严"规定之探讨》,《宪政时代》第18卷第1期(1992.7)。

③　李震山:《论资讯自决权》,见《李鸿禧教授六秩华诞祝寿论文集》,月旦出版社股份有限公司1997年版,第719—720页。

或控制的对象。(2)对个人内心之"个体性"的剥夺。例如,以人工生殖或基因复制等技术,塑造大量具有同一特征的"人造人",去除个人存在之独特性,或以监视、监听或其他科学的探知技术,来侵入每一个人的"个人领域",剥夺个人的隐私。(3)未能提供或保障"适合于人类的生存基础",这是指破坏现在及将来人类适于生存的精神或物质环境,以致未能提供或保障"符合人性尊严之最基本的生存条件"。①

卢克斯将"人的尊严"视为"个人主义"的应有之义,他同样以"反面定义"的方式,对人的尊严进行了阐述。卢克斯认为,如果存在下列三种情况,即可以毫无疑义地断定这是对人的尊严的侵犯:第一,对于社会生活中的人,"如果我们不是把他看作一个行为者和选择者,一个产生了行为和选择的自我;如果我们不把他作为一个人来看待,从而也不把他作为一个人来对待,而仅仅作为一个头衔的佩带者或一个角色的扮演者,或者仅仅作为达到某种目的的手段,最糟的是甚至仅仅作为一种客体,那么我们就不再尊重他了。"换句话说,如果我们仅仅因为对方是领导、富翁、学术权威等而尊重他,那显然我们尊重的就是这些人的外在因素,而不是把他当作一个人来予以尊重。总之,当我们不将人视为具有自主性的个体时,我们实际上就隐含了对他人的蔑视。在卢克斯看来,这往往包括两种方式:一种是"完全控制或支配他的意志";另一种是"不合理地限制他能够选择的目标范围"。当然,这其中还有一个"最阴险、最关键的方式",这就是"消除或限制能够增强他对自己的处境和活动之自觉意识的机会"。第二,"如果没有正当理由而侵犯某人的私人空间和利益,干预他的应受尊重的活动(尤其是干预他内在的自我),那这很明显是对他的不尊重"。比如涉入个人的隐私空间、阻碍当事人人生计划的安排等,就属于这类情况。第三,"如果有人减少或限制某人实现他自我发展能力的机会,这也是对他的极端不尊重"。② 例如,通过规定苛刻的受教育条件,使许多贫穷家庭的子女无法接受应有的教育,这就是在发展的机会上断绝了当事人形塑自我的可能。当然,这方面更多地涉及保障人的尊严实现的制度问题,未必就是人的尊严本身的内容。

---

① 周志宏:《学术自由与科技研究应用之法律规范》,见《李鸿禧教授六秩华诞祝寿论文集》,第544页。
② [英]史蒂文·卢克斯:《个人主义》,阎克文译,江苏人民出版社2001年版,第121—122页。

由于"人的尊严"在德国《基本法》中具有指导纲领的地位,因而德国联邦宪法法院也往往根据"人的尊严"条款,来对国家法律、政府行为进行是否合宪的评判。在这一过程中,其从"反面定义"上确定的"客体公式",经常成为学界引述的对象。

所谓"客体公式",简而言之,即当国家将人们视为客体(或者物体)时,就可以认定其背离了"人的尊严"的要求。德国联邦宪法法院曾在判决中指出:"每一个人本身,即为目的,而非只是他人用以实现一定目的之手段;每一个人本身即为价值,甚至为完全或最高价值,其价值之形成及完成,乃源于自律,而非他人所给与"。更为重要的是,"价值之成全及维护,即存在尊严"。要使尊严真正成为人们能够拥有、固有的东西,国家就必须为人民而存在,而不是人民为国家而存在,人民不得只作为国家统治之客体,否则即抵触人性尊严。① 在极权主义国家,个人虽然未必就会被剥夺生存的权利,然而,在这样的政治体制中,个人只是被控制、被奴役的对象,至多也只是国家完成政治目标的工具,这显然即为对人的尊严的蔑视和侵犯。在"谋杀罪无期徒刑之合宪性"的判决中,德国联邦宪法法院又重申了这一"客体公式",明确指出:

> 倘若使人成为纯粹国家(刑罚)的客体,实系抵触人性尊严的。"人应永远以其自身为目的"这个原则系毫无限制地适用于所有的法领域的,因为作为一个人所具有的永恒的人性尊严就在于,他被承认为系一个得为自我负责的位格。②

以此一理论来反思我国现阶段的刑事政策,就能够明确地看出,我们许多做法、提法都是将人视为客体、工具的。例如常言的"杀一儆百",这其中的"一"就是工具,它之所以牺牲,就是为了使其他的"百"不至于蹈其覆辙。当然,也正是为了"百"能够诚惶诚恐,那个被杀的"一"甚至是在不必要杀的时候也被杀了。

人的尊严理解上的多样性,从另外一个角度也说明了人的尊严内涵的丰

---

① 转引自蔡志方:《行政救济与行政法学》(一),三民书局股份有限公司1993版,第357页。
② 《关于"谋杀罪无期徒刑之合宪性"之判决》,吴从周译,见"司法院"秘二科编:《德国联邦宪法法院裁判选辑》(三),司法周刊杂志社1992年版,第61页。

富。并且,这样从不同角度来理解人的尊严,亦有利于人们对尊严问题进行更为深入的探讨。

五、人的尊严的法律内涵

在法学上,就人的尊严进行内涵上的把握,是了解人的尊严法律性质的关键。实际上,不管从哪个角度来对其进行理解,人的尊严都必须有一些具体的标准,否则,这样一个在国际人权法以及国内宪法上规定的根本准则就可能流于空泛而成为一纸具文。因而,如何正确地界定人的尊严的法律内涵,是摆在我们面前的一项重要任务。

德国学者阿尔贝特·布勒克曼(Albert Bleckmann)将"人性尊严"等同于"自治",认为:"人性尊严之要件,系每个人得在其行为与决定上有自由,而且任何人都享有同等自由。因此,基本法的人性观,系指平等、自由之个人,在人格自由发展下,自由决定其生活方式、未来及行为。"①简单地说,只要每个人在涉及自身利益的问题上有独立的选择权与决断权,那就可以认为其具有了人的尊严。

国内学者韩跃红认为,"人的尊严"就是指人的尊贵和庄严,指人具有一种高于物和其他生命形式的,且令他人敬畏、独立而不可侵犯的身份或地位。②换句话说,人的尊严是通过人与其他生命存在的比较而言的,只有人才拥有一种神圣不可侵犯的身份与地位。

我国台湾学者陈清秀认为,人性尊严可具体表现在下述几项:(1)作为个人人格的独立价值的尊重;(2)一身专属性事务的自主决定;(3)个人私人领域的尊重;(4)维持具有人性尊严的生活;(5)自治与自决。③

另一位台湾学者蔡维音则将人的尊严分解为五项基本价值:自主的人格发展;安全;基础生存所需;平等;福祉的最大化。并以图表的方式详列了各项价值的定义、保护模式及例证。④

从以上学者的论述中可以看出,人的尊严在内涵上之所以具有多样性,是

---

① 转引自李震山:《人性尊严与人权保障》,第 13—14 页。

② 韩跃红:《生命尊严的价值论省思》,见单继刚等主编:《政治与伦理——应用政治哲学的视角》,人民出版社 2006 年版,第 184 页。

③ 陈清秀:《宪法上人性尊严》,见《李鸿禧教授六秩华诞祝寿论文集》,第 99 页。

④ 蔡维音:《社会国之法理基础》,第 33 页。

因为人的尊严既涉及人的内在本性,如作为道德主体的人格的存在,也涉及人外部形象的高贵、庄重;既包括人个性的自由与自我规划的自治,也包括在涉他关系中的自主与决断。因而,对这一概念的理解,就应当从内在与外在、自我与社会等多个角度来进行综合分析,否则,即可能遮蔽这一概念所应有的丰富内涵。

综括以上学者的意见,我们认为,对人的尊严的法律意涵可作如下理解:

第一,生存于世上的每一个人都拥有不可侵犯的尊严,这类尊严的取得源于人的生命存在本身,它既不依赖于先天的血统、性别、门第,也不依赖于后天的成就、地位、信仰,只要生而为人,就拥有这样一种自然尊严。由这一点可推出三个基本性的结论:(1)人是具有尊严的法律主体,每一个人都是独一无二、不可取代的,他不得被作为物或客体来加以对待。(2)人是一切人为制度的目的所在,国家也好,法律也罢,都是人们为了寻求幸福所人为建构的东西。因而,如果说国家、法律具有目的性追求的话,那就是为了让人活得像人。(3)人与人之间在尊严上是完全平等的。这正如康德所说的那样,尊严不同于价值,价值有高下之分,而尊严只能是等价的。正是从这一方面而言,人的尊严为人与人之间的平等奠定了最为坚实的伦理基础。①

第二,人的尊严在法律上要求尊重人的自主性,要把每个人都视为理性的、独立的存在,他可以决断涉己的事务,从而在生活中充分表达自我、展示自我以及发展自我。源于此一要求,人的尊严强调以下几个方面的内容:(1)国家和社会应当在权力上自制,不得干预属于社会成员可以自我决定的事项,从而充分发挥人的主观能动性,尊重他们的自治与自决。这正如哈耶克断言的那样:"一个社会如果不承认每个个人自己拥有他有资格或有权遵循的价值,就不可能尊重个人的尊严"②。(2)人是"自我立法者",是自身利益的最好判断者,其出于真实的自由意志所进行的行为,在法律上拥有最高的效力。任何

---

① 也有学者在讨论尊严的现代意义时,给出了类似的解释。该学者指出,尊严的现代概念有别于其古典概念,主要体现在三个方面:一是尊严得适用于所有个人,而不仅局限于精英阶层;二是尊严为所有人平等地享有;三是尊严赋予每一个法律主体以对抗国家和他人,并要求法院加以保护的权利。参见 Erin Daly, *Dignity Rights: Courts, Constitutions, and the Worth of the Human Person*, Philadelphia: University of the Pennsylvania Press, 2013, pp.11-12。

② [英]弗里德利希·冯·哈耶克:《自由秩序原理》(上),邓正来译,生活·读书·新知三联书店1997年版,第93页。

不经他人同意而替代别人作出的法律决断都是无效的,一个法律行为的成立应当考虑是否为主体真实意志的体现。(3)人的尊严既表现为个人在社会上的自主决定应当为他人和法律所尊重,同时亦体现于在私域中能够无所顾忌地展示自我。因而,人必须拥有能够为自己所独立支配的私人空间(或称"私域"),人的隐私不受侵犯。

第三,根据人的尊严的内涵,人既是法律上的权利主体,也是法律上的义务主体和责任主体。从权利的角度看,人为了尊严的实现,必须拥有法律上的人身权、财产权等权利。同时,"任何人都不必忍受他人对自身尊严的伤害,不必忍受他人的任意施为",[①]为此其享有起诉权、请求赔偿权以及紧急情况下的自卫权。另外要注意的是,每个人都享有不可侵犯的尊严,这是良性社会得以建构的前提。但是,社会是需要人们共同维系的,这就意味着人们在享受权利的同时,还必须尽到对国家、社会及他人的义务。人自然可以借助社会的舞台,尽情地表现自我、发展自我,但人也拥有尊重他人的义务。此外,一个享有尊严的人也是一个能自我负责的人,因而,法律主体必须对自己的选择、决断和行为负责,这既包括对相关的法律上的规定须忍受其不利后果的责任(如履行法律义务),也包括触犯法律时所应承担的法律责任。[②]

第四,相对于人的尊严而言,国家和社会更多地以"义务主体"的形式出现。就国家而言,它承担着维护人的尊严的使命,同时又负有保障人的尊严得以实施的义务。按照这一要求,国家既必须对涉及人的尊严的权利作出合理的安排,同时也要建立为保障人的尊严得以实现的相关制度。同时,社会作为一个独立存在的主体,也必须对其成员给予必要的宽容。惊世骇俗者需要容忍,标新立异者应当尊重。社会上如果缺乏宽容的环境,在一定程度上也必定会阻碍人的自主性的发挥,从而影响着人的尊严的实现程度。同时,对于社会上的其他人而言,都不得通过任何形式否认和剥夺别人正当的生存权利和展示其自身尊严的自由。

---

① 〔德〕乔治·恩德勒等主编:《经济伦理学大辞典》,王淼洋主编译,上海人民出版社 2001 年版,第 325 页。

② 按照哈耶克的说法,课以责任既是以人的理性自主为基础,同时又是督促人们的行动能够更加理性,尽可能考虑行动前的各种因素,从而作出最有利的选择。参见〔英〕弗里德利希·冯·哈耶克:《自由秩序原理》(上),邓正来译,第 90 页。

第二节　人的尊严的法律属性

一、人的尊严与平等身份

在当今的法学话语中,人的尊严为人权和权利提供了理论证成,有效地融合了法律的规范性要求与正当性标准。也正因如此,在当下中国,详细说明人的尊严所肯认的基本价值理念,有助于将社会主义核心价值观有机地融入当代中国的立法、司法和执法的过程之中。① 但是,将现代法律上的人的尊严理念置放到历史与社会现实生活中进行认识和思考,其预设的人的高贵与庄严形象、其无差别与平等的法律诉求,却不免令人疑窦丛生:一个毫无自尊之心或者作践自己的人,为何必须将他视为尊严的主体? 一个杀人如麻、恶贯满盈的歹徒,为何也要保留他的尊严? 实际上,法律思想史上对这样一些自作自受或危害社会的异类,很多时候都将之排除在"正常人"的范围之外。例如,我国古代《唐律疏议》言道,社会生活里有许多"情恣庸愚、识沈愆戾,大则乱其区宇,小则睽其品式"者,对这种人只能科之以责罚,加诸耻辱。② 当人类社会的诸多成员只能成为法律制裁的客体时,尊严就成了少数人的专利,人的尊严当然也由此成为一句空话。

这恰恰是人类曾经有过的历史。证诸古今中外,早期法律制度中"尊严"的光环只落在少数人的头上,皇帝、国王、君主自然是享有特权、拥有尊严的主体,而贵族与官僚阶层因其与专制政体的关联,也可享有法律上的尊严优待。以西方为例,罗马法虽然是世界法律文明中的精华,然而从本质上而言,这时期的法律仍未摆脱人与人之间的等级位差。现代法律中表征人具有尊严并且人与人之间平等的"人格"概念,在罗马法上只是个区隔性(或曰排斥性)的概念,其目的在于通过人格所蕴涵的权能(自由权、市民权、家族权③)资格,将一部分人视为法律上的"非人"。在那个时代,奴隶虽然是生物意义上的人,但却不是罗马法上的人,他们只被当作权利的客体加以对待,根本就无

---

① 参见龚群:《论人的尊严与社会主义核心价值体系的内在关系》,《教学与研究》2010 年第 9 期。
② 参见《唐律疏议·名例》。
③ 三种权能的具体内容,可参见周枏:《罗马法原论》(上册),商务印书馆 1994 年版,第 98 页。

尊严可言。① 18、19 世纪资产阶级革命胜利之后，宪法性文件和部门法律虽已逐步将人的尊严的内容纳入法律框架之中，然而仍有诸多类别的社会成员被视为不具人格者或不具有完全人格者，自然也就没有与其他人同等的法律上的尊严。例如，根据财产的多寡，法国 1791 年宪法将公民区分为"积极公民"与"消极公民"，"消极公民"被剥夺了选举资格；根据性别的差异，诸多国家认为女性是不能享有与男子同等权利的"不完全理性人"；依据人是否独立，不少地方将处于依附地位的人们（如仆人）排除在有人格的法律主体之外。

以上情况说明，在社会生活和早期制度之中，更多地是将人的尊严与其地位、能力、成就、贡献联系起来，没有这些也就缺乏尊严所依存的社会基础。正如学者指出的那样，"'尊严'二字并无明确定义，罗马人认为，尊严乃是个人在公众中之声誉，尊严系因个人为社会作出贡献所获得"②。这一说法并非空穴来风，据学者考证，"'尊严'源自这样一个概念，意指较高的社会地位，以及该地位给盘踞它的人带来的荣誉和尊敬"③。可以说，在西方早期社会使用"尊严"一词的时候，是与人的外在表征——如地位、业绩、贡献、才干——联系在一起的，具有这些品性的人是拥有尊严的人，反之则不为社会所尊重。这种理念与我们现实生活中对人的观感实质上是相通的，在"尊敬谁或不尊敬谁"是人的自由的前提之下，我们很难对那些品质低下、祸害社会者会有发自内心的尊重。从这个意义上说，现代社会的人们在心底里仍然是根据社会的共识和个人的判断来区分"值得尊重者"和"不值得尊重者"，未必会承认每个人都具有同等的价值和尊严这一抽象判断。

然而，以人的外在特征或社会表现来论说法律上的人的尊严，不仅与尊严的现代学理内涵差异甚大，也与当代法律的平等追求大相径庭。正如马克思早就指出的那样："人的根本就是人本身……对宗教的批判最后归结为人是人的最高本质这样一个学说，从而也归结为这样的绝对命令：必须推翻那些使人成为被侮辱、被奴役、被遗弃和被蔑视的东西的一切关系"④。只有在马克思

① 有关罗马法中的尊严主体问题，参见史志磊：《论罗马法中人的尊严及其影响——以 dignitas 为考察对象》，《浙江社会科学》2015 年第 5 期。

② 李震山：《人性尊严与人权保障》，第 4 页。

③ 参见［美］迈克尔·罗森：《尊严：历史和意义》，石可译，法律出版社 2015 年版，第 10—11 页。

④ 马克思：《〈黑格尔法哲学批判〉导言》，《马克思恩格斯选集》第 1 卷，人民出版社 1995 年第 2 版，第 9—10 页。

主义的历史唯物主义的分析框架下,上述封建社会与资本主义社会所盛行的
以人的外在特征与社会表现对人的尊严进行论说的观点才展现了其自身的虚
妄性。虽然在马克思主义的经典文本中,尊严并没有作为一个核心词汇被加
以详细说明和论述,但是在马克思对资产阶级的人权学说的批判中,我们能够
辨识出马克思主义传统中的人的尊严理论对于现代人性尊严理论的深刻影
响。综观马克思的论述,人的尊严的问题包含三个最基本的面向:人的解放、
人的需求和人的发展。① 其中,人的解放是人的尊严得以确立的前提和基础,
通过人的解放,人的尊严获得了一种真实的历史存在形态,并且成为一种能够
对抗一切剥削和压迫的真实力量,从而成为保障人不被权力、技术和社会驯化
并异化的源头活水。这个源头活水就是共产主义,就是实现了的人道主义,就
是完成了的人的尊严,就是打破一切将人性与自然、人性与社会、人与人之间
通过外在表征进行分类的藩篱:

> 共产主义……是人向自身、向社会的即合乎人性的人的复归,这种复
> 归是完全的,自决的和在以往发展的全部财富的范围内生成的。这种共产
> 主义,作为完成了的自然主义=人道主义,而作为完成了的人道主义=自
> 然主义,它是人和自然界之间、人和人之间的矛盾的真正解决,是存在和本
> 质、对象化和自我确证、自由和必然、个体和类之间的斗争的真正解决。②

　　在人的解放的基础上,马克思进一步将人的尊严进行社会化和历史化的
理解,这就使得马克思特别强调人的尊严的保障在于将人的需求,尤其是社会
历史生活中的真实的个人的需求,转译为人的权利。也因此,在马克思主义的
语境中,人的尊严除了传统的道德维度,还增加了物质生活和经济生活的维

---

　　① 关于马克思的人的尊严理论所包含的内容和维度,学者们的认识也不尽相同。有学者将之概括
为:尊重人的权利、保障人的自由、满足人的需要和促进人的发展四个方面。也有学者认为马克思的人的尊
严观包括四个维度:历史维度、社会维度、阶级维度和超越维度。还有学者认为马克思主义的人的尊严理论
应从宗教的批判、异化的扬弃和人的全面解放三个角度加以解读。参见张三元:《论马克思主义人学视域中
人的尊严的内涵》,《湖北行政学院学报》2011 年第 5 期;李怡、易明:《论马克思的尊严观》,《马克思主义研
究》2011 年第 10 期;王晓广、王炳林:《马克思"人的尊严"思想的发展脉络及基本维度》,《新视野》2012 年第
3 期。
　　② 马克思:《1844 年经济学哲学手稿》,《马克思恩格斯全集》第 3 卷,人民出版社 2002 年第 2 版,第
297 页。

度，从而也为宪法中的社会性的基本权利保障提供了理论基础。更值得指出的是，马克思在《共产党宣言》中对人的自由和全面发展的强调构成了现代人权公约中的发展权的先声，尤其是马克思对于所有人在社会主义社会和共产主义社会中的人的自由潜能和劳动潜能的充分强调构成了现代人权理论中对于人的可行能力的经验研究和哲学思考的前提。可以看出，正是通过马克思主义学说的完善，现代意义上的人的尊严的理论才克服了其过分关注道德性维度所带来的虚妄性，获得了普遍化和实质化。

　　承认人有等差的身份区别，实际上就是对人的贬低与侮辱，当然也是对人的尊严的羞辱与冒犯。正因如此，现代法律中关于人的尊严的界定，是以承认每个人均有平等的法律身份（人格）作为显著标志，在此人人都被法律承认为尊严的主体，每个人都应得到国家、社会和他人的尊重。《世界人权宣言》第1条明确指出，"人人生而自由，在尊严和权利上一律平等"。根据这一规定，享有尊严的主体是普遍的，无论生活在哪一个国家和地区的个人，都应当获得和他人一样平等的尊严。在当代中国，平等是由宪法所确认的基本原则，而且是社会主义法的基本属性，①尊严的平等自然也是我国宪法和法律的基本价值追求。在此必须说明的是，不是因为人人平等才有人的尊严，而是人人皆有尊严所以每个人在法律上一律平等。可见，如果说人的尊严有所谓"根据"的话，那就仅仅在于他（她）是一个人，任何人都和别人一样，平等地承载着作为同类人所应有的法律上的尊严。在此，法律不是对人的尊严的赋予或创造，而是对人与人之间应当平等地享有尊严的发现与确认。与此同时，我们也应当意识到，虽然尊严需要在实在法中规定才能够获得平等的承认，但我们不能就此认为，实在法中缺乏尊严条款的内容就意味着实在法的价值不趋向于维护人的尊严，恰恰相反，即使实在法中缺乏有关尊严的条款，我们也应将尊严视为该实在法所内在具有的价值诉求。②

　　就现代法律而言，对人的尊严的普遍承认，通过法律上的"人格"而得以彰显，这正如学者所言，"源自人性尊严的个人平等，换言之，即人格之平等"。③

---

①　党的十八届四中全会决定明确指出："平等是社会主义法律的基本属性"。参见《中共中央关于全面推进依法治国若干重大问题的决定》，人民出版社2014年版，第6页。

②　See Jeremy Waldron, *Dignity, Rank & Rights*, Oxford University Press, 2012, p.66.

③　[美]William M.Evan主编：《法律社会学》，郑哲民译，巨流图书公司1996年版，第282页。

《公民权利与政治权利国际公约》第 16 条规定："人人在任何地方有权被承认在法律前的人格"。按照学者的阐释，"这意味着每个人都是人（而不是物体）并且被赋予了在法律面前被承认为一个人的能力"，即能够作为权利的享有者和义务的承担者。[①]《牛津法律大辞典》对"法律人格"的释义如下：

> 系指在法律上作为一个法律主体的法律资格，该法律主体能够维护和行使法律权利，履行法律义务和承担法律责任。……法律人格特别对自然人而言有两大属性：身份和能力。通过确定隶属于这些特定人的权利与义务它们共同赋予法律主体这个概念以法律性内涵。[②]

可见，承认人们拥有同样的人格，就是承认每个人作为法律主体所拥有的资格、身份与能力。在人格的意义上，一个自然人并非只是物欲支配下的行尸走肉，还是一个有生命、有思想、有尊严的存在：他既能理智地面对自己的现在，也能合理地规划自己的未来；他既能自主地行使权利，同时也能够担当义务并落实责任。可见，现代法律正是通过确定每一个人都拥有同他人平等的法律人格，而完成了人的尊严在实在法上的移植。换句话说，拥有平等人格是人人享有尊严的合理推论，尊严的普遍化衍化为人格的平等化，在此人格成为一个人和他人地位相当、权能相似的身份凭证，昭示着和别人同等的法律上的资格。正如葡萄牙学者卡洛斯·阿尔贝托·达莫塔·平托所认为的那样："自然人的人格是一种法律资格、地位，是一种直接体现个人尊严的法律工具。"[③]在人的尊严已成为人类社会的共识下，各个国家无例外地承认"人人拥有同等的人格"无疑是在所必然。

然而，在一国法律之中，直接对"人格"作出规定的情形并不多见，那么，从何处能够演绎出人格平等的法律内容呢？在这方面，私法与公法在立法技术上有所不同。在私法上，"人格是国家赋予的资格，表现了国家与民事主体之

---

① 参见［奥］曼弗雷德·诺瓦克：《〈公民权利和政治权利国际公约〉评注》，孙世彦、毕小青译，第 387 页。

② ［英］戴维·M.沃克：《牛津法律大辞典》，李双元等译，法律出版社 2003 年版，第 863 页。

③ ［葡］Carlos Alberto da Mota Pinto：《民法总论》第 3 版，林炳辉等译，澳门法律翻译办公室·澳门大学法学院 1999 年版，第 41 页。

间的纵向关系,不同于体现私人之间关系的人格权",①而这就表现为权利能力的规定,也就是说,"人格"通过"权利能力"而得以体现。我国《民法典》第13条规定:"自然人从出生时起到死亡时止,具有民事权利能力,依法享有民事权利,承担民事义务。"在此,"出生"成为获取权利能力的唯一条件,具有自然性和平等性。正如学者指出的那样,近代大陆法系各国民法典对于"人格"和"权利能力"是不加区分地使用的。"权利能力一律平等"被作为人法的核心得以确立,并成为近代民法三大原则的基础。② 就此而言,"人格和权利能力等值、同义、互换"。③ 正是由于承认每个人都拥有平等的人格,所以在私法上通过权利能力来作为人的尊严的映像。

　　而在公法中,"人格"则通过法律宣示的人人平等而得以体现。以我国《宪法》为例,其第33条明确规定:"中华人民共和国公民在法律面前一律平等",这可以说就是立足于人格平等之上所进行的法律宣示。按理说,人与人之间固然有诸多共性,但每个人又都是个特殊的个体,生存条件有别,家庭环境有异,教育程度不等,诸如此类都彰显着人与人实际上是不一样的。但是,"任何人都具有人格的尊严,在自由人格的形成这一点上必须享有平等的权利"。④所以,即使人与人之间的差别是一种实际的存在,但法律上仍然必须将他们同等对待,这就是承认每个人和他人具有同等的法律地位。作为蒙面女神的法律,不去关注人们实质上的差异,而只是从人是人的角度上对所有人一视同仁。这样,公法上的平等就导致了和私法上权利能力平等一样的法律效果,即承认人们在法律上和他人一样的资格和能力。所以,公法上的人人平等,说到底就是身份的平等、地位的平等。实际上,公法上的平等要转化为法律上的人格并不困难,因为两者都源于"尊严"这一根本要件。人因为拥有尊严才具有人格,人也因为和别人一样拥有同等的人格就必然会有平等的地位。对此,恩格斯在《反杜林论》中早就指出,现代的平等观与古代社会不同,"这种平等要求更应当是从人的这种共同特性中,从人就他们是人而言的这种平等中引申出这样的要求:一切人,或至少是一个国家的一切公民,或一个社会的一切成

① 徐国栋:《再论民法中人格法的公法性——兼论物文主义的技术根源》,《法学》2007年第4期。
② 梅夏英:《民事权利能力、人格与人格权》,《法律科学》1999年第1期。
③ 付翠英:《人格·权利能力·民事主体辨思——我国民法典的选择》,《法学》2006年第8期。
④ 林来梵:《从宪法规范到规范宪法:规范宪法学的一种前言》,法律出版社2001年版,第105页。

员,都应当有平等的政治地位和社会地位"。①

综上所述,人的尊严并不是对人外在的天赋、成就、贡献、能力的褒奖,而只是对人人具有平等身份的法律宣示。换句话说,仅仅因为人是人,法律就必须保证他们拥有和别人相同的尊严,和他人一样成为法律上的主体。为了保证人的尊严的实现,法律上通过人格制度,确立了人人同等的主体资格。所以说,人的尊严奠定了人格平等的伦理基础,成为法律上人人拥有同等身份的法律前提。通过上文论述,可以理出相关概念范畴的逻辑顺序:(1)法律上承认每一个人都拥有与他人平等的尊严;因此,(2)在法律上人人拥有与他人相同的人格;所以,(3—1)在公法上,确认人人在法律面前平等的法律身份或法律地位;(3—2)在私法上,确认人人具有相同的权利能力。不难看出,尊严是前提、是基础,人格是显现、是表征,而平等身份(包括公法上的地位平等与私法上的权利能力平等)则是尊严落实于具体法律之中的制度性规定。通过这种转换与接纳,人的尊严完成了由人的形象的伦理描述到实在规范的法律嫁接,塑造着现代法律的伦理品格。

二、人的尊严与实在法

(一)人的尊严是超越于实在法的法律的伦理总纲

人的尊严在实在法上的引入,实际上表明了伦理规范在制定法上的指导地位。固然,法律规范不是伦理规范,法律也不能扮演推进道德的工具,然而,法律却不能拒斥伦理规范,尤其是对社会生活带有根本指导意义的伦理规范来说就更是如此。党的十八届四中全会决定指出:"法律是治国之重器,良法是善治之前提",并明确提出要"增强法治的道德底蕴"。那么,什么样的法律当得起"良法"这一美名呢?"法律必须满足道德或者正义的一定条件,只有这样的法律才能称为良法"。② 可见,"良法"表明了法律的内在道德性,说明法律必须吸纳社会基本的伦理规范或价值准则,用以指导法律的制定与运行。人的尊严作为一种具有根本性的伦理准则,自然应为法律所吸收,因为法治乃良法之治,而

---

① 恩格斯:《反杜林论》,《马克思恩格斯选集》第 3 卷,人民出版社 1995 年第 2 版,第 444 页。
② 季卫东:《通往法治的道路:社会的多元化与权威体系》,法律出版社 2014 年版,第 44 页。

人性尊严毋宁为法治的核心价值，盖不论是着重程序公平的形式法治理论，或者追求实质正义的实质法治理论，最终都可统摄在人性尊严的价值概念底下，致力于建构一个完善的现代法治国家，使人人都过着有尊严的美好人生。①

从这个意义上说，人的尊严可以作为现代法律的伦理总纲。② 当然，人的尊严一方面可以纳入法律之中，直接成为法律的相关条款，但另一方面，人的尊严又不受制于法律，而是超越于实在法又指导着实在法的伦理总纲。人的尊严这种相对于实在法的"超越性"，在法理上起码包含这样几层意思：

首先，法律只是宣示和保护人的尊严，而不是创造和发明人的尊严。一个国家的制定法可以将人的尊严纳入法律尤其是宪法的框架之中，但这并不是创造了一个新的法律概念，而只是对人类已达致普遍共识的"人人拥有尊严"价值理念的承认与尊重，并将之体现于宪法和法律之上，且通过国家机关使之落实于具体的法律实践中。值得追问的问题是，既然人的尊严本身是一项独立的伦理规范且又为人们所普遍认可，将之纳入实在法之中是否必需？我们认为，法律之所以需要吸纳社会基本价值，一方面是因为法律本身就是公意的体现，将被社会主流认为适宜的、值得尊重的价值理念融入法律之中，对于增强法律的权威与效力自然是必需的；另一方面，法律虽然不是道德，但法律是最低限度的道德，道德为法律内容的确立提供了一个必要的参照标准，使法律不至于滑向公道的对立面。人的尊严原本就是一项承认人无差别、人有同等价值的根本性伦理准则，将之纳入法律自然也在情理之中。

其次，人的尊严的先在性，③意味着即使国家法律未明文规定人的尊严，人的尊严仍然应当成为法律的基础准则。没有基础准则作为指导思想的法律规则是无目的的法律规则，缺乏基础准则规制的法律体系是散乱无序的法律体系。人的尊严可以担当这种基础准则的作用。在德国《基本法》制定

---

① 庄世同：《法治与人性尊严——从实践到理论的反思》，《法制与社会发展》2009 年第 1 期。
② 参见胡玉鸿：《人的尊严在现代法律上的意义》，《学习与探索》2011 年第 4 期。
③ "先在性"在此意指人的尊严这一规范本身就是独立的伦理规范，并不因为法律上有所规定才得以存在，或者说，其重要性与根本性并不取决于法律的已有规定。

过程中,制宪委员会主席曼戈尔特就专门指出:"对于我们来说最为重要的是,从一开始就必须强调和重视人的尊严,该条款的任务是,自由权和人权应该以人的尊严为目标和方向在法律关系中进行设置"。这一倡议得到了多数支持,并最终在德国《基本法》中得以落实。① 为什么法律一定需要这种基础准则的存在? 这可以凯尔森的"基础规范"理论来加以说明。"基础规范"在凯尔森那里,是一种"最后的预定、最终的假设"。② 凯尔森认为,法律秩序是一个规范等级体系,一个规范(较低的那个)的创造为另一个规范(较高的那个规范)所决定,后者的创造又为一个更高的规范所决定,最后,以一个最高的规范即基础规范为终点,可以作为整个法律秩序的效力的最高理由而构成了整个法律秩序统一体的基础:"这一规范,作为整个法律秩序的效力的最高理由,就构成了这一法律秩序的统一体"。③ 可见,没有基础规范的存在,就没有法律位阶顺序的确立,也不会有法律体系的统一。凯尔森未必会认同人的尊严就是他心目中的基础规范,但就现代社会的法律来说,人的尊严是确定人拥有自由和权利的根据,塑造人与人之间平等的关系尺度,因而可以作为现代法律的基础规范。在谈到凯尔森与罗尔斯理论的融合时,有学者就明确指出:

> 如果我们采取凯尔森的"规范层级理论",那么罗尔斯的正义理论,似乎就可以缓和凯尔森的疑难,即宪法规范效力的来源,并非来自那"先前被假定的"或历史上的第一部宪法,而是源于法律体系外的思维价值——本于人性尊严的理念。④

因而,人的尊严可以视同凯尔森所言的基础规范,在法律体系中占有基础地位。

再次,人的尊严不仅是一种相对于法律而言的先在性规范,还是一项具有

---

① 参见周云涛:《论宪法人格权与民法人格权——以德国法为中心的考察》,中国人民大学出版社2010年版,第30页。

② [奥]凯尔森:《法与国家的一般理论》,沈宗灵译,商务印书馆2013年版,第181页。

③ 同上书,第193—194页。

④ 徐振雄:《法治视野下的正义理论》,洪叶文化事业有限公司2005年版,第55—56页。

永久效力的不变性规范,这意味着法律上"人的尊严"的规定不仅限制着现在的立法者,还对未来的立法者施加了法律上的约束与限制。就具体情形而言,人的尊严条款一般在宪法中出现,表面上看,宪法是人民意志的根本体现,适应新的情形来修正宪法似乎也是理所当然。但有的国家虽原则上允许对宪法进行修改,却限定了修改的范围,即明文规定哪些条文不得为后来的制宪者所修改。在将人的尊严写入宪法的国家,相关条款往往也就成为其中特别规定的不得修改的对象。[①]

必须注意的是,人的尊严在一国法律体系中具有"先在性"(不取决于法律的相关规定)、"基础性"(是法律体系得以成立的规范基础)、"永久性"(不允许通过修改的方式对之加以变更),但这并非意味着宪法或法律只能被动地承认或接受人的尊严的概念,或者说,各国的宪法与法律只要套上一个人的尊严的标签,就完成了尊严入宪的任务。实质上,无论是对尊严内涵的理解,还是对尊严范围的把握,立法者以及司法者的主观能动性都是极为关键的,他们的选择与判断往往影响着人的尊严这一概念在不同国家的不同理解。

(二)法律对人的尊严概念的改造

人的尊严虽然为世人所普遍肯认,但其内涵、功能、范围却又是人言人殊,如何将这一抽象的准则整合为宪法的原则,就不能不由各国立法者根据自己的国情来加以选择与判断。在此,首先就涉及人的本质上的定位,即人是纯粹的自然人还是关系中的社会人?启蒙运动是人的尊严理论发展史上的重要阶段,但这时期的思想家们大多将人视为相对孤立的个体,因而未能在"尊严"的保障上体现人们之间相互尊重的义务。换句话说,古典自然法学是从"个体的人"这一角度阐述政治和法律制度的,至于社会关系这一层面,他们很少注意。然而,尊严不仅涉及人与自身的关系(即"自尊"),更涉及人与他人、社会、国家的关系,脱离了人所寄寓的社会,人的尊严即无从生根。所以说,人的尊严虽然重在保护每个人的自尊、自主、自立,但这些人绝不是孤立于社会的原子,而是在社会共同体中与他人彼此关联的"社会人"。正如马克思所指出的那样:

---

① 例如,德国《基本法》第79条第3项规定:"如果对本基本法的修订影响到联邦领土在各州中的划分、各州在立法参与中的原则,或第1条和第20条所规定的基本原则,则不允许。"参见《德意志联邦共和国基本法》,载朱福惠、邵自红主编:《世界各国宪法文本汇编》(欧洲卷),厦门大学出版社2013年版,第185、195页。

"人的本质不是单个人所固有的抽象物,在其现实性上,它是一切社会关系的总和。"①质言之,人并不是生活于孤岛之上,而是生活于社会之中,社会成就和形塑了个人,离开了社会也就无所谓真实的个人可言。不仅如此,人的社会性也派生出法律的社会性:"法律应该以社会为基础。法律应该是社会共同的、由一定物质生产方式所产生的利益和需要的表现,而不是单个人的恣意横行。"②在法律中落实人的尊严的要求,也就必须以"社会人"为基础。立法者只有依此标准——以独立、自主但又具有社会性的个人为前提,才能建构起合理的法律规范体系。

在法律的语境中,必定会遇到一个更为现实的问题,那就是人的尊严是否以具有法律上的行为能力者为对象? 如果是,则人的尊严必定会限缩在一个较为狭窄的范围,未成年人、痴呆、精神病患者或者植物人都不能归属于人的尊严的拥有者的范围;如果不是,则社会上一切人均可成为享有尊严的主体。证诸国际人权公约以及各国法律上的规定,所有人都享有法律上的尊严,而无论其是否拥有行为能力。"任何一个人来到这个世界上,都对这样一个共同体起了作为一个成员的作用,如果把享有尊严的主体仅仅局限于具有道德人格的道德主体,依此标准,就有相当一部分社会成员会被排除在尊严的主体范围之外",③而这与现代法律追求的平等理念明显是不相吻合的。

实际上,如何接纳人的尊严并使之成为法律上的规定,并不存在统一的标准与公式,而多由各国的立法者根据其立法哲学、文化传统予以决定。这说明,一方面,各国宪法与法律并非是被动地接受人的尊严这一先在的伦理概念,而是结合本国的国情对之加以引入与细化;另一方面,没有统一的通行做法,自然也为各国的立法提供了广泛的立法裁量空间,而这同时也使人的尊严的法律规定与司法实践充满歧义。德国学者默勒斯对此就指出:"今天,人们可以不夸张地说,对所有其他基本权利的解释都不像人的尊严这样充满争议。"④因此,就人的尊严的法律内涵、具体对象、指涉范围、基本功能等这些问题达成法理

---

① 马克思:《关于费尔巴哈的提纲》,《马克思恩格斯选集》第 1 卷,人民出版社 1995 年第 2 版,第 56 页。

② 马克思:《对民主主义者莱茵区域委员会的审判》(马克思的发言),《马克思恩格斯全集》第 6 卷,人民出版社 1961 年版,第 291 页。

③ 龚群:《论人的尊严》,《天津社会科学》2011 年第 2 期。

④ [德]克里斯托夫·默勒斯:《德国基本法:历史与内容》,赵真译,中国法制出版社 2014 年版,第 49—50 页。

上的认识,仍需学者们的不懈努力。

(三)人的尊严需要法律的宣示、确认和保障

人的尊严既然是现代法律的伦理总纲,具有指导法律制定、实施的崇高地位,那么,为什么还一定要由国家立法来对之加以明确的宣示、确认和保障呢?

就立法惯例而言,社会基本价值并不一定都要在成文法中加以明确,然而,现代社会都是制定法居于主导地位的社会,即使在英美法系国家,也较以往更注重通过成文法来调控社会关系。因此,将人的尊严等社会基础价值纳入制定法特别是国家的根本大法之中,有利于其在法典化、成文化的氛围中显示维护这些价值并使其得以实现的决心和信念。立法是将人民的意志转化为国家的意志的过程,国家意志性是法律的本质属性,而由此法律的普遍性、权威性才得以形成。所以,通过法律尤其是宪法将人的尊严规定于国家的法律之中,是法治国家必须要完成的任务。法律的这种宣示、确认为人的尊严的实现奠定了制度性基础。

同样重要的是,人的尊严虽然是文明社会的基本准则,但是,这并不意味着人的尊严就能自发地实现。人们应有的尊严即使排除国家侵犯的可能,也会因为社会上其他人的强制、侵害而受到影响。同样,缺乏基本的生活、生存条件保障,人的尊严就可能无法实现。正因如此,在人的尊严的保障问题上,一方面要求国家消极的不作为,对人的尊严予以尊重;但另一方面则要求国家必须积极作为,提供人的尊严得以实现的制度环境。国家的积极作为,一是国家必须通过法律实现基本的秩序,从而为人们提供和平、安全的生存环境。秩序是人的尊严得以实现的基本条件。如果社会处于动荡不宁的状态之中,人们生活于惶惶不可终日的环境之下,人的尊严自然也就无从谈起。二是国家必须加强人权保障,为人的尊严的实现提供良好的制度环境。人的尊严是衍生生存权、人格权、隐私权、自主权等各项权利的基础,只有通过这些权利的实施,人的尊严才有了具体的内容。因而,国家应当通过立法、行政、司法手段,合理界定上述各项权利并保证其在社会生活中得以实现。不仅如此,国家还必须提供条件,促成人的自我发展、自我实现的权利,例如财产权、受教育权、沉默权等,都关涉人的尊严的实现程度,必须予以重视。三是人的尊严的实现,还有赖于法律对弱者的特别保护。人的尊严中所包含的"维持具有人性尊严的生活",就直接与弱者的合理保护有关。国家为保障人的尊

严的实现,有义务为那些处于贫困线以下的人们提供救助。正因如此目前国家推行的精准脱贫、扶贫战略就具有特别重要的意义。从某种意义上说,人如果处于贫穷、困厄的状态之下,衣不蔽体,食不果腹,显然就无尊严可言。所以,加强对弱者的立法保护,是当代中国确保人的尊严得以实现的重要步骤。

三、人的尊严与法律权利

对于人的尊严作为法律上(尤其是宪法上)的基本原则与基础价值,学术界大致能达成共识。① 然而,在关于人的尊严是否为权利以及属于何种权利的问题上,则众说纷纭,大致可分为以下不同主张:

(1)将人的尊严视为人权行使的标准,其功能主要是禁止国家将人不当作人而是当作物来对待,这也就是前述的关于人的尊严的著名的"客体公式"。在一起"监听案"判决的不同意见书中,三位法官就此明确指出:"人不可以'不被当作人',而当作一个标的物来对待,……将人单纯当作国家行为的客体并率由当权者予以处分者,即属违反人性尊严。"② 可见,人的尊严的根本要求是排斥那种将人不当作人来对待的做法,从而使社会上每个人都能得到法律的尊重与保护。

(2)将人的尊严视为所有人权的基础,所有权利与自由均可以由人的尊严而获得推演。至于由人的尊严所可派生的权利类型,奥地利学者诺瓦克认为,"这些实有的权利实际上是对人的尊严的宣示,构成了衍生其他权利的核心",包括自由权利;平等权利;政治权利;经济生活的权利;集体权利;程序性权利;或者关于儿童、老年人、病患者、残疾人、外国人、避难者和其他弱势群体的特殊权利。"所有上述权利构成了法律诉求,据此所有人都通过赋权得以根据自由、平等和个人尊严的原则生活。"③ 当然,不管作多少层次的人权推演,其终极依据还是人的尊严。

(3)将人的尊严与权利并列,用相对含混的方式模糊尊严与权利之间的界

---

① 参见郑贤君:《宪法"人格尊严"条款的规范地位之辨》,《中国法学》2012年第2期。
② Gellwr,Dr. v. Schlabrendorff 及 Dr. Rupp 三位法官对联邦宪法法院第二庭1970年12月15日判决之不同意见书,高春燕译,载台湾地区"司法院"大法官书记处编:《德国联邦宪法法院裁判选辑(八)——人性尊严与人格发展自由》,台湾地区"司法院"1999年版,第274—275页。
③ 参见[奥]曼弗雷德·诺瓦克:《国际人权制度导论》,柳华文译,第2页。

限。例如《乌克兰宪法》第3条第1款规定:"在乌克兰,人的生命和健康、荣誉和尊严、人身不可侵犯性与安全性被视为最高的社会价值";第21条规定:"所有的人都是自由的,都享有平等的尊严和权利"。[①] 循此规定,尊严与权利位置并列,难分轩轾。[②]

(4)认为人的尊严属于基本权利的一种,但却是超越国家制定法而存在的自然权利。如有学者认为,"人性尊严本系存在于国家实定法前之固有普遍性的最初权利,此乃人之所以为人自应拥有之权利,并非由国家制定法创设之权利。"[③]还有学者将基本权利分为"超国家的基本权利"与"国家法律上之基本权利"两种:

> 前者即为人性尊严,系基于人本思想在文化、宗教上发展出来的概念而被纳入法律体系中,其本旨在于尊重本身固有价值兼顾社会责任之前提下,基于自己的决定去意识自我、决定自我、形成自我。后者则系人性尊严之下位概念,属狭义的基本权利,亦即一般所通称的基本权利,乃用以完成人性尊严及人格充分发展所不可或缺的概念。

具体来说,人性尊严系宪法秩序之最高法价值,而基本权利则是在其指导下从而保障合宪秩序之实践。"人性尊严系不容限制,而基本权利(狭义)则虽不可伤害者,但可予限制,惟其限制不得抵触上位概念之人性尊严。"[④]这种说法将宪法上的基本权利与法律价值混淆,其实质类似于第二种观点。

(5)将人的尊严直接确定为宪法上的基本权利。有学者认为,人性尊严不仅是客观规范、宪法原则或宪法最高价值,更具主观公法权利之本质。这种基本权利的权能主要体现在两个方面:一是对抗国家侵害之防御权;二是

---

① 《乌克兰宪法》(1996年6月28日乌克兰最高苏维埃第五次会议通过),载朱福惠、邵自红主编:《世界各国宪法文本汇编(欧洲卷)》,厦门大学出版社2013年版,第525、526页。

② 实际上,从国际公约的角度看,这种含混在《联合国宪章》和《世界人权宣言》中即可见端倪,只是在《公民权利与政治权利国际公约》颁行后,人的尊严作为人权的基础和根据的地位才得以确立。参见程新宇:《西方文化中人的尊严的涵义及其演化》,《贵州大学学报(社会科学版)》2015年第4期。

③ 李震山:《人性尊严与人权保障》,第3—4页。

④ 黄建辉:《优生观点与民法上婚姻制度》,杨日然教授纪念论文集编辑委员会编:《法理学论丛——纪念杨日然教授》,第482页。

要求国家"营造合乎人类尊严之环境"。① 持这一观点的学者,主要是担心人的尊严过于抽象、空泛,如不借助于基本权利的规定,则将流于形式,成为一纸具文。

(6)直接以"尊严权"或"被尊严地对待权"概括人的尊严,这是对人的尊严范围上最为限缩的一种观点。英国学者罗森就直接将人的尊严定位为:

> 一种尊严观,带着尊严对待某人就是带着尊重对待某人。并不是以尊重一系列基本人权的方式来尊重尊严,尊严要求的是尊重性。用这种方式来理解,那么某人的尊严被尊重的权利就是一个特定的权利——是很重要的一个权利——而不是某种一般意义上所有人权的基础。②

这样,尊严权也就是被尊严地对待的权利。尊严的反面是侮辱,甘绍平先生由此认为"尊严从本质上讲就是不受侮辱的权利"。③ 遗憾的是,这种观点在剥去了人的尊严的神秘性的同时,也将人的尊严更多的公法属性直接降格为一种私人之间相互平等的对待,离人的尊严的科学理解似乎相距甚远。④

总体来说,上述观点中,(1)和(2)属于可以接受的观点,因为无论是人权行使的标准还是人权推演的基础,都体现了人的尊严所具有的权威与效力,也与国际公约和各国宪法对人的尊严的推崇的事实相吻合。(3)将尊严与权利并列,一定程度上将尊严降格为权利,无疑缩减了尊严的内涵与功能,且这种并列导致"尊严"的虚化,毕竟权利还在法律上有所着落,但尊严则可能仅为宪法上的宣示性用语而无从在法律中得以体现。(4)将基本权利分为超越国家的基本权利与实在法上的基本权利,并将人的尊严分割于这两种权利区域,貌似全面和公允,但在法理上是难以成立的。(5)将人的尊严直接等同于基本权利,表面上有利于人的尊严在宪法和法律中的落实,但这种"实证化"本身有害

---

① 参见陈慈阳:《宪法学》,元照出版有限公司 2005 年版,第 493—494 页。

② [美]迈克尔·罗森:《尊严:历史和意义》,石可译,法律出版社 2015 年版,第 51 页。

③ 甘绍平:《作为一项权利的人的尊严》,《哲学研究》2008 年第 6 期。

④ 必须说明的是,上述观点的罗列也只是一种大致的类型化的概括,很多学者实际上采用"综合说"。例如杜承铭认为,"人之尊严"有三种不同的形态,即作为人权本源的"人性尊严"、作为基本权利价值原则的"人之尊严"和作为个别基本权利存在形式的"人格尊严"。参见杜承铭:《论作为基本权利范畴的人之尊严》,《广东社会科学》2013 年第 1 期。

于人的尊严的权威与功能。正如法律指导思想、法律目的、法律原则等都不可能也不必完全实证化一样，过于具体的权利转化只会损伤人的尊严在法律体系中的基础地位与根本地位。(6)主张的人的尊严只是权利的一种，更是一种矮化人的尊严的不恰当认识。

本书认为，人的尊严不是也不能转换为法律上的权利，它应当是法律的伦理总纲、基本原则及指导思想，而在定位人的尊严的法律属性上，它只能是法律上人的地位而不是法律上人的权利。大致说来，人的尊严保证了人人拥有平等的法律地位，而法律上的地位是派生出法律上权利的基础。例如，从人民当作家的地位可以派生出选举权、政治参与权等具体类型。因此，在人的尊严的法律属性上，应将人的尊严视为一种法律地位的确立而非法律权利的授予。之所以作如此判断，是基于以下几个方面的原因：

第一，以"地位"疏释"尊严"，是尊严概念及其功能的内在要求。法律领域内的尊严是客观性的法律要求和命令，也是可被法律主体所主张的规范性要求。前者使得尊严不能够被主观化为一种权利类型，因为一旦将尊严主观化，就会消解法律主体本身所具有的普遍性和规范性，从而使得尊严无法统摄其他基本权利类型，无法调和基本权利在不同情境中所发生的冲突。而如果我们将尊严视为一种法律自身所要求和发出的"命令"，那么，就能够在这一"命令"之下形成一种以"人的尊严"为中心的法学思维模式：法律上的主体是尊严的存在，法律主体的尊严不容侵犯，由此人们就获得了一种神圣不可侵犯的尊崇地位。对于后者所提到的可主张的规范性要求来说，尊严给予了人们对抗外来侵犯的权能与资格，由此可派生出法律上的防御权与请求权：防御权是指在人的尊严受到侵犯时，当事人可以主张对国家、社会及他人的对抗性权利，以使自己的尊严不至于被贬损，例如刑事诉讼中的沉默权；[①]请求权主要是指当事人有权请求国家为实现其尊严提供相关保障，例如福利请求权。所以说，尊严不可能是权利或基本权利，而只能是人们在法律和政治共同体中的平等的尊荣地位。在国际性人权公约中，《非洲人权和民族权宪章》就直接将"尊严"和"地位"联系起来，其第5条规定："每一个人的固有尊严有权受到尊重，

[①]　我国现行刑事诉讼法虽无"沉默权"的明文，但第50条规定："严禁刑讯逼供和以威胁、引诱、欺骗以及其他方法收集证据，不得强迫任何人证实自己有罪。"由此可以认为，在我国刑事诉讼法中，为了保障犯罪嫌疑人的尊严，法律确立了沉默权制度。

其合法地位有权得到承认……"。由此可见,人的尊严在法律上的体现主要是被尊重、被承认的合法地位。

第二,在法律上,"地位"是高于"权利"的法律表述,是法律主体应然的身份要求。正如霍布斯所言:"一个人在公众中的身价,也就是国家赋予他们的身价,一般称之为地位。"①这种定位极为准确,换句话说,"地位"即国家为个人所造就出的"身份"。只有占据了为国家和法律所承认的地位,才拥有进行法律行为的资格与权能。② 按照学界的定义,"地位是社会中的一个位置,它授与个人以作为一个政治共同体中的公民权利和义务。"③正因如此,在法律制度中,先予确定人们应该拥有的法律地位,是建构法律制度的基础:"每一种法律关系的'中心'应该是在该法律关系中享有权利和利益的当事人,当事人本身的法律地位应该首先予以固定。"④那么,在人的尊严的制度语境中,国家给人们造就出了怎样的"地位"呢? 这就是"平等的尊严主体"这一法律地位:从横向的角度而言,每一个人都与其他人一样,享有法律上的尊严而不受歧视、侮辱,人与人因为尊严的同质而成为平等的主体;从纵向的角度而言,国家和社会应当将每个人都视为尊严的主体,一视同仁地加以对待,绝不允许法律上因人而异的不平等现象存在。实际上,这方面的内容在我国现行宪法中反映得也特别明显,宪法第2条规定:"中华人民共和国的一切权力属于人民","人民依照法律规定,通过各种途径和形式,管理国家事务,管理经济和文化事业,管理社会事务",在此,人民所拥有的"国家的主人"⑤这一地位跃然纸上。至于如何做主人,则可以通过宪法规定的选举权、表达权、监督权等来具体体现。可见,法律上的地位高于法律上的权利,是获取权利的来源和推演权利的基础。

第三,人的尊严是一种地位的表述而不是一种权利的规定,根本上还在于

---

① [英]霍布斯:《利维坦》,黎思复、黎廷弼译,第64页。

② 如学者所指出的那样:"地位之得以拥有,只是由于它是被公认为合法的。在这一意义上,与地位相联系的,并从而规定社会位置的各种期望、能力和资格就都是社会组织的一个组成部分。它们具有社会生活所必须的和设定的确定性、天然性和无可争辩性"。参见[澳]巴巴利特:《公民资格》,谈谷铮译,桂冠图书股份有限公司1991年版,第23页。

③ [英]布赖恩·特纳:《地位》,慧民、王星译,桂冠图书股份有限公司1991年版,第3页。

④ [德]弗里德里希·卡尔·冯·萨维尼:《法律冲突与法律规则的地域和时间范围》,李双元等译,法律出版社1999年版,第66页。

⑤ 我国现行宪法序言就明确提到:"……中国人民掌握了国家的权力,成为国家的主人"。

法律地位与法律权利的内在差异："地位"代表着一种人在社会关系中所占的位置，而"权利"则表征着一定行为的自由度；"地位"受制于历史传统及文化观念，例如在中国传统文化背景下家长所占据的地位那样，而"权利"则是国家法律衡量社会现实条件对人的行为的可能性的一种确定。同时，在"权利"中，需要有权利拥有者进行行为，权利才具有实质的意义，但是，人的地位并不取决于当事人是否行为，它是一种由法律（更多地是宪法）进行的宣示，表明人在国家社会生活中所占有的位置。还有一个区别就是，法律上规定的"权利"常常是为了保证人的"地位"的落实而确立的，比如因为人的尊严可以引申出人不受歧视、不受监控、不受侮辱的权利。不仅如此，作为承载人的尊严的法律地位，还不是从我们所说的社会地位、政治地位等这一方面来言及"地位"的内容的，虽然社会地位、政治地位可以包含在这种地位之中。人的尊严表征的是人相对于国家而言的基础地位和优先地位。从基础地位而言，人的尊严是国家建构的伦理基础，国家存在的正当性、合理性都必须以其对人的尊严的维护来加以衡量；从优先地位而言，虽然国家统率着千千万万个不同的个人，但国家本身并无所谓目的，国家的目的即人民的目的，也就是生活于国家之中全体社会成员的福祉。

第四，以人权或者以根本人权、基本人权表述人的尊严的内涵，仍然不足以体现人的尊严在现代法律上的意义与价值。在这方面，美国学者唐纳利对人的尊严与人权之间的区别作了清晰的界定：

> 人权和人的尊严是相当不同的观念。在其社会政治方面，人的尊严的观念表达了对于人的内在（道德）本质和价值以及他或她与社会的正确（政治）关系的特殊理解。相形之下，人权则是平等的、不可剥夺的权利……，只要是人，每个人都拥有这样的权利。人权是特定的社会实践，其目的在于实现有关人的尊严的特定本质观念。[1]

可见，人的尊严和人权的主要差别在于：首先，设定的元点不同。人的尊

---

[1]　［美］杰克·唐纳利：《普遍人权的理论与实践》，王浦劬等译，中国社会科学出版社2001年版，第72页。

严是从人的本质着眼,着重于人是一个具有内在价值的道德主体的表述,而人权则是从人的行为着眼,意味着法律主体根据这一权能可能的法律实践。其次,具体内涵不同。人的尊严意味着行为人相对于国家、政府或社会所处的基础或优先地位,而人权仅意味着一种权能,要求国家保障其完整实现。再次,所处地位不同。人权是保障人的尊严得以实现的手段,借用唐纳利的表述,那就是"只要还存在对人的尊严的威胁,而且不论哪里存在这种威胁,我们都可能需要人权。人权是人类智慧所发明的保护个人尊严不受现代社会的常见威胁侵害的最好的政治手段,而且我认为也是惟一有效的手段"。① 换句话说,人权的存在根本上就是为了保障人的尊严的实现,只有当人们借助于人权来成就自己、提升自己并对抗外在的压迫与强制时,人的尊严才有实际的意义。

　　以上我们从三个方面辨析了人的尊严的法律属性问题,主要观点可概括如下:第一,人的尊严是由于人作为人类的一个成员所拥有的不言自明的地位,它与人的禀赋、才干、成就、贡献毫不相关,不能因为人的功劳大小、成就高低而给予人不同的尊严。换句话说,人的尊严是在抽去人的一切外在特性与外在表现上的绝对平等的法律预设,它昭示着所有人,无论其年龄、性别、教育程度、宗教信仰、社会贡献如何不同,均享有平等的尊严。第二,人的尊严并非是由成文法所创造的基本概念,相反,人的尊严超越于实在法上,属于不依据实在法而存在的先在规范,是整合法律体系、调整法律位阶的基础规范,也是一种不可由立法机关根据立法程序随意修正的规范。在将人的尊严作这样的定位之下,人的尊严所具有的现代法律的伦理基础、指导思想、基本原则的品性才可能真正得以体现。第三,人的尊严不是基本权利也不是普通权利,它所代表的是人在法律上的主体、主人地位。法律地位当然可以派生出相关权利,但地位本身与权利并不等同。以此而论,一些观点将人的尊严视同法律权利,既是对人的尊严的降格处理,也是没有真正厘清法律地位与法律权利的表现。

　　还必须予以说明的是,人的尊严的概念是一个开放的概念,具体国情不同,历史文化有别,也都会导致对人的尊严的理解上的歧异,也影响着对人的尊严法律属性的理解。因此,人的尊严的法律属性所体现的价值应当是各个

---

① ［美］杰克·唐纳利:《普遍人权的理论与实践》,王浦劬等译,第69页。

国家、各种历史文化传统所共同承认的价值，是一种为所有人能共同接受的价值，而非某一个国家或某一种文化所强加给人类共同社会的价值。那么，人的尊严所应包含的共同价值有哪些呢？习近平总书记就此指出："和平、发展、公平、正义、民主、自由，是全人类的共同价值，也是联合国的崇高目标。目标远未完成，我们仍须努力。当今世界，各国相互依存、休戚与共。我们要继承和弘扬联合国宪章的宗旨和原则，构建以合作共赢为核心的新型国际关系，打造人类命运共同体。"[1]习近平总书记所强调指出的这些共同价值，为人的尊严的理念在当代中国社会主义核心价值观的培育中的基础性地位提供了指引。通过人的尊严，全人类的共同价值与社会主义核心价值观实现了逻辑与历史的统一，为全面推进依法治国奠定了价值基础。[2]

　　至于人的尊严所衍生出的权利类型，将会随着人们需求的增加而呈现更为复杂的现象。同时，人的尊严实现必定有赖于现实的社会结构，诸如"对个人独立地位的广泛承认、发达的法律形式、政治参与和多元化的经济组织等等非常一般的事实要素"[3]。对于当代中国而言，一方面要发掘现有制度的潜力，体现社会主义的优势，使人的尊严在现行制度上得以稳固和加强；另一方面，则需要根据变化了的情况，进一步提供强大的物质支撑，开发更多的新型权利，为人的尊严在未来社会的发展奠定物质和制度基础。

第三节　人的尊严与弱者权利保护

一、人的尊严是弱者权利保护的前提

　　如果要问在当代社会，弱者权利保护的依据何在？那么，这显然只有回归到人的尊严之上才可望得到合理的解释。如前所述，人的尊严是现代法律的伦理总纲，人权的终极依据就是人的尊严，这意味着一切权利都只有从人的尊严的角度才能得以推演，也才能证明其正当性。那么，弱者的权利保护在什么

---

　　① 习近平：《携手构建合作共赢新伙伴 同心打造人类命运共同体——在第七十届联合国大会一般性辩论时的讲话》，《人民日报》2015 年 09 月 29 日 02 版。
　　② 有关共同价值与社会主义核心价值观的关系的论述，参见戴木才：《全人类"共同价值"与社会主义核心价值观》，《光明日报》2015 年 10 月 28 日 13 版。
　　③ 严海良：《迈向以人的尊严为基础的功能性人权理论》，《环球法律评论》2015 年第 4 期。

层面上与人的尊严有关呢？

首先，人的尊严意味着每一个人都是平等的主体，包括弱者在内的社会各色人等，都拥有与别人同样的价值与地位。换句话说，人与人之间之所以平等，关键就在于每个人都具有同样的尊严，因而不可被别人替代、置换。尊严是一种超验的价值，它不像成就、财富那样纯属一种形之于外的价值，而是内在于每一个生命体之中，因为这一生命体是独特的，其思想、形貌、经历、关系都是不可复制的，从这个意义上可以说，人的独特性成就了人的尊严：

> 人的伟大植根于个体的价值，无论个体有多渺小。每个人都有自己的身份，或更简单地说他有自己的姓名，这使他成为一个个体并引以为豪。这并不是说每个人都是伟大的——绝大多数人默默无闻——而是说人的伟大源自每个个体身上所体现的个体性。假如个别的人不够伟大，人性也就不伟大了；而如果人们不是各自不同，人类也不伟大了。因此，对于绝大多数默默无闻的公民来说，只要有名有姓，他们都共同实现了人的伟大。①

然而一个需要正视的问题是，虽然每个人都拥有尊严，都与别人在法律上平等，然而，尊严又是很脆弱的，财产拥有的多少，社会地位的不同，都可能会使人的内心产生极度的不平衡，甚至由此而变得畏葸而卑贱。弱者就是这样一种因实际的社会地位低下而被世俗的人视为低人一等的人，这种世态炎凉往往造成人们内心的痛苦，这正如学者指出的那样，对所有人的心理健康造成最大影响的因素是不平等程度，而不是家庭、宗教、价值观、教育程度等其他因素。② 在这里，不平等就像一把利刃，分割了社会中的人们，而处于弱者地位的人群，则会因为其他阶层的排斥而无法参与正常的社会生活。自然，对于这些人来说，当然也就没有尊严可言，他们希望的是悲悯，乞求的是接纳，只有当他们被融入社会共同体中时，受到伤害的心灵才可望得以平复。

---

① ［美］哈维·C.曼斯菲尔德：《保守主义与美国式自由的两篇演讲》，见赵敦华主编《哲学门》（总第11辑），北京大学出版社 2005 年版，第 182 页。

② 参见［英］理查德·威尔金森、凯特·皮克特：《不平等的痛苦：收入差距如何导致社会问题》，安鹏译，新华出版社 2010 年版，第 5 页。

即便社会排斥并不明显，处于弱势地位的人也会因为参与社会关系而变得缺乏自信，焦虑不安：

> 用过去的社会标准来衡量，我们可能已经变得高度自我，时常被自己在他人面前的表现所困扰，担心自己显得无聊、愚蠢、缺乏魅力等，时刻在努力控制自己给人留下的印象。与陌生人交往的核心是对他们可能进行的社会评价的担心：他们把我们列为哪种人？我们很好地表现了自己吗？这种脆弱性是现代心理状态的一部分……①

可见，在人际交往的过程中，不平等制造的社会分裂一定程度上又加剧了弱者的弱势地位。那么，对于这种易受损害的地位或者说难以抹平的实质不平等，人的尊严能够起着何种作用呢？我们认为，可以通过人的尊严观念的宣传以及相关制度的建构，来减少不平等所制造的社会痛苦。这里的关键环境有三：一是对于弱势地位的补足，也就是说，通过倾斜性的法律规定来加强对弱者的社会救助，缩小社会贫富之间的差距，从而使其能够过上体面的生活；二是保证公共服务的均等化，所有的人包括弱者在内，都能免费享受国家给予全民所提供的福利与便利；三是开放所有公共职位，允许人们通过能力去竞争岗位，从而为社会阶层的合理流动奠定基础，也为弱者改变自己的境况提供制度上的支撑。上述三个要求，一定程度上说又是以人的尊严为核心的制度设置，它强调将每个人都当作平等的主体来加以对待，不以人的现实状况来确定人的身份高低。概括地说，人的尊严寄寓着平等的要求，它一方面促使社会公平、公正，减少弱者的数量；另一方面，它强调即便身为弱者，也拥有和别人同样的尊严与地位。在此需要进一步指出的是，弱者、不平等地位、贫困这些身份或标签的设定也不能是任意的，必须以尊重这些人的尊严及其生活自主与生活观念为前提，因此，不平等的判断应基于弱者的人的尊严而不是社会福利的视角去判断。在人际的比较中，贫困和不平等对于不同的人来说具有不同的意义，不能一概而论。② 这些，正是现代法律所要努力的方向。

---

① ［英］理查德·威尔金森、凯特·皮克特：《不平等的痛苦：收入差距如何导致社会问题》，安鹏译，第41页。

② See Y.Amiel and F.A.Cowell, *Thinking about Inequality: Personal Judgement and Income Distributions*, Cambridge University Press, 2003, p.134.

其次，一个毋庸置疑的事实是，折损人的尊严的最主要的根源，就是生存基础的缺乏。当人们过着衣不蔽体、食不果腹的生活时，在这时奢谈人的尊严显然就毫无意义。说到底，人只有在满足了基本的物质生活条件之后，才会有精神的追求，也才会有尊严的期待。虽然我们常把人的精神追求当作比物质层面的追求更高的一种追求，但实际上，生活中的人们还是先要关注自己的生存环境与生存条件，这正如我们常言的"思想"必须出自"闲暇"一样。所以，要保障的人的尊严的实现，首要的条件就是让每个人都能够摆脱生活的负累，能够追求更有品味、更有情趣的生活。这也意味着，只有当社会上的人们都摆脱了弱者的困境时，人的尊严方能得以实现。这正如诺瓦克所指出的那样：

> 人权的焦点是人的生命和尊严。如果一个人遭受酷刑、被迫受奴役，或者被迫过贫穷的生活，即没有最低标准的食物、衣物或者住房，其尊严就受到了侵犯。其他经济、社会和文化权利，比如获得最低限度的教育、医疗和社会保障，同尊重隐私、家庭生活或者个人自由一样，也对有尊严的生活具有根本性的重要意义。①

一句话，当人们处于弱者的境况时，尊严根本就无从谈起。因此，人的尊严中所包含的"维持具有人性尊严的生活"，直接与弱者的合理保护有关，并且首先是和弱者能够改变其生活条件有关。当代社会所关注的社会福利问题，正是体现人的尊严的一种制度安排。在以往，社会福利往往被视为一种国家的恩赐，它是在人们遇到天灾人祸时，由国家扮演"扶贫济困"的角色。然而，现代社会已逐步向风险社会过渡："人口统计学显示，新的经济自身产生了一个问题。农业工人和工业工人对他们的生活和尊严都丧失了控制权，每天仅能维持基本生活，不知道什么时候就会被当作冗员而遭解雇"。② 在这样一种社会背景下，社会福利就不应当再是国家的恩赐，而是人们的一种权利了。不如此，人们均可能处于朝不保夕的状态，惶惶而不可终日，自然也无幸福与尊

---

① ［奥］曼弗雷德·诺瓦克：《国际人权制度导论》，柳华文译，第1页。
② ［美］马克·A.卢兹：《经济学的人本化：溯源与发展》，孟宪昌译，西南财经大学出版社2003年版，第162—163页。

严可言。因此，国家为保障人的尊严的实现，有义务为那些处于贫困线以下的人们提供救助。毕竟，在某种程度上说，"尊严"即意味着体面的生存，而当人们竭其所能仍然不能获得其生活所需时，国家就无法推卸自己的责任，而必须担负着积极救助的角色。

正是源于对尊严常常因经济条件的缺乏而遭受损害的事实，以美国为代表的西方国家早已从"最低工资标准"发展到"生存工资标准"。什么是生存工资？美国学者格利克曼提出了这样一个定义："生存工资是让工人有能力维持家庭，维持自尊，并既有途径又有闲暇参与到美国公民生活的工资水平"。①这一工资标准与我们通常所说的最低工资标准的不同在于：第一，这一标准不仅是对劳动者个人付酬的标准，同时还涉及其家庭；第二，这一标准不仅着眼于其劳动及其成果，同时还要考虑当事人的自尊、闲暇、政治与社会参与所要求的物质条件；第三，这一标准不管数额多少，但却很明显会高于最低工资标准。如果说最低工资标准一定程度上保证了弱者的权利，使其不会被黑心的雇主所欺凌，那么，生存工资标准则在此基础上进了一大步，它将尊严置于工资标准设定的核心位置上，从而为人的尊严奠定了更为扎实的物质基础。

再者，如果说尊严意味着一个人和他人具有同等的地位，那么他必须是不受歧视、被人尊重的主体，然而，弱者的表征之一，则是往往处于被歧视、被羞辱的境地，被人当作客体或者工具。"……一个有尊严的人，具有与他人平等的价值。这意味着必须有非歧视的相关规定，包括在种族、性别、性取向、族群、宗教、民族根源方面"②歧视造就了弱者，而歧视又是直接与尊严的要求相违背的。在人的尊严的视野里，每个人都是独特的存在，每个人都有存在的价值，每个人的价值都一律相等，外在的成就与贡献并不是尊严的内核，相反，任何人都是不可复制的绝版，这才是尊严的根本所在。然而在现实的生活中，平等如果不辅以尊严的要求，则可能会成为空洞的平等：

> 完全让各种力量去自由竞赛无法保证得出可以接受的结果，这在劳

---

① ［美］罗伯特·波林等：《衡量公平：生存工资与最低工资经济学——美国的经验》，孙劲悦译，东北财经大学出版社 2012 年版，第 24 页。

② ［美］Martha C. Nussbaum：《正义的界限：残障、全球正义与动物正义》，徐子婷等译，第 85—87 页。

动关系领域尤为明显。为自由主义所要求的、由法学家所宣告的"自由的劳动合同",在劳动力极大地供过于求的时期,成为造就丧失人之尊严的工资和劳动关系的工具。那种设想一边是企业主,另一边是工人个人,双方都以自由的人的身份在一条中间路线上以合同使其利益达成一致的观点,今天在我们看来不啻一幅嘲讽现实情况的漫画。因此,必须通过立法来对供求机制加以干预,使之有利于雇员,并且规定最低保护条件(如解雇保护等)。

道理很简单,在一方拥有优势而另一方只处于劣势的情形之下,为生存所计,雇员有时不得不接受微薄的工资报酬,而屈辱地受着资方的控制。在这样一种环境之中,人的尊严根本就无从谈起。改变这一境况的办法,无非就是通过法律的干预,特别是从"有利弱者"的原则出发,来规定对雇员特别保护的办法。一句话,正是源于尊严的需要,法律在这个时候挺身而出,以抑强扶弱的方式,来伸张弱者的权利。

歧视作为一种对他人不公正的对待,缺乏最基本的道义基础,根本上就是没有把人当作人来看待,换句话说,在歧视者的眼中,被歧视的对象只是一个客体,甚至是不愿接触的客体,这正如许多社会将某些人视为"不可接触者"一样。抵制歧视最为有力的工具就是尊严:一方面,尊严观念本身就宣示着这样一个普遍的真理,那就是每个人无论其地位高低、能力大小、贡献多少,都和别人一样拥有同等的价值。因此,任何社会制度都无权对一部分人加以歧视,任何一个个人都和别人在法律面前平等。另一方面,尊严预设着任何一个主体都必须对别人给予尊重,"尊重人就是把他们看做有绝对价值的行为者,从而承认不应该把他们当做只是具有有条件的价值的、为我们的目的服务的东西"。[①] 实际上,尊重他人就是尊重自己,因为对方是和我们具有同等尊严的同类,我们对他人的人格贬低,在一定程度上也就是对我们自己的侮辱、贬损。因而,黑格尔将法的命令定位在:"成为一个人,并尊敬他人为人"。[②] 这之所以是一种绝对命令,无非就是告诉世人,当我们自己也是狗眼看人低的时

---

① [美]汤姆·L.彼彻姆:《哲学的伦理学》,雷克勤等译,中国社会科学出版社1990年版,第193页。
② [德]黑格尔:《法哲学原理》,范扬、张企泰译,商务印书馆1961年版,第46页。

候，我们实际上也是在作践自己。因为没有哪个人可以保证今天所拥有的一切就不会失去，今日所具有的地位、荣耀、成就、财富，转眼间就可能化为乌有。

以上我们从平等的注重、生存的保障以及歧视的排除等几个方面，例证了人的尊严在弱者保护理念和制度建构上所起到的重复作用。自然，这还不是人的尊严对于弱者权利保护功能的全部，但即便如此也可以让我们看出，人的尊严作为现代法律中被人们推崇为伦理总纲的准则，已经成为弱者权利保护的根本性的理论前提。

二、人的尊严是弱者权利的推演基础

人的尊严作为法律中的价值总则，固然有其应有的尊崇地位。但是，如果尊严不能通过权利而体现出来，那至多只能作为一项孤立的宣言而存在，从而失去其规范国家、社会、个人行为的作用和意义。"政治理论的开端，应该是基本的应有权利这样的抽象概念，并且以'人性尊严（将'人类'的本身视为一种目的）与社会性'这两种概念为基础。因此，某些特定的应得权利，也就是具有人性尊严的生活所必须的条件，正是根源于这样的概念。"[①]为此，在法律上必须设定作为人的尊严所能够衍化的权利内容，用以对抗来自外部的侵害以及争取尊严实现的社会条件，否则，人们即无从获取维护自身尊严的手段。

但是，哪些权利是属于与人的尊严直接相关的权利呢？在有些人看来，有关人的尊严的权利清单拉得越长，人的尊严就能够得到更好的维护。但问题在于，某一法律范畴包括的权利越多，就越容易泛化，以至于最终分不清哪些才是该法律范畴的核心权利范围。例如学界现在常常讨论的生命权、生存权等，都与这两种权利的本来含义离得越来越远。同时，从社会总体而言，权利本身也应当是一种稀缺资源，而权利的增加未必就会使权利增值。[②]正如美国学者格伦顿所言的那样："权利范畴的迅速扩展——延及树木、动物、烟民、不吸烟者、消费者，等等——不仅使权利碰撞的机会成倍增加，而且也使核心

---

①　[美]Martha C. Nussbaum：《正义的界限：残障、全球正义与动物正义》，徐子婷等译，第42页。

②　刘作翔先生也认为，从应然的角度讲，似乎法律赋予人的自由种类（表现方式）越多，这一法律制度则越好，越理想，越符合和满足人对自由的期望和要求。但是，这必须与具体的社会条件相结合。如果在社会环境尚不具备实现某种自由的条件下，法律就不能对其作出规定和确认；如果在某些自由对社会的发展和进步带来危害时，法律应作出相应的限制规定，以阻止其危害社会。参见刘作翔：《迈向民主与法治的国度》，山东人民出版社1999年版，第68页。

民主价值面临平凡化的风险。"①事实的确如此。当代社会所存在的权利膨胀的现象,最终导致的结果是权利的贬值与庸俗化。② 所以,笔者认为,与人的尊严密切相关的权利,是指直接影响人的尊严真实性、完整性、延续性的权利;那些仅仅为人的尊严提供条件或保障的权利,并不属于我们这里所言的"人的尊严必须负载的人的正当权利"范围。一句话,人的尊严所能发散出的权利类型,只能是围绕着人的尊严的核心内容来设定,而不能从人的尊严的外围部分来获取。

人的尊严首先必须由存在于社会上的人来负载,因而涉及人的自然生存的权利,典型地属于与人的尊严直接相关的权利。在这方面的权利主要包括:生命权;人身自由权;思想自由权。生命权是指每一个人都具有正当生存的权利,因而国家、社会或他人不得任意剥夺他人的生命;③人身自由权主要是指不受强制的身体自由移动的权利(包含迁徙自由)、保持身体完整的权利、举止行为自由的权利;思想自由由于和人的精神存在密切相关,因而也属于自然生存意义上的权利,它包括常言的思想、良心、宗教和信仰等内在自由以及持有意见、表达自由的外在权利。

从人的尊严直接排斥对人的侮辱或人格贬损而言,人的尊严与人格权密切相关,或者说,人的尊严必须借助人格权表现出来。我国宪法第 38 条也规定:"中华人民共和国公民的人格尊严不受侵犯。禁止用任何方法对公民进行侮辱、诽谤和诬告陷害。"当然必须注意的是,虽然在这一条文中同样出现了"尊严"字样,但从宪法将该条文置于人身权之内的排列顺序来看,它实际上是指公法意义上的"人格权",排除的是在特定场景中国家对于个人的侮辱等有损人格尊严的行为,而并不是指国际人权公约以及德国《基本法》所规定的对人的整体形象加以维护和保护的人的尊严问题。正是这一原因,也可以说,我

---

① 〔美〕玛丽·安·格伦顿:《权利话语——穷途末路的政治言辞》,周威译,北京大学出版社 2006 年版,前言第 3 页。

② 这当然主要是针对国外的情况而言。但必须引起重视的是,在当代中国的法律实践中,有许多作秀的"维权"行动,也在一定程度上推波助澜,加剧这样一种权利贬值的趋势。例如所谓的"一分钱官司",不仅违背了诉讼制度设置的本意——无利益者无诉讼,同时所谓的权利本身有许多在法律上并不能够成立,诸如"行乞权"之类,证诸权利的历史,也可以说是旷古奇闻。

③ 《公民权利和政治权利国际公约》第 6 条对之所作的规定是:"人人皆享固有的生命权。此权利应受法律保护。不得剥夺任何人之生命。"

国宪法中并没有关于"人的尊严"的法律规定，这对于一个强调法治并以千年文明为荣的国度而言，不能不说是宪法上的硬伤。至于人格权，在法律上多表现为姓名权、肖像权、荣誉权等，是与人的"尊严地存在"密切相关的权利形态。① 也就是说，这类权利更多地体现为人的尊严的社会象征，也是和特定的应当享有尊严的主体密切相关的权利形态。

从人的尊严以追求人的独立决断为标志而言，人的尊严主要包含行为自主的内容。这意味着每个人的生活计划、志趣、情感等不受他人控制，自身即为自己的最高主宰。在这方面的权利，例如生育自主权、婚姻自主权等，均属此类。正如哈特所言的那样，"哪怕在最小的意义上，推崇个人自由作为一种价值，就意味着对这样一种原则的接受，也就是，一个人应该能做他想做的事情。哪怕有人会因为知道他在做什么而感到苦恼——除非，也当然，他们有更好的理由去阻止。没有任何一种赋予个人自由以某种价值的社会秩序，也会赋予那种保护免于由此而产生之苦恼的权利以任何价值。"② 这实际上也就是此前所提到的"社会宽容"，我们必须容忍可能对我们产生不便甚至感到厌恶的行为，因为这是维护他人独立决断所必须的代价。缺乏行为上的自主意志与判断上的自我选择，人也就无法凸显其作为法律主体的尊严。此外，行为自主还包括对个人资讯的拥有和控制的权利，诸如个人通信、数据的内容，均为法律所保护。

与此相关的问题是，人的尊严必须能够使法律主体拥有一个为其本人得以控制、支配的私人领域的存在。在某种程度上，公共生活与私人生活并不是完全一样的：在公共场合，我们必须服从公共的规范、礼仪，因而我们不得不依照公共标准来规制自己的行为，而迁就公共的标准往往使人身心疲惫，苦不堪言；而在私人生活中，我们由于躲开了公众的视线，因而可以相对真实、坦然，正因如此，人必须在法律上能够获得为自己所独立支配的空间。住宅权、隐私权等都与人的这一需求有关，它们构成了人的尊严得以实现的私密空间，也体

---

① 德国宪法法院将德国《基本法》第 2 条第 1 款所言的"一般人格权"分解为如下主要"法益"：(1)私人领域、秘密领域以及个人保密领域；(2)个人的名誉；(3)对有关自己个人的记述的处分权；(4)对有关自己个人的肖像、特定语言的权利；(5)免受被捏造地加以描述的权利。转引自林来梵：《从宪法规范到规范宪法——规范宪法学的一种前言》，法律出版社 2001 年版，第 169 页。

② ［英］H.L.A.哈特：《法律、自由与道德》，支振锋译，法律出版社 2006 年版，第 46 页。

现了人的尊严通过个人而得以实现(无需国家的特别保护,只要国家、社会和他人不加侵犯即可)的具体方式。

为清晰起见,现将以上所言的人的尊严所直接涵摄的权利图示如下:

人的尊严直接涵摄的权利

权利类型＼具体内容	正当生存权	人格尊严权	行为自主权	私域控制权
内涵	个人得以正当存在、合理生存的权利	表明人"尊严地存在"的权利	生活计划、情趣、志向及行为独立自主的权利	控制、支配属于个人的私人领域的权利
权利例举	生命权、人身自由权、思想自由权	姓名权、肖像权、荣誉权	生育自主权、婚姻自主权、契约自由权	住宅权、隐私权、个人资讯控制权

从上述分析和图表可以看出,人的尊严不仅直接推演出了普通人所能享有的基本权利,更为重要的是,它为弱者的权利保护创设了基础。举凡正当生存权、人格尊严权这样一些权利实际上更与弱者的权利相关。因为正是弱者才有生存基础薄弱的问题,才有受人歧视遭受不公平对待的问题,因此可以说,人的尊严为弱者权利的纲目与内容奠定了基础。

三、人的尊严是弱者权利发展的动力

自启蒙运动以来,人权已经在内容和范围上得到了广泛的拓展,人权的质量与实效也在稳步提高。与此相适应,弱者的权利保护也越来越为人们所注重,并成为多个国际公约所共同关注的内容。那么,弱者权利不断受到重视的根源是什么?那就是人的尊严的理念日益深入人心,人的尊严业已成为推动弱者权利保护的根本动力。

在启蒙时期,思想家们关注的是脱离自然状态的人的人权问题,因而生命、自由、财产等自然权利,成为那个时代人权的主题。也就是说,第一阶段的人权是围绕着"自然人"而设定的。一个生活于社会中的个人最需要的权利是什么?那就是与人们日常生活直接相关的自然权利,特别是人身权与财产权。所以,在那个时代,通过人身自由权与财产私有权的确定,界定了人们参与社会的基础条件。但是,由于人的尊严的思想还未融入制度的设计当中,因而有关弱者权利的保护问题还没有提上议事日程。正如我们在"弱者权利保护的历史进程"一章中所揭示的那样,这一阶段法律上对残疾人、老年人、寡妇、孤儿等也作了一些特别的规定,但相对来说,并不完整和系统。

人权发展的第二阶段,主要是集中于人民参与政治的权利。作为国家权力的拥有者,人民不能只有保持自身生存所必需的"消极自由",还要有参与国家政治管理的"积极权利"。各项政治权利的确定、政治权能资格的放宽直至完全取消限制,都说明了这一时期不仅把人作为一个需要有合理生存环境的自然人,更是将人视为主权拥有者和主权行使者的"政治人"。从人的尊严的角度来说,它把自然权利所依托的自然人的尊严转换为在政治上表达意见、提出主张的政治人的尊严。这一阶段从弱者保护的角度来说,就是取消了选举权上的财产、性别、身份歧视,赋予全体成年人平等地参与选举的权利。

人权发展的最后阶段,则是在自然人、政治人之外,拟制了人的道德主体的角色,即"道德人"。人的尊严在国际公约和国内法律上的确立,典型地表现了道德人模式的成功。正如我们前面提到的那样,人的尊严意味着人是国家的目的,不是国家的工具;人是法律的主体,不是法律的客体,从此之后,一个拥有道德人格、无上尊严的人的形象出现于法律之中。正如《剑桥哲学辞典》中所提到的那样:

> 尊严,通常归属给人的一种道德价值或道德地位。一般认为,人不但享有尊严,而且也感受到尊严。人被认为具有(1)"人类尊严"(human dignity)(一种内在的道德价值、基本的道德地位或两者兼具,人人平等);而且具有(2)"尊严之感"(sense of dignity)(意识到自己的尊严,会倾向表明自己的尊严和拒绝受到羞辱)。①

在这里,辞书将"尊严"以一种内在价值和个人感受的方式表达了出来,这意味着"尊严"既是一种人的道德地位的昭示,也是个人与他人交往时的一种行为尺度。在前一种意义上,人的尊严意味着个人在社会和国家生活中必须有被承认为和他人同等的价值和地位;就后一种意义而言,人的尊严意味着每个人有被别人尊重、平等对待的权利。

---

① 〔英〕罗伯特·奥迪主编:《剑桥哲学辞典》,王思迅主编译,猫头鹰出版 2002 年版,第 321—322 页。

　　然而,人的尊严并不是思想家的自说自话,自第二次世界大战以后,人的尊严的国际宣示及国内入宪业已成为潮流,从而为弱者权利的保护直接提供了国际公约和国内宪法保护的基础。请看以下文本的规定:

　　国际公约层面,主要者有:

　　(1)《联合国宪章》(1945 年 6 月 26 日制定)"序言"指出,联合国人民同兹决心,"欲免后世再遭今代人类两度身历惨不堪言之战祸,重申基本人权,人格尊严与价值,以及男女与大小各国平等权利之信念"。本着此一目的,"议定联合国宪章,并设立国际组织,定名联合国"。

　　(2)《世界人权宣言》(1948 年 12 月 10 日通过)"序言"指出:"鉴于对人类家庭所有成员的固有尊严及其平等的和不移的权利的承认,乃是世界自由、正义与和平的基础";"鉴于对人权的无视和侮蔑已发展为野蛮暴行,这些暴行玷污了人类的良心,而一个人人享有言论和信仰自由并免予恐惧和匮乏的世界的来临,已被宣布为普通人民的最高愿望","因此现在,大会,发布这一世界人权宣言……"该宣言明确规定:"人人生而自由,在尊严和权利上一律平等。他们赋有理性和良心,并应以兄弟关系的精神相对待"(第 1 条);"人人有资格享受本宣言所载的一切权利和自由,不分种族、肤色、性别、语言、宗教、政治或其他见解、国籍或社会出身、财产、出生或其他身份等任何区别,并且不得因一人所属的国家或领土的政治的、行政的或者国际的地位之不同而有所区别……"(第 2 条);"人人在任何地方有被承认在法律面前的人格"(第 6 条);"法律之前人人平等,并有权享受法律的平等保护,不受任何歧视。"(第 7 条)。

　　(3)《经济、社会及文化权利国际盟约》(1966 年 12 月 16 日通过)在序言中也强调,"考虑到,按照联合国宪章所宣布的原则,对人类家庭所有成员的固有尊严及其平等的和不移的权利的承认,乃是世界自由、正义与和平的基础","确认这些权利是源于人身的固有尊严"。

　　(4)《公民权利和政治权利国际盟约》(1966 年 12 月 16 日通过)除序言与《经济、社会及文化权利国际盟约》规定相同外,还有几个直接涉及人的尊严的条款,如第 7 条规定:"任何人均不得加以酷刑或施以残忍的、不人道的或侮辱性的待遇或刑罚";第 10 条规定:"所有被剥夺自由的人应给予人道及尊重其固有的人格尊严的待遇";第 16 条规定:"人人在任何地方有权被承认在法律前的人格";第 26 条规定:"所有的人在法律面前平等,并有权受到法律的平等保护,无所歧视。在这方面,法律应禁止任何歧视并保证所有的人得到平等的和有效的保护,以免基于种族、肤色、性别、语言、宗教、政治或其他见解、国籍或社会出身、财产、出生或其他身份等任何理由的歧视"。

在区域性法律层面,主要者有:

(1)《美洲人的权利和义务宣言》(1948 年 5 月 2 日通过)强调了其围绕人的尊严制定该宣言的目的:"美洲各国人民已经承认个人尊严,他们的宪法承认,调整人类社会的司法和政治机构,把保护人类基本权利和创造使人们获得精神和物质进步及幸福的环境当作它们的主要目的","美洲国家一向认为,人的基本权利并非源于某人属于一国国民这一事实,而是基于人的人格属性"。序言中还明确指出:"在尊严和权利方面,人人生来自由和平等。大自然赋予了他们理智和良知,他们应互以兄弟相待"。①

(2)《美洲人权公约》(1969 年 11 月 22 日通过)在序言中宣称:美洲各国"承认人的基本权利的来源并非由于某人是某一国家的公民,而是根据人类人格的属性",这就很好地将人格、人的尊严与自然人联系在一起。在该公约中更有不少直接涉及人的尊严的条款,如第 5 条规定:"每一个人都具有在身体上、精神上和心理上受到尊重之权","不得对任何人施以酷刑或残暴的、非人道的或侮辱性的惩罚或待遇,所有被剥夺自由的人都应受到尊重人类固有尊严的待遇";第 6 条规定:"……强迫劳动不得有损于犯人的尊严、身体或智力";第 11 条规定:"人人都有权使自己的荣誉受到尊重,自己的尊严受到承认"。1988 年 11 月 17 日通过的《美洲人权公约附加议定书》在序言中还专门就权利之间的配合与人的尊严的维护的关系进行了阐述,其序言指出:"考虑到经济、社会和文化权利与公民、政治权利之间存在着密切关系,在这一关系中,上述两类权利在承认人的尊严基础上,构成一个不可分割的整体……"

(3)《非洲人权和民族权宪章》(1981 年非洲统一组织通过)第 4 条规定:"人是神圣不可侵犯的。每一个人的生命和整个人格均有权受到尊重。任何一个人均不得被剥夺此项权利";第 5 条规定:"每一个人的固有尊严有权受到尊重,其合法地位有权得到承认,对人的一切形式的剥削和侮辱,尤其

---

① 参见《美洲人的权利和义务宣言》,见刘楠来主编《发展中国家与人权》,四川人民出版社 1994 年版,第 234—235 页。

是奴隶制度、奴隶买卖、拷打及残忍的、不人道的或污辱性的刑罚和待遇,均应予以禁止"。①

在国内法层面,据国外学者的统计,截至 1976 年 3 月 31 日,有 56 个国家在宪法中涉及"人的尊严"(或人类尊严、个人尊严、人类的尊严、尊贵的人类)的内容,约占立宪国家宪法总数的 39.4%。② 而其中被人们引用最多的则是德国《基本法》(1949 年 5 月 8 日通过)的第 1 条。该条规定:"人的尊严不可侵犯。尊重和保护人的尊严是全部国家权力的义务";"因此德国人民承认不可侵犯的和不可转让的人权是一切社会、世界和平和正义的基础"。同样,第 2 条规定的"人人都有自由发展其个性的权利",也常被视为人的尊严保护的自然延伸。

从以上国际公约、区域性法律和国内宪法文件可以看出,自第二次世界大战以来,人的尊严业已普遍地见诸各种重要的法律文件之中。可见,人们对二战的反思,更多地是集中于极权主义时期人的尊严的失落。而正是这一重大的历史反思,使人的尊严成为二战后世界各国公认的法律上的最高价值准则,并由此成为各国法律及国际公约中的基本条款。

不仅如此,人的尊严为弱者权利的正当性及保护内容、范围的扩大提供了坚实的制度基础。一方面,人的尊严不仅承认弱者拥有与其他人一样同等的法律地位及生存资格,同时要求国家必须正视弱者存在的现实,通过制度保障来使弱者的权利得以改善。所以,社会福利不再是国家的一种恩赐,而是人所固有的一项权利,国家有义务保证每个公民过上有尊严、够体面的生活,否则,即可视为国家未能很好地对人民尽到自己的义务。另一方面,"社会权"作为一种新型的权利被纳入法律制度的内容中来,从而提供了弱者保护的权利束。正如我国台湾学者李孟融所说的那样:

> 社会权的形成,是为了解决资本主义之下,劳资对立及贫富悬殊等社会弊端,避免自由权的保障流于空洞化,确实保障个人的实质自由平等并

---

① 以上《美洲人权公约》及《非洲人权和民族权宪章》,参见国际人权法教程项目组编:《国际人权法教程》(第 2 卷·文件集),中国政法大学出版社 2002 年版,第 182—222 页。

② 〔荷〕亨克·范·马尔塞文、格尔·范·德·唐:《成文宪法——通过计算机进行的比较研究》,陈云生译,北京大学出版社 2007 年版,第 103 页。

维持生存,而要求国家积极参与的人权,也就是基于福祉国家或社会国家的理念,使每个人皆可获得合于人性尊严之生存,而予以保障之所有权利的总称。①

至于社会权的具体内容,我们将在后面的章节中予以叙述。但从以上的内容当中,我们就可知道,正是人的尊严塑造了人的道德形象,从而使尊严的生活与尊严的维系进入了法律的话语系统,由此为弱者权利保护提供了深厚的道义基础。

---

① 李孟融:《福利国家的宪法基础——及其基本权利冲突之研究》,见杨日然教授纪念论文集编辑委员会编《法理学论丛——纪念杨日然教授》,第237—238页。

第 六 章

以人为本:弱者权利保护的法律基点

第一节　法律以人为本的正当性论证

众所周知,法律的出发点是人,法律的归结点也是人,离开了人本身,法律将变得毫无意义。然而,以人为本只是从应然意义上对法律品性所提出的要求,而综观人类历史,在绵延几千年的专制统治下,法律扮演的恰恰是压抑人性、限制自由的工具。就此而言,法律的以人为本本身就是个需要证成的理论命题。那么,在法律上为何要实现以人为本? 以人为本的要求究竟体现在法律的哪些方面? 特别是结合本课题的研究,我们还要关注以人为本对弱者权利保护究竟有何重要意义的问题。

一、客观要求:法律与人本身存在紧密关联

法律是什么? 法律即为调整人际关系的准则。当人们从熟人圈子走出而需要与社会上的陌生人打交道时,就必须有一种能够使相互关系得以公正处理的准则存在,否则,老实人可能吃亏,投机者就会获利,可能的暴力、冲突更会动摇社会秩序的根基,从而使社会陷入霍布斯所言的那种"战争状态"。在这个意义上说,法律是人类社会的必然需求,没有规则的社会就会导致弱肉强食的混乱状态。不仅如此,即便人与人之间相互熟稔,甚至是共处一室的至亲兄弟或长期合作的生意伙伴,也仍然需要有规则的存在,否则,碍于情面的吃亏上当就会成为人们心头的难言之痛。一句话,人不都是道德高尚的圣人,都有利己的本性,也有作恶的可能,所以,法律的设定就是一种直面人性的活动:一方面,它意识到人可能只顾自己而为所欲为,因而假定人们可能会有的恶而设计禁止性规范；另一方面，它也承认人是具有理性或一定程度利他心的动物，因而通过权利授予的方式，让人们合理地安排自己的生活并友好地与他人相处。

自然，从尊重人权、保障自由的角度来说，人类社会不仅要制定法律，还应当制定出良好的法律，这样才能保证人与法律的相契，使法律真正成为规范社会生活的标准。那么，良法的标准是什么？这又不能不涉及人本身。大体来说，以人的本质为核心，良法起码必须符合三个基本条件：首先，从对象上而言，法律应当反映社会上大多数人的愿望和要求，而不是保护少数人的特权和利益。社会上的人们居于不同的社会阶层之中，生存的环境大不相同，德性上也有良莠之分，因而要使一部法律满足所有人的一切愿望确实也不可能，在这时，只能通过民主多数决的原则，确立大多数人都能接受的法律规定。英国思想家伯克就明确指出："反对国家中大多数人的法律在本质上不是一种合理的法律，同理，它也不具有权威性。因为，在所有的政府形式中，只有人民才是真正的立法者。"为此，"任何一部法律，要真正成立，有两个前提是不可或缺的：第一，必须有一个能够宣布和修改法律内容的正当而充分的权力；第二，必须有恰当而合理的制度安排，使人民有权宣布和决定法律是否有效。"① 人民在立法上真正拥有创制法律的权限，才能为良法的形成奠定制度基础。其次，从内容上而言，法律必须与人的本性相契合。人作为自然的创造物，也是在给定的环境、基因下形成了其本性、本能，因而，法律应当注重对人的本性、本能的尊重与保护，顺从人们的正常欲望、需求。"所谓正当的法律，它的根都是而且只能是深植在个人的良心以内的。这就是说，因为我的良心同意于法律的施行，所以我使法律成为合法的了"。② 可见，那种违反人的自然情感，无视人的正当需求而创制的法律，根本就无任何正当性可言；同样，超越人的现实能力，拔高人的道德水准的法律制度，也只能归入恶法一类。③ 再次，从标准上而

---

① ［英］埃德蒙·柏克：《自由与传统》，蒋庆等译，商务印书馆 2001 年版，第 283 页。
② ［英］拉斯基：《国家的理论与实际》，王造时译，商务印书馆 1959 年版，第 50 页。
③ 法国学者贡斯当有段很精彩的言论，可作为法律违反人的本性的注脚："如果法律一定命令我们既摧残我们的情感，又践踏我们的责任；如果法律要求我们为那个一会儿叫君主制、一会儿叫共和国的东西做出巨大而又违反自然的贡献，却又不让我们忠于我们不幸的朋友；如果它要求我们背叛盟友，或者要我们迫害被征服的敌人，那就让诅咒落在受到这种法律包庇的一系列非正义和罪恶上吧。"参见［法］邦雅曼·贡斯当：《古代人的自由与现代人的自由》，阎克文、刘满贵译，上海人民出版社 2003 年版，第 84—85 页。

言,法律应当以社会上的一般人或曰普通人作为立法的基准,不得超越社会上一般人的能力来拟定相关规则。

二、价值基础:法律是人追求良好生活的保障

法律与人为伴,法律的命运也就是人自身的命运,因而,对于以求生为目的的人类生活而言,在既定制度的前提下,如何使法律框架下的良好生活得以可能,就成为至关重要的一个问题。学者认为,所谓"美好的生活"通常包含以下几个方面:(1)就业机会;(2)文化中心、博物馆、表演艺术中心、剧院;(3)形形色色的教育机构;(4)娱乐和夜生活;(5)各种职业运动队;(6)舒适的饭馆;(7)具有各种不同特点的人及生活方式。① 简单来说,"舒适"以及"自主"就是良好生活的基本标准。前者依赖于社会所提供的各种物质条件,保证人们生活的安全与便利;后者则寄望于个人对自己生活的主宰,任何人都可以选择自己合适的生活方式而生存,同时对他人的生活方式予以尊重。实际上,只有当生活能为自己所主宰时,人才能真正感知自己是生活的主人,是在生活中体验自我、享受幸福的主体。所以说,良好的生活更多地源于自己的感受、参与,只有能够真正支配自己生活的人,才能体悟真正意义上的幸福。

从常理上说,"绝大部分的法律,是设计来让我们的生活更简单、更安全、更快乐、更优质",②这也是法律有益于人的生存之所在。然而,良好生活的达致,一方面因为恶法存在的可能性而使这一目标无法完全实现,另一方面则是社会的繁荣与个人的不幸也会不协调地并存于世。正如英国哲学家罗素所指出的那样:

> 一个社会的存在不是,或者至少不应是为了满足一种外观,而是要给构成它的个人们带来幸福的生活。最终的价值正是应当在个人身上,而不是在整体那里被追求。一个善的社会是为了给构成它的成员们谋得幸福的一种手段,而不是某种由于自身的缘故而孤芳自赏的东西。③

---

① [美]詹姆斯·M.伯恩斯等:《民治政府》,陆震纶等译,中国社会科学出版社 1996 年版,第 1116—1117 页。

② [美]劳伦斯·傅利曼:《美国法导论——美国法律与司法制度概述》,杨佳陵译,商周出版 2004 年版,第 34—35 页。

③ [英]伯特兰·罗素:《权威与个人》,肖巍译,中国社会科学出版社 1990 年版,第 100 页。

　　罗素在这里所提醒我们的是，社会可能异化成一个似乎有着自己独立追求、独立理想的主体，它会因积聚公共资源而使自己具备繁荣、豪华乃至奢侈的外观，然而，在其中生活的人们并不会感受到幸福，通常所言的"国富民穷"或许正能反映这一状态。因此，良好的生活应当求诸个人的体验或感受，而不是 GDP 的增长速度和多少巨型工程的建设。强调生活的亲历性和自主性，提倡个性的自由与解放，这才是达致良好生活的必要条件。①

　　实际上，就法律作为一种不容许人们随意取舍的客观的、外在的规则而言，其与个性本身也并不违背。法律不仅仅是为保护个人而创设的规则，法律也是体现人与人之间合作计划的一部分。只有当个人的行为通过法律能够得到对方积极的回应，个性所期望的价值才不至于落空；反之，如果每个人可以根据自己的理解来随意取舍规则，那人们的行为就不可能具有安全性，行为预期的目标也就无法实现。

三、功利目的：法律只有在人们参与下才是有效的规则

　　可以合理地假定，任何立法者在制定法律时，都是希望其在社会生活中产生实际的效力。然而法律的有效性首先就表现在其与人们普遍心态的契合程度上。如果法律与人们的一般观念和正当期待相背离，那么这种法律不仅是不公正的法律，同时也是不可能真正得到实施的法律，因为它本身就以对人民的背叛而宣告了它的命运。从这个意义上说，法律不能与人们的日常观念与基本需求相违背，否则，即使法律依靠强力来加以制定，同样是不能产生实质效力的。从人类立法史的发展可以看出，为了防止立法与人的正当需求相悖，人们一直在为立法者找寻制约的主体：在初期阶段，是通过自然法与法律的二元区分来进行立法权的限制，一旦法律违背自然法，就可以断定其不公正而不予执行；在建立了权力分工的宪政体制后，则要么是以宪法作为最高法，宣布违反宪法的法律是无效的法律；要么是赋予其他主体以制约权，来使立法者无法为所欲为，例如美国总统享有的立法否决权就是如此。美国学者赞恩在回顾立法效力的历史后指出，在中世纪的英国，人们处理法律冲突的信条是：对

_____

　　①　在这方面，联合国发展计划署近几十年来逐步发展出一套不同于 GDP 的指标体系，即所谓的人类发展指数（HDI）。在这一新的发展指数体系的框架下，对良好生活和人类发展进行了全新的定位和细致的指标划分和评估。对这一问题的详细讨论，可参见 Severine Deneulin, Lila Shahani eds. *An Introduction to the Human Development and Capability Approach：Freedom and Agency*, London：Earthscan, 2009。

整个社会有约束力的法律必须是被社会成员所认可的,"得不到全体民众广泛而实际认可的法律从来没有成功过,或持久过,原因很简单,人类普遍的经验已经证明,不为相当一部分人所接受的法律永远也得不到执行"①。这也说明,法律是否具有实质效力,并不是以当权者的意志为转移,而是以人们是否接纳为前提。忽视了立法过程中人的因素,法律就不可能具有实质效力。

法律要成为有效的规则,还必须仰赖于人们所共同具有的法律情感:

> 每一个普通人,虽然不是什么宗教论者,但都无意识地以这种长期以来继承下来的道义法则约束自己的行为。理想、对美好事物的信任、充实生活的乐趣、希望、温柔、慈爱、自我克制以及一切"好"的东西仍然是驱使人在内心做到公正守法的最有力的、最本能的感情因素。②

可见,人们是否能信奉法律、遵守法律,关键就是要看能不能固守着这份法律情感。作为一种调整社会的行为规则,法律只有与人们的情感产生了沟通、引起了共鸣,才可能为人们所信仰、所遵奉。当人们在内心本无守法的观念和意识,那就可以断定,外在的约束并不能阻止暴行,而只能是由国家采取"等价交换"的方式,根据其罪行的大小确定应受的惩罚。显然,这样一种法律的施行,至少对当事人本人而言,很难促进其道德上的提升。伯尔曼就指出,在所有的文化里,法律都具有与宗教共享的四种要素:仪式,传统,权威和普遍性。这四种要素的组合不仅赋予了法律价值以神圣性,并且因此而强化了民众的法律情感,这包括:权利与义务的观念,公正审判的要求,对适用法律前后矛盾的反感,受平等对待的愿望,忠实于法律及其相关事物的强烈情感,对于非法行为的痛恨,等等。伯尔曼认为,对于任何法律秩序而言,这"都是必不可少的情感",如果法律情感缺失,就不会有真正意义上的法律遵守与法律效力。自然也会有人认为,法律主要是推行统治者政策的手段,只要国家以合法的形式制定的法律,必然会有相应的法律效力,但是,"从长远计,这种见解最终将自取其咎。若仅从效力角度考虑法律,则我们使之丧失的,便正好是效力"③。

---

① [美]约翰·麦·赞恩:《法律的故事》,刘昕、胡凝译,江苏人民出版社 1998 年版,第 244 页。
② 同上书,第 411 页。
③ [美]伯尔曼:《法律与宗教》,梁治平译,生活·读书·新知三联书店 1991 年版,第 39—40 页。

四、内在动力：人的问题是法律需要解决的永恒问题

法律因人的问题而生，法律也将因人的问题而发展变化。这一问题的根源，首先就在于人与法关系的本身。一方面，人类社会必然会有法律的存在；另一方面，追求一致性或者说需要秩序，这样的一类本能可能在动物界也同样存在，并非人类的专利。美国学者赞恩在《法律的故事》一书中，开篇即以蚂蚁的故事立论。在他看来，从"绝对的秩序"这一角度而言，蚂蚁的世界最为井井有条，然而，人类是否会选择蚂蚁式的生活，或者，人们制定法律就是为追求蚂蚁世界的秩序吗？不是！

> 如果人仍然是凭本能而行动的生物，那么他们无疑早已充斥了整个地球；他们会早已发展出高度秩序化的整体，服从于绝对的法律，个人将永不违法；他们会早已享有机制的稳定性，并因此不能进步。但是人发展了更高级的大脑，可以无限地驰骋，可以战胜自然环境，并因此可以通过有目的的努力而不断攀登到更高级王国。①

人的主观能动性使得人类改变了蚂蚁式的命运，但也使得人类面临着许多新的问题，矛盾也由此呈现："法律必须统辖人类"，但是"人类不可能变成按规矩运转的机器，法律也不可能被制定成不出错、不产生痛心后果的、思维缜密的体系"。② 人的能动的个性，使人注定不会变成受制于法律的机器人，这样，人的作为、人的创造力和不断增长的物质和文化需要，就使得法律永远置于一种可变的境地之中。

随着科技的发展、社会的进步，人的问题也以不同的形式而出现，由此使得法律究竟如何调整社会成为一个至关重要的理论与实践问题。从目前来说，至少有三大问题一直是法学所不能回避的难题：一是法律的技术化与法律的人性化的矛盾。对于现代法律来说，它以理性主义为依归，强调法律调整对象的可度量、可测算、可比较，往往以"时间""地点""轻重""数额"等量化的标准来确定法律的调整力度与调整方法，这样自然使法律具有可操作性乃至公平的外观，但殊不知，在同样的数字之下遮蔽的恰恰是不同的个人，他们的情

① ［美］约翰·麦·赞恩：《法律的故事》，刘昕、胡凝译，江苏人民出版社1998年版，第15页。
② 同上书，第327页。

节相似但可能动机不同,行为相像但目的有别,以同样的规则来对待不同的个人,这本身是对法律追求实质正义的背离。二是法律的扩张性与个人的自治性之间的矛盾。随着社会事务的繁杂,法律越来越多地介入人们固有的自治区域,使个人自由和权利的范围大大缩减。三是法律的国别性与价值的普适性之间的矛盾。法律是主权国家制定的,以本国国情和民族精神作为其立法的基准,但是,在强调人权保障、自由至上的现代社会,一国的法律往往会与国际社会的通行准则相背离。当然,问题还远不止这些:市场经济每前进一步,社会风险就增加一分;科技越向前发展,人类所面临的危机似乎也就更为严重,而这些,与其说是"法律问题""社会问题",倒不如说是"人的问题"。总之,社会的发展过程,也就是不断制造社会问题的过程,由此呈现出人性的多样性与人类行为的复杂性。而包括法学在内的哲学思考,本身就是为了解决人的问题而存在的。法律制度与人性是一个互动的发展过程,法律改革与发展的动力与基础就是"人性的表现方式"的发展变化。

以上我们从客观要求、价值基础、功利目的及内在动力四个方面,论述了法律上强调以人为本的必要,由此也可看出法律背后所蕴含的人的问题,了解到法律与人须臾不可分离的关系。因此,法律只有以人为本,才能体现法律的正当追求与价值承载,也才能真正为人的良好生活奠定必需的规则基础。

第二节　法律以人为本的具体内涵

一、人是法律的目的

人是目的这一观念的提出,与德国著名哲学家康德密不可分。康德指出:"每个有理性的东西都须服从这样的规律,不论是谁在任何时候都不应该把自己和他人仅仅当作工具,而应该永远看作自身就是目的"。[①] 康德在这里告诉我们的是,人并不是一个只具有相对价值而可以被其他人随意处置的"物",而是一个拥有绝对价值的有理性的主体。绝对价值意味着不可替代,但相对价值则可以以同等物来进行交换。例如,有的品行具有市场价值,如灵巧和勤奋;有的品行具有欣赏价值,如聪明和活跃,但是,唯独像"信守诺言、坚持原

---

① ［德］康德:《道德形而上学原理》,苗力田译,上海人民出版社 2002 年版,第 52—53 页。

则"这种意味着人的道德性的品德才具有真正的"内在价值"，而其根本则是人的"自律性"，它成为"人和任何理性本性的尊严的根据"。① 就此而言，人作为具有绝对价值的特定主体，不可以被别人所替代、置换，更不允许将某些人视为"无用之物"而加以消除。在人是目的的理念之下，一方面，个人作为社会的主体必须自尊、自重，不能自我矮化，甘愿成为别人的工具；另一方面，在人际交往的过程中，也需要对其他人予以尊重，视每一个人均为目的而不是工具、手段。那么，在什么情况下人们可能会丧失作为目的者的地位呢？ 美国学者马尔霍兰列举了两种情形：(1)当在人际关系中个体以此种方式被利用，以至于为了满足他人的目的，对他的利用违反了(或不具有)他自身的意志，此时人性就仅被视为手段；(2)当个体为自身本性所设定的目的与他作为有机整体的目的不相符，而且与他作为被赋予了自由的道德存在的目的不相符，人性就被视为单纯手段。② 可见，使人丧失目的地位的情形主要有两种：一是在私人生活中，个人的行为只是为了满足他人的生存和幸福，例如一个人把自己视为为家庭攒钱的机器；二是在公共生活中，个人屈从于国家或社会的目的，放弃了自我的追求。在这两种情形下，我们所见到的并不是独立的自我，而是意志被人控制、丧失独立人格的无自我目的的行为者。

　　那么，这种人是目的的哲学阐述，对于法律而言意味着什么呢？

　　首先，人是具有道德人格的法律主体。法律主体作为法学上的一个重要范畴，并不仅仅代表着生活于现实世界中的真实存在的你、我、他，而更为主要的，这是一个源于人的尊严、人格所形成的重要理论范畴，是对人的本质的一种法律抽象。正如杜兹纳所说："道德哲学与法理学都假设了一个自主自律的主体。"③"自主"意味着人的理性与人的目的性，在法律上必须假定人们能够为自己安排合理的生活计划，理性地进行法律上的行为。没有这重预设，自由、权利等范畴就失去了基本的主体依托，而成为恣意行为、无所顾忌的代名词。"自律"则意味着人是一个能够自我负责的生命主体，他有权利作出选择，当然也有必要为自己的选择承担责任。正是借助于法律主体这一概念，人在法律中展现了一种自我决断、自我负责的庄严形象。康德言道：

---

　　①　参见［德］康德：《道德形而上学原理》，苗力田译，第 54—55 页。

　　②　［美］莱斯利·阿瑟·马尔霍兰：《康德的权利体系》，赵明、黄涛译，商务印书馆 2011 年版，第 148 页。

　　③　［英］科斯塔斯·杜兹纳：《人权的终结》，郭春发译，江苏人民出版社 2002 年版，第 43 页。

人,是主体,他有能力承担加于他的行为。因此,道德的人格不是别的,它是受道德法则约束的一个有理性的人的自由。……人最适合于服从他给自己规定的法律——或者是给他单独规定的,或者是给他与别人共同规定的法律。①

这里所言的"自由",在康德的心目中,是作为道德律的伦理上的自由或道德上的自由。这种自由源自于主体内心服膺道德法则的约束,根据普遍的法则行事。正是人的这种自由本性,使得人能够成为自主的行为主体。必须注意的是,自由一方面意味着行为的自治,人们可以根据自己的意愿来设定自己的人生计划;另一方面,自由也意味着义务与责任,②人是自己的立法者,因而他必须服从他自己确定的或与别人共同确定的法律。例如,签订一个契约就是在为自己立法,一个真正自律的主体,必定会信守自己的承诺,完整地履行合同所规定的义务。正因如此,康德专门指出:

虽然在责任概念上,我们感到对规律的服从,然而我们同时还是认为那些尽到了自己一切责任的人,在某种意义上是崇高的、尊严的。他之所以崇高,并不是由于他服从道德规律,而是由于他是这规律的立法者,并且正因为这样,他才服从这一规律。……人类的尊严正在于他具有这样的普遍立法能力,虽然同时他也要服从同一规律。③

正因为人为自己立法,所以由此产生的责任并不是外部(如法律)所强加的责任,而是一个自律的主体能够预计并且必须承担的责任。正如学者所指出的,人是目的和人的尊严这一定言命令不仅是在确立一个道德与法律原则,而且赋予了人们基于此一原则进行判断,并加以行动的责任和能力。④ 在这方面,法律主体、法律人格应当说都是从道德主体的概念演化而来,它表明人

---

① 〔德〕康德:《法的形而上学原理——权利的科学》,沈叔平译,第26页。
② 哈耶克的一段话,可以作为康德理论的最好注脚。哈耶克指出:"自由不仅意味着个人能够拥有选择的机会并承受选择的重负,而且还意味着他必须承担其行动的后果,接受对其行动的赞扬或谴责。自由与责任实不可分"。参见〔英〕弗里德利希·冯·哈耶克:《自由秩序原理》(上),邓正来译,第83页。
③ 〔德〕康德:《道德形而上学原理》,苗力田译,第61页。
④ See Béatrice Longuenesse,*Kanr on Human Standpoint*,Cambridge University Press,2005,p.239.

不只是浑浑噩噩的行尸走肉,人是可以自由决断、自主选择、担当责任的法律行动者,展现了人的尊严形象。

其次,人是目的表明了个人相对于国家、社会而言所具有的优先性。我们并不否定国家、社会这样一些整体组织对于保障社会安全、民众幸福所具有的功用,但是,说到底,这些组织、机构的存在,本身就是人们自主行动、自我创造的结果。因为:

> 社会世界的最终成分乃是各个人,这些各个人或多或少适当地依据其倾向及其对情境的理解而互动。每一复杂的社会情境、制度或事件,乃是诸个体以及诸个体的倾向、情境、信念、物理资源和环境的一个特定逻辑结果。①

这就是说,作为个人并未因参与集体而失却了其独立的性质,个人仍然保留着自由、平等的地位,既不会被社会完全同化,也不会因为加入集体而失去自我的身份。更为主要的,整体的行动、整体的制度,也都是各个个人所共同作用的结果。国家是人们通过理性选择而创设的机构,社会是人们合作共营生活的场所,从这个意义上说,并非个人要依赖于整体而存在,而是相反,没有个人的加入,整体就失去了存在的基础。这正如加拿大政治哲学家麦克弗莱所言:

> 自由、平等的个人,他们作为自己的禀赋及利用这些禀赋的所得之所有者,彼此联系在一起。社会是由这些所有者之间的交换关系形成的。政治社会(是)……为了保护这种产权并维持有序的交换关系而形成的。②

从这个意义上说,个人相对于国家和社会而言具有优先性:第一,国家和社会存在的目的,是为人们追求美好的生活提供制度基础和合作纽带;国家

---

① 美国学者沃特金斯语,转引自郭秋永:《政治学方法论研究专集》,台湾商务印书馆1988年版,第126页。

② [加]克劳德福·布拉夫·麦克弗莱:《占有性个人主义的政治理论》,转引自[英]迈克尔·H.莱斯诺夫:《二十世纪的政治哲学家》,冯克利译,商务印书馆2001年版,第123页。

和社会当然也拥有其价值,但这和人所具有的"内在价值"不同,只是一种工具性价值。相反,人是目的本身体现了人与正当价值的融洽。人本身就是目的,人既是从自身出发去实现价值,而他本身又是价值的贮藏所,因而人所追求的价值与其自身所欲实现的价值是完全统一的。在这种价值实现的过程中,人凭借自己的理性而拥有了行为上的自主,是作为一个完全独立、自治的个体而出现于社会面前,从而体现其尊严与伟岸。第二,在国家目标、社会计划和个人利益之间发生冲突时,优先考虑的应当是个人而不是国家与社会。国家发展、社会进步,这当然是极为可欲求的目标,然而,所有的发展、进步都不能以牺牲人的自由和权利为代价。我们固然可以在道德上通过爱国主义、集体主义的提倡而使人们自愿放弃某些权利或利益,但是在法律上,我们并不具有让民众为国家目标和社会计划的实现买单的正当资格与能力,个人利益仍然是国家和社会所必须予以尊重和保护的对象。正如学者所指出的那样:

> "自身利益"这个词有一段复杂的历史,在现代的道德结构中它不是指自私自利的坏品德,而是指"责任",个人主义的社会要求其成员承担这一责任,自力更生,不依赖别人养活自己。……如果多数人都不能以这种寻求自身利益的态度生活,现代社会就不会是目前这个样子了。[①]

正因如此,个人的权利是否得到保障,个人的自由能否合理实现,个人的利益有无制度支持,这才是评价国家政策和社会发展是否合理的基本尺度。第三,个人作为现代法律的主体,无需按照国家和社会提供的价值标准行事,而是通过自己的选择,来实现自己的价值。弗里德曼将现代社会称为"选择共和国",在他看来,"选择的共和国""是这样一个世界:人们'成为自我、自我选择'的权利处于一种特别的和优先的位置;人们更重视表现而不是自我控制;人们更注重成就而不是天生的和继承的特征;人们以主观的和个人的标准来界定成就,而不是以客观的、社会的标准来界定成就"。[②] 正是这样一些能够独立选择、

---

① ［英］米诺格:《政治的历史与边界》,龚人译,译林出版社 2008 年版,第 52 页。

② ［美］弗里德曼:《选择的共和国——法律、权威与文化》,高鸿钧译,清华大学出版社 2005 年版,第 3 页。

展现自我的法律主体，才真正为国家的繁荣与社会的进步提供了强大的人力资源。

再次，人在法律上是目的而不是手段，表明人有要求他人和国家对之予以尊重的权利。正如马利坦所指出的那样，人是目的意味着："一个人惟其是人而具有权利，他是自身以及自己行动的主人，因此不仅是一个目的之手段，而是一个目的，应按自身对待之目的。"①由此可见，人本身就是因为其存在而被作为目的和主体对待，他可以决断自己的人生，追求自身的价值。从社会交往的层面而言，人与人之间是平等的法律关系，一个法律上的行为主体首先必须拥有"自尊"意识，以文明、体面、诚实的方式与人打交道。同时，人们在相互交往中也应本着相互尊重的原则来协调彼此的关系。

　　这样，人类便处于所有有理性的生物一律平等，而不问他们的品级如何；也就是说，就其本身就是目的的这一要求而言，他就应该作为这样的一个人而为每一个别人所尊重，而绝不能作为单纯是达到其他目的的手段而被任何别人加以使用。②

英国学者米尔恩将康德的这一论述表达为"人道原则"，认为这一原则包括否定与肯定两个层面：从否定的角度说，任何一个人都不得将他人视为手段；从肯定的角度说，则是要求"把一个人尊为自主者，就是把他作为具有自我的内在价值的人来对待"。③　在个人与国家的关系上，并不能因为国家负有管理社会的责任，人的尊严就因之而有所贬损，康德就专门指出："必须把公民看作是该国的成员，有参予立法的权利，不能仅仅作为是别人的工具，他们自身的存在就是目的……"④这就是对人的主体性的法律承认，它表明个人并不是一种国家统计学上的数量单位，而是一个有血有肉的生命个体；国家制度和社会生活都必须吸纳人们的参与，体现他们的愿望和要求。总之，只有把人作为

---

　　①　[法]雅克·马利坦：《人权与自然法》，转引自黄枬森、沈宗灵主编：《西方人权学说》（上），四川人民出版社 1994 年版，第 568 页。

　　②　[德]康德：《历史理性批判文集》，何兆武译，商务印书馆 1990 年版，第 66 页。

　　③　参见[英]A.J.M.米尔恩：《人的权利与人的多样性——人权哲学》，夏勇、张志铭译，中国大百科全书出版社 1995 年版，第 102—104 页。

　　④　[德]康德：《法的形而上学原理——权利的科学》，沈叔平译，第 182 页。

目的,国家和社会才会让人向往、依恋,人们也才能借助外部组织的存在,更好地追求美好的生活。

还必须明确的是,个人之所以具有如此令人尊崇的地位,是因为个人具有独一无二性、不可替代性、绝无仅有性,每个人都是前无古人、后无来者的"绝版"。因此,人的存在,本身就是目的,"而且是最高与最后的目的,不得以其他理由加以更替"。① 并且,这里所指的"个人",只是生而为人的生命个体,并不因身份、年龄、职业、性别、地位、阶级、党派、信仰、种族、能力的差异而有所不同,也不因其对社会贡献的大小而存在差异。正因为个人是法律的目的,因而法律的内容必须体现人性的要求,为人们所认同并乐于遵守。当然,承认个人是法律的目的,并不意味着法律因人而设,因人而废。法律中规定的个人仍为"人"的抽象,是以人类共同生活经验下的一般人为基本标准。

二、人是法律的本源

法律作为一种在人类社会存在了几千年的规则体系,其活得够长的历史也足以证明其正当性所在。然而,对法律问题的分析,并不只能是承认法律在社会中的功能与作用,还必须涉及法律的本源或基础问题。必须注意的是,作为一种存在于社会系统的规则体系,法律的基础可以从多个角度来进行解读。例如,国外学者所著的《法律的基础》一书,就从"超验的"与"内在的"、"法律外部的"与"法律内部的"、"自然的"与"人为的"等多个方面,来探讨影响法律的各种因素。② 当然,在认识这一问题时,首先就必须注意的是,必须区分"影响法律的因素"和"决定法律的因素"。所谓基础、本源,就是指哪些因素才是决定法律的根本因素。对此问题我们的基本看法是,只有人本身才是决定法律的唯一要素,人之外的自然环境和社会环境,都只能是影响法律的外在变量。在此,我们重温黑格尔的教诲是必要的:"法的基地一般说来是精神的东西,它的确定的地位和出发点是意志。意志是自由的,所以自由就构成法的实体和规定性"。③ 在这里,"意志""自由"都落实于具体的个人之上,个人才是决定法律的本质要素。

---

① 黄桂兴:《浅论行政法上的人性尊严原理》,见城仲模主编《行政法之一般法律原则》,三民书局1994 年版,第 13—14 页。

② [德]Hubert Rottleuthner、Matthias Mahlmann:《法律的基础》,张万洪、丁鹏主译,武汉大学出版社 2010 年版,第 220 页。

③ [德]黑格尔:《法哲学原理》,范扬、张企泰译,第 10 页。

　　首先，人的本能、欲望、需求、能力等附属于人的主体性因素，是确定法律内容的基准。法律是一种调整人际关系的准则，然而要使法律发挥正确规范人与人关系的作用，就必须对人的本性问题有一个准确的把握。从何处寻找规则的原型？以什么方式来设定人们的行为模式？这一切，都需要法律的创制者们冷静地面对人性，从人的日常行为中寻绎出规则的样态。学者指出："法律是建立在对人类的典型性行为的一般化了的心理假设基础之上的。"①例如，社会生活中的人们既有性善的一面，也有性恶的一面，因而就必须设定如刑法之类的法律制度，对那些社会的敌对者和破坏者施以惩罚，从而维护整体的社会安全。一句话，法律必须顺应人的本能，尊重人的欲望，保障人的需要，正视人的能力，那种仅以施政的便利或统治的效率出发制定的法律，本身就是对人性的违背，自然也难以获致被人们尊重和服从的结果。所以，法律必须从人本身的存在状况出发，从人的关系原理出发，来建构适合现实中人们行为常规的一套法律制度。比方说，人能够进行选择、判断，在多个可能的方案中可以为自己寻找到最佳的解决办法，因应这种理性能力的存在，就必须在法律上为其进行合理的制度安排：一方面，法律必须设定完全交由个人自治的领域，法律对此不加过问；另一方面，在国家法律调整的场合，仍然要本着尊重人的理性能力的原则，强调意思自治和自由意志。可以说，在这个意义上，"法律又是一个以个人和社会的需要为基础的仿制产物"②。法律正是将现实中的人的存在和人的关系，用拟制的方式设定为法律规则，用以规制现实中的个人及其行为。

　　必须注意的是，对人的本质的认识是否合理、正当，又在根本上影响着法律的合理与进步。一个典型的例子是，从法的进化阶段而言，不同时期的法律在对人的预设上是不同的，因而也使各个时代的法律呈现出不同的人性面相。就古代社会而言，法律上多推崇贤人政治，因而将人们视为襁褓中的婴儿或知识上的愚民，法律中充斥的是义务的规定而无权利的内容。在这个意义上，法律人即为一种"团体人"形象，个人不是法律的主体，它只有在依附于家庭、家族和国家时才有为人的资格。近代社会在宗教改革、文艺复兴和启蒙运动的洗礼下，法律上将人视为理性的主体，人们摆脱了家庭与社会的限制，自主地进行涉己的相关事务。这个时期的人的形象，我们可以称为"个人"或"理性

---

① ［德］N.霍恩：《法律科学与法哲学导论》，罗莉译，法律出版社 2005 年版，第 17 页。
② ［美］汉斯·托奇主编：《司法和犯罪心理学》，周嘉桂译，群众出版社 1986 年版，第 36 页。

人"。到了19世纪末20世纪初,鉴于市场经济中弱者现象的普遍存在,贫富悬殊已经严重危及国家的政治秩序,因而法律上提倡社会利益,为公益而克制个人私利,这时期的法律人可以"社会人"名之。当然,经过两次世界大战,人们又重新认识到个人自主、独立的意义,法律上出现了向个人的回归。

其次,人的存在与人的发展是人类生存的第一要务,正因如此,权利本位成为个人本位的合理推论。个人本位是一种理念,当它转化为实际制度构造的理论基础时,即表现为权利本位,也就是用权利、自由作为个人行动的凭借。正如学者所指出的那样,近代法律制度的构造离不开两个关键的词汇,即法律人格和权利能力:"法律人格体现的是'个人本位',权利能力体现的是'权利本位',而近代私法上个人本位和权利本位思想是浑然一体、密不可分的,两者均从不同角度解决人的地位问题。"①换句话说,当我们在法律本位问题上言及个人本位时,就必然要用权利本位来作为疏释现代法律制度的基础。张文显先生将权利本位称为"现代法的精神之首要要素",并认为"在整个法律体系中,应当以权利为起点、核心和主导"。② 德国学者拉德布鲁赫也指出:"在法律领域中,一个人的义务总是以他人的权利为缘由。权利概念,而不是义务概念,是法律思想的起点。"③按照拉德布鲁赫的理解,对于法律上的义务人来说,是因为始终有一个权利人的存在,但是,这种义务的合理性根据,又在于"法权"本身必须是合理性意义上的"法权"。例如,强盗命令银行职员交出保险柜的钥匙,这就不是正当的义务。所以从这个意义上来说,"权利"的合理性同时也就界定了"义务"的合理性。当然必须注意的是,个人本位是基础,权利本位是其派生出的概念;法律的终极本位只能是个人,而不是权利。④ 正如加

---

① 马俊驹、刘卉:《论法律人格内涵的变迁和人格权的发展——从民法中的人出发》,见米健主编《中德法学学术论文集》(第1辑),法律出版社2003年版,第87页。

② 张文显:《市场经济与现代法的精神论略》,《中国法学》1994年第6期。

③ [德]拉德布鲁赫:《法学导论》,米健、朱林译,中国大百科全书出版社1997年版,第6页。

④ 杜飞进先生实际上对此也早有论述。杜先生指出:"笔者主张以权利为核心来变革和重构传统法学理论体系,但不同意'权利本位论'者主张的把'权利'作为现代法学之最高范畴的观点,而主张让'权利'成为以人为出发点('人'为最高范畴),以人的多方面、多层次需要为基本线索重构的现代法学体系中一个核心范畴。也就是说,'权利'相对于'人'这一范畴而言,前者是由后者派生出来的,是一个在现代法学体系中处于核心位置的派生概念;但它相对于其他范畴而言,'权利'又是其他范畴的派生来源,具有相对原生的意义,故而可称之为'亚原生性范畴'。因为在'人'与法的关系中,权利是他们的中介,一方面权利是人之所以为人的逻辑展开,另一方面权利又构成了法的核心,它不仅决定法的产生和存废,而且还直接决定着法的性质及其功能的实现。"参见杜飞进:《论现代法学之重构》,《天津社会科学》1995年第1期。

拿大学者格伦所指出的那样,西方法律制度由古代到近代的蜕变,关键就是权利概念的出现:

> 过去被看做是对法律关系作双方面表述的罗马法条文,如今只用以阐述单方权利,而法律则变成了确保这些权利得到保护的世俗规定。法律变得主观化,并且伴随着主观化,它产生了权利的概念。在法语中,法律一词产生了主观权利的概念,也正因如此,权利作为一种"促进人类尊严之基本条件的强有力的工具"而固化于法律体系之中,成为古代法律与近、现代法律相区分的标志。①

再次,与"人本"相对应的还可能是"物本",即认为法律的决定性因素是在人的本质、意志之外的物质生活条件,所以,在法律上强调以人为本、个人本位,还必须反对将法律物本化的观点。马克思曾经指出:

> 人们在自己生活的社会生产中发生一定的、必然的、不以他们的意志为转移的关系,即同他们的物质生产力的一定发展阶段相适合的生产关系。这些生产关系的总和构成社会的经济结构,即有法律的和政治的上层建筑竖立其上并有一定的社会意识形式与之相适应的现实基础。物质生活的生产方式制约着整个社会生活、政治生活和精神生活的过程。不是人们的意识决定人们的存在,相反,是人们的社会存在决定人们的意识。②

必须注意的是,对于这段话的本意不能作无限引申,即认为法的内容就完全是由物质生活条件所决定,果真如此的话,那个人就无任何主观能动性可言。换句话说,如果社会的客观规律完全可以离开个人而单独存在,那么个人只不过是由历史牵着鼻子走的行尸走肉,他们既无选择的自由,也无自主行动

---

① [加拿大]帕特里克・格伦:《世界法律传统》(第3版),李立红等译,北京大学出版社2009年版,第161—162页。
② 马克思:《〈政治经济学批判〉序言》,《马克思恩格斯选集》第2卷,人民出版社1995年版,第32页。

的权利。这就是为波普尔所极力斥责的"历史决定论"。① 实际上,将物质生活条件作为制约法的唯一或者根本要素,这本身就是对马克思主义理论的曲解:第一,正如恩格斯所声明的那样:

> 根据唯物史观,历史过程中的决定性因素归根到底是现实生活的生产和再生产。无论马克思或我都从来没有肯定过比这更多的东西。如果有人在这里加以歪曲,说经济因素是唯一决定性的因素,那么他就是把这个命题变成毫无内容的、抽象的、荒诞无稽的空话。②

在恩格斯看来,上层建筑的各种因素之间实际上也是相互作用的。政治的、哲学的、宗教的等各种因素,也都在影响着法律的内容与发展。就此而言,以往那种将经济基础作为决定法的唯一因素的观念,本身就背离了革命导师的初衷。第二,即使承认法律必须反映一定阶级所处的物质生活条件的内容,那也只是意味着统治阶级在制定法律时,除了体现主观的意志之外,还必须将这种意志与客观生活条件相印证,以免法律的规定超越社会现实的经济条件和经济水平。这与处于第一层次的"意志"是不同的。换句话说,法的最为本质的内容是体现人的愿望与需求的意志,物质生活条件只是作为制约法的内容的因素而存在,并不是法的本质的最终根源。有关这一点,苏联学者雅维茨曾经作了很好的说明,他指出,属于物质生活条件的"财产和交换的实际关系的直接内容","仅仅是客观法和主观权利发生的基础,而不是文明社会的法本身"。③这与我们通常将物质生活条件当作决定法的终极因素的理解并不相同。

三、人是法律的尺度

远在古希腊时期,智者派的哲学家普罗泰戈拉就提出了"人是万物的尺度"④

---

①　波普尔认为,所谓"历史决定论"是指:"一个集体如果丧失了一些它的不太重要的成员,它仍然可以很容易保留它的特性不变。而且甚至于可以想象,即使是一个集体原来的成员全部都为其他人所代替,它还可以保留许多它原来的特性。"参见[英]卡·波普尔:《历史主义贫困论》,何林、赵平等译,中国社会科学出版社 1998 年版,第 18 页。

②　《恩格斯致约·布洛赫》,载《马克思恩格斯选集》第 4 卷,人民出版社 1995 年第 2 版,第 695—696 页。

③　[苏联]Л·С.雅维茨:《法的一般理论——哲学和社会问题》,朱景文译,辽宁人民出版社 1986 年版,第 72 页。

④　北京大学哲学系外国哲学史教研室编译:《西方哲学原著选读》(上卷),商务印书馆 1981 年版,第 54 页。

这一著名命题,开创了通过人本身来度量与评价万事万物的哲学传统。按照哲学家们的阐释,这一命题意味着"对任何一个个体来说,只要某种东西看起来是正确而且令人赞美的,它对这个体就是必然而且绝对正确的"。[①]　并且,这一命题在两个方面为法律提供了方法论的指引:一是法律将"人是尺度"作为认识论的原则,法律作为一种人造的规则体系,自然也必须以人作为尺度;二是法律必须体现的人的价值追求和理想,必须以人的价值和理想来衡量和评价法律的正当性、合理性。[②]

从"尺度"一词的表现形式来说,"人是万物的尺度"更多地体现为人是法律的标准。也就是说,法律在创制的过程中,必须参酌社会上一般人、普通人的标准来拟定相关的规则。正如庞德所言:

> 一个标准是法律所规定的一种行为尺度,离开这一尺度,人们就要对所造成的损害承担责任,或者使他的行为在法律上无效。例如:适当注意不使其他人遭到不合理损害危险的标准;为公用事业设定的提供合理服务、合理便利和合理取费的标准;受托人的善良行为的标准。我们要注意各种标准中公平或合理的成分。[③]

如果法律上相关标准明显地超越了人的自然本性、实际能力或与人作出法律行为时的状况不相吻合,那就是典型的"强人所难"。证诸现代法律的一般原理,这种尺度观、标准观主要体现在以下几个方面:

第一,与人的本性、本能是否契合,是衡量法律究竟是良法还是恶法的标准。"良法"无疑可以进行多种解读,但其根本之处则在于法律的相关规定是否反映了社会上大多数人(也即一般人、普通人)的意愿。众所周知,"自然法"是人们所塑造的一种法律理想,也是良法的典型形态。然而不能忘记的是,西方法学中的自然法并不是指自然而然生成的法,也不是指在社会上、历史中逐渐积

①　[英]泰勒主编:《劳特利奇哲学史》(第一卷:从开端到柏拉图),韩东辉等译,中国人民大学出版社2003年版,第286页。

②　Donald R.Kelly, *The Human Measure: Social Thought in the Western Legal Tradition*, Cambridge: Harvard University Press,1990,pp.32-32.

③　[美]罗·庞德:《通过法律的社会控制·法律的任务》,沈宗灵、董世忠译,商务印书馆1984年版,第26页。

淀而成的行为习惯,而是指符合人的自然本性、体现人的自然需求的伦理规范。这种理念在古罗马时期即已定型,承继并发扬斯多葛学派的自然法理念,"当他们(罗马法学家)谈到某一规则或制度背后的自然法或自然理性时,他们谈论的不是天上之神的律法或理性,而是地上之人的自然本性,即:人的境遇,人的常识,生命的事实,商业关系的特性,如此等等。"①可见,自然法并不是玄想中的神秘规则,而是源于人的生活事实与生存境况所派生出的一套规则。正因如此,启蒙运动时期的法学家们就是将自然法直接视为符合人的本性的法:

> 只有符合我们本性的行为,即自然法规定或允许我们采取的行为才是公正的行为。违反我们的本性的行为,或自然法禁止我们采取的行为,是不公正的行为。总之,凡是我们的自然法所允许的一切都是公正的和合法的,凡是我们的自然法所禁止的一切都是不公正的和不合法的。所以,为使某一种法律订得公正,就必须使之符合自然法,法律一旦同自然法发生矛盾,就会变成不公正的。②

可见,那种违反人的自然情感,无视人的正当需求而创制的法律,根本就不具有任何正当性。关于这一问题,洛克的论说提供了一个适例,在言及自我保存的自然权利时,洛克指出:

> 上帝既创造人类,便在他身上,如同在其他一切动物身上一样,扎下了一种强烈的自我保存的愿望,也在这世界上准备了适于人类衣食和其他生活必需的东西,俾能照着上帝的旨意,使人类能在地面生存相当的时期,而不要让一件如此奇妙的工艺品由于其自身的大意和必需品的缺乏,在生存不久之后便告死亡。③

正是从这个意义上而言,正常人的正当防卫权与弱者的福利请求权就具有天然正当的伦理基础。

---

①　[爱尔兰]J. M. 凯利:《西方法律思想史》,王笑红译,法律出版社2002年版,第58页。
②　[法]霍尔巴赫:《自然政治论》,陈太先、眭茂译,商务印书馆1994年版,第30—31页。
③　[英]洛克:《政府论》(上篇),瞿菊农、叶启芳译,商务印书馆1982年版,第74页。

第二，在拟定法律规则时，必须参酌人的实际能力来合理规定行为方式与行为内容。法律能力是法律行为的前提，也就是说，只有具备了法律上所需的能力要求时，人们的行为才具有法律上的意义（效果），可以给予法律上的评价，否则，其行为只能在法律评价的范围之外。例如，一个六岁的幼童，无论其行为是否对社会造成危害结果，因为其不具有法律上的责任能力，都不应当承担任何法律上的责任。在此要注意的是，提高能力标准固然可以增强人们对自身行为的谨慎要求，然而，不适度地拔高行为能力标准，效果却可能适得其反。正如学者所指出的那样，

> 在确定注意义务时，应当注意采用恰当的中间尺度。如果过于拔高注意要求，则人的行为自由就将受到限缩，社会交往的动力将会受到阻碍。但是如果把交往中必要的注意定得太低，则又会使受保护的法律地位贬值，使合法取得的财产遭受不安全的风险。这种在行为自由、法治国家式的保护和社会国家式的约束之间的紧张关系揭示出侵权法评判问题的特征。①

实际上这一原理也并不限于侵权法领域，所有与责任相关的法律制度，都应当以普通人、一般人为标准，合理地设定义务与责任的能力要求。对于违法、侵权或者犯罪所要求的主观心理状态"故意"或"过失"而言，都必须回归到以社会上一般人的认知能力与判断能力来作为衡量的标准。"故意"强调的是"明知"，也即社会上正常的人都会知晓、应当知晓的事项，当所有人都知道这一行为会发生危害社会的结果，而当事人决意如此行为时，他便不能以"不知"作为抗辩事由，来要求豁免法律上的责任。不仅如此，"在一个更为有限的意义上，适用于预见的原则，也同样适用于知识。那类可以引导一个具有正常理解力的人从其中推断出构成目前事态的其余事实的环境，确实为人所知，这就足够了"。② 借口对法律的无知以及欠缺必要的常识，并不能成为合适的要求豁免责任的理由。同样，"过失"考量的是"注意义务"，当社会上一般人都会谨慎地对待自己的行为而防范可能对他人的伤害时，如果行为人未根据此一标

---

① ［德］迪特尔·施瓦布：《民法导论》，郑冲译，第201页。
② ［美］小奥利弗·温德尔·霍姆斯：《普通法》，冉昊、姚中秋译，第49页。

准行事,便构成法律上所言过失。换句话说,

> 如果一个人的行为偏离了一个理性人在行为当时应该尽到的注意义务标准,他就存在过失。如果行为人造成了危害他人的不合理风险,该行为就构成偏离。因此,"过失"是一种客观标准,即行为人并不是因为存在不法心理而受到谴责,而是因为没有达到虚构的"理性人"所应该达到的标准而受到谴责。①

引文中所言的"虚构的'理性人'",实际上也就是我们通常所言的普通人、平常人,"虚构"只是一个立法技术的比喻,意味着在法律上需要将现实生活中的人改造成为法律上的人。② 实际上,法律预设人们都是具有理性的人,能够正确选择、合理判断,而社会上的人们在特定行为的场合,也都会结合自身利益和自身条件进行合理决策,争取对自身利益最大化的结果。因此,这种"虚拟"同样是具有真实性和现实性的。

第三,在确定法律责任有无及所担责任大小的场合,必须考虑普通人所处的特殊情形,而采取更适合于人情、人道的处理方式。例如,人有时会处于一种特别紧迫的状态,不可能平心静气地来进行理性选择,因而发生危害社会的行为结果时,就必须酌情处理,体现法律的人情化与人道主义。在这个方面,美国侵权法上的"紧急情况原则"就非常有意义:当不可预见的危险发生时,当可能采取可替代的行动,而且要求尽快做出判断时,法院经常适用"紧急情况原则",其意指

> 如果一个行为人面临着突然发生的不可预见的、并非自己造成的紧急情况时,就允许陪审团在决定行为人的行为是否合理时把紧急情况作为相关的情况之一加以考虑。换一种说法,如果在时间允许的情况下,需要更多时间来做出更为周到的决策的话,甚至有理性的人也可能会以这样一种不合理的方式对紧急情况做出反应。③

---

① 〔美〕约书亚·德雷斯勒:《美国刑法精解》(第4版),王秀梅等译,北京大学出版社2009年版,第119页。

② 有关这一问题的论述,可参见胡玉鸿:《法律主体概念及其特性》,《法学研究》2010年第3期。

③ 〔美〕丹·B.多布斯:《侵权法》(上册),马静等译,中国政法大学出版社2014年版,第268页。

　　换句话说,在特殊紧急的情况下,一个平时自控能力强、谨慎程度高的当事人,也可能会在匆忙、紧迫的情形下作出草率的决定,在此时,适度予以责任上的减免就更加贴近人生的实际状况,所谓"天有不测风云",本身就意味着我们每个人都可能处于一种无法预知但又不可避免的紧急情况之下。对他人的宽容也是对我们自己可能处于类似情境下的纾解。奥地利行政法院曾有个有趣的判决,汽车司机因内急而未能按照规定缴纳停车费,被行政机关处以罚款,然而奥地利行政法院作出判决,推翻了行政机关的罚款决定,判词云:"内急对汽车驾驶人而言,是一种无法预见的紧急状况,迫使驾驶人未及遵守于收费停车格位停放车辆应先预缴停车费之义务,便刻不容缓冲进厕所,此乃不得不然之行为。"①表面上看,这个判决只是对区区罚款事项作了更正,但其背后所蕴含的法律原理则在于:法律必须考虑行为人所处的特殊处境,在特定的场合、特定的时机下所进行的行为,应当给予不同于平时场合下的法律处遇。

　　实际上,法律上的"情事变更原则"也是另外一种考虑人们特殊情形下法律义务与法律责任的特别处理办法。以《德国民法典》为例,其第 313 条规定:

　　　　(1)已经成为合同基础的情况,在订约之后发生重大变更,并且当事人在预见此种变更的情形将不会订立或者将以其他的内容订立合同的,以在考虑具体情形下的一切情况,特别是考虑合同上的危险分配或者法定的危险分配时,不能够苛求一方当事人坚持履行不变的合同为限,可以请求调整合同。(2)已经成为合同基础的重大观念,被表明为错误的,等同于情事变更。(3)合同的调整为不可能,或者不能够苛求当事人一方调整合同的,受到不利益的一方当事人可以解除合同。对于继续性债务关系,以终止的权利替代解除权。②

　　这一规定的合理性就在于:人并非先知先觉的圣贤,能够预知在未来很长时段内社会生活情形的一切变化情况,特别是诸如战争、政策调整等当事人无法预见的不可抗力,实非当事人所能预料。因此,在特定时间内签订的合同,

---

　　① 奥地利行政法院 1984 年 5 月 25 日裁判,参见[奥]鲁道夫·维瑟编:《法律也疯狂》,林宏宇、赵昌来译,商周出版 2004 年版,第 61 页。

　　② 杜景林、卢谌:《德国民法典全条文注释》(上册),中国政法大学出版社 2015 年版,第 229 页。

就有可能因为社会环境的变化而变得执行上的不可能,或者如果强行要求信守契约,会对一方当事人带来极不公正的法律结果,在这时,就应当允许合同的调整甚至解除合同。德国法上一个典型的判例就是:有人在1917年以使用租赁方式出租一块土地,当时约定,承租人有权在1922年之前,以4万马克的价格通过购买取得这块土地。1921年,承租人想要使用其购买权,而在这个时候,货币价值大幅下跌,跌到只有1917年的价值的一小部分。为公平起见,帝国法院根据交易基础理论,不再要求出租人坚持约定,因为如果在这时支付4万马克,出租人所获得的对价将会与订立合同时所设想的完全不同。① 无疑,这一裁判反映了社会环境变化的在所难免和每个当事人都可能实际遭遇的困境,更加符合法律追求实质公平的理念。

四、人是法律的最终价值

法律是由人们创制的规则,法律因此也必须承载着人类社会的基本价值。在《法哲学》一书中,拉德布鲁赫告诉我们,价值可以区分为三种:一是个体价值,二是集体价值,三是作品价值。个体价值即具有伦理人格的个人所拥有的价值,如自由;集体价值是集体组织存在所体现的价值,如国家的存在即意味着安全与秩序;作品价值则为人类所创作的作品所拥有的价值,例如科学和艺术作品的价值。如果从意识形态上来划分,三种价值分别体现为个人主义的、超个人主义的以及超人格的观念。② 当然,早期的拉德布鲁赫并未明言何种价值应置于优先的秩序之上,只是在经历"二战"之后,拉德布鲁赫才明确指出了附属于个人的自由的重要意义:"在相对主义、中立性和宽容思想的背后存在着的,是自由的实证价值,是法治国的自由,是作为个性生长之地的自由,是作为文化创造之基础的自由",③从而将法律的根本价值定位于自由也即个人之上。正如学者所指出的那样,这是拉氏法律观的重大转变,代表着一种"温和形式的自然法理论"。④ 实际上,对于一个良性的社会而言,其最终的任务并不在于追求所谓有序的社会、稳定的社会,更主要的,是要体现个人在社会

---

① 〔德〕迪特尔·施瓦布:《民法导论》,郑冲译,第455页。
② 〔德〕G.拉德布鲁赫:《法哲学》,王朴译,法律出版社2005年版,第53—54页。
③ 〔德〕古斯塔夫·拉德布鲁赫:《法律智慧警句集》,舒国滢译,第22页。
④ 〔美〕E.博登海默:《法理学:法律哲学与法律方法》,邓正来译,中国政法大学出版社1999年版,第177—178页。

中所拥有的价值和尊严,保障人们所拥有的自由与权利。从这个意义上说,法律不是个功利问题,更为主要的是,"是生活之目的和终极意义的一个组成部分";法律关系到人的整个存在,"即不仅关系到他的理性和意志,而且还关系到他的情感,他的信念",①因而,只有在法律中高扬人的价值,才可能使法律真正成为民众生活的必需品。在西方学者看来,现代法治的危机也就在于法律已经失却了人文关怀,人们所重视的是在技术层面如何追求法律的高效与技术的完善,而对人的法律境况与法律期望则无所用心。质言之,人们更多地是站在国家治理的层面来思考法律的工具性作用,这就从根本上颠倒了人与法的正常关系,因而使个人不仅成为法律的旁观者、消费者,而且也可能成为法律上的不幸者、受害者。

国家、社会作为人们生于斯、长于斯的区域与场所,固然有着其不可替代的功能与作用,但问题在于,这些集体组织的价值又是源于人本身的。正如我们说某个作品的价值那样,并不是该作品本身天然地即拥有某种价值,而是因为它们契合着我们的审美需求,没有人的存在,就不会有价值的栖身之所。因此,即使承认国家和社会有其价值,那也只能是最终落实在人之身上。② 从这个意义上说,国家和社会所存在的价值是一种工具性价值,即人们为了自由、安全而必须依赖的工具。人的这种根本性价值也是不能以"加总"的方式来统计、计算的,正如学者所指出的那样,从某个方面来说,"所有的人的利益比一个人的利益更重要,但是,正是具体的个人使人类有意义。我们并不认为一个人之所以有价值是因为他是人类的一员;恰恰相反,人类之所以有价值是因为它是人组成的。"③人们创造国家、组成社会,不是因为人类有拜物主义的爱好,而是因为它们的存在能使个人的价值得到更好的体现。人们在国家的状态中获得安全与秩序,人们也在社会的场景中形成合作与依赖的关系。可以

---

① 　[美]伯尔曼:《法律与宗教》,梁治平译,第94页。

② 　英国著名思想家罗素甚至否认"国家"的价值,他指出:在哲学家和政治家中,有些人认为国家能够有它自身的价值,而不只是作为公民幸福的一种手段。我看不出有什么理由能支持这种观点。"国家"是一种抽象,它并不感到快乐或痛苦,它没有希望或恐惧,我们看作是它的目的的东西实际上是管理它的个人们的目的。当我们具体地思考而不是抽象地思考时,我们就会发现,某些人取代了"国家",他们比大多数人更拥有权力。所以对国家的赞美实际上变成了对统治的少数人的赞美。民主主义者决不能够容忍这样一种根本不公平的理论。参见[英]伯特兰·罗素:《权威与个人》,肖巍译,中国社会科学出版社1990年版,第101页。

③ 　[美]赫舍尔:《人是谁》,隗仁莲译,贵州人民出版社1994年版,第54—55页。

说,没有人的需要,价值即无从生成。所以,个人才是价值的承载单位,任何对于法律价值的探询,最终都必须立足于个人之上。

就法律所追求的基本价值而言,我们也可以发现个人在价值谱系中的根本地位。大致说来,有三种最为基本的法律价值是人们所予以公认的,那就是自由、公正与秩序。自由依托于个人的独立与自主,而公正与秩序更多地体现在社会的良好状态之中。那么,在三种价值里面,哪种价值应当居于最高的位阶呢?是自由!从价值上而言,法律是自由的保障。法律虽然是可以承载多种价值的规范综合体,然而其最本质的价值则是“自由”——“法典就是人民自由的圣经”。正如马克思所指出的那样,就法的本质来说,它以“自由”为最高的价值目标。法典是用来保卫、维护人民自由的,而不是用来限制、践踏人们的自由的:如果法律限制了自由,那就是对人性的一种践踏。同样,自由既然是人的本性,因而也就可以成为一种评价标准,衡量国家的法律是否是“真正的法律”:“法律只是在自由的无意识的自然规律变成有意识的国家法律时,才成为真正的法律。哪里法律成为实际的法律,即成为自由的存在,哪里法律就成为人的实际的自由存在。”①“法律-自由-人”的这样一种关联,说明法律本身只是人格的一种外在维护,其正当与否必须以其是否保障自由来作为评判的标准。换言之,专制制度下的法律虽然由国家制定,形式上具有合法权威,然而由于本质上背离了自由的要求,因而只能是一种徒具形式的“恶法”。从这个意义上而言,任何不符合自由意蕴的法律,都不是真正意义上的法律。相对而言,公正与秩序虽然也是法律的重要价值,但与自由相比则处于下一位阶:公正与秩序创造的是人际交往的合理界限与社会环境,其本身也是为自由服务的。

从阿马蒂亚·森“以自由看待发展”的理论来说,也可窥见自由在法律中的核心地位,由此证成法律价值与个人的内在关联。在森看来,由于两个不同的原因,自由在发展过程中居于中心地位:一是评价性原因,即对社会进步的评判必须以人们拥有的自由是否得到增进为首要标准;二是实效性原因,即发展的实现全面地取决于人们的自由的主体地位。② 如果将这里的“发展”改换

---

① 马克思:《第六届莱茵省议会的辩论》(第一篇论文),《马克思恩格斯全集》第 1 卷,人民出版社 1995 年第 2 版,第 176 页。

② [印度]阿马蒂亚·森:《以自由看待发展》,任赜、于真译,第 2 页。

成"法律发展"或"法律进步",那么同样可以看出,一种法律制度是否相对于此前的制度更好、更为合理,关键的评价标准不是其效率或益处,而是以自由的增加为前提。弗里德曼也指出:

> 从整体上说,国家、法律体制和有组织的社会似乎是越来越致力于一个基本的目标:容许、培养和保护自我,自我系指自然人和个人。一种基本的社会理念为这个目标提供了正当性:每个人都是独特的,每个人都是自由的或者应该是自由的,我们当中的任何人都有权利或者应该有权利创造或型塑属于自己的生活方式,并且通过自由的、开放和没有限制的选择实现这种生活方式。①

如果说法治国家的确立已为自由奠定了制度基础,那么,要使这种法治社会不致变质,同样还需要扩展自由的范围,以使人们在法律的氛围中更好地追求自我、成就自我。

然而,强调美好的生活,提倡个性的自由,就有可能与法律发生矛盾:首先,法律的特征之一是普遍性,它不考虑任何个人的差异,而在法律上作出统一的规定,并要求全体社会成员必须予以普遍地遵守;第二,法律是一种客观的、外在的规则,它不会允许人因为个性不同而对法律作出随意的取舍;第三,法律追求的往往是社会的公共利益,这样就在一定程度上会忽略甚至牺牲个人的利益;第四,国家的权力在新的社会形态下呈逐渐扩张的趋势,而国家权力的扩张往往也就意味着个人自治的空间缩小,因而个性的范围也必然在国家强力面前逐步退缩。那么,在这样的情形下,法律如何能够保证人们美好生活所必需的外部条件呢?

我们认为,只有从"人"本身出发考虑问题才能解决这些难题。就法律的普遍性而言,这是法律为维护社会所需要的基本秩序不得不作出的安排,"它们立足于人们中间的类似处"而制定,同时强调"相同的案件应该得出相同的判决"。② 以此而论,法律为了创造美好生活的秩序形态,必须平等地对待所

---

① [美]弗里德曼:《选择的共和国——法律、权威与文化》,高鸿钧译,第10页。
② [美]伯尔曼:《法律与宗教》,梁治平译,第101—102页。

有的社会成员,这里虽然没有考虑每个人本身的差异,但却是建立在共同的人性基础之上的制度安排,甚至在某种程度上也可以说是一种无奈的选择:"我们的最好的制度架构的真正弱点悲哀在于:它们不能顾及每一个具体事例,在每一个事例上都表现出优越性,因而,也就无法充满'普遍正义之圆',使自己不留丝毫遗憾。"①然而,法律在强调普遍性的同时,仍然要以保障个性的自由以及人们对私人生活的控制为己任,让生活真正变成由人们自己去设计、创造、感受和体验的生活。实际上,就法律作为一种不容许人们随意取舍的客观的、外在的规则而言,其与个性本身也并不违背。法律不仅仅是为孤立的个人而创设的,法律也是体现人与人之间合作计划的一部分。只有当个人的行为通过法律能够得到对方积极的回应,个性所期望的价值才不至于落空;反之,如果每个人都可以根据自己的理解来随意取舍规则,那人们的行为就不可能具有安全性,行为预期的目标也就无法实现。同样,社会利益的存在与国家权力的扩张,的确也会影响到个性的发挥。在这种情形下,必须把人作为目的,而不是以国家、社会作为目的,才能就个人与社会、国家之间的固有张力进行消解。具体地说,并不存在与个人利益根本对立的社会利益,国家本身也没有干预人的个性发展的正当权力。"社会发展中的一个巨大的力量就是自发的个人主动性。因此,个人自由行为中包含的社会利益,是个人生活利益的一部分。"②这就意味着并非只有社会利益才是唯一的"善",而个人利益就是绝对的"恶"。社会利益、公共利益都不是外在于社会中的个人的,只有那些能够为全体成员所拥有、享用的利益,才是真正意义上的社会公共利益;任何利益也只有能够为社会主体所占有、支配时,才能称之为实际的、客观的利益。正因如此,必须把公共利益视为是个人利益的总和,承认私人利益的合理性与正当性。

以上我们从法律目的、法律本源、法律尺度和法律价值四个层面,论证了在现代法律理念中,以人为本在法律上的应然内容。不难看出,对于以人为本而言,它不能仅仅是个口号式的标签,而是需要落实于法律制定与实施的全部过程之中,以此凸显法律的主体性与目的性,也由此彰显出法律的人民性、人道性。

---

① 〔英〕埃德蒙·柏克:《自由与传统》,蒋庆等译,第 282 页。

② 〔美〕罗斯科·庞德:《法律史解释》,曹玉堂、杨知译,华夏出版社 1989 年版,第 141 页。

第三节　以人为本与弱者权利的法律保护

以上我们论证了法律为何必须以人为本的理由，阐述了法律体现以人为本的内涵，那么，对于弱者权利的法律保护来说，以人为本有何重要作用呢？

一、以人为本彰显了弱者与其他社会成员的平等

如前所述，以人为本是以社会上的所有人为本，这就为弱者进入法律的保护视野提供了理论基础。以人为本中的人，是指人人，即每一个社会成员。从这个意义上而言，以人为本与法律面前人人平等实质上即为同义词。当然也必须指出的是，就平等作为一种制度架构来说，它并不是源自于人事实上的相同、一致，相反，平等的制度是建立在人与人之间形貌不一、能力有别的基础上的，是一种"强不齐以为齐"的原则确定。① 平等原则在法律上的确立，是人类法律制度人道化、文明化的主要标尺。它一改以往将"人"视为"非人"（例如古罗马时期的法律，就将奴隶排除在"人"的范围之外），或者人为地在人们中间制造区别（例如封建制法律将人分为三六九等）的做法，承认每个人在法律面前都是具有同等价值的主体。按照这一原则要求，国家必须把每个人都视为是理性、尊严的主体，不得因人的各种外在条件（如种族、肤色）和主观能力（如贤愚之分与良莠之别）的不同而实行差别待遇；所有的法律规定，如无正当理由证明某种差别对待是合理的（例如对弱者的特殊保护），即可判定为是违反正义的"恶法"。从个人的层面来说，平等体现了人们一种强烈的内心渴望，它表明一个具有主体意识的人不愿被物化、矮化，而是冀图和他人一样，是同样具有尊严、人格的主体；从社会的层面说，平等体现了国家和社会意欲造就的一种状态，那就是在这个国家和社会之中，没有人被视为劣等公民。可见，以人为本或曰法律平等，首要的功能就在于将人们设定于在法律地位上的平等，没有哪一个人比别人应当占有更多、更高的法律地位。这样，弱者所具有的法律身份和法律地位既不是法律的施舍，也不是社会的仁慈，而是源于以人为本的正当推论。

---

① 正如学者所指出的那样，美国的《独立宣言》声称"人生来就是平等的"为不证自明的真理，"但是，此主张忽视了一些明显的事实：所有的人在许多方面都十分不平等，例如在体力和智力、道德判断、自制力、品行和其他许多方面"。参见［英］戴维•M.沃克：《牛津法律大辞典》，李双元等译，第383页。

以人为本所要求的平等当然也不是一句空洞的口号，它既包括诸如地位平等、机会平等等这样一些法律平等的内在要求，同时也侧重于通过倾斜保护的方式，来为弱者提供特别的保护，以实现"不同的情况不同对待"这一平等的基本要求。例如在具体的法律场景之中，对于未成年人、精神病人、残疾人等弱者所设定的特殊保障措施，就大多是以人道主义的精神，适度地减轻对这类人的能力要求。正如学者所指出的那样：

> 人们必须对被忽视了的被告的具体特性予以谨慎地关注。这些特性可以划分成身体的和精神的。在每一种情形中，对于限制行为能力都须予以一定的考虑。首先，考虑一个人的身体缺陷，对于一个盲人只能依据一个合理、谨慎的盲人的注意标准去认定其过失，而不是依明眼人的标准。其次，对于儿童的过失不能以成年人的标准去认定，而应依与其同龄的、经验相当的儿童的标准认定。[①]

同样在刑事司法的场合，要着重对被告人合法权利的保护，体现法律的人道性。就广义的"人道"而言，它是指视人本身为最高价值而善待一切人、爱一切人、把任何人都当人看待的行为；就狭义的人道而言，人道乃是视人本身的完善为最高价值而使人成为可能成为的完善的人的行为。因而，从人道的立场而言，"对于任何人，不管他多么坏，对他的坏、他给予社会和他人的损害，固然应予相应的惩罚，应把他当作坏人看；但首先应因其是人、是最高价值而爱他、善待他、把他当人看。"[②]就当代社会而言，合理的权力并不意味着强制与权威，而是渗透着宽容与人道。在这方面，相关国际公约已把"人道"作为一个国际标准来加以对待。如《公民权利和政治权利国际公约》第 7 条规定："任何人均不得加以酷刑或施以残忍的、不人道的或侮辱性的待遇或刑罚"；第 10 条规定："所有被剥夺自由的人应给予人道及尊重其固有的人格尊严的待遇"。这些规定说明，人道与否是评判一个国家的司法是否文明、是否合乎法治理念的根本准绳。即使要对违反社会者加以惩罚，我们仍然不能失却对行为人道

---

① 〔美〕迈克尔·D. 贝勒斯：《法律的原则——一个规范的分析》，张文显等译，中国大百科全书出版社1996 年版，第 267 页。

② 王海明：《新伦理学》，商务印书馆 2001 年版，第 399、405 页。

德性的关注：国家的惩罚在很大程度上就是要唤醒当事人的良心，使其能从道德的层面反思自己行为的不当。

二、以人为本有利于弱者基本人权的维系

如前所述，以人为本在法律上的合理推论即权利本位，也就是用权利、自由作为个人行动的凭借。权利为什么是人的生存与发展所必需的要素？这是因为，对权利、自由的渴求乃人的本性，也是人们行为的动力所在：

> 在一切政治要求和冲突的下面，都潜伏着一些属于整个人类的最低的心理特征和愿望。所有的人都想活着，因此也都需要生活必需品。所有的人都想自由地生活，因此也都需要他们各自文化认为可以接受的自我表达和自我发展的机会。[1]

固然，以自然权利的话语来表述，权利不需要经过国家法律的确认即具有正当性，然而问题在于，当缺乏法律的界定和保障时，人们无法通过法律渠道来提出和主张自己的正当诉求，所以，自然权利必须有一个实证化的过程，即转化为成文法中的权利，"此时，法律的存在意义并非限制人权，而是使人权在法规范的界定之下，避免相互冲突，或厘清人权保障之明确内容"。[2] 在法律对个人的权利作出了明确的规定之后，人们即有了行动的资本：他可以根据权利来进行选择，确定自己最佳的行动方案；他可以依据权利来提出诉求、主张，请求他人的义务履行与国家的法律保护；他可以利用权利来取得实际的利益，从而为自己的生活营造更好的环境。可见，当在法律上把人视为本源、基础时，就必须循着权利本位的思路，赋予人以充分行动的自由，使人在权利的"可能"视域里，寻求最佳的行动方式与行动方案。而更加值得指出的是，"个人自由是为所有人，尤其是为穷人提供物质福利的根本条件。"[3]换句话说，最感到有权利需要的人恰恰是社会上的弱者：没有权利的存在，他们无从向国家和社会主张，相关的主张、请求即有可能因为缺乏法律上的正当性而被驳回。同样，应当属于弱者的权利在法律上没有规定，就有可能置弱者于生存的困厄环

---

① ［美］汉斯·J.摩根索：《国家间的政治》，杨歧鸣等译，商务印书馆1993年版，第338页。

② 许庆雄：《人权的调整与效力之研究》，见《李鸿禧教授六秩华诞祝寿论文集》，第438页。

③ ［美］拉齐恩·萨丽等：《哈耶克与古典自由主义》，秋风译，贵州人民出版社2003年版，第6页。

境之中。

分享国家的公共服务,自然也是弱者应有的权利和利益。对于当代国家
来说,通过普遍的福利设施与公共服务,提高人民的生活质量,业已成为执政
为民理论的现实体现。在这一观念下,公共政策的制定必将以实现社会福利
的普遍赋权为其基本的追求,社会价值因而也能够被引入政策的计划和目标
中,从而作为一个新的、惠及所有人的理性标准。[①] 然而,正如学者所指出的
那样,在公共服务方面,当代中国还远未实现公共服务的均等化,从而加剧了
农民这一弱者的弱势地位,显然与以人为本的原则不相吻合:

> 迄今为止,农民的民生及平等问题依然比较突出。农民收入总体水
> 平较低,增长缓慢,相当数量的农民仍处于贫困状态;……农村公共服务
> 水平普遍偏低,且城乡之间差距较大,有些公共服务的差距仍在扩大,农
> 民的生存环境较差,生活质量较低。在城乡差别延存的同时,我国地区之
> 间的非均衡性也同样显著,呈扩大之势。[②]

说到底,农民这一中国最为庞大的弱者队伍并没有分享到或很少分享到
改革开放的成果,他们的待遇并没有随着社会经济的发展而明显改善。但是,
国家是全体社会成员的国家,国家的公共服务应当对所有人开放,让所有人受
益。否则,公共服务就不是真正意义上的公共产品,而是堕落为为部分人服务
而排斥另一部分人的不平等设施。

为弱者打造更为舒适、便利的生活条件,这虽然只有发达国家才能做到,
但这同样是以人为本的弱者权利保护制度的努力方向。人们注意到,"世界各
地的许多地铁系统都具有劝阻身体虚弱的人和残疾人不要乘地铁的特点",然
而在瑞典的斯德哥尔摩则建造了"方便每一个人的地铁。所有的地铁都有电
梯和坡道,因此那些坐轮椅的人、推着装有日用杂品的小推车或婴儿的人都能

---

① Bill Jordan, *Welfare and Well-being: Social Value in Public Policy*, Bristol: The Policy Press, 2008, p.192.

② 基本公共服务均等化研究课题组:《让人人平等享受基本公共服务——我国基本公共服务均等化研究》,中国社会科学出版社2011年版,"导论"第1—2页。

轻松地进出车站"。自然，这样的地铁设计不是自然而然就产生的，它是这种观点的产物："生理缺陷不是个人的问题，而是在个人和社会相互作用中出现的问题。根据这种观点，那些生理上有缺陷的人能够满足他们的一般人的需求并有效地参与社区生活。"①这一例子告诉我们的是，弱者权利保护中的以人为本原则，不是一个空洞的口号，而是要通过点滴的制度设计，来为弱者权利的保护增添新的内容。

三、以人为本为弱者权利的保护提供了新的制度范式

社会在不断地发展之中，而有关弱者权利的保护模式也随着经济、社会与文化的发展而不断地予以更新。按照学者的归纳，西方理论界大体上将社会福利模式划分为残补型（或称剩余型）、制度型、工业成就型、发展型四类，前三类是人们基于一种偏执的社会福利思维而形成，该种思维要么缺乏对"好的生活"的综合考量，要么对"好的生活"存在狭隘理解。只有发展型模式才真正符合社会福利的本来面目。当然，将部分社会福利模式界定为"偏执的社会福利思维"并非意味着忽视该种思维的学术价值，恰恰相反，正是这种偏执的思维过程引导着我们一步步找寻到了社会福利的真谛。

西方理论界对社会福利认识划分的主要模型②

模型	提出时间	倡导者	福利供方	受助对象	主要理论观点
残补型	1958	维伦斯基、莱博克斯	国家或政府	社会弱势群体	1.贫困是个人原因所致； 2.受助者被贴有"污名"的标签； 3.以医治社会问题为宗旨。
制度型	1958	维伦斯基、莱博克斯	国家或政府	全体社会成员	1.贫困是社会结构所致； 2.受助者被视为正常人； 3.以实现社会福利权为宗旨。
工业成就型	1972	梯特马斯	国家和企业	社会成功人士	1.社会福利机制是经济发展的手段和附属品； 2.以个人在工业经济中的成就表现作为福利供给的标准。

---

① 参见［美］威廉姆·H.怀特科、罗纳德·C.费德里科：《当今世界的社会福利》，解俊杰译，第69—71页。

② 蔡禾、周林刚：《关注弱势：城市残疾人群体研究》，社会科学文献出版社2008年版，第5页。

（续表）

模型	提出时间	倡导者	福利供方	受助对象	主要理论观点
发展型	1967	卡恩、罗曼尼斯克因	国家和社会	全体社会成员	1.社会福利须重新定向，以便对人类社会全面发展做出贡献； 2.以最大限度地发挥人的潜力为焦点； 3.人、社区和国家的发展应该有机地结合起来。

　　总体来说，前三种模式要么存在对弱者的污名，要么将社会福利的保障对象仅定位于社会弱者，并没有将"福利"也即"好的生活"——"福利"译自英文"welfare"，该词由"well"与"fare"组成，可直译为"好的生活"——这一观念注入其中。而在一定程度上说，关注全体社会成员的福利，才是以人为本理念的真正贯彻。而"发展型社会福利模式"正是这样一种新的福利模式。卡恩（Alfred Kahn）和罗曼尼斯克因（John Romanyshyn）提出，社会应建构起一套旨在提高满足人类发展需要的福利制度，即"发展型社会福利模型"（the Developmental Welfare Model）。发展型的社会福利概念是在应对残补型与制度型社会福利概念缺陷上的一种全新事物，其将福利定义的立足点放在了社会福利的本真——"好的生活"上，是对社会福利本真定义的最好诠释。根据1968年在纽约召开的联合国第一届国际社会福利部长会议有关"发展型社会福利"议题所达成的共识，该思维模式认为社会福利的宗旨包括：提高全民生活水准来加强人类福利；确保社会正义及公平分配社会财富；加强人们的能力，以便更好地参与健康、教育和社会发展方面的美好状态。1979年，联合国经济及社会委员会通过了第18项决议案——《加强发展型社会福利政策活动方案》，重申了"发展型社会福利"这一新理念，并制定了相关的实施战略。由此，对于发展型社会福利的理解进入了一个全新的阶段。[①] 与以往的福利定义相比，这种观点更强调社会福利的适用对象是全体公民，社会福利的功能在于提高人们的生活质量，为人们能力的提升和生活的幸福创造条件。这一观念也为我国诸多学者所接受，例如，有的学者指出，"社会福利表现为国家以及各种社会

---

① 以上资料，参见蔡禾、周林刚：《关注弱势：城市残疾人群体研究》，第5页以下。

群体举办的种种公共福利设施、津贴补助、社会服务以及种种集体福利事业,目的在于增进群体福利,改善国民的物质和文化生活"。[①] 也有的学者如此定位社会福利:"社会福利是国家、集体和社会为保障全体公民的基本生活,提高人们的物质文化生活水平而提供的福利性物质帮助、福利性设施和社会服务,作为社会福利,不仅仅是要保障人们的基本生活,更重要的在于不断满足人们日益增长的物质文化生活需求,为了提高人们的生活质量。"[②]在这些概念之中,我们都可以见到发展型社会福利思维的影子。

总之,立足于"好的生活"这一根本追求,坚持以人为本的发展型价值模式,是定义社会福利真实内涵的正确思维。在此思维模式的指引下,我们对社会福利就能够有一个宏观上的、本真上的把握,才能为我国福利事业的进步指明正确的方向。

---

① 侯文若:《现代社会保障学》,红旗出版社 1993 年版,第 27 页。
② 郭崇德:《社会保障学概论》,北京大学出版社 1992 年版,第 35 页。

第　七　章

社会公平：弱者权利保护的现代理念

第一节　社会公平理念的法学解读

一、社会公平理念与传统意义的公平公正观的差异

首先必须提及的是，我们现在所言的社会公平理念并非是古代、近代社会中公平、正义原则的简单套用，甚至可以说，今日政治、法律中的所言的社会公平理念与早期的公平、正义理念存在着质的差异。正如大家所知道的那样，公平问题、正义问题历来就是政治、法律思想的主题，从古希腊开始，公平、正义就已经作为一种价值准则和评价标准，不绝如缕地出现于各个时代思想家们的学说之中。但是，正如学者所指出的那样，采用"社会正义"这一术语并非突如其来，相反，它是以相当偶然的方式被引入 19 世纪晚期的各种政治经济学和社会伦理学的论文中的，讨论的是诸如私有财产的不同形式的辩护、经济组织的备选形式的优点之类的问题。① 英国学者巴利更明确地指出："直到大约 150 年前，正义还被公认为不是一种社会的美德，而是一种个人的美德。"②由此可见，社会公平的观念并不是自古就有的，而是成形于 19 世纪中叶以后。那么，我们在此要追问的是，古代、近代的公平正义观念与我们今日所言的社会公平理念究竟有何质的差别呢？ 大致说来，这起码包含这样三个方面的

---

① ［英］戴维·米勒：《社会正义原则》，应奇译，江苏人民出版社 2001 年版，第 3 页。
② ［英］布莱恩·巴利：《社会正义论》，曹海军译，江苏人民出版社 2007 年版，第 4 页。

不同:

首先,从主体上来说,古代的公平正义主要是围绕个人"得其所得"来进行定位的,典型的表述即为查士丁尼编纂的《法学总论》中所提到的法律的基本原则:"为人诚实、不损害别人,给予每个人他应得的部分。"①这其中第三个原则,即明确指出了"应得"在法律制度中的核心地位。也就是说,法律无非是保障每个人得到本该属于他得到的东西。然而,这种"应得"的公平正义观是面向个人而不是面向社会的,是把社会上的人想象成同类人而不是有强弱之分的自然人。具体而言,在这一原则中,强调的是"每个人"的应得,而不是从社会整体或社会公正的角度来定义法的原则,这表明它与此后"社会公平"原则所蕴含的质的差异。换句话说,得其所得的"应得",主要考虑的是基于个人的自然属性与努力程度所进行的财产或利益的分配,而不是根据社会公平理念,来作出抑强扶弱的制度安排。正因为如此,我国学者徐国栋先生将这一原则称为"个别正义",是一种个别化的分配标准。②这显然与社会公平追求的"普遍正义"明显地不同。

其次,从内容上说,早期的公平正义观念主要是强调个人根据先在的地位或通过努力来获得相关的职位、身份和利益,但对于今日社会公平理念中至关重要的核心内容"分配正义"来说,早期的法律理念和制度设计根本就未对此加以涉及。在《分配正义简史》一书中,美国学者弗莱施哈克尔开篇就提醒读者,虽然"分配正义"这一语词在古希腊时期的亚里士多德的著作中即已出现,但作为"要求国家保证财产在全社会分配,以便让每个人都得到一定程度的物质手段"意义上的"分配正义",则是近现代才开始出现。③ 如果说分配正义是社会公平的核心内容,那么也可以说,现代意义上的社会公平其历史同样并不久远。英国学者巴利也持这一观点,指出:"现代社会正义的概念脱胎于19世纪40年代法国和英国早期工业化的阵痛期。"④个中原因,就在于两极分化的社会制度为人诟病,劳资之间的抗争业已动摇着资本主义制度存在的根基,因而国家为缓和阶级矛盾,采用社会公平的政策,对资方的权力予以限制,对劳

① [古罗马]查士丁尼:《法学总论——法学阶梯》,张企泰译,第5页。
② 参见徐国栋:《优士丁尼〈法学阶梯〉评注》,北京大学出版社2011年版,第34页。
③ 参见[美]塞缪尔·弗莱施哈克尔:《分配正义简史》,吴万伟译,第1—5页。
④ [英]布莱恩·巴利:《社会正义论》,曹海军译,第5页。

工的利益加以保障。可见,与保障个人的应得不同,今日的社会公平理念主要是为保障弱者的生存而诞生的法律准则。

再次,从"给予"的尺度来说,早期的公平正义理念主要是着重于"平等",而现代的社会公平理念则寄望于"合理"。如学者所言,"平等与公平虽然经常交互替换使用,但其意涵是不尽相同的:平等意指同等的分享,而公平则为合理的分享";[1]"平等倾向于'量'和'算术'的等同分配(如每票等值或法前人人平等),而公平则倾向'质'和'合理'的分配。"[2]换言之,早期的公平正义理念立足于人人平等的原则,对每个人之所应得都按照同样的份额而给以平等分配;但社会公平理念则强调人与人之间存在的差异,这样,"一个人,或者更经常是一类人,与该社会其他成员的状况相比,享有的利益比他们应该享有的要少(或者说承受了比他们应当承受的更多的负担)"。[3]对于弱者而言,机会平等实质上无法给予他们生存与发展的保障,例如残疾人就是如此,即使法律给予他们和其他人一样参与政治、经济和社会活动的权利与机会,同样不能保证他们获得与社会上其他人同样的利益或报酬,在这时,以保障"合理"生存条件的分配正义的引入,就成为社会稳定的客观要求。

总之,相较于古代的公平正义观念,现代的公平正义则更侧重于其"社会"特性:首先,以社会上人们的生活状况与资源分配作为衡量公平正义的基准,富者如田连阡陌,而贫者却无立锥之地,这样的社会就可以断定是不公平、不公正的。换句话说,如果贫富悬殊、两极分化,即使获取财富的人是通过自己的正当劳动,这种境况仍需改变。国家的税收制度特别是实行累进税制,就是为了防止贫富差距过大而设,意在通过抑强扶弱的制度安排,保证社会上的人们不至于在生活水准和占有资源上过于悬殊。在这里,代表社会的是国家,是国家通过"有形之手"的干预,强行拉平强弱之间的距离。其次,在弱者权利的保护层面,通过社会权的确立,保证失权者、失能者、失败者有向国家和社会主张、请求的权利,其所接受的救助、援助也不再是国家和社会的恩赐,而是其权能本身所应包含的内容。而这些,对于维系社会的团结而言,又是极为重要和

---

① 李孟融:《福利国家的宪法基础——及其基本权利冲突之研究》,见杨日然教授纪念论文集编辑委员会《法理学论丛——纪念杨日然教授》,第275页。

② 徐振雄:《法治视野下的正义理论》,洪叶文化事业有限公司2005年版,第91页。

③ 〔英〕戴维·米勒:《社会正义原则》,应奇译,第1页。

根本的。如学者所言："相对其他权利而言，社会权利从根本上讲是关于分配的正义，它们的目标是带来社会凝聚力、团结精神和包容性。"①由此，社会不再是单个人奋斗打拼的竞争社会，而是人与人之间相互合作、共济危艰的和谐社会。可见，以分配正义为代表的现代社会公平观，改变了以往仅从个人机会平等上着眼的形式公平观，而是体现了实质的公平正义观。再者，现代公平正义的社会特性还体现在对社会事务的共同参与方面。也就是说，社会制度的安排、国家法律的确立以及相关机制的构建，都不是富有阶级的专利，而是要在全体民众共同参与之下，进行设计和运作，由此体现社会的事务由社会上的人们来管理的公平理念。

二、社会公平理念的法学诠释

正如学者所指出的那样，"作为法律的首要目的的，恰是秩序、公平和个人自由这三个基本的价值。"②不仅如此，"社会公平"也是社会保障制度的基本原则。③ 那么，对于社会公平该作何种理解呢？

那么，对于与弱者保护密切相关的社会公平理念究竟如何定位呢？我们先来看几位思想家的叙述。

英国学者米勒指出：

当我们开始把社会正义理论化之前，还需要澄清至少三个需要作出的假定。首先，我们得假定具有确定成员的有边界的社会，这一社会形成了一个分配的领域。各种正义理论试图去证明的正是眼下这一领域的公平或不公平。当我们运用的正义原则是在形式上可比较的——就是说，它关心的是人民中的不同团体得到的好处和坏处的相对份额——时，这一假定显然是最为需要的。……第二个前提是，我们提出的原则必须运用到一批可认定的制度，而这一制度对不同个体的生活机会的影响也是能够描绘出来的。……第三个前提是，存在着能够或多或少以我们赞成的理论所要求的方式去改变制度结构的某些机构。……在这儿，主要的

---

① ［美］玛莎·A.弗里曼、［英］克莉丝蒂娜·钦金、［德］贝亚特·鲁道夫主编：《〈消除对妇女一切形式歧视公约〉评注》（上），载瑞召译，社会科学文献出版社 2020 年版，第 451—452 页。

② ［英］彼得·斯坦、约翰·香德：《西方社会的法律价值》，王献平译，第 3 页。

③ 王云龙等：《福利国家：欧洲再现代化的经历与经验》，第 82 页。

机构显然是国家：社会正义理论提出善意的国家会采纳的立法和政策改革的建议。①

英国学者斯坦与香德认为：

> 社会公平的现代概念是：每个社会成员，仅仅因为他是社会成员之一，就有权不仅享受其他成员所提供的个人生活所需，而且有权享受'每一个人都想得到而实际上确实对人类福利有益的'一切好处和机会。这种概念目前已初步获得了普遍接受。也就是说，一切社会成员都有权得到与他人相同的对待，而且，没有什么可以自圆其说的理论能使区分不同的人、使他们得到不同的物质利益及其它好处成为正当的事情。……由此可见，社会公平原则包括两个方面。第一，在人类美好生活所必需的物质条件方面，它要求实现人类状况的平等，并且在个人能力允许的前提下实现工作和娱乐机会上的平等；第二，它要求采取一视同仁的普遍原则，以保证分配标的不会在第一方面的要求实现以后又被一部分人攫走。②

美国学者扎斯特罗认为，"社会公正是一种全体社会成员拥有同样的基本权力、保护、机会、义务和社会利益的理想状况。经济公正也是一种全体社会成员有同等的获得物质财富、收入的机会的理想状况。"③

英国学者哈尔彭则直接将社会公平与弱者保护紧密结合，指出：

> 为什么我们需要去关注那些生活处于贫困中的群体？这其中的原因十分明确，那就是为了实现公平与公正。我们可能会这样认为，通过他们先天的才能和后天的个人努力，每一个孩子或成年人都应该享有成功的机会，而不应该身处困境或生来贫穷。我们也认为——应该充分地利用全社会的聪明才智，而不是仅局限于脱颖而出的群体，这具有重要的经济意义。④

---

① ［英］戴维·米勒：《社会正义原则》，应奇译，第5—6页。
② ［英］彼得·斯坦、约翰·香德：《西方社会的法律价值》，王献平译，第85页。
③ ［美］查尔斯·H.扎斯特罗：《社会工作与社会福利导论》（第7版），孙唐泉等译，第455页。
④ ［英］大卫·哈尔彭：《隐形的国民财富：幸福感、社会关系与权利共享》，汪晓波、裴虹博译，电子工业出版社2012年版，第170—171页。

我国学者景天魁先生则结合社会保障问题,对社会公平作了较为通俗易懂的诠释。景先生指出:

> 所谓社会公平,是社会为了实现已经确定的目标(例如保证社会的正常运行、社会可持续发展等)而制定一系列规定,这些规定得到执行,目标实现了,就实现了社会公平。这样一来,在社会公平面前,本来是个人之间的利益损益关系,就转化为责任和权利的关系,即:不管个人损益多少,在社会意义上都是应尽的责任;个人不管受益多少,在社会意义上都是应得的权利。①

综合上述界定,我们可以大致揭示出社会公平理念的基本内涵:

首先,从社会公平所包含的主体上说,它是指社会上一切人都可以平等地享有、占有和支配资源、财富或者机会的一种状态。从这个意义上可以看出,"社会公平"本身就包含着两个主体的存在,即"公平的提供者"与"公平的受益者":前者一般是国家通过社会政策的拟定,以国家力量来达致一定程度上的社会平等,促成社会的稳定与和谐;而后者则是包括所有国民在内的全体成员,尤其是社会上的弱者。之所以称作为"社会公平",实质上就是以社会上的全体人们为规范对象,指向的也是所有社会成员的共同利益。那么,为什么要提倡社会公平而不是个人美德,例如通过个人的无偿捐献来救济社会上的穷人,或者是通过个人的生活节制来减少社会资源的耗费? 这是因为,"贫穷和不公正之所以会成为一个需要外来力量干预的问题,是因为存在着这样一种共识:这些现象并非个人选择的结果,而是那些超出个人控制能力的因素作用的结果,或者是过去遗留的一些问题所造成的后遗症"。② 毋庸置疑,社会的问题只能在社会层面上解决,因而,社会公平作为一项国家政策,无非就是通过国家拟定的公平标准,来对社会所产生的问题进行化解,从而促成社会福祉的实现。之所以在社会公平的问题上,国家需要扮演提供公平的主角,主要是因为"国家比较有机会可以促进公平与平等,尤其是因为资源在它的控制之下"。③

---

① 景天魁:《底线公平:和谐社会的基础》,北京师范大学出版社 2009 年版,第 132 页。
② 美洲开发银行编:《经济发展与社会公正》,林晶等译,第 27 页。
③ [英]Pete Alcock 等编:《解读社会政策》,李易骏等译,群学出版有限公司 2006 年版,第 299 页。

当然,正因为国家在社会公平中扮演着太过重要的角色,因而人们对之质疑的声音也从未停顿。例如,国家在什么时候才是出手维护社会公平的最佳时机? 国家应当向哪些人提供公平的救助? 救助的内容是否符合现实中人们的实际需要? 等等。

还必须指出的是,社会公平既然强调由全民平等地享有,这也意味着社会公平与社会平等一定程度上又可以互通。但是,平等强调的是每人分得同样的份额,但公平则强调合理的分配;平等注重的是形式平等,公平则考虑的是实质平等。我国台湾地区学者李孟融先生也是从这个意义上来界分平等与公平的差异:

> 平等与公平虽然经常交互替换使用,但其意涵是不尽相同的:平等意指同等的分享,而公平则为合理的分享。除非人们的需求是相同的,否则要求兼顾平等与公平是相当困难的。福利国家平等权保障的重心,在对实质性平等的追求,因此不论税赋的课收,或资源的重分配方面,形式上不平等的发展势属必然。这种形式上的不平等,如果是合理的、符合公平正义的,则可以被视为是实质平等的要求,为福利国家发展所允许的原则。[①]

在此必须注意,一方面将平等与公平作出适度的区分是可行的和必要的,因为平等本身就包含着形式平等与实质平等的内涵,而法律规则中的平等更多地倾向于形式上的平等,例如法律面前人人平等至多也是地位上的平等和机会上的平等;但另一方面,将福利国家的基础就界定在实质平等之上,这也存在问题。实际上,在现代福利国家,既注重形式平等,例如提供给全民的公共设施与公共服务,也注重实质平等,如侧重于对弱者权利的倾斜保护。

其次,从涉及的社会关系而言,社会公平理念与一般的人际关系准则不同。德国学者鲍曼就告诉我们,"人际规范"指的是那些同人与人之间直接联系有关的规范,"遵循这些规范对具体的受益者也即特定的个体直接产生益处",例如按照等价交换的规则,交易双方就都可从中获益;但公平规范与此不

---

① 李孟融:《福利国家的宪法基础——及其基本权利冲突之研究》,载杨日然教授纪念论文集编辑委员会:《法理学论丛——纪念杨日然教授》,第 275 页。

同,"公平规范"指的是,"遵循这些规范对由个体组成的集体整体不可分割地产生益处;公平规范负责提供公共产品和保障群体利益。这些规范要求规范对象为完成公共任务做出'公平的'贡献。"①就规范形成的渊源来说,人际规范既可以是日常生活中私人交往的关系准则,也可以是由私法界定的交往、交易与合作规则。但公平规范与此不同,它是由国家提供的规则体系,代表着国家对社会生活的直接介入与强行干预。如果要将两种规范纳入法律规范的系统,那么,人际规范属于私法规范,公平规范属于公法规范。也正因为如此,罗尔斯不仅以"公平"来界定"正义",从而提出"作为公平的正义"这一重要的政治哲学范畴,同时,他还将"基本结构"当作是政治正义的首要主题。什么是"基本结构"呢? 罗尔斯指出:

> 社会的基本结构是社会的主要政治制度和社会制度融合成为一种社会合作体系的方式,以及它们分派基本权利和义务,调节由特定的社会合作产生的利益分配的方式。具有独立司法系统的政治体制,为法律所承认的财产形式,经济的结构(例如一种带有生产资料私有权的竞争性市场体系)以及某种形式的家庭,所有这些都属于基本结构。基本结构是社会的背景框架,在这种背景框架内,团体和个人从事各种活动。一种正义的基本结构保证了我们可以称为背景正义的东西。②

正如罗尔斯自己所承认的,这一界定并非是对"基本结构"的明晰的定义,同时他也指出,"公平的正义"的主要作用场合,主要是国内正义的层面,也就是"应用于社会之基本结构的原则"。这同样可以印证,公平规范作用的对象主要就是国家通过制度而形成的规范集合体,分配体制、政治体制和法律制度等构成其核心内容。这一情形说明,在现代国家,社会公平主要是通过国家政策与法律来加以调控,它体现了国家由守夜人转换成仲裁者的角色,开始涉入社会经济发展以及分配正义等问题的决断。

再者,从具体的规范内容上来说,社会公平主要是与分配正义有关。美国

---

① 参见[德]米歇尔·鲍曼:《道德的市场》,肖君、黄承业译,中国社会科学出版社 2003 年版,第495页。
② [美]约翰·罗尔斯:《作为公平的正义——正义新论》,姚大志译,上海三联书店 2002 年版,第17—18 页。

学者弗莱施哈克尔归纳了现代意义上分配正义的五个内涵,包括:(1)不仅是社会或者作为整体的人类,每个个人都有一样东西值得尊重,个人在追求这种东西的时候应该得到某些权利和保护;(2)必要物品的某些份额是每个个人应得的部分,是每个人理应得到的权利和保护的部分;(3)每个个人理应得到这种打下的事实,可以被理性的、纯粹世俗的术语证明;(4)这种物品份额的分配是切实可行的;实现这种分配的有意识的尝试,既不是笨蛋的闹剧,也不像是被迫友谊的尝试,即不是破坏实现所追求的目标的做法;(5)并不仅仅是私人或者组织,国家也应该成为分配的保证人。① 在此,作者以"平等""应得""可证成""可行""国家参与"五个方面概括了现代社会分配正义所应包含的内容。但其中最为关键的,则是人们"应得"的内容究竟如何,这涉及分配正义的标准、理据与范围。

三、以分配正义为核心的现代社会公平理念

首先必须明确的一点是,分配正义的内容早已超出了纯粹物质财富的分配,换句话说,现代意义上的社会公平已经不局限于财货的范围。按照英国学者巴利的界定,它所包含的内容是"权利、机会和资源的分配"。② 可见,公平的分配既指向传统意义上的财产与资源,也包括制度层面的权利与机会。这种内涵的扩大,说明社会公平作为一种社会政策,既要关心人们的物质生活,同时也要关注人们的精神生活,诸如荣誉、地位等。英国法律学者约翰·爱德华(John Edwards)将社会公平涉及的对象分为六类:一是需求,即生活的基本需要;二是应得,包括贡献多寡、工作业绩高低、成就大小和补偿多寡等;三是声望,包括能力和声誉等部分;四是权利,包括权利、协议、选择的权利等;五是地位,包括特殊关系、地位、阶层及位置等;六是功利理由,包括共同的社会利益等。③ 由此而言,一个强调社会公平的政府不仅要保证人们的基本所得,还要通过制度安排,保证权利、职位等方面的公平分配。

至于如何公平地分配,罗尔斯的正义两原则是人们通常引用的经典的解决办法:

---

① 参见[美]塞缪尔·弗莱施哈克尔:《分配正义简史》,吴万伟译,第8页。

② [英]布莱恩·巴利:《社会正义论》,曹海军译,第21页。

③ 转引自陈小红:《台湾光复四十五年来的社会变迁:回顾与前瞻》,见台湾地区政府新闻处编《现代化福利社会的实现》,1990年,第44页。

第一个原则:每个人对与所有人所拥有的最广泛平等的基本自由体系相容的类似自由体系都应有一种平等的权利。

第二个原则:社会和经济的不平等应这样安排,使它们:①在与正义的储存原则一致的情况下,适合于最少受惠者的最大利益;并且,②依系于在机会公平平等的条件下职务和地位向所有人开放。①

我国台湾地区学者张福建先生对罗尔斯的正义两原则作了条理化的概括,更加清楚地表达了罗尔斯观点的原意,其表述是:第一,每一个人都有平等的权利,享有一完备体系下的各项平等基本自由权;而且其所享有的自由与其他每个人所拥有同体系下的各项自由权相容(简称为平等自由权原则)。第二,社会及经济的不平等必须满足下列两个条件:(a)各项职位及地位必须在公平的机会平等下,对所有人开放(简称为公平机会平等原则);(b)使社会中处境最不利的成员获得最大的利益(简称为差异原则)。② 可见,罗尔斯的分配原则既考虑了按照公平原则对于所有人来说都必须得到的那一部分,同时又考虑到了按照差异原则来说允许弱者特别享有的那一部分。为了保证适用先后上的次序,罗尔斯还强调了两个优待规则:一是自由的优先性,自由只能为了自由的缘故而被限制;二是正义对效率和福利的优先,即公平的机会优先于差别原则。

这种分配原则如何运用到弱者保护的场合呢? 国外学者贝佛利与马克苏文尼根据罗尔斯的正义两原则,推演出了社会政策应满足哪些需要,以及如何安排的分配三原则:

第一原则:政府在分派资源时,于其职权范围内,必须对于满足人类基本需求的食物、衣服、住所等排出一优先顺序。

第二原则:所有对资源的需要与要求只有在满足了下列条件中的任何一项,才是有效的与正义的:1.那些需要的供给能提升人性对于食物、衣服、住所提供的要求条件。2.有效资源的数量,是所增加的资源能有效

---

① 〔美〕约翰·罗尔斯:《正义论》,何怀宏等译,第 302 页。

② 张福建:《罗尔斯的差异原则及其容许不平等的可能程度》,见戴华、郑晓时主编《正义及其相关问题》,"中央研究院"中山人文社会科学研究所 1991 年版,第 283 页。

地满足隐藏在维持人性背后假设的需要。

　　第三原则:政府有责任确使"公平"普及于资源的分派,且是依照第一、二原则来分派的,因此,1.资源应该由政府基于对资源需求所排列的顺序来分派;2.基于生存需求的需要,应该优先于为了发展的需求;3.不管是为了生存或是发展,基于需求的需要,必须优先于对"应得"的需要;4."应得"的需要若且唯若在有效资源足以满足"需求"与"应得"的要求时才有效。①

　　在这一顺序中,生存需要(如食物、衣服、住所的需要)优先于发展的需要(如教育、医疗、休闲、爱、亲情、人际关系及社会化等),而生存需要和发展需要又同时优先于应得的需要。这是因为,在需要与应得之间,需要更涉及人的基本生存条件的满足,它比诸应当得到的东西理应更为重要。②

　　当然,上述界定还只是对社会公平理念的粗浅解读。由于公平、公正、正义、平等等诸多词汇常常交织在一起,因而要清晰地界定何谓社会公平还存在相当的困难。但是,正如我们以上所揭示的那样,社会公平是国家面向所有社会成员的制度安排,其核心在于如何公平地分派权利、机会、资源,正因如此,它具有担当弱者权利保护原则的资格,为最不利者的法律保障奠定了基础。

第二节　社会公平理念与弱者权利保护实践

一、弱者权利保护促成了社会公平理念的诞生

　　弱者可以说是自古有之,对弱者的慈善、救助事业也很早就出现于人类历史之中,但现代意义上的对弱者的制度保护则是 19 世纪中叶以后的事情,是随着福利权主张和福利国家的产生而形成的现代社会制度。按照一般的界

---

　　①　转引自陈小红:《台湾光复四十五年来的社会变迁:回顾与前瞻》,见台湾地区政府新闻处编《现代化福利社会的实现》,第 49—50 页。

　　②　也有学者认为,从政治和法律的观点看,需要可以分为生存需要、特殊的社会需要和行动能力需要,但是他指出,这三种需要之间并没有严格意义上的优先顺序关系,相关的论述可参见 Lawrence A. Hamilton,*The Political Philosophy of Needs*,Cambridge University Press,2003,pp.23 - 27。

说，"福利国家可以被看作是在不危及资本主义的整个制度的条件下国家采取一系列措施确保数量上扩大了的劳动阶级的社会和政治的融合。在这个政治经济的理论框架内，国家福利条款代表着为了调解和控制阶级冲突的融合措施"。① 这是因为，在自由放任的资本主义经济制度之下，劳动者遭受沉重的压迫，社会财富分配极不公平，而周期性的经济危机，又使失业工人及其家庭的生活处于风雨飘摇的动荡境况之中。为了反抗残酷无情的资本主义制度，工人阶级登上历史舞台，通过罢工、破坏机器、怠工等形式展开了各种各样的斗争，直接威胁着资本主义制度的生存。为了应对深刻的统治危机，资产阶级不得不向工人阶级让步，提高工人待遇，改善劳动条件，并最终将分配正义的机制引入国家制度的建构之中。

总之，自由资本主义时期劳动者所遭受的残酷剥削、社会财富分配的极不公平等社会问题的发生，引发了大规模的工人阶级运动，直接威胁着资本主义制度的生存。正如恩格斯在《英国工人阶级状况》中所说到的那样，资本主义中，"在任何地方，一方面是不近人情的冷淡和铁石心肠的利己主义，另一方面是无法形容的贫穷"。社会陷于极度的贫富不均的状态之中，原本以公正为使命的法律也充当着帮凶，

　　　在任何地方，都是法律庇护下的互相抢劫，而这一切都做得这样无耻，这样坦然，使人不能不对我们的社会制度所造成的后果（这些后果在这里表现得多么明显啊！）感到不寒而栗，而且只能对这个如疯似狂的循环中的一切到今天还没有烟消云散表示惊奇。②

无产阶级的斗争正是要推翻这压迫人、剥削人的资本主义制度，从而恢复劳动的光荣与劳动者的尊严。正如学者告诉我们的那样：

　　　为政治权力严肃斗争的社会主义运动的到来对社会正义观念的发展仍然是关键性的，因为正是社会主义者的挑战迫使自由主义更加批判性

① ［瑞典］格德门德尔·阿尔弗雷德松、［挪威］阿斯布佐恩·艾德编：《〈世界人权宣言〉：努力实现的共同标准》，中国人权研究会组织翻译，四川人民出版社1999年版，第463—464页。
② 恩格斯：《英国工人阶级状况》，《马克思恩格斯全集》第2卷，人民出版社1957年版，第304—305页。

地审视土地所有权、工业的私人所有权、继承的财富以及资本主义的其他诸如此类特征，并且去研究由那些进一步向左转的人所提倡的关于工业组织的各种社会主义和共产主义的方案。……而国家则承担起制定改革主义政策的重任，这些政策将会导致社会资源的公正分配。①

可见，社会公平理念的诞生，既是对以往自由主义者强调"物竞天择，强者生存"原则的拒斥，也是为了防止共产主义者号召全面国有化所带来的对资本主义制度的根本颠覆。

源于缓和社会矛盾的需要，社会团结、社会协作等观念纷纷登台，试图为摇摇欲坠的资本主义制度开出一剂良方。正是在这种背景之下，社会公平理念成为当时主流的价值理念，而发轫于启蒙时代的个人主义思潮开始退场。新兴的社会公平观念不再认为个人是独立的存在，而是与社会存在连带关系的个体；个人的利益不再被认为神圣而不可侵犯，而是要服从社会的公共利益；个人不再拥有不受国家和法律干预的自由空间，而是要受着国家法律与公共价值的约束。其结果，就是以所谓的"社会人"取代了原先的"自然人"或"个人"，社会公平取代了个人自由。例如，原先被人们视为是表达自己真实意志的神圣的契约，在这时，却有可能因为违反社会公平的理念而被宣布为无效：

> 从原则上讲，社会所以为契约赋予一种强制力量，因为它是双方个人意志的妥协，……它足以使各种分散的社会功能协调一致起来。但是，如果它反向而行，如果它扰乱了社会机构的正常运行，就会显得不合时宜，这样一来，它就丧失掉了自己的社会价值，被剥夺掉了自己的所有权威。因此，在任何情况下，社会的作用不仅在于这些契约表面上的执行，还在于确定这些契约得以实行的条件，如果有必要的话，就应该把它们恢复为原来的正常状态。如果契约本身是不公平的，即使当事人双方意见一致，也不能使它变得公平。同样，公正的法规必须避免社会公正受到侵害，即使与此相关的当事人双方已经达成共识。②

---

① [英]戴维·米勒：《社会正义原则》，应奇译，第3—4页。
② [法]埃米尔·涂尔干：《社会分工论》，渠东译，生活·读书·新知三联书店2000年版，第173—174页。

由此可见,契约的效力并不是源于以往所认为的自由意志的高贵以及意思自治的神圣,而是因为它是组合社会力量的一种工具。契约如果被认为与社会公平的理念不符,即便双方当事人意志一致,也无法产生法律上的约束力。正是在这里,公共的意志取代了个人的共识,社会的判断代替了合意的协商,一切都是以社会、社会公平为依归。不仅如此,上述的引文还只是学者的理论观点,而在实践之中,社会公平的观念借助国家干预的形式业已进入到法律领域之中,这正如法国学者所指出的那样:

> 幸福是需要由国家来提供的,至少国家应当保证每个人都有平等的机会来获得它。弥补人们之间自然的和人为的不平等,以及防止强者欺凌弱者的愿望,导致了对作为民法典主导思想并统治着十九世纪的自由个人主义的否定。在这一点上,复杂的经济体制、战争和危机也起到推动作用。于是,在众多的领域里寻求集体的解决途径和国家的干预成了我国社会的又一特征。①

民法还只是个别地掺入了国家的强制干预内容,更为重要的是,以保障弱者权利、维护社会公平为基调的一大批新的法律应运而生。社会福利法制正式被提上议事日程。以德国为例,社会保障制度从经济权利和经济利益两方面构成了社会的两大平衡系统。经济权利的平衡系统就是劳资双方稳定的"社会伙伴关系",主要包括:第一,实行工资自治,即由工会和雇主协会自主签订劳资协议,就劳资协议的权利和义务、劳动关系的内容等有关条件作出规定,用以调整劳动条件和各种福利待遇。第二,实行"共同决定权",即雇主和雇员以同等人数的代表共同组成企业最高监督机构监事会,共同决定企业的事务。第三,通过累进制税率,对高收入者课征重税,缩小贫富收入差距。此外,还实行一定程度的"人民股份制"。经济利益方面的平衡系统,是指在市场自由竞争形成的按资本分配的基础上,为了校正市场经济自发出现的贫富差距与社会不公,以按需分配实行再分配,其主要方式包括社会保险、社会福利和社会救济三个方面。② 由此开始,社会公平的理念就一直伴随着现代法律

---

① ［法］雅克·盖斯旦、吉勒·古博:《法国民法总论》,谢汉琪等译,法律出版社 2004 年版,第 109 页。
② 王云龙、陈界、胡鹏:《福利国家:欧洲再现代化的经历与经验》,北京大学出版社 2010 年版,第 66—67 页。

的成长,并通过 1948 年联合国大会发布的《世界人权宣言》而成为普世性的法律准则。《世界人权宣言》第 22 条指出:"每个人,作为社会的一员,有权享受社会保障,并有权享受他的个人尊严和人格的自由发展所必需的经济、社会和文化方面各种权利的实现,这种实现是通过国家努力和国际合作并依照各国的组织和资源情况。"上述条款虽无公平、公正、正义的词汇,但社会公平的理念却跃然纸上:任何一个个人都不是社会的弃儿,国家有义务保证每个人都能享受公平的社会保障!

二、社会公平理念成为法律社会化运动的指导原则

熟悉西方法律史的人们都知道,西方社会的法律制度曾普遍经历过一个由"个人本位"向"社会本位"过渡的时代,也就是所谓的"法律社会化运动"。如前所述,自 19 世纪中后期以来,由于早期资本主义制度的血腥与残酷,导致社会贫富悬殊,阶级矛盾尖锐,同时,周期性的经济危机,也往往使社会处于极度的动荡之中。劳工的境遇极为悲惨,争取权利的斗争此起彼伏,资产阶级统治处于风雨飘摇之中。在此时,法学上出现了注重社会公正、保护弱者权利的呼声,法律也随之进入"社会化"时期。大致说来,法律社会化的表现主要有三个方面:

一是在法律理念上,从此前的个人本位(权利本位)转向社会本位。个人本位是启蒙时代时兴的法律思潮,强调法律以个人的利益为依照,注重对个人权利与自由的绝对保护。而社会本位则以社会利益为重心,强调社会意志对个人自治的约束。王伯琦先生就曾言道:

> 当今的各种社会立法,无不是对于契约自由之限制,义务之负担,不必尽由于义务人之自由意思,法律的任务,亦未必尽在保护各个人之权利。为了增进人群的共同生活,法律即强使特定人负担某种义务,或剥夺其某种权利,此之谓社会本位的法律。[①]

可见,社会本位的法律以社会为目的和出发点,强调个人意志、个人利益对公共意志和公共利益的服从。法律的本体不再是拥有独立意志的个人,而

---

① 王伯琦:《从义务本位到社会本体》,《王伯琦法学论著集》,三民书局 1999 年版,第 117 页。

是有着集体道德意识的集体人，在这种背景之下，

> 私人所有权和合同自由似乎越来越作为一种私人积极性而在无所不容的公法之内暂时和有条件地获取活动空间，这种条件就是其展开的活动能够保证一种期待，即私人积极性在寻求个人利用的同时，也要服务于普遍的社会福祉。只要是这种期待被证明不能够实现，那么这种私人积极性就可以被阻止。[①]

简言之，法律不再完全注重于个人的权利和自由，不再以"完全理性人"来设定法律上的主体，而是强调社会公平，通过利益的再分配来确保社会的安全与稳定。

二是在法律内容上，采行私法的公法化策略。法律社会化说到底也就是私法的公法化，即原本属于私法传统领域的内容，逐渐加入了国家强制性的因素，在意思自治基础上运行的私法行为越来越多地受到法律的限制，变得不那么绝对和自主。[②] 自古罗马开始区分公法与私法以来，就形成了法律两个根本不容混杂的领域：一边是以国家权力为主导，形成强制性的法律关系与法律秩序；另一边是以个人自治为主导，形成协商性的法律关系与法律秩序。然而，随着弱者权利保护的呼声不断增强和社会公平观念的日益深入人心，私法出现了公法化的倾向：

> 自民法典制定以来，私法自治受到了重大的限制。就私法的范围和内容而言，这些限制如下列：在有些领域，公法对私法（如土地法）的渗透已很深入；其他一些领域变成了私法与公法的混杂物（如劳动法和经济法）；在私法，特别是债法中，强行性的或单方面强行性的规范数量越来越大（如在消费信贷、房屋租赁和旅游合同领域）；许多需求，如对教育、医疗服务、水和电的需求，通常只能以集体的方式才能满足；一般交易条件的

---

① ［德］古斯塔夫·拉德布鲁赫：《社会主义文化论》，米健译，法律出版社 2006 年版，第 61—62 页。

② 私法公法化对于公私法划分标准以及各个部门法之间相互关系带来了深刻的影响，对此的详细讨论，参见 Law Commssion of Cannada eds.，*New Perspectives on the Public-Private Divide*，Vancouver：UBC Press，2003。

使用人在偏离任意性法律规定时,必须受到多方面的限制;这些限制的一部分甚至已扩大适用至以个别形式订立的合同,条件是订立这类合同的当事人具有不同的实现能力,亦即他们的实力地位不平等。①

换言之,虽然在当代社会,私法仍然作为一个独立的法律部类而存在,但已不是原先意义上的纯粹的私法了。私法原本是指私人领域适用的法律,并不允许公共权力的介入,这正如通常所言的"法不入家门"那样。但是,在今天,私法不仅内容上融入了公法的强制因素,调整方式上也有诸如公法化的痕迹,如惩罚性赔偿。

三是在法律种类上,出现了社会法这一新的法律门类。随着有关社会公共利益立法的增多,立法者已不再以通过公法对私法的渗透为满足,而是采行一种公私法混合的立法体例,从而在传统的公法、私法之外,形成了一种新的法律门类,即社会法,而其中又以经济法与劳动法为代表。正如拉德布鲁赫所言:"由于对'社会法'的追求,私法与公法、民法与行政法、契约与法律之间的僵死划分已越来越趋于动摇,这两类法律逐渐不可分地渗透融合,从而产生了一个全新的法律领域,它既不是私法,也不是公法,而是崭新的第三类:经济法与劳动法"。② 不仅如此,时已今日,如环境法等这样一些第三类的法律部门还在不断涌现,根本上改变了公私法二元划分的传统结构。

对于社会法的特点,我国台湾地区学者林文雄先生作了三个方面的归纳:

第一点,公法与私法关系的变更。对于个人主义的法秩序而言,公法只不过是在私法与私人所有权周围的、狭小的保护圈而已。与此相反,对社会法秩序而言,私法是包括在一切的公法范围内,为私人意思决定而一时保留,但逐渐缩小的活动场所而已。第二点,在社会法的秩序中,私法与公法并非各有明确的界限互相并存,而是互相错综交叉的。公法与私法,尤其在劳动法与经济法的新领域呈现互相交错的状态。第三点,与私法公法化有关联的是,产生私权的内容受社会义务的渗透。③

① ［德］迪特尔·梅迪库斯:《德国民法总论》,邵建东译,法律出版社 2000 年版,第 145 页。
② ［德］拉德布鲁赫:《法学导论》,米健、朱林译,中国大百科全书出版社 1997 年版,第 77 页。
③ 林文雄:《法实证主义》,三民书局 1982 年增订三版,第 134 页。

意思自治空间范围的缩小、公私法内容的渗透以及社会义务对私权的影响，表明社会法是一种不同于传统意义上公法与私法的新的法律门类。同样，在社会法的成长过程中，弱者权利保护的法律占有越来越大的比重，因应着福利国家的建构，社会保险、社会保障、社会救助等新型的法律制度如雨后春笋不断产生。必须指出的是，与此前的慈善性的福利制度不同，现今的社会福利制度业已从单纯的弱者保护扩大到全体民众，以使所有社会成员都能过上体面的生活，保障人的尊严的实现。

三、社会公平理念决定着弱者权利法律保护的方向

福利国家的危机，促使人们对社会立法问题予以重视审视，因而也存在着对弱者权利法律保护相关对策的争论。但是，无论弱者权利的法律保护制度最终朝向哪个方面发展，有一点可以断言，那就是它应当越来越强调公平、追求正义。毕竟"公平和法这两个词从词源上讲是互相联系的。公平的效用在于使每个人获得属于他的东西。法则是达到这一公平的科学和艺术。"[①]因而，以公平作为指导原则，使弱者保护的法律制度更趋于科学、合理，这是未来法律发展的基本方向。

在我们看来，对于未来的弱者权利法律保护的制度建构来说，以社会公平理念为指导，起码可以在以下三个方面着力：

第一，注重弱者的权利维护，减少制度设计中的不平等因素，促成更为公平的社会的形成。以收入分配政策为例，这是涉及弱者权利保护的重要制度设计。如果劳工所得较低，无法维持其自身及家庭的生存，就势必就会陷入困厄状态之中。但正如学者指出的那样，以往人们往往以为公平与增长之间存在冲突，"但是各国的实践并没有对这种理论提供太多的支持"。相反，"那些不公平程度较低的国家的增长速度更快"。换句话说，一个国家在收入分配上平等程度越高，其增长速度也就越快。"按照这种思路，我们关注不公平问题不仅仅是因为它本身理所当然地应当成为社会公正的目标，同时也是因为收入分配的改善将有利于经济增长和公共福利。"[②]实际上，只有在通过社会公平理念合理地保护弱者权利的时候，才会调动人们的积极性与主动性，因而也

---

①　[法]雅克·盖斯旦、吉勒·古博：《法国民法总论》，谢汉琪等译，第9页。
②　参见美洲开发银行编：《经济发展与社会公正》，林晶等译，第27—28页。

才能够为社会的发展提供更多的有利因素。

第二，扩大社会保障的范围，使社会公平的效果遍及社会中的每一成员。社会保障是一项人权，而社会中的每一个人都是潜在的弱者，因此，当代社会的社会保障理念不再是以特定人为对象，而是以所有社会成员为对象。当前仍未消失的金融危机从另外一个方面证明了社会保障制度的成功，那就是"在高收入国家，绝大多数人对经济危机给家庭和个人带来毁灭影响的记忆，都已消失了。这可以看做一个成功的故事。这个故事的发生在很大程度上归功于，这些国家因为应对以前的经济危机而建立起了全面的社会保障制度"。简言之，社会保障制度对于穷人和脆弱群体的生存发挥着极为重要的作用，因而当前的任务，就是"在社会保护地板层的基础上，建立覆盖全体的充足的社会保护制度，包括医疗服务、老年人和残疾人收入保障、儿童福利，以及为失业人员和工作着的穷人提供公共就业确保计划和收入保障"。① 可以说，覆盖全民的社会保障建立之日，也就是普遍的社会公平得以实施之时。

第三，加强国际合作，以公平理念促成全球正义的实现。当今世界已经迈入全球化时代，这也就决定了各国之间有一种共生共存的关系。然而，富裕的国家与贫穷的国家之间，人们所享有的人权的数量与质量上都不平等，那么，富裕的国家是否要承担帮助穷国的责任呢？徐向东先生对此作了肯定的回答："世界范围内的严重不平等和贫困主要是由目前的全球秩序造成的，因此，参与施加这个秩序的国家不仅有对全球的贫困者进行补偿的责任，而且也有停止施加这个秩序、建立一个对全球贫困者更加公正的世界秩序的责任。"这就是全球正义的观念："全球正义是立足于这样一个思想：每个人，不管他具有什么公民身份，属于什么国家或民族，在道德上他都应当得到平等的关注，并充分享有作为人的基本尊严。"②因此，发达国家负有责任，帮助欠发达国家提高弱者权利的保护水平。可以说，这种全球正义观本身就是社会公平观念在世界范围内的扩展，因而也成为国际社会通力合作消灭贫困、减少弱者的理论基础。

---

① 参见国际劳工局：《世界社会保障报告（2010—2011）——危机期间和后危机时代的社会保障覆盖》，人力资源和社会保障部社会保障研究所组织编译，中国劳动社会保障出版社 2011 年版，第 148—149 页。

② 徐向东编：《全球正义》，浙江大学出版社 2011 年版，"编者前言"第 23 页。

第三节　社会公平理念适用于弱者权利保护的法律限度

一、围绕社会公平理念的学者隐忧

在许多人看来，对弱者进行保护就是社会正义、社会公平的体现。的确，当社会中有一部分人仅仅因为自然的、政治的、社会的甚至法律的剥夺而无法与别人共处同一个生存平台时，这样的社会是不公平、不正义的社会，纠正这种不平等状态，毫无疑问是政府与法律的不容推卸的责任。但是，在通过社会公平理念对弱者进行保护的同时，首先一个需要解决的问题就是，以集体主义、社会利益为基调的社会公平理念，是否就一定会使弱者的权益获致最好的保护？情况看来并不那么简单。哈耶克的名著《法律、立法与自由》第二卷的标题即为"社会正义的幻象"，明白无误地表达了对所谓"社会正义"的忧虑。在哈耶克看来，"社会正义"以及以"社会的"为前缀的词组，本身是源于对社会共同体具有已知的共同目标的肯认。按照这种观点，"社会"有某些大家都知道也都认可的具体任务，社会应当让其每个成员的工作致力于完成这些任务，这样，"社会"便被人们赋予了双重人格：

> 它首先是个能思想的集合体，有它自己的愿望，它不同于组成它的那些个人的愿望；其次，通过把自己等同于这些愿望，它成为抱有这些愿望的个人观点的人格化代表，这些个人声称，他们具有更深刻的目光，或具备更强烈的道德价值意识。[①]

然而，哈耶克毫不客气地将"社会正义"作为一个"空洞无物、毫无意义的术语"来看待。首先，哈耶克认为，"正义"这个术语只有在用于个人行为时才有意义，它不能用在一个诸如"社会"这样的实体之上："只有那些能够由正当行为规则加以决定的人之行动秩序的方面，才会产生有关正义的问题"；相反，

[①]　［英］弗里德里希·冯·哈耶克：《经济、科学与政治——哈耶克思想精粹》，冯克利译，江苏人民出版社 2000 年版，第 293 页。

"社会"所表现出的不过是一种事实或者事态,本身无所谓正义与非正义之分。这就如自然和自然现象一样,很难用正义或非正义来予以评价。① 其次,在哈耶克看来,社会正义的实现,必定存在着一个由国家所主导的行动计划或发展战略,而这势必会挤压本应多元的社会规范体系,并且导致个人只能屈从于这样一个目标之下而无任何的主观能动性。正如哈耶克所指出的那样,"哪里存在着一个凌驾一切的共同目标,哪里就没有任何一般的道德或规则的容身之地。"②社会正义追求的是公共利益,而公共利益概念本身的设定,如果不是将之理解为一种个人利益的总和的话,那实际上就是意味着"公共利益"乃社会的道德与政治目标,并且,这种公共利益的实现只能有赖于政府而不能借助于个人。在这种体制之下,人们只能是屈服于国家的安排而无个人的主观能动性可言。再者,以分配公正为例,哈耶克认为:"所有保证'公正'分配的努力,必然导致把市场的自发秩序变成一个组织,或换言之,变成一种极权主义秩序。正是这种寻求新的公正观的冲动,导致了各种用组织规则('公法')这种为了使人们达到特定目标而制定的规则代替无目标的个人公正行为规则的步骤,从而逐渐破坏了自发秩序所必须依靠的基础。"③换句话说,如果政府本身确立了一个必须强制人们实现的共同目标,它就必然以牺牲个人的判断、选择为代价,而容易滑向极权统治。

英国学者葛拉姆则提醒我们必须注意如下事实:(1)社会正义不是基本需求的满足。当人们的眼睛注视着社会财富的分配时,通常他们最关心是艰难与困苦。这种把"社会正义"等同于"需求的满足"的做法,虽然是普遍的,但显然是错的,因为这样做混淆了"正义"与"富裕"——虽然这里所指的,只是一种低度的富裕,同时也混淆了"个人福祉"和"正义的社会秩序"。基本需求没有得到满足的事实,无法保证就一定有不正义存在的判断。(2)社会正义不是对功过的承认。社会正义既不是一种基本需求的满足,也不是对"理应得到"的承认。用最清楚的话来说,我们或许需要甚至理应得到某种东西,却没有权利得到它。反之,我们或许有权利得到某种东西,但却没有需要,也不应得。

　　①　［英］弗里德里希・冯・哈耶克:《法律、立法与自由》(第二、三卷),邓正来等译,第50、52页。
　　②　［英］弗里德里希・奥古斯特・哈耶克:《通往奴役之路》,王明毅、冯兴元等译,中国社会科学出版社1997年版,第143页。
　　③　［英］弗里德里希・冯・哈耶克:《经济、科学与政治——哈耶克思想精粹》,冯克利译,第403页。

(3)社会正义不是平等。即使社会正义是财富分配当中的一种形式,与一般假设的正好相反,社会正义恰当的形式不能是完全数字上的平等。这主要是因为平等概念是抽象的。①

　　哈耶克及葛拉姆的提醒告诉我们,社会公平并不是绝对的善;相反,如果完全强调以社会为本位,以社会上平均主义的理念来看待社会公平,就会陷入将个人财富随意交由国家处置的危险境地,这既是专制国家的发生之源,也是蔑视现代法律基础原则的反法治之举。正因如此,在将社会公平作为弱者权利保护原则的同时,仍应当与个人应得的理念结合起来考虑,同时要强调社会公平与个人自主原则的协调。

二、弱者权利保护中社会公平理念与个人应得原则的结合

　　就古代的法律正义观而言,其主要标准即个人的应得。在西方法律文献中,明确将"公正""正义"与"应得"联系起来的是罗马法。在查士丁尼编纂的《法学总论》中明确指出,法律的基本原则是:"为人诚实、不损害别人,给予每个人他应得的部分。"②这其中第三个原则,即明确指出了"应得"在法律制度中的核心地位。换言之,如果法律上不能保证人们得其之所应得,这样的法律自然就不具有公正或正义的属性,严格来说即属"非法"。因此,法律的重要使命即在于设置必要的规范与程序,来保证每个人得到本应属于他自己的东西。可以说,这一对公正或正义的定位,清晰地表明了法律的这样几个属性:第一,法的伦理性。以"应得"说事,本身就表明法律的应然规范特性,即一方面,法律不是仅仅对现实生活的描述与摄入,它同时还具有指导人们如何正当行为的功能;另一方面,"应得"是一种法律上的必然,体现着法律的理想图景与价值追求,尤其是将"正当"这一理念融入进了法律的内在品性之中,从而使法律可以得到来自道义的支撑。第二,法的规范性。规范即为社会提供一种规则、尺度,以期人们根据法律规定如何进行行为,而"给予每个人他应得的部分",就是要确定分配的合理规则,保证得失上的公平。当代许多法学家也是从这个意义上来诠释公平、公正。例如学者指出:"法是遵循自然实现公平正义的尺度,也就是使每个人获得其应得之物";"实际上,公平和法这两个词从词源

---

①　参见[英]戈登·葛拉姆:《当代社会哲学》,黄藿译,第62—65页。
②　[古罗马]查士丁尼:《法学总论——法学阶梯》,张企泰译,第5页。

上讲是互相联系的。公平的效用在于使每个人获得属于他的东西。法则是达到这一公平的科学和艺术。更具体地讲,法是个体之间财产分配的'尺度';它甚至是'每个人,如果他想得到相对于他人而言恰当的位置的话,都应该遵守的确切尺度'。"①第三,法的主体性。这主要是指在这一原则中,强调的是"每个人"的应得,而不是从社会整体或社会公正的角度来定义法的原则,预示着它与此后"社会公平"原则所蕴含的质的差异。换句话说,得其所得的"应得",主要考虑的是基于个人的自然属性与努力程度所进行的财产或利益的分配,而不是根据社会公平原则,来作出抑强扶弱的制度安排。对于罗马法里"应得"观念的影响,学者评论道,"由于查士丁尼法典对许多世纪的欧洲法律具有威望和影响,这种观点受到了广泛的赞同并影响着好多代法学家对法律目的的思索"。②

总体而言,"个人应得"的法律公正观,以应然定则的形式确立了法律上的分配原则,即每个人都只应当得到那本该属于他的东西,包括身份、职位、财产、利益。而从历史发展的过程而言,个人应得的观念奠定了法律制度公正的基础,诸如财产私有而神圣不可侵犯、等价交换、罪刑法定等,都是应得观念在法律原则和法律规则上的具体显现。然而,这种植根于个人自然属性和努力程度的法律公正理念,如前所述,在19世纪下半叶却受到了极大的挑战,被社会公平正义观取而代之,由此法律的基点也出现了由个人本位向社会本位的过渡。

社会公平取代个人应得作为主流的法律公正观,有其重要的历史意义和现实价值。首先,它不再从孤立的个人来看待公平、公正问题,而是将正义的视角引入进社会体制、社会制度之中,既凸显了国家在维系公正中必不可少的主导地位,也有利于社会作为一个整体表现对公平、正义的愿望与期待,使正义标准的确立有了坚实的社会基础。其次,它一改以往仅注重形式正义、形式平等的法律惯例,而是着重于实质正义和实质平等的实现。而这对于社会上广泛存在弱者这一事实而言具有决定性的变革意义。在雇佣合同、迁徙自由和私有制得到严格保护的自由资本主义时代,"当人类的自由和平等在政治和

---

① 〔法〕雅克·盖斯旦、吉勒·古博:《法国民法总论》,谢汉琪等译,法律出版社2004年版,第9页。
② 〔澳〕维拉曼特:《法律导引》,张智仁、周伟文译,第195页。

法律上似乎得到保障时,产业工人在经济和社会上却失去了自由。像人们通俗说的那样,他们感到依赖的苦楚,遭受'资本'强势权力的摆布。这种强势权力在劳动力市场上和各个企业里随处都能令人觉察到。恶劣的生活条件,低微的报酬,过长的劳动时间,健康遭到损害,童工和许多工厂工人生命毫无保障。"①在这个时候谈论自由、平等,无疑是给资本家剥削工人的自由披上合法的外衣而已。因此,在实质正义的观念之下,人们有权要求获取最低限度的社会福利与社会保障,从而确保每一社会成员都能过上体面、尊严的生活。再者,社会公平正义观不再将社会视为是一个人与人之间只顾竞逐个人利益的陌生人社会,而是将社会看作是一个人与人之间在分工的基础上相互合作、相互依存的命运共同体。"一个自由的社会因此并非一个私人的、自由个体的集合。它是一个团结的社群,在这里,人人为他人,尤其是为弱者、病人、幼小及衰老之人。"②在此时,法律就是要发挥促进团结的作用,将社会上的各色人色粘合为一个患难与共、共济群生的社会共同体。正如麦克尼尔在《新社会契约论》中所指出的那样:"作为一种具有稳定性的制度,法律的存在就像市场和无数其他的现在实在的相互依赖的形式一样,对团结的信念产生重大的影响",所以,在现代社会中,普遍有效的法律制度是有机的团结的基本前提。在麦克尼尔看来,除了提供普遍的稳定以外,法律还以二种关键的方式对社会团结起着直接的促进作用:"第一,它为合作的完成提供了条件。……第二,它的强制执行的机制保证了那些不借助于这种机制就可能会消失的相互依赖关系的继续存在。"③可见,没有法律也就没有社会团结,社会也会在彼此之间的敌视、争斗中分崩离析,社会公平自然也就无存在的载体。

　　然而,社会公平观的无限扩张,则如哈耶克他们所指出的那样,有可能危及个人的权利和自由,使弱者权利保护在社会公平的名义之下,侵入本该由社会成员的应得领域。为此,在个人应得与社会公平上找到平衡的支点是极为重要的,具体来说即既要反对过度的个人主义基础上的个人应得观,也要反对

----

① [德]瓦尔特·欧肯:《经济政策的原则》,李道斌、冯兴元、史世伟译,中国社会科学出版社2014年版,第185页。

② [法]莫尔特曼:《个人主义与全球化时代的自由与社群》,见刘国鹏译,载陈明、朱汉民主编:《原道》(第6辑),贵州人民出版社2000年版,第159页。

③ 参见[美]麦克尼尔:《新社会契约论》,雷喜宁、潘勤译,中国政法大学出版社1994年版,第85—86页。

无限夸大社会正义的社会公平观。如庞德所言,必须"引导我们的法律在个人主义与集体主义之间找到更好的平衡。现有的极端个人主义必须加以调和,以跟上时代的脉搏……我们必须回到国家作为监护人拥有实施正义这一剩余权力的时代。这一重获新生的权力,本为我们法律制度所固有,必须予以行使。"[①]所以,一方面要将个人应得作为分配的常态,提倡每个社会成员通过自己的劳动和努力来获取生存、生活的资源;另一方面,在社会贫富不均,弱者无法借助自身的力量来改变不利的生存境遇时,则以社会公平为基准,采行分配正义的方式,适度拉近强、弱之间的差距,以维护弱者体面的生活。

三、弱者权利保护中社会公平理念与个人自主原则的协调

同样,哈耶克他们所提到的社会公平理念可能对个人自由带来的危害,也确有加以注重的必要。我们认为,为防止这类问题的出现,唯一的途径就是在弱者权利保护中,要注重社会公平理念与尊重个人自主原则的协调问题。

具体而言,国家在履行保护弱者职责的过程中,应当高度重视行为人的人格尊严及自主选择权。就人格尊严层面来说,不能使弱者接受来自国家和社会的帮助被烙上无能、耻辱的印记,甚至以牺牲个人的隐私作为代价。例如无休止的家庭贫困情况调查、监视其所受资助的具体用途等都是如此。这正如学者们指出的那样,"社会福利政策的某些形式使人们陷入一种有失人的尊严的处境",然而,"工人和所有处于依附地位或困境的人,可以要求得到比怜悯、施舍或临时性的社会救济更多的东西。他们有权利要求建立一种他们认可的秩序,使他们及其家庭成员能过上有人的尊严的生活。"[②]换言之,弱者受到来到国家与社会的帮助,不是因为国家的仁慈,而是源于自身的权利。当一个人在努力之下仍无法获得体面的生活条件时,他就拥有正当的权利向国家和社会主张权利。从自主选择的角度来说,是否选择向国家和社会请求帮助以及选择何种形式的帮助,应该听从当事人本人的意见。强制性地迫使人们接受某种救助,或者严格规定给予的资金、物资的用途,都在一定程度上剥夺了当事人的自由选择权利。不仅如此,自主也意味着让当事人发挥自己从根本上改变自身命运的主观能动性。来自国家与社会的救助只是维持弱者最低限度

---

① ［美］罗斯科·庞德:《普通法的精神》,Green Bag 18(1906),转引自［美］罗斯科·庞德:《普通法的精神》,唐前宏等译,法律出版社 2010 年版,"商业版序言"第 16 页。

② ［德］瓦尔特·欧肯:《经济政策的原则》,李道斌、冯兴元、史世伟译,第 322 页。

的生存条件,而真正美好的生活仍有赖于个人的辛勤努力。正如学者指出的那样:"人格的形成毕竟是各个人的责任,各人的生活毕竟应由各人选择,应由各人担负其责任。各人富于个性的判断与各人依其所好而为之选择,仍将受到国家的尊重。因此在经济生活上,个人的自主性、创意与责任应受到尊重,而国家所为之计划或顾虑与各个人所为之计划或顾虑也须依具体的状况而以某种程度的调整或调和才行。"①总之,只有在尊重个人人格尊严和自主性的基础上,弱者的主体地位才能得以彰显,弱者的权利也因之有了更为充实的伦理基础。

一定程度上说,社会公平的理念是以社会为基准,强调的是社会标准,或者说是以社会人士的普遍理念来施行对弱者的救助。在此时,对于弱者来说,一方面只能接受社会所施加的标准而不能因个人的特殊情况而要求区别对待,例如国家设定的最低生活标准就是如此;另一方面要接受这种来自于社会的福利或救助,人们就不得不放下自己的身段,向相关国家机关提出请求,并等待来自官方的有关其申报情况是否属实的审查。正因弱者在申请救助的同时又再次置于弱势的地位之下,因而从法律上保护弱者的自主性就显得特别的重要。正因如此,法国学者潘多拉贝雷认为个体的自主性是一种基本的政治价值:

第一,它在原理的层面上为裁决自由与平等这两个相互竞争的主张提供了一种基础。由于自主性已经把这两者中的重要方面整合在了自己的内部,所以,如果我们把自主性当成是某种比自由和平等更基本的东西,那么我们就能得出这样的结论:对自由与平等的发展和保护应该以它们都能服务于个体的自主性且不与个体的自主性相冲突为限。因此,自由对于平等的优先性并不是毫无限制的。但是反过来,当我们处在一种对于个体自主性有利的环境中时(实际上应该是当个体自主性已经普遍成立的时候),也不能允许我们为了进一步提高平等而对自由加以限制。这意味着,一个社会向弱势群体所提供的最小社会资源应以能使他们获得真正的自主性为标准。……第二,如果将个体自主性设定为基本的政

---

① [日]觉道丰治:《现代福利国家的概念》,杨日然译,见李钟桂主编《福利国家与社会安全》,1981年版,第92—93页。

治价值,人权概念也会获得一个非常有用的一般标准:在判断一种权利是否是真正的人权时,你只需看看对它是不是个体自主性的必要条件。只有当一种权利是个体自主性的必要条件时,它才是真正的人权。同时,只要一种权利确实是个体自主性的必要条件,那它也一定是一种人权。①

笔者之所以大段引述这段原文,无非是想说明:第一,自主性为弱者的权利保护提供了一个基本的判断标准,那就是弱者为达致与他人一样的生活水准的平等,不能以牺牲自由即他们的自主性作为代价,否则,屈辱加之于人的损害远远大于物质上的匮乏。陶渊明所言的"不为五斗米折腰"可能也就是这个意思。第二,弱者是否享有真正意义上获取国家帮助与社会保护的权利,是要以其是否拥有自主性作为根本前提的。换言之,权利本身蕴含着自主的理念在内,它既包括对是否享有权利的抉择,也包括享有何种权利的取舍。在弱者保护的过程中,权利不是来自官方的单向命令,而是要在弱者根据自身情状进行权衡之下的"最佳选择"。

为此,自主性强调要有利于使相关的社会救助、社会福利措施以符合弱者实际情况的方式运作,从而真正强化公民个体的幸福感。正如学者指出的那样:

> 如果福利理论原理关涉自主和选择,那么,福利政策应该指向许多方式,其中个人能够被赋能(empowered),就是说,能够做自主的决定,以强化他们个人的幸福。这并不能推导出市场选择是唯一的个人可以被赋能的方法。当然,市场选择是必要的。国家卷入可以赋能,如果它围绕某些制度和政策建构起来,而这些制度和政策旨在强化个体公民而不是福利机构的幸福。②

质言之,如果在福利的给予中,人们只是被动地接受而无法做出自己的选择,那这样的社会福利与古代社会的施舍并无质的区别。对弱者的保护之所以要上升为一种权利,就是要让弱者们凭借着法律的赋权、赋能,而能够掌握自己的命运,选择发展的机会。

---

① 参见[法]米歇尔·潘多拉贝雷:《走向全球民主》,陆丁译,见赵汀阳主编《年度学术2003:人们对世界的想像》,第344—345页。

② [英]诺曼·巴里:《福利》,储建国译,吉林人民出版社2005年版,第145页。

　　总之,一项法律理念的确立绝非偶然,它既是社会时势变迁之结果,又是法律内部体系整合所必需。公平正义的观念虽古已有之,但其面向的主体是个人,具体的内容是应得,价值的维度是平等。但是,当社会业已分化成利益对立的强、弱两大群体时,尤其是弱者以其生存境遇而使社会制度呈现出深刻的人道危机时,社会公平理念即正式登台,代表国家采行公法手段推行分配正义的努力。社会公平理念既因弱者保护而引发,又具体推动着弱者保护的法律制度实践,且规制着弱者保护的未来方向。然而,正如任何事物都有其两面性一样,完全以集体利益、社会情感为支撑的社会公平理念同样也可能给人的尊严和自由带来危害,因此,在强调社会公平理念的同时,仍须强调个人的自主,这既包括愿否接受救助的独立意思表示,也包括接受何种形式保护的个人理性衡量。一句话,只有当社会公平理念与个人自主原则相结合时,弱者才能在接受国家救助的同时,又能维护其人格的自尊与选择的多样。

第 八 章

"失败者正义"：弱者权利保护的机会供给

第一节 "失败者正义"的理论诠释

在一个资源稀缺①而导致人与人之间相互竞争的社会中，社会上的人们分为强、弱自然在情理之中，毕竟，世界虽不说完全是由"物竞天择"的原则所决定，但人们的机遇不一、条件有别，因而在选择、判断与把握机会的能力上总会存在差异。由此所决定，有的人是胜利者，获得了生存所需的资源与条件；有的人是失败者，丧失了特定机会甚至生存所依凭的所有资源。问题的关键在于，既然强弱之分不可避免，那么，对于一个人道的社会而言，为失败者提供东山再起的机会就实属必然。眼睁睁地看着一个个失败者陷入沉沦状态，这既是国家的无行，也是社会的悲哀。实际上，西方自 19 世纪开始兴起的社会保障制度，根本宗旨就在于通过国家的介入为弱者提供相对完善的制度保护，以使他们可借此重新获得发展的可能。对于失败者及其制度保护的正当性诉求，美国著名法学家弗里德曼在《选择的共和国》一书中以"失败者的正义"（loser's Justice）称之。笔者认为，这一概念对于弱者保护来说极有意义，因而

---

① "资源的稀缺性"虽然为经济学界所提出，但法学界同样本着这一假定来进行相关的理论推演。远在启蒙时代的霍布斯，就以"人为什么相互为害最常见的原因在于许多人同时想要同一样东西，这东西既无法被共享，也无法被分割"来解释自然资源的稀缺，从而将自然状态定位为战争状态；同样，现代著名法学家哈特在"自然法的最低限度的内容"的论述中，将"有限的资源"列为其中第四个基本预设。哈特指出："人类需要食品、服装、住所，但这些东西不是无限丰富、唾手可得，而是稀少的，必须有待成长或从自然中获得，或必须以人的辛勤来制造"。上述论述，分别参见〔英〕霍布斯：《论公民》，应星、冯克利译，第 7 页；〔英〕哈特：《法律的概念》，张文显等译，第 192 页。

加以引申，探索作为弱者保护准则的"失败者正义"原则的内容及其适用范围，以此来为方兴未艾的弱者权利保护制度提供另一种分析的理论视角。

对于什么是"失败者的正义"，弗里德曼并没有给出极为明确的解释，细绎其著作，可以发现这一范畴包含三个基本的内容：

一、选择的多样性

这也可以说是选择的开放性。选择是权利的表征，也是权利的本质之所在。在当代社会，随着民主进程的加快，权利的清单也越拉越长，从而人们可以选择的空间也就越来越大。弗里德曼认为，"在人们能够或确实可以控制的情形中，法律应当允许、提供和授予一个广泛的选择空间。只有这样，人们才能以适合他们自己的方式生活得充实而自由；只有这样，他们才能富有成效地发展他们的人格与个性。"①从生存、生活的角度而言，选择体现了一个自主的人对自己生活目标的把握，使他们可以在多个可能的方案内选择对自身来说最为恰当的那个方案。只有能够选择，才会有生活计划的安排与个人努力的投入，也才会使自己的个性、情感融入于生活的创造过程之中。真正的选择也是一个目的性明确的权衡利弊的过程，它既要着眼于当前，也要考虑到未来；既要设想成功的情形，也要考虑失败的可能。自然，这种选择增加了人们的理性负担，然而，任何一个理性的人在事关个人重大利益的场合，实际上也都必须谋划、计算。正因如此，弗里德曼称"选择是现代法律和法律文化的一个核心概念"，②这与传统社会的法律观念和法律文化截然不同，在传统社会中，虽然也必定存在需要个人进行认知、判断与选择的问题，但更多的是既定地位与先在条件为人们未来的生活准备了一切，"认命"也因之成为那个时代的一种必要的心理特质。

美国学者爱泼斯坦对于现代法律赋予人们在自我做主的基础上进行选择，作了这样的理论说明：

> 一个自我做主的规则，选择单独的个人成为每个个人自己天赋的所有者，而且，选定了这个人，而这个人在大多数情况下完全可能最优地估

---

① ［美］弗里德曼：《选择的共和国——法律、权威与文化》，高鸿钧译，第 110 页。
② 同上书，第 114 页。

价这些资产。于是,每个人对自己的身体享有了控制权。至少对成年人(当然,对未成年人是有限制的)来说,这个规则,从初始资格到积极的人类活动,为他们提供了一个最为简捷的"天堑变通途"。①

一句话,由于自主的选择,人成为自我的主宰,他可以通过自身的规划与谋略,决定如何行为及何时行为。然而,提倡选择的多元化,以使人的自我发展有个更为坚实的行动基础,这当然是现代法律努力的目的所在,但是,客观上确也存在着许多不能选择或者选择即会付出高昂代价的情形,这恰恰是造就弱者的一个根源,因而必须有相应的法律对策。具体而言,这包括如下几种主要情形:

(1)对于那些因自然特征而无法作出选择的人而言,如果他们为此遭受不利的后果,法律必须予以救助。例如,出生的地域、家庭,所属的种族、性别,不同的智商、长相等,这些都是不以人的意志为转移的人生际遇。弗里德曼严正地指出,"任何人不得因其出身或者其他一些'不可改变'的特征而遭受不利。"②换句话说,对于这些不幸的人群,在法律上首先要把他们视为是与其他社会成员一样拥有同等尊严、价值的主体,制度上不能歧视对待;当事实上他们仅因自然特征而沦为法律上的弱者时,法律必须提供足够的保护措施。

(2)对于在实际生活过程中那些无从选择或者一旦进行选择即需付出过高代价的人来说,他们实际上就是法律上的弱者,应当通过法律的赋权与人权的保障,来改变他们实际所处的不利地位。例如学者指出,"如果维多利亚时代的女仆拒绝一个上她床的恶毒的主人,她就会遭到解雇;如果接受他,那么她很快就会怀孕而失去面子,而主人的妻子又会解雇她。不管选择哪条路,她都是受害者。"③法律在此时不伸出援助之手,就实际上堕落为这种习俗的帮凶。同样,弗里德曼也告诉我们:"在人们须为抗议付出生命代价的社会中,很少有人会加入抗议的队伍中"。④ 这实际上也就是说,不公平的政治与社会制度本身就是产生弱者的根源之一,要改变这种现状,就必须寄望于政治的变革

---

① ［美］理查德·A.爱泼斯坦:《简约法律的力量》,刘星译,中国政法大学出版社 2004 年版,第 77 页。
② ［美］弗里德曼:《选择的共和国——法律、权威与文化》,高鸿钧译,第 114 页。
③ ［美］查尔斯·H.扎斯特罗:《社会工作与社会福利导论》(第 7 版),孙唐永等译,第 477 页。
④ ［美］弗里德曼:《选择的共和国——法律、权威与文化》,高鸿钧译,第 122 页。

与社会的进步。

(3)对于在意外事故中遭受损害的弱者,法律必须提供救助。在传统社会,人们抱持着宿命论的观念,一切皆由命运安排,祸福均由个人承担。而在现代社会的法律意识和法律文化中,这种观念得到了根本性的改变,所有因自然和社会的偶然事故所发生的灾难,均被认为是一种"非正义"的现象,

> 它成了一种未经受害人选择因而不应该由其承受的邪恶。当非正义发生的时候,无论它是什么类型的,法律都必须提供救济——某种索赔的权利,也可能是某些补偿的计划。在法律意识的更深处,所有形式的缺陷都结合在一起了:这种与生俱来的历史性缺陷渗透到了人一生之中由命运安排的其他各种形式的缺陷之中。既然所有这些缺陷都是超越于个人选择能力之外的,那么人们也应当同样地不受这些缺陷的影响。①

可见,这类意外事故所导致的灾难之所以是非正义的,关键即在于它不是人们主观意志选择的结果,而是外部环境强加于个人之上的灾难与残缺。如果人们仅因为自身无法控制的意外即丧失了对未来生活选择的权利,这自然是极不公平的,因而,法律的任务就是为这些弱者提供补足性的措施,使他们能够重新作出选择。

然而必须注意的是,对于上述三类特殊的人群,虽然也可以称为"失败者",但那是必然的失败,与人的努力与否并不存在关联。由此可见,能否选择是存在法律上的失败者的前提,失败者正义是为选择的错误而进行的制度矫正。没有选择就没有失败,没有自主意志参与的不利者自然也就不是本文所言的失败者。

二、失败的可能性

选择在一定程度上就是理智的应用以及同他人的竞争,然而,"在生活和法律中——每一项诉讼,每一个主张,每一次选择——都必然有成功者和失败

---

① [美]弗里德曼:《选择的共和国——法律、权威与文化》,高鸿钧译,第114—115页。

者"。① 可以说,在生活中,没有哪个人敢断言自己的每一个决策都是正确的,也不存在一生都不会犯下错误的永恒的胜利者。在现代社会中,多样的选择固然增加了人们行动中的可选项,人们的自由空间与自由度由此得到了极大的拓展,但也正因如此,在工作、生活中犯下错误、遭致失败的概率也就更大。

为什么会在选择中失败? 这实际上不难解释。虽然人类常常被称为万物之灵,是上天造就的理性动物,然而,在社会的诸多问题面前,人们实际上常常受到不确定性的困扰。德国学者伍斯特教授就专门提到这一点,他说:

> 由于人的推理能力作用于相对的不确定之微光中,亦即在完全明白与完全无知中间;因此,人类意志在他们选择善恶的能力中,既不完全是无助的,也不是完全自由的。这种情况就仿如将他放到真空中,在真空中他虽然是自由了,可是实际上他也必须冒险和做决定。但是他并不是在完全的黑暗中冒险,因为他并不是对路途绝对的不确定。可是,即使有可能在理论的洞见解答最大的存在问题,可是仍还有一些暗晦之处存在,并且也正就是这些暗晦处挑起人寻求解答的努力。②

在此,作者虽然并未否定人有作出决断的能力,但也告诉我们,人的选择、判断在一定程度上都是冒险的事业,因为未来并不可知,诸多的环境变量都会使得原本完美无缺的方案变得不切实际而难以执行。

以正确作出选择所依凭的理性能力为例,实际上,即便人有较强的理性能力,但信息问题却一直就困扰着人们的正常判断,因而作出绝对正确的决策根本上就不可能。正如学者们所指出的那样,"人类在接收、处理与传播资讯上,所具有的能力有限。个人通常不具备处理大规模资讯的能力,这使得在复杂且多变的环境中预期任何突发状况,相当困难。"③就信息而言,两种现象必然存在,那就是信息不完全与信息不对称。前者是行为人并未收集到作出选择

---

① ［美］弗里德曼:《选择的共和国——法律、权威与文化》,高鸿钧译,第121页。
② 转引自［德］赫曼·齐欧克:《我们这一时代中的人》,江日新译,见孙志文主编《人与哲学》,联经出版事业公司1982年版,第80—81页。
③ ［瑞士］Jan-Erik Lane、［瑞典］Svante Ersson:《新制度主义政治学》,何景荣译,韦伯文化国际出版有限公司2002年版,第73页。

所需的全部信息,后者则是在双方当事人之间拥有和理解信息的数量和能力上并不对等,在这些情形下,要作出正确的判断自然就极为困难。① 法律上的合同就是其中的典型。从本质上说,合同是一种对未来生活计划的安排,但具有理性能力的人是否就能制订出最符合自身意愿的合同呢? 学界研究的结论是悲观的:

> 有限理性与不确定性的结合,代表着签定一份能包含长时间以来,所有可能发生之特殊状况的契约,是不可能的一件事。任何以决策理性化为目标,所欲达成之企图,都将会耗费相当大的成本。……这让竞争上的压力,并无法消灭机会主义式行为的潜在进展。不完整的契约,在预料之外的事件发生时,替那些背离契约原义的行为,预留了空间。②

这不仅是因为决策需要耗费大量的社会成本,那些导致社会飞速变化的因素也为合同能否正确预见未来添加了无穷的变量。

至于弗里德曼所讲述的失败的可能,则主要是因为科学革命所带来的人类社会前途、命运的不可预知。弗氏指出,"科学革命,连同其他一些变化,已经严重地导致了某种类型的生活不确定性。科学和技术带来了新的问题,并且暗中破坏了旧有的前提预设"③这实际上与我们常言的"风险社会理论"如出一辙。科技革命在带来人类巨大福利的同时,也把社会拖入了一个不可预测未来的危险境地之中。④ 特别是恐怖主义、气候变化、环境污染、食品安全

---

① 有关这一方面,国外学者也从"信息加工能力"方面可能的缺乏对此进行了论证:"事实上,寻找和加工信息涉及成本,表现为时间、精力和金钱。所以,搜寻通常会被限制。另外,加工搜寻到的信息和解决问题的能力受到计算能力、估算结果、理解隐在意义、在复杂的选择中比较判断、组织和使用记忆等限制。所以,即使他们的确获得了信息,行为人常常加工得不太好;在决策变得复杂并涉及更多因素排列时,人的这种处理能力的不完善会增加。所以,理性常常受到有限的信息加工能力的限制。所以,即使行为人的寻找是理性的,行为人的自立决策也不一定是最佳的。"参见[加]Peter Benson 主编:《合同法理论》,易继明译,北京大学出版社 2004 年版,第 277—278 页。
② [瑞士]Jan-Erik Lane、[瑞典]Svante Ersson:《新制度主义政治学》,何景荣译,第 73 页。
③ [美]弗里德曼:《选择的共和国——法律、权威与文化》,高鸿钧译,第 113 页。
④ 学者指出,人类社会所感知的"危险"在现代社会之前主要有三个阶段的变化:第一个阶段是"由邪恶的魔鬼、野狗、劫匪、黑夜、歧途、麻风病人和凶兆所带来的危险";第二个阶段则是与疾病、战争及庄稼歉收等联系在一起;第三个阶段是在 19 世纪出现了"危险的阶级"这种说法,认为某些人天生就对社会有危险。参见[英]大卫·丹尼:《风险与社会》,马缨等译,北京出版社 2009 年版,第 5—6 页。

等问题一再呈现,使社会成员生活于一个惶惶不可终日的世界。例如在当代中国,由于一再曝光的食品安全事件,"我们该吃什么?""什么东西能吃?"都成了一个问题。生活中的选择同样如此,"住房市场提供了这样一个背景:作出购房的决定不仅是要为自己提供一个安居之所,而且意味着要达到利益最大化。一个错误的决定可能要付出高昂的代价,在某些情况下,这种代价甚至是灾难性的"。① 在传统社会,由于社会发展的相对恒定,我们可以将命运掌握在自己手中,但在风险社会里,没有哪个人能够完全掌控自己的命运。由此而论,在这样一个具有高度不确定性的世界里,人们在作出判断与选择时,失败的可能性或者说失败的风险必然是在增加之中。

三、"第二次机会"

选择是多样的,失败是可能的,那么,该如何来应对这样一种局面呢? 弗里德曼认为,在法律上为了减少错误选择的风险,就必须允许给予失败者"第二次机会"。弗氏以破产法为例对此一问题进行了说明:

> 在破产法领域,……如果没有破产制度或者其他一些类似的制度安排,那么一个由于经营失败或者其他任何原因而债台高筑的企业家,也许就无可避免地完全被毁了。破产制度是一种复杂的法律安排。它的目标之一就是确保无论破产之后还留下多少财产,这些财产都要在债权人之间公平分配。但是,它同时也让破产者有一个干净的、全新的开始。破产是现代法律理念的一个必然组成部分。②

在这里,破产制度一方面提供了失败的经验与教训,以使当事人在今后的决策中能更加理性;另一方面则是通过制度的安排,促使其重新振作,开始新的商业征程。因此,所谓"第二次机会"也就是给人留有余地,不是在法律上"一棍子打死"。这对于作为弱者的失败者来说,不啻是解救其脱离困厄境地的唯一路径。

当然,法律不是只讲宽容的柔性规则,法律也不是专顾施恩的救世观音,可

---

① 〔英〕大卫·丹尼:《风险与社会》,马缨等译,第45页。
② 〔美〕弗里德曼:《选择的共和国——法律、权威与文化》,高鸿钧译,第118页。

以想象，如果每一个失败者都可以获取第二次机会，那么，法律上的自律、责任、强制都将荡然无存。综观弗里德曼的论述，第二次机会只能给予这样一些失败者：

（1）在选择中难以避免失误的人。从理论上说，这是面对一切人所给予的机会，但必须注意，这又是以选择的复杂、难度为前提的，也是以基本的价值理念和道德原则为前提的。以破产为例，失败者之所以能够原谅，不外是因为生产经营决策的复杂性所致。生产什么产品，如何进行销售，这不仅取决于经营者个人的聪慧，更与国家政策、产业结构、消费偏好等紧密地联系在一起。相反，并非那么复杂并且往往只涉及个人利益的选择失误，法律上往往以"自吞苦果"的方式要求当事人自己承担，例如购买股票而大亏血本者就是如此。[①]价值与道德观念在这方面也起着重要的判断作用，例如一个人是选择杀人还是选择不伤害人，严格来说这并不是真正意义上的选择问题。选择杀人者理应承担其决策违法的后果，因为这类行为在任何一个社会中均不能容忍。

（2）心智不够成熟的人。这主要是指青少年。未成年人本身就是法律上的弱者，他们不仅因为欠缺劳动能力而无法独立维持自己的生存，同样在心智上还不够成熟，因而在选择中往往成为失败者的角色。所以，"法律在衡量他们的行为是否构成过失时通常都会酌情加以适当的照顾，故此他们的行为标准一般是低于相似情况下普通人的标准的。"[②]换句话说，即使承认人具有天然的理性能力，但理性的内容与完善程度还是要取决于其健全的心智和社会知识、社会经验，要求一个未成年人与成年人一样正确地作出选择，这本身就不公正。对此，弗里德曼解释道：

> 社会认为少年时期就是一个不断试错的时期：一个尝试和犯错的时期。正在形成过程中的自我也许会走一些弯路，但是社会倾向于容忍和原谅这些错误……。在确定社会地位的时候，出身不是一个决定性的角色；少年时期的事实同样不是。[③]

---

① 以债权债务关系为例，英国学者斯沃德林就明确指出："众所周知，如果债权人基于对自己债务人的偿债能力的信任而与之交易，尔后发现自己本不该如此自信，进而要求法院给予他一项对物权的话，则法律不该允许这种请求。"参见［英］威廉·斯沃德林：《撤销、财产与普通法》，吴至诚译，《苏州大学学报（法学版）》2014年第1期。

② 李响：《美国侵权法原理及案例研究》，中国政法大学出版社2004年版，第216页。

③ ［美］弗里德曼：《选择的共和国——法律、权威与文化》，高鸿钧译，第119—120页。

一个宽容的社会理应如此！谁没有过少年时代的轻狂？谁又未经历过浪漫青春的冲动？特别是在进行选择与判断的场合，经验的缺乏本身就构成了未成年者的弱势。正如霍布斯早就指出的那样："在任何一种事务中，经验最多的人用以预测未来的迹象也掌握得最多，因之也最为谨慎；其谨慎超过该项事务中新手的程度，是无法以天资或机智的长处抵消的。"①所以，对于这样一种年龄上具有相对劣势的弱者，法律必须给予第二次机会。在法律中，无行为能力与限制行为能力只对极少的损害结果担责，即使要科以法律责任，相对于成年人来说也会较轻。

（3）初犯、偶犯且罪过不大者。人们选择犯罪，自然是一种失败的选择，因为他所违抗的是道德与法律，对抗的是社会与人民，司法机关应当本着法律规定，对其作出符合法律要求的惩罚。但是，对于初犯和偶犯而言，如果他们的恶行并不严重，那么在法律上也可作出从宽处理。犯罪是多种因素作用的结果，当事人有时仅因一念之差做出了鲁莽的举动，这难道不值得同情吗？正如德国刑法学者李斯特所言的那样："一个一贯品行端正的人，由于一时的激情或者在危急情况下不由自主地实施的犯罪行为，是违背行为人的本意的，犯罪是其生活中的一个懊悔的插曲。"②如果所犯罪行并不严重，特别是主观恶性不大时，可以通过免刑、减刑或者施行缓刑的方式来从宽处理。法律当然不会宽容那些恶行累累的惯犯，但法律可以网开一面，为偶然的失足者提供改过自新的机会。弗里德曼对此专门言道：

> 在现代法律中，关于"第二次机会"的许多例子可见于刑事审判中。法律制度对待初犯者特别宽大；他们更可能被适用缓刑而不是被投入监狱。在美国的很多州，年轻初犯者的犯罪记录可以被"密封"，并且用这种方法使之永远成为一个秘密；因此，年轻人的过错就不会造成永久性的伤害。③

当然，这只是对少数的初犯者尤其是年轻的初犯者所给予的一种法律上

---

① ［英］霍布斯：《利维坦》，黎思复、黎廷弼译，第16页。

② ［德］弗兰茨·冯·李斯特：《德国刑法教科书》，［德］埃贝哈德·施密特修订，徐久生译，法律出版社2000年版，第10页。

③ ［美］弗里德曼：《选择的共和国——法律、权威与文化》，高鸿钧译，第119页。

的优待,而法律之所以对违法者给予第二次机会,无非也就是考虑到他们少不更事,欠缺成年人那样的自控能力。不过要说明的是,即便如此,法庭的考虑也应当是全面而审慎的,既要考虑所犯罪行的性质,也要考虑主观恶性的大小;既要考虑犯罪时的客观环境,也要考虑其主观能力。总之,给予当事人悔过自新的第二次机会,不能成为他们可能再为害社会的动因,这才是特别需要注意的。

综上所述,我们可以试着对失败者正义原则作这样的界定:失败者正义原则是在选择的多样性及失败的可能性的前提之下,通过为弱者提供一种重新出发的"第二次机会",使其能恢复社会上正常人的能力与地位的法律制度安排。

第二节 "失败者正义"在保护弱者方面的特殊作用

一、提供了"潜在弱者"的正义预期

生活于主权国家中的人们,可能会有一种和国家关系的奇怪心态:一方面,我们每个人都希望自主、独立,自我决断涉己的事务,从这个意义上说,逃离国家或者至少避免国家的干预,在很大一部分人心中可能都是极为自然的想法;但另一方面,我们又是依存于国家而存在,我们需要国家提供保护,否则就可能在社会的倾轧之中无法周全地护卫自己。特别是在一个面临高度风险的时代,每一个人都无法实际掌控自己的命运,在这时,由国家扮演抑强扶弱、解民倒悬的角色,似乎也就显得特别的重要。

由于命运、机会的不确定性,任何一个人都可能成为社会上的弱者。对于弱者来说,国家就是给他们这样一些失败者提供正义的场所。"正义"在这里首先指的是"说理",即通过国家提供的公共论坛,如报刊、电视、舆论、法庭等,来抗争自己不幸的遭遇;其次是"应得",即按古罗马法上"给予每个人他应得的部分"所进行的定位,在此,对于人们理应得到的东西,国家应该无条件地给予;再者是"主张",即为了应对自己的困厄环境,请求国家给予救助。当然,国家在这种意义上的弱者的庇护者角色实际上只是现代的事情。在古代和近代社会,国家至多担负"保境安民"的责任,并不涉及对弱者的制度性供给与制度性保障。那些时代的弱者,最为主要的庇护所是家庭,即通过家庭成员之间的相互救助,来保证弱者的正当生存;后来是社会,慈善组织与互助机构在弱者保护方面发挥着重要的作用。在 19 世纪末 20 世纪初,国家正式登场,扮演着维护社会正义的角色,福利国家的建构本身就是因应弱者的存在。所以,当时代发展到福利国家时期,原本由家庭、社会承担的弱者救助责任就主要地改由国家来承担。

对于国家这种庇护者的角色,弗里德曼以"大本营"一词来进行比喻。在他看来,国家的存在就是给人们带来了"一种有了大本营的感觉,一种有了安全网的感觉。在这个进程的最后——好像是我们时代的顶峰——一种新的、充分流动的法律文化出现了,它的关键就在于对正义的一般预期。"①按照现代汉语的理解,"大本营"既是统帅部,又是根据地:从前者来说,这意味着国家是主持正义的最高场所;从后者来说,它是为弱者提供救助与庇护的机构。进入了大本营的人们才是安全的,因为这里有足够的物质和制度保障,能护卫人们的周全。在事业上、竞争中的失败者,可以到这个大本营来寻求帮助,以期获得重生的机会。

弗里德曼着重从三个方面来论述了国家作为失败者寻求正义的大本营的观点:第一,国家鼓励每个公民都自由地进行选择,自主地开展活动,因为国家的存在以及所提供的机会、福利,为所有可能的失败者都提供了底线的保障措施,这样,人们就不必担心一旦作出错误的选择就将落入万劫不复的困境。在此时,对正义的一般期待也就是对国家会为其提供一般生存条件的物质基础的期待。第二,国家认识到自然和命运施加给人们的灾难本身就是非正义的,因而通过补救性措施,来为生理上、能力上的弱者们提供救助。以残疾人为例,在现代西方社会,残疾人不仅获得了由国家提供物质救助的权利,同时也有参与正常社会生活的权利,比如坐轮椅者有要求优先进入公交车的权利。法律上之所以作如此安排,是因为生理上的缺陷本身就是"灾难、无可选择和非正义的",而以矫正正义的方式来弥补当事人的权能缺失,体现了"法律和权威的职责就是消除各种类型的非正义"。② 第三,对于国家来说,失败者正义

---

① 〔美〕弗里德曼:《选择的共和国——法律、权威与文化》,高鸿钧译,第 114 页。
② 同上书,第 115 页。

还包含着一个重要的内容，那就是对于国家的正当抗议乃至冒犯，都不会遭致一败涂地的命运。弗里德曼指出：

> 在今天西方的民主社会中，选举失败不可能带来生命的危险。失败者仍旧保有他的职位、他的社会地位和他的家庭；失败者经常会一次又一次地去谋求这个公职，并且失败者有时会在下一次选举中成为胜利者。……一个罢工者不会预期他会被辞退，而且事实上也经常不会被辞退。[①]

说到底，这种维持权利、伸张正义和表达抗议的选择之所以体现了"对正义的一般期待"，无非基于这样一个事实：这是一种合法的选择，当事人可以预期一个民主的国家不会采行秋后算账的方式来对他们予以报复，因而人们在自己的权利范围之内，可以针对国家提出积极主张与采取积极行动，包括必要的冒犯与抗议。一定程度上说，所有政治性权利的赋予，都是为人们获得政治上的胜利提供的一次机会，并且即使这次失败了，仍然有东山再起的机会，因为正义的制度不会把个人一次的选择作为唯一一次的选择！当然，弗里德曼也专门讲到，"在大多数时间和地方，在大多数体例下，所有这些都是不允许发生的。在那里，维护和主张权利的代价有时高得让人望而却步"。[②] 具体而言，如果对国家的抗议都会伴随着囹圄之灾或者丢失饭碗的风险，这样行为人在作出选择之前就已经注定了其失败的命运，自然也就无法获得对正义的一般预期。

二、织造了"可能弱者"的安全网络

在两个重要段落，弗里德曼谈到了失败者正义作为弱者安全网络的重要性：

> 术语"权利"经常被用来创设一个具体的请求权，特别是在福利国家中。的确，它们作为某种"安全网络"而具有极大的重要性。在 19 世纪80 年代的美国，"安全网络"已经变成一个流行的术语，用以描述基本的福利措施。……在我们这个社会中，一张已经造好的社会安全网刺激了

---

① ［美］弗里德曼：《选择的共和国——法律、权威与文化》，高鸿钧译，第 121 页。
② 同上。

权利意识的增长。我们用失败者的正义这个术语所描述的东西鼓励了同样的倾向。很清楚,令人印象深刻的个人主义依赖于这张安全网;没有它,做出的选择越多,则因选择失败或失误而承受的惩罚就越多,以至于最后人们再也不愿进行任何选择了。①

　　在某种意义上,失败者的正义是民主概念的核心。它与"安全网"的理念密切相关,后者是福利国家的基础。安全网是一个经济上的缓冲带;失败者的正义是一个社会性的和针对个人的缓冲带,它保护在追逐权利和提出主张中的失败者。②

细绎以上两段话的意思,我们可以得到如下信息:

第一,"失败者正义"实际上就是编织一张让人感觉安全的救生网,有了这张网的存在,人们可能会失败,但却不会从此一蹶不振以致就此毁灭。弗里德曼比喻道:"大多数人都不敢在一根绷紧的绳索上行走,除非在下面有一张网可以保护他的安全。也就是说,这张网允许和鼓励人们从事的行为太危险了,以至于如果没有这张网的话就没有人愿意尝试这种行为。"③恰如我们看杂技表演一样,技术再高超的演员也需要绳索之类的安全防卫措施,毕竟这种动作实在危险。而如前所述,生活中充满了选择,当然也就充满了机遇与偶然,要鼓励人们去进行必要的冒险,④就必须预先设置相关的防护装备。没有冒险的冲动与行为,人类将失去许多的机遇与创新,但没有周全的制度与设施,国家鼓励冒险无异于动员人们自杀。为此,失败者正义在这里可以转换成国家对公民这样一种意义上的庄严承诺:在法律规定的范围内,放胆行事,有我兜着!

第二,"失败者正义"体现的是社会安全的理念,且主要是通过福利制度来保证实施。按照德国学者布伦纳(G. Brunner)及奥地利学者托曼德尔(T. Tomandl)的界定,社会安全权是"关于最基本生活安全的要求,包括生、老、

---

① ［美］弗里德曼:《选择的共和国——法律、权威与文化》,高鸿钧译,第112—113页。

② 同上书,第122页。

③ 同上书,第112页。

④ 德国法学家考夫曼就有一段很有意思的关于"风险社会"中人们"冒险"问题的论述。他说:"在现代多元的风险社会中,人类必须放胆行事,不能老是在事前依照既定的规范或固定的自然概念,来确知他的行为是否正确,亦即,人类必须冒险行事"。参见［德］考夫曼:《法律哲学》,刘幸义等译,法律出版社2004年版,第426页。

病、死的照顾抚恤，遭受意外时得请求社会扶助，房屋住宅之拥有等权利的保障"。① 显然，在"失败者正义"的视域内，选择的失败即可视为一种人生的意外，可以请求国家给予援助。之所以将失败者正义与权利联系起来，就是因为在现代社会，这种社会安全权已经成为一种人人皆可享有的受益权。这种权利的获得，"是由社会成员的'身份'构成的"，而不是如社会保险那样，由缴费"能力"来决定。② 就此，这种普遍给予人民大众的社会安全权利又在其实施的过程中体现了正义的要求，那就是平等：只要是失败者，都可以从国家的救助中获得相应帮助，从而渡过难关；国家在给予人们救助的过程中，不论人的能力大小、地位高低，一律平等地施以救助。

第三，"失败者正义"提供了失败者整装待发的缓冲带，从而为新的选择带来了希望。虽然选择即可能意味着失败，但是，一个有活力的社会又不能不允许人们冒险。远在古希腊，伯里克利就这样说道：

> 我们雅典人自己决定我们的政策，或者把决议提交适当的讨论；因为我们认为言论和行动间是没有矛盾的；最坏的是没有适当地讨论其后果，就冒失开始行动。我们能够冒险；同时又能够对于这个冒险，事先深思熟虑。他人的勇敢，由于无知；当他们停下来思考的时候，他们就开始疑惧了。但是真的算得勇敢的人是那个最了解人生的幸福和灾患，然后勇往直前，担当起将来会发生的事故的人。③

在这里，"冒险"与"勇敢"成为同义词，属于人类社会的美德。不独在古希腊时代是如此，实际上，任何一个社会如果缺乏了冒险的精神氛围，这个社会必定是畏缩不前、缺乏生机的。同样，就个人来说，如果进行每一个决断都是左顾右盼、举棋不定，那也一定会丢失许多转瞬即逝的机会。然而，在利益攸关的场合，要让人们无所顾忌地作出决定，那也是极为困难之事。毕竟，一个重大的个人选择，稍有不慎就可能会满盘皆输，即使不会搭上身家性命，也会

---

① 李孟融：《福利国家的宪法基础——及其基本权利冲突之研究》，见杨日然教授纪念论文集编辑委员会编《法理学论丛——纪念杨日然教授》，第238—239页。

② 参见张世雄：《社会福利的理念与社会安全制度》，唐山出版社1996年版，第53页。

③ ［古希腊］修昔底德：《伯罗奔尼撒战争史》，谢德风译，商务印书馆1960年版，第132页。

让当事人面临窘境。为此,一方面国家必须鼓励人们从事有利于个人事业的冒险,另一方面人们又可能会遭遇失败的命运,此种情境之下,只有国家提供了基础的安全防护,才不会动摇人们冒险的决心。就此而言,"失败者正义"的原则及其制度配套上的规定,就给行动者设定了一个最不可能会有的结局,那就是,纵使本次决断失误、选择失败,国家还是可以保障他们的最低生存条件,这样,他们可以养精蓄锐,吸取教训,然后再去进行新的选择。

除了国家在针对选择可能失败提供的一般救助措施外,弗里德曼还专门提到了两种在法律上保护失败者正义的制度:一是保有权原则,主要是针对职业者提供身份保障。例如国家公务人员不会被随便开除,教师不能被随意辞退,法官享有终身任职的权利等。"保有权原则特别重视长期关系。就是说,特别强调由于时间的经过而产生的权利的价值。"①时间的流逝表明了雇佣者与受雇者之间有着长期的信任关系,一方作出改变不但会损害对方的利益,也会导致信任关系的破坏;二是所谓准公民身份。弗里德曼的原话是:"还有一些法律上的关系,它们以某些途径获得了类似于公民身份关系的特征,我们可以称之为准公民身份。"②这其中最典型的就是房东与房客的关系。由于两者之间有着长期的合同关系,这样,即使房客要求调整房价而招致房东的不满,但在法律上,他也不能被随意驱赶,这就如国家对于经常惹麻烦的公民也不能轻易剥夺其国籍那样。在弗里德曼看来,"这种新型的关系是作为失败者的正义的一种形式来进行分析的。禁止报复性驱逐尤其属于这种形式"。③ 特别是房客常常是作为合同关系中的弱势一方,保护其"不受驱赶"的房客身份就显得特别重要。

三、刺激了"现实弱者"的重新选择

偶然的选择导致偶然的失败,这对于许多人来说,并不会就此萎靡不振,裹足不前;更多的人会在危境中总结教训,重新站起。当然,这种重新振作也是需要条件的:他们必须拥有基本的生存条件,他们必须具有重新起步的能力。对于一个在选择的失败中倾家荡产的人来说,如果要依靠自身的力量来获取再行选择的能力,那无疑是极为艰难。但是,在弗里德曼看来,现代社会

---

① ［美］弗里德曼:《选择的共和国——法律、权威与文化》,高鸿钧译,第123页。
② 同上书,第125页。
③ 同上书,第126页。

所实行的失败者正义原则，正好可以弥补自身力量的缺陷。在对比今天的个人主义与19世纪的个人主义的不同之处时，弗里德曼言道：

> 当代个人主义意指尽可能多的个人选择，认为只有以这种方式，人们才能自由地发展自我，发展他们的人格和他们存在的本性。这无疑不同于19世纪粗糙的经济和政治上的个人主义，那种浮沉任由自己的个人主义。现代个人主义远不是与社会保障相悖的；实际上，它使社会保障茁壮成长，而它也依赖于社会保障。19世纪的个人主义一开始就把人连根拔起；它把人们从传统中撕裂出去，使他们的小船失事在世界的孤岛上，与世隔绝；它暴露了人们在经济和社会上的深层的不安全感；他们被迫在没人照顾的孤独的情况下谋生或死去。现代世界的个人主义仍然因其孤独和隔绝而遭人咒骂。但在西方，它现在已经以某种财产和闲暇的大本营为前提了，更有甚者，以保证、授权、社会服务和权利为基石。①

简单说来，19世纪的个人主义是将个人原子化，权利固然由其本人独立行使，但后果也是由其个人独力担当，这就如同一叶漂荡在海中的孤舟，是安全抵达陆地还是沉没于海浪之中，完全听凭天意。但今日的个人主义则将个人视为社会的一分子，与社会其他成员休戚与共、患难相依，特别是通过社会保障的纽带，将个人与社会紧密地联系在一起。对于失败者来说，国家不仅提供了生存的基本救助，同时还通过"保证"（即承诺国家对失败者的关照义务）、"授权"（即赋予失败者主张与行动的权利）、"社会服务"（如失业后国家提供的劳动技能培训）等制度安排，来为失败者提供重整旗鼓的第二次机会。

人的精神状态决定着人的行动能力。经历过选择的失败者，不外乎有两种基本的心态：一是从此意志消沉，不思进取；二是从挫折中奋起，继续前行。对于失败者来说，后面一种态度自然是更为可取的。既然人不会有永恒的幸运，那么人在逆境中站起，恰恰体现的就是一个不屈服于命运摆布的勇士形象。在弗里德曼看来，国家对失败者所提供的社会安全网络，无疑给他们带来了一种强大的心理支撑："法律的保护就像某种'大本营'或避难所，是防止某

---

① ［美］弗里德曼：《选择的共和国——法律、权威与文化》，高鸿钧译，第127页。

种伤害的物质的或心理的安全保障。在向更高更危险的顶峰发起冲击之前或之后,公民可以在大本营中绝对安全地露营。"①因为有国家的救助与保障,这样可以免于因失败而产生恐惧心理;又因为国家是对所有失败者平等地提供救助,当事人无需感恩戴德,也不会有心理上的亏欠;同时,又因为失败者不是一个,而是众多个体组成的集合,这样也就避免了如英国早期《济贫法》因污名而带给人们的耻辱。正因如此,在社会安全网中,失败者不会有心理上的负担,相反,他们更可能在国家不以失败论英雄的政策之下,树立起不屈不挠、勇往直前的强者形象。同样,取得救助既然是人们的一项权利,国家必须担负救助的义务,这样就能"免于人民处于类似乞讨者角色之尴尬"。② 可见,从社会安全网络中走出的人们,应当可以保留有良好的心理状态。

对于弱者来说,精神上的自足固然重要,能力上的补足则尤为关键。从生存能力的角度来说,提升人们的选择能力,是对弱者而言最为根本的救助之道。弗里德曼所设想的社会安全网自然不只是提供最低限度物质帮助的场所,它还应当成为提升失败者行动能力的平台。以失业保障为例,在当代社会,"有效的失业保险收入保障总是要配以就业服务和提高就业能力的措施,以帮助失业者寻找新的就业机会,向他们提供必要的咨询、培训和再培训服务"。③ 这也就是通常所说的"授之以鱼,不如授之以渔"。国家鼓励的是失败者的奋起,而不是更多失败者的出现,所以,只有提高了劳动者的就业技能,才能使他们不再接受失败的命运,而能在与社会上其他人的竞争中有生存和立足的基础。必要的资金补助当然是必需的,但更为重要的,是要让劳动者真正提高职业能力,为人生的重新选择奠定立于不败之地的基础。

总之,无论是对潜在的弱者,还是可能的弱者和现实的弱者来说,失败者正义原则都在一定程度上起到了重要的保护与补足的作用。没有本着这一原则建立起来的社会安全网络,人们就会放弃冒着风险的社会选择,从而使得一个良性社会所必需的冒险、奋争精神烟消云散,弱化社会的生机与活力。正因如此,弗里德曼强调指出:"像安全网一样,失败者的正义会对行为和态度产生

① [美]弗里德曼:《选择的共和国——法律、权威与文化》,高鸿钧译,第 126 页。
② 谢荣堂:《社会法治国基础问题与权利救济》,元照出版有限公司 2008 年版,第 27 页。
③ 国际劳工局:《世界社会保障报告(2010—2011)——危机期间和后危机时代的社会保障覆盖》,人力资源和社会保障部社会保障研究所组织编译,第 89 页。

深远的影响。它鼓励某种类型的权利意识和斗争精神；它是对现代形式的个人主义的一个极大的鼓励。"①按照弗里德曼的理解，现代形式的个人主义最为重要的特质就是"选择"，它推崇的是一个自我表现、不断进取的人的形象。由此可见，失败者正义使弱者不仅能重新站起，而且能够在吸取经验教训后更加成熟和理智。

第三节　"失败者正义"的理论缺陷及其补救

一、"失败者正义"理论上可能的缺陷

虽然我们一再指出，弗里德曼所架构的"失败者正义"原则有利于对弱者保护理论研究的深入和制度建构的完整，但也不能不承认，这仍然是一个较为粗糙的原则表述。要使其真正发挥保护弱者权利的法律功能，还需要进行相应的理论改造。

在《选择的共和国》一书中，弗里德曼自己检讨了这一原则可能存在的缺陷：一是这一原则只代表了"一般的趋势，而并非绝对的或者是没有例外的'法则'"。虽然说任何法律上的原则都会有例外，但是，过多"例外"的存在，本身就会削弱原则的效力，无穷个例外的增加，最终结果是原则的荡然无存。二是这一原则并非"超越时间的和绝对意义上的'正义原则'。正好相反，它们绝对不是不受文化的限制。它们不会按照它们自己的逻辑，必然地实现它们的目标。压抑、无望、绝望和正义的严重失败还会发生。"②然而，既然不是绝对的律令同时又受制于特定的文化传统，那么这一原则是否还有意义，就不免令人怀疑。

不仅如此，在我们看来，"失败者正义"原则的缺陷还包括如下数端：

第一，这一原则适用的对象并非简单明了。在弗里德曼的笔下，自然性的弱者、社会性的弱者以及挑战现行制度的人群都可以纳入"失败者"的范围，这无疑使得该原则很难明确地界定清楚其所涉对象。实际上，从弗氏的本意而言，他只需将"失败者"定位在根据法律而采取行动的"选择者"即可，也就是我

---

① ［美］弗里德曼：《选择的共和国——法律、权威与文化》，高鸿钧译，第 122 页。

② 同上书，第 128、129 页。

们通常所说的社会上的"竞争者"。生活于一个资源稀缺、僧多粥少的世界，每个人都会与他人存在竞争关系，在这其中，就会有失败的可能。然而，弗里德曼似乎不甘于这样一种较为狭窄的"失败者"的定位，而是将那些因为自然特征而与他人无法平起平坐的弱者也归入失败者的行列；同样，那些声讨政府行为不当、抗议雇主存有压迫嫌疑者，实际上都不需要纳入"失败者"的行列，相反，他们是法律上的行动者。对于触犯国家法律的犯罪者而言，无论是初犯、偶犯还是少年犯，都不适宜以选择者的身份来定位其角色，更不能以法律的宽宥来证明"失败者正义"的存在。

第二，这一原则适用的时机并不清晰明确。毋庸置疑，有选择就会有失败，所以失败者是普遍的。然而，是否所有失败都需要由国家买单？在什么情况下国家才应当对失败者出手救助？上述问题，在弗里德曼的著作中语焉不详，甚至给人只要存在失败，国家就应救助的印象。但是，一方面，所有的社会救助措施都应当与个人责任相连，这就意味着如果失败者并未因利益的损失"伤筋动骨"，微小的损失自己即可化解时，国家也没有必要出面解决；另一方面，正如法律规定和学术理论都一再强调的那样，社会安全网络主要是"提供陷于困境之人民必要之社会给付"，而所谓"限于困境"，又主要是指"个人在人格上或社会发展上之明显障碍，例如经济上之紧急需求、身体上或精神上之伤残等"。[1] 国家毕竟不是发放悲悯与同情的慈善机构，由国家大包大揽人们的一切生活所需，既无可能，也无必要。

第三，"失败者正义"作为一项法律原则，只有通过相关制度、规则的配合才可显现给失败者提供"第二次机会"的效果。但相对来说，弗里德曼在这方面的设计同样过于零碎而不系统。特别是"保有权"或其所言的"准公民身份"等，[2]实际上在行政法、民商法等领域中早就存在许多成熟的做法，如何才能给予失败者第二次机会的具体制度设计，弗里德曼反倒没有系统的论述。特别重要的是，获取生存机会当然需要物质条件的帮助，但新的机会的合理把握，却离不开能力的提升。因此，在失败者正义的制度建构上，遗忘选择能力

---

① 谢荣堂：《社会法治国基础问题与权利救济》，第 27 页。

② "保有权"主要是指一种身份上的保障，如教授可以终身保有他们的职权或者一直到退休；而"准公民身份"是因为双方长期权利义务关系的存在，使一方获致的一种权利保障身份，如房客有不受房东驱逐的权利。参见［美］弗里德曼：《选择的共和国——法律、权威与文化》，高鸿钧译，第 123—126 页。

的提升及其制度设计，无疑使这样一种理论的力量大打折扣。

二、"失败者正义"的理论重构

必须指出的是，我们在言及弗里德曼"失败者正义"原则所存在的缺陷时，并不是要否定这一原则在实现弱者保护和维持社会正义方面的意义，相反，在笔者看来，这是诠释弱者权利保护法律原则的一个极为重要的新的视角。在弱者保护的既往论述中，"人的尊严""以人为本""社会公平"等常言的弱者保护原则，其所面对的都是一般意义上的弱者，而"失败者"这一特定的视角，"失败者正义"这一充满人道关怀的理论，则使得弱者权利保护的法律原则因为有了更为特定的对象而具有丰满的内容。为使这一原则能够成为指导弱者权利保护的指导性原则，我们建议，对这一原则的表述可以作如下改造：

首先，在原则适用的对象上，失败者应当是指那些根据法律规定而作出合法选择但最终没有成功的人士，例如合法投资中的失策者、工厂裁员中的失业者等，这样，可以把失败者正义仅用于生活与工作中的竞争者。换句话说，失败者的存在本身就是以他者的安全或胜利为前提，以此而论，自然造就的弱者（如儿童、先天残疾者、不具有劳动能力的老年人，还包括因伤残事故而失去劳动能力者）、政治行动中的维权者、抗议者以及犯罪人都可排除在外。自然造就的弱者之所以不属于应当赋予"第二次机会"的对象，是因为"机会"对这些人根本就无用处，儿童、老年人所要的不是机会，而是保护；残疾人、失能者同样如此。而对于政治行动中的维权者、抗议者而言，诸如竞选的失败或因不满而抗争等，在现代法律中本来就没有责任的科予，所以也就不存在第二次机会的问题，因为当事人在有生之年，还可以重复地利用法律所提供的竞选机会、抗议机会等。至于犯罪人，同样不属于正当意义上的失败者。犯罪虽然也算是人生中的一个败笔，但这属于当事人无视法律、挑战社会所致，国家对其给予的惩罚是当事人必须承受的痛苦。所以，即使国家出于人道的考虑，为他们提供就业的机会，但这也只是恢复其作为正常人应有的生存条件，严格来说并不是所谓的"第二次机会"而是"第一次机会"，换句话说，犯罪人在"重新做人"之后，国家将本属于正常人的生存条件赋予犯罪人，使他们能像其他正常人一样，参与社会生活和生存竞争，如果他们出现失业等特殊情形，则有可能获得像其他人一样的"第二次机会"。

其次，在原则适用的条件上，必须强调国家救助与个人责任的结合。这一界定的实质,是因为一般利益轻微的失败实际上对所有的社会成员来说都不可避免,因而无需国家动用援助的手段,只有在那些紧急情况出现导致当事人处于困厄状态之下,诸如失业、伤残等意外事件的出现,才能启动社会安全网络,由国家出面帮助解决人们可能会遇到的生存困境问题。在这一界定之下,社会安全可能的对象也就是那些"最贫困、最弱势或者是被社会排斥的群体",也即狭义的社会保护的对象。[①] 实际上,这样的对象限缩是极为必需的,一方面,国家毕竟不是收容所或难民营,无法对所有人的失败承担救助责任;另一方面,更不能因为国家救助的存在就放弃个人的努力。特别是那些因为吸毒、赌博或犯罪而导致自己一无所有或身陷囹圄的人,让他们对自己的行为承担必要的责任,这同样是必需的。即使是那些需要给予"第二次机会"的人,也必须设定相应的时限。西方社会从 20 世纪 70 年代开始,就开始在社会保障体系中注入个人责任的要素。以失业保险为例,一般只为失业者提供一段时间内的基础保障,例如 2 年或者 1 年半,超过这一期间,国家将不再予以扶助。而自 20 世纪 90 年代末以来,为了应对社会保障制度零散、低效的状态,美国政府于 1996 年出台了《个人责任与就业机会协调法》。根据《协调法》规定,所有家庭只能获得累计 60 个月(5 年)的援助。一些州在此基础上作出了更严格的规定,例如爱达荷州规定援助期限只有 2 年,还有一些州规定援助时间持续不得超过 2 年。[②] 这些规定,并非是要陷当事人于绝境,而是期待他们利用国家所提供的缓冲机会,以自己的努力来改变所处的不利地位。

再者,既然失败者正义是着重于"第二次机会"的给予,因而制度建构的主要内容,是要从提高失败者的生存能力、竞争能力、职业能力着手。而按照阿玛蒂亚·森对"可行能力"的界定,其实质就是一种人们能够实际享有权利和参与社会行动的能力,或者说实质意义上的自由。[③] 换言之,实质自由并不是法律规定的抽象自由,而是人们能够实际享有权利和参与社会行动的能力。阿马蒂亚·森认为,有五种基本的工具性自由,能够帮助人们更自由地生活并提高人们的可行能力:第一,政治自由,即人们拥有的确定应该由什么人执政

---

① 国际劳工局:《世界社会保障报告(2010—2011)——危机期间和后危机时代的社会保障覆盖》,人力资源和社会保障部社会保障研究所组织编译,第 15 页。

② 参见王三秀:《美国福利权保障立法价值重心的转移及其启示》,《法商研究》2009 年第 4 期。

③ 参见[印度]阿玛蒂亚·森:《以自由看待发展》,任赜、于真译,第 62—63 页。

而且按什么原则来执政的机会,也包括人们监督并批评当局、拥有政治表达与出版、言论不受审查的自由、能够选择不同政党的自由等的可能性。第二,经济条件,指的是个人分别享有的为了消费、生产、交换的目的而运用其经济资源的机会。一个人所具有的经济权益,将取决于拥有的可以运用的资源和交换条件,它会反映在人们经济权益的相应提升上。第三,社会机会,指的是在社会教育、医疗保健等方面所实行的制度安排,这些安排直接影响到个人有多大的机会去选择更好的生活方式和实质自由。第四,透明性保证,就是满足人们对信息公开性的需求,即保证在信息公开和明晰的条件下自由地交易。人们希望信息是公开的、明确的,信誉是不可侵犯的,它不仅仅为自由市场机制的正常运行提供有效的支持,而且还为人们提供了一种约束公共权力运行、防止权力腐败的工具性约束。第五,防护性保障,指提供一个社会安全网,防止受到影响的人遭受更深重的痛苦,甚至陷入绝境。① 上述理论在促使社会各界开始关注弱者的政治自由问题的同时,也帮助政府和社会大众能够更好地认知弱者"机会平等""资源平等"的重要性。具体而言,它要求赋予人们广泛的政治上的自由权和信息上的知情权,以公平理念建构经济、社会方面的机会平等,并通过防护性制度措施(如伤残保障、失业救济等)来确保第二次机会的获取。实际上,如果说国家有可能或必须给予失败者提供"第二次机会",那么就应当大致沿着阿玛蒂亚·森的理论思路,将上述五种措施落到实处。然而,对于当代中国而言,"第二次机会"的机制尚不健全,而本该避免弱者产生的"第一次机会"却也同样缺乏!

三、由"失败者正义"反思我国安全网建构中"第一次机会"的缺失

通过对弗里德曼理论的研读不难发现,弗氏的论述是建立在相对成熟且较为发达的社会安全制度之上的。换句话说,弗里德曼是以西方发达的福利国家为参照而进行"失败者正义"原则的论述,在那样一些国家,社会保障制度健全,社会安全网络发达,在很大程度上避免了"第一次机会"上的缺失。这种"第一次机会"是国家所建构的一道安全屏障,以保证每一个社会成员都能从国家所提供的最低限度的保护中获得生存与发展的机会。"全球化社会影响世界委员会"在一个报告中强调了"社会经济地板层"的想法及其与社会保护

---

① 参见[印度]阿玛蒂亚·森:《以自由看待发展》,任赜、于真译,第30页以下。

的关系,报告指出:"必须为个人和家庭提供最低水平的社会保护,并将其无可争议地作为全球经济中社会经济地板层的一部分"。自此以后,术语"社会地板层"或者"社会保护地板层"就被用来表示全球公民应该享有的最基本的社会权利、服务和设施。国际劳工局出版的《世界社会保障报告》指出,"社会保护地板层"或"社会地板层"这个术语在许多方面与目前使用的"核心义务"内涵是相同的,"即要保证人权条约中规定的最基本、最起码的权利的实现。"①换句话说,要让每一个人都获得大致相当的生存与发展机会,生活中偶然的失败也可以借助于社会保护地板层的存在而避免更不安全或更具风险的生存环境。可见,"第一次机会"的存在,为"第二次机会"的赋予提供了基本的制度前提。

以贫穷为例,正如我们在第二章中说到的那样,贫穷会造成能力的缺失和机会的丧失,甚至会形成贫穷的循环,因此,对于贫穷者的社会保护乃是"第二次机会"制度设计的前提。社会生活中的贫困和极端贫困在三个方面使得人们无法获得基本的平等对待,因此,第一次机会所构筑的社会安全网必须在如下三个方面着力:一是保障那些处于贫困或很容易陷入贫困的人或群体的基本消费水准;二是对人或其他生产单位进行一系列的政策扶持,以确保他们能够摆脱持续的或代际传递的贫苦状况;三是增强处于贫困中的主体的行动能力,进而使得他们能够克服他们的困境。②

由此可见,就当代中国的情形而言,"第二次机会"所需的制度设施固然重要,但首要的任务还在于为"第一次机会"补课,消除诸如贫困这样一些造成人们能力上、机会上、境遇上"技不如人"的弱者生存状态。只有在确保"第一次机会"能够平等地赋予社会上每个成员之时,"第二次机会"才能够真正为失败者确立基础保障,使他们借助这些安全网络,摆脱失败的厄运,获取重新发展的可能。所以,当代中国在弱者保护上的制度安排,本身就是"第一次机会"与"第二次机会"同时建构的过程,这是当前中国的特色所在,当然也是其困难所在!

---

① 国际劳工局:《世界社会保障报告(2010—2011)——危机期间和后危机时代的社会保障覆盖》,人力资源和社会保障部社会保障研究所组织翻译,第 20 页。

② 对这三种类型的措施的详细阐述,可参见 Armando Barrientos and David Hulme eds.,*Social Protection for the Poor and Poorest*:*Concepts*,*Policies and Politics*,Palgrave Macmillan,2008,p.4。

第　九　章

弱者权利保护的权能基础

第一节　社会权的内涵

一、社会权观念的兴起

弱者权利的保护,与社会权观念与制度的产生与兴起密不可分。大致说来,人类社会的权利类型经历了由自然权利到政治权利再到社会权利的阶段进化,体现了人类社会在不同时代所不同的权利需求。如英国学者马歇尔所言:"公民权利归于 18 世纪,政治权利归于 19 世纪,社会权利则归于 20 世纪。"①在 17、18 世纪,经过启蒙运动的洗礼,以人身、财产为核心的自然权利②在各国宪法和法律中得以完整地体现,人身自由、私有财产的保护在宪法、民法、刑法等法律制度中被周密地加以制度设计。而历史进入 19 世纪之后,则是以普选权为核心的政治权利的时代。人们不再满足于在私人领域中的自主、自治,而是力图进入公共领域,用自己的选票影响政治,并通过实际的政治参与体现其作为国家主权者的法律地位。同样,由 19 世纪下半叶开始,权利的发展再行演化,出现了以保障人们生存所需的社会权利。以法律上人的模式来作为分析的论据,不难看出,自然权利以"自然人"为其制度根基,立足于对日常

---

① 　[英]T. H. 马歇尔:《公民身份与社会阶级》,见郭忠华、刘训练编《公民身份与社会阶级》,江苏人民出版社 2007 年版,第 9 页。

② 　必须说明的是,"自然权利"在诸多学者笔下也径直称为"公民权利",然而,在公民权利、政治权利、社会权利并列的情形下,显然使用自然权利一词更为合适,用以指称民众在日常生活中应当享有的不可侵犯的人权类型,而其中尤以人身权、财产权为根本。

生活中的人们予以全方位的法律保护;政治权利则是以"政治人"为规范对象,拓展人们参与政治事务、行使当家做主权力的公共活动范围;而社会权利则是以"社会人"为本,强调国家对所有社会成员应当履行关照、眷顾之责,使人们能够保有尊严的生存。当然,这种以时代划分权利的演进状况或许并不精确,权利的渐进性必然也会在不同的时代都有所呈现。正如学者所指出的那样:

> 社会经济权利并不是全新的,它们中的一种,例如劳动权在法国1793 年宪法和1848 年宪法中就能找到踪迹,但是只有到了 21 世纪,在"一战"更主要是在"二战"后,它们才开始成为立宪主义的标准装备。它们首次被1917 年的墨西哥宪法所规定,后者经过长期的努力,通过国有化自然资源和建立了国家对个人的全方位的社会性义务——至少在纸面上——去落实它们。通过魏玛宪法,它们变得普及。这是现代集体主义和古典自由主义之间的奇妙结合。它们包括:针对失业情形的劳动权和社会救助权、最低工资和最大劳动时间、带薪休假和休息时间、加入工会权、提供充足住房的社会福利权和受教育权(包括为每个人提供更高的教育)以及一系列社会立法,包括医疗、关心老年人、孕妇照顾、对多子家庭的福利。所有这些都成为福利国家的常见措施。①

这一历史性追溯,无疑拉长了社会权诞生的年轮,但如我们在此前所指出的那样,真正形成社会权观念和制度的时段,还是以德国俾斯麦创立的社会保险制度较为适当。有关"社会权"观念,英国学者弗利登曾专门对此进行了梳理。他认为,在自由资本主义之后,人们普遍地感觉到"社会应尽力承担职责来维护和促使其成员的幸福",因而衍生出"社会权"这一概念,也即国家和社会必须尽其可能,使弱者及其家属能够获得相应的物质保障,从而维持适当的生活水准。在他看来,"社会权"必须存在的理由大致包含三个方面:第一条理由是,如果社会不这么干的话,其成员最终被剥夺了人的本质。他们不可能依靠自己或正如他们所做的那样,为了汲取社会才智而与他人合作来达到全面发展。因此人们要求这种社会活动的权利为一种保持其人类本质的条件。对

---

① ［美］卡尔·罗文斯坦:《现代宪法论》,王锴、姚凤梅译,清华大学出版社 2017 年版,第 233 页。

他人而言，为这些权利而付出的代价反映了相互承担责任的社会精神面貌。再说，由于个人特别依赖共同体，所以后者对他们也非常负责——就像没有家长作风相伴的那种父母子女的关系；第二条理由是，各种对个人行为和发展的抑制是社会管理不善、出差错或效率低下的产物。人们有权免受因那些可避免的，但作为个人他们又无力控制突发事件所造成的损失，这样一旦他们因突发事件而遭受损失，社会就有责任向他们作赔偿；第三条理由是，强烈共同体观念就此形成了，具体而言，保护个人的权利符合社会利益，诸如民族生存以及对社会有用的劳动力的健康和素质。甚至社会因那些超出个人控制的灾祸，例如干旱和地震所造成的损失向个人作赔偿，因为社会是其成员的才能和贡献的主要受益者。对他们不利就会导致社会的贫穷。正是在以上诸多原因的综合作用之下，"一种权利包含着要求直接或间接地提高人们在共同体中的生活质量以及一个属于整体共同体的生活质量"得以形成。[①] 就此而言，超越纯属私人事务的"社会权"脱颖而出，这是一种可以由弱者主张并且由国家或社会承担救助责任的新型权利。这一权利的核心内容，是为了保障每个人均能获得包括食物在内的适当的生活水准的权利。这一权利在国际公约层面得到了明确规定。《世界人权宣言》第 25 条第 1 款指出："人人有权享受维持他本人和家属的健康和福利所需的生活水准"，具体包括"食物、衣着、住房、医疗和必要的社会服务"；《经济、社会及文化国际公约》第 11 条则规定："本公约缔约各国承认人人有权为他自己和家属获得相当的生活水准"，具体包括"足够的食物、衣着和住房"。当然，从另外一个方面说，社会权存在的根本原因则在于为弱者正常参与社会获取必要的发展资质。[②] 当人们因为资金的匮乏而丧失参与社会正常活动的机会时，国家和社会应当责无旁贷地提供援助。实际上，社会既然是造就弱者的渊薮，也是社会成员才能和贡献的受益者，因而本着社会公平的原则，它有责任照看人们由于各种不幸灾难或飞来横祸所带来的劣势地位。

二、社会权的不同界定

那么，什么是社会权呢？应当说，在国内乃至国际社会都还没有一个标准的社会权概念的界定；不仅如此，即使从名称上而言，就有"经济、社会、文化权

---

① ［英］弗利登：《权利》，孙嘉明、袁建华译，桂冠图书股份有限公司 1998 年版，第 116—117 页。

② 从这个意义上说，社会权是一种基础权，其目的是为了使宪法和法律的其他权利能够得以顺利实现。

利"①"经济、社会权利"②"社会基本权利"③"社会经济人权"④"社会基本权"⑤
"社会公民权"⑥"社会权利"⑦"社会权"等林林总总的不同名称。而从概念所
指涉的范围而言,广义者甚至包括政治权在内,例如日本学者三浦隆对社会权
的界定是:

> 社会权,就是指国政参与权、国务请求权、生存权。这些权利是推动
> 国家发展的积极权利。这是面向 21 世纪,以建设富裕的、热情洋溢的、生
> 气勃勃的社会为目标的权利规定。而且以高龄化社会为前提,构建新的
> 家庭,完成终身教育,工作愉快,参与国政等;要求每个人不仅以维持现成
> 的权利为己任,而且也要竭尽全力、热诚地开创新时代。社会权的日益活
> 跃,就是走向福利国家、文化国家之起点。⑧

如此宽泛的界定,虽然也与社会权生存所依托的福利社会与福利国家相
关,但将参与政治事务、表达政治诉求的权利也归入社会权的范围,无疑是过
于宽泛的不着边际之论。同样,既然在联合国《经济、社会及文化权利国际公
约》中将"经济权""社会权""文化权"并列,那么,"经济权"与"文化权"的内容
似也不能包含在社会权之中。当然,习惯上人们也会将"经济权""社会权""文
化权"统称为"社会权",以此区别于此前已经存在且得以完善的自然权利与政
治权利。并且从权利的内容上来说,经济权与社会权彼此互相交织,如工作
权,既可以属于经济权——当事人据此参与经济生活,以劳动收入维持生存,
但也属于社会权的范围——当事人据此获得必要的劳动保护条件、公平的工

---

①　参见涂云新:《经济、社会、文化权利论纲》,中国法制出版社 2020 年版,第 61 页。

②　参见[法]Jacques Donblet:《人权与社会安全》,黄昭弘译,见李钟桂主编《福利国家与社会安全》
(宪政思潮选集之六),第 538 页。

③　参见陈新民:《宪法学导论》,自印本,1996 年版,第 171 页。

④　[美]涛慕思·博格:《康德、罗尔斯与全球正义》,刘莘、徐向东等译,上海译文出版社 2010 年版,第
442 页。

⑤　李建良:《宪法理论与实践》(三),学林文化事业有限公司 2004 年版,第 45—47 页。

⑥　参见[英]彼得·泰勒-顾柏:《重构社会公民权》,郭烁译,中国劳动社会保障出版社 2010 年版,第
4 页。

⑦　参见苏景辉:《弱势者人权与社会工作》,巨流图书股份有限公司 2010 年版,第 8 页。

⑧　[日]三浦隆:《实践宪法学》,李力、白云海译,中国人民公安大学出版社 2002 年版,第 145 页。

资待遇等,二者的界限并不明确。但是,如果从社会权是为了保障全体社会成员最低限度的生存条件而言,文化权则很难归入社会权的范围。例如,根据《世界人权宣言》第 27 条和《经济、社会及文化权利国际公约》第 15 条,文化权利包括下列内容:参与文化生活的权利、享受科学进步及其应用产生的福利的权利、作者对其本人的任何科学、文学或艺术作品所产生的精神上和物质上的利益,有享受保护的权利,科学研究和创造性活动所不可缺少的自由。① 可见,文化权利是一种更为美好的生活享受,并非维持最低限度的生存所必需。

　　进行了以上的分析,我们就可以看看学者们对于社会权的界定,以厘清社会权这一概念的核心要素。

　　国外学者中,日本学者芦部信喜、高桥和之认为:"社会权是进入 20 世纪之后,基于社会国家(福利国家)的理想,为了特别保护社会性、经济性的弱者,实现实际的平等,而受到保障的人权。其内容在于保障国民,营构值得作为人的生活。从法的意义上来看,它是对国家要求一定行为的权利(作为请求权),在这一点上,其性质有别于以排除国家介入为目的的权利(不作为请求权)——自由权。当然,社会权中也存在自由权的侧面。"②在追溯社会权的源起时,日本学者杉原泰雄指出:"现代市民宪法想要保障所有的国民都过人一样的生活,新引进了各种'社会权'。有生存权、受教育权、劳动权、劳动三权(团结权、团体交涉权、争议权),有对母亲、儿童、老人、病人、身残者等的保护,对中小企业和中小农民的保护等。社会权的主体是在社会经济上处于弱者地位的人。"③英国学者布莱克莫尔认为社会权利这种权利与福利国家的发展有关。"在福利国家中,完整的公民身份是通过特定服务(如'免费的'教育)和社会保障的权利而获得表达的。"④澳大利亚学者吉姆·艾夫(Jim Ife)沿用第二代人权的说法,认为"第二代人权是指一系列权利,被称为经济、社会和文化权

---

① 参见[挪]A.艾德、C.克洛斯、A.罗萨斯主编:《经济、社会和文化权利教程》(修订第二版),中国人权研究会组织翻译,第 17 页。

② [日]芦部信喜著、高桥和之补订:《宪法》(第六版),林来梵、凌维慈、龙绚丽译,清华大学出版社 2018 年版,第 214 页。

③ [日]杉原泰雄:《宪法的历史——比较宪法学新论》,吕昶、渠涛译,社会科学文献出版社 2000 年版,第 117 页。

④ [英]肯·布莱克莫尔、路易丝·沃里克-布思:《社会政策导论》(第四版),岳经纶等译,格致出版社·上海人民出版社 2019 年版,第 406 页。

利。这些权利是指个人或者群体得到的各种社会产品或者服务,以实现人的全部潜力,包括:工作的权利、得到充足工资的权利、住房的权利、得到充足食物和衣物的权利、教育的权利、得到充足医疗服务的权利、社会保障的权利、年老时仍能得到尊严对待的权利、有得到合适的消遣和娱乐的时间的权利,等等。"①英国学者彼得·泰勒-顾柏则认为:"社会公民权关注的是,为满足社会需求和增强社会功能而设计的福利供给和与服务有关的权利和义务,并保障其必要的资金来源。"②

我国台湾地区学者对社会权的概念也多有探讨。例如,许庆雄认为,社会权基本意义是指"基于社会国理念,为使任何人皆可获得合乎人性尊严之存在,而予以保障之所有权利之总称"。由此,从这一概念出发,产生了人民对国家有一定的给付请求权,这些权利包括工作给予请求权、健康权、接受教育请求权。③ 苏景辉指出,"社会权是指国民有要求国家维持其基本生存及生活的权利。……社会权包括有社会福利暨健康权(生存权)、受教育权、工作权、劳动基本权等五种。"④吴老德的界定则是:"社会权,即人民请求国家保障其基本福利与社会安全的权利,或是有充分就业的权利,以及对弱者特殊保护,视为一种应享权益。社会权主要是保障经济上的弱者为对象,政府负责提供社会基本生活之维持,故要求国家权力应有积极作为。……换言之,国家有义务提供人民必要之生存照顾及生活条件,使人民享有实质的人类尊严与价值之经济、健康、福利、教育与文化的生活条件与环境,此乃是一种借由国家权利而获得的受益权。"⑤

在大陆学者中,李步云先生等认为,经济、社会和文化权利常常被称为"社会权",是人权发展到 20 世纪后增加的主要内容。它指公民有从社会获得基本生活条件、充分发展个体生产和生活能力的保障和良好地发育个体精神人格和社会人格的权利。一般包括个人的生存权、劳动权、受教育权和获得社会保障权等。⑥ 龚向和教授认为,"社会权是指公民依法享有的,主要是要求国

① ［澳］Jim Ife:《人类权利与社会工作》,郑广怀、何小雷译,第 38—39 页。
② ［英］彼得·泰勒-顾柏:《重构社会公民权》,郭烁译,第 4 页。
③ 参见许庆雄:《社会权论》,众文图书股份有限责任公司 1992 年版,第 13 页。
④ 苏景辉:《弱势者人权与社会工作》,第 19 页。
⑤ 吴老德:《正义与福利国家概论》,五南图书出版股份有限公司 2001 年版,第 48 页。
⑥ 参见李步云主编:《宪法比较研究》,法律出版社 1998 年版,第 529 页。

家对其物质和文化生活积极促成以及提供相应服务的权利"。[1] 学者程亚萍将社会权视为是在人权体系中与自由权相对的概念,"通常是指个人要求国家提供直接的、实体性、必要的积极作为的权利,也称为积极权利。它是人权体系的一个重要组成部分,是指一系列权利的总和,通常包括生存权、社会保障权、受教育权、健康权、环境权等。"[2]

以上还只是简要的列举,但由此也不难看出,社会权作为一种新型的人权,其内涵、外延都还在不断地变化之中。要在本阶段提出一个较为全面又能为学界所认同的社会权概念,殊非易事。

三、社会权的核心要素

如上所述,有关社会权的概念,学者们仁者见仁,界说不一。笔者在此无意提出新的有关社会权的概念,只是抽取有关社会权的核心要素作一简要的归纳:

第一,社会权是与尊严意识相关的新兴权利,换句话说,是为保障人的尊严而演进的人权类型。人的尊严的丧失,虽然不免会由个人过错所导致,但更多的却是社会因素的存在。例如,生活在贫困地区,资源匮乏,即便个人勤勉努力,仍可能衣不蔽体、食不果腹。而在缺乏最低限度的生存和生活条件之下的人们,要想维持做人的尊严,"过人一样的生活"必不可得。固然,通过社会救助、同情施舍,一定程度上也可以减少人们的困厄状态,但是,这种非正规化、制度化的救济,显然无法保障人的尊严的实现:

> 救济这一概念意味着施舍者的行为是自愿的,随意性的。那么,从客观的角度来看,人们可以怀疑社会成员的慷慨大度足以救济所有的贫民。其次,从主观的角度来看,因为救济的随意性,贫困者应备述自己的不幸从而促发别人的慷慨行为;但是向别人陈述自己的不幸总是被认为有些低声下气,与个人的人格尊严不符。最后,贫困的观念是相对的、变化无常的。它既指生存条件的完全缺乏或者说绝对贫困,也指在特定社会环境中维持起码的生活水平所必需的经济来源的明显不足。因而贫困的程

---

① 龚向和:《作为人权的社会权:社会权法律问题研究》,人民出版社 2007 年版,第 15 页。

② 程亚萍:《人权视域下的社会权研究》,中国社会科学出版社 2019 年版,第 1 页注 1。

度的高低决定着相关人员的数量以及慈善者施舍的努力的广度。①

可见,随意性的救济既不能从根本上改变贫困者的生活境况,也无法保障在此救助体系下人的尊严的维持。特别是随着工业社会的到来,大规模的社会风险既非单个个人所能应对,也非分散的慈善组织可以化解,因而就必须在确认国家有法定职责保障全体公民都能过上体面生活的原则上,给予人们以向国家请求、主张的社会权。相对于其他社会组织而言,国家拥有最丰厚的资源和最强大的组织、实施能力,能够为遭受苦难的人们提供最为切实的救助。实际上,社会权的赋权过程,是启蒙时代造就的"面对国家的个人"重新获取行动资本及请求能力的过程。自此之后,难以维持生计者可以直接求助于国家而非私人,这样就不会有"污名化"的羞辱,而是可以堂而皇之、正大光明地向国家提出主张,要求其履行法定职责。以社会权中的核心权利生存权为例:

> 社会国家的生存权立脚于"个人尊严的维持""人格的自由发展"等观念,对于本来的自由权不予否认,抑且可视为这种自由权的发展。故生存权又可称为免于饥饿的自由或追求幸福的权利。生存权虽意谓着国家应负担创设适于实质的个人尊严之维持与人格之发展的环境、设备、制度等的义务,但它不同于慈善或恩惠,故不为国家保护政策的对象。盖因对于这种环境的要求乃为个人之当然的权利,或基本权利之故。在这意义下,国家不但应以各个人为个人尊严的主体予以看待,同时对于个人的权利亦应承认其得依法律的手段寻求保护。②

在此,国家所担当的是法律义务而非道德义务,它不是以家长主义的姿态来履行对人们的"保育"职责,而是在人们拥有权利的基础上施行给付义务。国家的义务是当然的义务,个人的权利也是当然的权利,而有了国家这个强大的后盾,人才可以免于饥饿或匮乏,由此成就其人格和尊严。由此不难看出,证成社会权之正当性的根本论据,就在于它能够保障人的尊严的实现。

---

① [法]让-雅克·迪贝卢、爱克扎维尔·普列多:《社会保障法》,蒋将元译,法律出版社 2002 年版,第6页。

② [日]党道丰治:《现代福利国家的概念》,杨日然译,见李钟桂主编《福利国家与社会安全》,第 92 页。

　　第二,社会权经历了一个向弱者提供救助到向全体社会成员给予福利的转变。从以上引述的有关社会权的定义中可以发现,大多数学者均将社会权与弱者保护关联起来,而弱者的客观及其普遍的存在也确实是社会权得以兴起的社会背景。在自由资本主义阶段,人们信奉"物竞天择,强者生存"的法则,认为市场提供了任何一个社会成员得以展现其机会与能力的平台,在自由竞争的氛围中,人人都可审时度势、自主选择,从而实现个人利益的最大化。以《法国民法典》为代表的自由资本主义时期的立法,就更多地以人人都具有平等的理性和能力为预设,因而努力造就出全体民众均为"强者"的幻象。但实际上,人并不都具有同样的天赋,也不可能拥有同样的知识,因而即使法律提供了相同的机会,也不可避免地会出现在有人成功的同时也就有人失败的结果。以法律中的"契约自由"为例,法律的本意在于督促人们根据法律规定,通过订约伙伴的选择以及合同内容的磋商,来获得"最好的契约"这一效果。然而,当事人要达到这一目标,又必须同时具备主、客观等方面的条件。从主观上而言,当事人应当有必要的认知、选择与判断能力,他能够明确自己的利益之所在,不会感情用事而作出草率的选择;从客观上而言,起码"信息必须完全",也即能够清楚地了解交易所必需的基本信息。然而,就现实生活而言,每一个当事人未必都能具备这样齐备的条件。例如人们可能会因为情面而不太讨价还价,也可能根本就对交易的信息缺乏必要的了解。此外,虽然人的理性是人区别于其他动物的标志,但我们却不能说每个人在每件事情上都是必须具有理性的。作为一个现实生活中的人,支撑其生活的不仅是正确判断与选择的理性能力,还包括情感、意志、信仰等非理性行为,并且在一定程度上,它是造就生活多姿多彩的主要因素。正因为人的理性能力本身存在差异,人的机缘、命运各不相同,所以导致在竞争的态势下所出现的贫富两极分化现象。如学者所言:

　　　　事实上,随着工业革命的出现与发展,产生了大量的城市无产者的工人阶级;工业革命的影响迅速扩及这些工人阶级中,成为剥削他们的新势力。整个工业化世界,在工厂、纺织工厂和矿坑中,有数以百万计的处于社会底层的男人、女人和小孩,生活在肮脏的环境中,吸入厚重的废气及煤灰,饮用受到传染病感染的水;他们居住在过度拥挤的贫民窟中,过着穷困的生活,在压榨的工作条件下赚取微薄薪资,无法有任何喘息的机会。男孩只要一满五岁,他们的腰际就会被拴上锁链,送入矿坑中搬运煤矿;女孩们只要一满八岁,就必须在完全黑暗的地底,负责开关运输通道门的工作,一天必须工作整整十二个小时。女人们必须用浮肿的双脚每天在工厂里足足站满十五个小时,在没有任何保护措施下,更换动力织布机的线轴。而男人们也在类似的工作条件下付出劳动力,这些努力换取到的却是令人同情的报酬;在工业革命期间,所有工人都必须服从那些拥有生产工具之人的支配,他们所承受的辛劳与困境,几乎已经超过了我们想像的空间。最令人震惊的是,据统计,在十九世纪中叶时,欧洲有许多地方的平均工时,竟然达到一周八十四小时的地步。城市工人阶级所受到的剥削,以及随之而来的饥荒、贫穷、犯罪、卖淫、流行性传染病以及家庭失序等,引发了许多悲剧。①

这样的社会不公,不仅导致阶级矛盾的激化,从而危及资产阶级的统治秩序,同样也引发了社会正直人士的关切。正因如此,法律根据变化了的时代背景适时作出调整,前述的法律社会化运动就是典型的例子。法律社会化的核心成果主要表现在两个方面:一是确立了社会本位的法律理念,将社会公平、社会均衡、社会和谐的价值追求融入于法律规定之中,从而强化了国家和社会在保障弱者方面的法律责任;二是对传统私法加以改造,不再视私法领域为个人自主而不容国家干预的自治空间。劳动条件的强调、最低标准的确定以及对弱者的特殊保护等,都使得许多传统意义上的私法特别是劳动法发生了质的变化,也就是学界常言的"私法公法化"。在这一理论和制度的转向之中,社会法应运而生,社会权正式确立,弱者也从传统的接受救济、感恩怜悯的对象而成为法律上的权利主体,因其特定的身份而享有受益权。

需要注意的是,社会权的发展并不止于对弱者利益的保护,在福利国家时代,还同时强调国家对全体社会成员负有织造社会安全网、提升人们生活质量的责任:

> 到 20 世纪的中叶,市民权的深化产生了被称为福利国家的体制。福

---

① [美]Paul Gordon Lauren:《国际人权的进展》,徐子婷等译,第 123 页。

利国家意味着 19 世纪以来不断进行的社会性市民权的深化迎来了其最终局面。在此意义上,从夜警国家向福利国家的转型是连续型的。但福利国家超越了此前的社会政策,在这一意义上必须将它理解为与之前的体制并不连续的体系。福利国家不仅包含以社会保障为首的社会政策,它还包括充分就业政策。不管是否使用对总需求的管理这一手段,人们希望在宏观经济模型中通过经济政策来实现充分就业。通过社会权的深化而形成的庞大的社会政策群,在福利国家体制之下构成经济体系的一部分。①

可以说,福利权的出现就是社会权的深化,它将国家提供公共服务、维护社会安全、保障人民福祉作为新的国家范式,从而增强了国家的正当性,也提升了国家的伦理性。固然,福利国家扩张了国家权力,引起了人们对日益强大的"利维坦"的担忧;福利国家也形成了人们对国家的过度依赖,从而使个人责任难以在改变人们生活境况中发挥其应有功能;福利国家还带来了政府"入不敷出"的财政危机,而其中的管理不善以及权力滥用也加深了人们对此应有的疑惑。然而,一个好的政府就应当是为人们谋福利的政府,其在着重保护弱者权利的同时,也应当为全社会成员的幸福生活提供更好的待遇与服务。从这个意义上而言,福利国家固然有着种种弊端,但其立足于全民福祉的价值目标则是值得称道的。实际上,保护弱者与增进全民福利本身也是相辅相成的关系:全民福利的提升,同样也在为弱者权益助力,弱者在福利的普遍化中受益匪浅,即"贫穷可以通过配置更有力的福利权利或者其他再分配性的措施得到了结";②而弱者权益的保障,客观上也为福利制度提供了发展的动力。"新的经济与社会权利促成了保障个人自由的方法。诸如,不为明日而忧虑,为其家庭担保一种补充所得,获得现代的医疗,失业及疾病救济。在这些福利之下,使工人能够致力于本身的工作,并履行他对国家、家庭、社会以及本身的责任。"③质言之,由于弱者有了生存的最基本保障,这样他们就能积极投向于经

---

① ［日］武川正吾:《福利国家的社会学:全球化、个体化与社会政策》,李莲花等译,第 261 页。

② ［美］露西·威廉斯:《福利与法律权利:贫穷的社会根源》,见［美］戴维·凯瑞斯编《法律中的政治——一个进步性批评》,信春鹰译,中国政法大学出版社 2008 年版,第 400 页。

③ ［法］Jacques Donblet:《人权与社会安全》,黄昭弘译,见李钟桂主编《福利国家与社会安全》,第 538 页。

济和社会生活,为经济的发展和社会的进步作出自己应有的贡献。

第三,社会权利既有实体的成分,也有程序的内容。从实体上而言,它意味着在国家法律特别是在宪法中明确列举人们所能享有的实体权利,并借助其他法律来具体实施。例如,在我国宪法中,劳动权(第 42 条)、休息权(第 43 条)、退休人员生活保障权(第 44 条)、物质帮助权(第 45 条)等属于明显的社会权利,且都是有关实体内容的规定。为使这些权利得以落实,国家制定了《劳动法》《劳动合同法》《老年人权益保障法》《残疾人保障法》等,规定了休假制度和退休制度等,使宪法确认的权利能够在现实生活落地生根,社会成员据此可获得来自国家和社会的救助。与此同时,社会权也是一种程序性权利:

> 程序性权利是指拥有某些具体形式的服务及获取补偿的权利,核心是保证个人平等地使用某些服务并能得到福利机构的公平对待。其要旨是,公民能得到何种权利,应该有人向他们提供建议和帮助;此外,如果他们受到公共福利提供者的不公平对待(例如因为性别、年龄、种族等),他们可以经由专家法庭或法院寻求补偿。

一定程度上说,所有实体权利都只有借助程序权利才能得以实现,社会权自然也不例外。在这类程序中,既包括行政程序,如申请社会福利的步骤与手续,也包括司法程序,即社会成员感受到歧视或者剥夺时,如何通过诉讼途径来维护自己的社会权利。例如在我国行政诉讼法中,就将"行政机关没有依法支付抚恤金、最低生活保障待遇或者社会保险待遇"的行政不作为确定为行政诉讼的受案范围,当事人可据此向人民法院提起诉讼,要求行政机关履行法定职责。

第二节　围绕社会权是否为真实、有效权利的争议

一、否定社会权真实性、有效性的主要论点

在社会权被纳入联合国《经济、社会及文化权利国际公约》的今天,社会权

的人权、权利属性似乎昭然若揭，然而，在社会权发展的历程中，否认其具有法律权利的属性者所在多有，综括其论据大致如下：

一是社会权与传统的公民权、政治权在性质上并不相容，而权利的根本要义在于防御国家的侵犯，但社会权要求的是国家的支持与给付，这就产生了社会权究竟是不是一项权利的质疑。如学者所言：

> 不可否认，典型的公民权利与经济、社会、文化权利之间存在着某种显著差别。这在很大程度上是围绕国家的角色来考虑的。对公民权利来说，主要强调的是免受国家干涉的自由，而对经济、社会、文化权利来说，考虑的主要因素则是有权要求国家提供保护和帮助。相比较而言，公民权利可能仅仅要求国家承担不予干涉的被动义务；而经济、社会、文化权利则要求国家采取主动的措施。[1]

按照这一理解，公民权利、政治权利这类自由权利才是正统的权利类型，而社会权利相对而言则似乎不那么正宗。所以有学者以"福利"为例指出："福利政策是值得嘉许的，但将其说是受惠者的权利则是欠妥当的。我同意福利是个理想、奋斗的目标，但却不能说成是普遍性的'基本人权'。"[2]即使是勉强承认社会权也算是人权的学者，也不忘强调"权利的多样性来自于根本的天赋权利，民权与政治权利不可违反具有普世性，且高于经济和社会权利之上。……当权利之间发生冲突的时候，基本权利优先于经济和社会权利，这一原则应当生效"。[3]以此理解，社会权至多只能是基本权利的"侍女"，难以拥有和公民权、政治权那样的平等地位。

二是社会权是对其他权利特别是财产权的侵犯。我国台湾学者徐振雄先生在列举有关福利权的反对意见中，指出在个人主义观点之下，将社会权、福利权视为对他人财产权公然侵犯的论点：

---

① ［挪］A.艾德、C.克洛斯、A.罗萨斯主编：《经济、社会和文化权利教程》(修订第二版)，中国人权研究会组织翻译，第5页。

② 吴冠军：《多元的现代性——从"9·11"灾难到汪晖"中国的现代性"论说》，上海三联书店2002年版，第81页注2。

③ 何包钢：《可能的世界和现实的世界——解说休谟政治哲学的一个原理》，见刘军宁等编《市场社会与公共秩序》，生活·读书·新知三联书店1996年版，第81页。

国家的福利架构,却是从租税所得提供出大量的福利基金,并使任何人都不能逃出这个架构之中。这象征个人被强迫为他人而工作,而且也违反任何人都应该在自由经济市场中,因为工作所得而自由使用其收入的权利。是以,未经工作者的自愿同意,就使任何人的工作所得成为福利政策事先占有的财产,其实就等于强盗。①

加拿大学者米什拉也持同样的观念,认为社会权引发了物资资源的流动和重新分配的问题,导致了社会权与财产权的冲突,而后者是自由资本主义社会的基本权利之一。"当西方经济在 70 年代中期出现严重问题时,经济或财产权获得了优先地位。社会权利被视为侵犯了财产权,因而被削弱了。"所以他悲观地认为,当公民的民法权利和政治权利没有引起争论而在全世界推广时,"社会权利即使没有倒退的话也只是在原地踏步。它们的未来无疑是不确定的。"②的确,财产权被视为资本主义制度下最为根本、最为重要的权利之一,如果社会权的确造成了对财产权的侵犯,那么它的正当性、合理性也就不免会令人质疑。

三是社会权对弱者的保护会形成逆向歧视,难以证成其正当性与合理性。为了对弱者的地位与权利予以补足,法律上往往采取实质平等的原则,对弱者的权利与利益加以特别保护。例如《中华人民共和国残疾人保障法》第 4 条规定:"国家采取辅助方法和扶持措施,对残疾人给予特别扶助,减轻或者消除残疾影响和外界障碍,保障残疾人权利的实现。"第 33 条则专门列出了保障残疾人就业的具体办法:"国家实行按比例安排残疾人就业制度。国家机关、社会团体、企业事业单位、民办非企业单位应当按照规定的比例安排残疾人就业,并为其选择适当的工种和岗位。"在已经拥有正常劳动能力的人尚无法完全就业的情况下,残疾人则可以在国家的"特别关照"下获取就业岗位,这无疑是不公平的,是一种逆向歧视或曰反向歧视。"逆向歧视或者纠偏行动免不了故意使具有某种性别、种族,或者其他受保护特征的弱势群体受益。从表面上看,这违背了基本的平等原则。"③英国学者肯·布莱克莫尔、路易丝·沃里克-布

---

① 徐振雄:《法治视野下的正义理论》,洪叶文化事业有限公司 2005 年版,第 158 页。
② [加]R.米什拉:《社会政策与福利政策——全球化的视角》,郑秉文译,第 113 页。
③ [南非]桑德拉·弗里德曼:《反歧视法》(第二版),杨雅云译,中国法制出版社 2019 年版,第 220 页。

思就列举了自由主义和保守主义认定这种特别保护措施有违公平、构成逆向歧视的论点,主要包括:(1)平等政策的目的是确保人民得到公平的对待,或者被平等地对待。基于性别、种族、残疾或其他不相干准则的歧视大多数是不公正和不合法的;(2)公平环境下的公平竞争是其基本标志。最终的结果与产出,例如被雇用或得到福利,应取决于其绩效或需要;(3)个人必须以类似的方式加以对待。最终的结果可能不平等,但却是公平的。任何歧视,无论是积极的还是消极的,都是错误的;(4)配额制,或者为少数族群或弱势群体的成员预留一定数量的地位、学位和服务,这些都是不公平的。① 所以,不论证这种带有对弱者权利保护"纠偏"性质的制度安排的正当性与合理性,也就无法证成社会权的合法性与正当性。

四是社会权无法通过司法机制而得以保护和维护。权利的可诉性是权利的本质特征之一,这意味着任何一种权利不仅可以被主张、被请求,同时也可以诉诸司法机关,要求维护和保障这种权利的实现。但在很多学者看来,社会权并"不包含具体的请求权"。② 甚至于有学者认为,像社会权中的福利权压根就没有具体的请求对象,"因为我们不知道它请求的对象是谁。如果说是国家,那国家也是由具体的人而构成的。因此,福利权其实就是要求社会上的某部分人去照顾另一部分人(往往通过国家使用累进税的方式)。但问题是为什么不管行为主体愿意还是不愿意,他都得按照'福利权'的要求去负担这样的责任或义务?"③可见,按照这一说法,不仅福利权的指向对象不明,也会带给社会上其他人不公平的负担。否认社会权的可诉性观点,还可见于德国学者的说法:

> 大家固然可以充分同意下述宪法概念:国家权力应该合社会性地规划团体生活,然而以基本权的方式来担保这项任务的达成是否妥当却极为可疑。因为基本权与其他法制度脉络相连,所以有三个理由可用以反

---

① 参见[英]肯·布莱克莫尔、路易丝·沃里克-布思:《社会政策导论》(第四版),岳经纶等译,格致出版社·上海人民出版社 2019 年版,第 39—40 页。

② [日]宫沢俊义:《宪法 II》(法律学全集第 4 卷),有斐阁 2000 年版,第 90 页。转引自田思路:《日本"社会法":概念·范畴·演进》,《华东政法大学学报》2019 年第 4 期。

③ 吴冠军:《多元的现代性——从"9·11"灾难到汪晖"中国的现代性"论说》,第 80—81 页注 2。

对将基本权扩张到社会给付请求权:

一、作为社会权的基本权会带来严重的财政负担。假使宪法法院以解释的方式由基本权中推论得到给付请求权,那么它事实上可以借此影响国家财政及财政支出的优先秩序。然而宪法以及解释宪法的宪法法院并不能担保,提供自由之实质条件所必须支出的金钱确有着落。

二、大部分由基本法所推得的给付请求权都未明确指出,其请求权的内容究竟为何:多大的房子、怎样的工作? 教育权以及干净的环境权究竟赋予什么请求权? 给付的范围也不清楚。除了一些这里不拟讨论的例外,只有根据那些为推行社会国政策而制定的法律才能取得社会权。

三、因为请求客体的不明确性及不能克服之财政资源的短缺,所以宪法不能像保障古典防卫权那样,以同样的拘束力来保障给付请求权,故意背离德国传统。我们整个基本权体系的基础在于:作为有直接适用效力的法规范,基本权可以拘束立法权,并且借宪法法院的控制权限来贯彻。将基本权扩张到社会性的给付请求权,其必须回避基本法第一条第三项的拘束条款,这又会侵蚀这项规定的效力。[1]

综括上述理由,不外乎这样三个方面:第一,如果以法院裁判的方式来裁定社会权的给付问题,那么法院势必要介入国家财政及财政支出的优先顺序,但法院并无法确保政府拥有足够的资金来支付当事人的社会权给付请求;第二,社会权包含的请求事项并不明确,例如"适足住宅权""适当生活水准权"之类,其中的"适足""适当"就是弹性极大的模糊概念;第三,将基本权扩张到社会权的给付请求上,有违德国法制的传统。

澳大利亚学者索尔等也指出:

公民权利和政治权利被普遍地认为具有立即可适用性和典型的可诉性,而经济、社会和文化权利则被看作只能通过国家政策的措施而逐渐实现。公民权利和政治权利经常被视为免受国家干预的消极自由,而经济、

_____

[1]　[德]Christian Starck:《法学、宪法法院审判权与基本权利》,杨子慧等译,元照出版有限公司 2006年版,第 96—97 页。

社会和文化权利则被认为涉及国家的积极义务,这又意味着对公共资源提出具有政治敏感性的要求。①

类似这样的说法还很多,根本的理由无非是社会权尚不具有宪法上基本权利的性质,是一种"逐渐实现"而不是"即刻实施"的权利,而公共财政的开支方面大多属于国家行为或政治问题,法院需要保持谦抑态度,尽量避免介入。

二、为社会权真实性、有效性的辩护

那么,上述四种观点是否足以否定社会权的真实性与合理性呢? 我们的答案是否定的。

第一个观点,即认为社会权需要国家协助、具有国家干预的性质就不是真实的权利而言,这种观点是明显站不住脚的。一方面,自由权与社会权的区分或者说消极权利与积极权利的区分并不是绝对的,更不是哪种权利更是人权或者权利的标准所在。自由权固然以防御国家为核心,但自由权同样也离不开国家的积极协助。例如,选举权是被人们通常认定的自由权之一,但是,选举的时间、地点、程序、经费等,同样离不开国家的策划与保障;社会权固然以国家协助为前提,但国家取消某些弱势人群享有社会福利、社会保障的资格,未尝也不可以认为是对自由的侵犯。不仅如此,"保护个人自由和满足社会需求是宪法中同等重要的基本价值观。"②社会权正是因应弱者普遍存在的客观事实,因而以国家支持、扶助的方式来保障弱者的基本生存及参与社会的基本能力,是社会团结、人道、和谐的价值体现。特别是现代社会已逐步向风险社会过渡,而所谓风险社会,说到底,就是人无法控制自己的命运。"人口统计学显示,新的经济自身产生了一个问题。农业工人和工业工人对他们的生活和尊严都丧失了控制权,每天仅能维持基本生活,不知道什么时候就会被当作冗员而遭解雇。"③在这样一种社会背景下,社会福利就不是国家的恩赐,而是人们的权利了。至于说同为权利,公民权、政治权就高于社会权的论调,也早为

①　[澳]本·索尔、戴维·金利、杰奎琳·莫布雷:《〈经济社会文化权利国际公约〉评注、案例与资料》(上),孙世彦译,第1页。

②　[挪]A.艾德、C.克劳斯、A.罗萨斯主编:《经济、社会和文化权利教程》(修订第二版),中国人权研究会组织翻译,第48页。

③　[美]马克·A.卢兹:《经济学的人本化:溯源与发展》,孟宪昌译,西南财经大学出版社2003年版,第38—39页。

人权专家们所驳斥。无论是将人权划分为几代,任何一代人权都无"任何等级或高低阶段之分","因为所有的权利是相互依赖、不可分割和相互关联的"。①当然我们也承认,社会权的内容清单和实现程度,与一个国家的财政状况密切相关,也与一个政府是否以人民福祉为根本追求紧密相连,因而这种权利的实现和保障方面必定会有这样或那样的障碍,但是,这并不足以否定社会权利是真实的权利,或者说是与自然权利、政治权利相比较"分量稍薄"的权利。

第二个观点认为社会权的存在是对财产权的侵犯,这同样难以成立。首先,财产权是以社会安全为前提的,没有和平、稳定的秩序,财产顷刻之间就可能成为别人的囊中之物。在追溯社会权的起源时,法国学者雅克·唐布尔(Jacques Donblet)就明确指出:

> 十九世纪并不是不知道安全的重要性,但那是因为属于某一阶级的个人财产权的结果。安全是依靠秩序与储蓄,依靠公积金,并且仅在大众受到伤害时才有需要。人们对安全的要求愈来愈大,是因为工人转移到城市,破坏了传统家庭稳固的连锁;年老剥夺了工人的工作,无能力储蓄的人无法脱离贫穷等因素所促成。因此,保障生命所需成为基本的原则。这基本的原则要求由雇主获得实际的福利,接着要求公众的保护,使雇主与公众的财政支持共同负担社会保险的责任。在这种方式之中,为个人和家庭产生了法定的义务与法定的权利;这些福利为那些非因过失而不能工作的人及其家属保证一种"代替所得"。这种概念确实与自由个人的自然权利概念非常不同。对雇主的强制捐款,起先被认为是对自由的侵犯。然而,在考虑经济与社会条件之下,很快的我们了解到,有问题的自由,仅是那些无远虑的自由。这些自由的后果,以后成为社会的沉重负担。②

所谓"无远虑的自由",即是资本家无限度地榨取剩余价值的自由,它引发了此后横亘欧洲大陆的阶级斗争风暴,严重威胁着资产阶级的统治,因而迫使

---

① ［挪］A. 艾德、C. 克洛斯、A. 罗萨斯主编:《经济、社会和文化权利教程》(修订第二版),中国人权研究会组织翻译,第205页。

② ［法］Jacques Donblet:《人权与社会安全》,黄昭弘译,见李钟桂主编《福利国家与社会安全》,第537页。

资本主义国家不得不改弦易辙，承认社会权并通过社会保险、社会保障、社会救助等制度，来适度减缓无产阶级的贫困。

其次，个人通过自己的劳动来获取财产，这在法律的意义上施以保护的措施自然正当，然而同样重要的是，所有人从劳动中收益、获利又是以使用自然资源为前提的。但自然资源不是人为的，也不是无限的，当人们通过自己的劳动而从自然资源那里获得了财产甚至是高额的利润时，由其独自一人来占有、享受并不就是合理的、正当的。因为"人类生产的任何物质产品，其价值都是由自然资源和人的劳动构成的。或者说，任何人类生产的物质产品，其价值都必定分为两个部分：自然资源和人的劳动。基于这样的自然存在的客观事实，即自然事实，每个人都拥有对自然资源的平等权利。"[1]以此推论，即使国家通过税收政策来强制财产所有权人将部分资金交给国家并由国家通过再分配的方式给付于需要帮助的人们，也只不过是对其使用公共自然资源予以缴纳必要的费用而已，并无侵犯个人合法财产权之嫌。在这方面，密尔（也译穆勒）甚至认为，"没收由于事情的自然发展而增加的财富，用它来造福于社会，而不是听凭它成为某一阶级的不劳而获的财富"，[2]正是一种合理且合法的制度安排。

再者，财产权并不是真的仅凭个人的努力即可获取的权利，它产生于社会，也得益于社会。在这方面，法国著名思想家贡斯当即明确指出：

> 财产权绝对不是先于社会的，如果没有给它提供安全保障，财产权不过是首先占有者的权利，换句话说，是暴力的权力，也就是说，一个根本不是权利的权利。财产权并不独立于社会，因为一种社会环境，即使是非常悲惨的环境，没有财产权也能够加以想象，而如果没有社会环境，想象财产权是不可能的事。[3]

实际上，财产权的存在与保护正是依赖于国家和社会所提供的法律制度

---

① 杨伟民：《论公民福利权利之基础》，北京大学出版社 2017 年版，第 12 页。
② ［英］约翰·穆勒：《政治经济学原理——及其在社会哲学上的若干应用》（下），胡企林、朱泱译，第 390—391 页。
③ ［法］邦雅曼·贡斯当：《古代人的自由与现代人的自由》，阎克文、刘满贵译，上海人民出版社 2003 年版，第 194 页。

和舆论支持,它才能够真正成为一种法律上的权利。同样,任何个人也只有通过社会才能获取财富:产品如不合乎人们的需求,只能使生产者亏空而非受益;产品只有通过人们的购买,才会为生产者带来利润。从这个意义上说,财产所有人交纳税收,并由国家施行再分配的方式将之用于救助弱者,也只不过是财产所有者对社会的回报而已,并无掠夺个人合法财产的嫌疑。正是由于财产分配不均,强者、弱者境遇天壤之别,才有了分配正义的呼唤,强调所有权人对社会的义务。我国台湾地区学者陈新民先生以魏玛宪法(台湾地区译为"威玛宪法")为例,追溯了这一观念的起源及其合理性:

> 在经济的自由权方面,传统的宪法理念认为人民可自由地保有财产并使用与处分之,而威玛宪法第 151 条却规定:国家的经济制度应保障每个人皆能获得"合乎人性的生活"。个人的经济自由也在此原则下受到限制。第 153 条 3 项也规定人民的财产权负有社会义务,财产权的行使应有助于公共福祉。是以,人民的经济自由权也包含了财产权可为公益而牺牲之概念,个人不能滥用其财产权与经济上的力量,来侵犯公共福祉与他人生存的尊严。①

魏玛宪法被公认为首次在根本大法中承认并保障社会权,而其强调"合乎人性的生活"也与此后社会权的基本宗旨相吻合。据此,财产权的行使必须本着公益原则,为弱者获致人的尊严提供助力。

从第三个观点而言,刻意为弱者或少数人提供特别的权利保护或法律优待,的确会在一定程度上带来逆向歧视的后果,然而,这是对已往存有陋习的社会传统和社会结构的一种纠偏。众所周知,妇女、残疾人、少数民族等弱势群体曾长期遭受社会歧视和社会排斥,根深蒂固的社会惯性使得"法律面前人人平等"业已成为普世价值的今天仍无法合理地对他们的权益给予实质的保护。因此,为了"强不齐以为齐",就迫切需要国家采取特别措施与特别行动,从而在根本上铲除滋生歧视弱者的土壤。这是一改以往法律只注重"形式平等"而转而强调"实质平等"的制度努力,因为"某些群体比其他群体更为脆弱,

---

① 陈新民:《宪法学导论》,自印本,1996 年版,第 173—174 页。

或者传统上就一直遭受歧视。他们的权利需要予以特殊保护,有时还需要采取积极行动或其他特殊措施。"①在弱者权利的保护中,实质平等原则应当优于形式平等原则,即通过法律、政策和制度上的特别行动,弥补弱者此前所遭遇的不公平对待,并从而改变弱者在现实中所处的劣势地位。以妇女权利为例,学者指出:

> 加速实现事实平等的措施是必要的,因为形式上的平等权不足以为妇女提供一个真正的平等起点。从形式上移除对妇女的机会障碍并禁止歧视并不足以确保实现事实上的平等。如果仅仅通过对已被证明的歧视案件作出反应来执行平等权,将无法引发系统的变革而带来事实平等。系统性的歧视需要系统的解决方案。②

实际上,就平等的理解而言,相同的事情应相同对待,而不同的事物则应不同对待。对于原本在法律地位或者初始条件上本不处于平等地位的人群之间,强调法律的形式平等只会越来越拉大强弱之间的距离,为此,国家和法律要以优待、补足的方式,来补强业已遭受排斥、歧视的弱者权益。"如果政府拒绝积极主动地减少弱势群体所遭受的劣势,实则就是支持和维护凌驾于遭受歧视和偏见的弱势群体之上的占主导地位的群体所享有的优势。"③正因如此,在强调实质平等的前提下,即便对弱者予以特别保护的措施或政策有可能构成逆向歧视,也是必要与合法的。

就第四个观点论及的社会权的可诉性方面而言,论者的反对理由无非二个:一是社会权的完整实现与一国的财政状况和执政者的民生理念密切相关,因而,宪法和法律中规定的社会权都只是带有宣言的性质,意在表明国家的方针、政策,而有关这类权利的表述,法律上多使用"促进""鼓励""帮助""创造条件"④等

---

① ［挪］A.艾德、C.克洛斯、A.罗萨斯主编:《经济、社会和文化权利教程》(修订第二版),中国人权研究会组织翻译,第17页。

② ［美］玛莎·A.弗里曼、［英］克莉丝蒂娜·钦金、［德］贝亚特·鲁道夫主编:《〈消除对妇女一切形式歧视公约〉评注》(上),戴瑞君译,第171—172页。

③ ［南非］桑德拉·弗里德曼:《反歧视法》(第二版),杨雅云译,第224页。

④ 以我国宪法第42条规定的劳动权为例,条文中的表述为:"国家通过各种途径,创造劳动就业条件,加强劳动保护,改善劳动条件,并在发展生产的基础上,提高劳动报酬和福利待遇。"

字眼,因而导致这类权利不具有切实可行性;二是当国家或政府没有履行作为义务时,没有法律救济途径能够让它们承担责任,司法机关也无从判定政府的行为是否违宪或者违法。"很难想象,一个国家的政府领袖会因为他们国家不完善的教育体制而被送上法庭,但是同样的,如果他们因为迫害或者种族灭绝很可能会被起诉";①同样,"难以想象一个人如何在法庭上主张:他的幸福权利没有得到政府的支持"。② 据此,许多人认为这类权利实际上不具有法律上的可诉性。然而,一方面,虽然社会权的实现的确与一国的财政状况密切相关,欠发达国家和地区不可能达到发达国家那样的社会权保障水平,但是,这并非意味着这些国家就可以无视弱者的生存境况,而同样应以民生为根本,维持弱者的基本生存条件:

> (经济、社会和文化权利的)"逐渐实现"不是国家在希望给予或拒绝权利时可以任意决定的无限制的、有弹性的特权。联合国经济、社会和文化权利委员会已经表明,"逐渐实现"要求国家的合理地作出努力,在可用资源的最大限度内以及在尽可能短的时间内实现这些权利,同时确保最低限度的不可减少的核心权利,并对处于最弱者地位的人提供保障。逐渐实现的这些组成部分本身可以受到各种类型的司法监督。③

另一方面,当社会权规定在宪法和法律中时,它就不能再是一种道德方面的承诺,而是必须付诸实践的行动。例如,当国家承诺要积极创造条件、保护公民就业时,就必须通过具体的立法来明确促进就业的政策措施和制度安排,否则,庄严的法律规定就可能演变为空洞无物的廉价承诺。以《中华人民共和国促进就业法》为例,该法就不仅在第 3 条规定了"劳动者依法享有平等就业和自主择业的权利",也强调了"劳动者就业,不因民族、种族、性别、宗教信仰等不同而受歧视"。同时,该法还从"政策指导"(第二章)、"公平就业"(第三章)、"就业服务和管理"(第四章)、"职业教育与培训"(第五章)、"就业援助"

---

① ［澳］Jim Ife:《人类权利与社会工作》,郑广怀、何小雷译,第 39 页。
② ［英］诺曼·巴里:《福利》,储建国译,第 93 页。
③ ［澳］本·索尔、戴维·金利、杰奎琳·莫布雷:《〈经济社会文化权利国际公约〉评注、案例与资料》(上),孙世彦译,第 1—2 页。

（第六章）、"监督检查"（第七章）、"法律责任"（第八章）等多个维度，为劳动者就业提供支持、服务和援助。特别是在第 61 条和第 62 条分别规定了"违反本法规定，劳动行政等有关部门及其工作人员滥用职权、玩忽职守、徇私舞弊的，对直接负责的主管人员和其他直接责任人员依法给予处分""违反本法规定，实施就业歧视的，劳动者可以向人民法院提起诉讼"，不仅落实了政府一方的责任，同时也直接将就业歧视纳入可诉的范围。所以，社会权并不只是一种虚幻的权利，而是可以实现、可以诉讼的权利类型。

国际人权专家们也注意到，随着对社会权的认识日益加深，越来越多的国家业已将社会权纳入可诉的范围，从而如公民权利、政治权利一样，在受到侵犯或未能落实时，可以向法院提起诉讼，以司法审查、司法救济的方式来恢复被侵犯的社会权利。以德国为例：

在德国宪法性法律中，法院已根据社会状况原则支持社会正义的立法，反对基于财产权等基本权利对宪法提出质疑。旨在价格管理的立法不被认为违反自由缔结合同的权利，因为社会状况有义务反对过高的食物价格、医疗和住房费用。法院因而根据社会状况原则实现了个人自由与促进社会正义之间的平衡。[1]

日益增多的社会权诉讼，不仅破除了以往社会权只是字面权利的不正确认识，也使社会权日益为社会所理解和尊重。很大程度上可以说，社会的文明与进步不是取决于经济的发展水平与物质的丰裕程度，而是人性中那种对处于弱势地位者发自内心的同情与关爱情感的增长与升华。社会权就是结合了人类这种高贵的道德情感，因而成为给弱者提供支持、救助的制度保障。

第三节　社会权的性质

在辨别了社会权是一种客观、真实的人权类型以及它与尊严、福利之间的

---

[1]　［挪］A.艾德、C.克洛斯、A.罗萨斯主编：《经济、社会和文化权利教程》（修订第二版），中国人权研究会组织翻译，第 61 页。

关系之后,其性质如何还需在学理上予以进一步的界定。大致说来,社会权具有身份性、积极性、受益性的权利特征,这使其与一般的自然权利、政治权利相比存在较大的差异。

一、社会权是一种身份权利

简单地说,身份权是因为某一主体所具有的特定身份而在法律上所享有的权利。这一界定意味着:凡具有此身份者即拥有此权利;凡不具有此身份者即不享有此权利。可见,并不是权利构成身份,而是身份附着权利。例如,我是教师,我就应该拥有教师所享有的权利,而这些权利就不是其他非教师职业的人员所能具有的。"平等原则并不妨碍在人员群体中按事物性质进行合理区分",当然,这也要求身份不能是个封闭、固化的地位标志,而是一种流动、开放的自主选择。正因如此,"制定商法规范作为商人的特别法是与事物本身相关而不是与等级相关,因为在商业自由和经营自由的标志下,这些职业并未被表述为封闭性的人员群体:每个人都可以成为商人,并由此而同这些专门的职业规定打交道。"①法律一方面允许人们自主选择身份或改变身份,另一方面则是从规制的角度,对某一身份拥有者规定其相应的法律待遇。所以,身份"从最广泛的意义上,它包括一个人所有的法律关系,即他在法律上的一切权利、义务和责任"。②当然,由于人生活在不同的社会领域,参与多种不同的社会关系,因而一个人可以同时具有多种并存的身份:"除了作为一个国家的成员,并以这种身份去思考、感受和行动以外,个人还可能属于某种宗教、某个社会或经济阶层、某个政党、某个家庭,并以这些身份去思考、感受和行动。除了是这些社会集团的一个成员以外,他还是一个简单的纯粹的人,并以这种身份去思考、感受和行动。"③在各种不同的身份背后,也都有着法律的影子,即法律根据人的身份而据此赋予权利、科以义务。

有趣的是,在近现代对社会权的源起进行解构的最为权威的思想家之一马歇尔就是从公民身份来介入对社会权的探讨的。在马歇尔看来,"公民身份是一种地位,一种共同体的所有成员都享有的地位,所有拥有这种地位的人,在这一地位所赋予的权利和义务上都是平等的"。④自然,这种平等

---

① ［德］迪特尔·施瓦布:《民法导论》,郑冲译,第 86 页。
② ［英］G.D.詹姆斯:《法律原理》,关贵森等译,中国金融出版社 1990 年版,第 87—88 页。
③ ［美］汉斯·J.摩根索:《国家间的政治》,杨歧鸣等译,商务印书馆 1993 年版,第 140—141 页。
④ ［英］T. H. 马歇尔:《公民身份与社会阶级》,见郭忠华、刘训练编《公民身份与社会阶级》,第 15 页。

的身份并不是自古有之，而是经历了由身份等级、社会地位等阶级关系下的不平等再到平等原则确立的长期演化。"从所有的人都是自由的以及在理论上他们都能够享有权利这一点出发，公民身份逐步发展起来，并且不断地充实所有人都能够享有之权利的内容"。① 公民身份的获取，伴随着权利的赋予。在马歇尔看来，公民所应拥有的权利就其在（英国）历史上出现的先后顺序来说，包括了公民权利（18世纪）、政治权利（19世纪）和社会权利（20世纪）。而社会权利的核心内容，就是"从某种程度的经济福利与安全到充分享有社会遗产并依据社会通行标准享受文明生活的权利等一系列权利"。② 可见，公民不是宣布某个人属于某国公民的形式身份，而是要在平等的基础上，使他们拥有作为社会共同体成员的合法资格，合法争取并要求国家救助以获致体面生活、尊严生活的主体资格。同时必须注意的是，在马歇尔对社会权利的定位上，包含着针对全体社会成员的社会福利给付与对弱者的特别救助两个基本内容，而如前所述，这恰恰就是社会权的完整内涵。当然，是否权利都是沿着自然权利到政治权利再到社会权利的演化，在理论上不无疑问。例如学者以德国社会权发展的历史证明，对于德国来说，在权利的发展顺序方面，社会权利就是先于民事权利（即自然权利）和政治权利而得到发展的。③

社会权源于公民身份而获得，社会权因之也就具有明显的身份权属性。对于一个成员而言，它能否享有社会福利，能够获得社会救助，在很大程度上取决于其是否为本国公民。"公民身份内含一个正常属于某一独特实体——通常是某一国家——的个人所具有的法律权利和政治权利。"④与人身、财产等自然权利不同，政治权利与社会权利都具有很大程度的封闭性，即一般只允许本国公民行使这类权利，而不会将这些权利赋予同样为人的外国人和无国籍人。从这个角度说，公民身份就是一种成员资格，它决定了谁可以获得福利与救助，而谁却无法获得同等的待遇：

---

① ［英］T. H. 马歇尔：《公民身份与社会阶级》，见郭忠华、刘训练编《公民身份与社会阶级》，第17页。

② 同上书，第6页。

③ 参见郭忠华：《公民身份的核心问题》，第241页。

④ ［美］雅克·布道：《建构世界共同体：全球化与共同善》，万俊人、姜玲译，江苏教育出版社2006年版，第110页。

成员资格之所以重要,是因为一个政治共同体的成员对彼此而非别人,或者说在同一程度上不对别的任何人承担义务。他们彼此承担的第一种义务是安全与福利的共同供给。这种要求也可以反过来:共同供给是重要的,因为它使我们认识到成员资格的价值。如果我们不为彼此提供安全和福利,如果我们不承认成员和陌生人之间的区别,我们就没有理由建构和维系政治共同体。①

对于这种拒绝外国人享受本国福利待遇或者救助、保障的做法,是否构成法律上的歧视呢?"一般认为,此种从主权出发所为之差别待遇,仅是反映人权保障之现实而已,尚属正当或合宪法,因为外国人的基本权利地位,不是意识形态之整体承载,而需视个别情形包括国情,予以分别处理。"②固然从道德上说,这是一种"各人自扫门前雪"的不良做法,但在当今世界国家间各自为政的情形下,却又是一个无奈的现实。虽然世界全球化已经是个不争的事实,但"根据市民权来划分有权或无权享受社会政策的界限、无资格人员被排除在社会政策适用范围之外的结构却始终没有改变。只要存在这样的结构,这个问题就不会完全消失。"③当然,如后面所要提到的,这一境况也在改变之中,各国的法律和政策也越来越朝着人道、博爱的趋势发展,这是弱者的福音也是人类的福音。

实际上,不仅一国公民难以享受他国公民在该国所能享有的福利和救助,在一国之内,不同地区因为财政上的彼此独立,很多时候也会拒绝外地居民享有本地的福利待遇和社会救助。澳大利亚学者古丁就以美国为例说明了这一问题:

一直到"大萧条"时期,州救济法还局限于居住时间超过一年的"居民","新居者"只被给予一点点吝啬的暂时援助,然后不予理会。一个有据可查的最残酷的案例是:一个双脚冻伤的人来到芝加哥,脚还没有治愈

① [美]迈克尔·沃尔泽:《正义诸领域:为多元主义与平等一辩》,储松燕译,译林出版社 2002 年版,第 79 页。

② 李震山:《人性尊严与人权保障》,第 386 页。

③ [日]武川正吾:《福利国家的社会学:全球化、个体化与社会政策》,李莲花等译,第 90 页。

就被送走,结果导致双脚被切除。他起诉了芝加哥官员,法庭却宣判后者无罪,认为后者不欠此人任何东西。……卡多佐法官应用同样的原则,审理了第一次世界大战中一条纽约法律禁止在公共事业中雇用外籍人的案件:"不承认外籍人的资格,的确是歧视,但不是专横的歧视,因为排斥的原则能够使各州把自己的资源限定于提高本州成员的利益……各州在决定如何使用自己的财政时应该理所当然地考虑本州公民的福利,而不是考虑外籍人的福利……各州在反对贫困的战争中没有必要将资源平分给本州的公民和外籍人。"(Cardozo 1915,164)①

　　事实上,这种情形在当代中国也屡见不鲜。由于经济发展水平不一,各地政府在给予本地居民的福利待遇和社会保障上差别甚大。而对于进入城市的农民工而言,他们是否能够享受与本地居民同样的医疗、养老等福利待遇以及在社会保障上是否有着同样的保障深度与广度,同样不无怀疑。

　　以上情形表明,是否能够享有由政府给付资金、物资或公共服务的社会权,取决于一个人是否为本国公民甚至本地居民,具有典型的身份特征,所以说社会权是一种身份权毫无问题。有关这一点,国内学者程亚萍有一段极为清新简明的论述,值得引用:

　　　　具体到个人以共同体成员的身份享有社会权的理由:其一,每个人作为社会成员对现有的物质资源有同等的使用权。富人和强权者无疑以占有更多的优质社会资源而取胜,赋予每个人以同等的基本的社会权有利于维护社会公正。其二,现代社会的富足生活是世世代代努力积累社会财富的结果,并不是现世少数社会精英独力而为。既然继承于前辈,就没有理由让少数弱者在贫困面前自生自灭,他们有分享人类文明与发展成果的资格。其三,穷人以其独特的方式为经济发展做出了贡献。他们往往分担了发展过程中绝大多数社会风险和苦难,再回过头来给予他们一点最低的生存保障,本身已经很是吝啬与不公,如果连这一点都无法做

　　① ［澳］罗伯特·E.古丁:《保护弱势:社会责任的再分析》,李茂森译,中国人民大学出版社 2008 年版,第3—4 页。

到,这个世界就没有任何人性可言了。其四,对于儿童、老年人、残疾人等弱势群体而言,作为社会成员享有其他成员的关照首先体现伦理道德的要求,而且对其家庭成员而言减轻了物质和心理负担,使其他家庭成员能更好地作为社会化生产中的个体参与竞争。综上所述,社会权是个人以其成员的身份所享有的一种资格。①

当然,上述言论并未区分出作为一般社会成员享有的社会权(主要是福利待遇,如医疗保障、养老保障等)和作为特殊社会成员即弱者所享有的社会权。在全民福利的给予方面,本国公民或本地居民自然和他人一样都能够拥有平等的福利请求权与受益权,法律上不能厚此薄彼,否则即构成法律上的剥夺与歧视,但是,在对弱者权利予以保护方面,则需要考虑其是否属于法律所认定的弱者,否则也一样无法获得要求救助的资格。各种类型的社会救助和社会保障法律,都首先要就救助和保障的对象作出明确的界定,即为其中的显例。例如,《老年人权益保障法》第 2 条将“老年人”限定为“六十周岁以上的公民”,而在第 31 条中,又对不同程度遭受生存困难的老年人分别规定了不同的救助措施:“国家对经济困难的老年人给予基本生活、医疗、居住或者其他救助”;“老年人无劳动能力、无生活来源、无赡养人和扶养人,或者其赡养人和扶养人确无赡养能力或者扶养能力的,由地方各级人民政府依照有关规定给予供养或者救助”;“对流浪乞讨、遭受遗弃等生活无着的老年人,由地方各级人民政府依照有关规定给予救助。”《残疾人保障法》第 2 条也是对何谓“残疾人”作出立法解释:“残疾人是指在心理、生理、人体结构上,某种组织、功能丧失或者不正常,全部或者部分丧失以正常方式从事某种活动能力的人”;“残疾人包括视力残疾、听力残疾、言语残疾、肢体残疾、智力残疾、精神残疾、多重残疾和其他残疾的人”。特别重要的是,该条第 3 款规定:“残疾标准由国务院规定”,说明是否“残疾”以及是否属于“残疾人”,奉行的是全国统一的“国家标准”。需要注意的是,法律上对此类弱者的界定,实际上就是一种“弱者身份”的资格承认,只有符合国家法律规定的标准者,才是法律上所承认并予以保护的弱者。可见,弱者的身份是获得社会权的最根本的前提。这同样也说明,“社会权很

---

① 程亚萍:《人权视域下的社会权研究》,第 120—121 页。

难是无条件的。申请人至少必须满足某个条件,如生病、年老或失业,才能得到福利金"。① 质言之,弱者作为一种特殊的法律身份,是当事人享有社会权的先决条件。保护弱者的法律制度因而也成为特别法,拥有和保护一般社会成员的法律相比较而言的优先适用的效力。

而仅因弱者身份即可获得所在国、所在地的社会权保障,也是当今国际人权的潮流。学者们认为,"紧急的和必要的医疗照护,将不会因为他(她)是非法就业的移民而就对其予以保留。社会救助面向最贫困的人口,为了让穷人活得有尊严,就不会拒绝向他们提供救助,只要他(她)不属于被驱逐出境的对象,就是能够停留在这个国家的。"② 这是国家文明的体现,也是国家人道的标志。有些国家业已在这方面作出了表率。在南非,并非公民的永久性居民被法律排除在某些社会保障权利之外,但南非宪法法院认为,《南非宪法》第27条第1款所规定的"人人"享有社会保障和社会援助的权利不允许这一权利仅限于本国公民。虽然对不同类别的非公民(如永久性和非永久性居民)的某些区分是"合理的"(国内宪法标准),但该案所涉及的排除所有的永久性居民则不合理,哪怕基于财政考虑也是一样。法院强调:"对于那些无力支持自己及其所扶养家属的人来说,获得社会保障,包括社会援助的权利是根深蒂固的,因为作为一个社会,我们对人很珍视,并希望确保人们得到基本必需品。如果要成为一个以人的尊严、自由和平等为基础的社会,这个社会就必须设法确保所有人的基本生活必需品。"③ 质言之,无视弱者困境的国家不是人道的国家,而毋论这些弱者是本国人还是外国人或者无国籍人。国际组织在这方面也积极施为,以国民待遇的原则,要求各国共同承担起维持弱者生存的道义责任。例如学者就提到,国际劳工组织1925年《外国工人与本国工人事故赔偿同等待遇公约》(第19条)规定:凡批准该公约的会员国,保证对已批准该公约的任何其他成员国的国民在其国境内因工业意外事故而伤害者,或对于需其赡养的家属,在工人赔偿方面,应给予与本国国民同等的待遇。1962年通过的《外国人与本国人社会保障同等待遇公约》(第118条)在第19号公约的基础上,将同等待遇的范围从"工人赔偿"扩大至"各种社会保障"。①

总之,社会权作为一种身份权,从两个维度上呈现其积极的法律意义:一是根据其属于某个国家、地区的公民、居民身份,以国家财政和地方财政来为全体社会成员提供福祉,提升全体人民的生存和生活质量;二是根据弱者的身份,对处于困厄状态的人施以援手,保证其能有"过得像人一样的"尊严、体面的生活。

二、社会权是一种积极权利

积极权利(或曰积极自由)与消极权利(或曰消极自由)的区分,源于英国著名思想家伯林。在伯林看来,"消极自由"回答的是这样一个问题:"主体(一个人或人的群体)被允许或必须被允许不受别人干涉地做他有能力做的事、成为他愿意成为的人的那个领域是什么?"而"积极自由"则是要回答另外一个问题:"什么东西或什么人,是决定某人做这个、成为这样而不是做那个、成为那样的那种控制或干涉的根源?"前者是不受阻碍地尽自己的意志去做某事的自由,即"免于……的自由";后者代表着个体成为他自己的主人的一种意愿,是"去做……的自由"。② 由此,法律上的权利可以分为积极权利和消极权利,而社会权则可明显地归于积极权利一类,如俞可平先生所言的那样:"包括国家在内的任何政治社群有责任通过自己的积极作为,提供公共利益,从而最终增进每一个人的个人利益。如规定最低生活标准、提供福利保障、实行义务教育,等等,这也就是我们所说的个人的积极权利。"③在积极权利的背后,我们看见的是"国家在行动!"。特别是在弱者权利保护方面,如果没有国家的积极作为,那么弱者只能是自生自灭,不消说体面和尊严的生活,就连是否能够生存下去都大有问题。

与消极权利相比,社会权利作为积极权利具有如下突出的特点:一是它与消极权利可以行为人不作为的方式而存在的情况不同,积极权利必须有待于行为人的积极作为方能获致,这也就是伯林所说的"去做……的自由"。如果

---

① 参见程亚萍:《人权视域下的社会权研究》,第152页。
② 参见[英]以赛亚·伯林:《自由论》(修订版),胡传胜译,第170、179页。
③ 俞可平:《从权利政治学到公益政治学——新自由主义之后的社群主义》,见刘军宁等编《自由与社群》,第88页。

国家不以民生为念,对于弱者所处的生存困境听之任之,那么,弱者就只能永远生活在社会的下层,而难以有出头的机会。二是消极权利对应的是他方不予阻碍更不得侵犯的义务,但相对来说,社会权利作为积极权利,并不以当事人是否履行了法律上的义务为先决条件。如前所述,无论是作为社会一般成员所获致的福利与保障,还是作为特定弱者所得到的关爱与救助,都只是以其社会成员身份或弱者身份就能享有社会权。在这其中,并不附有社会成员或弱者必须如何行为或不得怎样行为的义务要求。以此而论,称社会权是不附带任何法律义务的权利也不为过。三是社会权利作为一种积极权利,必定依赖国家和社会提供的条件,这种权利才能部分或完全实现。以福利权为例,在对比消极权利与福利权的区别时,英国学者巴里指出:

> 其他人只要克制不干预,一个人的消极权利就受到尊重,而福利权则要求他人采取(济贫)行动;由于积极权利的满足要求资源再分配,所以合法的财产持有者的权利就会受到侵犯,故而将福利权视为普遍权利就不大合适;侵犯消极权利的责任归属简单明了,而满足积极权利要求的责任则无法分配给任何人。进一步说,由于积极权利的不确定性,所以在一个极端,它们可以被解释为一种进行大规模资源再分配的要求,而在另一个极端,则被解释为只不过是显示生存的权利。①

在这里,作为积极权利的福利权与一般意义上的消极权利的区别在于:第一,是否要采取积极的行动,两者存在差异,对于消极权利而言,国家只要不予干涉,权利即可实现,但是福利权、社会权的实现,则有待国家的积极行动;第二,福利权、社会权由于涉及国家主持的社会资源的再分配,因而往往会与他人的消极权利特别是财产权发生冲突,例如通过税收杠杆筹集福利资源即是此类;第三,福利权、社会权的责任主体主要是国家而不是社会上的一般人,但侵犯消极权利者既可以包括国家、社会,也可以是社会上的一般人。

那么,将社会权作为积极权利,会影响到其权利的属性与效力吗?如前所述,对于社会权的诸多质疑,实际上就是担心在积极权利的架构过程中,国家

---

① ［英］诺曼·巴里:《福利》,储建国译,第91页。

这个"必要的恶"会走上前台,扮演为人民谋福祉的主导地位的角色,如此一来,不仅使原有的政治国家与市民社会的制度设计顷刻崩塌,私人领域也逐渐地国家化、政策化和法律化,同时,在国家掌握了巨大资源之后,如何来对其加以控制和约束也令人担心。霍尔姆斯和桑斯坦的一段言论,很好地表现了消极权利与积极权利之间的差异:

> 消极权利禁止政府行为,并把它拒之门外;积极权利需要并盛情邀请政府。前者需要公职人员蹒跚而行,而后者需要公职人员雷厉风行。消极权利的特点是保护自由,积极权利的特点是促进平等;前者开辟出了一个私人领域,而后者是再分配税款;前者是剥夺与阻碍,后者是慈善与奉献。如果消极权利成为我们躲避政府的处所,那么积极权利则提供我们政府的服务。前者包括财产权、契约权,当然也包括免受警察刑讯的权利,后者包括获得食品券的权利、住房补助以及最低生命保障费。①

那么,这种由政府出面主导实施的积极权利、特别是社会权有无正当性呢?我们的答案是肯定的。根据社会契约理论,人们让渡自然权利组建国家,本身就是为了结束自然状态下的无序与暴力,而谋求更加安全、幸福的生活,因而为人们谋福祉可以认为是政府的天职。在面临着社会上弱者普遍存在而又无法自救的情况下,国家和政府如果袖手旁观,则明显地是对人民极端的不负责任。在这个意义上,宪法和法律将积极权利的内容纳入制度的框架之中,恰是权力为民所用、政府勇于担责的表现。如果连这样的国家主动行为都不允许,那么期望政府组织与发展经济、特别是担负起保护弱者的职责更不可能。在以往,人们曾认为"管得最少的政府就是最好的政府",放任市场的自发调节,然而,其结果是贫富悬殊,社会动荡,在这种情形下,社会公平、分配正义的主张俨然成为社会共识。正是在这样的背景之下,福利国家作为现代国家的新型范式被人们所认同和接受。在关于社会权利正当性的论证上,马歇尔指出:

---

① 〔美〕史蒂芬·霍尔姆斯、凯斯·R.桑斯坦:《权利的成本——为什么自由依赖于税》,毕竞悦译,北京大学出版社 2004 年版,第 26 页。

现在,最低生活保障是一项必须得到满足的义务,几乎所有社会都接受它,它旨在满足社会成员的基本需求。……这是一个由特定社会的公民所设计的财政安排,其目的在于调节这一社会的收入分配,以便促进所有人的福利。这是一种特殊的互利型财政安排,在某种程度上它以强者为代价而支持了弱者,它给予弱者的权利也不是根植于人之所以为人的本性之中,而是共同体自己所建立起来的,它取决于公民身份地位。……它最好被看做一种装置,通过这一装置,工人的收入一直延伸到了他不再能够从事工作的阶段。这会提高他一生所能享受到的福利总额,而且为了维持其工资收入水平,取得这种福利的社会权利也会转化成为法律权利。①

还必须明确的是,消极权利与积极权利并无高低之分,宪法中规定两种不同权利类型的实质是要厘清国家的角色。在消极权利的实现过程中,必须明确排除国家的干预,而在积极权利的实现过程中,可行性要有赖于国家的制度安排。这不仅意味着积极权利的人权清单的长短,也意味着积极权利能否名副其实,正因为如此,就存在着国家操控个人生活的可能,这也正是伯林他们担心积极自由的要害之所在——积极自由可能滑向“国家家长主义”。伯林借用康德的话指出:“家长制是‘可以想象的最大的专制主义’”,之所以如此,“是因为家长制不把人当做自由的人来看待,而把他们看作是我这个仁慈的改革者根据我自己而不是他们的自由意图来塑造人的材料”。② 例如,国家规定了人们可以免费享有受教育的权利,但是受什么样的教育则由国家说了算,在这种情形下,积极自由或曰积极权利中,活跃的是国家这个利维坦,操纵教育目标的人感觉自己比一般公民更能知道儿童应该受什么样的教育,甚至有可能逆历史、社会潮流而加进诸多对青少年成长有害而不是有利的教育内容,那么,这样的权利赋予就与专制没有本质的区别。伯林在谈到这一问题时就特别指出:“……操纵人,把他们驱赶向只有你,即社会改革者能看到而他们自己看不到的目标,就是否定他们的人类本性,把他们当作没有自己意志的物品,

---

① ［英]T. H. 马歇尔:《福利的权利及再思考》,见郭忠华、刘训练编《公民身份与社会阶级》,第48—49页。

② ［英]以赛亚·伯林:《自由论》(修订版),胡传胜译,第185页。

因此就是贬低他们。"①即使撇开意识形态的因素,统治者在积极权利的保障过程中,通过资源的分配与保障对象的取舍,依然可以行使对人们的控制,甚至迫使人们就范,这也是应当加以警惕的。

总之,消极权利与积极权利的区分,让我们能够体会到在权利的背后所存在的个人与国家之间的博弈。消极权利的根本目的,是为人们创造一个属于其能够自我控制、独立支配的自治区域,在其中,人就是自己的主人,他可以不受任何人包括国家的干涉,自由地展示自我。但积极权利则较为复杂,一方面人们权利的实现必须有赖于国家所提供的条件,例如没有劳动就业机会、劳动保障条件以及合理的劳动待遇,公民的劳动权就无法真正实现。从这个角度说,积极权利意义重大,国家的责任不可或缺;但另一方面,也正如伯林他们所指出的那样,一旦国家可以通过整合资源、重新分配的方式介入基本权利的实现过程,则人们就可能成为直接依附于国家的奴仆,听任国家上下其手。所以,宪法在有关积极权利性质的基本权利规定中,仍应明确立法的边界,防止国家对公民尊严、价值的亵渎与侵犯。

三、社会权是一种受益权利

任何"权利"都必然内蕴着"利益",而这种利益就是好处、便利。换言之,不能给人带来任何好处的东西,或者相反只能增加人的负担与义务者,肯定就不能以"利益"名之。格劳秀斯就是从这个角度来对权利进行定义的,他说:"权利在严格意义上说来又可以分为两大类,一类是私人的,它是为个人的利益而确立起来的;另一类是公共的,它涉及国家基于公共利益的理由而对个人及其财产提出的权利性主张。"②而在庞德有关权利的解说中,权利的第一种含义也是利益。庞德认为,权利的利益言说包括两个方面的内涵:一是指一种某人拥有的应予确认和保护的利益;二是与另一种被确认的利益相关的、经过确认、界定和保护的利益。③ 当然,在法学上,"受益权"有着特别的含义,指的是"人民为其自己之利益,而请求国家为某种行为之权利,因其以由国家获得某种积极利益为内容,故又称为积极之公权,如诉愿权、生存权是"。④ 具体来

---

① ［英］以赛亚·伯林:《自由论》(修订版),胡传胜译,第186页。
② ［荷］格劳秀斯:《战争与和平法》,［美］A.C. 坎贝尔英译,何勤华等译,第31页。
③ 参见［美］罗斯科·庞德:《法理学》(第4卷),王保民、王玉译,法律出版社2007年版,第43—44页。
④ 林纪东:《"中华民国宪法"释论》,大中国图书公司1981年改订第41版,第132页。

说,第一,这是一种公法上的权利,其对应的义务主体是国家,因之受益权不是私法上让人们获取利益的权利;第二,这是一种积极权利,即人民请求国家为一定行为而使自己受益的权利,与此同时,作为义务主体的国家则担负着"给付义务","所给付的内容可以是保障权利实现的法律程序和服务,也可以是对公民在物质上、经济上的资助"。① 第三,这是由社会权中派生出的一种基本权能,甚至被学者视为是社会的主要功能:"尽管社会权的功能可能包括防御权功能、受益权功能等多个方面,但是其中受益权功能居于主导的地位,其他的功能是次要和辅助的"。② 换句话说,有社会权就必定有受益权,受益权的实现一定程度上代表着社会权的落实。诚如林纪东先生所言:

> 受益权,为人民为其自己的利益,请求国家为某种行为的权利。旧日的受益权,专指请愿权、诉愿权、诉讼权等,消极的请求救济的权利而言;现代的受益权,则兼指工作权、生存权等积极的权利在内。所以受益权之由消极而积极,也是福利国家的基本人权,和夜警国家不同的一面。……20 世纪以后,由于社会生活的发达,对政府观念的变迁,"最好政府,为最能服务之政府",于是政府的任务,不仅止于保境安民而已,且应积极保护人民的生活,并促进文化的发展,对人民的衣食住行,处处均须关心。就人民方面言之,则有请求政府为各种行为,以增加人民福利的权利,故受益权由消极的性质,变为积极的性质。③

当然,受益权并不仅体现在社会权上,"人权首先关注的是国家与其所属人民的关系,个人与群体是人权的受益者,而国家则要承担相应的义务"。④但从人权的发展历史而言,恰是因为社会权的出现才使得权利的受益功能得以凸显。如张翔教授所指出的那样,"正是由于社会权的出现,使得基本权利的作用在传统的排除国家干预之外又增加了要求国家积极作为的义务,并由

---

① 涂云新:《经济、社会、文化权利论纲》,中国法制出版社 2020 年版,第 155 页。
② 张翔:《基本权利的规范建构》(增订本),法律出版社 2017 年版,第 186 页。
③ 林纪东:《福利国家与基本人权》,见李钟桂主编《福利国家与社会安全》,第 66 页。
④ [挪]A.艾德、C.克洛斯、A.罗萨斯主编:《经济、社会和文化权利教程》(修订第二版),中国人权研究会组织翻译,第 105—106 页。

此产生了认为各种权利的实现都有可能需要国家帮助的主张,基本权利的受益功能才得以明确"。[1] 可见,社会权所必定派生出来的受益权,为基本权利权能的扩张奠定了坚实的制度基础。

然而,从社会权本身的内容来看,则有两种不种的受益渠道,由此也呈现出社会权的不同面向。大致说来,这包括由当事人参与的社会权受益路径和由国家主导的社会权受益路径,在法律制度上,即表现为当事人缴费后方可得益的社会保险制度与不以当事人是否缴费为前提的社会安全(社会保障)制度的差异。前者是"以劳动者为保障对象,以劳动者的年老、疾病、伤残、失业、死亡等特殊事件为保障内容的一种生活保障政策,它强调受保障者权利与义务相结合,采取的是受益者与雇用单位等共同供款和强制实施的方式,目的是解除劳动者的后顾之忧,维护社会的安定"。[2] 实际上,社会权正是诞生于社会保险制度的形成过程中。在德国俾斯麦推行的社会福利立法中,其主体部分就是《疾病保险法》《意外灾害保险法》和《残疾和老年保险法》。例如,《疾病保险法》规定,对工业工人和年低收入低于 2000 马克的职员实行强制保险;保险费由工人负担 70%,业主负担 30%;设立工业企业的疾病保险基金和地方疾病保险基金,负责向被保险者提供免费的诊治和药物、病假津贴以及平均日薪的 50% 的疾病保险金。[3] 而后一种方式,即社会安全或社会保障制度,则是由国家作为义务人,使全体社会成员从中受益。我国台湾地区学者张世雄先生指出:

　　国家的进一步扩张,是在由社会保险转型到社会安全制度的几个步骤完成。首先,社会安全混合了缴费与不缴费的制度。国际劳工组织的报告强调,不需缴费的年金给付是基于每个人都有老年、残疾或单独抚养幼儿的可能风险。亦即每个做为社会的成员,都是潜在的受益者。因此,国家应以征税方式来支付这种"公共"支出。在这种福利理念和财务结构的转变下,受益权利不再与保险付费的义务相关联。社会安全制度下的受益权成为一种"社会权",是由社会成员的"身份"构成的,而不是由缴费"能

---

[1]　张翔:《基本权利的规范建构》(增订本),第 186 页。
[2]　郑功成:《社会保障学:理念、制度、实践与思辨》,第 17 页。
[3]　参见王云龙、陈界、胡鹏:《福利国家:欧洲再现代化的经历与经验》,第 59 页。

力"来决定。社会权逐渐形成一种对封建的地位政治。这发展进一步松弛了保险的财务原则：社会保险的保费计算，虽然自始就逐渐与风险高低的计算脱离直接关系；社会安全的发展则使缴费与受益权脱离直接关系。①

可见，在国家主导的社会权受益路径和由当事人参与的社会权受益路径上，两者的主要不同在于：第一，享受权益的基础依据不同。在社会安全制度下，当事人以社会共同体成员的身份享有权益，而在社会保险制度下，当事人是以被雇用者和投保人的身份而享有利益；第二，当事人是否需要缴纳费用不同。在社会安全制度下，当事人无需付费即可受益；而在社会保险制度下，缴纳相关费用是享受利益的前提；第三，参照的基础标准不同。在社会安全制度下，考虑的主要因素是当事人缺乏"生存能力"，因而为他们提供生存的保障。例如国际劳工组织就特别强调："那些缺乏社会保护的人员往往属于社会中的经济上脆弱的部分。长期目标应是将他们纳入包括全部人口（或根据情况，全部劳动力）的国家制度，从而使他们可以从风险共享和支援中受益。"②但对于社会保险而言，则是依当事人的"缴费能力"作为依据，决定缴纳费用的高低；第四，承担义务的主体不同。在社会安全制度下，国家是唯一的法律主体，负有向全体社会成员提供普遍福利以及向弱者提供特别救助的义务，而在社会保险制度下，社会则是主要的义务主体。这里的社会既包括单位、企业，也包括保险管理机构。

从以上的比较也可发现，真正能够发挥社会权受益功能的，还应当是由国家提供的社会安全或社会保障制度。例如，联合国经济、社会及文化权利委员会就指出，在健康权的保护方面，"必须强调公平获得卫生保健和卫生服务的条件。国家负有特殊义务，为没有足够能力的人提供必要的卫生保险和卫生保健设施，在提供卫生保障和卫生服务方面防止出现任何国际上禁止的歧视现象，特别是在健康权的基本义务上。"③而对于社会弱者来说，则唯有国家伸

---

① 张世雄：《社会福利的理念与社会安全制度》，第 53 页。

② 《2001 年国际劳工大会第 89 届会议报告之六——社会保障：问题、挑战与前景》，见国际劳工局编《社会保障：新共识》，中国劳动社会保障出版社 2004 年版，第 62 页。

③ 《经济、社会、文化权利委员会的一般性意见》，见〔挪〕A.艾德、C.克洛斯、A.罗萨斯主编《经济、社会和文化权利教程》（修订第二版），中国人权研究会组织翻译，第 575 页。

出援助之手,才可能让他们结束困厄状态,获取基本的生存条件和做人的尊严。在社会安全制度之下,当事人是否交得起相关费用以及缴纳费用的多少,并不影响其作为国家福利受益者的资格,"真正的符合了社会性公民地位的平等保障。相对的,社会保险的形式,由于保费的缴纳有无,深深地影响到其公民的受益权利,尤其是包括多数从事家庭照顾的未受雇妇女,以及受严重障碍无法受雇者"。[①] 换句话说,如果国家只倚重社会保险而不设计全面的社会保障制度,那么,众多的社会人群将会处于生存无法得到国家保障的不利境地,从而与社会权的根本宗旨背道而驰。

在我国现行宪法中,针对全体社会成员和特定身份的弱者,也规定了相应的社会保障制度。在这其中,涉及的主体主要有劳动者(第42、43条)、退休人员(第44条)、年老、疾病或者丧失劳动能力者、残疾军人、军属、烈属(第45条)、盲、聋、哑和其他有残疾的公民(第45条)、妇女(第48条)、母亲、儿童(第49条)等。这些规定,既是社会公平的反映,也是实质平等的要求。在宪法中虽然规定了人们在法律面前一律平等,但这主要是形式的平等,即国家对每个公民可能给予同等的机会或者提供平等的保护,然而,平等的关键问题却在于初始条件的不平等或者说起点上的不平等。一个残疾人缺乏必需的体能来和别人进行竞技性的运动,一位老年人也不可能像年轻者那样通过劳动来获取自己的生存条件,所以,法律在平等保护的同时,还应当实现倾斜性保护,即对处于社会劣势地位的人给予特别的关怀与救助,这在我国宪法中也不例外。综括上述身份上的类别,大致可以确定这样几种弱者:一是生理上的弱者,包括未成年人、老年人、妇女、残疾人等;二是能力上的弱者,如退休人员、丧失劳动能力者;三是境遇上的弱者,如劳动者、军属、烈属等。对于上述弱者,法律所要做的事情就是责令国家提供一定的机会或者物质帮助,补足他们因为劣势地位遭受的生存困境,从而使社会权的受益功能真正得以彰显。

此外必须注意的是,我们所言的社会权并不是一种单一的权利类型,而是集多种权利于一身的"权利束"。例如《经济、社会和文化公约》确认了十项社会权,包括:(1)人民自决权(第1条);(2)男女平等权(第3条);(3)工作权(第6条);(4)享受公正而良好的工作条件的权利(第7条);(5)社会保障权(第9

---

① 　张世雄:《社会福利的理念与社会安全制度》,第123页。

条);(6)家庭、母亲、儿童与年轻人受保护的权利(第 10 条);(7)相当的生活水准权(第 11 条);(8)享有能达到的最高的体质和心理健康的标准的权利(第 12 条);(9)受教育权(第 13 条);(10)参加文化生活、享受科学进步及其应用所产生的利益、对其本人的任何科学、文学或艺术作品所产生的精神上和物质上的利益享受被保护之利的权利(第 15 条)。当然其中如人民自决权更多地属于政治层面的权利,男女平等只是一个法律原则,或严格说来就是法律面前人人平等原则的子项。至于文化权利,我们认为其与保障人们最低限度生存的社会权意旨不符,因而也不将其纳入社会权的范围。但即便如此,也可知社会权的涵盖范围极广。下章我们主要从生存权、工作权、安全权三大类别的社会权入手,来对社会权的指涉范围作一大致概括。

第 十 章

弱者权利保护的法律赋权

第一节　生存权的维系

一、生存权的一般定位

生存无疑是人类的第一需要。"作为个人的每一位国民,要使自己的生存得以维持下去,即为了延续生命的需要,必须需要一定数量的食物、衣物和居室等物质性条件,以果腹、蔽体和抵御风雨之侵。"[①]生存条件如不能满足,人不但会失去尊严,还可能无法正常生存。就此而言,生存权在社会权中是最为重要也是最为基础的权利。生存既然是人们如此重要的需要,在法律上就必然会有生存权这一权利类型。有学者解释道:"所谓生存权,是人类为保持自己的生存计,以不可缺少的财物及劳动,请求于国家或公共团体,使满足其欲望之必要权利,此项权利,是人民在社会上享有经济权利的一种,为其他自由的物质基础。"[②]这一界定,强调了生存权是源于最低限度的生存条件缺乏而引发的权利需要,也正确地将生存权作为其他一切权利和自由的基础。但生存权对人们来说其重要功能还不止于此,如日本学者觉道丰治就指出:

社会国家的生存权立脚于"个人尊严的维持"、"人格的自由发展"等观念,对于本来的自由权不予否认,抑且可视为这种自由权的发展。故生

---

①　[日]大须贺明:《生存权论》,林浩译,法律出版社 2001 年版,第 298 页。

②　杨幼炯:《政治科学总论》,台湾中华书局 1967 年版,第 229 页。

存权又可称为免于饥饿的自由或追求幸福的权利。生存权虽意谓着国家应负担创设适于实质的个人尊严之维持与人格之发展的环境、设备、制度等的义务,但它不同于慈善或恩惠,故不为国家保护政策的对象。盖因对于这种环境的要求乃为个人之当然的权利,或基本权利之故。在这意义下,国家不但应以各个人为个人尊严的主体予以看待,同时对于个人的权利亦应承认其得依法律的手段寻求保护。①

根据这一界定,生存权不仅是让人活下去,并且要以"人的尊严"和"人格自由"为依归,保证人不仅活着,而且还要体面地活着。职是之故,国家就需要采取积极的行动,为弱者最低限度的生存条件提供保障。正如社会权是作为一项正当的权利那样,国家尽保护民众生存权的义务不是家长主义的慈善或恩惠,而是一项实实在在、须加履行的职责。"国家保障社会权利的主要作用,在于使广大居民能够被包容进全社会所有重要的福利体系之中。因此,这关系到要求分享社会中的各种生存手段的权利的普遍化。"②当然,就如不承认社会权是人权和权利那样,否定生存权的权利性质者也大有人在。如范伯格提到:

> 人的生命是在任何时候、任何合理的手段、法律都要加以保护的宝贵的东西,但生存权本身不会自然赋予特定的人任何特定的权利,它也不能独自要求审判者和立法者对错综复杂的边缘性问题提出任何特定的解决办法。它并不是正当有效要求的特定集合的名称,更确切地说,它是向立法愿望发出的一种有关理想的指令,它要求我们作为立法者、审判者、道德行动者,在面临各种要求权的时候,要为人的生存而尽最大的努力。③

按照这一说法,生存权只是人们可以提出的一项"正当有效要求",而国家

---

① [日]觉道丰治:《现代福利国家的概念》,杨日然译,载李钟桂主编:《福利国家与社会安全》,第92页。

② [德]弗兰茨-克萨韦尔·考夫曼:《社会福利国家面临的挑战》,王学东译,第25页。

③ [美]J.范伯格:《自由、权利和社会正义——现代社会哲学》,王守昌、戴栩译,贵州人民出版社1998年版,第103页。

也只是尽"最大的努力"即可,当事人无法通过法律途径要求和主张这种权利的实现。对此观点,我们已在上章第二节作了回答,兹不赘述。此处需要注意的是:生存权仅指国家为那些不能维持基本生存者提供帮助,换句话说,是源于生存的基本需求,也即"接近生存所需的最低水平,是生物和社会生活的基本条件",如食物、住宿和安全等,并不包括那些非基本需求如对休闲的需求、自我实现,满足感,还有文化的自身发展等。① 因此有学者提到生存权不仅包括物质的生存,还包括精神生活的保障,似乎对国家提出了太高的要求。② 同样,将生存权扩展延伸至"生命权、人格尊严自由权",③也可以视为对生存权的过度扩张解释,并不可取。实际上,国际法上的共识,是将生存权限定在"诸如基本的食物、用水、住房、衣物以及医疗权利等对生存必不可少的最基本的核心性生存权利",并且认为这些权利的"最低限度核心性"对于为保障生存或存活所必需的条件,已经是相当低水平的规定。④ 正因如此,要求国家履行保护生存权的职责,理论上和实践上而言均不为过。

与生存权密切相关的,或者说正是源于生存权而派生出的具体权利类型,有适当生活水准权、适足住房权、环境权等。

二、适当生活水准权

适当生活水准权规定于《经济、社会及文化权利国际公约》的第 11 条:"一、本公约缔约各国承认人人有权为他自己和家庭获得相当的生活水准,包括足够的食物、衣着和住房,并能不断改进生活条件……";"二、本公约缔约各国既确认人人享有免于饥饿的基本权利……"。可见,在公约中,适当生活水准权是从高低两个方面的标准来加以界定的:从高标准说,适当生活水准权是指有"足够的食物、衣着和住房"等生活条件,而从低标准说,适当生活水准权是"免于饥饿"。虽然"适当"并非确切的法律术语,但适当生活水准权却为人们所广泛认同。推究其原因,主要包括:第一,该种权利诉求满足了社会上绝

---

① 参见容乐:《香港住房政策——基于社会公平视角的案例研究》,陈立中译,中国建筑工业出版社2012 年版,第 13—14 页。

② 参见李孟融:《福利国家的宪法基础——及其基本权利冲突之研究》,见杨日然教授纪念论文集编辑委员会《法理学论丛——纪念杨日然教授》,第 236 页。

③ 参见程亚萍:《人权视域下的社会权研究》,第 162 页。

④ [澳]本·索尔、戴维·金利、杰奎琳·莫布雷:《〈经济社会文化权利国际公约〉评注、案例与资料》(上),孙世彦译,第 219 页。

大多数人追求幸福生活的心理诉求。生活固然需要当事人自己的劳动与创造,但是,很多情况下缺少国家的辅助,人们难以达致生活的目标。适当生活水准权的确立,能够使人们在国家的协助之下实现生活计划,是一种社会上所有人均可"利益均沾"的权利类型,当然也能够为人们所支持、认同。第二,适当生活水准权的成立,也与人们对尊严的需求息息相关。"人类如要生存得有尊严,就必须拥有相当的生存物质,始能过着异于禽兽,而符合作为一个'人'所应享有最起码的生活水准。"[①]如果说尊严是每个人都会有的内在的心理诉求,那么,确立适当生活水准权自然也就满足了人们的内心渴望。第三,适当生活水准权的确立,还有利于表达人们的慈善意识与博爱情怀。正如孟子所言"恻隐之心,人皆有之",面对同类的苦难,正常的人都会伸出援助之手。从权利所主要针对的对象来说,适当生活水准权更多地是向穷人赋予利益的权利,而针对弱者的权利赋予,很大程度上能够唤醒社会上人们共渡危艰的意识,彰显人性的光辉。这也是该种权利具有极强的道义性的根源。

对于适当生活水准权的具体涵义,学者结合相关的人权公约,进行了内涵上的比较:

> 有关国际文书没有给"适当的生活水准"这个词下更准确的定义,但联系上下文可以在某种程度上知道其含义。在《世界人权宣言》第 25 条中,该词指"足以维持他本人和家属的健康和福利,包括食物、衣着、住房、医疗和必要的社会服务";在《经济、社会、文化权利国际公约》第 11 条中,它包括"足够的食物、衣着和住房";而儿童权利则是指"足以促进儿童的生理、心理、精神、道德和社会发展的生活水平"。[②]

我们在此主要根据《经济、社会及文化权利国际公约》来探讨适当生活水准权。从免于饥饿的角度而言,食物权自然是适当生活水准权的核心。在食物方面,联合国社会、经济和文化权利委员会认为:"适当的食物权的核心内容是指能够获得在数量和质量上足以满足个人饮食需要的权利。食物不得含有

---

① 陈新民:《宪法学导论》,第 171 页。
② [挪]A.艾德、C.克洛斯、A.罗萨斯主编:《经济、社会和文化权利教程》(修订第二版),中国人权研究会组织翻译,第 111 页。

害物质并能为某一特定文化环境所接受。此外,食物还必须是可持续地获得
的,这是指长期的可提供性和可获取性,可获取性须不得妨碍其他人权的实
现。"①与食物有关的用水同样是极为重要的。经济、社会和文化权利委员会
2002 年第 15 号一般性意见指出:水是一种有限的自然资源,是一种对维持生
命和健康至关重要的公共物品;水权是一项人权,对人的有尊严生活必不可
缺。水权也是实现其他人权的一个前提条件。源于此,"作为人权的水权使人
人有权获得供个人和家庭生活使用的充足、安全、可接受、便于汲取、价格合理
的饮用水。为防止因缺水死亡、减少与水有关的疾病以及消费、做饭和满足个
人与家庭卫生需要,足够的安全用水是必需的"。② 当然,食物和水是免于饥
饿的需要,人还需要与社会和他人交往,因而公约中特别提及"衣着"问题。然
而,"衣服权在很大程度上未能维持一种独立地位,或者被忽视,或者实际上被
一般的有容身之处的权利以及专门的住房权所吸收。"③然而这并非说明衣着
权就不重要。如果人们穷得衣不蔽体,羞于参与社会生活,那么国家自然就有
提供救助的必需,使人们能够正常地开展社会交往。这也正是适当生活水准
权的核心价值:"每个人都应该完全参与和他人普通、日常的活动,不会因此感
到羞愧,也没有不合理的障碍。尤其,这意味着他们应该能够在保有尊严的条
件下享有自己的基本需求。"④没有食物和水,人们难以获取生存必需的资源;
没有衣服,人们无法参与社会的日常生活,由此可以说,衣食行是适当生活水
准权必须重点保障的内容。

三、适足住房权

至于适当生活水准权提及的"住房",人权理论上通常以"适足住宅权"来
加以表述。与食物、水和衣着一样,"适足的住房之人权由来于相当的生活水
准之权利,对享有所有经济、社会和文化权利是至关重要的"。⑤ 表面上看,住

---

① [挪]A.艾德、C.克洛斯、A.罗萨斯主编:《经济、社会和文化权利教程》(修订第二版),中国人权研
究会组织翻译,第 112 页。

② 转引自[澳]本·索尔、戴维·金利、杰奎琳·莫布雷:《〈经济社会文化权利国际公约〉评注、案例与
资料》(下),孙世彦译,第 772—773 页。

③ 同上书,第 792 页。

④ [波兰]Janusz Symonides:《人权的概念与标准》,杨雅婷译,韦伯文化国际出版有限公司 2009 年
版,第 170 页。

⑤ 《经济、社会、文化权利委员会的一般性意见》,见[挪]A.艾德、C.克洛斯、A.罗萨斯主编《经济、社
会和文化权利教程》(修订第二版),中国人权研究会组织翻译,第 512 页。

房也就是通过四堵与外界封闭的墙壁,通过砖瓦、木料而搭建的一个与外界相对隔绝的区域。然而,住房的社会学意义则在于,它不仅是一个纯粹的物质存在,而且是提供了房主可以自由支配的空间。正因如此,"自古以来,人一直将民宅理解为一个小宇宙,亦即,一个自我世界得以实现的家,因此,人才能在其中定位,并获致一个私密的生活场所"。① 这个"宇宙"归属于某个特定的主体,是房主的领地与统治区域。住房总是与人联系在一起,"因为如果没有它,人将是一个'无家可归'的人。房子可以使人经历天国的风暴,以及生命的坎坷,它是躯体和灵魂,它是人类的第一个世界,在他'投入到世界'之前,如玄学所言,房子是人类的摇篮。在生命之初,房子就给我们以保护和温暖。"②作为个人栖居的"城堡",住房的首要功能就是提供人们的安全。来自大自然的威胁以及社会上的侵扰,都使得人们需要建立一个相对封闭、安全的私我空间:"与'住宅'一词相连的各种含义传达着一种熟悉、遮蔽和安全的感觉。通过这种方式,住宅象征着一个庇护的场所,在这里,一个人能够享受家里的宁静、和谐和温暖而不必担忧干扰"。③ 简单地说,当我们进入住宅之后,我们就有了一个归宿之地,一个安全、静谧的空间。我们所面对的是熟悉的房间布置,我们所见到的是自己熟悉的亲人,我们可以体会幸福,当然我们也可以诉说悲哀。正是这样的一个场景,使个人有了真正的安全感与归属感。而从社会权的角度来说,如学者所言:

> 住房作为人的栖身与生活之地,对我们的生存的许多方面至关重要,也与其他一些人权密切相关,尤其是第 11 条中与其"同行"的食物权和水权。如杰西·霍曼所说,住房意味着个人之社会存在中空间、隐私和身份的基本要素。也就是说,一所房子,或甚至只是容身之所,是某个这样的地方,即如果这种空间适足的话,应该提供最起码程度的私生活,并且通过个人与它的联系,也构成该个人的社会身份的主要组成

---

① 张宇彤:《金门与澎湖传统民宅形塑之比较研究——以营建中的禁忌、仪式与装饰论述之》,台湾成功大学建筑学系 2000 年度博士论文,第 1 页。
② 〔美〕托马斯·摩尔:《心灵书——重建你的精神家园》,刘德军译,海南出版社、三环出版社 2001 年版,第 125—126 页。
③ 〔奥〕曼弗雷德·诺瓦克:《〈公民权利和政治权利国际公约〉评注》,孙世彦、毕小青译,第 417 页。

部分。因此并不令人奇怪的是,住房权在其他国际人权文书中也得到了重申。①

不仅国际人权公约如此,国别法中也有将住宅权纳入社会权的实例。较为晚近的《土库曼斯坦共和国宪法》(1992 年 5 月 8 日通过,1995 年 12 月 27 日修改和补充)第 22 条就住宅权问题作了非常详细的规定:"每个公民在获得设施齐备的住宅及个人住宅建设方面均有权得到国家帮助。住宅不可侵犯。任何人无权违背居住者的意志,或在没有法律根据的情况下进入住宅,或用其他形式破坏住宅的不可侵犯性。保卫住宅免遭非法侵犯是公民的权利";"除依据法律规定的理由外,任何人不得被剥夺住宅"。在这一条款中,值得注重的是除了传统的住宅不可侵犯外,还有两项重要的内容:一是明确了国家有帮助人们获得设施齐备的住宅的义务,这与国际人权公约中规定的"适足住房的权利"相一致;二是将保卫住宅免遭非法侵犯明确定为公民的一项基本权利,从而为个人在住宅上的正当防卫权提供了根据。

那么,适用住房权中"适足"的标准是什么呢? 在这方面,联合国经济、社会、文化权利委员会作出了非常详细的界定,包括:(a)使用权的法律保障。这类使用权包括租用(公共和私人)住宿设施、合作住房、租赁、房主自住住房、应急住房和非正规住区,也包括占有土地和财产。无论使用形式属何种,所有人都应有一定程序的使用保障,以保证得到法律保护,免遭强迫驱逐、骚扰和其他威胁。(b)服务、材料、设备和基础设施的提供。合适的住房必须拥有卫生、安全、舒适和营养必需之设备。所有享有适足住房权的人都应能持久地取得自然和共同资源、安全饮用水、烹调、取暖和照明能源、卫生设备、洗涤设备、食物储藏设施、垃圾处理、排水设备和应急服务。(c)力所能及。与住房权有关的个人或家庭费用应保持在一定水平上,而不至于使其他基本需要的获得与满足受到威胁或造成损害。国家应为那些无力获得便宜住房的人设立住房补助并确定恰当反映住房需要的提供住房资金的形式和水平,并按照力所能及的原则,采取适当的措施保护租户免受不合理的租金水平或提高租金之影响。

---

① ［澳］本・索尔、戴维・金利、杰奎琳・莫布雷:《〈经济社会文化权利国际公约〉评注、案例与资料》(下),孙世彦译,第 793 页。

(d)乐舍安居。适足的住房必须是适合于居住的，即向居住者提供足够的空间和保护他们免受严寒、潮湿、炎热、刮风下雨或其他对健康的威胁、建筑危险和传病媒介。居住者的身体安全也应得到保障。(e)住房机会。须向一切有资格享有适足住房的人提供适足的住房。必须使处境不利的群体充分和持久地得到适足住房的资源。如老年人、儿童、残疾人等处境不利群组在住房方面应确保给予一定的优先考虑。(f)居住地点。适足的住房应处于便利就业选择、保健服务、就学、托儿中心和其他社会设施之地点。同样，住房不应建在威胁居民健康权利的污染地区，也不应建在直接邻近污染的发源之处。(g)适当的文化环境。住房的建造方式、所用的建筑材料和支持住房的政策必须能够恰当地体现住房的文化特征和多样化。①

以上所言的"适足"标准，不仅是对适足住房权的权威诠释，也是对国家保障人们适足住房权义务的界定。同时，在谁有资格享有住房权的问题上，经济、社会、文化权利委员会还重申了禁止歧视的原则。例如，强调适足住房权适用于每个人，个人同家庭一样，不论其年龄、经济地位、群体或其他属性或地位以及其他此类因素如何，都有权享受适足的住房。尤其重要的是，将适足住房权与人的尊严联系起来，从而彰显了适足住房权的社会权价值：

> 委员会认为，不应狭隘或限制性地解释住房权，譬如把它等同于仅是头上有一屋顶的容身之处或把住所完全视为一种商品，而应该把它视为安全、和平和有尊严地在某处居住的权利。基于至少两条理由，这样的理解是恰当的。首先，住房权与其他人权以及作为《公约》之基石的基本原则密不可分。《公约》的权利被称为是源于"人的固有尊严"，而这一"人的固有尊严"要求解释"住房"这一术语时，应纳入其他多种考虑，其中最重要的是，应确保所有人不论其收入或经济来源如何，都享有住房权。其次，第11条第1款的提法应理解为，不仅是指住房而是指适足的住房。人类住区委员会和《到2000年全球住房战略》都阐明："适足的住所意味着……适足的隐私、适足的空间、适足的安全、适足的照明和通风、适足的

---

① 《经济、社会、文化权利委员会的一般性意见》，见［挪］A.艾德、C.克洛斯、A.罗萨斯主编《经济、社会和文化权利教程》(修订第二版)，中国人权研究会组织翻译，第513—514页。

基本设施以及有关就业和基本设备的合适地点——这一切的费用均合情合理。"①

在社会权的区域法治实践中,欧洲人权法院强调了国家在适足住宅权保障中的重要作用,认为"现代社会将人们的住房视为主要的社会需求,住房的管理不能完全靠市场来运作"。因而要求各国制定"旨在保证在人们居所方面有更大的社会公正的立法"。为达此一目的,即便"此立法干涉了私人当事人之间的现行合同关系,而没有把直接福利给予国家或整个社区"也是合理合法的。② 因为法律上的公正不仅是形式的公正,也要求实质的公正。只有通过国家的有力干预,才能稳定房价,制止无序牟利行为,真正达致诗圣杜甫所憧憬的"安得广厦千万间,大庇天下寒士俱欢颜"的理想境界。

四、环境权

人的生存离不开环境,因而环境权也可以在生存权的子项之下。我国宪法第 26 条规定的"国家保护和改善生活环境和生态环境,防治污染和其他公害"同样可以视为对保障人们生存权的庄严承诺。按照学者的界定,环境权有狭义和广义两种不同理解:狭义的环境权指公民对健康、整洁、良好环境的享受权;而广义的环境权包括环境使用权、知情权、参与权和请求权。③ 无疑,从社会权的角度来说,狭义的环境权更为可取。它意味着国家必须担当起保护人们生存环境的法律义务,使人们能够有更好的生存、生活质量。例如,针对中国环境问题的现状,习近平就专门指出:

我国资源约束趋紧、环境污染严重、生态系统退化的问题十分严峻,人民群众对清新空气、干净饮水、安全食品、优美环境的要求越来越强烈。为此,我们必须坚持节约资源和保护环境的基本国策,坚定走生产发展、生活富裕、生态良好的文明发展道路,加快建设资源节约型、环境友好型

---

① ［澳］本・索尔、戴维・金利、杰奎琳・莫布雷:《〈经济社会文化权利国际公约〉评注、案例与资料》(下),孙世彦译,第 795—796 页。
② ［挪］A.艾德、C.克洛斯、A.罗萨斯主编:《经济、社会和文化权利教程》(修订第二版),中国人权研究会组织翻译,第 33—34 页。
③ 程亚萍:《人权视域下的社会权研究》,第 171 页。

社会，推进美丽中国建设，为全球生态安全作出新贡献。①

　　然而，在社会权利的谱系中，环境权却处于相当尴尬的境地之中。《世界人权宣言》和《经济、社会及文化权利国际公约》里都没有环境权的规定，目前所能见到的权威文书只有 1972 年的《斯德哥尔摩人类环境宣言》中规定的"人类有权在一种能够过尊严和福利的生活的环境中，享有自由、平等和充足的生活条件的基本权利"。然而，对于环境权是否就是人权或者社会权，质疑的声音仍然较大：

　　　　声称具有普遍性、实体性而非程序性的环境人权可以成为环境保护的有效工具的主张，其可信性建立在两个假定之上：其一，因为环境保护是通过人权术语表述的，所以环境保护的目标相应比其他的社会、经济目标更居于优先地位。其二，如果有必要，这些以人权为基础的目标可以通过建立人权程序和机构得到保障。但与此种明确的假设相对的检验表明，很难看出实体性的环境人权（如果将其视为第三代或连带性的人权）如何在上述意义上发挥有效工具的作用。对于这样一项"权利"来说，一般的理解认为，它意指国家、国际组织以及其他实体为有关环境目标的实现进行合作努力的一种承诺表示。从定义的角度，这样的一项"权利"很难具备真正规范性概念的品质，并借以确定社会、经济或政治目标中的优先事项。同样的道理，由于其规范性先天不足，加之环境权利内涵也并不明确，因而它也无法在任一国际人权论坛加以援引。②

　　由此而论，环境权作为一项人权或社会权的内容，其规范性还有待提高，相关内涵也应进一步明确。但无论如何，环境作为人类生存的伴生物，其质量如何直接关系到人们的生存、生活质量。当环境被严重破坏时，必定会导致人们患上严重身体疾病，直接影响着人们生存权的实现。因而，可以将环境权视

---

　　①　习近平：《以新的发展理念引领发展》，《习近平谈治国理政》（第二卷），外文出版社 2017 年版，第 198—199 页。

　　②　［挪］A.艾德、C.克洛斯、A.罗萨斯主编：《经济、社会和文化权利教程》（修订第二版），中国人权研究会组织翻译，第 253 页。

为一种正在逐渐长成的新型社会权，以在国家的积极保护下，造福于全体社会成员。

第二节　工作权的保障

一、工作权于人生和社会的意义

对于社会上的绝大多数人而言，其生存及其生存的质量都与工作密不可分。只有通过工作人们才能获取生存的资源；反之，当人们找不到工作或失业时，本人及家庭生活就会受到重大的影响。"失业是那些依靠其出卖劳动维持生计的人员面临的最大的社会风险之一。"[①]可以说，缺少工作机会正是弱者由此形成的基本原因之一。特别是当国家或社会禁止某些人正常就业或者在就业上实施歧视对待时，遭受社会排斥的对象不仅失却了获取生活资源的机会，同时也因为作为社会边缘化人群，而受着双重的生存挤压。要保障工作机会和工作待遇的平等，就必须确立工作权的概念，使人们在拥有此一权能之后，能够理直气壮地向国家和社会提出请求。联合国经济、社会和文化权利委员会在第 18 号一般性意见中，着重强调："工作权对实现其他人权至关重要，并构成人之尊严的不可侵害的、固有的一部分。每一个人均有工作的权利，使其生活得有尊严。工作权同时有助于个人及其家庭的生存，只要工作是自由选择或接受的，这一权利还有助于个人的发展和获得所在社群的承认。"[②]正因如此，工作权作为国际社会公认的人权，体现在诸多国际人权公约之中，也在各国宪法中被普遍予以承认。在我国现行宪法中，工作权则以"劳动权"名之。明显地，工作权需要得到来自国家与社会的尊重与保护，体现出积极权利的法律特性：

> 只有在社会保障体系和社会服务覆盖越来越多的人口并趋向于覆盖全部人口——或以统一的形式，或以分类的形式——的情况下，只有在雇

---

① 《2001 年国际劳工大会第 89 届会议报告之六——社会保障：问题、挑战与前景》，见国际劳工局编《社会保障：新共识》，第 39 页。

② ［澳］本·索尔、戴维·金利、杰奎琳·莫布雷：《〈经济社会文化权利国际公约〉评注、案例与资料》（上），孙世彦译，第 231 页。

员能够诉诸得到国家保障的权利免于在劳动关系中受剥削的情况下，才谈得上福利国家的发展。由国家推动的社会保护扩展到保障每一个人的社会权利的这一趋势，是福利国家发展的典型特色，这种趋势通过众多国际性的宣言和协议，至少在纲领上已被举世公认是社会发展的榜样。[1]

可见，对工作权的维护与保障，既是国家的责任所在，也是历史的必然趋势。同时，工作权是属于每一个人都应当拥有的社会权，它提供了人们对抗劳动关系中的剥削、歧视的法律后盾，也是人们在劳动关系中获致尊严、自尊的法律凭借。实际上，工作权之所以不是纯粹的经济权而同时属于社会权，很大程度上就是因为它体现了社会权的基本追求：维护社会公平，实现人的尊严。正如马里旦所言："劳动尊严是人作为劳动者的权利感受。只有在一种正义性关系中，劳动者方能以此为凭作为自主性个体而非奴仆或孩童面对雇主。这其中蕴藏着实质性的意涵，而绝非一个经济或社会技术问题。因为这是一个道德问题，关系着人的精神尊严。"[2]质言之，在工作权的制度设计中，将每一位劳动者都视为与雇主平起平坐的对等主体，他们只是正当地支付劳动来换取收入和报酬，并没有在人格上低人一等，更不允许雇主自诩为"衣食父母"而对劳动者侮辱、羞辱。

那么，工作权究竟包含哪些内容呢？可以说，关于这一问题，学术界还有较大的争议。例如，有的学者建议，可以把所有的工作权和工作中的权利分成与就业有关的权利、由就业派生出来的权利、待遇平等和非歧视权利、辅助性权利四类。[3]有的学者认为，工作权的关键组成因素包括：选择和接受已经存在的工作的自由；在职业的所有方面，都禁止歧视；禁止强迫或强制劳动；国家必须通过国家就业政策，以便将来逐渐扩展就业机会的数量和质量。[4]也有学者认为，所谓的"工作权"，指涉一组包含许多不同权利与义务

---

[1]　［德］弗兰茨-克萨韦尔·考夫曼：《社会福利国家面临的挑战》，王学东译，第 23 页。

[2]　［法］雅克·马里旦著、［加］威廉·斯威特编：《自然法：理论与实践的反思》，鞠成伟译，中国法制出版社 2009 年版，第 67—68 页。

[3]　参见［挪］A.艾德、C.克洛斯、A.罗萨斯主编：《经济、社会和文化权利教程》（修订第二版），中国人权研究会组织翻译，第 196 页。

[4]　［澳］本·索尔、戴维·金利、杰奎琳·莫布雷：《〈经济社会文化权利国际公约〉评注、案例与资料》（上），孙世彦译，第 238—239 页。

之构成要素的范畴,包括:与工作相关的权利;衍生自工作的权利;待遇平等与不歧视权利;工具性的权利(如组织工会)。[①] 在此,我们从社会权的角度,对工作权的具体内涵主要从自主就业权、公平报酬权、劳动保护权、不受歧视权四个方面稍加疏释。当然首先需要强调的是,"广义的工作权的规范内容经常被错误地等同于就业权或被给予工作的权利。这一倾向从道德和法律角度讲都是有害的,它反映在强调实现事实上的充分就业的思想观念中,可能使工作权变为人人获得工作的权利。"[②]国家自然要对人们的就业提供机会、创造条件,然而,就业机会受制于经济发展水平和劳动力状况,没有哪个国家可以保证不让一个人失业。一句话,充分就业是可欲的,但完全就业是不可能的。

二、自主就业权

在工作权中,就业权是其中心内容。"工作权首先包括自由选择一个行业或职业的权利,以及接受或拒绝某一就业机会的权利。"[③]可见,就业权包括两个基本方面的内容:一是选择权,即当事人有权选择自己认为合适的单位、场所、工种去工作,也可以拒绝某个就业机会;二是自主权,即是否工作以及在什么地方工作,应当听任当事人自主决定。正是在这个意义上,强迫劳动被国际社会所普遍禁止。如学者所言:

> 免于强迫劳动是工作权的一个重要组成部分。……1957 年《废止强迫劳动公约》(第 105 号)进一步补充了第 29 号公约,它要求废除下列任何形式的强迫劳动:"作为政治压迫和政治教育的工具或作为对待持有或发现政见或意识形态上与现存政治、社会或经济制度相反的意义的惩罚";"作为有经济发展目的的动员和使用劳工的方法";"作为劳动纪律的工具";"作为对参加罢工的惩罚";"作为实现种族、社会、民族或宗教歧视的工具"(第 1 条)。[④]

---

① ［波兰］Janusz Symonides:《人权的概念与标准》,杨雅婷译,第 187 页。
② ［挪］A.艾德、C.克洛斯、A.罗萨斯主编:《经济、社会和文化权利教程》(修订第二版),中国人权研究会组织翻译,第 192 页。
③ ［澳］本・索尔、戴维・金利、杰奎琳・莫布雷:《〈经济社会文化权利国际公约〉评注、案例与资料》(上),孙世彦译,第 240 页。
④ ［挪］A.艾德、C.克洛斯、A.罗萨斯主编:《经济、社会和文化权利教程》(修订第二版),中国人权研究会组织翻译,第 187—188 页。

不仅如此,要保障就业权的实现,还必须保证员工不被任意辞退、开除的权利。"没有正当理由,员工是不可以被开除或降职的。对员工的尊重似乎要求雇主为影响员工的行为提供理由——合理的理由。尤其,像开除员工或对员工降职处理这样的行为会从根本上改变一个员工的未来。"[①]可以想象,当工作权的有无完全受制于雇主的随心所欲,那么,员工为保住"饭碗",只能仰其鼻息,根本就无尊严可言。公共领域的专制,当然在法律制约的范围内,私人领域的专制,同样为法治所不容。我国《劳动合同法》第38条即规定了劳动者单方解除劳动合同的情形,其中就特别提到:"用人单位以暴力、威胁或者非法限制人身自由的手段强迫劳动者劳动的,或者用人单位违章指挥、强令冒险作业危及劳动者人身安全的,劳动者可以立即解除劳动合同,不需事先告知用人单位。"所以,工作权不仅包含着自主选择就业的权利,还延伸出就业保护的权利,即雇主无法律上的理由不得行使解雇权。如学者所言:

> 工作权的一个重要组成部分是就业保护的权利,即维持和保护劳动关系的法律和其他办法的权利。所以,这一权利旨在保护那些实际上已受雇用的人。……从其实质内容来看,关于就业保护权的法规主要集中在不被任意或不公正解雇的权利以及确立劳动关系的稳定性和不可侵犯性的其他方面的权利。[②]

以我国的《劳动合同法》为例,法律即确定了"过失性辞退"(第39条)、"无过失性辞退"(第40条)、经济性裁员(第41条)三种法律允许用人单位可以辞退员工的情形,但第42条则强调,在以下情形下,用人单位不得解除劳动合同:(一)从事接触职业病危害作业的劳动者未进行离岗前职业健康检查,或者疑似职业病病人在诊断或者医学观察期间的;(二)在本单位患职业病或者因工负伤并被确认丧失或者部分丧失劳动能力的;(三)患病或者非因工负伤,在规定的医疗期内的;(四)女职工在孕期、产期、哺乳期的;(五)在本单位连续工作满十五年,且距法定退休年龄不足五年的;(六)法律、行政法规规定的其他

---

① [美]帕特利霞·H.威尔汉等:《就业和员工权利》,杨恒达译,北京大学出版社2005年版,第81页。
② [挪]A.艾德、C.克洛斯、A.罗萨斯主编:《经济、社会和文化权利教程》(修订第二版),中国人权研究会组织翻译,第193页。

情形。这即通过法律的强行规定,来限制用人单位的用工自主权,进而保护劳动者的就业权利。

三、公平报酬权

对于在工作中获取公平的报酬,《世界人权宣言》早于《经济、社会及文化权利国际公约》就予以明确,其第 23 条第(二)、(三)项规定:"人人有同工同酬的权利,不受任何歧视";"每一个工作的人,有权享受公正和合适的报酬,保证使他本人和家属有一个符合人的尊严的生活条件,必要时并辅以其他方式的社会保障"。可见,在国际公约中,既强调劳动报酬的公平,不得有歧视现象;又提出了报酬的标准,即"公正和合适"。《经济、社会及文化权利国际公约》第 7 条则强调要"最低限度给予所有工人以下列报酬":(1)公平的工资和同值工作同酬而没有任何歧视,特别是保证妇女享受不差于男子所享受的工作条件,并享受同工同酬;(2)保证他们自己和他们的家庭得有符合本公约规定的过得去的生活。上述两公约虽然法律用语略有不同,但都强调了同工同酬的原则以及保障其本人和家庭生活的酬金标准。这既是保障工人生活所需,也是人的尊严得以保障的前提。正如国际劳工组织 1988 年《关于促进就业和失业保护》的第 168 号公约的序言强调的那样:"所有社会中劳动和生产性就业的重要性,不仅是因为它们可为社会创造财富,而且因为它们给工人带来收入,赋予工人社会职责并使工人获得自尊感。"[1]所以,从工作权的社会性质而言,国家应当出台有力的法律和政策,确保工人工资的"公正"和"合适"。

但问题的困难之处在于,"公正"和"合适"的工资标准究竟是什么? 如学者提到,"工资的'公允'也涉及一种自主的正义观念,即应为工作者所从事工作的公平社会—经济'价值'给予恰当的报偿,并确保……'人不能被当作只不过是经济机器中的一个齿轮'。公允性的另一含义也蕴含在……同等报酬和条件以及……平等升职机会中"。[2] 但上述界定仍是抽象的叙述,说明"公正"和"合适"这一标准很难量化。总体而言,每一个人和其家庭的情形各有不同,要使工人的工资收入足以保障其本人和家庭的体面生活,唯一可行的途径不

---

① ［澳］本·索尔、戴维·金利、杰奎琳·莫布雷:《〈经济社会文化权利国际公约〉评注、案例与资料》(上),孙世彦译,第 232 页。

② 同上书,第 337 页。

外有二：一是拟定最低工资标准，保障劳动者有最基本的养家糊口的收入；二是通过社会保障制度，来弥补劳动者工资收入的不足。前者是从最低限度上保障劳动者的基本收入；后者则是对收入不足所实行的国家补助，如家庭津贴、生育津贴等。至于如何确定最低工资标准，我国《劳动法》第49条要求各省、自治区、直辖市人民政府在确定和调整最低工资标准时应当综合参考下列因素：（一）劳动者本人及平均赡养人口的最低生活费用；（二）社会平均工资水平；（三）劳动生产率；（四）就业状况；（五）地区之间经济发展水平的差异。当然，这些标准总体而言还是比较空泛，但可以断言的是，在社会财富日益增长的今天，最低工资的标准应随着社会经济的发展水平而不断提高。在这方面，国家负有指导、监督的法定义务。

　　同样必须注意的是，完全采行收入分配制度上的平均主义，同样并不可取。这正如学者所指出的那样，所有社会在分配财富上都是不平等的，"收入上的差别不太可能会消失，社会对于努力工作、技术、智力、教育、培训、承担风险以及独特性应当有所回报。贯穿整个社会的收入平均分配会威胁到工作伦理。"[①]拉平收入差距不仅会将不同工作的价值与贡献等量齐观，挫伤人的主观能动性，同时也不符合不同情形不同处理的等差正义。或许更为可取的办法，是通过国家的法律和政策，"调整收入分配格局，完善以税收、社会保障、转移支付等为主要手段的再分配调节机制，维护社会公平正义，解决好收入差距问题，使发展成果更多更公平惠及全体人民。"[②]在党的十九大报告中，针对当前中国的状况，习近平指出：

　　　　要……坚持按劳分配原则，完善按要素分配的体制机制，促进收入分配更合理、更有序。鼓励勤劳守法致富，扩大中等收入群体，增加低收入者收入，调节过高收入，取缔非法收入。坚持在经济增长的同时实现居民收入同步增长、在劳动生产率提高的同时实现劳动报酬同步提高。拓宽居民劳动收入和财产性收入渠道。履行好政府再分配调节职能，加快推

---

　　①　[美]戴安娜·M.迪尼托：《社会福利：政治与公共政策》（第七版），杨伟民译，中国人民大学出版社2016年版，第142页。

　　②　习近平：《深入理解新发展理念》，《习近平谈治国理政》（第二卷），第214页。

进基本公共服务均等化,缩小收入分配差距。[①]

可见,国家和法律的任务不是完全抹煞不同性质劳动的价值,而是要在总体上提高居民的收入水平,并通过各种制度、措施来缩小收入分配上的差距,维护社会公平正义。

四、劳动保护权

这里主要是指劳动者必须享有安全与卫生的工作条件,以及对特定人群施行特别保护的法律措施。首先,劳动者的工作场所和工作环境应当是安全与卫生的,不能将他们置于危险和肮脏的环境下工作,这不仅影响劳动者的健康,更可能会危及他们的人身。为此,国家应当"实施和定期审查协调一致的国家政策,以尽量减少职业事故和疾病的危险,并在职业安全和卫生服务方面制定协调一致的国家政策"[②]。例如我国《矿山安全法》第 3 条明确规定:"矿山企业必须具有保障安全生产的设施,建立、健全安全管理制度,采取有效措施改善职工劳动条件,加强矿山安全管理工作,保证安全生产"。考虑到矿工个人维权能力的欠缺,该法第 25 条还赋予了工会的监督权限:"矿山企业工会发现企业行政方面违章指挥、强令工人冒险作业或者生产过程中发现明显重大事故隐患和职业危害,有权提出解决的建议;发现危及职工生命安全的情况时,有权向矿山企业行政方面建议组织职工撤离危险现场,矿山企业行政方面必须及时作出处理决定。"以国家指令的方式强调生产场所的安全与卫生,并辅之以工会监督和政府监控的方式,一定程度上可以保证安全而卫生的劳动条件的实现。

其次,要通过国家法律确立劳动和休息的时间,确保劳动者有一定的自主支配的闲暇时间。"适当的游息是恢复心理疲劳的很好的方法。尤其是在工业社会,时常与机器为伍者每有机械单调之感,游息可以改变这种观念。亦因为这个关系,充实休闲生活乃成为近代福利国家的重要项目之一。"[③]联合国

---

① 习近平:《决胜全面建成小康社会 夺取新时代中国特色社会主义伟大胜利——在中国共产党第十九次全国代表大会上的报告》,人民出版社 2017 年版,第 46—47 页。

② 〔澳〕本·索尔、戴维·金利、杰奎琳·莫布雷:《〈经济社会文化权利国际公约〉评注、案例与资料》(下),孙世彦译,第 853—855 页。

③ 邹文海:《福利思想、福利政策与宪政原则》,见李钟桂主编《福利国家与社会安全》(宪政思潮选集之六),第 27 页。

经济合作与发展组织还从心理学的角度，论证了适度的工作时间对于人们幸福的重要意义：

> 不管少壮还是年迈，不管富有还是贫穷，所有人都有一个共同之处，那就是每天拥有多少个小时。如何在不同的活动时间分配这24小时是幸福的关键决定因素。工作-生活平衡是指"一个个体的工作和个人生活之间的平衡状态"。获得这种平衡对人的幸福很关键：如果工作时间过少，人们就没有足够的收入来达到想要的生活标准，而且可能会降低其生活目标感；而如果人们因过度工作而损害了健康或牺牲了个人生活，那么这也就会对人们的幸福产生负面影响。①

我国通过《劳动法》实行劳动时间的国家标准，即"国家实行劳动者每日工作时间不超过八小时、平均每周工作时间不超过四十四小时的工时制度"（第36条），并明令"用人单位应当保证劳动者每周至少休息一日"（第38条），且规定用人单位在元旦、春节、国际劳动节、国庆节及法律、法规规定的其他休假节日，应当依法安排劳动者休假（第40条）。上述条文，也是宪法第43条规定的"劳动者有休息的权利"在部门法中的具体落实。

再次，对特定职工的特别保护措施，这尤其体现在女工权益的保护上。"保护母性"是其根本目标，"母性"主要指的是"妇女由其生理决定的与生殖功能相关的长期不变的需要和经历"：生育治疗、怀孕、生产、产后生理表现及哺乳。"为实现事实上的平等，妇女在生理上的生育需要必须得到满足，使其在与男性平等的基础上将父母身份与社会、经济、政治生活中的平等机会结合起来。"②生育是人类得以繁衍的基础，为此，用人单位应当承担积极的社会责任，保护生育期间妇女的工作机会和相关待遇。《劳动法》第29条第3款规定，女职工在怀孕、产期、哺乳期内的用人单位不得依据本法第26条、第27条的规定解除劳动合同。在这方面，我国《妇女权益保障法》作了明确的规

---

① 经济合作与发展组织：《民生问题：衡量社会幸福的11个指标》，洪漫等译，新华出版社2012年版，第116页。

② ［美］玛莎·A.弗里曼、［英］克莉丝蒂娜·钦金、［德］贝亚特·鲁道夫主编：《〈消除对妇女一切形式歧视公约〉评注》（上），戴瑞君译，第180页。

定。例如,"任何单位不得因结婚、怀孕、产假、哺乳等情形,降低女职工的工资,辞退女职工,单方解除劳动合同或者服务协议"(第 27 条第 1 款);"任何单位均应根据妇女的特点,依法保护妇女在工作和劳动时的安全和健康,不得安排不适合妇女从事的工作和劳动"(第 26 条第 1 款)。特别需要指出的是,职场中的性骚扰在对女性的工作权上,是一种危害极大的干涉公平就业的违法行为。学者认为:

> 性骚扰是一种性强迫,实施者依靠其权力但并不一定依靠身体暴力来影响受害者的经济、学术状况。按照美国法律,性骚扰是就业与教育中的一种性歧视,它被 1964 年的《民权法案》的第 7 条所禁止。性骚扰被界定为:不受欢迎的性接触、要求性方面的好处,或者性特征的其他语言或躯体之类的行为。下列情况构成性骚扰:(1)把对以上行为的屈服作为个人就业的明确的或不明确的条款或条件;(2)一个人用对这种行为的屈服或反对来作为影响决定另一个人的就业的基本条件;(3)这种行为有目的或毫无理由地起到干涉一个人工作表现或创造一个有威胁的、敌意的或令人不舒服的工作环境的作用。①

可见,对于女性公平就业而言,性骚扰的危害是:以女性是否接受骚扰作为获得工作机会的前提条件;创造了一个对女性来说令人失去安全和尊严的工作环境。对于性骚扰问题,各国不仅在立法上予以规制,例如我国《妇女权益保障法》第 40 条规定:"禁止对妇女实施性骚扰""受害妇女有权向单位和有关机关投诉",并且各国司法机关也积极介入对性骚扰案的审查,在司法上也形成了诸多经典判例。例如,美国联邦最高法院在 1986 年的"美驰储蓄银行诉文森案"中指出:

> 是否构成性骚扰,其标准就是正常人可以感受到的客观存在的敌对性或者侮辱性的工作环境。工作环境是否具有"敌对性"或"侮辱性",主要是通过观察以下各类情形来确定:发生歧视行为的频率、歧视行为的严

---

① ［美］查尔斯·H.扎斯特罗:《社会工作与社会福利导论》(第 7 版),孙唐永等译,第 477 页。

重程度、是否存在对人身的威胁或者侮辱（或者只是侮辱性的语言）、是否不合理地影响了雇员的工作绩效等。对雇员的心理健康的影响，也被认为是判断是否为敌对性环境的一个相关因素。①

学界普遍认为，这是职场反性骚扰的里程碑式的案件。这一判例，不仅提出了如何认定性骚扰的标准，而且将妇女就业环境与人的尊严、安全紧密关联，体现了工作权作为社会权的核心内涵。

最后，涉及为工作权得以实现所采取的公共服务措施上。在这方面，一是要提供就业信息，使工作者能够据此获得在哪可以寻找到工作岗位的基本信息。对于初入市场的劳动大军和失业者来说，这类信息是否快捷、准确，直接影响着他们的就业机会。在国际人权法上，"获得免费就业服务是一项明确规定的权利，即寻找工作者有自由得到信息、指导和帮助的权利以找到适当的工作"。不仅如此，这种服务的提供主要是由政府来运作，以体现"对尊重自由就业需要的回应"。为何应由政府来主导这一公共服务，其理由主要是"基于道德因素的假设"，即"安置工人不能是商业交易"。当然，也应当允许私人性的机构从事这项服务，"因为它们比公共当局经营的机构更富有活力和有效"。②然而即便如此，政府所负有的主导职责仍然是基本的、主要的。我国《劳动法》第 11 条就此规定，"地方各级人民政府应当采取措施，发展多种类型的职业介绍机构，提供就业服务"。这也表明，即使存在私营的职业介绍机构，也是由政府主导并在政府的监管之下。二是加强职业培训，提升劳动者的就业技能，为他们顺利就业或再就业给予国家帮助。特别是对于失业者而言，国家固然可以通过失业保障的方式来维持他们最低限度的生存条件，但是，这种做法明显不能从根本上解决问题。对此国际劳工局的报告就明确指出：

> 一项失业保障制度，无论是部分保障还是全面保障，只有通过与诸如培训等促进就业的劳动力市场政策相结合，才能充分发挥其作用。经济

---

① ［美］杰伊·M.沙夫里茨等：《公共行政导论》，刘俊生等译，中国人民大学出版社 2011 年版，第 342 页。

② ［挪］A.艾德、C.克洛斯、A.罗萨斯主编：《经济、社会和文化权利教程》（修订第二版），中国人权研究会组织翻译，第 191 页。

危机会导致许多国家的经济出现结构性调整,而增强失业和半失业工人的再就业能力将成为带动经济发展的关键性因素。培训等相关措施,作为一揽子经济刺激计划的一部分,在大多数欧洲国家得到了实施(经常和部分失业待遇相结合)。①

中国古语"授人以鱼,不如授人以渔"表达的也是这层意思。在指导中国开展史无前例的脱贫、扶贫攻坚战中,习近平也表达了这一理念,他言道:"扶贫要同扶智、扶志结合起来。智和志就是内力、内因","要注重调动贫困群众的积极性、主动性、创造性,注重培育贫困群众发展生产和务工经商的基本技能,注重激发贫困地区和贫困群众脱贫致富的内在活力,注重提高贫困地区和贫困群众自我发展能力"。② 为此,对贫困地区的职业培训教育关系着精准脱贫、精准扶贫事业的实际成效,为此,"国家教育经费要继续向贫困地区倾斜、向基础教育倾斜、向职业教育倾斜,特岗计划、国培计划同样要向贫困地区基层倾斜"。③ 只有增加了智力,提升了才能,人们才能真正摆脱贫困,而实现体面生活、体面劳动。

2001 年国际劳工大会第 89 届会议关于社会保障问题的决议和结论也指明了同样的努力方向:

> 对于处在工作年龄段的人而言,提供有保障收入的最好的方式,是通过体面的劳动。因此,向失业人员提供现金津贴,应该与培训和再培训及他们为了获得就业而可能需要的其他支援密切配合。随着经济的增长,劳动力队伍的受教育程度与技能将会日益重要。为了将来能够掌握适当的谋生技能,能够识字和计算,以及能够有利于个人的成长和进入劳动队伍,应该使所有的儿童都能接受教育。在当今的经济中,为了保持就业能力,终身学习是必不可缺的。失业津贴的设计,不应使其造成依赖或成为

---

① 国际劳工局:《世界社会保障报告(2010—2011)——危机期间和后危机时代的社会保障覆盖》,人力资源和社会保障部社会保障研究所组织翻译,中国劳动社会保障出版社 2011 年版,第 132 页。

② 习近平:《加大力度推进深度贫困地区脱贫攻坚》,《习近平谈治国理政》(第二卷),第 90 页。

③ 习近平:《在中央扶贫开发工作会议上的讲话》(2014 年 10 月 8 日),见中共中央文献研究室编《习近平总书记重要讲话文章选编》,中央文献出版社·党建读物出版社 2016 年版,第 292 页。

就业的障碍。采取措施,以使得工作从收入上来说比领取社会保障更具有吸引力,业已被证明是有效的。[①]

总之,增强就业能力的培训,是确保人们找到合适工作的前提和基础。自然,每个人的境况不同,能力也有所差异,因此需要有针对性的教育培训方案,以使每个人能结合自己的现状而进行不同类型的培训。例如,为提升残疾人的就业能力,就必须制定特殊的教育与培训计划。对此,《残疾人权利公约》专门要求各缔约国,要出台"使残疾人能够切实参加一般技术和职业指导方案,获得职业介绍服务、职业培训和职业进修培训",以及"在劳动力市场上促进残疾人的就业机会和职业提升机会,协助残疾人寻找、获得、保持和恢复工作"。[②]

五、不受歧视权

在社会上存在的各种歧视中,就业歧视是最值得关注的歧视形式之一。这不仅因为歧视在就业中普遍存在,更是因为就业上的歧视直接影响着当事人能够获得工作的机会,因而也成为能否保有尊严和生存、生活的主要负面因素。

1958年国际劳工大会通过的《就业和职业歧视公约》,认为"歧视"一词包括:(1)基于种族、肤色、性别、宗教、政治见解、民族血统或社会出身等原因,具有取消或损害就业或职业机会均等或待遇平等作用的任何区别、排斥或优惠;(2)有关会员国经与有代表性的雇主组织和工人组织(如存在此种组织)以及其他适当机构协商后可能确定的、具有取消或损害就业机会均等或待遇平等作用的其他此种区别、排斥或优惠。但是,对一项特定职业基于其内在需要的任何区别、排斥或优惠不应视为歧视。[③] 可见,就业歧视与一般法律上的歧视相似,都是基于当事人自身以外的原因而给予的不平等对待,但因为这种区别、排斥或优惠直接影响着当事人获得就业机会或平等待遇,因而直接影响着

---

① 《2001年国际劳工大会第89届会议关于社会保障问题的决议和结论》,见国际劳工局编《社会保障:新共识》,第2—3页。

② 参见[爱尔兰]杰拉德·奎因、李敬编:《〈残疾人权利公约〉研究:海外视角(2014)》,陈博等译,第361页。

③ 转引自饶志静:《英国反就业性别歧视研究》,法律出版社2011年版,第21页。

人们的生存和生活。不仅如此,可怕之处在于:

> 在就业的每一个阶段都存在着系统性的基于群体的歧视。从属者被启用的几率要小得多。即使被雇用,他们从事同样的工作得到的薪水也可能更低,获得在职培训的机会更少,晋升到拥有职权的位置的机会更少,并且在经济萧条时期被解雇的风险比支配者更大。劳动市场中的歧视大部分是隐蔽的,然而,在相当数量的公司中,工作歧视相当明显,即使这些歧视显然是违法的。[①]

就业歧视在社会生活中不仅普遍存在,并且形式多样,不一而足。有性别歧视,例如学者指出,将妇女视为家庭主妇或服务提供者的性别刻板印象,把照料职能施加在妇女身上的文化习俗,以及妇女不具备全面参与劳动力市场的同等资格的社会态度,"所有这些都对妇女的工作权利产生了不利影响。这些歧视性的做法和观念很有可能导致缔约国不为妇女提供平等的就业机会"。[②] 有种族歧视,例如学者以美国为例,指出:"由于数十年甚至几个世纪的歧视和偏见,一种种族性的劳动分工已经形成;又因为发达工业社会,处在经济体系中低工资部门的人,更多地受到非个人性的经济变动的负面影响,所以,这种种族性的劳动分工得到强化。"明显的例子,就是黑人的工作种类主要集中在汽车、橡胶、钢铁和其他烟囱工业。[③] 有国别歧视,"一般而言,与本国人相比,外籍劳动者在各种生活机会上容易受到歧视,尤其在就业、住房和教育三个领域存在明显的机会不平等"。[④] 有户籍歧视,这主要是中国的事例。学者提到,1950 年代末,国家颁布了《中华人民共和国户口登记条例》,该条例规定了城市居民的劳动就业权,以及食物、住房、教育等社会服务方面的福利。而"农民没有城市户口,自然也就没有伴之而来的各种福利,因此难以

---

① 〔美〕吉姆·斯达纽斯、费利西娜·普拉图:《社会支配论》,刘爽、罗涛译,中国人民大学出版社 2011 年版,第 186 页。

② 〔美〕玛莎·A.弗里曼、〔英〕克莉丝蒂娜·钦金、〔德〕贝亚特·鲁道夫主编:《〈消除对妇女一切形式歧视公约〉评注》(上),戴瑞君译,第 377 页。

③ 〔美〕威廉·朱利叶斯·威尔逊:《真正的穷人:内城区、底层阶级和公共政策》,成伯清等译,上海人民出版社 2007 年版,第 17 页。

④ 〔日〕武川正吾:《福利国家的社会学:全球化、个体化与社会政策》,李莲花等译,第 91 页。

在城市生存下去,他们不得不困守在农村,乡-城流动极其少见"。① 有身体歧视,"一些国家往往以保护公民健康为由,基于一个人的健康状况而限制人权。然而,许多这种限制具有歧视性,例如,艾滋病毒感染状况被用来作为在一些方面实行差别待遇的根据,如教育、就业、保健、旅行、社会保障、住房和庇护";②对残疾人的歧视也可以属于身体歧视的一种,研究发现:"在任何时间点上,残疾人群找到工作的几率都只是健全人的30%,如果失业,再找到工作的几率是健全人口的五分之一,正在就业的残疾人失去工作的几率是健全人的三倍。"③有前科歧视,即歧视受过违纪、违法和犯罪处罚的劳动者,且仅仅是因为有违纪、违法、犯罪记录而拒绝录用劳动者。④ 还有年龄歧视,特别是对老年人的歧视:

> 年龄歧视确实是社会对老年人的歧视行为,并且主要是在就业上。一直以来,人们认为年龄大的工作者的特点是:行动慢,学习新技能的能力差,容易出事故,和同事及服务对象难以相处、抗拒管理、难以改变,容易丢掉工作,判断速度慢,速度、体力和耐力差,缺乏动力,顽固、过于谨慎。如果管理者认同这些并非实证得来的观点的话,他就更可能在做决策的时候歧视年龄大的工作者。虽然老年人可能比起年轻人来工作产量要少,但是他们的工作质量普遍更高,而且较少浪费精力,犯的错误也更少。他们同样具备学习并适应新工作的能力,并且他们的经验能够弥补由于年龄增长导致的速度或体力的下降。⑤

总之,歧视隐藏在社会生活中的各个角度,而其在就业问题上则是给被歧

---

① [美]范芝芬:《流动中国:迁移、国家和家庭》,邱幼云、黄河译,第5页。
② [澳]本·索尔、戴维·金利、杰奎琳·莫布雷:《〈经济社会文化权利国际公约〉评注、案例与资料》(上),孙世彦等译,第168页。
③ [美]爱德华·耶林、劳拉·特鲁宾:《为残疾人进行成功的劳动力市场转移——影响残疾人获得和维持现有工作的因素》,见[美]芭芭拉·奥尔特曼、沙龙·巴尼特编《拓展社会科学对残疾问题的研究》,郑晓瑛等译,北京大学出版社2013年版,第88页。
④ 参见蔡定剑、刘小楠主编:《反就业歧视法专家建议稿及海外经验》,社会科学文献出版社2010年版,第16页。
⑤ [美]Lewis R.Aiken:《态度与行为:理论、测量与研究》,何清华等译,中国轻工业出版社2008年版,第76—77页。

视者设置工作障碍:要么是无法找到工作;要么是只能做粗活、脏活;要么是在酬金待遇上低于他人;要么是缺乏和他人一样平等的升迁机会。如此种种,不一而足。但在法律上需要明确的是,歧视是平等的天敌,为此,需要将"法律面前人人平等"的原则贯彻于就业领域,并且不仅要强调形式平等,还有注重实质平等,以此来反对歧视,消灭歧视:"按照一般的理解,就业机会均等就意味着在做出有关人员的录用、提升、解雇、待遇等决定时绝不能考虑种族、肤色、民族渊源、宗教、性别诸因素。一视同仁的观点才是支撑就业机会均等的基础——如果要考虑种族、肤色等因素的话,那就会既违反宪法,又在道义上是不可接受的。"但是,相应的措施还不止于此,还必须采取对受歧视者予以特别保护的扶持措施:

> 根据美国民权委员会的解释,扶持措施可以从三个方面来加以定义。首先,扶持措施具有补救性质:扶持措施表明,正是为了补救种族歧视以及带来的后果才要尽力对种族、性别、民族渊源加以考虑。其次,扶持措施最终要寻求的是创造平等的机会:扶持措施认为,"种族、性别或民族渊源[必须得加以考虑]正是为了消除对种族、性别、民族渊源的种种考虑","由于对妇女和少数民族群体的歧视时间长,程度深,范围广,而且态度毫不妥协,因此需要有各种扶持措施计划来确保就业机会均等"。第三,扶持措施具体确定了哪些种族群体需要加以考虑,属于扶持措施计划制订的政策所针对的"受保护阶级"。①

如前所述,为了实行对歧视的纠偏以保护弱者的合法权益,即使该措施带有"逆向歧视的"性质,也不能否认其合法性和正当性。特别的痼疾需要特别的手段,扶持措施就是这样的一种特别行动。当然,歧视的消除,总体上还是有赖于人类文明程度的提升,那就是真正地平等待人,将每一个人都视为与我们自己一样的主体,拥有同等的尊严和价值。悲悯的善念、宽容的心胸,或许才是化解歧视这一顽疾的根本解决之道。当然,这是一个漫长的过程,而在这

---

① [美]加里·C.布赖勒:《扶持措施:少数民族的权利还是反向的歧视?》,见[美]雷蒙德·塔塔洛维奇、拜伦·W.戴恩斯编《美国政治中的道德争论》,吴念等译,重庆出版社 2001 年版,第 55—56 页。

一过程中间,国家必须扮演维护公正、消除歧视的重要角色:"自更大的范畴观之,工作权,甚至是与工作相关的权利,皆隐含国家必须保护的义务。首先,该保护必须禁止任何获得工作与工作条件的差别对待。……再者,应该透过立法确保'工作保障',防止任意解雇。最后,应该保障公正的工作条件。"①国家作出了表率作用,才能正确引导人们的行为,最终为铲除社会歧视奠定良好的社会基础。

第三节　安全权的兜底

一、安全权概念的不同理解

安全权也即社会安全权,但是,对这一概念的内涵则人言人殊,由此也涉及其指涉范围上的差异。例如我国台湾地区学者许育典认为:"所谓社会安全,系指国家必须保障人民享有一个合乎人性尊严的生存条件,以减轻或避免人民面临经济困境。就此而言,则社会安全的内容,是指对年老、疾病、残障与失业提供社会保险;对社会生存最低保障的社会救助"。不仅如此,在许先生看来,"社会安全的核心思想虽为提供合乎人性尊严的最低生存条件,但是,国家对社会安全的实践会随着财政能力而变迁。"因此,现代的社会国家还必须提供人民给付生存所必须的物质,例如水、电、交通与电信等设施,以实现国家对人民生存的照顾。"此外,学校与大学、运动设施、育幼院、养老院、医院、戏院与休闲设施等的设立与维护,虽然明显超过了最低生存的所必须,但对于人民现代的社会与文化生活层面,已是理所当然非常重要的,因此国家也应该提供基本的给付。"②大陆学者程亚萍则认为,"社会保障权也称社会安全权,是指社会成员在面临年老、疾病、伤残、失业、生育、鳏寡孤独或者自然灾害等其他不可预见、不可抗拒的自然社会风险威胁时,从国家或社会获得物质帮助和社会服务,使之维持生存并达到相当水准的生活的权利,具体包括社会救助和社会保险。"③国外学者中,波兰学者雅纳斯·西蒙尼德斯(Janusz Symonides)

---

① [波兰]Janusz Symonides:《人权的概念与标准》,杨雅婷译,第 190 页。
② 许育典:《宪法》,元照出版有限公司 2009 年版,第 82 页。
③ 程亚萍:《人权视域下的社会权研究》,第 163 页。

认为,社会安全权利包含三个不同的选项:一为社会援助,这种权利只提供给贫穷族群,通常倾向于最低限度的范畴;二为社会保险,主要是在国家法律下,以劳动关系中或多或少的义务性贡献为基础;三为完整意涵的社会安全,即将社会援助与社会保险并入全面而普遍的途径中。① 还有一种更为狭义的认识,即将社会安全权与经济安全和风险联系起来,认为"每个人在其生存过程中总是受到不同事件的威胁,其收入可能因此而丧失,生活水平可能因此而降低。……一些事件,通称为风险,可能妨碍一个人的职业活动及相应的收入。……在其他一些情况下,一个人虽然可以继续其职业活动,但是他的生活水平可能下降……。"②综合上述有关社会安全权的界定,不外乎社会保障、社会救助、社会保险三个方面的内容。但在社会保障方面,应当排除纯属文化方面的福利内容,如许育典先生言及的休闲设施和文化生活层面的内容,已明显地超出了社会权本应划定的指涉范围。

社会安全权这种认识上的差异,根本上在于这种权利究竟是一种保险的权益还是国家的救济之认识上的不同:

> "社会安全"这名词的意义,像它发展的早期那样,并不是极清晰的。如果"工作"是社会安全制度的核心,那么仅包括那些影响工作能力的危险事故,或许也包括失业在内,那是很正常的。除非这制度被修正,或变得更具弹性,否则家属将无法享受福利以获得收入的维持。在原则上,福利与受益人的经济状况有密切关系。换言之,这种社会安全制度是根据投保人应获权益的保险原则,而消除救济的观念。另一方面,如果"需要"是社会安全制度的重心,此制度的基本目的即在所得的分配,以保障所有的人能获得最低的生活水准,或保证获得一种能对抗货币贬值的收入;亦即是说,保证能过一种不受生活指数影响的生活。所有的工作危险与生活开支造成了需要或需要的不平等。这在原则上应加以补偿。这种制度是基于救济的观念,但是与一般性的普及的福利制度也有差异。③

---

① [波兰]Janusz Symonides:《人权的概念与标准》,杨雅婷译,第 196 页。

② [法]让-雅克·迪贝卢、爱克扎维尔·普列多:《社会保障法》,蒋将元译,法律出版社 2002 年版,第 3 页。

③ [法]Jacques Donblet:《人权与社会安全》,黄昭弘译,见李钟桂主编《福利国家与社会安全》,第 540 页。

质言之,在早期,社会安全权是对失业、残疾事故的权益补偿,但它是以行为人业已参与投保而获致的权益;而在现代,社会安全权转向"需要"的理念,以此保障所有人都能获得最低限度的生活保障。以下我们分社会保障权、社会救助权与社会保险权三个层面,来诠释社会安全权的内容。需要注意的是,前二种权利主要的义务主体是国家,而第三种权利的义务则主要是社会,也包括投保人自身。

二、社会保障权

社会保障权,我们在此将其理解为公民在因伤残、疾病、年老、失业等风险事故下,由国家通过财政支出而保护其生存的权利类型。1948 年联合国大会通过的《世界人权宣言》第 22 条规定:"所有公民,作为社会成员之一,都享有社会保障权。"第 25 条第 1 款规定:"每个人都有权享受能够保证个人及其家庭身心健康的生活标准,其中包括食物、衣物、住房、医疗、必要的社会服务,以及在失业、生病、残疾、丧偶、老年或其他个人无法控制的影响生计的情况下获得社会保障的权利。"1966 年联合国通过的《经济、社会和文化权利国际公约》第 9 条规定:"本盟约国确认人人享有社会保障,包括社会保险的权利。"第 11 条规定:"本盟约缔约国确认人人有权为自己和家人获得相当的生活标准,其中包括得当的食物、衣物、住房,并有权获得这些方面的不断改善。签约国将采取合适步骤确保这个权利的实现。"可见,社会保障权涉及的要义有三:第一,社会保障权是针对人类社会普遍会出现的风险事故且又是常态事故所进行的制度安排;第二,社会保障权是为了维持社会成员在遭遇风险时为了维持其生存而进行的最低限度的生活保障;第三,社会保障权是由国家来承担给付义务的权利形式。需要注意的是,学者一般将社会保障分为社会保险与社会救助两种类型,但在我们的理解中,这三者之间是并列而不是互相包容的关系。就社会保障与社会保险的区别来看,社会保障是无条件的国家保障,而社会保险则涉及受益人的经费缴纳。而从社会保障与社会救助的不同来说,社会救助更多的是针对偶发情况所进行的救助,如灾害救助等临时救助。

在保护人们最低生活水准的意义上,国际社会也将社会保障权称之为"社会地板层"或"社会保护地板层":

　　　　社会保护地板层这一概念的起源要追溯到很多年以前。在全球化社会影响世界委员会一个报告中强调了"社会经济地板层"的想法及其与社会保护的关系。报告指出："必须为个人和家庭提供最低水平的社会保护,并将其无可争议地作为全球经济中社会经济地板层的一部分"……自此以后,术语"社会地板层"或者"社会保护地板层"就被用来表示全球公民应该享受的最基本的社会权利、服务和设施。"社会地板层"这个术语在许多方面与目前使用的"核心义务"内涵是相同的,即要保证人权条约中规定的最基本、最起码的权利的实现。①

"地板层"说法的形象之处在于:首先,它将社会保障的对象定位在社会中最底层的人们之上,而基层的民众恰恰就是社会的根基,因而是最"接地气"的保障;其次,它是从最低生活水准的层面上来界定国家的应尽义务,而不在于保障受益人享有幸福、美好的生活,因而是最基础的保障;再者,遭遇风险者的生存境况不仅关系到他们自身的安危,也影响着社会的稳定,因而是最基本的保障。国际劳工局的报告正是从这个高度来阐述了社会保障的意义:

> 当前的经济危机再一次证明,在危机期间和调整期间,社会保障制度所发挥的作用是何等的重要。在此艰难时期,无论从个人生存角度还是从整体的社会生活角度,社会保障都是不可替代的经济、社会和政策的"稳定器"。此外,社会保障的"稳定器"作用还体现在,它是消除贫困、防止贫困发生的重要机制,它能把收入分配不公控制在可接受的水平,它还能提升人力资本含量和提高劳动生产率。此外,社会保障又是社会经济可持续发展的一项前提条件,它是发展的影响因素,也是现代民主国家和社会的重要因素。②

实际上,社会保障权根本的内容就是物质帮助权。也就是从这个意义上说,"社会保障是指对那些经济困难的人提供物质帮助"。这也就意味着"社会

---

① 国际劳工局:《世界社会保障报告(2010—2011)——危机期间和后危机时代的社会保障覆盖》,人力资源和社会保障部社会保障研究所组织翻译,中国劳动社会保障出版社 2011 年版,第 20 页。
② 同上书,第 7—8 页。

保障体制最受广泛支持的目标,乃在于提供一个最低生活标准,没有人可以低于这个标准。……确切地说,社会保障待遇的供给有一个中心目标,那就是济贫。"①在我国,与这层意义上的社会保障大致相当的就是最低生活保障制度,如《社会救助暂行办法》第 9 条规定:"国家对共同生活的家庭成员人均收入低于当地最低生活保障标准,且符合当地最低生活保障家庭财产状况规定的家庭,给予最低生活保障。"与此类似的则有特困人员供养制度。《社会救助暂行办法》第 14 条规定:"国家对无劳动能力、无生活来源且无法定赡养、抚养、扶养义务人,或者其法定赡养、抚养、扶养义务人无赡养、抚养、扶养能力的老年人、残疾人以及未满 16 周岁的未成年人,给予特困人员供养。"而另外两个专门的规定,则为《城市居民最低生活保障条例》和《农村五保供养工作条例》,分别对城市和农村的困难个人和家庭提供国家帮助。需要说明的是,这种帮助在行政法规上是以权利来加以定位的,例如《城市居民最低生活保障条例》第 2 条规定:"持有非农业户口的城市居民,凡共同生活的家庭成员人均收入低于当地城市居民最低生活保障标准的,均有从当地人民政府获得基本生活物质帮助的权利。"与宪法第 45 条规定的"中华人民共和国公民在年老、疾病或者丧失劳动能力的情况下,有从国家和社会获得物质帮助的权利"稍有不同的是:一是宪法以个人为保护对象,而《条例》则是以家庭为对象,这更符合当代中国以家庭为基本生活单位的现实;二是宪法将义务主体确定为国家和社会,但《条例》的义务主体则较为单一,是地方人民政府,也即国家。

当然,以"年老、疾病或者丧失能力"来概括社会保障的对象似有不足。在这方面,国际劳工局报告的定义及对象或许更为可取:

> 本报告所用概念"社会保障"是指在下列各种情况下,向被保护者提供安全保护的各种保障待遇,不管是现金待遇还是实物待遇:(1)因疾病、残疾、生育、工伤、失业、老年或家庭成员死亡而没有工资性收入(或收入不足);(2)缺乏或没有能力支付医疗保健服务;(3)家庭福利,特别是对儿童和成年赡养人的福利不足的;(4)处于贫困和受到社会排斥的。②

---

① [英]罗伯特·伊斯特:《社会保障法》,周长征等译,中国劳动社会保障出版社 2003 年版,第 1 页。
② 国际劳工局:《世界社会保障报告(2010—2011)——危机期间和后危机时代的社会保障覆盖》,人力资源和社会保障部社会保障研究所组织翻译,第 16 页。

上述报告还对社会保障与其他形式的弱者保护制度作了区别,主要是两个方面:一是受益人无需承担相关义务,例如要求受益人从事某项工作或提供其他服务;二是受益人所获取的待遇并非建立在与待遇提供者之间的合同上,这明显与保险合同不同。① 无偿性与非契约性这两大特征,表明是在当事人享受物质帮助权的前提下,由国家直接给付现金或实物予以帮助。"国家之所以要介入并提供现金补贴以保证最低标准,是因为市场经济不可能提供这种保证。大部分由于年老、残疾、疾病、失业等原因而不能工作的人,只有很少甚至没有其他收入来源。"这类人群是真正意义上的弱者。正因如此,"虽然政府具有不同政治主张……但都在试图提供一个社会保障现金补贴体系,以使权利人和他们扶养的人有足够的资源来达到最低生活标准。"② 可见,社会保障的根本不同,就在于为贫困者提供生活上的帮助,以使他们度过危机,缓解困境。

三、社会救助权

要了解什么是社会救助权,就必须先说明什么是社会救助。由于对社会保障、社会救助、社会保险的认识上,学者们的视角不一,因而也就导致了多种不同的社会救助定义。较为权威的观点,是将社会救助的内涵界定为"国家与社会面向由贫困人口与不幸者组成的社会脆弱群体提供款物救济和扶助的一种生活保障政策,它通常被认为政府的当然责任或义务,采取的也是非供款制与无偿救助的方式,目标是帮助社会脆弱群体摆脱生存危机,以维护社会秩序的稳定"。③ 这一解说有其合理性,例如以社会脆弱群体也即本书所言的弱者作为救助对象,强调了国家在保护弱者中的责任,但这一界定也明显易于和社会保障制度相混淆。在我们看来,区分社会保障与社会救助的关键在于:首先,社会保障是为人们的底线安全设定相关的帮助措施,如居民最低生活保障,而社会救助则是针对天灾人祸等特殊情形予以的救助,如灾害救助;其次,社会保障只给付货币或物质,而社会救助除此之外,还给付行为,如法律援助;再者,社会保障是普遍性与常规性的,而社会救助则是个别性与应急性的。总之,不作如此区分,则难以厘清社会保障与社会救助的界限。

---

① 国际劳工局:《世界社会保障报告(2010—2011)——危机期间和后危机时代的社会保障覆盖》,人力资源和社会保障部社会保障研究所组织翻译,第17页。
② [英]罗伯特·伊斯特:《社会保障法》,周长征等译,第1页。
③ 郑功成:《社会保障学:理念、制度、实践与思辨》,第17页。

从社会救助的一般内涵,可以推知:社会救助权是人们在遭受突发事故及无力应对的特殊情况时,请求国家给予物质或行为帮助的权利。从我国现行法律规定的角度看,弱者在社会救助权方面可以享有权益的范围主要有以下主要几类:

(1)自然灾害救助:在发生地震、水灾等自然灾害时,国家应当及时为灾民提供相关救助,使其度过危机,恢复正常的生产和生活能力。例如《防震减灾法》第 73 条规定:"地震灾区的地方各级人民政府应当组织做好救助、救治、康复、补偿、抚慰、抚恤、安置、心理援助、法律服务、公共文化服务等工作。各级人民政府及有关部门应当做好受灾群众的就业工作,鼓励企业、事业单位优先吸纳符合条件的受灾群众就业。"《自然灾害救助条例》第 19 条规定:"自然灾害危险消除后,受灾地区人民政府应当统筹研究制订居民住房恢复重建规划和优惠政策,组织重建或者修缮因灾损毁的居民住房,对恢复重建确有困难的家庭予以重点帮扶";第 21 条规定:"自然灾害发生后的当年冬季、次年春季,受灾地区人民政府应当为生活困难的受灾人员提供基本生活救助"。

(2)专项救助:包括医疗救助、教育救助、住房救助、就业救助和其他临时救助等。根据《社会救助暂行办法》的规定,最低生活保障家庭成员、特困供养人员以及县级以上人民政府规定的其他特殊困难人员,可以申请相关医疗救助(第 28 条);国家对在义务教育阶段就学的最低生活保障家庭成员、特困供养人员,给予教育救助(第 33 条);国家对符合规定标准的住房困难的最低生活保障家庭、分散供养的特困人员,给予住房救助(第 37 条);国家对最低生活保障家庭中有劳动能力并处于失业状态的成员,通过贷款贴息、社会保险补贴、岗位补贴、培训补贴、费用减免、公益性岗位安置等办法,给予就业救助(第 42 条),并且规定"最低生活保障家庭有劳动能力的成员均处于失业状态的,县级以上地方人民政府应当采取有针对性的措施,确保该家庭至少有一人就业"(第 43 条);国家对因火灾、交通事故等意外事件,家庭成员突发重大疾病等原因,导致基本生活暂时出现严重困难的家庭,或者因生活必需支出突然增加超出家庭承受能力,导致基本生活暂时出现严重困难的最低生活保障家庭,以及遭遇其他特殊困难的家庭,给予临时救助(第 47 条)。

(3)流浪乞讨人员救助:为了对在城市生活无着的流浪、乞讨人员实行救助,保障其基本生活权益,国务院于 2003 年 8 月 1 日起施行《城市生活无着的流浪乞讨人员救助管理办法》。《办法》要求县级以上城市人民政府应当根据需要设立流浪乞讨人员救助站,并强调救助站对流浪乞讨人员的救助是一项临时性社会救助措施(第 2 条)。为了使相关救助能够落实到位,《办法》规定,县级以上城市人民政府应当采取积极措施及时救助流浪乞讨人员,并应当将救助工作所需经费列入财政预算,予以保障(第 3 条)。救助站对属于救助对象的求助人员,应当及时提供救助,不得拒绝(第 6 条)。救助措施包括:提供符合食品卫生要求的食物;提供符合基本条件的住处;对在站内突发急病的,及时送医院救治;帮助与其亲属或者所在单位联系;对没有交通费返回其住所地或者所在单位的,提供乘车凭证(第 7 条)。总体而言,《办法》所规定的救助措施还是相对完备的,但这一规定只适用于城市而不适用于乡村,质言之,对在农村生活无着的流浪乞讨人员如何救助,法律、法规上还欠缺应有的规定。

(4)法律援助:法律援助是为了保障经济困难的公民获得必要的法律服务而设定的救助措施。《中华人民共和国法律援助条例》强调,"法律援助是政府的责任"(第 3 条),为此,"直辖市、设区的市或者县级人民政府司法行政部门根据需要确定本行政区域的法律援助机构。法律援助机构负责受理、审查法律援助申请,指派或者安排人员为符合本条例规定的公民提供法律援助"(第 5 条)。根据《条例》的规定,公民对下列需要代理的事项,因经济困难没有委托代理人的,可以向法律援助机构申请法律援助:依法请求国家赔偿的;请求给予社会保险待遇或者最低生活保障待遇的;请求发给抚恤金、救济金的;请求给付赡养费、抚养费、扶养费的;请求支付劳动报酬的;主张因见义勇为行为产生的民事权益的(第 10 条)。在刑事诉讼中有下列情形之一的,公民可以向法律援助机构申请法律援助:犯罪嫌疑人在被侦查机关第一次讯问后或者采取强制措施之日起,因经济困难没有聘请律师的;公诉案件中的被害人及其法定代理人或者近亲属,自案件移送审查起诉之日起,因经济困难没有委托诉讼代理人的;自诉案件的自诉人及其法定代理人,自案件被人民法院受理之日起,因经济困难没有委托诉讼代理人的(第 11 条)。在进入诉讼后,如公诉人出庭公诉的案件,而被告人因经济困难或者其他原因没有委托辩护人,人民法院为被告人指定辩护时,法律援助机构应当提供法律援助。被告人是盲、聋、哑人或者未成年人而没有委托辩护人的,或者被告人可能被判处死刑而没有委托辩护人的,人民法院为被告人指定辩护时,法律援助机构应当提供法律援助,无须对被告人进行经济状况的审查(第12条)。从诉讼权利的平等保障而言,它必定要求"武器的平等",即通过相应诉讼手段与诉讼权利的提供与协助,使原告、被告双方之间的攻击与防御能力尽可能处于平等的地位。[①] 为了保证"武器的平等"真正得以实现,国家就必须扮演"抑强扶弱"的角色,赋予弱势一方以特殊的待遇。法律援助制度就是为了保证"武器的平等"所必需的制度安排,它使得当事人不会因为由于缺乏律师的帮助而遭致不利的诉讼结果。

四、社会保险权

相对于社会保障与社会救助内容、范围上的夹杂不清来说,社会保险及社会保险权的内涵相对较为明晰。但必须注意的是,很多言及社会保障的著述,实际上讲的就是社会保险。例如"社会保障是对为特定需要情境提供保护的社会保险方案的总称。……包括暂时或长期丧失工作能力的各种情形,"退休、失业、疾病、残疾和老年或在其他丧失工作能力"的情况。社会保障可能通过雇主资助的社会保险方案以及/或者雇员缴款的公共或私人保险计划来提供,或者可能直接由国家资助"[②]这类界定,实际上讲的就是"社会保险"。社会保险制度的正当理由,学者们作了这样的阐述:

> 解决贫困问题的一种方法是使人们通过参加保险来抵御各种偶然发生的事故,就像他们为自己的死亡、意外事故或财产损失进行保险一样。在社会福利这个舞台上,这种预防策略叫做社会保险。社会保险计划强制个人或他们的雇主去购买保险以防止他们陷入贫穷,这种陷入贫困的可能性是由于一些不可控制的外力产生的——失去工作、养家糊口的人死亡、年老或残疾等。政治活动家托马斯·潘恩在1795年曾经说道:"作为一个劳动者,在平时收到加薪时,他不会把这笔钱省下来养老……这

---

① 邱联恭:《司法之现代化与程序法》,自印本,1992年版,第268页。这一比喻也许是将"诉讼"的性质等同于"战争"。正如外国学者就民事诉讼所言,"民事诉讼乃是一场战争;原告武装以诉讼形式,仿佛佩上了刀剑,因此,被告要用抗辩装备起来,作为盾牌加以抵抗。转引自贺卫方:《对抗制与中国法官》,《法学研究》1995年第4期。

② [美]玛莎·A.弗里曼、[英]克莉丝蒂娜·钦金、[德]贝亚特·鲁道夫主编:《〈消除对妇女一切形式歧视公约〉评注》(上),戴瑞君译,第388页。

样,就需要由社会的财务保管人去保管它,以之作为他们的一种共同的基金。"美国最终采纳了这种策略。①

　　当然,这种策略更早地是由德国的俾斯麦开始,而非由美国发端。与社会保障和社会救助方式的社会安全权设计不同,社会保险制度呈现出自己的内在特征:(1)社会保险是一种预防性策略,而不是如社会保障、社会救助那样的事后帮助与救助;(2)社会保险是以劳动者为中心的制度设计,拟在为其劳动的过程中包括退休后的生活提供帮助,而社会保障、社会救助则是以贫民、灾民等为主体,重在解除其困厄状态,恢复其生活、生存能力;(3)社会保险是以当事人缴纳相关费用为前提,虽然个人的缴纳可能只占保费的很少一部分而其他则由用人单位和国家来供给,但社会保障与社会救助都是直接由国家提供资源,当事人无需付费;(4)社会保险大多采用强制保险的方式,而非如国家提供的保障和救助,需要当事人提出申请才可获取利益和帮助;(5)社会保险在受益的过程中,无需接受来自国家和社会的审查,但如要接受社会保障和社会救助,则往往需要提供一定的资料、信息以便政府部门审核;(6)社会保险的受益无需考虑当事人现有的财产状况,而社会保障、社会救助资格的获得,则以缺失生活、生存条件为前提。

　　正因为社会保险制度立足于人们的劳动历程,因而社会保险权从劳动者的角度来给以定位就比较适合:"社会保险权是指劳动者由于年老、疾病、失业、伤残、生育等原因失去劳动能力或劳动机会而没有正常的劳动收入来源时,通过国家社会保险制度获得物质帮助的权利。"②这种权利本质立足于国家、社会、单位、个人的"风险共享",体现了社会的"团结互助"。然而,更为主要的,则在于它赋予社会保险的"权利"属性。如学者所言:"对于 20 世纪福利理论的设计师来说,保险原则为什么那么有吸收力,主要的原因在于它将权利资格思想运用到利益接受方面,消除了与福利有关的任何耻辱痕迹,而且在理论上对国家开支的可能无限扩张的过程提供了一种经济制约。"③以至于学者

---

① ［美］戴安娜・M.迪尼托:《社会福利:政治与公共政策》(第七版),杨伟民译,第 180 页。
② 种明钊主编:《社会保障法律制度研究》,法律出版社 2000 年版,第 95 页。
③ ［英］诺曼・巴里:《福利》,储建国译,第 135 页。

认为"社会保险的成立可以被视为从作为恩惠的给付到作为权利的给付这一发展过程中的里程碑"。[①] 有关社会保险权的正当性与合理性,国内学者李志明先生有较为充分的论述,他言道:

> 社会保险权作为一项基本人权的正当性,首先来自人类在社会化大生产和社会竞争中维护自身生存和人性尊严的正当性。人类社会自19世纪进入工业社会以后,就如同打开了潘多拉魔盒一样,在开启了现代文明的同时也不得不面对它所带来的种种弊病。在工业社会中,诸如失业、职业伤害、通货膨胀、低于标准的工资等新兴社会风险不断涌现;传统农业社会就已存在的诸如年老及高龄、健康不良、家庭主要成员早逝导致遗属生活失依等个体风险对经济安全所导致的损害已经不再是大多数的个人、家庭或团体所能承受的。种种风险及其带来的经济不利益后果已非个体及团体所能独立解决,只好借由风险分摊机制,透过社会连带的方式并借助国家公权力的介入来加以化解。这样一种基于社会连带关系而形成的风险分摊机制便主要是现代社会保障制度。自此以降,个人在参保纳费的基础上,便得当上述危险事故发生而致使其经济上有所损失时,即从全体被保险人集聚之共同基金中获得补偿之权利——社会保险权。[②]

权利源于人们的正当需求,正是在风险事故不断而个人又无法应对时,社会保险制度应运而生,社会保障权也成为人们借助国家和社会的力量,同社会上其他成员一道化解风险、应对难题的正当权利。当然,将社会保险权解释为是"自然的"和"道德的"权利,则似乎有过度解释之嫌。[③] 社会保险制度是人们通过运用理性能力所设计出来的"理性建构秩序",而非源于人的自然本性

[①] [日]武川正吾:《福利国家的社会学:全球化、个体化与社会政策》,李莲花等译,第259页。

[②] 李志明:《社会保险权:理念、思辨与实践》,知识产权出版社2012年版,第1页。

[③] 李志明先生言道:在笔者看来,社会保险权是具有"自然的"和"道德的"特性的。这是因为它和社会成员抵御工业社会风险所导致的经济不安全、保障其体面的生活水准的基本需求相联系,而这种"需求"又正好可以从人性尊严以及分配正义等类似"道德主体"的概念中推导出来,并成为实现该类道德主体的必要条件。由此,社会保险权也就具有了某些自然权利抑或道德权利的意蕴,意味着我们每一位社会成员都享有获得来自社会保险制度的基本生活保障的权利。李志明:《社会保险权:理念、思辨与实践》,第82页。

的且水到渠成的"自生自发秩序"。

《中华人民共和国社会保险法》第 2 条规定:"国家建立基本养老保险、基本医疗保险、工伤保险、失业保险、生育保险等社会保险制度,保障公民在年老、疾病、工伤、失业、生育等情况下依法从国家和社会获得物质帮助的权利。"对此,从国内立法的角度,我们可以将社会保险权涵摄的范围作如下归纳:

(1)养老保险。养老保险,是指劳动者在达到国家规定的解除劳动义务的劳动年龄界限,或因年老丧失劳动能力的情况下,能够依法获得经济收入、物质帮助和相关服务的社会保险制度。具体可分为国家基本养老保险、单位或行业补充养老保险(包括企业年金、职业年金)和个人储蓄性养老保险。[1] 养老保险也称之为养老金制度,其主要目的是应对人们在年老时所可能遭遇的风险,而"人们年老时的主要风险是因获取收入能力的部分或全部丧失而导致的贫困或收入缺乏保障。这也是世界上第一个养老金制度产生的主要缘由"。从制度的内在构成而言,养老金制度是这样的一种制度安排:

> 当个人达到一定年龄或者不再从工作中挣得稳定收入时,能够为其提供一定收入(定期支付)。那些社会保障发展比较成熟的国家通常有多种不同的养老金制度,这些制度或者覆盖某个特殊人群,或者含有多种多样的特殊目标。这些特殊目标包括:通过提供基本的收入来防止贫困,替代退休前就业收入以抹平退休前后的消费能力差距(即防止退休后生活水平下降),和作为退休后的额外收入(作为部分替代退休前就业收入的补充性收入)。[2]

根据《社会保险法》的规定,在我国,养老保险制度主要是企业职工基本养老保险制度,保险经费主体上由企业和职工缴费构成。参加基本养老保险是职工的法定义务,但对于"无雇工的个体工商户、未在用人单位参加基本养老保险的非全日制从业人员以及其他灵活就业人员"则无强制性要求,而是提及

---

[1]　参见胡晓义主编:《走向和谐:中国社会保险发展 60 年》,中国劳动社会保障出版社 2009 年版,第 76 页。

[2]　国际劳工局:《世界社会保障报告(2010—2011)——危机期间和后危机时代的社会保障覆盖》,人力资源和社会保障部社会保障研究所组织翻译,第 52 页。

"可以参加基本养老保险",且"由个人缴纳基本养老保险费"(第 10 条)。基本养老保险基金由用人单位和个人缴费以及政府补贴等组成(第 11 条),职工按工资比例缴纳基本养老保险费。用人单位按照国家规定的本单位职工工资总额的比例缴纳基本养老保险费(第 12 条),基本养老保险基金出现支付不足时,由政府给予补贴(第 13 条)。参加基本养老保险的个人,达到法定退休年龄时累计缴费满十五年的,按月领取基本养老金;参加基本养老保险的个人,达到法定退休年龄时累计缴费不足十五年的,可以缴费至满十五年,按月领取基本养老金;也可以转入新型农村社会养老保险或者城镇居民社会养老保险,按照国务院规定享受相应的养老保险待遇(第 16 条)。不仅如此,"参加基本养老保险的个人,因病或者非因工死亡的,其遗属可以领取丧葬补助金和抚恤金;在未达到法定退休年龄时因病或者非因工致残完全丧失劳动能力的,可以领取病残津贴。所需资金从基本养老保险基金中支付"(第 17 条)。

值得称道的是,农村人口的养老保险问题,也在《社会保险法》中作了明确的规定。法律强调,"国家建立和完善新型农村社会养老保险制度",其运行方式是"实行个人缴费、集体补助和政府补贴相结合"。中国是个农业大国,农民的养老问题一直是衡量社会公平、社会正义的标尺,法律作此规定,有利于体现国家政策和法律的公平、公正。另外,为了弥补基本养老保险制度的不足,国家还将逐步建立和完善城镇居民社会养老保险制度(第 22 条),这也为"老有所养"提供了更好的保障路径。

(2)医疗保险。疾病不仅影响着人的健康以及正常的工作能力,也花费着家庭的财产积累,而对贫穷的家庭而言,一笔巨大的医疗开支往往使他们倾家荡产。因而,要保护弱者的权利,就必须正视这样一个现实:"穷人家庭中的婴儿死亡率几乎是富人家庭的两倍;穷人获得的医疗服务相对较少、获得的专业保健服务质量相对较差;穷人受到的空气污染、水污染的程度更高,卫生条件更差;穷人营养不良、患病率更高。"[①]为此,需要国家和社会的救助,使贫穷的人们及其家庭能够摆脱因医疗所带来的高额费用。医疗保险制度正是这样一种社会团结互助之下化解个人风险的社会保险制度形式。按照学者的界定,

---

　① ［美］查尔斯·H.扎斯特罗:《社会工作与社会福利导论》(第 7 版),孙唐永等译,第 134 页。

医疗保险有广义和狭义之分。通常所说的医疗保险是指狭义的医疗保险，即针对疾病诊治所发生的医疗费用的保险。广义的医疗保险不仅包括补偿疾病给人们带来的直接经济损失，还包括补偿疾病给人们带来的间接经济损失（如误工工资等），对分娩、疾病和死亡等也支付经济补偿，甚至疾病预防和健康维护等。[①]

　　我国《社会保险法》规定的"基本医疗保险"制度实际上也是狭义的医疗保险制度。按照法律规定，对企业职工而言，强调"职工应当参加职工基本医疗保险，由用人单位和职工按照国家规定共同缴纳基本医疗保险费"，而对于"无雇工的个体工商户、未在用人单位参加职工基本医疗保险的非全日制从业人员以及其他灵活就业人员可以参加职工基本医疗保险，由个人按照国家规定缴纳基本医疗保险费"（第23条）。为了使医疗保险制度惠及全民，法律提出国家要建立和完善新型农村合作医疗制度（第24条）以及城镇居民基本医疗保险制度（第25条）。城镇居民基本医疗保险实行个人缴费和政府补贴相结合，但对于"享受最低生活保障的人、丧失劳动能力的残疾人、低收入家庭六十周岁以上的老年人和未成年人等所需个人缴费部分"，直接由政府给予补贴（第25条）。在医疗保险的待遇方面，法律规定，对"符合基本医疗保险药品目录、诊疗项目、医疗服务设施标准以及急诊、抢救的医疗费用，按照国家规定从基本医疗保险基金中支付"（第28条）；而"参保人员医疗费用中应当由基本医疗保险基金支付的部分，由社会保险经办机构与医疗机构、药品经营单位直接结算"（第29条）。

　　此外，也有学者提到：

　　　　不少国家在医疗保险（或称健康保险）制度中建立了所谓的"家庭保险"机制，即家庭中主要经济负担者投保后，全部家庭成员都能享有医疗保险的给付。……在此种情况下，家庭成员基于被保险人的亲属身份而获得社会保险给付请求权，体现出了社会保险权的身份利益属性。在年金保险中，当被保险人在缴费满一定期限后死亡或被保险人在开始领取养老金之后去世时，其遗属（寡妇、鳏夫或遗孤）亦可基于与被保险人之间

[①]　参见胡晓义主编：《走向和谐：中国社会保险发展60年》，中国劳动社会保障出版社2009年版，第185页。

的亲属关系而获得遗属年金给付。相似的情形也可以在职业伤害保险项目中找到事实上的例证。[①]

这在家庭仍然作为社会成员基本生存单位的背景下,是一种更加可取、人道的做法,值得我国在推行医疗制度改革中参考。

(3)工伤保险。由于缺乏经验和技能,或者由于某些不可预料的突发事件,工作者在劳动过程中发生工伤事故难以避免。然而,工伤是由自己负责还是由用人单位负责,却是一个在法律上屡屡被提及的问题。在社会保险制度诞生之前,工伤多由工人本身负责,资本家概不担责;在社会保险制度诞生之后,许多用人单位同样为节省成本,逃避责任,而不愿就工人在工作过程中的工伤事故履行法律义务。1998年10月14日《最高人民法院关于雇工合同应当严格执行劳动保护法规问题的批复》,就提到此类事例:

　　天津市高级人民法院:
　　　　你院[1987]第60号请示报告收悉。据报告称,你市塘沽区张学珍、徐广秋开办的新村青年服务站,于1985年6月招雇张国胜(男,21岁)为临时工,招工登记表中注明"工伤概不负责"的内容。次年11月17日,该站在天津碱厂拆除旧厂房时,因房梁断落,造成张国胜左踝关节挫伤,引起局部组织感染坏死,导致因脓毒性败血症而死亡。张国胜生前为治伤用去医疗费14151.15元。为此,张国胜的父母张连起、焦容兰向雇主张学珍等索赔。张等则以"工伤概不负责任"为由拒绝承担民事责任。张连起、焦容兰遂向法院起诉。
　　　　经研究认为,对劳动者实行劳动保护,在我国宪法中已有明文规定,这是劳动者所享有的权利,受国家法律保护,任何个人和组织都不得任意侵犯。张学珍、徐广秋身为雇主,对雇员理应依法给予劳动保护,但他们却在招工登记表中注明"工伤概不负责任"。这是违反宪法和有关劳动保护法规的,也严重违反了社会主义公德,对这种行为应认定无效。
　　　　此复

---

①　李志明:《社会保险权:理念、思辨与实践》,第98页。

最高人民法院的批复自然合理、正当,但这样的事例出现在社会主义的中国,也足以说明如果不强制要求雇主(用人单位)承担法律责任,那么,对利润的狂热追求会湮没他们本该会有的良心。正因如此,在世界上第一批社会保险法规的出台中,工伤保险就是其中突出的一类。所谓工伤保险,是指国家通过立法建立的、用社会统筹的方式建立基金,对在生产、工作过程中负伤致残、患职业病丧失劳动能力的劳动者,以及对职工因工死亡后无生活来源的遗属提供物质帮助的制度。① 可以说,这是为弱者权利提供法律保护的重要制度:工伤事故主要是发生在劳动者身上,他们本身就处于弱势地位,如果发生工伤事故后得不到及时的治疗和救助,不仅本人的生计会断绝,家庭的生活也将面临灭顶之灾。国际劳工局的报告曾以非法移民为例,对此加以说明:

> 非法移民人群处于弱势地位,因为他们通常缺乏法律保护、遭受排斥、收入低下、受到剥削。该人群的工作范围最常见于采矿业、建筑业、重工业、农业以及其他对健康有重大影响的行业。其中,最弱势的群体是在私人家庭工作的妇女。一旦发生职业病或工伤事故,他们中的大多数无法获得社会保护,也没有钱支付必要的治疗。②

底层民众的伤痛不能指望资本家的仁慈,而只能通过强而有力的制度设计,来为弱者提供法律上的救助。我国《社会保险法》为此在第四章专门规定了"工伤保险"。根据法律要求,职工应当参加工伤保险,但职工不缴纳工伤保险费,而是要由用人单位缴纳工伤保险费(第 33 条)。这既体现了用人单位对于生产事故的发生负主要责任的观念,也是在劳、资双方不平衡的地位中倾斜于对弱者的保护。对于用人单位来说,缴纳失业保险费用是其法定义务,"应当按照本单位职工工资总额,根据社会保险经办机构确定的费率缴纳工伤保险费"(第 35 条)。职工因工作原因受到事故伤害或者患职业病,且经工伤认定的,享受工伤保险待遇;其中,经劳动能力鉴定丧失劳动能力的,享受伤残待

---

① 参见胡晓义主编:《走向和谐:中国社会保险发展 60 年》,第 323 页。
② 国际劳工局:《世界社会保障报告(2010—2011)——危机期间和后危机时代的社会保障覆盖》,人力资源和社会保障部社会保障研究所组织翻译,第 79 页。

遇(第 36 条)。不仅如此,因为工伤所发生的费用,法律也规定了不同的处理办法:一是按照国家规定从工伤保险基金中支付下列费用:治疗工伤的医疗费用和康复费用;住院伙食补助费;到统筹地区以外就医的交通食宿费;安装配置伤残辅助器具所需费用;生活不能自理的,经劳动能力鉴定委员会确认的生活护理费;一次性伤残补助金和一至四级伤残职工按月领取的伤残津贴;终止或者解除劳动合同时,应当享受的一次性医疗补助金;因工死亡的,其遗属领取的丧葬补助金、供养亲属抚恤金和因工死亡补助金;劳动能力鉴定费(第 38 条);二是按照国家规定由用人单位支付下列费用:治疗工伤期间的工资福利;五级、六级伤残职工按月领取的伤残津贴;终止或者解除劳动合同时,应当享受的一次性伤残就业补助金(第 39 条)。当然,是否构成工伤,需要有严格的法律标准及专业鉴定。并且如果职工因下列情况之一,导致本人在工作中伤亡的,不认定为工伤:(一)故意犯罪;(二)醉酒或者吸毒;(三)自残或者自杀;(四)法律、行政法规规定的其他情形。

但是,现行的工伤保险制度其缺陷也是明显的。学者们指出,这主要表现在覆盖人群尚未完全实现制度设计要求,例如农村企业人员、灵活就业人员、公务员就未纳入工伤保险范围之列;统筹层次低制约了工伤保险制度优越性的发挥,目前存在的县级统筹体制层次低,化解风险能力差;历史遗留的"老工伤"人员待遇问题束缚了工伤保险事业的持续健康发展;工伤预防和工伤康复工作还处于探索、试点阶段。[①] 这些问题都应当随着改革的深化而逐步得以解决,特别是要扩大工伤保险的社会覆盖面,使所有劳动者、生产者都能据此获取安全的保障和合理的补偿。

(4)失业保险。在社会正常情形下,工作是人获取生活、生存资源的基础,正因如此,"在今天的工业社会和后工业社会中,现代工人及其家庭的生活质量常常完全依赖于他们的那份工作,而非财产"。[②] 反之,失业不仅断绝了人们的生机,并且会对个人产生极为重要的心理负面影响。"研究表明,失业对人们的生理和心理及主观感产生很大的负面效应;这表明,失业对幸福感的负面效应远远超过失业造成的收入损失带来的负面效应。这还表明,这一影响

---

①　参见胡晓义主编:《走向和谐:中国社会保险发展 60 年》,第 368—370 页。

②　[美]约翰·W. 巴德:《劳动关系:寻求平衡》,于桂兰等译,机械工业出版社 2013 年版,第 6 页。

随着时间的流逝而持续不断,而人们对失业的心理复原能力很低"。① 失业不一定是弱者欠缺能力的表现,却是制造弱者的社会契机。如学者提供的调查数据表明:"受教育程度极低的人群同受过大学教育的人群相比,失业的可能性是后者的 2.5 倍,长期限于贫困的可能性则是后者的 5 倍。"②必须注意的是,失业者并不是无能者,也不是懒惰者,相反,"失业者"是指那些"具备所需要的技能、当就业机会出现时能意识到,并以市场工资率寻求就业而未能被雇用的人",③这才是问题的根本所在。一句话,如果人们本来就不想就业或根本就不需要就业,他们也自然也不是失业者,更不是法律上的弱者。

从理想的角度说,国家会提供给人们工作的机会,以使得人们凭借自己的劳动来获取生存、生活的资本;同样,让每一个人参与工作,也是社会合作、社会团结的内在体现。人们的一生,实际上大部分时间都在工作之中,工作不仅是他们获取生存条件的前提,也是他们融入社会生活的基础。然而,国家却没有可能保证每一个有工作欲望而又有工作能力的人获取就业的机会,因而失业保险制度也必定会应运而生:

> 在市场经济中,人们可能经常会面对非自愿失业这样的经济意外事件。因此,对失业者的收入保障成为社会保障的最重要的一个分支项目。失业保险计划向面临暂时失业的人士提供一定时期内的收入保障。此计划的目标是向暂时失业者提供至少部分的收入替代,让受助者在找到新工作之前的过渡期内能保持一定的生活水准。失业保险金的数额或者与受助者的失业前收入相关,或者以统一的水准发放。……对于长期失业者及其家庭的收入保障,通常是经由经济状况调查后享受的一般性社会救助计划来接管。④

---

① 经济合作与发展组织:《民生问题:衡量社会幸福的 11 个指标》,洪漫等译,新华出版社 2012 年版,第 48 页。

② [英]彼得·泰勒-顾柏:《新风险和社会变迁》,见[英]彼得·泰勒-顾柏编《新风险、新福利:欧洲福利国家的转变》,马继森译,中国劳动社会保障出版社 2010 年版,第 3 页。

③ [瑞典]冈纳·缪尔达尔:《世界贫困的挑战——世界反贫困大纲》,顾朝阳等译,北京经济学院出版社 1991 年版,第 12 页。

④ 国际劳工局:《世界社会保障报告(2010—2011)——危机期间和后危机时代的社会保障覆盖》,人力资源和社会保障部社会保障研究所组织翻译,第 68 页。

　　由此可见,失业保险就是在用人单位、职工个人缴费及国家财政补贴等渠道筹集资金建立失业保险基金的基础上,对因失业而暂时中断生活来源的劳动者提供物质帮助以保障其本人和家属的基本生活的社会保险形式。这种保险形式也具有临时救助的性质,因为在劳动者寻找到新的工作岗位之后,这种保险金即无需发放。然而,即便是临时性的救助或补贴,其意义仍然是十分重大的:它使得失业者有一个缓冲期,能以此避免在失业后所导致的给本人及其家庭带来的生存危机。同样,这个缓冲期内的保护也有利于当事人的休整与提高,如通过参加再就业培训,获得新的劳动技能,为重新走向社会奠定基础。

　　根据我国《社会保险法》的规定,职工参加失业保险是法定义务,具有强制性;失业保险费的缴纳主体除职工本人外,还包括用人单位(第 44 条)。失业人员在符合下列条件下,可以从失业保险基金中领取失业保险金:失业前用人单位和本人已经缴纳失业保险费满一年的;非因本人意愿中断就业的;已经进行失业登记,并有求职要求的(第 45 条)。可见,领取失业保险并非本人不愿就业,且发放失业保险金的目的是在鼓励失业者重新就业。为了保障失业者本人及其遗属的利益,《社会保险法》第 49 条还专门规定:"失业人员在领取失业保险金期间死亡的,参照当地对在职职工死亡的规定,向其遗属发给一次性丧葬补助金和抚恤金。所需资金从失业保险基金中支付。"但是,个人死亡同时符合领取基本养老保险丧葬补助金、工伤保险丧葬补助金和失业保险丧葬补助金条件的,其遗属只能选择领取其中的一项。

　　当然,就如学者们所指出的那样,对于目前中国的失业保险制度而言,还存在着诸多薄弱环节:一是保障范围小,不足城镇就业人数的一半;二是保障水平不高,失业保险金水平通常在最低工资的 60%—80% 之间,无法保障失业者及其家庭成员的生活需要;三是促进就业功能弱,基金用于促进就业的范围过小;四是预防失业功能需要进一步完善;五是现行制度难以适应地区间差异。[①] 在这方面,需要进一步探索并积极改革。正如习近平总书记指出的那样,"就业是最大的民生"。为此,"要坚持就业优先战略和积极就业政策,实现更高质量和更充分就业。大规模开展职业技能培训,注重解决结构性就业矛盾,鼓励创业带动就业。提供全方位公共就业服务,促进高校毕业生等青年群

---

① 参见胡晓义主编:《走向和谐:中国社会保险发展 60 年》,第 314 页。

体、农民工多渠道就业创业。"①对于各级党委和政府而言,"要更加关注就业问题,创造更多就业岗位,落实和完善援助措施,通过鼓励企业吸纳、公益性岗位安置、社会政策托底等多种渠道帮助就业困难人员尽快就业,确保零就业家庭动态'清零'"。② 既然就业是最大的民生,那么也可以说民生是最大的政治,只有化解失业的风险以及为失业者提供切实可行的制度保障,才能让他们总结经验教训,提升生产技能,从而用自己的劳动来维持体面而尊严的生活。

(5)生育保险。生育保险是伴随着妇女作为劳动大军进入市场并在妇女解放运动推动下得以产生和发展的社会保险制度。在其内涵的界定上,学者认为,生育保险是指职业妇女因生育而暂时中断劳动,由国家或单位为其提供生活保障和物质帮助的一项社会制度。其宗旨在于通过向生育职工提供生育津贴、医疗服务和产假等方面的待遇,保障他们因生育而暂时中断的基本经济收入和医疗需求,帮助妇女安全度过生育期,并使妇女、婴儿得到必要的照顾和哺育。③ 国际劳工大会的报告也明确指出:"生育保险对于健康劳动力的繁衍以及维护母亲的健康尤为重要。"④正因如此,在国际人权公约和各国法律中,都普遍有对生育权和生育保险的制度规定。

我国《社会保险法》第六章专章规定了"生育保险"问题。与工伤保险类似,职工应当参加生育保险,但由用人单位缴纳生育保险费,职工不负担此项费用(第53条)。这项规定还延伸至职工的配偶,即"职工未就业配偶按照国家规定享受生育医疗费用待遇。所需资金从生育保险基金中支付"(第54条)。生育医疗保险待遇包括两项内容:一是生育医疗费用,包括生育的医疗费用;计划生育的医疗费用;法律、法规规定的其他项目费用(第55条);二是生育津贴,具体包括女职工生育享受产假;享受计划生育手术休假以及法律、法规规定的其他情形(第56条)。从生育津贴的角度说,实际上也就是劳动法意义上的"带薪休假"。国际社会在1988年的《圣萨尔瓦多议定书》第9条中,

① 习近平:《决胜全面建成小康社会 夺取新时代中国特色社会主义伟大胜利——在中国共产党第十九次全国代表大会上的报告》,第46页。
② 习近平:《保障和改善民生没有终点,只有连续不断的新起点》,《习近平谈治国理政》(第二卷),第361页。
③ 参见胡晓义主编:《走向和谐:中国社会保险发展60年》,第379页。
④ 《2001年国际劳工大会第89届会议报告之六——社会保障:问题、挑战与前景》,见国际劳工局编《社会保障:新共识》,第42页。

即明确规定:"对于受雇之人,社会保障权应至少覆盖对于工作事故或职业病的医疗以及津贴或退休金;对于女性,社会保障权应覆盖生育前后的带薪休假。"[①]一定程度上而言,这既是承认妇女为人类繁衍所作的特殊贡献,也是为了维护就业公平所必需的制度安排。

　　总体而言,我国现行法律在生育保险制度方面与发达国家相比,尚有较大差距:一是生育保障制度安排尚有缺失,城镇就业人员中生育保险制度未覆盖面还比较大;二是农村生育保障水平较低,带来了产妇的高死亡风险;三是对流动人口的保障差,女职工生育保障缺失;四是单位保障难以持续,许多经营困难的企业,无力保障女职工生育待遇的落实。为此,需要尽快弥补制度缺失,逐步提高生育保险待遇水平,特别是要统筹城乡生育保障制度。[②] 一定程度上说,将生育保险费用完全由用人单位来承担也不太公平。生育是社会行为,更是为国家、民族储备新的劳力所作的贡献。因此,它不应当类似于工伤保险,而应该加入国家的义务。

　　以上我们对弱者权利保护中所涉及的主要权利作了一个简单的梳理,为简明起见,以图表归纳如下:

弱者权利保护中所涉的主要社会权类型

一级权利名称	二级权利名称
生存权	适当生活水准权(包括食物权、水权、衣着权等)
	适足住房权
	环境权
工作权	自主就业权
	公平报酬权
	劳动保护权
	不受歧视权
安全权	社会保障权
	社会救助权(包括灾害救助权;专项救助权;流浪乞讨人员救助权;法律援助权等)
	社会保险权(包括养老保险权;医疗保险权;工伤保险权;失业保险权;生育保险权等)

----

　　① 　[澳]本·索尔、戴维·金利、杰奎琳·莫布雷:《〈经济社会文化权利国际公约〉评注、案例与资料》(下),孙世彦译,第537页。

　　② 　参见胡晓义主编:《走向和谐:中国社会保险发展60年》,第415—416页。

　　当然必须说明的是,这并非弱者权利保护中相关权利的全部,更不是社会权的完整清单。一方面,如前面我们所指出的那样,像福利权这类对全体社会成员赋权的权利类型,在弱者保护中也有着重要的制度意义,但因本书主要侧重于保护弱者的专门权利的论述,这类非直接性的权利就没有归入图表之中,也未进行详细论述。另一方面,权利又是个不断发展、不断革新的过程,当法学理论或法律实践塑造了弱者保护的新型权利时,自然也可以一并拉长弱者保护的权利清单。实际上我们可以乐观地相信,随着人们对弱者权利的认识加深,围绕弱者保护的权利也会随着经济社会的进步与人们博爱、团结、人道意识的增强,而会有更大更多的发展!

结　　语

　　面对着社会上众多的失败者、落难者、屈辱者,法律应当以其人道的光辉,普照于所有的不幸者身上。在此时,法律不是扮演蒙面女神的角色,而是要睁开双眼,挑选社会中那些需要帮助、值得帮助的对象施加救助。人道的法律在这里具有多重身份:一是老天不公的对抗者,虽然说法要符合自然,自然法是人定法的依据与判准,但是对于上天刻意造就的某些人的弱势,法律不能袖手不管,而是要以补偿的方式,为那些天生残疾者、灾害受难者提供帮助,使他们能维持基本的生存条件;二是社会剥夺的铲除者,对于社会暴虐、政治专制、人为因素所造就的弱者,法律应当以博爱、团结、合作的理念,消除社会歧视,对抗政治黑暗,实行抑强扶弱。法律一方面为那些受害者、受难者提供直接的支持,另一方面则担负着消灭社会压迫的根本任务。法律在这方面的使命是以补足的方式,为弱者增强生存的可行能力;三是社会合作的组织者,法律通过博爱、互助、风险分担等理念的提倡,激发人们本应有的恻隐之心,使人们都能关心自己的同类,悲悯弱者的境遇;同时,法律通过社会救助、社会保险、社会保障制度的建构,为全社会编织一道坚实的社会安全网络,任何因事故、失败而落难的人们,均可以从中获得全面的保护。

　　正是源于这些需要,法律走上前台,扮演解民倒悬、抑强扶弱的角色。自此之后,法律不能借口所谓的国家中立,对自然命运、市场风险以及社会偏见听之任之,而是要本着维护人的尊严的理念,担当社会公平最后裁决者的责任;也正是由此之后,个人不再是听凭命运摆布、自生自灭的社会弃儿,当他们尽自己的能力尚无法获取体面的生活水准时,即有权提出主张,要求救助。必须注意的是,与古代社会的仁政、亲民不同,在弱者权利的法律保护过程中,现代国家只是以社会的公共资源为弱者提供人人皆可享有的救助,人们无需对国家感恩戴德;个人也不是被恩赐的对象,他们只是源于剥夺这种不公正的现象的存在才成为弱者,因而享受来自于国家的保护是其正当的人权。在这种弱者权利法律保护的关系之中,虽然国家与弱者之间分别作为救助提供者与救助受益者的角色,但在法律关系层面,他们之间是平等、对等的主体,任何一方均需按照法律的要求,履行自己的义务,尽到自己的责任。

本专著作为国家社会科学基金项目的研究成果,正是本着上述基本理念而对弱者权利保护问题进行深度分析。全书以"和谐社会"为切入点,在"导言"部分着重分析和谐社会的建构目标与弱者权利保护的内在关联。在我们看来,民主法治、公平正义、诚信友爱、安定有序等和谐社会目标的达致,离不开弱者权利的保护:弱者权利保护既是和谐社会建构的必要条件,更是和谐社会建构的充分条件。第一、二、三章重在研究"谁是弱者?"以及"谁是法律上的弱者?"这一基础问题。"剥夺与弱者的生成"部分,以"剥夺"作为弱者形成的本质性原因,通过自然的剥夺、社会的剥夺、政治的剥夺、法律的剥夺等情形的揭示,展示了自然、社会与制度可能对人的命运所造成的不公平对待。当然,弱者是普遍的、众多的,如何对弱者进行科学的归类,本身就是弱者理论研究上的重要课题。通过对弱者深入细致的研究,我们将弱者分为心理上的弱者、生理上的弱者、能力上的弱者、机会上的弱者、境遇上的弱者五大类型,并在此基础上,将弱者界定为"由于自然的、社会的、政治的、法律的剥夺,形成在心理上、生理上、能力上、机会上、境遇上处于相对劣势地位的人"。但是,社会学意义上的弱者并不等同于法律上的弱者,在"弱者权利保护的法律契机"部分,我们重点分析了社会上的弱者转化为法律上的弱者的条件,从而为法律识别弱者以及保护弱者提供了理论基础。成果第四章"弱者权利保护的历史进程"则是从历史发展的视角,探讨了古今中外保护弱者的制度进程,尤其是对当今社会的弱者问题进行了重点阐述。

任何制度的建构,都离不开理念和价值的支撑,弱者权利的法律保护制度自然也不例外。本书的第五、六、七、八章即从人的尊严层面与法律原则层面,探讨了建构弱者权利保护制度的指导思想与基本准则。在现代社会,普遍承认每一个个人都是拥有尊严、具有价值、不可替代的特殊个体,因而,在人的尊严的光环之下,弱者正大光明地走进了法律的保护视野。在这一制度的建构过程中，人的尊严既是弱者权利保护的理论前提以及权利确定的推论基础，也是弱者权利充实、全面地得以保护的发展动力，更是弱者可以请求、主张的法律地位和法律资格的有力保障。尊严不是权利，但它可以派生出权利，包括为弱者提供的不受歧视、体面生活的权利等。为了充实课题研究的理论基础，我们专章阐述了弱者权利保护中的"以人为本""社会公平"和"失败者正义"三大准则：以人为本是现代法律的目的所在、本源所系以及价值维度，它从个人本位的角度，证成了弱者为何必须被平等对待的正当理由。法律以人为本，弱者自然也包含其中，说到底，在共享社会发展成果的过程中，不能有一个掉队者，对弱者的关心、支持、扶助，是法律的使命所在，职责所在。社会公平则是以社会和谐理念为基本的出发点，强调国家与社会对于改善弱者不利生存境况必需承担的责任，使社会真正成为人们之间唇齿相依、患难与共的命运共同体。与古代社会的公平正义观不同，现代的社会公平观更注重抑强扶弱，保持社会各阶层之间的和谐共存，为此，法律要以"看得见的手"来抑制强梁，扶持弱者，营造出一个公平公正的社会环境。失败者正义则是对于在风险社会之中，人们可能由于选择不当、认识错误下所导致的失败，强调国家与社会必须通过给予"第二次机会"的方式，使弱者能得以保护、休整，从而能在总结教训、提升能力的基础上再行出发，重建自己的美好生活。我们认为，这三大准则从逻辑上构成了一个密不可分的整体，无论是对个体、社会还是对特定弱者来说，这三个准则都具有极强的指导意义，可以为一个全面的、公平的弱者权利保护制度提供理论基础与制度设计时的伦理依据。

　　法律以权利与义务为其内容，弱者权利的法律保护，同样必须有权利与义务作为支撑，否则，弱者无从主张，或者主张不可能有预期的结果。正因如此，弱者拥有怎样的权利，谁又是承担救助责任的主体，这都是弱者权利保护制度设置中首先必须解决的问题。"弱者权利保护的权能基础"与"弱者权利保护的法律赋权"两章，就是为阐述弱者权利保护的权能基础与制度设计而作。自英国思想家马歇尔提出"社会权"的概念以来，社会权即成为一种公民能够主张、可以主张的特殊权能：它可以为所有人所拥有，但特定时期它只能为一部分人所拥有；它不仅是一种权能，更是一种身份，即公民体面地生存于国家之中、有权主张国家给予救助的法律身份。因而，本书同样以社会权作为诠释公民在遭受不幸、丧失能力时得以国家请求履行救助义务的基本权能，以身份权、积极权、受益权疏释了社会权的特性,并为此一权利的正当性、合理性进行了辩护。自然,社会权是一个权利束而非单独的权利,诸如生存权、工作权、安全权、福利权等都可以被涵盖其中。就构造弱者权利保护的制度设计来说,本书主要以"生存权的维系""工作权的保障"和"安全权的兜底"来对之予以具体的探讨。生存权是保障人体面生存、尊严生存的基础权利,其内容包括适当生活水准权、适足住房权、环境权等多项权能;工作权是人通过自己的劳动而获取生存、生活资源的权利,要保证这一权利的实现,就必须以自主就业权、公平报酬权、劳动保护权、不受歧视权来对之加以保障。在安全权的论述上,本书以社会保障权来指称物质帮助权和最低生活保障权等底线权利,以社会救助权涵盖灾害救助、专项救助、流浪乞讨人员救助、法律援助等具体权能,以养老保险、医疗保险、工伤保险、失业保险、生育保险等分解社会救助权在具体社会生活领域上的基本面向。

　　以上简要言及了本书的主要内容,如果要问这一研究在内容和方法上有哪些创新,笔者的体会是:第一,在研究的特点上,从弱者的本源问题出发,奠定弱者权利保护研究的内容框架。诸如和谐社会与弱者保护的内在关联、弱者的概念、弱者的成因、弱者的类型等相关基础问题,学术界现有成果虽然也有所分析,但总体来说多语焉不详。与以往的研究不同,本课题将这些基础问题视为是弱者研究的前导性问题,因而细加论述,揭示了弱者这一特殊人群的生存困境,提出了以法律保护弱者权利的正当性与必要性;第二,在研究的体例上,注重课题内容的逻辑推演,形成了内容连贯、脉络清晰的研究框架。在解释了谁是弱者、为何会产生弱者以及弱者的类型之后,本书对谁才是法律上的弱者给出答案。明确了这一前提之后,本书即借助历史分析,叙述了弱者权利保护的制度沿革,展示了历史经验及其对当代的现实影响。在现实问题的分析层面,从法律理念、法律原则、权能基础、权利类型层面,展示了弱者权利保护涉及的诸多理论与实践问题,最后归结于弱者权利保护的制度设计;第三,在研究的方法上,本书坚持个人主义方法论的研究进路,以弱者个人作为分析的视角,重在揭示弱者的心理、能力、机会、环境,以"需求"与"应得"诠释弱者的权利主体资格,展现了弱者自身的发展与存在逻辑,从而为正确地认识弱者以及正确地对待弱者奠定了方法论基础。

　　对于本文所提出的重要观点,同样有进一步叙述的必要。在本书研究中,

我们着重探讨了如下问题,并进行了较为详细、全面的论证:

第一,没有沿用学界通用的"弱势群体"一语,而是将弱者定位在普遍的人之上。具体说来,本书认为弱者是一个涉及社会上普遍的人的概念,任何人都可能因为自然的和社会的原因而成为弱者,并不存在一个固化的、特定的弱势群体阶层。这一认识,既说明了个人都可能成为弱者的脆弱性、必然性,同时也说明了弱者作为社会问题的现实性与普遍性,从而证成了保护弱者的必要性和正当性。

第二,以"剥夺"作为弱者生成的根本原因,展示了弱者得以产生的自然、社会、政治与法律原因。弱者既可能因自然的命运不公所导致,也会因社会偏见、政治制度与法律规范而催生,这一分析,表明了弱者在外在的自然与社会现象面前的无力感与孤独感。虽然"剥夺范式"也一直是学术界用来解释弱者存在的经典范式,但本课题的分析早已突破了已往的研究框架,将偶然性因素也一并融入弱者成因的分析之中。

第三,本书将弱者分为心理上的弱者、生理上的弱者、能力上的弱者、机会上的弱者、境遇上的弱者五大类型,以"完全归类"的逻辑追求,对社会意义上的弱者进行了消除遗漏的类型化处理。人们既可能因为不可更改的客观原因而成为弱者,也可能因主观的心理、偶然的机遇而成为弱者;既可能因主观努力不够而落入弱者的行列,也会因为特殊的境遇而势必作为弱者而存在。上述分析,揭示了弱势现象的多维视角,也为法律的多维保护提供了基础。

第四,社会意义上的弱者不同于法律意义上的弱者,换句话说,一般意义上的弱者要作为受法律保护的弱者,还必须符合相关的条件,即:(1)外在剥夺,源于自我不可控制的种种外在因素;(2)努力无果,自身已尽了相关的努力但无法改变自己的境况;(3)社会阻隔,制度和其他社会因素将人人为分等;(4)相对恒定,即弱者在短时期内无法改变自己的遭遇;(5)无法补足,在某一方面具有弱势的人无法通过其他方面的优势来实现自我补足。

第五,以人的尊严作为弱者权利保护制度的伦理总纲,揭示了法律理念在形塑法律制度中所产生的重要作用。对于人的尊严的认识,本书特别指出,尊严不是权利的规定,而是地位的显示;当代社会之所以普遍将人的尊严作为弱者权利法律制度的指导思想,是因为人的尊严证成了弱者的主体地位,涵摄了弱者的权利类型,也是推进弱者权利全面、充实的理论基础。与人的尊严相对应,国家负有对弱者保护的宣示、维护与保障义务。

第六,在法律基点、法律理念等方面,除对学术界经常提到的"以人为本""社会公平"进行深度阐释外,还在国内学术界第一次引入"失败者正义"作为弱者权利保护中必需的机会供给。失败者正义建立在选择的多样性与失败的可能性基础之上,着重于对偶然的失败者提供"第二次机会",从而使对弱者权利的法律保护能起到社会安全网的作用,有利于弱者在休整、提高的基础上重整旗鼓,再行出发。

第七,社会权是源于弱者保护而兴起的新型权利,其宗旨是保障人的尊严,维系人们体面的生活。围绕社会权是否为真实、有效的人权或权利的质疑,本书进行了较为充分的理论回应,并将弱者权利定位在身份权、积极权、受益权三个层次之上。特别是有关身份权这一属性的揭示,表明在弱者保护的意义上,只有同时属于居民身份和弱者身份才能据此取得社会权的保护利益,展示了弱者权利的特定性与针对性。

第八,就弱者权利保护的具体权利而言,我们以生存权、工作权、安全权三大权利类别来分解弱者权利的主要类别。生存是最基本的权利,它要求国家弘扬人道精神,予弱者以尊严生活、体面生活的权利;工作是人参与社会并据此而获致生存资源的条件,工作权上,自主就业、公平报酬、劳动保护和不受歧视,确保了体面劳动、尊严工作的基本需要。与此同时,还必须织就社会安全网,以社会保障、社会救助、社会保险的形式解除人们的后顾之忧。

当然,由于能力所限,本书还存在以下不足:一是在研究框架上,基础理论研究较为深入,但制度建构本身相对薄弱,特别是对于社会福利所具体包含的社会保障、社会救助与社会保险制度还有待更加深入的研究;二是在研究内容上,只涉及法律意义上的普遍弱者,而对残疾人、儿童、妇女、囚犯、移民等具体的弱者,仍然需要在今后的研究中逐个细化;三是在研究手段上,虽然组织过多次调研,但由于对社会调查、社会统计方法还需要有一个进一步学习和提高的过程,因而在实证方面的研究也有待提高。我们当然也相信,有了这个课题研究的历练,有了对弱者权利保护的基本认识,今后通过研究范围的扩大以及研究手段的改进,定能更好地提高研究水准,为弱者权益的法律保护提供更为扎实的研究成果。

参 考 文 献

一、古籍、资料、辞书类

《周礼》。

《礼记》。

《孟子》。

《吕氏春秋》。

《唐律疏议》。

（宋）徐天麟：《西汉会要》。

（清）孙诒让：《周礼正义》。

《马克思恩格斯全集》第 1 卷，人民出版社 1995 年第 2 版。

《马克思恩格斯全集》第 2 卷，人民出版社 1957 年版。

《马克思恩格斯选集》第 2 卷，人民出版社 1995 年第 2 版。

《马克思恩格斯全集》第 3 卷，人民出版社 2002 年第 2 版。

《马克思恩格斯选集》第 3 卷，人民出版社 1995 年第 2 版。

《马克思恩格斯选集》第 4 卷，人民出版社 1995 年第 2 版。

《马克思恩格斯全集》第 6 卷，人民出版社 1961 年版。

《毛泽东选集》第 4 卷，人民出版社 1991 年第 2 版。

《中共中央关于全面推进依法治国若干重大问题的决定》，人民出版社 2014 年版。

《习近平谈治国理政》（第二卷），外文出版社 2017 年版。

习近平：《决胜全面建成小康社会　夺取新时代中国特色社会主义伟大胜利——在中国共产党第十九次全国代表大会上的报告》，人民出版社 2017 年版。

习近平：《携手构建合作共赢新伙伴 同心打造人类命运共同体——在第七十届联合国大会一般性辩论时的讲话》，《人民日报 》2015 年 09 月 29 日 02 版。

中共中央文献研究室编：《习近平总书记重要讲话文章选编》，中央文献出版社·党建读物出版社 2016 年版。

北京大学法学院人权研究中心编：《国际人权文件选编》，北京大学出版社 2002 年版。

"司法院"大法官书记处编:《德国联邦宪法法院裁判选辑(八)——人性尊严与人格发展自由》,台湾地区"司法院"1999年版。

"司法院"秘二科编:《德国联邦宪法法院裁判选辑》(三),司法周刊杂志社1992年版。

杜景林、卢谌:《德国民法典全条文注释》(上册),中国政法大学出版社2015年版。

国际人权法教程项目组编:《国际人权法教程》(第2卷·文件集),中国政法大学出版社2002年版。

河西编译:《幽默法典》,华东师范大学出版社2005年版。

怀效锋主编:《清末法制变革史料》(上卷·宪法学、行政法、诉讼法编),中国政法大学出版社2010年版。

刘楠来主编:《发展中国家与人权》,四川人民出版社1994年版。

朱福惠、邵自红主编:《世界各国宪法文本汇编(欧洲卷)》,厦门大学出版社2013年版。

北京大学哲学系外国哲学史教研室编译:《西方哲学原著选读》(上卷),商务印书馆1981年版。

夏征农主编:《辞海》(缩印本),上海辞书出版社2000年版。

中国社会科学院语言研究所词典编辑室:《现代汉语词典》(第6版),商务印书馆2012年版。

[德]乔治·恩德勒等主编:《经济伦理学大辞典》,王淼洋主编译,上海人民出版社2001年版。

[英]安东尼·弗卢主编:《新哲学词典》,黄颂杰等译,上海译文出版社1992年版。

[英]戴维·M.沃克:《牛津法律大辞典》,李双元等译,法律出版社2003年版。

[英]戴维·贾里、朱莉娅·贾里:《社会学辞典》,周业谦、周光淦译,猫头鹰出版1998年版。

[英]罗伯特·奥迪主编:《剑桥哲学辞典》,王思迅主编译,猫头鹰出版2002年版。

[英]迈克尔·曼主编:《国际社会学百科全书》,袁亚愚等译,四川人民出版社1989年版。

二、中文专著类
(以姓氏拼音排序)

蔡定剑、刘小楠主编:《反就业歧视法专家建议稿及海外经验》,社会科学文献出版社2010年版。

蔡汉贤、李明政:《社会福利新论》,松慧有限公司2004年版。

蔡禾、周林刚:《关注弱势:城市残疾人群体研究》,社会科学文献出版社2008年版。

蔡勤禹:《国家社会与弱势群体——民国时期的社会救济(1927—1949)》,天津人民出版社2003年版。

蔡维音:《社会国之法理基础》,正典出版文化有限公司2001年版。

蔡文辉、李绍嵘:《社会学概要》,五南图书出版股份有限公司2002年版。

蔡志方:《行政救济与行政法学》(一),三民书局股份有限公司1993版。

陈慈阳:《宪法学》,元照出版有限公司2005年版。

陈红霞:《社会福利思想》,社会科学文献出版社2002年版。

陈威:《社会政策与社会立法》,新保成出版事业有限公司2007年版。

陈新民:《宪法学导论》,自印本,1996年版。

程亚萍:《人权视域下的社会权研究》,中国社会科学出版社2019年版。

丁建定、杨凤娟:《英国社会保障制度的发展》,中国劳动社会保障出版社2004年版。

丁建定：《从济贫到社会保险：英国现代社会保障制度的建立（1870—1914）》，中国社会科学出版社 2000 年版。

丁建定：《社会保障制度论——西方的实践与中国的探索》，社会科学文献出版社 2016 年版。

丁建定：《西方国家社会保障制度史》，高等教育出版社 2010 年版。

丁开杰：《社会排斥与体面劳动问题研究》，中国社会出版社 2012 年版。

董保华等：《社会保障的法学观》，北京大学出版社 2005 年版。

范斌：《福利社会学》，社会科学文献出版社 2006 年版。

冯卓慧：《罗马私法进化论》，陕西人民出版社 1992 年版。

高毅：《法兰西风格：大革命的政治文化》，浙江人民出版社 1991 年版。

龚向和：《作为人权的社会权：社会权法律问题研究》，人民出版社 2007 年版。

郭崇德：《社会保障学概论》，北京大学出版社 1992 年版。

郭秋永：《政治学方法论研究专集》，台湾商务印书馆 1988 年版。

郭忠华：《公民身份的核心问题》，中央编译出版社 2016 年版。

郝铁川：《秩序与渐进——中国社会主义初级阶段依法治国研究报告》，法律出版社 2004 年版。

何柏生：《数学精神与法律文化》，上海人民出版社 2005 年版。

何建华：《分配正义论》，人民出版社 2007 年版。

何平：《公民社会救助权研究》，北京大学出版社 2015 年版。

和春雷主编：《社会保障制度的国际比较》，法律出版社 2001 年版。

洪波：《法国政治制度变迁——从大革命到第五共和国》，中国社会科学出版社 1993 年版。

侯文若：《现代社会保障学》，红旗出版社 1993 年版。

胡伟：《司法政治》，三联书店（香港）有限公司 1994 年版。

胡晓义主编：《走向和谐：中国社会保险发展 60 年》，中国劳动社会保障出版社 2009 年版。

黄丁全：《刑事责任能力研究》，中国方正出版社 2000 年版。

基本公共服务均等化研究课题组：《让人人平等享受基本公共服务——我国基本公共服务均等化研究》，中国社会科学出版社 2011 年版。

季卫东：《通往法治的道路：社会的多元化与权威体系》，法律出版社 2014 年版。

蒋悟真：《我国社会救助立法理念研究》，北京大学出版社 2015 年版。

蒋月：《社会保障法》，厦门大学出版社 2004 年版。

景天魁：《底线公平：和谐社会的基础》，北京师范大学出版社 2009 年版。

黎建飞主编：《社会保障法》（第 3 版），中国人民大学出版社 2008 年版。

李碧编：《刑法各论》，湖北法政编辑社 1905 年版。

李步云主编：《宪法比较研究》，法律出版社 1998 年版。

李建良：《宪法理论与实践》（三），学林文化事业有限公司 2004 年版。

李明政：《意识形态与社会政策》，洪叶文化事业有限公司 1998 年版。

李强：《社会分层与贫富差别》，鹭江出版社 2000 年版。

李响：《美国侵权法原理及案例研究》，中国政法大学出版社 2004 年版。

李燕：《医疗权利研究》，中国人民公安大学出版社 2009 年版。

李震山：《人性尊严与人权保障》，元照出版公司 2000 年版。

李志明：《社会保险权：理念、思辨与实践》，知识产权出版社 2012 年版。

林纪东:《"中华民国宪法"释论》,大中国图书公司 1981 年改订第 41 版。

林嘉:《社会保障法的理念、实践与创新》,中国人民大学出版社 2002 年版。

林来梵:《从宪法规范到规范宪法:规范宪法学的一种前言》,法律出版社 2001 年版。

林万亿:《当代社会工作——理论与方法》,五南图书出版股份有限公司 2002 年版。

林万亿:《福利国家——历史比较的分析》,巨流图书有限公司 1994 年版。

林文雄:《法实证主义》,三民书局 1982 年增订三版。

刘波:《当代英国社会保障制度的系统分析与理论思考》,学林出版社 2006 年版。

刘芳、毕可影主编:《社会保障制度史》,上海交通大学出版社 2018 年版。

刘作翔:《迈向民主与法治的国度》,山东人民出版社 1999 年版。

柳华文主编:《儿童权利与法律保护》,上海人民出版社 2009 年版。

陆益龙:《超越户口——解读中国户籍制度》,中国社会科学出版社 2004 年版。

马汉宝:《法律与中国社会之变迁》,自印本,1999 年版。

莫泰基:《公民参与:社会政策的基石》,中华书局(香港)有限公司 1995 年版。

欧阳英:《构建和谐社会的政治哲学阐释》,江苏人民出版社 2010 年版。

彭华民:《福利三角中的社会排斥——对中国城市新贫穷社群的一个实证研究》,上海人民出版
　　社 2007 年版。

齐延平主编:《社会弱势群体的权利保护》,山东人民出版社 2006 年版。

钱实甫:《北洋政府时期的政治制度》(上册),中华书局 1984 年版。

邱联恭:《司法之现代化与程序法》,自印本,1992 年版。

邱仁宗等:《病人的权利》,北京医科大学·中国协和医科大学联合出版社 1996 年版。

屈广清等:《弱势群体权利保护的国际私法方法研究》,知识产权出版社 2009 年版。

饶志静:《英国反就业性别歧视研究》,法律出版社 2011 年版。

容乐:《香港住房政策——基于社会公平视角的案例研究》,陈立中译,中国建筑工业出版社
　　2012 年版。

阮新邦、林端:《解读〈沟通行动论〉》,上海人民出版社 2003 年版。

佘少祥:《弱者的权利——社会弱势群体保护的法理研究》,社会科学文献出版社 2008 年版。

苏景辉:《弱势者人权与社会工作》,巨流图书股份有限公司 2010 年版。

苏永钦:《走入新世纪的私法自治》,中国政法大学出版社 2002 年版。

孙立平、郭于华主编:《制度实践与目标群体——下岗失业社会保障制度实际运作的研究》,社
　　会科学文献出版社 2010 年版。

涂云新:《经济、社会、文化权利论纲》,中国法制出版社 2020 年版。

汪行福:《分配正义与社会保障》,上海财经大学出版社 2003 年版。

王伯琦:《王伯琦法学论著集》,三民书局 1999 年版。

王海明:《公正与人道——国家治理道德原则体系》,商务印书馆 2010 年版。

王海明:《新伦理学》,商务印书馆 2001 年版。

王希:《原则与妥协——美国宪法的精神与实践》(修订本),北京大学出版社 2005 年版。

王勇民:《儿童权利保护的国际法研究》,法律出版社 2010 年版。

王云龙、陈界、胡鹏:《福利国家:欧洲再现代化的经历与经验》,北京大学出版社 2010 年版。

吴冠军:《多元的现代性——从"9·11"灾难到汪晖"中国的现代性"论说》,上海三联书店 2002

年版。

吴老德:《正义与福利国家概论》,五南图书出版股份有限公司 2001 年版。

吴宁:《社会弱势群体权利保护的法理》,科学出版社 2008 年版。

吴学凡:《新时期中国城乡差别问题》,社会科学文献出版社 2009 年版。

吴忠民:《社会公正论》,山东人民出版社 2004 年版。

相自成:《权益保障的中国模式:残疾人权益保障问题研究》,华夏出版社 2011 年版。

谢荣堂:《社会法治国基础问题与权利救济》,元照出版有限公司 2008 年版。

熊光清:《中国流动人口中的政治排斥问题研究》,中国人民大学出版社 2009 年版。

徐国栋:《优士丁尼〈法学阶梯〉评注》,北京大学出版社 2011 年版。

徐向东编:《全球正义》,浙江大学出版社 2011 年版。

徐振雄:《法治视野下的正义理论》,洪叶文化事业有限公司 2005 年版。

许国贤:《伦理政治论——一个民主时代的反思》,扬智文化事业股份有限公司 1997 年版。

许庆雄:《社会权论》,众文图书股份有限责任公司 1992 年版。

许育典:《宪法》,元照出版有限公司 2009 年第 3 版。

许志雄:《宪法之基础理论》,稻禾出版社 1992 年版。

杨春学:《经济人与社会秩序分析》,上海三联书店·上海人民出版社 1998 年版。

杨冠琼主编:《当代美国社会保障制度》,法律出版社 2001 年版。

杨伟民:《论公民福利权利之基础》,北京大学出版社 2017 年版。

杨幼炯:《政治科学总论》,台湾中华书局 1967 年版。

叶阳明:《德国宪政秩序》,五南图书出版股份有限公司 2005 年版。

于秀丽:《排斥与包容:转型期的城市贫困救助政策》,商务印书馆 2009 年版。

俞德鹏:《城乡居民身份平等化研究》,中国社会科学出版社 2009 年版。

俞德鹏:《城乡社会:从隔离走向开放——中国户籍管理制度与户籍法研究》,山东人民出版社 2002 年版。

俞子清主编:《宪法学》,中国政法大学出版社 1999 年版。

岳宗福:《近代中国社会保障立法研究(1912—1949)》,齐鲁书社 2006 年版。

张帆:《现代性语境中的贫困与反贫困》,人民出版社 2009 年版。

张敏杰:《中国弱势群体研究》,长春出版社 2003 年版。

张千帆:《西方宪政体系》(上册·美国宪法),中国政法大学出版社 2000 年版。

张世雄:《社会福利的理念与社会安全制度》,唐山出版社 1996 年版。

张文显:《法哲学通论》,辽宁人民出版社 2009 年版。

张翔:《基本权利的规范建构》(增订本),法律出版社 2017 年版。

张晓玲主编:《社会弱势群体权利的法律保障研究》,中共中央党校出版社 2009 年版。

张永和:《权利的由来——人类迁徙自由的研究报告》,中国检察出版社 2001 年版。

郑秉文、和春雷主编:《社会保障分析导论》,法律出版社 2001 年版。

郑功成:《从企业保障到社会保障——中国社会保障制度变迁与发展》,中国劳动社会保障出版社 2009 年版。

郑功成:《社会保障学:理念、制度、实践与思辨》,商务印书馆 2020 年版。

郑功成:《中国社会保障论》,中国劳动社会保障出版社 2009 年版。

郑永流:《转型中国的实践法律观》,中国法制出版社 2009 年版。

中国社会科学院哲学研究所编:《哈贝马斯在华演讲集》,人民出版社 2002 年版。

钟水映:《人口流动与社会经济发展》,武汉大学出版社 2000 年版。

种明钊主编:《社会保障法律制度研究》,法律出版社 2000 年版。

周枏:《罗马法原论》(上册),商务印书馆 1994 年版。

周秋光、曾桂林:《中国慈善简史》,人民出版社 2006 年版。

周勇:《少数人权利的法理——民族、宗教和语言上的少数人群体及其成员权利的国际司法保护》,社会科学文献出版社 2002 年版。

周云涛:《论宪法人格权与民法人格权——以德国法为中心的考察》,中国人民大学出版社 2010 年版。

三、外文译著类

(除古希腊、古罗马外,以国别拼音为序)

[古希腊]修昔底德:《伯罗奔尼撒战争史》,谢德风译,商务印书馆 1960 年版。

[古希腊]亚里士多德:《政治学》,吴寿彭译,商务印书馆 1965 年版。

[古罗马]查士丁尼:《法学总论——法学阶梯》,张企泰译,商务印书馆 1989 年版。

[爱尔兰]J. M. 凯利:《西方法律思想史》,王笑红译,法律出版社 2002 年版。

[爱尔兰]杰拉德·奎因、李敬编:《〈残疾人权利公约〉研究:海外视角(2014)》,陈博等译,人民出版社 2015 年版。

[奥]凯尔森:《法与国家的一般理论》,沈宗灵译,商务印书馆 2013 年版。

[奥]鲁道夫·维瑟编:《法律也疯狂》,林宏宇、赵昌来译,商周出版 2004 年版。

[奥]曼弗雷德·诺瓦克:《〈公民权利和政治权利国际公约〉评注》,孙世彦、毕小青译,生活·读书·新知三联书店 2008 年版。

[奥]曼弗雷德·诺瓦克:《国际人权制度导论》,柳华文译,北京大学出版社 2010 年版。

[奥]米塞斯:《人的行为》(上),夏道平译,远流出版事业股份有限公司 1991 年版。

[澳]Jim Ife:《人类权利与社会工作》,郑广怀、何小雷译,华东理工大学出版社 2015 年版。

[澳]巴巴利特:《公民资格》,谈谷铮译,桂冠图书股份有限公司 1991 年版。

[澳]本·索尔、戴维·金利、杰奎琳·莫布雷:《〈经济社会文化权利国际公约〉评注、案例与资料》(上),孙世彦译,法律出版社 2019 年版。

[澳]罗伯特·E.古下:《保护弱势:社会责任的再分析》,李茂森译,中国人民大学出版社 2008 年版

[澳]皮特·凯恩:《法律与道德中的责任》,罗李华译,商务印书馆 2008 年版。

[澳]维拉曼特:《法律导引》,张智仁、周伟文译,上海人民出版社 2003 年版。

[比]丹尼·皮特尔斯:《社会保障基本原理》,蒋月、王铀镱译,商务印书馆 2014 年版。

[波兰]Janusz Symonides:《人权的概念与标准》,杨雅婷译,韦伯文化国际出版有限公司 2009 年版。

[丹麦]哥斯塔·埃斯平·安德森:《福利资本主义的三个世界》,苗正民、滕玉英译,商务印书馆 2010 年版。

［德］Christian Starck：《法学、宪法法院审判权与基本权利》，杨子慧等译，元照出版有限公司 2006 年版。

［德］G.拉德布鲁赫：《法哲学》，王朴译，法律出版社 2005 年版。

［德］Hubert Rottleuthner、Matthias Mahlmann：《法律的基础》，张万洪、丁鹏主译，武汉大学出版社 2010 年版。

［德］N.霍恩：《法律科学与法哲学导论》，罗莉译，法律出版社 2005 年版。

［德］埃里亚斯·卡内提：《群众与权力》，冯文光等译，中央编译出版社 2003 年版。

［德］迪特尔·梅迪库斯：《德国民法总论》，邵建东译，法律出版社 2000 年版。

［德］迪特尔·施瓦布：《民法导论》，郑冲译，法律出版社 2006 年版。

［德］费希特：《自然法权基础》，谢地坤、程志民译，商务印书馆 2004 年版。

［德］弗兰茨·克萨韦尔·考夫曼：《社会福利国家面临的挑战》，王学东译，商务印书馆 2004 年版。

［德］弗兰茨·冯·李斯特：《德国刑法教科书》，［德］埃贝哈德·施密特修订，徐久生译，法律出版社 2000 年版。

［德］弗里德里希·卡尔·冯·萨维尼：《法律冲突与法律规则的地域和时间范围》，李双元等译，法律出版社 1999 年版。

［德］古斯塔夫·拉德布鲁赫：《法律智慧警句集》，舒国滢译，中国法制出版社 2001 年版。

［德］哈贝马斯：《交往行动理论》（第 2 卷：论功能主义理性批判），洪佩郁、蔺青译，重庆出版社 1994 年版。

［德］汉斯·海因里希·耶赛克、托马斯·魏根特：《德国刑法教科书（总论）》，徐久生译，中国法制出版社 2001 年版。

［德］黑格尔：《法哲学原理》，范扬、张企泰译，商务印书馆 1961 年版。

［德］康德：《道德形而上学原理》，苗力田译，上海人民出版社 2002 年版。

［德］康德：《法的形而上学原理——权利的科学》，沈叔平译，商务印书馆 1991 年版。

［德］康德：《历史理性批判文集》，何兆武译，商务印书馆 1990 年版。

［德］考夫曼：《法律哲学》，刘幸义等译，法律出版社 2004 年版。

［德］克里斯托夫·默勒斯：《德国基本法：历史与内容》，赵真译，中国法制出版社 2014 年版。

［德］拉德布鲁赫：《法学导论》，米健、朱林译，中国大百科全书出版社 1997 年版。

［德］米歇尔·鲍曼：《道德的市场》，肖君、黄承业译，中国社会科学出版社 2003 年版。

［德］乌尔里希·贝克：《风险社会》，何博闻译，译林出版社 2004 年版。

［德］乌尔里希·贝克：《世界风险社会》，吴英姿、孙淑敏译，南京大学出版社 2004 年版。

［俄］克鲁泡特金：《互助论》，李平沤译，商务印书馆 1963 年版。

［法］埃米尔·涂尔干：《社会分工论》，渠东译，生活·读书·新知三联书店 2000 年版。

［法］邦雅曼·贡斯当：《古代人的自由与现代人的自由》，阎克文、刘满贵译，上海人民出版社 2003 年版。

［法］霍尔巴赫：《自然政治论》，陈太先、眭茂译，商务印书馆 1994 年版。

［法］卢梭：《社会契约论》，何兆武译，商务印书馆 2003 年修订第 3 版。

［法］孟德斯鸠：《论法的精神》（上册），张雁深译，商务印书馆 1961 年版。

［法］皮埃尔·罗桑瓦龙：《公民的加冕礼——法国普选史》，吕一民译，上海人民出版社 2005

年版。

［法］让・文森、塞尔日・金沙尔：《法国民事诉讼法要义》（下），罗结珍译，中国法制出版社
　　2001 年版。

［法］让-雅克・迪贝卢、爱克扎维尔・普列多：《社会保障法》，蒋将元译，法律出版社 2002
　　年版。

［法］雅克・盖斯旦、吉勒・古博：《法国民法总论》，谢汉琪等译，法律出版社 2004 年版。

［法］雅克・马里旦著、［加］威廉・斯威特编：《自然法：理论与实践的反思》，鞠成伟译，中国法
　　制出版社 2009 年版。

［荷］格劳秀斯：《战争与和平法》，［美］A.C. 坎贝尔英译，何勤华等译，上海人民出版社 2005
　　年版。

［荷］亨克・范・马尔塞文、格尔・范・德・唐：《成文宪法——通过计算机进行的比较研究》，
　　陈云生译，北京大学出版社 2007 年版。

［加］Peter Benson 主编：《合同法理论》，易继明译，北京大学出版社 2004 年版。

［加］R.米什拉：《社会政策与福利政策——全球化的视角》，郑秉文译，中国劳动社会保障出版
　　社 2007 年版。

［加］帕特里克・格伦：《世界法律传统》（第 3 版），李立红等译，北京大学出版社 2009 年版。

［美］A. 麦金太尔：《德性之后》，龚群等译，中国社会科学出版社 1995 年版。

［美］E. 博登海默：《法理学：法律哲学与法律方法》，邓正来译，中国政法大学出版社 1999 年版。

［美］H. H. W. 埃尔曼：《比较法律文化》，贺卫方、高鸿钧译，生活・读书・新知三联书店 1990
　　年版。

［美］J. 范伯格：《自由、权利和社会正义——现代社会哲学》，王守昌、戴栩译，贵州人民出版社。

［美］James M. Buchanan：《自由的界限——无政府与利维坦之间》，顾肃译，联经出版事业公司
　　2002 年版。

［美］L.布鲁姆等：《社会学》，张杰等译，四川人民出版社 1991 年版。

［美］L.科塞：《社会冲突的功能》，孙立平等译，华夏出版社 1989 年版。

［美］Lewis R.Aiken：《态度与行为：理论、测量与研究》，何清华等译，中国轻工业出版社 2008
　　年版。

［美］Martha C. Nussbaum：《正义的界限：残障、全球正义与动物正义》，徐子婷等译，韦伯文化
　　国际出版有限公司 2008 年版。

［美］Paul Gordon Lauren：《国际人权的进展》，徐子婷等译，"国立编译馆"・韦伯文化国际出版
　　有限公司 2008 年版。

［美］William M.Evan 主编：《法律社会学》，郑哲民译，巨流图书公司 1996 年版。

［美］阿瑟・奥肯：《平等与效率——重大的抉择》，陈涛译，中国社会科学出版社 2013 年版。

［美］埃尔曼：《比较法律文化》，贺卫方、高鸿钧译，生活・读书・新知三联书店 1990 年版。

［美］埃里克・尤斯拉纳：《信任的道德基础》，张敦敏译，中国社会科学出版社 2006 年版。

［美］艾伦・沃尔夫：《合法性的限度——当代资本主义的政治矛盾》，沈汉等译，商务印书馆
　　2005 年版。

［美］爱因・兰德：《新个体主义伦理观——爱因・兰德文选》，秦裕译，上海三联书店 1993 年版。

［美］伯尔曼：《法律与宗教》，梁治平译，生活・读书・新知三联书店 1991 年版。

[美]查尔斯·H.扎斯特罗:《社会工作与社会福利导论》(第7版),孙唐永等译,中国人民大学出版社2005年版。

[美]大卫·诺克斯、卡洛琳·沙赫特:《情爱关系中的选择——婚姻家庭社会学入门》(第9版),金梓等译,北京大学出版社2009年版。

[美]戴安娜·M.迪尼托:《社会福利:政治与公共政策》(第七版),杨伟民译,中国人民大学出版社2016年版。

[美]戴维·格伦斯基编:《社会分层》(第2版),王俊等译,北京大学出版社2005年版。

[美]丹·B.多布斯:《侵权法》(上册),马静等译,中国政法大学出版社2014年版。

[美]德雷克·博克:《幸福的政策——写给政府官员的幸福课》,许志强译,万卷出版公司2011年版。

[美]德沃金:《法律帝国》,李常青译,中国大百科全书出版社1996年版。

[美]德沃金:《人权与民主生活》,司马学文译,韦伯文化国际出版有限公司2007年版。

[美]迪帕·纳拉扬等:《谁倾听我们的声音》,付岩梅等译,中国人民大学出版社2001年版。

[美]杜威:《自由与文化》,傅统先译,商务印书馆1964年版。

[美]恩格尔哈特:《生命伦理学的基础》,范瑞平译,湖南科学技术出版社1996年版。

[美]范芝芬:《流动中国:迁移、国家和家庭》,邱幼云、黄河译,社会科学文献出版社2013年版。

[美]弗里德曼:《选择的共和国——法律、权威与文化》,高鸿钧译,清华大学出版社2005年版。

[美]富勒:《法律的道德性》,郑戈译,商务印书馆2005年版。

[美]汉斯·J.摩根索:《国家间的政治》,杨歧鸣等译,商务印书馆1993年版。

[美]汉斯·托奇主编:《司法和犯罪心理学》,周嘉桂译,群众出版社1986年版。

[美]赫伯特·西蒙:《管理行为——管理组织决策过程的研究》,杨砾等译,北京经济学院出版社1988年版。

[美]赫舍尔:《人是谁》,隗仁莲译,贵州人民出版社1994年版。

[美]吉姆·斯达纽斯、费利西娜·普拉图:《社会支配论》,刘爽、罗涛译,中国人民大学出版社2011年版。

[美]杰克·唐纳利:《普遍人权的理论与实践》,王浦劬等译,中国社会科学出版社2001年版。

[美]杰伊·M.沙夫里茨等:《公共行政导论》,刘俊生等译,中国人民大学出版社2011年版。

[美]卡尔·罗文斯坦:《现代宪法论》,王锴、姚凤梅译,清华大学出版社2017年版。

[美]拉齐恩·萨丽等:《哈耶克与古典自由主义》,秋风译,贵州人民出版社2003年版。

[美]莱斯利·阿瑟·马尔霍兰:《康德的权利体系》,赵明、黄涛译,商务印书馆2011年版。

[美]莱斯利·里普森:《政治学的重大问题——政治学导论》,刘晓等译,华夏出版社2001年版。

[美]朗诺·德沃金:《生命的自主权——堕胎、安乐死与个人自由》,郭贞伶、陈雅汝译,商周出版2002年版。

[美]劳伦斯·傅利曼:《二十世纪美国法律史》,吴懿婷译,商周出版2005年版。

[美]劳伦斯·傅利曼:《美国法导论——美国法律与司法制度概述》,杨佳陵译,商周出版2004年版。

[美]里普逊:《民主新诠》,登云译,香港新知出版社1972年版。

[美]理查德·A.爱泼斯坦:《简约法律的力量》,刘星译,中国政法大学出版社2004年版。

[美]刘易斯·科塞等:《社会学导论》,杨心恒等译,南开大学出版社1990年版。

［美］罗·庞德:《通过法律的社会控制·法律的任务》,沈宗灵、董世忠译,商务印书馆 1984 年版。

［美］罗伯特·L.佩顿、迈克尔·P.穆迪:《慈善的意义与使命》,郭烁译,中国劳动社会保障出版社 2013 年版。

［美］罗伯特·N.贝拉等:《心灵的习性——美国人生活中的个人主义和公共责任》,翟宏彪等译,生活·读书·新知三联书店 1991 年版。

［美］罗伯特·波林等:《衡量公平:生存工资与最低工资经济学——美国的经验》,孙劲悦译,东北财经大学出版社 2012 年版。

［美］罗纳德·德沃金:《至上的美德——平等的理论与实践》,冯克利译,江苏人民出版社 2007 年版。

［美］罗斯科·庞德:《法理学》(第 4 卷),王保民、王玉译,法律出版社 2007 年版。

［美］罗斯科·庞德:《法律史解释》,曹玉堂、杨知译,华夏出版社 1989 年版。

［美］马克·A. 卢兹:《经济学的人本化:溯源与发展》,孟宪昌译,西南财经大学出版社 2003 年版。

［美］玛丽·安·格伦顿:《权利话语——穷途末路的政治言辞》,周威译,北京大学出版社 2006 年版。

［美］玛莎·A.弗里曼、［英］克莉丝蒂娜·钦金、［德］贝亚特·鲁道夫主编:《〈消除对妇女一切形式歧视公约〉评注》(上),戴瑞君译,社会科学文献出版社 2020 年版。

［美］迈克尔·沃尔泽:《正义诸领域:为多元主义与平等一辩》,储松燕译,译林出版社 2002 年版。

［美］迈克尔·D.贝勒斯:《法律的原则——一个规范的分析》,张文显等译,中国大百科全书出版社 1996 年版。

［美］迈克尔·罗森:《尊严:历史和意义》,石可译,法律出版社 2015 年版。

［美］迈克尔·桑德尔:《公正:该如何做是好?》朱慧玲译,中信出版社 2011 年版。

［美］迈克尔·休斯、卡罗琳·克雷勒:《社会学导论》,周杨、邱文平译,上海社会科学院出版社 2011 年版。

［美］迈克尔·休斯、卡罗琳·克雷勒:《社会学和我们》,周杨、邱文平译,上海社会科学院出版社 2008 年版。

［美］帕特利霞·H. 威尔汉等:《就业和员工权利》,杨恒达译,北京大学出版社 2005 年版。

［美］乔治·查农:《社会学与十个大问题》(第 6 版),汪丽华译,北京大学出版社 2009 年版。

［美］乔治·威特:《社会学的邀请》,林聚任等译,北京大学出版社 2008 年版。

［美］塞缪尔·弗莱施哈克尔:《分配正义简史》,吴万伟译,译林出版社 2010 年版。

［美］史蒂芬·霍尔姆斯、凯斯·R.桑斯坦:《权利的成本——为什么自由依赖于税》,毕竞悦译,北京大学出版社 2004 年版。

［美］史蒂文·瓦戈:《法律与社会》(第 9 版),梁坤、邢朝国译,中国人民大学出版社 2011 年版。

［美］汤姆·L.彼彻姆:《哲学的伦理学》,雷克勤等译,中国社会科学出版社 1990 年版。

［美］涛慕思·博格:《康德、罗尔斯与全球正义》,刘莘、徐向东等译,上海译文出版社 2010 年版。

［美］图姆斯:《病患的意义——医生和病人不同观点的现象学探讨》,邱鸿钟译,青岛出版社 2000 年版。

［美］托马斯·摩尔:《心灵书——重建你的精神家园》,刘德军译,海南出版社、三环出版社 2001 年版。

[美]威廉·朱利叶斯·威尔逊:《真正的穷人:内城区、底层阶级和公共政策》,成伯清等译,上海人民出版社 2007 年版。

[美]威廉姆·H.怀特科、罗纳德·C.费德里科:《当今世界的社会福利》,解俊杰译,法律出版社 2003 年版。

[美]文森特·帕里罗等:《当代社会问题》,周兵等译,华夏出版社 2002 年版。

[美]小奥利弗·温德尔·霍姆斯:《普通法》,冉昊、姚中秋译,中国政法大学出版社 2006 年版。

[美]雅克·布道:《建构世界共同体:全球化与共同善》,万俊人、姜玲译,江苏教育出版社 2006 年版。

[美]约翰·W.巴德:《劳动关系:寻求平衡》,于桂兰等译,机械工业出版社 2013 年版。

[美]约翰·J.麦休尼斯:《社会学》(第 11 版),风笑天等译,中国人民大学出版社 2009 年版。

[美]约翰·罗尔斯:《正义论》,何怀宏等译,中国社会科学出版社 1988 年版。

[美]约翰·罗尔斯:《作为公平的正义——正义新论》,姚大志译,上海三联书店 2002 年版。

[美]约翰·马丁·费舍、马克·拉维扎:《责任与控制——一种道德责任理论》,杨绍刚译,华夏出版社 2002 年版。

[美]约翰·麦·赞恩:《法律的故事》,刘昕、胡凝译,江苏人民出版社 1998 年版。

[美]约书亚·德雷斯勒:《美国刑法精解》(第 4 版),王秀梅等译,北京大学出版社 2009 年版。

[美]詹姆斯·M.伯恩斯等:《民治政府》,陆震纶等译,中国社会科学出版社 1996 年版。

[美]詹姆斯·P.斯特巴:《实践中的道德》,程炼等译,北京大学出版社 2006 年版。

[美]詹姆斯·安修:《美国宪法解释与判例》,黎建飞译,中国政法大学出版社 1994 年版。

[美]詹姆斯·汉斯林:《社会学入门——一种现实分析方法》(第 7 版),林聚仁等译,北京大学出版社 2007 年版。

[南非]桑德拉·弗里德曼:《反歧视法》(第二版),杨雅云译,中国法制出版社 2019 年版。

[挪]A.艾德、C.克洛斯、A.罗萨斯主编:《经济、社会和文化权利教程》(修订第二版),中国人权研究会组织翻译,四川人民出版社 2004 年版。

[葡]Carlos Alberto da Mota Pinto:《民法总论》(第 3 版),林炳辉等译,法律翻译办公室、澳门大学法学院 1999 年版。

[日]阿部照哉等:《宪法》(下册·基本人权篇),周宗宪译,中国政法大学出版社 2006 年版。

[日]大塚仁:《刑法概说》(总论)(第 3 版),冯军译,中国人民大学出版社 2003 年版。

[日]大须贺明:《生存权论》,林浩译,法律出版社 2001 年版。

[日]芦部信喜著、高桥和之补订:《宪法》(第六版),林来梵、凌维慈、龙绚丽译,清华大学出版社 2018 年版。

[日]美浓部达吉:《法之本质》,林纪东译,台湾商务印书馆 1992 年第 2 版。

[日]仁井田升:《唐令拾遗》,栗劲等编译,长春出版社 1989 年版。

[日]三浦隆:《实践宪法学》,李力、白云海译,中国人民公安大学出版社 2002 年版。

[日]桑原洋子:《日本社会福利法制概论》,韩君玲、邹文星译,商务印书馆 2010 年版。

[日]杉原泰雄:《宪法的历史——比较宪法学新论》,吕昶、渠涛译,社会科学文献出版社 2000 年版。

[日]武川正吾:《福利国家的社会学:全球化、个体化与社会政策》,李莲花等译,商务印书馆 2011 年版。

〔日〕星野英一：《私法中的人》，王闯译，中国法制出版社 2004 年版。

〔瑞典〕冈纳·缪尔达尔：《世界贫困的挑战——世界反贫困大纲》，顾朝阳等译，北京经济学院出版社 1991 年版。

〔瑞典〕格德门德尔·阿尔弗雷德松、〔挪威〕阿斯布佐恩·艾德编：《〈世界人权宣言〉：努力实现的共同标准》，中国人权研究会组织翻译，四川人民出版社 1999 年版。

〔瑞士〕Jan-Erik Lane、〔瑞典〕Svante Ersson：《新制度主义政治学》，何景荣译，韦伯文化国际出版有限公司 2002 年版。

〔瑞士〕托马斯·弗莱纳：《人权是什么？》，谢鹏程译，中国社会科学出版社 2000 年版。

〔苏联〕Л·С.雅维茨：《法的一般理论——哲学和社会问题》，朱景文译，辽宁人民出版社 1986 年版。

〔匈〕阿格妮丝·赫勒：《超越正义》，文长春译，黑龙江大学出版社 2011 年版。

〔匈〕阿格妮丝·赫勒：《日常生活》，衣俊卿译，重庆出版社 1990 年版。

〔意〕皮罗·克拉玛德雷：《程序与民主》，翟小波、刘刚译，高等教育出版社 2005 年版。

〔印度〕阿玛蒂亚·森：《以自由看待发展》，任赜于真译，中国人民大学出版社 2002 年版。

〔英〕G.D.詹姆斯：《法律原理》，关贵森等译，中国金融出版社 1990 年版。

〔英〕A.J.M.米尔恩：《人的权利与人的多样性——人权哲学》，夏勇、张志铭译，中国大百科全书出版社 1995 年版。

〔英〕F.A.冯·哈耶克：《个人主义与经济秩序》，邓正来译，生活·读书·新知三联书店 2003 年版。

〔英〕H.L.A.哈特：《法律、自由与道德》，支振锋译，法律出版社 2006 年版。

〔英〕Pete Alcock 等编：《解读社会政策》，李易骏等译，群学出版有限公司 2006 年版。

〔英〕R.M.MacIver：《政治学》，陈启天译，中华书局 1946 年第 3 版。

〔英〕Ronald Blackburn：《犯罪行为心理学——理论、研究和实践》，吴宗宪等译，中国轻工业出版社 2000 年版。

〔英〕埃德蒙·柏克：《自由与传统》，蒋庆等译，商务印书馆 2001 年版。

〔英〕安德鲁·海伍德：《政治学的核心概念》，吴勇译，天津人民出版社 2008 年版。

〔英〕安东尼·吉登斯：《社会学》（第 4 版），赵旭东等译，北京大学出版社 2003 年版。

〔英〕昂诺娜·欧妮尔：《我们为什么不再信任》，黄孝如译，早安财经文化有限公司 2004 年版。

〔英〕贝弗里奇：《贝弗里奇报告——社会保险和相关服务》，劳动和社会保障部社会保险研究所组织翻译，中国劳动社会保障出版社 2008 年版。

〔英〕彼得·德怀尔：《理解社会公民身份：政策与实践的主题与视角》，蒋晓阳译，北京大学出版社 2011 年版。

〔英〕彼得·泰勒-顾柏：《重构社会公民权》，郭烁译，中国劳动社会保障出版社 2010 年版。

〔英〕彼得·斯坦、约翰·香德：《西方社会的法律价值》，王献平译，中国人民公安大学出版社 1990 年版。

〔英〕伯特兰·罗素：《权威与个人》，肖巍译，中国社会科学出版社 1990 年版。

〔英〕布莱恩·巴利：《社会正义论》，曹海军译，江苏人民出版社 2007 年版。

〔英〕布赖恩·特纳：《地位》，慧民、王星译，桂冠图书股份有限公司 1991 年版。

〔英〕大卫·G.格林：《再造市民社会——重新发现没有政治介入的福利》，邬晓燕译，陕西人民出版社2011年版。
[英]大卫·丹尼:《风险与社会》,马缨等译,北京出版社2009年版。
[英]大卫·哈尔彭:《隐形的国民财富:幸福感、社会关系与权利共享》,汪晓波、裴虹博译,电子工业出版社2012年版。
[英]戴维·米勒:《社会正义原则》,应奇译,江苏人民出版社2001年版。
[英]恩勒·伊辛、布雷恩·特纳主编:《公民权研究手册》,王小章译,浙江人民出版社2007年版。
[英]弗里德里希·冯·哈耶克:《法律、立法与自由》(第二、三卷),邓正来等译,中国大百科全书出版社2000年版。
[英]弗里德里希·冯·哈耶克:《经济、科学与政治——哈耶克思想精粹》,冯克利译,江苏人民出版社2000年版。
[英]弗里德利希·冯·哈耶克:《自由秩序原理》(上、下),邓正来译,生活·读书·新知三联书店1997年版。
[英]弗利登:《权利》,孙嘉明、袁建华译,桂冠图书股份有限公司1998年版。
[英]戈登·葛拉姆:《当代社会哲学》,黄藿译,桂冠图书股份有限公司1998年版。
[英]哈特:《法律的概念》,张文显等译,中国大百科全书出版社1996年版。
[英]赫伯特·斯宾塞:《社会静力学》,张雄武译,商务印书馆1996年版。
[英]霍布斯:《利维坦》,黎思复、黎廷弼译,商务印书馆1985年版。
[英]霍布斯:《论公民》,应星、冯克利译,贵州人民出版社2003年版。
[英]卡·波普尔:《历史主义贫困论》,何林、赵平等译,中国社会科学出版社1998年版。
[英]科斯塔斯·杜兹纳:《人权的终结》,郭春发译,江苏人民出版社2002年版。
[英]克拉潘:《简明不列颠经济史》,范定九译,上海译文出版社1980年版。
[英]肯·布莱克莫尔、路易丝·沃里克-布思:《社会政策导论》(第四版),岳经纶等译,格致出版社·上海人民出版社2019年版。
[英]拉斯基:《国家的理论与实际》,王造时译,商务印书馆1959年版。
[英]理查德·威尔金森、凯特·皮克特:《不平等的痛苦:收入差距如何导致社会问题》,安鹏译,新华出版社2010年版。
[英]罗伯特·伊斯特:《社会保障法》,周长征等译,中国劳动社会保障出版社2003年版。
[英]罗杰·科特威尔:《法律社会学导论》,潘大松等译,华夏出版社1989年版。
[英]罗素:《西方哲学史》(下卷),马元德译,商务印书馆1976年版。
[英]洛克:《政府论》(上篇),瞿菊农、叶启芳译,商务印书馆1982年版。
[英]洛克:《政府论》(下篇),叶启芳、瞿菊农译,商务印书馆1964年版。
[英]迈克尔·奥克肖特:《哈佛演讲录:近代欧洲的道德与政治》,顾玫译,上海文艺出版社2003年版。
[英]梅因:《古代法》,沈景一译,商务印书馆1959年版。
[英]米诺格:《政治的历史与边界》,龚人译,译林出版社2008年版。
[英]奈杰尔·S.罗德雷:《非自由人的人身权利——国际法中的囚犯待遇》,毕小青、赵宝庆等译,生活·读书·新知三联书店2006年版。
[英]内维尔·哈里斯等:《社会保障法》,李西霞、李凌译,北京大学出版社2006年版。
[英]尼古拉斯·巴尔:《福利国家经济学》,邹明洳、穆怀中等译,中国劳动社会保障出版社

2003 年版。

［英］诺曼·巴里:《福利》,储建国译,吉林人民出版社 2005 年版。

［英］诺曼·贝瑞:《福利》,叶肃科译,巨流图书有限公司 2002 年版。

［英］萨比娜·阿尔基尔等:《贫困的缺失维度》,刘民权、韩华为译,科学出版社 2010 年版。

［英］史蒂文·卢克斯:《个人主义》,阎克文译,江苏人民出版社 2001 年版。

［英］斯坦·林根:《民主是做什么用的:论自由与德政》,孙建中译,新华出版社 2012 年版。

［英］苏黛瑞:《在中国城市中争取公民权》,王春光、单丽卿译,浙江人民出版社 2009 年版。

［英］泰勒主编:《劳特利奇哲学史》(第一卷:从开端到柏拉图),韩东辉等译,中国人民大学出版社 2003 年版。

［英］以赛亚·伯林:《自由论》(《自由四论》扩充版),胡传胜译,译林出版社 2003 年版。

［英］约翰·密尔:《论自由》,程崇华译,商务印书馆 1959 年版。

［英］约翰·穆勒:《政治经济学原理——及其在社会哲学上的若干应用》(上),赵荣潜等译,商务印书馆 1991 版。

［英］约翰·穆勒:《政治经济学原理——及其在社会哲学上的若干应用》(下),胡企林、朱泱译,商务印书馆 1991 年版。

经济合作与发展组织:《民生问题:衡量社会幸福的 11 个指标》,洪漫等译,新华出版社 2012 年版。

国际劳工局:《世界社会保障报告(2010—2011)——危机期间和后危机时代的社会保障覆盖》,人力资源和社会保障部社会保障研究所组织编译,中国劳动社会保障出版社 2011 年版。

国际劳工局编:《社会保障:新共识》,中国劳动社会保障出版社 2004 年版。

美洲开发银行编:《经济发展与社会公正》,林晶等译,中国社会科学出版社 2002 年版。

四、论文类

(中文以姓氏拼音排序,译文以国别拼音为序)

卜卫:《关于农村留守儿童的研究和支持行动模式的分析报告》,见柳华文主编《儿童权利与法律保护》,上海人民出版社 2009 年版。

蔡维音:《德国基本法第一条"人性尊严"规定之探讨》,《宪政时代》第 18 卷第 1 期(1992.7)。

陈清秀:《宪法上人性尊严》,见《李鸿禧教授六秩华诞祝寿论文集》,月旦出版社股份有限公司 1997 年版。

陈小红:《台湾光复四十五年来的社会变迁:回顾与前瞻》,见台湾地区政府新闻处编《现代化福利社会的实现》,1990 年。

陈旭峰:《民法的功能缺陷与经济法的弥补》,《现代法学》1999 年第 4 期。

程新宇:《西方文化中人的尊严的涵义及其演化》,《贵州大学学报(社会科学版)》2015 年第 4 期。

慈勤英:《"文革"、社会转型与剥夺性贫困》,《中国人口科学》2002 年第 2 期。

戴木才:《全人类"共同价值"与社会主义核心价值观》,《光明日报》2015 年 10 月 28 日 13 版。

邓贤明:《政府赋权与民众争权》,《长白学刊》2009 年第 3 期。

杜承铭:《论作为基本权利范畴的人之尊严》,《广东社会科学》2013 年第 1 期。

杜飞进:《论现代法学之重构》,《天津社会科学》1995 年第 1 期。

冯海发:《我国农业为工业化提供资金积累的数量研究》,《经济研究》1993 年第 9 期。

冯泽永:《病人自主权及其保障条件》,《医学与哲学》1999 年第 2 期。

付翠英:《人格·权利能力·民事主体辨思——我国民法典的选择》,《法学》2006 年第 8 期。

甘绍平:《作为一项权利的人的尊严》,《哲学研究》2008 年第 6 期。

葛四友:《运气、应得与正义——以罗尔斯〈正义论〉为中心的考察》,见王中江主编《新哲学》(第
　　3 辑),大象出版社 2004 年版。

龚群:《论人的尊严》,《天津社会科学》2011 年第 2 期。

龚群:《论人的尊严与社会主义核心价值体系的内在关系》,《教学与研究》2010 年第 9 期。

韩庆祥:《能力本位论与 21 世纪实力主义文化预期》,见王中江主编《新哲学》(第 2 辑),大象出
　　版社 2004 年版。

韩跃红:《生命尊严的价值论省思》,见单继刚等主编《政治与伦理——应用政治哲学的视角》,
　　人民出版社 2006 年版。

韩震:《后自由主义的一种话语》,见刘军宁等编《自由与社群》,生活·读书·新知三联书店
　　1998 年版。

何包钢:《可能的世界和现实的世界——解说休谟政治哲学的一个原理》,见刘军宁等编《市场
　　社会与公共秩序》,生活·读书·新知三联书店 1996 年版。

贺卫方:《对抗制与中国法官》,《法学研究》1995 年第 4 期。

贺绍奇:《反暴利综合治理的法律对策》,《法学》1995 年第 1 期。

洪艳蓉:《现代民法中的弱者保护》,《河南省政法管理干部学院学报》2000 年第 4 期。

胡星斗:《弱势群体经济学及经济政策》,《首都经济贸易大学学报》2010 年第 2 期。

胡玉鸿:《"人的联合"的法理疏释》,《法商研究》2007 年第 2 期。

胡玉鸿:《法律主体概念及其特性》,《法学研究》2010 年第 3 期。

胡玉鸿:《人的尊严在现代法律上的意义》,《学习与探索》2011 年第 4 期。

黄桂兴:《浅论行政法上的人性尊严原理》,见城仲模主编《行政法之一般法律原则》,三民书局
　　1994 年版。

黄建辉:《优生观点与民法上婚姻制度》,见杨日然教授纪念论文集编辑委员会编《法理学论
　　丛——纪念杨日然教授》,月旦出版社股份有限公司 1997 年版。

江宜桦:《自由主义的宪政民主认同》,见王焱编《宪政主义与现代国家》,生活·读书·新知三
　　联书店 2003 年版。

赖伟良:《第三路线》,见蔡文辉主编《社会福利》,五南图书出版股份有限公司 2002 年版。

李孟融:《福利国家的宪法基础——及其基本权利冲突之研究》,见杨日然教授纪念论文集编辑
　　委员会编《法理学论丛——纪念杨日然教授》,月旦出版社股份有限公司 1997 年版。

李怡、易明:《论马克思的尊严观》,《马克思主义研究》2011 年第 10 期。

李震山:《论资讯自决权》,《李鸿禧教授六秩华诞祝寿论文集》,月旦出版社股份有限公司 1997
　　年版。

李忠:《论少数人权利》,《法律科学》1999 年第 5 期。

林辉雄:《人性尊严与自由民主宪法秩序关系之研究》,台湾中正大学法律学研究所 2001 年度
　　硕士论文。

林纪东:《福利国家与基本人权》,见李钟桂主编《福利国家与社会安全》(宪政思潮选集之六),

"国民大会宪政研讨委员会"1981 年版。

林正雄:《财产与政治——两种古典人观对当代自由主义之启示》,台湾大学政治学研究所
　2000 年度硕士论文。

刘冬梅:《论国际机制对中国社会保障制度与法律改革的影响》,《比较法研究》2011 年第 5 期。

马俊驹、刘卉:《论法律人格内涵的变迁和人格权的发展——从民法中的人出发》,见米健主编
　《中德法学学术论文集》(第 1 辑),法律出版社 2003 年版。

梅夏英:《民事权利能力、人格与人格权》,《法律科学》1999 年第 1 期。

钱永祥:《权力与权利的辩证——联邦论导读》,见王焱主编《宪政主义与现代国家》,生活·读
　书·新知三联书店 2003 年版。

钱永祥:《现代性业已耗尽了批判意义吗?——汪晖论现代性读后有感》,见贺照田主编《后发
　展国家的现代性问题》(《学术思想评论》第 8 辑),吉林人民出版社 2003 年版。

任小峰:《"第三者"继承遗产案一石激浪》,《南方周末》2001 年 11 月 15 日。

史志磊:《论罗马法中人的尊严及其影响——以 dignitas 为考察对象》,《浙江社会科学》2015 年
　第 5 期。

孙守安:《大学生心理疾病防治方法的内在哲学本质》,《辽宁工学院学报》2000 年第 3 期。

田凯:《关于社会福利的定义及其与社会保障关系的再探讨》,《学术季刊》2001 年第 1 期。

田思路:《日本"社会法":概念·范畴·演进》,《华东政法大学学报》2019 年第 4 期。

王春福:《改善民生与关照弱势群体的公共政策运行机制》,《理论探讨》2008 年第 2 期。

王建:《科学精神·人文精神·科学思维》,《医学与社会》2000 年第 3 期。

王三秀:《美国福利权保障立法价值重心的转移及其启示》,《法商研究》2009 年第 4 期。

王晓广、王炳林:《马克思"人的尊严"思想的发展脉络及基本维度》,《新视野》2012 年第 3 期。

王延光:《艾滋病、政策与伦理学》,见陶黎宝华、邱仁宗主编《价值与社会》(第 1 集),中国社会
　科学出版社 1997 年版。

王治江:《残疾人权利保障:中国和国际社会》,见北京大学法学院人权研究中心编《以权利为基
　础促进发展》,北京大学出版社 2005 年版。

吴双全:《论"少数人"概念的界定》,《兰州大学学报(社会科学版)》2010 年第 1 期。

肖扬:《建立有中国特色的法律援助制度》,《人民日报》1996 年 5 月 14 日。

萧雪慧:《不可回避权力制衡》,见董郁玉、施滨海编《政治中国》,今日中国出版社 1998 年版。

徐国栋:《再论民法中人格法的公法性——兼论物文主义的技术根源》,《法学》2007 年第 4 期。

徐显明:《和谐社会与法治和谐》,徐显明主编《和谐社会构建与法治国家建设——2005 年全国
　法理学研究会年会论文选》,中国政法大学出版社 2006 年版。

许庆雄:《人权的调整与效力之研究》,《李鸿禧教授六秩华诞祝寿论文集》,月旦出版社股份有
　限公司 1997 年版。

严海良:《迈向以人的尊严为基础的功能性人权理论》,《环球法律评论》2015 年第 4 期。

杨海坤、曹达全:《弱势群体的宪法地位研究》,《法律科学》2007 年第 4 期。

杨兆龙:《刑事科学中的无罪推定与有罪推定问题》,见郝铁川、陆锦碧编《杨兆龙文选》,中国政
　法大学出版社 2000 年版。

尹田:《契约自由与社会公正的冲突与平衡——法国合同法中意思自治原则的衰落》,见梁慧星
　主编《民商法论丛》(第 2 卷),法律出版社 1994 年版。

俞可平:《从权利政治学到公益政治学——新自由主义之后的社群主义》,见刘军宁等编《自由与社群》,生活·读书·新知三联书店 1998 年版。

张爱宁:《少数者权利的国际保护》,《外交学院学报》2004 年第 1 期。

张福建:《罗尔斯的差异原则及其容许不平等的可能程度》,见戴华、郑晓时主编《正义及其相关问题》,中央研究院中山人文社会科学研究所 1991 年版。

张宏慧:《论魏晋南北朝时期的社会保障措施》,《许昌学院学报》2011 年第 6 期。

张三元:《论马克思主义人学视域中人的尊严的内涵》,《湖北行政学院学报》2011 年第 5 期。

张文显:《构建社会主义和谐社会的法律机制》,见徐显明主编《和谐社会构建与法治国家建设——2005 年全国法理学研究会年会论文选》,中国政法大学出版社 2006 年版。

张文显:《市场经济与现代法的精神论略》,《中国法学》1994 年第 6 期。

张友渔等:《政治学》,《中国大百科全书·政治学》,中国大百科全书出版社 1992 年版。

张学锋:《唐代水旱赈恤、蠲免的实效与实质》,《中国农史》1993 年第 1 期。

张宇彤:《金门与澎湖传统民宅形塑之比较研究——以营建中的禁忌、仪式与装饰论述之》,台湾成功大学建筑学系 2000 年度博士论文。

郑成良:《和谐社会与权利保障》,《文汇报》2005 年 5 月 23 日。

郑慧文:《艾滋病:心魔还比病魔可怕!》,《TRUSTMED》1999 年 11 月 12 日。

郑贤君:《宪法"人格尊严"条款的规范地位之辨》,《中国法学》2012 年第 2 期。

周志宏:《学术自由与科技研究应用之法律规范》,《李鸿禧教授六秩华诞祝寿论文集》,月旦出版社股份有限公司 1997 年版。

朱力宇、刘建伟:《从施塔姆勒正义法理念学说对卡多佐的影响看正义法理念对构建和谐社会的启示》,见徐显明主编《和谐社会构建与法治国家建设——2005 年全国法理学研究会年会论文选》,中国政法大学出版社 2006 年版。

庄世同:《法治与人性尊严——从实践到理论的反思》,《法制与社会发展》2009 年第 1 期。

邹广文:《历史、价值与人的存在——一种文化哲学的解读》,见王中江主编《新哲学》(第 4 辑),大象出版社 2005 年版。

邹文海:《福利思想、福利政策与宪政原则》,见李钟桂主编《福利国家与社会安全》,"国民大会宪政研讨委员会"1981 年版。

[德]赫曼·齐欧克:《我们这一时代中的人》,江日新译,见孙志文主编《人与哲学》,联经出版事业公司 1982 年版。

[德]康拉德·茨威格特、海因·克茨:《行为能力比较研究》,孙宪忠译,《外国法译评》1998 年第 3 期。

[德]乌尔里希·贝克、威廉姆斯:《关于风险社会的对话》,路国林编译,见薛晓源、周战超主编《全球化与风险社会》,社会科学文献出版社 2005 年版。

[德]乌尔里希·贝克:《从工业社会到风险社会——关于人类生存、社会结构和生态启蒙等问题的思考》,王武龙编译,见薛晓源、周战超主编《全球化与风险社会》,社会科学文献出版社 2005 年版。

[德]约翰·戈特利布·费希特:《向欧洲各国君主索回他们迄今压制的思想自由》,见[美]詹姆斯·施密特编《启蒙运动与现代性:18 世纪与 20 世纪的对话》,徐向东、卢华萍译,上海人民出版社 2005 年版。

［法］Jacques Donblet：《人权与社会安全》，黄昭弘译，见李钟桂主编《福利国家与社会安全》，"国民大会宪政研讨委员会"1981 年版。

［法］米歇尔·潘多拉贝雷：《走向全球民主》，陆丁译，见赵汀阳主编《年度学术 2003：人们对世界的想象》，中国人民大学出版社 2004 年版。

［法］莫尔特曼：《个人主义与全球化时代的自由与社群》，刘国鹏译，见陈明、朱汉民主编《原道》（第 6 辑），贵州人民出版社 2000 年版。

［法］雅克·马利坦：《人权与自然法》，见黄枬森、沈宗灵主编《西方人权学说》（上），四川人民出版社 1994 年版。

［美］艾利斯·马瑞恩·杨：《政治与群体差异——对普适性公民概念的批评》，见许纪霖主编《共和、社群与公民》，江苏人民出版社 2004 年版。

［美］爱德华·耶林、劳拉·特鲁宾：《为残疾人进行成功的劳动力市场转移——影响残疾人获得和维持现有工作的因素》，见［美］芭芭拉·奥尔特曼、沙龙·巴尼特编《拓展社会科学对残疾问题的研究》，郑晓瑛等译，北京大学出版社 2013 年版。

［美］查尔斯·兹拉蒂兹：《大陆法系》，见［法］勒内·达维编《法律结构与分类》，何力、柯穗娃译，西南政法学院法制史教研室 1987 年印行。

［美］德布拉·迈耶森等：《快速信任与临时群体》，刘仲翔、史梅译，见［美］罗德里克·M.克雷默、汤姆·R.泰勒编《组织中的信任》，中国城市出版社 2003 年版。

［美］哈维·C.曼斯菲尔德：《保守主义与美国式自由的两篇演讲》，见赵敦华主编《哲学门》（总第 11 辑），北京大学出版社 2005 年版。

［美］加里·C.布赖勒：《扶持措施：少数民族的权利还是反向的歧视？》，见［美］雷蒙德·塔塔洛维奇、拜伦·W.戴恩斯编《美国政治中的道德争论》，吴念等译，重庆出版社 2001 年版。

［美］拉夫乔伊：《"自然"的一些涵义》，赵刚译，吴国盛主编《自然哲学》（第 2 辑），中国社会科学出版社 1996 年版。

［美］露西·威廉斯：《福利与法律权利：贫穷的社会根源》，见［美］戴维·凯瑞斯编《法律中的政治——一个进步性批评》，信春鹰译，中国政法大学出版社 2008 年版。

［美］罗伯特·考沃：《法律行为的暴力》，见［美］博西格诺等《法律之门》（第 8 版），邓子滨译，华夏出版社 2007 年版。

［美］罗纳德·德沃金：《正义与生活价值》，张明仓译，见欧阳康主编《当代英美著名哲学家学术自述》，人民出版社 2005 年版。

［美］史蒂芬 D.苏格曼：《人身伤害与社会政策：制度与意识形态的几种选择？》，许丽群译，见吴汉东主编《私法》（第 3 卷），中国政法大学出版社 2003 年版。

［美］小查尔斯 J.奥格利特里：《法律援助的作用及其与政府、法律职业者和法学教育的关系》，杨欣欣译，见司法部法律援助中心组织编译《各国法律援助理论研究》，中国方正出版社 1999 年版。

［美］约翰·G.弗莱米：《关于侵权行为法发展的思考：侵权行为法有未来吗？》，吕琳、许丽群译，见吴汉东主编《私法》（第 3 卷），中国政法大学出版社 2003 年版。

［美］詹姆斯·M.布坎南：《宪法经济学》，见刘军宁主编《市场社会与公共秩序》，生活·读书·新知三联书店 1996 年版。

［日］觉道丰治：《现代福利国家的概念》，杨日然译，见李钟桂主编《福利国家与社会安全》，"国

民大会宪政研讨委员会"1981 年版。

[日]芹田健太郎:《21 世纪国际法的作用》,《外国法译评》1997 年第 1 期。

[意]布斯奈里:《意大利私法体系之概观》,薛军译,《中外法学》2004 年第 6 期。

[英]T. H. 马歇尔:《福利的权利及再思考》,见郭忠华、刘训练编《公民身份与社会阶级》,江苏
　　人民出版社 2007 年版。

[英]T. H. 马歇尔:《公民身份与社会阶级》,见郭忠华、刘训练编《公民身份与社会阶级》,江苏
　　人民出版社 2007 年版。

[英]彼得·泰勒·顾柏:《新风险和社会变迁》,见[英]彼得·泰勒·顾柏编《新风险、新福利:
　　欧洲福利国家的转变》,马继森译,中国劳动社会保障出版社 2010 年版。

[英]密尔:《论自然》,鲁旭东译,见吴国盛主编《自然哲学》(第 2 辑),中国社会科学出版社 1996
　　年版。

[英]威廉·斯沃德林:《撤销、财产与普通法》,吴至诚译,《苏州大学学报(法学版)》2014 年
　　第 1 期。

[英]约瑟夫·拉兹:《新世界秩序中的人权》,见徐显明、郑永流主编《全球和谐与法治——第 24
　　届国际法哲学与社会哲学协会世界大会全体会议论文集》,中国法制出版社 2010 年版。

五、外文著作类
(以字母为序)

Armando Barrientos and David Hulme eds.,*Social Protection for the Poor and Poorest*:*Concepts*,*Policies and Politics*,Palgrave Macmillan,2008.

Béatrice Longuenesse,*Kanr on Human Standpoint*,Cambridge University Press,2005.

Bill Jordan,*Welfare and Well-being*:*Social Value in Public Policy*,Bristol:The Policy Press,2008.

C.R. Snyder,Howard L. Fromkin,*Uniqueness*,*the Human Pursuit of Difference*,New York:Plenum Press,1980.

Carl Wellman,*Medical Law and Moral Rights*,Springer,2005.

David B. Grusky and Ravi Kanbur eds.,*Poverty and Inequality*,Stanford:Stanford University Press,2006.

David P.Twomey,*Labor & Employment Law*:*Text and Cases*,Fourteenth Edition,South-Western Cengage Learning,2010.

David T,Beito,*From Mutual Aid to the Welfare State*:*Fraternal Societies and Social Services*,*1890 –1967*,Chapel Hill:The University of North Carolina Press,2000.

Didier Fassin,*Humanitarian Reason*:*a Moral History of the Present*,translated by Rachel Gomme,University of California Press,2012.

Donald R.Kelly,*The Human Measure*:*Social Thought in the Western Legal Tradition*,Cambridge.:Harvard University Press,1990.

Erin Daly,*Dignity Rights*:*Courts*,*Constitutions*,*and the Worth of the Human Person*,Philadelphia:University of the Pennsylvania Press,2013.

Étienne Balibar,*Citizenship*,translated by Thomas Scott-Railton,Cambridge： Polity Press,2012.

Jan-R.Sieckmann,*The Logic of Autonomy： Law,Morality and Autonomous Reasoning*, Oxford： Hart Publishing,2012.

Jeff King,*Judging Social Rights*,Cambridge University Press,2012.

Jeremy Waldron,*Dignity,Rank & Rights*,Oxford University Press,2012.

Jonathan Wolff,Avner De-Shalit,*Disavantage*,Oxford University Press,2007.

Law Commssion of Cannada eds.,*New Perspectives on the Public-Private Divide*,Vancouver： UBC Press,2003.

Lawrence A. Hamilton,*The Political Philosophy of Needs*,Cambridge University Press,2003.

Lorie Charlesworth,*Welfare's Forgotten Past： A Socio-Legal History of the Poor Law*, Routledge,2010.

Malcolm Langford eds.,*Social Rights Jurisprudence： Emerging Trends in Internantional and Comparative Law*,Cambridge University Press,2008.

Mark S. Stein,*Distributive Justice and Disability： Utilitarianism against Egalitarianism*, Yale University Press,2006.

Michael Stolleis,*History of Social Law in Germany*,translated by Thomas Dunlap,Springer,2014.

Mortimer Sellers,*Autonomy in the Law*,Springer,2008.

Neil Levy,*Hard Luck： How Luck Undermines Free Will and Moral Responsibility*,Oxford University Press,2011.

Oliver De Schutter,*International Human Rights Law： Cases,Materials,Commentary*,Cambridge University Press,2010.

Polly Vizard,*Poverty and Human Rights： Sen's "Capability Perspective" Explored*, Oxford University Press,2006.

Robert E.Goodin,*Reasons for Welfare： The Political Theory of the Welfare State*,Princeton University Press,1988.

Ruth Levitas,*The Inclusive Society? Social Exclusion and New Labour*,Palgrave Macmillan,2005.

Severine Deneulin,Lila Shahani eds.,*An Introduction to the Human Development and Capability Approach： Freedom and Agency*,London： Earthscan,2009.

Stephanie DeGooyer,Alastair Hunt,Lida Maxwell,Samuel Moyn,*The Right to Have Rights*, Verso,2018.

Tali Gal,*Child Victims and Restorative Justice： A Needs-Rights Model*, Oxford University Press,2011.

Verso editors,*The Right to the City： A Verso Report*,Verso,2017.

Y.Amiel and F.A.Cowell,*Thinking about Inequality：Personal Judgement and Income Distributions*, Cambridge University Press,2003.

索　引

后　记

　　法学不仅是社会科学，更是人文科学。从人文科学的"人文"特质而言，它必定要关注人的境遇和命运，研究如何才能使人们在法律之下"尊严地生存"。同样，法律是人际关系的准则，它既需要用刚强之力惩治邪恶，维护社会的和平秩序，也需要以柔软之手，抚平人们内心的创伤。在这之中，弱者以其所处的社会劣势地位，更是法律所要关怀、救助的对象。众所周知，现代法律以维系人权、保障人权为根本目的，法治国家强调的也是通过权力的控制来达致捍卫人权的目标。而对于社会成员而言，最需要人权者自然是弱者，他们因自然的、社会的、政治的、法律的等各种剥夺，而处于相对于其他人而言的劣势地位之中，成为心理上、生理上、能力上、机会上的各种弱者，且很多时候交互为弱，具备多重弱者的身份。在个人努力无果且遭遇生存困境时，法律就必须伸出援助之手，以倾斜保护的方式为其提供最低限度的生存条件，并使他们能够借助国家和社会的帮助再行出发，创造自己的美好生活。在人权的谱系中，社会权作为一种首先为弱者提供保障与救助的新型权利，以其深厚的道义基础和浓厚的人文关怀而被国际社会所普遍接纳、承认。社会权下的社会保障权、社会救助权、社会保险权的法律化、制度化，使弱者不再是"社会的弃儿"，而是拥有身份权、主张权、请求权的法律主体。从某种意义上说，一个国家的法律是否文明、人道，很大程度上就是以弱者权利的保护程度为标尺来评价和度量的。

　　从2000年起，本人即开始关注法律上的人的问题的研究，力求从人的本性、本能、欲望、需求、情感等角度来研究法律的基本原理。在这一研究过程中发现，不仅要对正常人、一般人加以分析，同时在人的类别当中还有一类是处于劣势地位的弱者,对于他们,法律应当加以倾斜保护,以使其能够与正常人一样获取生存与发展的机会。所以,在 2006 年中国法理学年会上,我提交了《弱者权利保护论纲》的论文,后被《南京工业大学学报》的编辑要去,部分内容以"弱者、法治与社会公平"为题刊发于该刊 2007 年第 2 期。幸运的是,在 2007 年申报国家社会科学基金项目时,本人申报的《和谐社会视域下弱者权利保护研究》顺利立项,且最终成果提交鉴定时以"优秀"等级结项。主持课题研究期间及之后,弱者权利保护问题就成为本人主打的研究方向之一,在《中国社会科学》《法学研究》《中国法学》上先后刊发了近 20 余篇论文,并主编了《弱者权益保护研究综述》《弱者权益保护论丛》《人权视野中的弱者保护》三部作品(均由中国政法大学出版社 2012 年出版)。2019 年 9 月国家社科办启动《国家哲学社会科学成果文库》的申报,本人即在结项成果的基础上进行修订,最后以"弱者权利保护基础理论研究"为题进行申报。同样幸运的是,承蒙评审专家抬爱,顺利入选文库。这也是本人的作品第二次入选成果文库,众多专家予我的关爱,我实在是难以用语言表达谢忱!他们的溢美之词固然增加了我个人些许的学术自信,但他们所指出的缺点与不足,则是本人进一步努力的方向。因此,在立项并收到专家们的反馈意见之后,笔者用了几个月的时间,根据专家们的意见进行全面修订,不少章节甚至重写。虽不敢企求本作品能达到一个什么高境界,但内心深处,还是希望自己的努力能够使本书差强人意地对得起"国家哲学社会科学文库"这一崇高的荣誉称号。

除了对评审专家们无比的感激与敬意之外,我还要感谢商务印书馆及相关编辑。本次文库申报是要通过出版社才能进行申报,为此我首先想到的就是博士同学、商务印书馆的资深编辑王兰萍女士,在她的大力引荐下,商务印书馆不仅欣然接纳了这部作品,作为立项项目,并且为申报出具了详尽的审读意见,认为"本书是法理专业领域论证精细、宏观建构准确、体系比较完整的著述,经编辑审读申报后,列入商务印书馆选题计划。同时,也推荐纳入《国家哲学社会科学成果文库》出版"。有在中国出版界执牛耳的商务印书馆的推荐,自然也为本成果的顺利入选奠定了良好的基础。这份情谊我将永远铭记!

饮水思源,没有相关论文的发表,也不会催促我继续在弱者权利保护研究上一直前行,当然也会少了申报成功的砝码。为表达对相关刊物主编和编辑的感谢及敬意,特将融入本书的相关论文成果胪列于后:

序号	论文名称	发表期刊及时间
1	人的尊严的法律属性辨析	《中国社会科学》2016 年第 5 期
2	新时代推进社会公平正义的法治要义	《法学研究》2018 年第 4 期
3	"失败者正义"原则与弱者权益保护	《中国法学》2016 年第 5 期
4	弱者、法治与社会公平	《南京工业大学学报》2007 年第 2 期
5	"人的尊严"的法理疏释	《法学评论》2017 年第 6 期
6	"弱者"之类型：一项法社会学的考察	《江苏行政学院学报》2008 年第 3 期
7	"剥夺"与法律上的弱者	《学习论坛》2009 年第 3 期
8	以人为本的法律内涵	《求是学刊》2009 年第 6 期
9	人的尊严在现代法律上的意义	《学习与探索》2011 年第 4 期
10	和谐社会视域下的弱者人权保护	《现代法学》2013 年第 2 期
11	人的尊严与弱者权利保护	《江海学刊》2014 年第 2 期
12	弱者权益保护：和谐社会内蕴的建设目标	《法治研究》2014 年第 9 期
13	质疑与回应：围绕法律以人为本的法理论辩	《政法论坛》2014 年第 5 期
14	正确理解弱者权益保护中的社会公平原则	《法学》2015 年第 1 期
15	我国现行法中关于人的尊严之规定的完善	《法商研究》2017 年第 1 期
16	论我国宪法中基本权利的"级差"与"殊相"	《法律科学》2017 年第 4 期
17	以人为本的法理解构	《政法论丛》2019 年第 1 期
18	法律如何面对弱者	《政法论丛》2021 年第 1 期

还要感谢苏州大学的许小亮副教授和同济大学的蒋莉副教授，前者为我补充了部分重要外文原著资料，后者帮我翻译了长达数页的英文目录。虽然他们都是我原在苏州大学的同事，但关键时候的援手仍使人温暖和感动。华东政法大学科研处的屈文生处长和俞岚老师在申报过程中的大力支持，以及我的博士生张悦为申报事宜的忙前忙后，也是我要记住的。当然，要感谢的人还有很多，我会一直抱着感恩的心，记着大家的好！

图书在版编目(CIP)数据

弱者权利保护基础理论研究/胡玉鸿著.—北京:商务
印书馆,2021(2022.4 重印)
（国家哲学社会科学成果文库）
ISBN 978 - 7 - 100 - 19678 - 9

Ⅰ.①弱… Ⅱ.①胡… Ⅲ.①边缘群体—权益保护—
研究—中国 Ⅳ.①D923.84

中国版本图书馆 CIP 数据核字(2021)第 042852 号

弱者权利保护基础理论研究

胡玉鸿 著

商 务 印 书 馆 出 版
（北京王府井大街36号 邮政编码100710）
商 务 印 书 馆 发 行
北京市十月印刷有限公司印刷
ISBN 978 - 7 - 100 - 19678 - 9

2021 年 3 月第 1 版　　　开本 710×1000 1/16
2022 年 4 月北京第 2 次印刷　印张 30½ 插页 3
定价:148.00 元